拉萨市行政区划图

察夏 6088 加杜 古露镇 巴荣朵 彭让 念 青 唐 古 拉 山 5685 打木各 拉玛 那 杰多 曲 市 吉龙 朗庆 贡西 夏玛 S305 麦 地 藏 布 昂仓 藏比 央隆 甲给 拉姆庆 美巴尔 多奇吾 5528 直隆 杰赤顶 恰热多 郭庆 郭尼 G109 油恰 色吉 嘎当 晓琼 乌玛塘 纳龙 巴嘎 桑 曲 巴嘎 波 起过儿熊 萨囊 尼玛隆 措多 错果 森布库 古塘 杂姆拉布 沙倍司 扎琼 拉屋 江多 曲桑朵 绒多 扎纳 那隆多 多查岗 嘎格 色 荣 藏 布 达桑岗 朵巴 隆那多 岗嘎竹角 拉木丁 藏雄 皮龙库 唐古 赫布司 江多 恰杂 玉隆松多 莫拉木则 5994 古如 乃堂 它悟切 郎果布戈 热贡岗 西糯岗 旁多 宁布 米洛 德仲 贴朗 波尔朗 错达仁 加给 阿朗 门巴 林 布岗 阿布 纳布洛 扎雪 达珠 目宗朗 乃仲 拉康 若荒 塔杰 龙珠岗 扎雪 巴尔卡 达叶 5503 芝 拉木 磅普 贡雄 其玛卡 金叶 仲达 岗巴 尼波岗 尼玛江热 羊日岗 市 松盘 热格丁 S302 拉定 达玛岗 仲尼 章达 帮达 松多 拉鲁过 纳错觉姆 罗玛林 卡日 雪普 洛普 G318 S202 卓村 唐加 东布岗 米拉山口 5020 江热夏 边交林 唐嘎 雪乡 穷达 墨竹工卡 布 当杰 G318 龙达 吉古 巴洛 章多 尊木采 格桑 克日 塔杰 甲玛 扎西岗 羌工 墨 竹 曲 切隆多 主西 孜孜荣 仁青林 G318 怎村 日多 念村 巴 帮堆 巴嘎雪 叶巴 土加 斯布 加嘎巴 乌日岗 加错堆 班禅牧场 德庆镇 新仓 灰尔普 敦冲 把多 岗普 纳林拉喀 米东 差脆 S302 达杰 香拉 夏坚 帮贡 志岗 丁纳 乃果 索珠 亚杰 结巴 结巴 多颇章 山 南 市 阿扎 布 桑耶镇 江 塔玛 桑日 S306 囊 扎其 德吉 乃东区 绒乡 昌珠镇

图 例

拉萨市	省级行政中心		国界		铁路
城关区	地(市)级行政中心		地区界		高速公路
尼木县	县级行政中心		省级界		国道
纳金	乡级行政中心		地级界		省道
次角林	行政村		县级界		县道
东嘎	自然村		乡级界		乡道
			河流		湖泊

比例尺 1∶920 000

0 9.2 18.4 km

西藏自治区测绘院编制

审图号：藏S（2018）022号

图书在版编目（CIP）数据

拉萨年鉴. 2019 / 拉萨市地方志编纂委员会办公室编. -- 北京：方志出版社，2020.1

ISBN 978-7-5144-4092-8

Ⅰ. ①拉… Ⅱ. ①拉… Ⅲ. ①拉萨 - 2019 - 年鉴
Ⅳ. ①Z527.51

中国版本图书馆CIP数据核字(2020)第056766号

拉萨年鉴（2019）

编　　者：拉萨市地方志编纂委员会办公室
责任编辑：王　娜

出 版 者：方志出版社
地址　北京市朝阳区潘家园东里9号（国家方志馆 4 层）
邮编　100021
网址　http://www.fzph.org
发　　行：方志出版社图书经销中心
（010）67710500
经　　销：各地新华书店
印　　刷：河南金雅昌文化传媒有限公司

开　　本：889 × 1194　　1/16
印　　张：34
字　　数：985千字
版　　次：2020年1月第1版　　2020年1月第1次印刷
印　　数：0001 ~ 1500册

ISBN 978-7-5144-4092-8　　定价：480.00元

拉萨市地方志编纂委员会

顾　　问：白玛旺堆
主　　任：果　果
副 主 任：廖　波　张永林
委　　员：（按姓氏笔画排序）

土登穷穷　马百胜　乡　琼　王　宁　王红杰
王旭光　王　晖　王　巍　扎西尼玛　扎西江村
扎西德吉　中楚成　仁乃旺堆　公保太　邓明卓
旦增尼玛　旦增曲扎　旦增拉贵　田建设　白玛玉珍
代利刚　边巴卓玛　列　桑　达　瓦（组织部）
达　瓦（政法委）　达　瓦（宗教局）　曲　培
任玉萍　向巴彩喜　刘小斌　刘汝鹏　刘英俊
刘　亮　江　山　江　白　闫桓功　米玛次仁
次仁卓嘎　次　达　多吉旺久　孙文斌　孙清明
杜　江　杨小波　杨世军　杨维平　李世蓉
李明健　李英春　李海云　李　磊　赤列罗布
肖光富　邱秀兰　邹玉明　张长祥　张春阳
张　斌　张　勤　陆　健　陈友珍　陈常军
拉巴旺堆　拉穷次仁　苟明平　范跃平　其美次仁
旺堆罗布　周勇军　春　新　胡　玺　郝永锋
赵　亚　赵铁林　侯　飞　洛桑尼玛　格桑邓珠
格桑巴珠　格桑平措　格桑卓嘎　格勒巴桑　郭万军
高　军　黄前敏　龚晓堂　崔建勇　韩云栓
韩新强　谢玉梅　普布次仁　普布卓嘎　普　琼
熊　晨

《拉萨年鉴》编辑部

主　　编：侯　飞
副 主 编：张玉虎
编纂人员：张　驰

编 辑 说 明

一、《拉萨年鉴(2019)》以马克思列宁主义、毛泽东思想、邓小平理论、"三个代表"重要思想、科学发展观、习近平新时代中国特色社会主义思想为指导,坚持辩证唯物主义和历史唯物主义的立场、观点和方法,始终坚持"实事求是、质量第一、存史资政、服务大众"的办鉴宗旨,全面、系统、翔实地记述拉萨上一年度政治、经济、文化、社会、生态等各项事业的基本情况。

二、《拉萨年鉴(2019)》采用文章和条目两种体裁,以条目体为主。

三、《拉萨年鉴(2019)》采用规范的语体文、记述体,记述内容力求客观真实,文字力求言简意赅。

四、《拉萨年鉴(2019)》的文字内容,设有特载、专文、拉萨概况、大事记、政治、经济、文化、社会各行业情况、县区概况、人物、附录等基本栏目,其中"政治、经济、文化和社会各行业情况"基本栏目采用分类编纂法,分为中国共产党拉萨市委员会、拉萨市人民代表大会、拉萨市人民政府、中国人民政治协商会议拉萨市委员会、中国共产党拉萨市纪律检查委员会、法治、军事、社会团体、对口支援、经济管理、农业·林业·水利、工业、开发区·工业园区、商业、旅游业、国土资源管理、城市建设与管理、环境保护、交通·运输·邮政、信息化、金融业、科技·教育·体育、文化·广电·新闻出版、医疗·卫生、民政、人力资源与社会保障、民族·宗教、人民防空·气象·防震减灾、县区概况共29个类目。

五、《拉萨年鉴(2019)》收录的文章和条目,由各级行政系统确定专人(部门)负责撰写和提供,并经主要负责人审核。拉萨市社会经济统计资料统一由市统计局提供,业务部门的统计数据由各主管部门提供,使用时应以统计部门提供的统计数据为准。

六、《拉萨年鉴(2019)》反映2018年1月1日至12月31日期间情况(部分内容依据实际情况时限略有前后延伸),凡2018年事项,均直书月、日,不再写年份。本书中农田土地面积的计量单位使用"亩"。

2018年9月7日，中央统战部副部长、全国工商联党组书记徐乐江（右三）到拉萨市工商联调研指导工作

2018年7月23日，民政部党组书记、部长黄树贤（右一）到拉萨市民政局调研

2018年4月11日，北京市委副书记、市长陈吉宁（右二）到当雄县龙仁乡郭庆村看望慰问当地建档立卡贫困户

2018年11月5日，西藏自治区党委书记吴英杰（左二）到林周县青年（大学生）创业园调研

2018年9月23日，西藏自治区党委副书记、人大常委会主任洛桑江村（前排右二）出席在林周县松盘乡举行的西藏首届中国农民丰收节

2018年7月16日，西藏自治区党委副书记、自治区主席齐扎拉（左一）到堆龙德庆区调研精准扶贫精准脱贫易地搬迁桑木安置点建设情况

2018年3月17日，西藏自治区常务副书记、政协党组书记丁业现（右一）到达孜区唐嘎奶牛繁育基地、牦牛短期育肥基地调研

2018年9月19日，中国气象局党组书记、局长刘雅鸣（左一）到拉萨市检查指导气象工作

2018年6月30日，水利部副部长田野（前排左一）一行到林周县考察高效节水灌溉工程

2018年8月8日，江苏省委常委、常务副省长、省委秘书长樊金龙率江苏省代表团到曲水县考察调研对口支援工作

2018年5月28日，西藏自治区党委副书记、常务副主席庄严（前排右二），自治区党委常委、拉萨市委书记白玛旺堆（左一）到拉萨师范高等专科学校调研大学生就业创业工作情况

2018年2月27日，西藏自治区党委常委、组织部部长曾万明（右一）到达孜区林阿村调研

2018年4月23日，西藏自治区党委常委、拉萨市委书记白玛旺堆（中）率队到尼木县调研指导全域旅游工作

2018年1月4日，西藏自治区党委常委、拉萨市委书记白玛旺堆（右二），北京市卫生计生委党委书记、北京市医院管理局党委书记方来英（左二），西藏自治区党委组织部副部长、第八批援藏干部人才总领队郭强（右一），西藏自治区卫生计生委党组书记王亚蔺（左一）共同为拉萨市人民医院“三级甲等”综合医院揭牌

2018年8月23日，西藏自治区人大常委会副主任其美仁增（左一）到当雄县调研高海拔集中搬迁工作开展情况

2018年6月15日，西藏自治区人大常委会副主任李文汉（左二）到市检察院检查指导工作

2018年7月4日，西藏自治区人大常委会副主任王峻（前排左二）一行到尼木县对城乡建设管理工作进行专题调研

2018年2月27日，西藏自治区副主席罗梅（右三）到市疾控中心调研，市卫计委党组书记冯毓强（右二）陪同

2018年6月7日，北京市副市长、东城区委书记张家明带队到当雄县对接扶贫帮扶工作。朝阳门街道、前门街道与当雄县当曲卡镇、乌玛塘乡签订帮扶协议

2018年3月12日，西藏自治区政府副主席石谋军（中）到达孜区中心小学督导检查工作

2018年5月17日，西藏自治区副主席江白（左一）一行到曲水县考察万亩良种苗木基地建设情况

2018年3月12日，西藏自治区政协党组副书记、副主席高扬（前中）到尼木县检查督导维稳工作

2018年5月15日，西藏自治区政协党组成员、副主席王亚蔺（左二）带队到尼木县就“强化基层文化阵地建设、推动乡村文化振兴”开展专题调研

2018年5月8日，拉萨市委副书记、市长、城关区委书记果果（右二）到林周县松盘乡调研扶贫搬迁安置点项目建设情况

2018年7月22日，西藏自治区第十二届运动会暨第四届民族传统体育运动会在拉萨市开幕

2018年8月11日，雪顿节开幕式现场

2018年8月13日，拉萨举行民族传统马术表演

2018年8月11日，雪顿节开幕式现场

2018年11月11日，拉萨半程马拉松开幕式现场

2018年11月11日，拉萨市举办半程马拉松比赛，共有来自全国各地3000余名选手参加。图为在起点西藏雪域天堂国际大酒店开跑现场

西藏和平解放纪念碑

民族服饰

目　录

中国共产党拉萨市委员会

拉萨市人民政府

中国人民政治协商会议拉萨市委员会

中国共产党拉萨市纪律检查委员会

法 治

开发区·工业园区

环境保护

交通·运输·邮政

信息化

金融业

人力资源与社会保障

民族·宗教

人民防空·气象·防震减灾

县区概况

附 录

勘误表

在中共拉萨市第九届委员会第四次全体会议上的报告

区党委常委、拉萨市委书记　白玛旺堆

（2018年12月30日）

现在，我受市委常委会委托，向全会作工作报告。市委九届三次全会以来，市委常委会贯彻落实党的十九大和十九届二中、三中全会精神，贯彻落实区党委九届三次、四次全会和市委九届三次全会决策部署，坚持以习近平新时代中国特色社会主义思想为指导，紧紧围绕发展、稳定、生态三件大事，正确处理“十三对关系”，深入实施“六大战略”，团结带领全市各族干部群众，推动拉萨各项事业取得新的成绩、迈出新的步伐。

一、以习近平新时代中国特色社会主义思想为指引，拉萨改革发展稳定各项事业进入新阶段

一年来，市委常委会统筹拉萨改革发展稳定各方面工作，更加注重总揽全局、协调各方，坚持把思想政治建设摆在第一位，紧紧围绕习近平新时代中国特色社会主义思想，以正确处理“十三对关系”为根本方法，要求每人结合分管工作加强学习思考，提高思想政治水平和领导能力，自觉把拉萨工作放在党和国家大局中来思考谋划，做好把方向、谋全局、定政策、抓改革、优环境的各项工作，积极推动下级党委加强对全局工作的通盘考虑、同向发力，凝聚起共谋发展的强大合力；更加注重调查研究、科学决策，凡是关系拉萨改革发展稳定的全局性、关键性、战略性问题，特别是对于涉及群众切身利益的重大决策，常委会班子都花时间、下功夫开展调研座谈，认真进行社会稳定风险评估，充分听取群众意见和建议，充分考虑群众的承受能力，把问题和矛盾解决在决策之前，切实增强市委工作的科学性和有效性；更加注重全盘考虑、分类施策，建立常委会、专题会议定的重大事项任务分解、跟踪督办、总结汇报的工作落实闭环运行机制，出台县（区）和部门差异化考核办法，强化激励约束，确保各项工作有力有序落实；更加注重突出重点、科学调度，成立重点工作专班，建立由地级领导牵头、专班推进、规划引领、部门负责、资金保障的工作推进体系，常委会班子成员带头谋划工作，带头深入基层加强指导，确保各项决策

部署落地见效。当前，拉萨市党的领导全面加强，社会局势持续稳定，经济社会加快发展，生态环境持续良好，人民生活不断改善，民族宗教更加和睦，全年既定目标圆满完成。

一年来，市委常委会重点抓七个方面的工作。

第一，深入学习宣传贯彻习近平新时代中国特色社会主义思想和党的十九大精神。我们始终坚持把深入学习、用心领会习近平新时代中国特色社会主义思想和党的十九大精神作为汲取营养、提高本领的重要途径，作为增强全局意识、驾驭复杂局面的根本方法，作为做好一切工作的前提，多次召开常委会、专题会认真传达学习，特别是市委理论学习中心组深入开展“学习近平新时代中国特色社会主义思想·建小康拉萨”学习研讨，在党员中开展“做合格党员、当先锋模范”教育，教育党员干部真正在思想深处、灵魂深处树立起对习近平新时代中国特色社会主义思想的信仰，树牢“四个意识”、坚定“四个自信”，在思想上高度信赖核心、感情上衷心爱戴核心、政治上坚决维护核心、组织上自觉服从核心、行动上始终紧跟核心。在群众中常态开展“四讲四爱”教育实践活动，在僧尼中深入开展“遵行四条标准、争做先进僧尼”教育实践活动，编印《习近平总书记经典语句摘编》《思想政治教育应知应会知识问答》40余万册，用党的十八大以来在习近平总书记和党中央的亲切关心和特殊关怀下，发生在群众身边的衣食住行、就医就学就业等生产生活条件的巨大变化，深刻阐释习近平总书记党的核心、军队统帅、人民领袖的丰功伟绩、英明睿智，教育各族群众不断增强“五个认同”，像敬仰毛主席等老一辈革命家一样敬仰习近平总书记，像歌颂毛主席等老一辈革命家一样歌颂习近平总书记，自觉感党恩听党话跟党走，各族人民共同团结奋斗的思想基础进一步巩固。

第二，打好决胜全面建成小康社会三大攻坚战。始终把打赢脱贫攻坚战作为经济社会发展的头等大事和第一民生工程，集中全市人力物力财力和对口支援省市的优势资源，聚力脱贫攻坚，在全区率先实现脱贫攻坚整体摘帽。始终坚持对人民群众、对子孙后代高度负责的态度，统筹推进水系修复试点、污水治理、中水回用、绿色围城、扬尘治理，大力整治大气、水、土壤等方面存在的突出问题，生态环境持续向好，社会普遍反响良好。始终把防范化解金融风险作为实现高质量发展必须跨过的重大关口，全面摸清政府性债务特别是隐性债务底数，妥善研究制定债务化解方案，明确工作责任，严格控制增量，逐步消化存量，金融风险隐患得到有效控制。三大攻坚战开局良好，迈出全面建成小康社会最坚实的一步。

第三，全力维护社会和谐稳定。立足“后达赖”向“达赖后”转变的严峻复杂形势和重大风险挑战，围绕达赖转世的复杂斗争，在市县乡三级党组织中开展各类风险隐患推演、形势分析，不断修改完善总体工作方案、3个专项方案、13项子方案，打造权限下沉、力量统筹、迅捷高效的扁平化维稳指挥体系，探索最小作战单元实战化训练模式，持续深化专业力量与群众力量融合，加快推进智慧警务工程，积极构建僧尼积极参与、主动维护所属寺庙稳定的责任制，深入推进“三个专项斗争”，依法打击6个涉黑涉恶团伙、14个非法组织，规范整治25处非法宗教临时活动地点，坚决杜绝“沙化”“阿化”倾向，有效净化社会环境，各族群众“我要稳定”的愿望越来越强烈。

第四，扎实做好以就业为重点的民生工作。针对人民群众关心的新老问题精准施策，开发各类就业岗位6万余个，高校毕业生就业率达到92.1%，大学生创业和市场就业更加深入人心。新建改扩建45所学校，全面消除特大班额，高考上线率达到96.5%，教育均衡和提质工作取得阶段性成果。市人民医院“三甲”成果持续巩固，县(区)医院成功创建“二乙”综合医院，成立全区首家“先天性心脏病三级防治基地”，筛查结核病、肝炎和风湿病65.4万人，医疗卫生水平稳步提升。全面清理规范城乡低保，着力加强老城区低收入群众生活保障，社会保障水平不断提高。棚户区改造取得实质性进展，堆龙德庆新区加快建设，柳梧新区达东村入选全国100个特色村庄，墨竹工卡县帕热组打造全区首个人居环境整治示范点，城乡人居环境持续改善。真正把群众的小事都当成大事，设立民工工资风险资金，推行农机加油一卡通，优化车辆检测站布点，统筹解决讨薪难、加油难、车辆检测难等群众反映强烈的突出问题，群众幸福感和获得感不断提升。

第五，着力推动经济高质量发展。我们坚持投资、消费和创新共同发力，一批重大基础设施项目和民生项目加快建设，招商引资到位资金占全区总量一半以上；系统刺激旅游、教育、养老、医疗、文化、体育等方面需求，消费对经济增长的贡献率达到36%；精心打造“梦创拉萨”双创品牌，探索具有拉萨特色的双创新路径，得到李克强总理的充分肯定。坚持把园区作为发展实体经济的着力点，全面提升园区发展软硬件水平和服务企业能力，综合保税区、顿珠金融产业园加快建设，文创园成功申报为“国家文化出口基地”，建成全区首个技术产权和人才交易市场，堆龙民泰村镇银行挂牌营业，康缘药业、京东物流等一批有实力、就业能力强的实体企业落地园区，规上工业增加值增长15%，实体经济更具活力。县区园区树立“一盘棋”思想，按照找准定位、发挥优势、错位发展、协调配合的发展战略，共同推动净土健康产业、文化旅游业、现代服务业、绿色工业等特色优势产业发展，现代产业体系初具规模。

第六，注重和加强基层基础工作。常委会以功成不必在我、功成必定有我的境界，坚持抓好打基础利长远的工作，着力破解发展障碍，推动工作取得实质性进展。高度重视规划的战略引领作用，高标准编制拉萨河沿河特色空间规划、综合交通体系规划、旧城改造战略规划等一批城市专项规划，推进中心城区窄马路密路网专题研究，为城市发展提供有力遵循。牢牢盯住地下基础设施短板，花大力气调查给排水管网系统，加快污水处理设施建设与改造，强化污水处理盲点区域污水截流、收集，打通一批城市断头路，新区建设全部配套地下综合管廊。持续推动放管服改革，市、县、乡三级政务服务体系日趋完善，行政审批事项精简一半，进驻市民服务中心行政审批事项时限压缩一半以上，基本实现“5750”改革目标，发展环境不断优化。全面完成农村土地确权登记颁证工作，建立农村产权交易服务平台，土地流转面积达到9.4万亩，农村发展活力进一步激发。持之以恒淡化宗教消极影响，积极解决宗教民俗活动中过度煨桑、翻新花样挂经幡等突出问题，加强社会主义先进文化供给，规范整治非法宗教临时活动地点，不断引导宗教与社会主义社会相适应。

第七，推进全面从严治党向纵深发展。认真贯彻落实新时代党的建设总要求和组织路线，始终把党的政治建设作为党的根本性建设，严肃党的政治纪律和政治规矩，严格反分裂斗争纪律，查处违反政治纪律案件5起5人。以提升组织力为重点，着力推进基层组织和政权建设，整顿软弱涣散村（居）党组织29个，在“两新”组织、互联网等新兴领域设立党组织299个，调整优化寺管会党组织169个。突出“五重五用”导向，全面加强干部队伍建设，先后调整市管干部10批次221人，培训各级各类干部4.8万余人次。狠抓作风建设，全面贯彻落实中央八项规定及其实施细则精神，加大“四风”特别是形式主义、官僚主义整治力度，对52名县处级干部作出提醒诫勉、批评教育和暂缓任用处理。稳步推进纪检监察制度改革，巩固发展反腐败斗争压倒性态势，受理信访举报308件次，给予党纪政务处分121人，全市政治生态更加清朗。

一年来，市委常委会加强自身建设，支持市人大、政府、政协和监委、法院、检察院依法依章程履行职能；加强党委对统战工作的领导，大力支持工商联、无党派人士开展工作，不断巩固和发展爱国统一战线；积极引导工青妇等群团组织拓展工作领域，发挥桥梁纽带作用，凝聚起加快发展的强大合力；加强新形势下全民国防教育和双拥工作，不断深化军民融合发展，军政军民团结局面更加巩固；加强主动汇报衔接，北京、江苏两省市继续拓展援助渠道、创新援助形式、加大援助力度，特别是全力支持拉萨市打赢精准脱贫攻坚战，为经济社会发展注入强大动力。

事业呼唤责任担当，发展来自勠力同心。一年来，拉萨市公共安全感在全国31个主要城市中排名第一，城乡居民人均可支配收入分别增长10%、11%，空气质量保持在全国主要城市前列，蝉联全国文明城市，全国质量强市示范城市通过验收，获批建设国家创新型城市，特别是取得全市整体脱贫摘帽的历史性成就，标志着我们更加接近全面建成小康社会的宏伟目标。这些成绩的取得，归功于以习近平同志为核心的党中央的特殊关怀，得益于区党委、政府的正确领导，离不开全国人民特别是北京、江苏两省市的无私援助，凝聚着全市各族人民的智慧力量，承载着各界人士的信任支持，饱含着各级党组织、广大党员干部的心血和汗水。在此，我代表市委向所有关心、支持、参与拉萨发展、建设的同志们、朋友们，表示衷心的感谢，并致以崇高的敬意！

同时，我们还要清醒地看到存在的一些突出问题。一是经济社会发展方面，推动高质量发展、绿色发展的创新力度不完善，运用市场化机制解决问题办法不多，干部队伍能力素质还不能完全适应新时代新要求。二是维护稳定方面，反分裂斗争形势依然严峻复杂，公共安全基础相对薄弱，智慧建警进度缓慢，网络安全防控能力不足，组织动员群众防范风险能力还需要加强。三是转变作风方面，领导干部帮助基层解决实际困难不多，深入基层调研走访和帮助指导工作还不够，文山会海现象还没有根本解决，检查考核名目繁多、频率过高、多头重复，基层反映较为强烈。对于这些突出问题，常委会认为必须突出全局性、战略性、前瞻性，加强战略谋划，加强统筹协调，加强学习实践，加强政策储备，加强底线思维，在更加扎实做好各项工作的实践中加以解决。

二、高举习近平新时代中国特色社会主义思想伟大旗帜，努力开创拉萨各项事业发展新局面

2019年是建国70周年、西藏民主改革60周年，是贯彻落实党的十九大精神、全面建成小康社会的关键之年。做好2019年的工作，必须牢固树立实干意识和担当精神，增强忧患意识，牢牢把握改革发展稳定的主动权，狠抓工作落实，勇于攻坚克难，确保中央要求和区党委部署落地见效。2019年市委工作的总体要求是：以习近平新时代中国特色社会主义思想为指导，全面贯彻党的十九大和十九届二中、三中全会精神，贯彻自治区第九次党代会和区党委九届三次、四次全会精神，统筹推进“五位一体”总体布局，协调推进“四个全面”战略布局，坚持稳中求进、进中求好、补齐短板工作总基调，以供给侧结构性改革为主线，以正确处理“十三对关系”为根本方法，把党要管党、从严治党作为推进工作的重要保障，牢牢抓住发展、稳定、生态三件大事，深入实施“六大战略”，坚决打好三大攻坚战，为全面建成小康社会收官打下决定性基础，以优异成绩迎接中华人民共和国成立70周年和西藏民主改革60周年。

明年要重点抓好以下工作：

（一）决胜全面小康打好三大攻坚战。打赢三大攻坚战，是全面建成小康社会必须跨过的关口。要按照习近平总书记提出的“针对突出问题，打好重点战役”的要求，以绣花功夫抓实抓细各项工作，确保全面小康得到人民认可、经得起历史检验。突出务实精准打好脱贫攻坚巩固战。坚持把发展产业作为保障群众持续稳定增收和巩固脱贫成效的主要措施，依托特色资源和对口支援两大优势，发挥政府和市场两方面力量，重点实施一批群众能干会干、就近就便的产业项目。以提升产业经营管理水平为重点，每个产业项目都要建立运营管理机制和利益联结机制，积极培育运营管理团队，解决好运营过程中政府参与过多、经营人才缺乏、市场运转不灵活等问题，坚决防范产业建成后持续亏损甚至撂荒的风险，确保项目发挥效益，让群众享受到产业发展红利。要强化“志智双扶”工作机制，加强政策引导、教育引导、典型引导，调动贫困群众脱贫的主动性和积极性，主动投身到特色产业发展中来，依靠产业发展努力实现脱贫致富。要深刻认识易地扶贫搬迁的艰巨性和复杂性，充分理解尊重搬迁群众生活习俗和故土难离的心理情结，深入研究搬迁群众尽快融入新环境、适应新生活的办法，确保搬迁群众“搬得出、留得住、快融入、能致富”。突出问题导向打好污染防治攻坚战。明年中央将启动生态环境保护第二轮督察，要切实担负起生态文明建设的政治责任，做好打突出问题“歼灭战”的准备，在巩固第一轮整改成效的基础上，加强问题梳理研究，细化任务分解落实，统筹运用源头预防、结构优化、转型升级、污染治理等多种手段，切实把老百姓身边的生态环境问题解决好，守护好蓝天碧水净土。要着眼持续推进生态文明建设，做好打污染防治“持久战”的准备，着力健全生态保护机制，逐步形成系统完备的生态环保制度体系，提高工作的规范性、长效性；着力严格生态准入，严禁“三高”项目进拉萨；着力抓好生态项目建设，加快推进山水林田湖草系统治理工程建设；着力涵养生态文化，把习近平生态文明思想贯彻到经济社会发展的全过程、各领域，共同守护好世界上最后一方净土。突出金融安全打好防范化解重大风险攻坚战。围绕“坚定、可控、有序、适度”的要求，把防范化解金融风险尤其是政府性债务风险放在突出位置，积极排查化解民间非法集资风险，依法打击金融违法犯罪，做到情况清、底数明、预案准，风险可控、防范有力，确保金融体系有效服务实体经

济发展。

（二）把握战略机遇推进高质量发展。当前我国发展仍处于并将长期处于重要战略机遇期，关键是要变压力为动力，加快推动高质量发展。要紧紧围绕建设现代化经济体系，以供给侧结构性改革为主线，大力发展有需求空间和供给优势的新业态，着力培育新增长点，厚植发展优势，提升发展能力。要提高投资质量。充分发挥政府投资的引导带动作用，围绕打基础、利长远，积极争取和落实国家投资，全力抓好规划内重大项目落地，对“十三五”规划盘子内项目争取不到位的，一律取消目标绩效考核评优资格。下大力气招商引资，不断优化服务管理，创新开展政府和社会资本合作，抢抓有利时机大招商、招大商、精准招商，真正引进一批投资规模大、行业龙头型的大企业，带动群众稳定就业、增收致富。要提高消费质量。着眼人民群众对美好生活的需要，全面落实促进消费政策，做好做精一批招牌实体店，推进供销体系新网工程建设和电子商务进农村综合示范县创建，积极培育体验式购物、城郊旅游、特色商业街、主题乐园、山地户外、通用航空、“医养护”一体化等消费新业态，深入挖掘全域全业消费潜力。要提高产业质量。当前全市产业发展正处在爬坡过坎的关键阶段，要坚持市场思维、系统思维，实施重点产业“质量突破年、协同推进年”行动，有效破解制约产业发展的突出瓶颈。以青稞产业、牦牛产业、高原奶产业等为重点，推进种养规模化、质量标准化、营销网络化，做精净土健康产业；以抓项目落地、抓融合发展为重点，提升旅游景区品质，延伸旅游产业链条，做强文化旅游产业；以高新数字、商贸物流、金融服务等为重点，实施现代服务业发展规划，做优现代服务业；以培育发展特色食品饮品药品饰品加工龙头企业、改造提升建筑建材企业、推进建设绿色矿山、开发利用清洁能源等为重点，聚焦把拉萨建设成为服务全区的绿色工业中心，做大绿色工业。要增强创新活力。坚持把创新作为发展的第一动力，把实体经济作为发展的主攻方向，高标准、高起点制定开发区、园区发展总体规划，支持各县（区）、开发区之间合作发展，加快园区内科技型、创新型产业发展，推动一批两创小微企业孵化入园实现生产，着力将园区培育成重点产业、实体企业和财源税收集聚地，形成“双创”与园区发展协同推进的良好局面，推进园区经济脱虚向实。

（三）强化使命担当维护和谐稳定。明年自治区的大事多、喜事多，拉萨作为首府城市，承担的维稳安保任务繁重而艰巨。要坚持以防患于未然为原则做工作、以防出大事打基础做准备、以落实责任敢于担当为标准看干部，全力确保和谐稳定。一是持续深化反分裂斗争。积极应对“后达赖”向“达赖后”转变的形势变化，严密防范和坚决打击各种渗透颠覆破坏活动、暴力恐怖活动、民族分裂活动、宗教极端活动和自焚行为。二是抓好风险防控。加强情报搜集分析研判，建立维稳力量应急增援调配机制，加大风险隐患排查化解工作力度，不断完善扁平化指挥体系，确保抓早抓小、防范在先、控在源头。三是确保社会面和谐稳定。充分发挥“护城河”公安检查站过滤筛查作用，从源头上消除“输入型”隐患；持续开展重点人清查减量行动，最大限度减少“潜在型”隐患；深入开展“三个专项斗争”，提升人民群众安全感；坚持内紧外松、显隐结合、显隐适度的原则，加强重点方向、重点地区、重点寺庙、复杂区域、重要部位管控，确保维稳无缝隙无盲区。四是着力提升治理能力。贯彻落实好《中国共产党政法工作条例》，坚持党对政法工作的领导，发挥政法委牵头抓总、统筹协调、督办落实等作用，完善党委领导、政府负责、社会协同、公众参与、法治保障的社会治理体制，持续推动社会治理重心向基层下移，着力打造共建共治共享的社会治理格局。五是抓好网络安全管理。依托政法维稳大数据库、“雪亮工程”和市公安局联勤指挥中心，推动科技信息化与维护稳定、社会治理、执法办案深度融合。全面加强网络媒体管理，深入开展网络负面信息专项治理，加强网络安全监管、阵地控制，确保不发生网络舆情落地演化为涉稳重要事件。六是做好民族宗教工作。坚持依法管理民族事务，扎实开展民族团结进步创建活动，引导各族群众共同团结进步、共同繁荣发展。以藏传佛教不受境外势力干扰、严防宗教热和宗教极端等为重点，积极引导藏传佛教与社会主义社会相适应，确保寺庙和宗教领域整体和谐稳定。注重发挥基层组织的号召作用、先进文化的引导作用、群团组织的带动作用、学校阵地的教育作用，全面丰富群众精神生活，不断淡化宗教消极影响。

（四）统筹城乡关系促进区域协调发展。牢牢把握经济社会发展规律，坚持农牧业和农牧区优先发展，积极推进以人为核心的城镇化，促进区域协调发展。加快推进乡村振兴。深入贯彻党中央关于乡村振兴战略的相关要求，围绕"神圣国土守护者、幸福家园建设者"主题，突出民族、文化、生态特色，体现山水林田湖草生态系统完整、人与自然和谐相处的特点，抓紧开展乡村规划编制，因地制宜、有序推进农村人居环境整治，做好生态宜居示范乡村产业改造提升，加快推进生态宜居示范乡村建设。把促进群众持续稳定增收作为乡村振兴的出发点和落脚点，积极培育除政策收入外的新的增收渠道，防范化解群众政策性收入存在的不稳定性风险。探索制定高校毕业生投身乡村振兴的相关优惠政策，大力培育经营型、专业技能型、专业服务型职业农牧民，多措并举壮大致富带头人队伍。稳步推进农村集体产权制度改革、农村金融服务、农村产权交易平台等工作，大力培育农牧业龙头企业、种养大户、农民合作社等新型经营主体，不断提升农牧业集约化生产经营水平，不断为农业农村现代化释放新活力、注入新动能。加快城镇化发展步伐。科学编制城市总体规划，稳妥有序疏导人口从老城区向城市新区集聚，扎实推进拉萨八廓古城人口疏解、古城保护、业态优化和环境整治工作。优化布局商业业态、停车场和生态绿地、休闲公园等公共服务设施，不断提高城市的整体品位。用战略眼光谋划新区发展，招引国内技术领先、实力雄厚的战略合作伙伴对新区统一开发、集中建设，努力打造成全市最具发展活力的增长极。因地制宜建设好县城和特色小城镇，使之成为中心城市以外的重要发展节点，成为农牧区人口转移就业和居住的重要载体，不断提升城镇对区域协调发展的辐射带动能力。

（五）坚持人民至上保障和改善民生。民生连着民心，民心是最大的政治。我们要坚持以人民为中心的发展思想，既尽力而为，又量力而行，花好每一分钱、办好每一件事，扎实做好普惠性、基础性、兜底性的民生工作，不断增强各族干部群众的幸福感、获得感、安全感。一是推进教育优先发展。着力解决大班额、入学难等问题，优化学校布局，增加学校数量，推进标准化建设，确保城关区义务教育均衡发展通过国家评估认定。大力实施教师教育振兴计划，深化教育人才组团式援藏，推进人大附中、北二外与拉萨市联合办学，办好家门口的"西藏班"。二是推进"健康拉萨"建设。推进市中心医院建设运营，统筹城区医院资源、整合县级医院和基层医疗机构资源，加强对公立、民营医院的医疗监管，持续深化家庭医生签约服务机制等医疗保障服务新模式，积极探索"医养结合"试点，加快医疗信息化工作，力争大病救治能力和卫生服务能力都有新提升；继续深化医药卫生体制改革和医疗人才"组团式"援藏，重点解决好基层医疗卫生人才短缺的问题；着眼满足各族群众对健康生活的新需求，提升基础设施保障能力，大力倡导健康生活方式，创建好全民运动健身模范市。三是积极回应群众关切。重点解决好农村人居环境、食品安全管理、农民工工资、城区供水供暖等与群众生活密切相关的民生问题，确保农村居民住房有保障、吃水有保障，确保各族群众餐桌上的安全、舌尖上的安全，确保农民工劳有所得、劳有所获，确保老城区供水问题得到有效改善并力争在2021年底前全面彻底解决。四是发挥好社会保障"兜底"作用。着眼"住有所居"，加大棚户区改造和公租房建设力度，探索公租房实施新模式，不断提高城镇居民住房保障率和利用率；着眼"老有所养"，按照"公建民营"和"医、养、护"相结合的养老服务模式，建设一批"社区养老驿站"，发挥好"日间照料中心"作用，推进社会化养老试点；着眼"弱有所扶"，努力保障好特殊困难群众的基本生活。五是实施好就业优先战略。坚持市场就业与政府就业相协调，精准对接就业岗位，重点做好高校毕业生、复转军人、建档立卡贫困群众就业工作；结合就业岗位资源，有针对性地开展技能培训和就业服务，努力实现人岗相适；鼓励支持高校毕业生返乡创业、参与脱贫攻坚，在政策上积极支持、在项目上大力倾斜、在服务上全面保障，力争应届高校毕业生就业率保持在90%以上。

（六）着眼激活市场深化改革开放。改革开放是发展进步的活力之源。当前拉萨深化改革开放，关键就在于破除各类制约发展的体制机制障碍，进一步激发市场活力，加快建设统一开放、竞争有序的现代市场体系。要坚持"两个毫不动摇"，用好用足中央赋予西藏的特殊优惠政策，在深化国资国企改革、做优做强国有资本的同时，配套推进财税金融、土地、市场准入、社会管理等领域改革，大幅减少政府对资源的直接配置，凡是市场能自主调节的坚决让市场来调节，凡是企业能干的就让企业去干，在打破垄断消除壁垒上态度坚决，以公平竞争的制度环境引领民营企业加快发展。要落实好支持非公经济发展的一系列特殊政策，实行更大规模的减税降费，降低“过桥”融资成本，提高直接融资比重，解决好民营企业和小微企业融资难融资贵的问题。特别是对立足西藏资源禀赋、广泛吸纳群众就业、带动群众增收致富的实体企业，要进一步加大扶持力度。要结合机构改革工作，持续深化“放管服”改革，扎实推进审批服务“只进一扇门”“最多跑一次”，不断优化发展环境。要继续深化面向其他省市特别是北京江苏两省市的开放合作，发挥好产业飞地、产业交流中心作用，让更多其他省市的新技术新业态在拉萨落地生根、开花结果，实现与其他省市合作互利共赢。要加紧推进拉萨综合保税区建设申报和中尼友谊工业园前期工作，主动对接其他省市经济圈和南亚大市场，在积极融入“一带一路”战略、服务面向南亚开放的重要通道建设上走在全区前列。

（七）唱响“主旋律”繁荣先进文化。没有文化的繁荣兴盛，就没有拉萨各项事业的兴旺发达。要继续大力实施“文化兴市”战略，围绕举旗帜、聚民心、育新人、兴文化、展形象，唱响主旋律、传播正能量，努力为各项事业发展提供思想保证、精神力量、道德滋养和文化条件。一是牢牢掌握意识形态工作领导权。严格落实意识形态工作责任制，发扬斗争精神，旗帜鲜明批驳错误思潮和错误思想言论，坚决消除各种歪理邪说、歪风邪气的干扰，严厉打击“藏独”反宣渗透，严厉打击非法宗教活动和非法宗教网络传播。加强网络建设和治理，提高网络舆情队伍的应急处置能力，加强互联网内容建设，强化新兴媒体传播手段建设和创新，提高新闻舆论传播力、影响力、公信力，让党的主张成为网上最强音。围绕建国70周年和西藏民主改革60周年主题，精心策划系列活动，精心组织宣传报道，讲好“拉萨故事”。二是不断夯实思想根基。持续深入开展“四讲四爱”和“遵行四条标准、争做先进僧尼”教育实践活动，用好《习近平总书记经典语句摘编》口袋书，组织广大群众像学习毛主席语录一样学习习近平新时代中国特色社会主义思想，引导各族群众和僧尼确立高度的政治认同、思想认同、理论认同、情感认同，深刻认识到习近平总书记是人民爱戴、当之无愧的领袖，是新时代中国特色社会主义国家的掌舵者、人民的领路人，时刻紧跟、拥戴、贴近、维护总书记，凝聚起团结奋进的强大力量。三是突出文化惠民的鲜明导向。实施好行政村综合文化服务中心示范工程，建设好“书香拉萨”“全民智慧阅读馆”、流动文化车、流动舞台车等文化项目。扎实推进“五有五好”文明村镇创建，深入开展“藏戏演出季”“送戏下乡”文化活动，实现市歌舞团乡镇演出全覆盖、县区民间艺术团村居演出全覆盖，不断丰富群众精神文化生活。持续深化文明城市创建，大力实施中华民族视觉形象工程、红色基因传承工程、时代新人培育工程，树立起文明城市的良好形象。

三、毫不动摇把党建设得更加坚强有力，为各项工作开展提供坚强保障

打铁还需自身硬，我们要紧紧围绕新时代党的建设总要求，以加强党的长期执政能力建设、先进性和纯洁性建设为主线，以党的政治建设为统领，全面推进党的政治建设、思想建设、组织建设、作风建设、纪律建设，把制度建设贯穿其中，推动党的建设向纵深迈进。

（一）始终把“两个维护”作为根本政治任务。全市各级党组织要始终坚持用习近平新时代中国特色社会主义思想武装头脑、指导实践、推动工作，深入推进“两学一做”学习教育常态化制度化，持续开展“做合格党员、当先锋模范”教育，引导广大党员干部始终把习近平新时代中国特色社会主义思想作为强大精神支柱，进一步树牢“四个意识”，坚定“四个自信”，坚决做到“两个维护”，坚决执行党的政治路线，严格遵守政治纪律和政治规矩，始终在政治立场、政治方向、政治原则、政治道路上同以习近平同志为核心的党中央保持高度一致。严肃党内政治生活，严格执行新形势下党内政治生活若干准则，加强党内政治文化建设，自觉抵制商品交换原则对党内生活的侵蚀。严格反分裂斗争纪律，加强党员干部特别是领导干部党性锻炼，做到面对大是大非问题

敢于亮剑，面对危机敢于挺身而出，面对歪风邪气敢于坚决斗争。

（二）不断夯实党在拉萨的执政根基。深入贯彻落实《中国共产党支部工作条例（试行）》，牢固树立一切工作到支部的鲜明导向，深化推进各领域基层党组织标准化建设。突出政治功能和组织力，把村级党组织建设成为听党话、跟党走，善团结、会发展，能致富、保稳定，遇事不糊涂、关键时刻起作用的坚强战斗堡垒，持续整顿软弱涣散党组织，真正把党员组织起来，把人才凝聚起来，把群众动员起来。深化城市基层党建攻坚行动，在推动建立"四级联动"体系、街道管理体制改革、社区减负增效、深化共驻共建、引领基层治理等关键问题上取得实质性进展，切实增强城市基层党建的整体性、系统性。持续推进"两新"组织、互联网等新兴领域"两个覆盖"，大力推广"智慧党建"平台、党建网格化管理示范街区建设等创新做法，推动党的组织有效嵌入各类社会基层组织，党的工作有效覆盖社会各类群体。

（三）系统加强干部人才队伍建设。深入贯彻新时代党的组织路线，坚持好干部标准和民族地区好干部"三个特别"要求，坚持"五重五用"选人用人导向，持续优化领导班子和干部队伍结构。突出政治标准选人用人，健全考核评价体系，改进推荐考察方式，确保选拔任用的干部组织放心、群众满意、干部服气。把提高政治素质贯穿干部教育培训全过程，统筹区内外资源深化干部教育培训，注重干部的政治训练、政治历练，优化干部成长路径，确保干部政治过硬、能力过硬。注重政治引领加强人才工作，严格落实党管人才原则，持续深化人才发展体制机制改革，深入开展"弘扬爱国奋斗精神、建功立业新时代"活动，充分发挥"拉萨英才""行业明星"等人才在服务重大发展战略中的突出作用。坚持严管就是厚爱、从严管理干部，紧盯"关键少数"，进一步延伸干部监督链条，增强干部监管实效。落实"三个区分开来"要求，着眼为想干事、能干事的干部撑腰壮胆，着力强化干部担当正向激励，建立健全鼓励干部担当干事和容错纠错的制度体系，营造出"能者上、庸者下"的鲜明导向和良好氛围，激励干部轻装上阵、奋发有为。

（四）坚持把作风建设摆在突出位置。大力弘扬担当作为的优良作风，把贯彻落实党中央和区市党委决策部署及不及时、到不到位作为检验干部党性、衡量干部能力、体现干部水平的重要标准，大力整治不作为慢作为乱作为和不敬畏、不在乎、喊口号、装样子，在全市上下营造出大抓落实、真抓落实、狠抓落实的工作氛围。大力弘扬为民服务的优良作风，切实整治门好进脸好看事难办的问题，引导全市广大党员始终坚持人民立场，抓实做细事关群众利益的每项工作。大力弘扬"深实精真"的优良作风，坚持问题导向，集中力量整治文山会海、重痕不重绩、留迹不留心等形式主义、官僚主义突出问题，坚决纠正虚滑漂浮、弄虚作假、敷衍应付等行为，统筹规范督查检查考核工作，让广大党员干部放开手脚，深入实践建功立业。大力弘扬清正廉洁的优良作风，锲而不舍落实中央八项规定及其实施细则精神，贯彻落实"三个牢固树立"要求，坚决反对"四风"，继续开展党员干部参与赌博或带有赌博性质娱乐活动专项整治和全面禁酒控酒工作，营造风清气正的良好氛围。

（五）巩固发展反腐败斗争压倒性胜利。一体推进纪律检查和国家监察制度改革，构建党统一领导、全面覆盖、权威高效的监督体系，形成纪律监督、监察监督、派驻监督和巡察监督协调衔接的权力监督格局。加强制度建设，狠抓制度落实，形成用制度管权、管事、管人的长效机制，引导广大党员干部养成尊崇制度、遵守制度、捍卫制度的良好习惯，扎牢不敢腐的笼子。坚持惩前毖后、治病救人，深化运用监督执纪"四种形态"，健全完善"三不"机制，扎实推进正面示范教育和负面警示教育，让铁的纪律成为党员干部日常习惯和自觉遵循，增强不敢腐的自觉。坚持无禁区、全覆盖、零容忍，坚持重遏制、强高压、长震慑，坚持行贿受贿一起查，特别是要以整治群众身边的腐败和作风问题为重点，收拢五指、重拳出击，坚决查处"小官大贪"、侵吞挪用扶贫专项资金、截留套取惠农资金、村组干部侵害群众利益等腐败案件，强化不敢腐的震慑。

同志们，全面建成小康社会是我们向全市人民作出的郑重承诺，更是全市人民的共同期盼。让我们更加紧密地团结在以习近平同志为核心的党中央周围，高举旗帜、牢记嘱托，凝心聚力、奋力拼搏，不断开创拉萨长足发展和长治久安新局面，以优异成绩向中华人民共和国成立70周年和西藏民主改革60周年献礼！

政府工作报告

——在拉萨市第十一届人民代表大会第四次会议上

市长 果 果

（2019年1月6日）

2018年工作回顾

刚刚过去的一年，是拉萨发展进程中具有里程碑意义的一年，也是各项工作取得重要突破的一年。面对艰巨繁重的改革发展稳定任务，在自治区党委、政府和市委的坚强领导下，我们坚持以习近平新时代中国特色社会主义思想为指导，全面贯彻落实党的十九大和十九届二中、三中全会精神，贯彻落实自治区九届三次、四次全会精神，紧紧围绕市委九届三次全会和经济工作会议决策部署，坚持稳中求进、进中求好、补齐短板工作总基调，深入推进供给侧结构性改革，坚决落实高质量发展要求，打好“三大攻坚战”，实施乡村振兴战略，不断深化“六大战略”，统筹推进稳增长、促改革、调结构、惠民生、防风险等各项工作，全市经济社会发展取得新的进步。

——综合实力持续增强。预计完成地区生产总值528亿元，同比增长10%，一般公共预算收入110.1亿元，增长22.84%，城镇居民人均可支配收入35650元，增长10%，农牧民人均可支配收入14420元，增长11%，居民消费价格指数控制在3%以内，城镇登记失业率控制在2.2%以内。第四届藏博会、第十六届中尼经贸洽谈会、第十四届全国省际政务服务交流会等重大展会在拉萨举办，社科院公布的全国城市公共安全感指数排名拉萨位列第一，蝉联全国文明城市荣誉称号，首府城市优势不断凸显。

——发展质量和效益稳步提升。预计全年固定资产投资增长12%，实现社会消费品零售总额295亿元，增长14%，最终消费对经济增长的贡献率达到36%。大力推动经济“脱虚向实”，规模以上工业增加值增长15%，新增“四上企业”43家。落实各项惠企利企措施，民间投资增长15%，经开区在2017年国家级经济技术开发区综合发展水平考核评价中排名晋升142位、升至第65名。全市科技经费首次突破1亿元，建成全区首个技术产权和人才交易市场，全国质量强市示范城市通过验收，获批建设国家创新型城市，创新驱动力不断增强。

——全面建成小康社会取得重要成果。通过易地搬迁、产业扶贫、金融扶贫、生态补偿等政策协同发力，全面完成建档立卡贫困户脱贫任务。堆龙德庆区、达孜区、墨竹工卡县、曲水县、尼木县、林周县、当雄县通过国家考核验收，自治区政府正式批复五县两区脱贫摘帽。至此，经过三年努力，全市8个贫困县全部脱贫摘帽、225个贫困村全部退出，贫困发生率降至0.27%，我们率先在全区实现整体脱贫。这在拉萨发展进程中具有重要里程碑意义，标志着我们离实现全面建成小康社会的宏伟目标，更近一步。

一年来，我们主要做以下工作：

一是着力打好“三大攻坚战”。防范化解重大风险。全面厘清政府隐性债务，建立财政风险监测和预警机制，当前政府债务总体可控。加强隐性债务整改，进一步规范政府举债行为，降低国有企业杠杆率，确保不受区外金融风险波及，不发生系统性、区域性金融风险。持续推进脱贫攻坚。39个易地扶贫搬迁安置点全部建成，搬迁群众22979人。实施31类142个产业扶贫项目，带动7771名建档立卡贫困人口稳定增收。发放3124.7万元家庭贫困学生资助金，安置2121名易地搬迁子女就近入学。完成昌都“三岩”片区跨市整体易地扶贫搬迁249户1639人。东西部扶贫协作不断深化，三地主要领导开展交流访问活动，年度援藏资金的88.2%投向扶贫领域。深入开展污染防治。打好蓝天、碧水、净土三大保卫战，加大汽车尾气、施工扬尘专项整治，开展“绿盾2018”自然保护区监督检查专项行动。加强工业园区、企业和重点行业污水排放监管，对112家环境违法企业处罚1504万元，处置危险化学品和固体废弃物1258吨。全市空气质量优良率达到98%，主要江河湖泊、国控断面和饮用水水源地水质达标率100%，生态环境保持良好。

二是着力提高经济发展质量。城市根基不断巩固。编制完成堆龙德庆、达孜分区规划及东部城区空间发展战略规划，堆龙新区市政工程完成85%，达孜东环线南线（虎峰大道）全线贯通。贯彻区域经济“优势互补、错位发展”思路，各县区、园区发展定位和产业方向更加明确，“一城两岸三区”空间结构加快形成。实施城市主干道路“白改黑”，铺设沥青路面21.31公里，打通断头路17条，完成两岛市政基础设施改造，彻底解决两岛污水直排问题。纳金水厂、市中心医院、邦嘎隧道等34个重点项目推进良好，柳东大桥建设完成。产业升级加快推进。净土健康产业完成藏鸡、藏香、拉萨好水、奶牛养殖、藜米、藏毯等6大标准体系建设，认证“三品一标”产品109个，“拉萨净土”荣获“2018年度中华品牌商标博览会金奖”。文化旅游产业启动“全域旅游”示范创建工程，“拉北环线”旅游线路基本成型，实施雪顿古镇、雪鹰通用直升机场等一批文旅融合项目。乡村旅游从业人数达8.9万人，一大批农牧民群众吃上“旅游饭”。大力整治旅游市场乱象，旅游发展环境明显净化。全年接待游客1990.2万人次、增长23.9%，实现旅游收入282.76亿元、增长24.3%。现代服务业完成20个市级商贸集聚区评选，城投综合物流园、亨通物流园建成投用，快递业务量增长41.82%。房地产业完成投资95.69亿元，商品房住宅销售面积98.51万平方米，增长27.9%。堆龙民泰村镇银行挂牌营业，兴业银行拉萨支行获批筹建。绿色工业企稳回升，完成华泰龙二期4万吨选矿厂、巨龙一期4000吨选矿厂建设，实施食品、药品等制造业技术改造，推进水泥、砂石等建材企业清洁生产，加快光伏、地热等能源产业布局。循环经济产业园区完成前期工作。双创动能持续增强。落实“两创示范”城市专项资金7.2亿元，兑现各类奖补资金2600万元。设立“梦创”投资基金，开通小微企业金融服务绿色通道，小微企业创新创业服务平台建成投用。众创空间、创新创业基地、服务示范平台等双创载体达到70个，在孵企业3924家，吸纳就业12949人。注册商标总量达12754件，增长45%，科技型企业达到112家，专利授权564件，科技进步贡献率达到50.8%，高新区获批全国首批科技资源支撑型特色载体开发区。全市双创工作聚焦特色领域、服务小微企业，得到李克强总理充分肯定、国务院办公厅通报表扬。

三是着力推进乡村振兴战略。基础设施提档升级。建设农村公路314.9公里，开通农村客运班线27条，全市乡镇客车通达率100%，行政村客车通达率85%，村村通光纤实现全覆盖。推进“厕所革命”，建成各类公厕313座。实施中小型灌区、高效节水灌溉等项目42个，农牧业生产条件明显改善。农业现代化加快推进。全市总播种面积74.1万亩，粮食产量16.01万吨，三项作业综合机械化水平保持在81%以上。青稞种植面积占粮食种植面积的72.27%，产量11.25万吨，加工转化率达34%。饲草种植面积18万亩，新增奶牛养殖示范户3000户，建成规模化养殖场11个，新建高标准养殖中心5个。奶牛存栏8.8万头，奶产量达7.93万吨。投资3.1亿元建设的城关区高标准乳制品加工厂投产运营，工艺标准达到世界一流水平。牦牛育肥出栏1.5万头，增长145%。斯布牦牛和拉萨白鸡通过国家农产品地理标志登记，实现零的突破。农村改革步伐加快。完成4.37万户、63.89万亩土地承包经营权确权登记任务，确权率达100%，土地流转面积9.35万亩。林权制度改革稳步推进，全面完成摸底工作。兑现草补资金5975.12万元，当雄县草场确权颁证有序开展。在全区首推农机加油一卡通，极大便利农牧民群众。

四是着力推进全面深化改革。政务服务效能不断提速。加快“放管服”改革，市民服务中心进驻事项从166项增加至203项，办理时限压缩51.11%，29个事项做到现场办结，完成开办企业、不动产登记、工程建设项目审批等重点领域改革“5750”阶段性目标。规范政投项目代建管理、公共资源交易，电子招投标系统正式运行。加快推进“互联网+政务服务”，政务服务APP、微信公众号、大厅智能化设备等服务方式不断丰富，建成投用市级政务服务平台，市县两级申请类事项网上可办率分别达到81.47%和77.99%。财税体制改革有序推进，政府部门预决算全部公开。营商环境不断优化。商事制度改革成效明显，推进市场主体“33证合一”和登记5天办结，加快登记注册全程电子化，全年办理企业“多证合一、一照一码”2.75万户，个体工商户“两证整合”4.52万户。深化增值税改革，着力降低企业税费负担，推行“双随机一公开”市场监管执法。各类市场主体突破10万户，达到102504户，注册资金6523.1亿元，分别增长34.9%和53.76%。开放发展态势不断扩大。S5拉萨至泽当快速通道建设过半，拉萨至那曲高等级公路全线开工。中尼友谊工业园通过国家发改委备案，综合保税区通过第一轮联审，“八通一平”及综合楼基本建设完成。组建市县两级招商引资服务中心，落实招商引资项目339个，实际到位资金316.23亿元，增长5.4%。国有企业资产总额达到811.8亿元，增长23.9%，实现利润7.8亿元。完成驻拉部队涉军停偿关停和案件审理工作。持续深化与北京、江苏援藏交流合作，全年落实援藏投资8.5亿元，计划外新增2.5亿元，受援工作取得新突破。

五是着力保障和改善民生。办妥一批民生实事。覆盖城乡的社会保险制度基本健全，率先在全区实现“五险合一”，发放首批居民社会保障卡。基本公共卫生服务经费提高至人均75元，农牧区医疗制度经费提高至人均555元。城乡低保标准提高至人均9768元、4550元。暖心智慧燃气普惠民生，居民用户近11万，销售增长10%。就业创业整体推进。开发就业岗位5.1万个，实现城镇新增就业18525人，城镇零就业家庭保持动态清零。开展农牧民转移就业培训9687人，实现转移就业17.1万人次、创收4.7亿元。高校毕业生就业观念持续转变，实现就业4286人，就业率92.1%。教育事业优先发展。建成城乡幼儿园38所，新建小学4所，初中、高中各1所，柳梧初中、第一职业技术学校（一期）建成投用，义务教育超大班额全部消除。教育组团式援藏学校增至11所，普通高中升学率达到96.51%，本科上线率59.76%。住房保障坚强有力。投入12亿元启动加荣、加措、洛堆等棚户区改造，城关区阿坝林、达孜区德庆等棚户区改造全面完成。建成小康安居住房2152套，开工建设公租房2385套，发放城镇低收入家庭住房补贴486.23万元。健康拉萨深入人心。率先在全区完成包虫病患者救治任务，筛查率、救治率均达到100%，“绝不把包虫病带入小康社会”的承诺有效兑现。启动结核病、肝炎和风湿病综合防治，筛查各类人群65.4万人。开展医疗组团式援藏培训1200人次，拓展新手术、新业务33项，新增2个“以院包科”学科，填补6项西藏医疗技术空白。文化体育事业蓬勃发展。实施58个村级文化中心示范工程、42个乡镇综合文化站提档升级工程，完成7座县城数字影院建设，广播电视综合人口覆盖率分别达到98.88%、99%。建成非物质文化遗产博物馆。开展文化惠民演出，举办藏戏演出季活动，成功创建国家公共文化服务体系示范区，文创园被评为“国家文化出口基地”。发展全民健身事业，举办拉萨首届运动会、承办自治区第十二届运动会，纳木错徒步大会、拉萨半程马拉松等体育赛事影响力日益增强。

六是着力加强生态文明建设。落实生态建设重大任务。坚决做好中央环保督察反馈问题整改，落实“党政同责”“一岗双责”，甲玛沟巨龙矿区等挂牌督办事项完成摘牌。配合完成全市生态保护红线划定，保护区面积达5801.76平方公里，占市域国土面积的19.6%。贯彻山水林田湖草生命共同体理念，拉萨河流域生态保护修复工程通过竞争性评审，获

得国家20亿元专项资金支持。扎实推进节能减排。实施老城区“煤改气、煤改电”工程,淘汰燃煤锅炉22台、黄标车及老旧车2014辆,城市公交新能源汽车达到60%。实施拉萨河流域综合治理工程、拉鲁湿地保护工程,县区污水处理厂全部开工建设。推动土壤生态修复和治理,减少化肥、农药、地膜使用量,“禁白”工作有序推进。开展国土绿化行动。巩固提升国家园林城市创建水平,实施“绿色围城”及周边山体造林。完成国土绿化造林6.92万亩、封山育林1.13万亩、防沙治沙3.51万亩,海拔4300米以下“无树村”和“无树户”全部消除。全市森林覆盖率达到19.49%,城区绿化覆盖率37.8%。墨竹工卡县、当雄县成功创建自治区级生态示范县。

七是着力推进社会治理创新。治理能力不断增强。牢牢把握反分裂斗争主动权,依法严厉打击分裂渗透破坏活动,坚决维护祖国统一和国家安全。开展扫黑除恶等三个专项斗争,打掉涉黑涉恶团伙7个,群众安全感明显提升。推进国家食品安全城市创建,食品抽检合格率达97%。加强市政市容管理,完成环卫、市政养护体制改革。加快推进平安拉萨建设,研究制定网约车管理办法,完善社会治安防控体系,化解信访问题1300件,化解率96.2%,安全生产事故起数下降10%。民族团结进步持续巩固。深化民族团结示范城市创建成果,开展民族团结进步教育“七进”活动,加强拥军优属、军民共建。推进藏语言文字规范化建设,开展藏汉双语互学互助活动,平等团结互助和谐的社会主义民族关系更加巩固。宗教事务和谐有序。坚持依法管理宗教事务,积极引导宗教与社会主义社会相适应,全面落实各项利寺惠僧政策,广大僧尼和信教群众切身感受到党和政府的关怀与温暖。

同时,我们不断加强政府自身建设,努力打造廉洁、高效、人民满意政府。主动接受人大法律监督、政协民主监督、社会监督,全年办理市人大代表议案建议107件、市政协委员提案129件,办复率、满意率、回访率均为100%。全面落实从严治党主体责任,加强党风廉政建设,政府系统干部作风明显好转。公务接待费用持续减少,较上年下降34.8%。加强法治政府建设,完善政府工作规则,扎实推进政府机构改革,政府职能转变加快推进。

此外,人防、国防动员、档案、外事、侨务、审计、统计、防震减灾、气象、老龄、工会、青少年、妇联等各项事业都取得新进步。

各位代表!过去一年,拉萨改革发展稳定取得重要成绩。关键在于以习近平同志为核心的党中央对西藏各族人民的亲切关怀,关键在于习近平新时代中国特色社会主义思想的正确指引。这些成绩的取得,离不开市委的坚强领导,离不开市人大及其常委会和市政协的大力支持,离不开北京、江苏人民的无私援助,离不开全市各族干部群众的团结奋斗。特别是我们率先在全区实现整体脱贫,各族干部群众受到巨大鼓舞和激励,获得感、幸福感、自豪感明显增强!这是拉萨市发展史上具有里程碑意义的大事、喜事,城市的知名度、美誉度、影响力显著提升!

在此,我代表拉萨市人民政府,向全市各族人民,向各位人大代表和政协委员,向各人民团体、民主党派、工商联、无党派人士及社会各界人士,向驻市人民解放军、武警官兵和政法干警,向各位老领导、老同志,向所有关心支持拉萨发展的朋友,表示衷心的感谢、致以崇高的敬意!

在肯定成绩的同时,我们也清醒地认识到,拉萨市经济社会发展仍面临不少困难和问题,主要表现在:长期积累的结构性矛盾依然突出,生态环境基础脆弱;产业发展质量效益不高,产业链条短、经营水平低、带动能力弱的初级性发展特征明显,懂经营、会管理、有技术的人才十分匮乏;城乡基础设施建设存在短板,城市管理精细化、智慧化程度不高;农牧民持续增收难度加大,再靠大幅提高各种补贴增加收入的空间已经不大,工资性、经营性、财产性收入渠道急需拓宽;就业、教育、医疗等民生保障能力与满足人民群众对美好生活的向往还有一定差距;政府职能转变还不到位,干部思想观念、能力素质与新时代新要求还有不小的差距,等等。对此,我们一定本着对人民群众高度负责的态度,采取有力举措,切实加以解决。

2019年工作总体部署

今年是中华人民共和国成立70周年、西藏民主改革60周年,是贯彻落实党的十九大精神、全面建成小康社会的关键之年。做好今年政府工作，要深刻认识党中央关于我国仍处于并将长期处于重要战略机遇期的基本判断，深入研究中央、自治区和市委关于今年经济工作的政策取向，贯彻落实中央深化供给侧结构性改革“巩固、增强、提升、畅通”八字方针，贯彻落实市委九届四次全会和经济工作会议精神，结合拉萨实际谋划和推动工作，坚定发展信心、增强忧患意识、抓住发展机遇。从政策环境看，以习近平同志为核心的党中央对西藏工作高度关心，去年李克强总理、汪洋主席赴藏考察，对发展实体经济、抓好创新驱动、实施乡村振兴、建设生态文明等给予重要指导和大力支持。同时，国家“一带一路”建设向纵深推进，西部大开发力度加大，坚定不移推进改革开放，为我们长足发展提供广阔空间。从发展规律看，拉萨中心城市区位优势凸显，投资拉动、创新驱动、产业带动、金融撬动等发展要素不断积聚，为我们实施产业结构升级、转换发展动力迎来重要战略机遇期，高质量发展成效将不断显现。

今年政府工作的总体要求是：高举中国特色社会主义伟大旗帜，以习近平新时代中国特色社会主义思想为指导，深入贯彻落实党的十九大和十九届二中、三中全会精神，贯彻落实自治区九届三次、四次、五次全会和经济工作会议精神，按照市委九届三次、四次全会和经济工作会议部署要求，坚持稳中求进、进中求好、补齐短板工作总基调，坚持新发展理念，坚持推动高质量发展，持续推进供给侧结构性改革，落实“六稳”要求，以处理好“十三对关系”为根本方法，深入实施“六大战略”，继续打好“三大攻坚战”，实施乡村振兴战略，加快构建现代产业体系，扎实做好稳增长、促改革、调结构、惠民生、防风险各项工作，保持经济运行在合理区间，提升各族人民获得感、幸福感和安全感，为全面建成小康社会收官打下决定性基础，以优异成绩迎接中华人民共和国成立70周年和西藏民主改革60周年。

今年经济社会发展的主要预期目标是：地区生产总值增长10%左右，固定资产投资增长10%以上，民间投资增长10%，社会消费品零售总额增长13%，规模以上工业增加值增长13%，一般公共预算收入高于全区增速，招商引资实际到位资金增长10%，城乡居民收入分别增长10%和13%以上，居民消费价格涨幅控制在3%左右，城镇调查失业率控制在5%以内。

为实现今年预期目标，我们要把握好以下三个原则：

——坚持以人民为中心的发展思想。准确把握社会主要矛盾变化，把人民对美好生活的向往作为首要奋斗目标，把改善民生、凝聚人心作为发展的出发点和落脚点，着力解决好人民群众反映强烈的突出问题，解决好发展不充分不平衡问题，更好地推动人的全面发展、社会全面进步。

——坚持向推动高质量发展聚焦用力。全面贯彻高质量发展根本要求，大力推动质量变革、效率变革、动力变革，以现代化理念推进拉萨中心城市建设，补齐发展短板、厚植城市根基、保持生态良好，促进区域协调发展，努力在高质量发展上稳步前行。

——坚持贯彻新时代拉萨发展的战略安排。深刻认识新时代中国特色社会主义历史内涵和实践要求，按照自治区党委、政府和市委对拉萨发展的部署要求，坚持问题和目标导向，紧盯“十三五”后两年发展目标，倒排工期、挂图作战，奋力开启建设社会主义现代化拉萨新征程。

2019年工作重点任务

围绕上述总体部署，今年将重点抓好以下工作：

（一）加快基础设施建设“补短板”，助推区域协调发展。坚持把“城市双修”作为转变发展方式的重要抓手，全面推进乡村振兴战略，不断优化区域发展格局，加快形成高原开放型城镇化发展体系。

坚持规划引领。完成《拉萨市城市总体规划（2020—2035年）》编制工作，推进“多规合一”，坚持绿色发展，加快建设藏中南国家层面重点开发区域。提升拉萨中心城市功能，放大城市经济规模效应、聚集效应和扩散效应，着力构建“一心两翼、南联北通，带动五县五区、辐射特色小城镇”的空间开发格局。加大土地收储力度，提高土地调控和保障能力，加快堆龙新区和达孜新区建设，推进墨竹工卡县撤县设市。开展城乡违法建设综合执法行动，加大对违法建设的惩治力度，提升城乡规划监管能力。建立发展重大问题研究机制，启动“十四五”规划编制，做好重大项目储备。

提升城市品位。围绕建设“新型智慧城市”，加快城市管理数字化建设，健全完善市政、环卫体制改革后续配套政策，提高城市管理效率和质量。继续做好建筑节能改造、管网改造和智能水务等项目，加强城市街景亮化、流浪犬收容和建筑渣土管理等重点工作。全面推行生活垃圾分类处理，扩大试点范围，启用餐厨废弃物处理中心。安排5000万元专项资金，启动全市道路交通综合整治“五个一工程”，着力解决城市交通拥堵、停车难等问题。加大老城区交通分流力度，优化主要道路公交专用路网，新增城区停车场车位1000个，新增借道限时停车车位1000个。促进出租车行业健康发展，进一步规范网约车管理，加大非法运营车打击力度，提升居民出行便捷性和安全性。开工建设拉萨河5#闸，加快城市绿地、公园建设，建立公园分级管理体系，打造“15分钟绿地便民服务圈”。

促进乡村振兴。加大乡村振兴专项投入，设立5000万元的激励资金，对表现突出的县区、乡镇和经营主体进行激励支持。做好纳木湖小城镇示范点和古荣、旁多等重点小城镇培育建设，完成38个乡村振兴特色示范村庄建设，乡村规划编制覆盖率达到40%。实施乡村人居环境整治3年行动计划，年内村庄环境整治率达到50%。加快农村饮水巩固提升、城镇防洪工程等项目建设，做好达孜、墨竹工卡、尼木等乡村采暖试点工作。加大传统村落、民居和历史文化名村名镇保护力度，大力发展乡村旅游，新建3个特色旅游乡镇、10个旅游示范村、100个定点接待户。加快培育新型经营主体，年内创建市级以上示范专合组织20家，评定市级家庭农场、牧场40家。实施“百名乡村振兴人才培育计划”“土专家”总数达到300名，农牧业科技贡献率达到54%。扩大农村集体产权制度改革试点范围，做好农村集体资产清产核资，建成农村产权交易平台，进一步规范促进土地流转，增加农牧民财产性收入。

落实重点项目。坚持经济工作项目化，强化目标责任硬约束，全力推进87个重点项目建设。稳定国家投资规模，加大对在建项目和补短板重大项目的金融支持，发挥企业投资支撑作用，促进社会投资持续稳定增长。开工建设藏热大桥、百淀污水处理厂尾水回用等重点项目，加快推进拉萨师范高等专科学校“专升本”迁建、滨河路、东环北线等市级重点项目，年内完成洛堆、加荣、加措（二期）等3个棚户区改造项目，配合做好西藏自治区医院、西藏技师学院、西藏藏医药大学等13个自治区重点项目，加快林周隧道、城市水系恢复治理等重大项目前期工作。提升政投项目代建管理水平，加快全过程工程咨询服务能力建设。完善领导干部联系重点项目机制和现场调度机制，及时协调解决项目推进重点难点问题，确保重大项目推进有力。

（二）加快产业转型升级“补短板”，全力构建现代产业体系。坚定不移推动产业发展，围绕全市重点产业布局，加快供给侧结构性改革，促进三次产业融合发展，为稳增长、调结构蓄积更大动能。

做强文化旅游产业。创建国家“全域旅游”示范区，全力打造“拉北环线”旅游新名片，落实文化旅游提升工程、乡村旅游富民工程、智慧旅游工程等重点任务。加快当雄纳木错、堆龙象雄美朵、达孜白纳沟、墨竹工卡思金拉错、尼木琼穆岗嘎等景区建设，完成达孜扎叶巴旅游区提升改造项目，实施唐卡艺术院、藏经博物馆、乃仓大酒店等一批文旅融合项目，做好《金城公主》首演及推广工作，形成文化旅游产业新产能。提升旅游商品供给能力，加大旅游纪念品、土特产等开发力度，规范产品销售渠道，积极推动生产制造本地化。继续开展旅游市场专项整治，建立旅游企业“黑名单”制度和失信清退机制，持续提升旅游服务质量标准。力争年内游客接待量增长15%，旅游收入增长20%，乡村旅游收入达到8.2亿元。

做精净土健康产业。发挥净土健康产业乡村产业振兴关键作用，理顺市、县两级净土公司关系，鼓励支持民营资本进入，加快农牧区富民产业发展。持续推进“万户百场十中心”工程，新增奶牛养殖示范户2500户，新建标准化养殖场15个，5个高标准养殖中心全部建成投用。组建运营净土进出口公司，引进优质奶牛1万头，奶牛存栏达到10万头，奶产量增长10%。新建5万吨有机肥料加工厂，提升饲草种植技术水平，饲草产量增长10%，补齐高原奶都产业链条。优化牦牛、拉萨好水等产业布局，力争牦牛育肥出栏1.7万头，水销量达到70万吨。推进尼木、曲水农业产业化示范基地建设，加快有机产品认证示范县和农产品质量安全县创建，建立农产品可追溯体系。扩大无公害农产品、绿色食品、有机产品、地理标志产品及名特优农产品种类和数量，增加研发投入和市场供给。加快构建现代市场营销体系，推动净土健康产品走出去，提升产业竞争力。

做优现代服务业。加快万达广场、天海国际广场、东嘎时代广场等商业体建设，推进领峰国际智慧物流园、顺丰电商产业园等物流园区建设，构建高效便捷的商贸物流网络。积极发展现代金融业，力争全市金融机构各类存贷款余额均增长10%，年内建成投用顿珠金融产业园。挖掘健康、养老、教育、体育等消费领域潜力，促进幸福产业领域提质扩容和健身休闲产业发展，鼓励引导绿色消费。加强房地产市场经营行为监管，规范中介服务，建立物业信用评价体系，促进房地产业平稳健康发展。

做大绿色工业。加强对企业的生产监测，实施规模以上工业企业培育计划，发挥企业主体作用，保障工业新项目建设和投产的连续性。发展绿色矿山、智慧矿山，实现华泰龙二期投产运行，力争产值达到35亿元。加快巨龙二期10万吨选矿厂建设，积极做好40万吨阴极铜项目异地落户。支持新型材料、生物医药、食品加工等制造业企业扩量提质，加快堆龙高原特色食品深加工基地、康缘药业、福地天然水等项目建设。推动堆龙德庆40兆瓦农光互补、创科光伏50兆瓦光伏发电、中核续迈地热发电等重点能源项目落地实施。大力发展装配式建筑，加快建材交易专业市场建设，提升商品混凝土、多功能砖、砂石料、轻钢等建材自产能力，力争年内达孜年产120万吨水泥厂等重点工业项目投产见效。

做实高新数字产业。抓住国家设立科创板的机遇，大力发展互联网、人工智能等新兴产业，积极创建“宽带中国”示范城市。加大科技型创新型企业落户服务力度，继续支持宁算科技等高新数字企业发展，推动电子商务、大数据、云计算与净土健康产业、文化旅游业、现代服务业融合发展。实施“信息惠民工程”，畅通农牧区电商渠道，做好4个电子商务示范县区创建工作。

（三）加快动能提升转换“补短板”，扎实推进高质量发展。坚持贯彻新发展理念，以产富民、产城融合，吸引更多要素集聚，带动更多产业转型，打造更多经济增长点，促进经济高质量发展。

加快实施创新驱动发展战略。扎实推进国家创新型城市建设，创建国家可持续发展议程创新示范区，建立以企业为主体、市场为导向、产学研深度融合的技术创新体系。实施百家科技企业培育工程，加大高新技术企业、科技型企业培育和知识产权保护力度，提升科技孵化器功能和服务能力。加快国家基因库高原基因库、高新区科技双创园等重点项目建设，增强核心技术创新和科技保障能力，促进科技创新成果转化。大力培育创新引领型人才，完善“引得进、留得住、用得好”的政策措施，引进一批科技领军人物和创新团队，力争科技型企业超过120家。巩固提升“全国质量强市示范城市”创建成果，深入推进品牌示范区创建，全面开展“质量提升行动”。深化商标注册便利化改革，强化商标知识产权保护，提升现有“三品一标”品牌的辨识度和知名度，推动商标品牌国际化。

做好消费促进和消费升级。实施限上商贸企业培育计划，加快商贸流通企业供给侧结构性改革，鼓励商贸企业做大做强。积极培育乡村旅游等消费热点，做好汽车、家电、家具等产品升级换代消费，增加消费有效供给，引导消费扩大升级。优化城市商业区域结构，积极发挥重点商业体、步行街等消费集聚作用，引导企业开展消费促进活动，降低网络消费购买力外流影响。加快乡镇商贸服务中心建设，搭建特色农副产品供需对接平台，提升消费便捷性。开展偏远乡村果蔬供给试点工作，拓展消费渠道，满足农牧区消费增长需求。

加强园区建设和招商引资。持续优化调整园区产业布局，抓好主导产业培育，加快“飞地经济”发展。加强园区基础设施和服务能力建设，创新园区管理体制机制，赋予园区更多发展自主权。提升重点园区土地投资强度和产出效益，优化园区土地资源配置，加强重点招商引资项目土地保障。加快推进“一区多园”，将曲水、达孜工业园作为经开区分区，做好高新区申报创建国家级高新区。突出园区平台招商作用，精心谋划招商活动，聚焦产业链招商，提升产业集聚水平和整体竞争力。精心包装文化旅游、净土健康、新能源等产业项目，积极参加京交会、广交会等国内展会，提升招商引资精准性。切实做好招商项目跟踪服务，落实“五个一”服务承诺，建立领导干部定期调度重点招商项目制度。

（四）加快民营企业发展“增活力”，促进民营经济蓬勃发展。坚决贯彻中央“毫不动摇鼓励支持、引导非公有制经济发展”决策部署，解决民营企业发展困难，为企业发展保驾护航，提振民营企业发展信心。

营造公平竞争环境。全面开放民间投资领域，对各类投资主体一律同等对待，在市场准入、审批许可、经营运行、招投标、军民融合等方面，对各类所有制企业执行同样标准。协调处理好农用地转用、建设用地指标分配，加强民营企业土地资源保障。发挥政府采购支持作用，加大向中小微民营企业采购力度。促进国有企业、民营企业合作发展，鼓励民营企业参与国有企业混合所有制改革。健全完善领导干部联系企业制度，开展优秀民营企业家评选活动，构建亲清新型政商关系，保障企业家合法的人身和财产权益。

研究制定扶持政策。培育民营龙头和骨干企业，探索对民营骨干企业的奖励政策。强化企业开办、施工许可、要素供给、法治保障等领域服务，降低制度性交易成本。全面落实税收优惠政策，落实小微企业和科技型初创企业普惠性税收免除，稳定企业社保缴费方式。积极做好民营企业纾困工作，化解重点民营企业流动性风险，全力支持有市场、有效益、有技术的企业做大做强。引导金融机构加大信贷投放力度，为优质民营企业提供信用贷款和担保贷款，探索实行政府贴息，解决好民营企业融资难融资贵问题。

全力推进创业创新。加强创业带动就业能力，提升科技创新和产业发展活力，实施“七大行动计划”，推动创新创业高质量发展。优化创新创业环境，提升孵化机构和众创空间服务水平，加速推动科技成果转移转化。更加注重“双创”载体的综合效益，建立服务质量管理制度，支持民间性质的“双创”基地发展。鼓励园区建设标准化厂房、孵化器，对中小型民营企业给予租金优惠，降低房租成本。弘扬企业家精神，实施企业家培养计划，加大创业阶段政策扶持力度。全力做好国家“两创示范”迎检验收工作，总结经验、树立典型、加大宣传，推动高新区全国第二批双创基地和特色载体建设。

（五）深化改革和扩大开放“增活力”，培育发展新动能。坚持把全面深化改革和持续扩大开放作为释放活力、激发动能的重要举措，紧盯重点领域，把握关键环节，推进各项改革开放部署落到实处。

推进政府职能转变。完成新一轮政府机构改革，优化调整与中央和自治区相应机构和职能设置，加强政府经济调节、市场监管、社会管理、公共服务和生态环保等职能。持续深化“放管服”改革，凡是没有法律法规规定的证明一律取消。建成启用新市民服务中心，建设区市两级公共资源交易大厅，持续推进重点领域改革，实现企业群众办事“只进一扇门”“最多跑一次”。严格落实政务服务“三级四同”“一网通办”要求，下大决心打破信息孤岛、数据壁垒。年内市、县两级政务服务事项网上可办率分别达到90%和80%。扎实做好“诚信拉萨”建设，打造政务诚信为先导、商务诚信为重点、社会诚信为基础、司法公信为保障的诚信体系。

深化国有企业改革。贯彻中央“毫不动摇巩固和发展公有制经济”的决策部署，突出企业产权、组织、治理“三大结构”改革，加快建立现代企业制度。加强国有资产监管，以管资本为主推进职能转变，持续降低国有企业杠杆率，实现国有资产保值增值。积极发展混合所有制经济，推进股权多元化改革试点，对产业相关、业务相近、资源相同的市属国有企业进行分类重组，打造一批主业突出、规模较大、实力较强的企业集团。全力保障支持企业开展资本运作，拓展国有企业融资渠道，力争年内实现城投优质产业板块、布达拉文旅文成公主项目上市取得实质性进展。

促进全方位开放发展。积极融入环喜马拉雅经济带、南亚陆路大通道建设，加快建设中尼友谊工业园，深化与南亚各国经济合作交流。拉萨综合保税区力争年内获得国家批复，完成配套政策制定和基础设施建设。更好发挥北京、南京、深圳等对外产业交流中心作用，每月举办一场产业对接、技术交流、人才合作等活动。组建军民融合对接专门机构，实施一批粮食、油料、医疗、装备等领域合作示范项目，打造全区军民融合发展高地。推进藏中南区域协同、拉萨—山南经济一体化发展，加快拉萨进口水产品、水果指定口岸项目申报，打造南亚航空物流新通道。

（六）增进民生福祉"强保障"，让发展成果更多惠及人民群众。坚持抓重点、补短板、强弱项，优化基本公共服务供给，提升人民群众的参与感获得感幸福感，让民生政策更有温度。

巩固脱贫成效。持续打好脱贫攻坚战，实施易地搬迁群众住房、产业、就业、教育、医疗卫生和基础设施等提升行动，实现高质量脱贫。以扶持发展特色增收产业为突破，延伸拓展产业链条，培育壮大特色产业。加大技能培训力度，引导群众就近就便融入当地产业发展。聚焦特殊困难群体，强化"志智双扶"工作机制，继续发挥奖勤罚懒激励资金作用，引导群众摒弃"等靠要"思想，确保脱贫成果得到长效巩固。继续做好昌都"三岩"片区整体搬迁、那曲高海拔搬迁、羊八井风湿患者集中搬迁等各项工作。

稳定就业形势。开发就业岗位 3 万个，城镇新增就业 1.25 万人，农牧区劳动力转移就业 16.6 万人次，转移就业收入 4.3 亿元。加强高校毕业生、复转军人等重点群体创业培训，落实就业困难群体技能培训、创业贷款、股权投资及融资担保等精准支持政策。促进高校毕业生多渠道就业和自主创业，确保就业率保持在 90% 以上。年内培训城镇失业人员和农牧民 8500 人以上，把有效组织农牧民外出务工、经营增收作为基层组织和驻村工作队的硬任务，引导群众增加工资性收入和经营性收入。全面推行劳动用工实名登记和银行代发民工工资制度，企业劳动合同签订率 95% 以上，劳动监察投诉案件法定期限结案率 98% 以上，劳动人事争议仲裁法定期限结案率 95% 以上。

完善社会保障。提升五大社会保险参保覆盖面，确保社会保险基金收支、运行和管理安全。加强社会救助工作，做到留守儿童关爱保护工作全覆盖，建成精神病人福利院。积极推广社会化养老试点，推进"公建民营"和"医养护"相结合的养老服务模式。开展全市城镇住房普查，加快编制住房发展规划。做好老城区危房改造，年内完成 6812 套公租房、6419 户棚户区改造、255 户农村危房改造项目，做好小康安居工程试点和集中安置点收尾工作。推进"放心粮油"工程，加大蔬菜、水果等生活必需品市场调剂，加强价格监测预警，确保市场供需平稳有序。

优先发展教育。高标准完成"五个 100%"目标任务，全面提升教育质量。新建幼儿园 14 所，小学 5 所，改扩建各级各类学校 17 所，加强教育资源供给。普惠发展学前教育，加快消除义务教育"大班额"，加强特殊教育事业，促进教育公平。加快职业教育提质发展，推进城关区义务教育均衡发展国家评估认定。深化教育组团式援藏，做好人大附中、北二外与拉萨市联合办学，办好家门口的"西藏班"。狠抓师德师风建设，实施教师教育振兴行动计划，打造过硬师资队伍。加快建设学生午餐配送中心，积极推进城市小学供餐工程，提高供餐覆盖率。

提升健康水平。全面推进"健康拉萨、健康城市"创建，倡导健康文明生活方式，提升全民健康素养水平。创建全民运动健身模范市，做好农牧民健身工程，完善全民健身公共服务体系。深化医药卫生体制改革，完善县乡村三级卫生服务体系，提升农牧区合作医疗报销、药品采购等服务管理水平，建档立卡贫困户家庭医生签约率、服务率达到 100%。推进医疗人才"组团式"援藏，市中心医院正式运营，深化以院包科，提升市人民医院大病救治能力。加快县级医院"二级甲等"综合医院建设，完善双向转诊程序，提升基层医疗机构就诊率。持续开展结核病和风湿病查漏补缺筛查和包虫病免费救治，强化卫生应急体系建设、重大疾病预防控制，甲乙类传染病发病率控制在 250/10 万。推动藏医药事业传承和创新发展，推广藏医药浴等特色技术服务。

促进文化体育事业发展。培育和践行社会主义核心价值观，办好西藏民主改革 60 周年庆祝活动。开展文艺、电影、图书下乡活动，推动"农家书屋""寺庙书屋"服务升级，提高公共文化服务供给保障水平。加强非物质文化保护，筹备成立象雄文化研究中心。加强广播电视及新闻出版工作，开展"扫黄打非"行动，强化网络空间治理。做好藏语文编译，加大规范用字执法检查力度。加快体育产业发展，建设体育产业众创空间，举办区域性体育文化产业论坛。继续办好拉萨半程马拉松、纳木错徒步大会等品牌赛事，加快体育与旅游、文化融合，打造城市文化名片。

（七）优化发展环境"强保障"，确保经济社会持续健康发展。牢记稳定是发展的基础，坚持把防范风险、优化生态、创新治理作为重要抓手，努力营造风清气正、开放文明、服务高效的发展环境。

积极防范化解重大风险。持续打好防范化解重大风险攻坚战，确保不发生系统性、区域性金融风险。严格落实债务预算管理和限额管理要求，加大清理力度和深度，守住债务限额“红线”。积极协调提升政府专项债券额度，拓宽合法举债“前门”，严堵违法违规举债“后门”。坚决遏制违法违规融资上新项目、铺新摊子，继续做好化解存量隐性债务工作，确保政府债务安全可控。加快企业债务风险化解，建立更加紧密的政企银联系机制，预防民间违法融资借贷风险。高度重视民间非法集资风险，全面开展风险排查、摸清底数，确保不发生群体性事件。

建设国家生态文明示范区。持续打好污染防治攻坚战，巩固中央环保督察整改成果，加快挂牌督办问题整改。加强污染源头防控，优先实施拉萨河源头7个乡镇污水处理截污工程，实现墨竹工卡县污水收集处理全覆盖。开展山水林田湖草共同生命体统筹治理，系统推进水环境综合整治和水生态保护，年内完成全部县级污水处理厂建设。加快河湖长制信息化建设，实现河湖精准治理。加快推进羊八井国家地质公园建设。持续推进市区周边及山体造林绿化，实施“两江四河”流域造林、重点防护林建设等生态保护工程。年内完成造林绿化2.75万亩，封山育林2.08万亩，实施拉萨至机场路沿线7700亩山体沙化治理。加强野生动植物保护工作，加强禁白工作。持续推进节能减排，开展汽车尾气、施工扬尘专项整治，规范“煨桑”原材料采伐管理，确保空气质量优良率保持在96%以上。

加强和创新社会治理。牢牢把握反分裂斗争主动权，围绕反分裂和反暴恐斗争两个重点，坚决维护祖国统一和国家安全。持续推进立体化社会治安防控体系建设、扫黑除恶打非治乱专项斗争等重点工作，切实保障人民群众安居乐业。做好民族团结工作，巩固发展平等团结互助和谐的社会主义民族关系，增进各民族“五个认同”。依法管理宗教事务，坚持宗教中国化方向，积极引导宗教与社会主义社会相适应，把信教群众的精力引导到发展生产、勤劳致富、过好今生幸福生活上来。推进“七五”普法规划，开展“法律七进”活动，落实政府规范性文件合法审查要求，加强法治政府建设。完善社会矛盾纠纷预防化解机制，落实重大决策社会稳定风险评估机制，依法及时就地解决群众合理合法诉求。坚守安全发展底线意识，加强安全生产和食品安全工作，加快应急救援制度体系建设，确保社会局势全面稳定。

各位代表，打铁必须自身硬。面对人民群众的美好期盼和艰巨繁重的发展任务，我们将持之以恒推进政府自身建设，全面加强党的领导，提高施政能力和服务水平，努力建设人民满意政府。坚持加强政治建设，牢固树立“四个意识”，坚定“四个自信”，做到“两个维护”，始终在思想上政治上行动上同以习近平同志为核心的党中央保持高度一致，坚决服从自治区党委、政府和市委的领导，坚决贯彻市委的决策，确保政令畅通。严格做到依法行政，加快法治政府建设，认真履行法定职责，自觉接受人大法律监督、工作监督和政协民主监督，高度重视社会和舆论监督，高质量办理人大代表议案、建议和政协委员提案，加大政务公开力度。始终保持廉洁本色，落实全面从严治党主体责任和“一岗双责”，严格执行中央八项规定和实施细则，不断健全行政权力监督制约机制，加强政务公开，推进“无现金财务结算”改革，坚决查处各类腐败问题。不断强化责任担当，持续深化政府系统干部作风转变，加大对各级各部门真抓实干的支持力度，健全正向激励和容错纠错机制，充分激发和调动干事创业的积极性、主动性和创造性，真正让求真务实、担当尽责成为政府工作的主旋律，让拉萨人民过上更加美好的生活。

各位代表！新时代要有新气象，新征程期待新作为。让我们更加紧密地团结在以习近平同志为核心的党中央周围，以习近平新时代中国特色社会主义思想为指导，在自治区党委、政府和市委坚强领导下，不忘初心、牢记使命，始终以务实作风和奋斗姿态，加快建设团结美丽健康幸福新拉萨，以优异成绩庆祝中华人民共和国成立70周年、西藏民主改革60周年。

拉萨市人民代表大会常务委员会工作报告

——在拉萨市第十一届人民代表大会第四次会议上

市人大常委会副主任　达　瓦

（2019年1月8日）

过去一年的主要工作

2018年，是深入学习贯彻党的十九大精神的第一年，是拉萨市决胜全面建成小康社会的关键一年，同时还迎来改革开放40周年。面对错综复杂的国际国内形势和艰巨繁重的改革发展稳定任务，市十一届人民代表大会常务委员会始终高举中国特色社会主义伟大旗帜，牢固树立“四个意识”，坚定“四个自信”，做到“两个维护”，始终在思想上政治上行动上与以习近平同志为核心的党中央和区市党委保持高度一致。坚定不移地坚持党的领导、人民当家做主、依法治国有机统一，深入学习宣传贯彻习近平新时代中国特色社会主义思想特别是习近平总书记关于坚持和完善人民代表大会制度的重要思想，关于治边稳藏的重要论述、“加强民族团结、建设美丽西藏”的重要指示以及给隆子县玉麦乡群众的回信、致西藏民族大学建校60周年的贺信等重要精神，切实把坚持和依靠党的领导作为根本原则，以新时代定位人大新坐标，以新思想引领人大新实践，以新目标激励人大新作为，以中央和区市党委决策部署谋划人大工作，不断增强做好地方人大工作的责任感和使命感，全面贯彻落实党的十九大精神，区党委九届三次、四次全会，市委九届三次、四次全会精神，紧紧围绕市委重大决策部署和中心工作，以及全市发展、稳定、生态三件大事，依法行使宪法和法律赋予的各项职权，不忘初心、牢记使命、敢于担当、勇于作为、久久为功，有效推动人大立法、监督、代表等各项工作取得新进展，圆满完成市十一届人大三次会议确定的各项工作任务，为新时代推进拉萨长足发展和长治久安做出应有的贡献。

一、坚持旗帜鲜明讲政治，牢牢把握正确政治方向和新时代人大工作的深刻内涵

不断强化政治意识。习近平总书记强调，人大机关作为国家权力机关，是重要的政治机关，旗帜鲜明讲政治是做好新时代人大工作的重要前提。一年来，市人大及其常委会坚持旗帜鲜明讲政治，深入学习、深刻领会习近平新时代中国特色社会主义思想的精神实质和新时代人大工作的深刻内涵，认真学习栗战书委员长在福建调研时的重要讲话精神，认真学习贯彻吴英杰书记关于全区人大工作的重要批示、洛桑江村主任在全区人大工作交流会上的重要讲话以及白玛旺堆书记一年来就全市人大工作作出的6次重要批示和指示精神，把牢正确政治方向，切实做到坚持中国共产党的领导，坚持走中国特色社

会主义政治发展道路，坚持和完善人民代表大会制度，坚持人民当家做主，坚持全面依法治国，坚持民主集中制，坚持全面贯彻实施宪法，坚持以良法促进发展、保证善治，坚持正确监督、有效监督，坚持民有所呼、我有所应。面对全市改革发展稳定的新课题新实践，自觉担当起建言献策、监督助力的新使命，深入开展调查研究，积极主动作为，从人大层面推进各项工作向纵深发展，努力做到对中心工作有所推动、有所促进、有所助力。坚持“两个报告”制度，定期向市委报告市人大常委会党组工作情况，主动向市委请示报告市人大及其常委会关于立法、监督工作、重要会议、重要活动、重大事项决定、人事任免、专项报告以及工作中遇到的重大问题。

切实履行常委会党组的政治领导责任。严格落实全面从严治党和党风廉政建设主体责任，制定年度落实党风廉政建设主体责任工作方案，明确党组及党组成员的责任，层层签订责任书、实施督促和问责。严格规范党内政治生活，认真开展谈心谈话和书记讲党课等活动，针对形式主义、官僚主义等“四风”新表现和执行中央八项规定及其实施细则等方面存在的问题，认真进行自查和整改。常委会党组成员以普通党员身份参加支部学习和组织生活会36人次。深入开展警示教育、党课教育、严守政治纪律政治规矩、“不忘初心、牢记使命”等主题教育，促进人大系统全体党员干部职工真正做到政治上讲忠诚、思想上知敬畏、行动上守规矩，不断提升政治意识，筑牢拒腐防变制度防线和思想防线。严格贯彻执行《中国共产党党组工作条例》，召开常委会党组会议9次，按照法定程序和要求，召开主任会议8次，常委会会议8次。健全完善决定重大问题、重要工作、重要任务等事项，先经常委会党组研究讨论再依法按程序办理的工作机制，切实增强党组的政治领导责任和核心作用。坚决服从市委工作安排，始终坚持讲政治顾大局。在抓好人大主业工作的同时，常委会先后承担区市党委安排的专项巡视、维护社会稳定、宗教领域维稳及管理、非法宗教临时活动地点清理整顿、支铁建铁、信访矛盾纠纷调处化解、脱贫攻坚、环保督察、民主法治领域改革、工会工作、教育工作等重要工作任务。根据市委统一要求，安排5名常委会领导同志担任相关工作领导小组组长、副组长。2018年，常委会领导同志深入基层、深入群众，走访调研8个县(区)、10余个行政村、20余个重点寺庙、14家企业、60余名区市县乡四级人大代表，深入基层平均达60天以上，到结对贫困户家庭帮扶慰问30人次以上，为常委会办公厅驻村工作队争取对口帮扶项目启动资金100万元，深入包片县(区)、村居、寺庙、企业等开展调研，奋战在维稳、扶贫、改革、民生等工作一线，为推进全市民主政治建设、推动改革发展大局、履行维护稳定政治责任、助推社会和谐做出应有的贡献。

二、坚持科学民主依法立法，发挥立法对改革发展和民生事业的引领、保障作用

常委会始终坚持党对立法工作的领导，着力构建党委领导、人大主导、政府依托、各方参与的立法机制，坚持以人民为中心，以问题为导向，注重立法的必要性、系统性、补充性、针对性和可操作性，避免立法的碎片化，聚焦立法引领，在立良法、促发展、保善治上下功夫。注重增强人大立法的计划性和针对性，根据市委统一安排部署，及时调整充实立法规划、计划，按照立法项目的重要性、紧迫性和成熟度，分类排表，有力有序组织推进，根据立法授权范围，坚持拉萨缺什么我们就立什么，主动适应拉萨改革发展稳定需要。注重增强立法的实用性，围绕城市建设与管理、生态文明建设和环境保护、历史文化保护等方面积极开展立法，以法律规定为拉萨改革发展引路护航。发扬工匠精神，坚持质量至上，严谨细致、精益求精，不求面面俱到，但求言简意赅、条条管用。

按照常委会2018年立法计划，在市委的正确领导和自治区人大的有力指导下，完成《拉萨市村庄规划建设管理条例》的制定、《拉萨市制定地方性法规条例》的报批和《拉萨市拉鲁湿地国家级自然保护区管理条例》的修订工作，现已公布实施。按照市委要求，提前启动《拉萨市电动车管理条例》的制定工作，充分学习借鉴其他省市电动车管理立法的先进经验做法，充分结合拉萨实际，针对当前需要通过法规解决的问题，确定解决方案，明确立法思路。在充分调研论证的基础上，适时将《拉萨市公共场所控制吸烟条例(草案)》调减出五年立法规划。进一步细化规范性文件备案审查工作流程，推动备案审查工作的规范化、制度化、程序化，主动加强与政府相关职能

部门的联系，做好沟通工作，对市政府报备的《拉萨市行政应诉工作规定》《拉萨市采砂管理办法》《拉萨市政府法律顾问工作规则》等六件规范性文件进行备案审查。

充分发挥专家在拉萨市地方立法中的咨询参谋、智力支持作用，切实加强地方立法工作的科学性。按照“公开、民主、择优”的原则，面向社会公开选聘38名在各自行业领域具有较强专业性、代表性、权威性的立法咨询专家，修订《拉萨市人大常委会立法咨询专家库管理办法》，规范立法咨询专家库，极大地提升拉萨市人大及其常委会立法工作整体质量。

三、坚持以人民为中心的发展思想，不断提高监督实效

常委会始终坚持问题导向，在推动解决实际问题上求突破。2018年，常委会紧紧围绕市委中心工作和人民群众普遍关注的重点问题，坚持依法监督、正确监督、有效监督，共听取审议专项工作报告11项、开展专题询问1次、执法检查4次，立法调研2次，专题调研3次，受理群众来信来访3件，有效保证市委重大决策部署和惠民政策的贯彻落实，推动法律法规在拉萨市的实施，促进“一府两院”依法行政、公正司法。

切实把监督重点放在促进经济平稳健康发展上，加强对经济运行工作的监督。密切关注全市经济运行情况，把落实市委关于经济工作的部署要求作为监督重点，依法听取和审议国民经济和社会发展计划执行情况报告、财政预算执行情况报告、财政预算变更报告、审计工作报告，及时分析和查找经济运行中出现的困难和问题。督促政府部门进一步贯彻新发展理念，深化结构调整，强化创新驱动，实施积极的财政政策，为全市经济发展提质增效提供有力支撑。根据《监督法》听取并审议市政府关于“十三五”规划中期评估报告，并提出审查意见。积极回应社会关注、群众关切，认真开展专项执法检查和专题调研。按照常委会2018年监督工作计划，认真开展《拉萨市物业管理条例》执法检查，提出一系列改进工作的建议，得到市政府及相关职能部门的高度重视；认真开展《拉萨市市容环境卫生管理条例》执法检查，运用专题询问的方式，就环境卫生责任落实和监督、市政设施改造、垃圾废弃物处置等17个方面的问题分别向市城市管委会、市住建局、市规划局等10个政府职能部门进行询问，执法检查效果明显，代表和群众反响大；认真开展《拉萨市古村落保护条例》执法检查，就进一步提高全社会对古村落保护重要性的认识，完善体制机制，探索和创新保护管理利用模式等方面提出意见和建议，有力促进政府依法开展相关工作；认真开展《中华人民共和国全国人民代表大会及地方各级人民代表大会代表法》及《西藏自治区实施〈中华人民共和国全国人民代表大会和地方各级人民代表大会代表法〉办法》执法检查，全面了解全市各级人大在加强代表工作、充分发挥代表作用等方面的情况以及贯彻实施代表法过程中的存在的问题，提出有针对性的工作建议；认真开展食品药品安全检查，有效推动拉萨市食品药品监管工作，全市各族群众满意，反响良好；认真开展民族团结进步工作专题调研，就进一步巩固拉萨市创建民族团结进步示范市工作成果等方面向市政府提出切实可行的建议。积极配合自治区人大常委会赴拉萨市开展《西藏自治区民用机场保护条例》执法检查审议意见贯彻落实情况的跟踪检查、《中华人民共和国大气污染防治法》贯彻实施情况检查、《传染病防治法》工作调研暨相关法律实施情况检查、《中华人民共和国教师法》和《西藏自治区实施〈中华人民共和国教师法〉办法》执法检查报告审议意见落实情况的检查、《中华人民共和国预防未成年人犯罪法》和《西藏自治区实施〈中华人民共和国预防未成年人犯罪法〉办法》执法检查、《西藏自治区实施〈中华人民共和国促进科技成果转化法〉办法》修订调研、《2018年中华环保世纪行—西藏行活动》执法调研、《西藏自治区实施〈中华人民共和国人民调解法〉办法》实施情况以及对拉萨市法院、检察院系统全面深化司法改革、城关区作为全区首批基层立法联系点试点情况、青稞增产、有条件的地方消除无树村(户)、土地确权工作落实情况等专题调研，切实履行人大监督职能。

四、坚持依法科学决策，确保讨论决定重大事项更好体现党的主张和人民意志

常委会坚持把健全完善人大讨论决定重大事项制度作为深化民主法治领域改革的一项重点任务，依法履行讨论决定重大事项职责，把市委的决策主张转

变为全市人民的共同意志。结合市委关于加强国有企业管理的要求,对《拉萨市国有资产经营及国有企业发展情况调研报告》审议意见的整改情况报告进行认真审议,并向主任会议提出审议意见建议,责成市政府根据《监督法》有关规定,严格按照常委会审议意见,重新整改落实,切实增强人大监督工作的权威性、实效性和刚性约束。根据全区深化监察体制改革的要求,依法选举产生市监察委员会主任,依法任命市监察委员会副主任、市监察委员会委员。根据区市党委以及“两院”党组的人事安排建议,2018年常委会共依法选举任免国家机关工作人员28人,通过法定程序,落实区市党委人事安排决策部署。

五、坚持强化代表履职服务,充分发挥人大代表主体作用

常委会坚持把代表工作作为常委会工作的基础,主动谋划、强力推进。积极推动代表工作机制创新、载体创新和服务创新,着力构建畅通的代表联系机制、活跃的代表活动机制、健全的代表议案建议督办机制、有效的代表履职激励约束机制,有力促进代表依法履职、科学履职。

牢牢把握常委会与代表、代表与人民群众“两个联系”主线,把尊重代表主体地位、发挥代表作用作为做好人大各项工作的基础,进一步完善代表履职机制,保证代表依法行使国家权力。先后出台《拉萨市人大常委会关于加强和规范市人大代表履职活动办法》《拉萨市人大常委会关于加强和改进基层人大代表履职活动保障工作办法》《拉萨市人大常委会组成人员联系本级人大代表意见》《拉萨市人大常委会关于本级人大代表联系人民群众办法》。进一步健全完善《拉萨市人民代表大会代表视察调研制度》,围绕全市工作大局和常委会重要议题,有计划、有针对性地组织代表开展专题调研、执法检查、集中视察共计130人次。邀请市级人大代表列席常委会会议,共计18人次,支持代表发表意见、提出议案建议。通过多种方式和渠道,加强代表履职宣传,激发代表履职热情。

认真督办代表建议,推动解决实际问题。常委会办公厅会同市政府办公厅对去年市十一届人大三次会议代表提出的107件建议,主动加强协调,强化跟踪督促,提升代表议案建议办理实效。出台《拉萨市人大常委会代表建议办理工作“三公开、两见面”制度》,对代表建议的交办、督办等工作作出刚性规定。常委会领导同志领衔督办9件代表重点建议,有力提升代表建议办理质量和效率。代表建议办复率和满意率均达到100%,办结率达56.07%。在各级政府重视下,许多重点工作得到有效推进,一批民生领域的热点问题得到有效解决。

认真做好代表资格变动相关工作,提升代表工作的组织程度。针对代表名额出缺,积极与组织部门协调对接,及时掌握代表工作调整、调出本行政区域、经组织批准退休、罢免以及逝世等情况,适时协调安排各相关县(区)人大常委会接受相关代表辞去代表职务,并根据组织建议,适时补选相应的代表。2018年,各县(区)人大常委会共接受9名市级人大代表辞职;根据纪检监察部门建议,罢免1名市级人大代表;根据组织部门建议,补选8名市级人大代表;1名市级人大代表逝世。目前,拉萨市第十一届人民代表大会实有代表248名。

强化代表履职教育培训,提升代表履职意识和能力。采取集中培训、以会代训、“代表之家”学习、聘请专家作专题讲座、组织代表相互交流、赴区内外考察学习等形式,重点围绕宪法和法律、人民代表大会制度、人大立法、监督等内容组织代表进行业务培训和法律知识培训,提升代表履职行权能力水平。2018年,结合市委关于全市各部门发挥职能特点重点支持林周北部三乡脱贫攻坚,及人大如何围绕党委中心工作履职尽责,人大常委会组成人员发挥职能作用、代表工作、加强县乡人大建设等方面,组织市人大常委会组成人员、市人大各专门委员会组成人员、基层市级人大代表、农牧民代表等,赴区内外学习交流考察,共计49人次。代表们开阔视野,看到差距,学到经验,进一步理清工作思路,增强工作信心,达到预期目的。

六、坚持全面加强自身建设,不断提升常委会履职能力水平

常委会切实把自身建设放在更加突出的位置,在思想、组织、能力、制度、作风建设上下狠功夫,用党的创新理论武装头脑,指导工作,着力打造政治坚定、勤于学习、履职为民、团结协作、遵章守纪的坚强集体。在思想政治建设层面,把学习贯彻习近平新

时代中国特色社会主义思想特别是习近平总书记关于坚持和完善人民代表大会制度思想作为首要任务和看家本领，保证人大工作正确政治方向，不断推动人大工作与时俱进，更好担负起党和人民赋予的职责。在组织建设层面，积极主动向市委请示汇报，提出着力加强人大组织建设，优化人大专门委员会设置和常委会机关内设机构设置的建议意见，努力为人大及其常委会依法履职科学履职提供坚强保障。在能力建设层面，先后组织部分常委会组成人员赴阿里地区以及北京、江苏两省市进行学习交流考察，参加在山南市召开的全区人大工作交流会，并作交流发言。通过学习考察和交流，谈体会、讲感悟、提建议，进一步明晰推动拉萨市人大工作与时俱进的思路举措。在制度建设层面，根据形势需要，对市人大常委会及机关各项制度进行梳理，并在此基础上进行一揽子修订修改，进一步织密、扎紧制度的笼子，提升人大工作的科学化规范化水平。在作风建设层面，以党建为统领，按照“抓大党建、大抓党建”要求，把党建工作融入业务工作，驰而不息改进工作作风，大兴调查研究和学习之风，提升工作实效，进一步强化责任、作为、担当意识，力促各项工作严肃、严格、严谨，机关作风得到切实转变。2018年，常委会党组理论学习中心组共召开集中学习（扩大）会议12次，常委会党组成员参加市委理论学习中心组集中学习56人次，参加区市党委组织的政治纪律、政治规矩等学习培训6人次；常委会机关党组集中学习12次，各个支部开展集中学习、“三会一课”、主题党日等会议、活动等90场次。结合市委关于加强生态文明建设的要求，举办“拉萨人大‘守护世界净土’暨‘人大代表环保主题日’活动”。营造人大机关良好的政治氛围，凝聚强大的正能量，极大地提升人大代表和人大机关干部职工的精神状态。拉萨市人大教科文卫委员会还被评为2018年度拉萨市第二批民族团结进步创建活动示范单位。

各位代表，常委会一年来所取得的成绩，最根本的在于有习近平新时代中国特色社会主义思想的科学指引，有习近平总书记作为党中央的核心、全党的核心领航把舵。这些成绩的取得，是市委的坚强领导和自治区人大常委会有力指导的结果，是全体代表、常委会组成人员和人大机关工作人员履职尽责、共同努力的结果，是“一府一委两院”和各级人大及其常委会协同配合的结果，也是全市人民和社会各方面充分信任、大力支持的结果。在此，我谨代表市十一届人大常委会表示崇高的敬意和衷心的感谢！

各位代表，面对新时代和新要求，我们也清醒地看到，常委会工作与市委要求、人民群众的期盼、宪法法律赋予的职责还存在不少差距和短板。立法引领和推动作用尚未得到充分发挥，公众参与立法的深度和广度有待不断拓展；监督机制有待继续完善，监督实效有待增强；重大事项决定权科学行使还需探索完善；闭会期间代表活动还不够丰富，代表作用需要进一步发挥；党的建设和干部队伍建设有待进一步加强。对此，我们要高度重视，采取切实措施认真加以解决。

2019年工作思路及安排

各位代表，2019年是中华人民共和国建国70周年，是西藏民主改革60周年，也是全面深化改革的关键之年。常委会工作的总体要求是，高举中国特色社会主义伟大旗帜，深入贯彻落实党的十九大、十九届二中、三中全会和中央第六次西藏工作座谈会精神，坚持以习近平新时代中国特色社会主义思想为指导，贯彻落实习近平总书记关于坚持和完善人民代表大会制度的重要思想、治边稳藏的重要论述和加强民族团结、建设美丽西藏的重要指示以及给隆子县玉麦乡群众的回信、致西藏民族大学建校60周年的贺信精神，树牢“四个意识”，坚定“四个自信”，做到“两个维护”，按照拉萨市第九次党代会和市委九届三次、四次全会部署要求，认真履行宪法法律赋予的职责，动员全市各族人民奋力推进拉萨长足发展和长治久安，为决胜全面建成小康社会，全面建设社会主义现代化新拉萨，谱写好实现中华民族伟大复兴中国梦的拉萨篇章。

一、围绕坚持党的领导，努力在提高政治站位上有新高度

认真学习贯彻党的十九大精神和习近平新时代中国特色社会主义思想，自觉以新思想武装头脑、指导实践、推动工作，牢牢把握人大工作正确政治方向。习近平总书记是全党拥护、人民爱戴、当之无愧的党

的领袖，必须绝对拥戴、信赖、忠诚、捍卫党的领袖和核心，把坚决维护习近平总书记党中央的核心、全党的核心地位，坚决维护党中央权威和集中统一领导作为最高政治原则和根本要求，始终在思想上高度认同、政治上坚决维护、组织上自觉服从、行动上紧紧跟随，切实提高做好人大工作的政治站位。始终把维护祖国统一、加强民族团结作为人大工作的着眼点和着力点，与达赖集团作坚决斗争，时刻绷紧维护稳定这根弦，在反分裂斗争这个大是大非问题上做到旗帜十分鲜明，立场十分坚定，做神圣国土守护者、幸福家园建设者。自觉接受市委领导，坚持重大事项、重要问题及时向市委请示报告，始终与市委保持政治上同向，思想上同心，行动上同步，坚定不移把区市党委决策部署落到实处。切实加强常委会党组建设，坚持发挥常委会党组重要作用与发挥人大代表和常委会组成人员中党员的先锋模范作用有机结合，为实现党的历史使命努力工作。

二、围绕强化法治引领，努力在推进法治建设上有新突破

坚持科学民主依法立法，积极推进立法工作进程，探索立法新机制，拓展立法新途径，严格执行《拉萨市制定地方性法规条例》，着力提高立法质量；强化立法调研，注重调研成果转化；整合立法资源，进一步完善立法人才储备，充分发挥立法咨询专家的作用。坚持问题导向，紧扣政府机构改革，结合上位法及相关法律，及时启动修订一批拉萨市现行有关法规，为依法有序推进机构改革提供重要保障；完成《拉萨市电动车管理条例》的立法及《拉萨市流动人口管理条例》修订工作，将《拉萨市禁止一次性塑料购物袋管理办法》上升为地方性法规，努力使每一项地方性法规都符合宪法精神，反映人民意愿，得到人民拥护。弘扬宪法精神，恪守宪法原则，在全市各级人大机关和人大代表中深入开展尊崇宪法、学习宪法、遵守宪法、维护宪法、运用宪法的宣传教育活动，做宪法的忠实崇尚者、自觉遵守者、坚定捍卫者；进一步探索试行市人大常委会任命国家机关工作人员任前法律考试，进一步督促国家机关工作人员学法、懂法、用法；全面贯彻落实宪法宣誓制度；切实维护宪法法律权威和国家法制统一，加强规范性文件备案审查工作，保证区市党委政令畅通。

三、围绕服务大局，努力在落实市委重大决策上有新作为

围绕市委决策部署依法行使决定权，对事关全市根本性、全局性和长远性的重大事项作出决议、决定。围绕国民经济和财政预算行使决定权，依法适时就国民经济和社会发展计划，全市和市本级财政预算的监督和审查作出决议、决定。围绕重大民生问题行使决定权，以实施乡村振兴战略和脱贫攻坚为重点，依法决定相关事项，推动政府决策科学化、法治化，保障各项惠农政策、惠农项目落地实施。围绕依法治市行使决定权，按照宪法和有关法律规定就法治拉萨建设相关事项作出决议、决定。围绕市委人事安排行使任免权，按照党管干部和人大依法任免的原则，依照法定程序任免地方国家机关工作人员。

四、围绕落实监督重点，努力在增强监督实效增进人民福祉上有新提高

严肃法律法规监督，加强执法检查，确保法律法规在拉萨市的正确实施，重点检查《拉萨市爱国卫生管理条例》《拉萨市城市供水用水条例》执行情况。加强对财政经济工作的监督，在依法开展常规经济监督工作的基础上，重点审查监督支出预算和政策拓展方面的实施情况，进一步探索试行政府预算审查联网监督工作机制，加强部门预算的审查力度，确保公共财政安全高效；根据中央和自治区相关文件精神，贯彻落实市政府向市人大常委会报告国有资产管理情况的制度。坚持以人民为中心的发展思想，紧扣发展、稳定、生态三件大事，加强对民生保障工作的监督，增强监督实效，让人民群众更好地分享拉萨改革发展稳定的成果，跟踪检查《拉萨市2018年食品药品安全监管工作开展情况的报告》审议意见的整改落实情况，专题调研拉萨市非物质文化保护工作情况。进一步加强司法监督，让代表更加全面地了解审判、检察工作，对审判、检察工作依法提出意见和建议，依法监督法院执行工作，切实帮助解决执行难问题。

五、围绕保障代表履职，努力在发挥代表作用上有新举措

突出代表主体地位，激发代表履职热情，积极探索代表工作的有效途径，创新工作机制，发挥代表在依法行使职权、密切联系群众、表达反映民意等方面的作用。切实加强和改进代表工作，进一步加大服

务保障代表履职的工作力度，不断激发代表主体活力。坚持有计划地开展代表履职培训、专题培训，不断提高代表依法履职能力。优化代表视察调研机制，建立代表议案建议办理及督办机制，探索代表议案建议办理绩效考核机制，从强调“满意率”向提高“办结率”转变，推动“人大代表之家”真正发挥作用。密切人大及其常委会与人大代表和人民群众的联系，推进人大工作“深得下去”，代表依法履职“沉得下去”，服务中心工作“跟得上去”。深入走访联系代表，邀请更多的代表列席会议、参加活动，为代表履职创造更好条件。丰富拓展代表活动，改进组织方法，丰富活动形式，探索试点推行市级人大代表回选区访选民、述职等活动，激发代表履职热情。

六、围绕强基固本提效，努力在强化自身建设上有新提升

进一步加强思想政治建设，健全人大组织制度和工作制度，优化人大机关运行机制。结合新时代人大工作新要求新定位，全面梳理并健全完善一批常委会内部管理制度、工作规则、议事规则、规章制度等，加强人大常委会一揽子制度执行过程的精细化管理，建立从始至终、无缝链接的工作流程，优化运行程序和要求。进一步加强作风建设，严格遵守中央八项规定，切实转变工作作风。

各位代表，新时代赋予新使命，新思想引领新征程。适应经济社会新常态，实现改革发展新跨越，谱写拉萨经济社会发展和新时代人大工作新篇章，需要全体代表和全市各族人民的共同努力。让我们更加紧密地团结在以习近平同志为核心的党中央周围，在拉萨市委的坚强领导下，在自治区人大的有力指导下，锐意进取、勇于担当，开拓创新、求真务实，忠实履行宪法和法律赋予的职责，切实把人大工作提高到一个新水平，为率先在全区全面建成小康社会，奋力开启全面建设社会主义现代化拉萨的新征程而努力奋斗！

政协第十一届拉萨市委员会常务委员会工作报告

——在政协第十一届拉萨市委员会第四次会议上

市政协主席　袁训旺

（2019年1月5日）

2018年工作回顾

2018年是全面贯彻落实党的十九大精神的开局之年，是改革开放40周年，是打赢脱贫攻坚战、决胜全面建成小康社会、实施“十三五”规划承上启下的关键一年。一年来，在市委的坚强领导下，在各方面的大力支持下，市政协常委会团结带领各界政协委员，认真学习贯彻党的十九大精神，把习近平新时代中国特色社会主义思想作为统揽政协工作的总纲，认真学习贯彻习近平总书记关于加强和改进人民政协工作的重要思想，全面贯彻落实区市党委九届三次、四次全委会精神，坚持团结和民主两大主题，围绕中心、服务大局，牢牢把握正确政治方向，围绕民生问题干事出力，聚焦党政中心工作履职尽责，突出抓好政协系统党的建设，积极开展对内对外工作交流，重视自身履职能力建设，发挥政协大团结大联合的独特优势，团结一切可以团结的力量，凝聚一切可以凝聚的智慧，激发一切可以激发的活力，为建设团结美丽健康幸福新拉萨做出重要贡献。

一、把握正确政治方向，站稳正确政治立场

人民政协是政治组织，旗帜鲜明讲政治是人民政协的本质要求。坚持中国共产党的领导是人民政协事业发展进步的根本政治保证，是人民政协必须讲的最大的政治。

（一）不断夯实共同团结奋斗的思想政治基础。要讲好坚持党的领导这个最大的政治，就必须矢志不渝坚定正确的思想指引。一年来，我们按照学懂弄通做实的要求，深入学习习近平新时代中国特色社会主义思想和党的十九大精神，通过召开主席会议、常委会议、党组理论中心组学习会和专题座谈会，有计划、分专题推进学习活动有效开展，确保学习入脑入心入髓。采取全委会、委员培训、专题讲座等形式，引导政协委员认真学习习近平总书记在庆祝人民政协成立65周年大会上的重要讲话精神，学习新《宪法》、新《政协章程》及人民政协发展史，增强政协委员对中国共产党和中国特色社会主义的政治认同、思想认同、理论认同、情感认同，深刻理解“四个全面”的重大部署，树牢“四个意识”，坚定“四个自信”，坚决做到“两个维护”，使广大政协委员在事关道路、制度、旗帜、方向等根本性问题上统一思想、统一意志、统一步调，确保人民政协事业始终沿着正确政治方向前行。

（二）主动将政协一切工作置于党的领导之下。坚持市委对政协工作的绝对领导，始终做到政协全

委会、常委会工作报告、年度工作要点、常委会议、党组重要工作等向市委请示报告，政协党风廉政建设、党员政治教育、政治纪律教育、政协系统党的建设、巩固“禁白”成果、“河长制”督查等工作向市委专题报告，政协重大的协商议政、民主监督、调研视察、考察学习等活动事先向市委请示报告。

（三）加强政协党的建设，发挥政协党组核心作用。认真贯彻落实全国、全区政协系统党的建设工作座谈会精神，充分发挥政协党组在政协工作中把方向、管大局、保落实的重要作用，有效实现政协党组对政协工作的全面领导，坚持把党的建设作为政协重要政治任务，真抓、实抓、严抓。不断完善政协党组各项制度，制定年度党建工作计划，落实党组成员责任分工，确保党建工作落到实处。不断加强理论学习，积极参加全区政协系统学习研讨活动，拉萨市政协“习近平总书记关于加强和改进人民政协工作的重要思想”理论文章在研讨活动中荣获二等奖。全年召开政协党组会议6次，机关党组会议10次，党支部会议14次，以会促学，以学促行，真正做到学思用贯通、知信行统一。紧紧围绕“党建统市”战略，全面推进“两学一做”学习教育常态化制度化，不断强化政协基层党组织建设，规范机关党支部、退休党支部、驻村工作队临时党支部组织生活，通过开展党员承诺践诺评诺、党员结对帮扶、“四讲四爱”群众教育实践活动、退休老党员讲党课等活动，激发党员党性意识，发挥党员凝心聚力作用。加强党建阵地建设，营造浓厚的党建学习教育和宣传文化氛围。强化廉洁务实政协建设，利用全委会、常委会、党组理论中心组学习会、党支部组织生活会、干部职工学习会等专题学习《党章》《准则》《条例》，全面贯彻中央八项规定及其实施细则、自治区“约法十章”“九项要求”和市委“八项要求”及实施办法，开展形式多样的警示教育，全力支持市纪委及其派出机构监督执纪问责。扎实开展党员政治教育和政治纪律教育，重点抓住党组班子成员这个“关键少数”，不断提高党组班子成员政治自觉和政治站位。党组班子成员全年参加学习84个学时，带头上党课10节，以普通党员身份参加组织生活会22人次。严格落实“三会一课”、谈心谈话、民主评议党员等制度，认真开好民主生活会和组织生活会。市政协党组代表全区地（市）级政协参加在北京举行的全国政协系统党的建设工作经验交流座谈会，并在会上作书面交流。深入学习贯彻中共中央办公厅《关于加强新时代人民政协党的建设工作的若干意见》，起草制定《拉萨市政协党组关于加强新时代党的建设工作实施意见》和《拉萨市政协党组关于进一步发挥党员委员先锋模范作用的意见》。

二、围绕民生聚焦大事，干事出力履职尽责

习近平总书记强调，人民政协要把实现好、维护好、发展好最广大人民根本利益作为工作的出发点和落脚点，把促进民生改善作为重要的着力点，抓住民生领域重要问题资政建言，协助党和政府破解民生难题，增进人民福祉，做到人民政协为人民。我们始终牢记这一使命，紧扣人民群众根本利益履职尽责。

（一）围绕精准扶贫这一最大民生干事出力。全面打赢脱贫攻坚战、如期实现全面建成小康社会是当前拉萨市最大的民生。根据市委统一部署，9名政协领导班子成员对口联系拉萨市9个村、27户贫困户，全年多次深入实地结对帮扶，想对策、出主意、促脱贫。为破解拉萨市农牧区村（居）集体经济发展“瓶颈”，解决扶贫中的“造血”问题，由一名副主席带队组成调研组，深入拉萨市3县（区）、6个村（居）调查研究，提出对策建议，形成《关于发展壮大拉萨市农村集体经济的调研与思考》。为解决拉萨市部分农牧区农业技术匮乏、发展思路不宽的问题，由一名副主席带队，农牧界、科技界委员深入实地，围绕“送农业实用技术下乡，助推当地乡村振兴”开展界别活动，专题讲座，座谈讨论，为农牧区送去科学技术和发展思路。针对“林周北部三乡脱贫任务艰巨”这一突出问题开展精准调研，一名副主席带领经济界、工商界、医卫界、科技界委员赴林周县专题调研，摸准实情，建言献策。高度重视提案在助推脱贫攻坚中的作用，一名副主席领衔督办《关于巩固拉萨市脱贫攻坚成果的提案》，为拉萨市巩固脱贫攻坚成果献计出力。重视非公企业在精准扶贫中的作用，一名副主席带领工商界、军警界委员深入城关区，探索研究非公企业在精准扶贫中的作用发挥。政协委员充分发挥自身优势，为驻地号准“贫脉”、开对“药方”，为驻地顺利通过国家脱贫验收贡献力量。配合全国

政协民族和宗教委员会围绕“解决深度贫困地区脱贫问题”，在曲水县、当雄县开展专项调研，为拉萨市脱贫攻坚工作提出宝贵意见。协助自治区政协经济和人口资源环境委员会在林周县、墨竹工卡县、尼木县专题调研“精准扶贫中的精神贫困现状”，助力脱贫攻坚“智志双扶”。

（二）聚焦民生热点难点问题履职尽责。着眼群众关切，一名副主席带队，组织政协委员多次深入市市民服务中心和城关区、曲水县等县（区）及20多个乡级和村级政务服务中心，围绕“市县乡三级政务服务体系运行情况和‘放管服’工作情况”开展调研，就相关问题提出对策建议。一名副主席带队，调研拉萨市妇女儿童医疗资源紧缺问题，形成调研报告上报市委。着眼群众关心，一名副主席领衔督办关于在拉萨市开通“掌上社保”、规范网约车的提案，以督促建，助推拉萨市“新型智慧城市”建设。着眼群众关注，针对委员提出的拉萨市部分中小学学生中午就餐难、基层农牧区健康宣传薄弱、哲蚌寺至市六中路段交通混乱等提案，分别由3名副主席领衔督办，力推相关问题得以解决。对拉萨市2018年中考工作进行全程监督，确保中考工作公平、公正、透明开展。

三、紧扣党政中心工作，协商议政主动作为

自觉把政协工作纳入全市大局中去思考和谋划，始终保持与党委、政府同频共振、同心同向，切实做到党委想什么，政协就谋什么，政府做什么，政协就帮什么。

（一）加大协商议政力度。政协不是权力机关，参政不行政、建言不决策、监督不强制，主要通过协商发挥作用。这种作用的发挥不是靠说算，而是靠说得对。我们高度重视政协协商民主建设，形成以全委会为龙头，以专题议政性常委会为重点，以季度协商座谈会、对口协商会、提案办理协商会等为常态的协商议政格局。召开全委会，汇聚全体政协委员智慧，资政建言。召开议政性常委会1次，专题听取全市实体经济发展情况通报，针对“如何促进拉萨市实体经济发展”献计献策。围绕“加强县（区）史编纂力度，开创拉萨文史资料工作新局面”“市直相关部门对环境保护工作的履职情况”“如何提高提案办理实效”等召开3次季度协商座谈会，就具体问题座谈讨论、协商议政，形成协商报告上报市委参阅。针对拉萨市“江河湖泊水资源保护和中心城区水系整治”“文化旅游产业融合发展”等课题重点调研，召开与相关部门的对口协商会，听取汇报，建言献策。瞄准破解冬游拉萨难题、增强拉萨旅游文化内涵，围绕“文化旅游产业融合发展”深度调研、协商座谈，形成调研报告供有关部门参考。根据委员对提案办理的反馈意见，召开4次提案办理协商会。

（二）围绕中心，服务大局。根据市委安排，6名副主席参与市维稳一线指挥部维稳带班。三月份、“萨嘎达瓦”等重要时期，主席、4名副主席包县、包村、包寺蹲点督导维稳工作。一名副主席在三月份驻寺督导时，通过调研、座谈等形式，完成“小昭寺宗教领域工作情况”的调研报告，市委主要领导在调研报告上作出重要批示。党外副主席发挥自身独特优势，积极参与涉宗领域维稳工作，为拉萨市持续稳定、长期稳定、全面稳定做出重要贡献。充分发挥人民政协爱国统一战线这一优势，举办春节藏历新年团拜会，开展形式多样的节前慰问、座谈交流、走访交友等活动，教育引导各族群众深刻认识“团结稳定是福、分裂动乱是祸”的道理，时刻感党恩、听党话、跟党走，理性对待宗教，过好当下的幸福生活，汇聚起“我要稳定”的磅礴力量。召开由政府部门负责人、非公有制经济人士参加的“当前形势下西藏民营企业发展面临的问题及政策扶持建议”专题督办会，推动亲清型政商关系建立。举办拉萨市政协各族各界委员庆祝西藏百万农奴解放59周年、市政协退休干部纪念西藏百万农奴解放59周年、拉萨市政协各族各界委员庆祝“9·17”民族团结进步节等活动，深入学习贯彻习近平总书记给隆子县玉麦乡群众回信、致西藏民族大学建校60周年的贺信精神，畅谈拉萨发展成就，增进团结奋进共识。全面贯彻党的宗教政策，大力开展与宗教界人士谈心、走访、交友活动，积极引导宗教与社会主义社会相适应。

（三）主动作为，担当尽责。瞄准打好污染防治攻坚战，扎实落实市委决策部署，主动肩负全市巩固“禁白”成果工作主体责任，优化“禁白”领导小组成员结构，明确责任分工，创新工作方法，引入市属国企参与“禁白”，加大“禁白”宣传力度，制作、播放《拉萨“禁白”宣传片》，在机场高速公路等地段投放大

型“禁白”宣传广告牌,积极践行“美丽拉萨,我是行动者”主旨活动,加大督导检查,加强县(区)“禁白”工作。全年开展各类“禁白”督查6次,没收一次性发泡塑料袋3.46万斤,市场投放环保无纺布袋376.1万条,有效推动美丽拉萨建设。扎实做好河长制督查工作,查漏补缺,挖掘典型,推广经验。针对拉萨河北岸经开区段上游至彩虹桥下游之间排洪渠私占乱建、直排等问题开展专项督查。全年开展专项督查8次,形成督查报告5篇上报市委,市委主要领导在报告上作出重要批示,力推相关问题得到有效解决。

四、开展区内外友好交往,取长补短择善而从

加强与区内外的友好交往是政协工作的重要内容。一年来,我们积极开展对内对外友好交往,市政协主要领导随自治区政协代表团赴瑞典、丹麦访问,一名副主席应邀参加甘南藏族自治州合作市建市20周年庆祝活动,两名党外副主席随团赴其他省市考察交流、宣传拉萨,一名副主席应邀出席日喀则第16届珠峰文化旅游艺术节、那曲羌塘恰青格萨尔赛马艺术节。应那曲市政协邀请,派两名业务骨干到那曲市政协就政协专委会工作交流经验,取长补短,互鉴有无。全力协助自治区政协在拉萨市开展“如何做好新形势下人民调解工作”“贯彻落实国务院《宗教事务条例》情况,如何坚持我国宗教中国化方向、引导广大信教群众过好今生幸福生活,部分寺庙和宗教活动场所在煨桑过程中对生态、环境、消防安全等造成影响”“强化基层文化阵地建设,推动乡村文化振兴”“大学生就业和大学生‘双创’工作”等4项调研视察活动,交流经验,集智汇力,积极推动调研视察成果转化应用。热忱接待区内外政协来拉萨考察学习,做好对接协调、沟通联络等工作,全年接待考察团16批、174人次。

五、切实加强自身建设,努力提高履职能力

打铁必须自身硬。新时代呼唤新作为,人民政协只有在自身建设上奋力前行,不断提高履职能力和水平,才能更好完成新时代赋予人民政协的新使命。

(一)加强委员履职能力建设。委员是政协履职的主体,按照懂政协、会协商、善议政和守纪律、讲规矩、重品行的要求,抓好委员队伍建设。去年9月在市委党校举办为期一周的“拉萨市政协委员培训班”,市政协党组领导作报告,委员们吃在党校、住在党校、学在党校,纷纷表示这种培训效果好。先后安排6名主席会成员参加在北戴河和青岛举办的“全国政协干部培训班”,不断提升主席会成员的政治素养和业务能力。

(二)不断提升政协业务工作水平。制定年度调研视察计划,增加调研视察密度,由主席会成员带队,选择党委重视、政府关注、百姓关心的具体问题深入调研视察,全年共开展调研视察9次,参加委员131人次,形成调研视察报告9篇,5篇党政领导作出重要批示。不断提高提案办理水平,加大提案督办力度,全年共收到提案129件,立案129件,遴选出重点提案2件、领衔督办提案9件,2名主席会成员对2件重点提案挂牌督办,6名党组班子成员对9件提案领衔督办,提案办复率100%,提案办理被满意率明显下降。重视提案工作交流,一名副主席应邀参加全国部分城市政协提案工作研讨会,汲取百家精华,贡献拉萨经验。进一步增加民主监督频次,对委派民主监督员的7家单位进行民主监督,有效推动被监督单位改进工作作风。特邀民主监督员参与民主监督意识不断增强,一年来,10名政协委员受邀参加法院、检察院等部门相关执法监督。强化社情民意信息收集工作,全年收办社情民意信息2条,解决实际问题2件。

(三)高度重视县(区)政协工作。重视对县(区)政协工作的指导,市政协领导班子成员对口联系八县(区)政协,经常性深入县(区)政协指导工作,受邀出席县(区)政协有关会议。主席会成员带队,深入尼木县、墨竹工卡县、堆龙德庆区等县(区)政协,就县(区)政协机构编制、运行情况开展调研,形成《各县(区)政协机构编制及运行情况调研报告》供有关部门参考。去年9月,市政协党组领导陪同自治区党委常务副书记、自治区政协党组书记丁业现一行调研组赴曲水县开展调研,召开政协系统党的建设工作座谈会,向上级政协反映拉萨市县(区)政协编制紧缺、加大政协干部培养交流等意见建议。各县(区)政协事业蓬勃发展,履职活动各具特色,百花齐放,成效显著。乡(镇)“政协委员之家”如雨后春笋般涌现,发挥联系基层、服务群众、化解矛盾、理顺情绪的重要作用。各县(区)政协高度重视县(区)政协委员培训,结合本县(区)实际开展有针对性的培

训活动，市政协选派业务骨干到堆龙德庆区、达孜区、柳梧新区等县(区)，帮助县(区)政协开展培训活动。

(四)扎实开展文史资料工作。文史工作是独具政协特色的一项工作，具有“存史、资政、团结、育人”的作用。认真指导县(区)政协完成八县(区)史整理编纂工作。首次召开拉萨市政协文史资料编委会会议，部署“三亲”文章校审工作。全面启动《改革开放40年——拉萨记忆》征稿活动，征集稿件33篇。积极参与庆祝改革开放40周年系列活动，为《西藏改革开放40周年》主题文史资料供稿10篇。西藏传统筹算法“迪孜”成功入列自治区级非物质文化遗产代表性项目名录，市政协驻会委员卡加·白玛洛珠被认定为“迪孜”市级代表性传承人。与拉萨师专合作成功举办第二期“迪孜”培训班，培养和造就一批品德优良、技艺精湛、善于运用的“迪孜”传承人，为保护和传承这一濒临失传的传统筹算文化发挥重大作用。

(五)多措并举加强机关和专委会建设。不断健全和完善机关各项工作制度，大力开展学习型机关建设，进一步提升政协机关办文、办会、办事和服务委员的能力和水平。严格遵守中央八项规定及区市党委有关要求，规范履职活动，严肃会纪，改进文风会风，从严管控“三公”经费和会议费用支出。高度重视驻村工作，严格落实机关党组定期研究驻村工作制度，加强驻村工作指导，主席、5名副主席全年先后12次赴工作队驻地检查指导驻村工作，市政协机关驻堆龙德庆区古荣乡巴热村工作队被评为自治区级先进工作队。积极探索建立专委会联席会议制度。按照“界别为主、便于联系、利于服务”的原则，合理分配委员到各专委会履职，不断提升专委会组织委员开展活动的能力。

各位委员，我们在总结成绩的同时，也要清醒地看到，我们有些工作还存在一些差距。一是在政治引领上，对拉萨市政协的特殊性和特点、规律的认识不到位；二是组织设置上，与自治区政协机构设置不对称，县(区)政协编制紧缺；三是在发挥委员作用上，有的角色意识淡薄，只“挂名”不履职；四是在作风建设上，有的干部存在“船到码头车到站”的思想，认为到政协就是退居“二线”，工作上放松要求，作风上有所懈怠，等等，这些问题需要我们切实加以解决。

2019年工作思路

2019年是中华人民共和国成立70周年，是完成“十三五”规划的重要一年，是决胜全面建成小康社会的关键之年，是西藏民主改革60周年，是人民政协成立70周年，这一年大事多、喜事多。我们将用习近平新时代中国特色社会主义思想统领政协工作，深入学习贯彻党的十九大精神、区党委九届四次、五次全委会精神和市委九届四次全委会精神，在市委坚强领导下，聚焦全市中心工作和发展大局，坚持团结和民主两大主题，发挥政协协商民主重要渠道和专门协商机构作用，认真履行政治协商、民主监督、参政议政职能，为建设团结美丽健康幸福新拉萨做出新的贡献。

一、始终把牢人民政协正确政治方向，切实提高政治站位

坚持正确政治方向，是做好政协工作的首要前提，是政协事业无往而不胜的重要保证。要把学习贯彻习近平新时代中国特色社会主义思想作为我们首要的政治任务，教育引导广大政协委员要像学习毛主席语录一样学习习近平总书记系列重要讲话精神，读原著、学原文、悟原理，真正在学深弄透、真懂真信上下功夫。深刻领会习近平总书记关于加强和改进人民政协工作的重要思想，准确把握新时代人民政协的新方位新使命，进一步增强党的观念和政治观念，使广大政协委员更加自觉地坚持党的领导，树牢“四个意识”，坚定“四个自信”，始终把坚决维护习近平总书记党中央的核心、全党的核心地位、坚决维护党中央权威和集中统一领导作为重要政治责任、最高政治原则和根本政治规矩。充分发挥人民政协爱国统一战线作用，教育引导广大政协委员在寻求推动全市改革发展稳定的最大公约数上献计出力，广泛凝聚起建设团结美丽健康幸福新拉萨的强大正能量。

二、坚持党对人民政协工作的领导，全面加强党的建设

在政协各级组织和各项活动中，党是居于领导地位的，坚持中国共产党的领导是人民政协必须恪守的根本政治原则。不断加强党的建设，增强党对政协事业的领导力是当前人民政协最重要的政治任

务。全市各级政协党组要牢固树立“抓好党建是本职、不抓党建是失职、抓不好党建是不称职”的认识，认真贯彻落实中共中央办公厅《关于加强新时代人民政协党的建设工作的若干意见》及区市党委实施细则、自治区政协相关决议，及时召开拉萨市政协系统党建工作座谈会，瞄准存在的政协特色不突出、党员委员作用发挥不充分等问题深入协商讨论，切实加以解决，真正落实好党的组织和党的工作在人民政协的有效覆盖。扎实开展“不忘初心、牢记使命”主题教育和“做合格党员、当先锋模范”教育，继续推进“两学一做”学习教育常态化制度化，全面深化和巩固党员政治教育、政治纪律教育成果，用习近平新时代中国特色社会主义思想武装头脑，教育政协组织中的共产党员特别是党员委员牢固树立自己的第一身份是共产党员、第一职责是为党工作的意识，发挥凝心聚力的先锋模范作用。探索建立党员委员管理办法，党组成员联系相关界别党员委员、党员委员联系党外委员制度。进一步创新党建带工建、团建、妇建模式。探索建立联系无党派人士、宗教界委员机制。继续加大对退休党支部的管理力度。

三、坚持以人民为中心的发展思想，全力做好政协各项工作

围绕党政中心工作和人民群众福祉履职尽责是人民政协的初心和使命。始终坚持“党政所需、群众所盼、政协能做且能做好”的工作总基调，充分发挥政治协商、民主监督、参政议政职能，在事关全市改革发展稳定和人民群众对美好生活需要上出实招、谋良策。坚决贯彻落实区市党委维稳决策部署，主动承担维护稳定政治责任，为拉萨市社会和谐稳定贡献力量。聚焦决胜全面建成小康社会，瞄准巩固脱贫攻坚成果、推进乡村振兴战略、涉及农业农村等重点问题深度调研、专题协商，充分发挥政协委员在脱贫攻坚、新农村建设等方面的独特作用。围绕拉萨市机构改革召开专题议政性常委会。着眼人民群众普遍关心的食品药品、基层医疗机构作用发挥等热点难点问题开展精准调研。贯彻落实习近平总书记在民营企业座谈会上的讲话精神，召开全市非公经济人士座谈会。不断深化民族团结进步教育，积极引导宗教与社会主义社会相适应。继续加强与区内外的友好交往，取长补短，交流经验，讲好拉萨故事。探索建立政协常委任期履职报告和政协委员履职档案制度。切实担负起巩固“禁白”成果工作主体责任，进一步完善“禁白”考核指标，制定全市巩固“禁白”成果工作三年规划。继续加大河长制督查力度，推动难点问题得到突破性解决。

四、作风建设永远在路上，坚定不移加强自身建设

推动政协工作制度化、规范化、程序化建设，不断提升履职能力，是人民政协的重要任务。不断强化委员履职意识，加大委员培训力度，增强委员履职本领，着力引导委员在“说得对”上下功夫。切实加强政协协商民主广泛多层制度化发展，重点解决协商议政、调研视察不够精准的问题，探索建立“党委出题、政协作答、群众阅卷”的协商议政新格局。严把提案审查、立案、筛选关，加大提案督办力度，有效解决委员提案答复被满意问题。充分发挥民主监督员的作用，增强民主监督的灵活性和广泛性。加强社情民意信息收办工作。提升界别履职实效。加强专委会制度建设和引领委员履职的能力，不断强化机关服务保障能力，继续做好驻村工作。正式出版《改革开放40年——拉萨记忆》《拉萨文史丛书——八县(区)史》，完成《老城史话》再版工作。巩固和深化“迪孜”传承工作。加大对县(区)政协工作的指导力度，积极协助县(区)政协开展委员培训等工作。

各位委员，新时代、新目标、新征程，赋予人民政协新使命、新责任、新担当，让我们更加紧密地团结在以习近平同志为核心的党中央周围，高举习近平新时代中国特色社会主义思想伟大旗帜，在党的十九大精神的指引下，在市委的坚强领导下，凝心聚力，同心同德，不断开创政协事业新局面，为加快建设团结美丽健康幸福新拉萨、决胜全面建成小康社会而努力奋斗！

拉萨市中级人民法院工作报告

——在拉萨市第十一届人民代表大会第四次会议上

市中级人民法院党组书记、副院长、代理院长　李世蓉

（2019年1月7日）

过去一年主要工作回顾

2018年，全市法院高举习近平新时代中国特色社会主义思想伟大旗帜，在市委坚强领导下，在人大及其常委会有力监督、政府大力支持、政协民主监督、区高院有力指导和社会各界关心支持下，以服务和保障社会稳定、高质量发展、打赢“三大攻坚战”为重点，围绕习近平总书记提出的“努力让人民群众在每一个司法案件中感受到公平正义”目标要求，深入贯彻落实党的十九大、十九届二中、三中全会精神，落实市十一届人大三次会议决议，自觉将市委九届三次、四次全会确定的战略部署和目标任务转化为服务发展、稳定、生态等动力、措施，忠实履行宪法法律赋予的职责，不断提高审判质效、队伍素质能力和司法公信力，各项工作取得新进展。

一、坚持公正司法，推动构建公平正义的社会秩序

全市法院受理案件13548件，同比增加3658件，增长37%，受理案件量占全区法院总量的44.55%，其中城关法院受理案件量首次突破6000件，达到6290件。审执结11645件，综合结案率86%，结案数同比增加3008件，增长34.82%。其中，市中院受理各类案件2210件，审执结1979件，综合结案率89.54%，涉案标的16.61亿元。

依法开展刑事审判，推进平安拉萨建设。两级法院依法惩治刑事犯罪，受理各类刑事案件605件，审结556件。与上年相比，收结案数同比上升0.3%和2.58%。审理煽动分裂国家等危害国家安全犯罪案件17件，有力维护国家安全，促进民族团结。审理贪污贿赂等职务犯罪案件15件19人，其中副县级以上干部3人，继续保持对腐败犯罪的高压打击态势。审结非法经营、合同诈骗等犯罪案件60件，严惩涉众型经济犯罪和扰乱市场经济秩序的犯罪。审理盗窃、抢劫、抢夺、故意伤害、故意杀人、危险驾驶等危害群众生命财产安全犯罪案件341件397人，审理涉毒犯罪案件58件65人，有效提升群众安全感。扎实开展“扫黑除恶、打非治乱、扫黄打非”三个专项斗争，及时受理1件涉黑社会性质组织犯罪案件，对黑恶势力犯罪形成有效震慑。积极落实庭前会议、非法证据排除、庭审实质化“三项规程”要求，扎实推进以审判为中心的刑事诉讼制度改革，积极贯彻宽严相济刑事政策，注重加强人权司法保障，210名被告被判处非监禁刑或免予刑事处罚。推进证人、鉴定人、被害人出庭和被告人认罪认罚等刑事

审判工作机制，落实被告人指定辩护制度。市中院主动推动监察、检察、公安、司法等部门在案件侦破活动中与裁判标准的对接，积极构建审理涉黑、金融、诈骗犯罪减刑假释“三见面”机制，审理减刑、假释案件703件。

依法开展民商事审判，服务经济社会发展。两级法院依法化解纠纷，妥善处理稳增长、促改革、调结构、惠民生、防风险和打赢“三大攻坚战”进程中发生的各类民商事案件8757件，审结7533件，同比分别上升44.5%和43.7%。一审结案诉讼标的14.76亿元。其中市中院受理995件，审结844件。在党委的坚强领导下，依法优质高效审执结涉军停偿案件和善后司法保障案件453件。审结涉房地产开发的工程、施工、劳务等合同类案件241件，租赁合同纠纷案1351件，公司、股权、破产类案件49件，公司解散案件4件，金融纠纷、民间借贷类案件891件，为优化营商环境、推动构建诚实信用的市场经济秩序提供遵循和保障。建立家事审判法庭，与妇联等部门建立联席联动解决机制，审结婚姻、继承、抚养等家事纠纷405件，侵权纠纷285件，相邻关系、劳动关系纠纷242件，发出“人身保护令”3份，探索建立离婚证明书制度。突出智力保护和环境保护，审结“雪域泥玛”割草机商标权属纠纷等知识产权类案件9件，妥善审理全区首例互联网著作权侵权纠纷和涉外互联网域名侵权纠纷。建立民事、刑事、行政“三合一”环境资源专业团队，做好审理环境资源案件准备。一审以调解、撤诉方式结案3565件，调解和撤诉率达55.53%，同比上升33.6%。

依法开展行政审判，积极加强法制宣传。进一步实践行政案件集中管辖机制，积极推进行政首长出庭应诉工作，依法审理各类行政案件64件，行政首长应当出庭应诉30件，出庭9件，出庭率30%。发出司法建议60余份，有力支持监督行政机关依法履职。深入行政机关开展法律授课，积极为行政机关提供法律咨询、提出法律意见建议，促进行政机关规范执法行为。多形式、多渠道开展法律“七进”活动，开展专题法治宣传活动450余场次，发放宣传资料2万余份，受教育干部群众2.3万人次。把每一次公开庭审和宣判作为法制教育公开课，旁听庭审和点击庭审直播达数千人次。拍摄的微电影《流动的阳光》和“基本解决执行难工作”微视频在互联网、“两微一端”播放，有效扩大宣传的广度和深度。

二、坚持解决执行难题，有力维护法律权威

两级法院继续加大执行工作力度，全力实现基本解决执行难指标要求。全年受理首执、保全、审查类执行案3288件，同比上升39.02%，占全区法院的44%。执结2685件，比上年增加683件，执结率为81.66%。其中，有财产可供执行案件法定期限内执结率、无财产可供执行案件终本合格率、执行信访案件办结率、首执案件实际到位率均达到指标要求，执行到位金额4.63亿元，3285名申请人的胜诉权益得到实现。

成立由政法委书记任组长的“基本解决执行难”工作领导小组，加强对执行攻坚整体工作和具体个案执行的组织领导，从财力、物力等方面给予保障和支持。两级人大常委会专题听取执行工作汇报，100余名各级人大代表、政协委员受邀听取执行工作汇报，现场参与见证、监督执行活动。公安、银行、工商等联动单位积极支持和参与法院解决查人找物难题，推进联合信用惩戒机制建设。两级法院积极推进执行指挥中心实体化运行，落实执行“三统一”工作机制，进一步加强执行案件管理、规范执行行为，依法用好、用足、用活传统执行手段，不断学习和创新执行方式，强化执行宣传力度。人民群众对执行工作的关注、支持、理解、参与程度进一步提高，“基本解决执行难”的社会环境进一步优化。“党委领导、政法委协调、人大政协监督、政府支持、法院主办、部门配合、社会参与”的综合治理执行难工作格局在拉萨市进一步巩固和完善。目前，与公安机关建立人员轨迹查询和“护城河”公安检查站人员管控协助机制；与银行、车管、市场监管等部门建立网络查控机制；协调国土、住建、公积金管理部门开通“一日办公”绿色通道；联合各部门将失信问题嵌入投标、承揽、贷款等经营活动，对失信被执行人进行联合惩戒；与保险机构签订诉讼保全责任险、执行悬赏险等保险合作协议；落实执行救助制度；创新开展网络司法拍卖、“执转破”等工作。三年来，累计网络查控案件5865件，冻结划拨存款1.8亿元，发布失信被执行人名单1283人、企业263家，限制高消费1730例，限制乘坐飞机、高铁6970例，罚款11人13.7万元，

拘留79人，移送拒执罪1件1人，保险公司出具保函10余份，网络拍卖12件32次，成交金额712万元，溢价率2.4%，为当事人节约佣金32.6万元，为39个案件83名申请人发放救助金110万元，移送“执转破”案件2件涉及11件案件的执行，开展各种宣传活动百余次，在媒体上报道执行工作200余件次。依靠综合治理执行难格局的构建，两级法院妥善执行涉军产停偿等强制迁出、涉民生案件311件，涉及1000余人，没有出现个人极端事件、群体性事件和舆论炒作事件，效果良好。

三、坚持司法为民，增强人民群众司法获得感

两级法院认真贯彻以人民为中心、为人民服务的司法理念，积极开展司法为民工作。一是进一步强化诉讼服务中心功能。与司法机关联合挂牌设立律师法律援助工作站，为当事人提供法律咨询、代写诉状、委托代理等专业的诉讼服务，诉前化解纠纷。开通涉军案件、“双拖欠”案件绿色通道和保险公司办理业务专门窗口，确保相关案件快立快审快执。继续深化立案、咨询、调解、接访、流程公开等“一站式”服务，当场立案率97%，一次性告知补正材料1000余件次，及时处理来信和当事人来访近2万人次，利用12368诉讼服务热线服务群众上千人次。二是进一步实践多元化解决纠纷机制。两级法院累计与193个相关单位对接，进一步发挥特邀调解员、特邀调解组织作用，多元化解矛盾纠纷1476件。培训基层调解员300余人次，指导民间调解组织化解纠纷400余件，调解协议司法确认案件364件。选派法官到信访部门主持或参加调解337次，以终结方式化解涉诉信访案件2件。三是进一步扩大司法公开和司法民主。充分利用审判流程、裁判文书、执行信息和庭审网络直播“四大公开平台”，公开案件信息10377件133.07万条、生效裁判文书8196份、执行信息3154条、失信被执行人信息1331例，在互联网公开直播庭审292场次，以公开促公正力度不断加大。人民陪审员参审案件555件，参审率29.3%。主动协调司法、公安部门落实《人民陪审员法》，选任陪审员498名，是法官人数的2.6倍。四是进一步加大司法救助力度。为经济困难的当事人缓减免交诉讼费180.05万元，依法审结司法救助案件13件，发放救助金73万余元。五是进一步强化司法服务功能。车载流动法庭、“格桑花”流动诉讼服务队等办案单元巡回办案114件，行程逾2.4万公里，将司法服务触角延伸到乡镇村居、田间地头、群众家里。扎实开展强基础惠民生驻村工作和脱贫攻坚工作，其中市中院干警结对贫困户125户，制定脱贫致富帮扶措施5条，捐赠帮扶财物14.6万元，为民办实事10余件。积极参与维护稳定和社会治安综合治理等中心工作，投入维稳警力2万余人次、车辆5000余台次、经费上百万元，其中中院完成市委政法委督导任务107次。

四、坚持深化改革，完善司法体制和机制

两级法院充分学习借鉴其他省市和区内法院成功经验，坚持问题导向和改革取向，进一步深化司法体制改革，破除制约法院工作长远发展体制机制性障碍，提升内生动力，提高司法公信力。一是完成第二批法官入额考核考试工作，37人将成为员额法官。13名员额法官因调动、辞职等原因将退出员额。出台并不断完善法官、司法辅助、司法行政三类人员绩效考核和奖金分配办法，按规定分配绩效奖金，员额法官准入、退出、惩戒等机制常态化。全市法院聘用书记员73人，其中市中院新聘用20名书记员，聘用书记员队伍达到25人，聘用书记员改革有效推进。二是落实裁判文书签发、审委会和专业法官会议、院庭长办案常态化等改革措施，审判权力运行机制改革进一步推进，基本实现“让审理者裁判、由裁判者负责”目标。全市法官人均结案60.3件，比改革前增加38件，院庭长办案2732件，占收案总数的21%。组建家事、未成年人、环境资源等专门审判团队，充分发挥审判团队、专业法官会议作用，促进疑难复杂案件解决，统一法律适用和裁判尺度。市中院召开17次专业法官会议。全市法院召开审判委员会会议次数同比减少30%。三是探索并实践案件繁简分流、多元化纠纷解决机制、以审判为中心的诉讼制度尤其是刑事诉讼制度、刑事被告人认罪认罚制度、基本解决执行难体制机制、人民陪审员制度等多角度、全方位的审判方式改革，有效提升审判质效。四是市中院和城关区法院不断充实财会工作力量，按照上级法院部署，扎实推进财物统管试点工作，并就试点中出现的问题进行调研，及时汇报协调予以解决，改革后的物质保障能力和水平进一步提升，为全区法

院改革积累许多可推广可复制的经验。五是加强门户网、微信公众号、微博等自媒体建设，发挥司法智能辅助平台、执行指挥中心、数字审委会作用，实现司法“大数据”实时更新、诉讼档案电子化管理、审判执行数据自动生成、审判运行态势实时掌控和调度，信息技术提升审判质效的作用进一步显现。

五、坚持从严治院，建设忠诚干净担当的高素质法院队伍

两级法院以深入推进“两学一做”学习教育常态化制度化和学习贯彻党的十九大精神、习近平新时代中国特色社会主义思想、新《中国共产党章程》为抓手，紧密联系党的建设、队伍建设和法院工作实际，扎实开展党的政治纪律教育、集中整治不作为慢作为文山会海等官僚主义形式主义、“全面加强政治建警，打造过硬政法队伍”专项教育整顿等专项活动，加强基层党组织标准化建设，严格党员教育管理，提升队伍党的意识、党员意识，促使各级党组织发挥战斗堡垒作用，引导党员发挥先锋模范作用。一是把思想教育作为首要任务，不断引导干警学理论、学政策、学先进典型，增强“四个自信”，树牢“四个意识”，增强责任意识、使命意识、奉献意识、红线意识，甘做公正司法的践行者、司法为民的奉献者。党组同志带头讲党课，支部主题党日活动全面推行，理论中心组等学习制度不断健全，“老西藏精神”“两路精神”的学习与党章、党的纪律处分条例的学习相结合，学习内容和方式方法不断丰富，有效提升学习效果。市中院召开21次党组理论中心组学习会，邀请市委党校专家授课7次，各党支部开展支部活动50余次，10名党员领导干部参加双重组织生活。二是把纪律作风建设作为第一责任，科学运用监督执纪“四种形态”，强化司法巡查与审务督查效能。中院组织开展司法巡查、审务督查和执行专项核查工作14次，实现对8个基层法院巡查全覆盖，发现问题21项，下发通报11份，并进行跟踪回访，确保巡查巡视效果。采取多种形式加强警示教育，加强对重点部门、重要节点的警示提醒，严格执行“五个严禁”“两个规定”等制度，落实中央八项规定及实施细则精神，强化对审判权的常态化监督，全年没有出现大的违法违纪案事件。三是把能力提升作为重要基础，选派372人次参加各类培训，邀请北京、江苏法院讲师团赴藏授课3次，支持中央博士服务团法官和江苏民事审判专家法官开展工作，开展文书评比、案件评查、绩效考核，让法官“开口能说、坐下能判、提笔能写、优胜劣汰”，提升综合能力，树立危机意识。全年两级法院共有6个集体和20名个人受到市级以上表彰，其中2个集体、2名个人获得最高法院的表彰和奖励。

六、坚持自觉接受监督，不断改进自身工作

两级法院坚持重要案件、重大事项向党委报告，定期不定期向党委、人大等汇报工作，坚决落实党委的决策部署和指示，积极主动接受党委绝对领导，确保司法工作正确的政治方向。在司法公开、司法便民、激发队伍活力等方面充分吸纳代表、委员意见建议，回复意见建议办理情况10余件次。先后向区、市人大常委会报告工作2次，平均召开两次座谈会，共邀请近百名各级代表、委员听取法院工作尤其是执行工作汇报。邀请人大代表、政协委员、廉政监督员视察法院、旁听案件、参与见证执行活动200余人次。走访慰问代表委员百余人次。依法审理3件抗诉案件，邀请检察长列席审委会3次，自觉支持配合检察机关履行诉讼监督职责。市中院发挥自身的审判监督职能，办理督办案件18件，审结审查监督类案件29件、再审案件17件，有效防范和纠正冤错案件和瑕疵案件。利用自媒体平台发布工作动态、司法公开、司法便民利民举措等信息，加大传统媒体及网络媒体宣传报道力度，畅通民意沟通和表达渠道，正确引导舆论导向，主动接受社会监督。

各位代表，回顾一年来的工作，我们深深地体会到：拉萨市法院工作的每一点发展进步，都得益于习近平新时代中国特色社会主义思想的正确指导，得益于牢牢坚持和依靠党对法院工作的绝对领导，得益于坚持以人民为中心的发展思想，得益于坚持人民代表大会制度，得益于坚持党要管党、从严治党方针，得益于各部门的有力支持和配合，得益于对口援助法院的无私援助以及社会各界的关心、支持和帮助。在此，我代表全市法院向长期关心支持法院工作的各级党委、人大、政府、政协及有关部门，向各级人大代表、政协委员和社会各界表示衷心的感谢并致以崇高的敬意！

面对经济发展新常态、人民群众新期待、司法改

革新任务、法治拉萨建设新要求,在看到成绩的同时,我们也清醒认识到差距和不足:队伍的司法能力、司法理念还不能适应经济社会高速发展、改革开放不断深化、生态保护刻不容缓、依法治国有效推进的需要,法官研究新情况、解决新问题的能力不足,案结比不平衡、办案效率不高、质量不好等问题依然存在,距离人民群众的期待、上级党委的要求尚有差距。司法体制综合配套改革力度有待进一步加强,全面落实司法责任的制度机制需进一步健全,法官职业保障力度需进一步加大、职业尊荣感需进一步增强。智慧法院、人民法庭、车载流动法庭等建设存在不少短板,需进一步加强加快。队伍责任意识、担当意识依然不足,司法作风尚未根本转变,个别干警律己不严甚至违规违纪问题依然存在。对于这些困难和问题,我们将坚持问题导向,奔着问题去,迎着困难上,努力加以克服和解决。

2019年工作思路

各位代表,2019年,我们将迎来祖国70华诞、西藏民主改革60周年纪念,大事、盛事、喜事多。全市法院将继续高举习近平新时代中国特色社会主义思想伟大旗帜,深入贯彻落实党的十九大、十九届历次会议及区市党委九届历次全会精神,认真落实本次人代会精神,以学习贯彻习近平新时代中国特色社会主义思想为统领,以“全面加强政治建警,打造过硬法院队伍”专项教育整顿活动为抓手,以实现审判权科学运行为总要求,狠抓执法办案、党建队建、司法体制综合配套改革、智慧法院建设“四项重点任务”,实现人民利益的忠实守护者,党的意志的忠实落实者,公平正义的忠实维护者“三个目标”。

一是抓好习近平新时代中国特色社会主义思想的学习贯彻。以习近平总书记“四个深刻学习领会”为学习指引,研读党的十九大报告、习近平总书记系列讲话精神、依法治国和治边稳藏战略思想等,确保始终把落实“两个维护”作为第一位政治要求,毫不动摇地坚持党对法院工作的绝对领导,确保党的路线方针政策在全市法院系统得到不折不扣落实。学以致用,聚焦市委中心工作,围绕“发展、稳定、生态”三件大事,切实增强司法工作的前瞻性、主动性、针对性。

二是抓好执法办案第一要务。积极适应新形势、新变化、新要求,理清审执工作思路、创新方法举措,引领全市法院,助力依法治市实践。通过审判执行工作,重点在维护国家安全、维护人民生命财产安全、促进民族团结进步、化解劳动争议等社会矛盾纠纷、保障和改善民生、保护良好生态、解决执行难等方面充分发挥职能作用,把党和政府、人民群众关心关切的事情办好,促进国家治理体系的现代化和司法工作的现代化。

三是抓好党建队建。认真贯彻习近平总书记对党员干部提出的“五个必须”“五个决不允许”要求和建设新时期政法队伍“政治过硬、业务过硬、责任过硬、纪律过硬、作风过硬”的总要求,推进法院队伍正规化专业化职业化建设。以加强政治能力建设为关键,以加强纪律作风建设为重点,落实“一岗双责”,做好人才培养、规范化建设,注重思想关怀与政治关怀、生活关怀相结合,加强履职保障,提升职业尊荣感。

四是推进司法体制综合配套改革。健全审判权运行机制,完善监督管理机制,推进法院内设机构改革和人财物省级统管改革,落实以审判为中心的刑事诉讼制度改革和家事审判、知识产权审判、环境资源审判方式改革等重点改革任务。加强分案和绩效考核机制改革,建立良好的激励机制。重点落实好法官、书记员等职务序列的配套改革和司法辅助人员改革,确保改革整体协调推进,改革红利不断释放。

五是推进智慧法院建设。深化信息化应用平台的深度整合,努力结合西藏法院实际,形成具有西藏特色的司法数据应用机制,实现司法体系和司法能力的现代化。加强大数据、人工智能与司法改革的深度融合,全面推行网上办公办案,实现流程规范透明、监管智能高效。进一步依托信息化建设深化司法公开,创新司法公开方式和内容。

各位代表,新时代、新征程赋予司法审判机关新责任、新使命。全市法院将更加紧密地团结在以习近平同志为核心的党中央周围,在市委坚强领导、市人大及其常委会有力监督和区高院的有力指导下,不忘初心、牢记使命,攻坚克难、砥砺奋进,不断开创全市法院工作新局面,为保障全市社会稳定、经济发展、群众安居乐业、生态健康美丽提供强有力的司法保障，以优异成绩绩为祖国70华诞、西藏民主改革60周年献礼！

名词解释

1.“数据”：本报告数据统计时间段为2018年1月1日至12月27日。

2.“三大攻坚战”：指防范化解重大风险、精准脱贫、污染防治。

3.“执转破”：指被执行人为企业法人，在被执行人或有关被执行人任何一个执行案件的申请执行人书面同意的条件下，将执行案件移送破产审查。

4.“三统一”：指统一管理、统一指挥、统一协调。

5.“双拖欠”：指拖欠农民工工资和建筑领域拖欠农民工工资。

6.“繁简分流”：指科学调配和高效运用审判资源，依法快速审理简单案件，严格规范审理复杂案件，实现简案快审、繁案精审。

7.“五个严禁”：严禁接受案件当事人及相关人员的请客送礼；严禁违反规定与律师进行不正当交往；严禁插手过问他人办理的案件；严禁在委托评估、拍卖等活动中徇私舞弊；严禁泄露审判工作秘密。

8.“两个规定”：指《领导干部干预司法活动、插手具体案件处理的记录、通报和责任追究规定》和《司法机关内部人员过问案件的记录和责任追究规定》。

9.“五个必须、五个绝不允许”：一是必须维护党中央权威，绝不允许背离党中央另搞一套，必须在思想上政治上行动上同党中央保持高度一致，听从党中央指挥，不得阳奉阴违、自行其是，不得对党中央的大政方针说三道四，不得公开发表同中央精神相违背的言论；二是必须维护党的团结，绝不允许在党内培植私人势力，要坚持五湖四海，团结一切忠实于党的同志，团结大多数，不得以人画线，不得搞任何形式的派别活动；三是必须遵循组织程序，决不允许擅作主张、我行我素，重大问题该请示的请示，该汇报的汇报，不允许超越权限办事，不能先斩后奏；四是必须服从组织决定，绝不允许搞非组织活动，不得跟组织讨价还价、不得违背组织决定，遇到问题要找组织、依靠组织，不得欺骗组织、对抗组织；五是必须管好亲属和身边工作人员，绝不允许他们擅权干政、谋取私利，不得纵容他们影响政策制定和人事安排、干预日常工作运行，不得默许他们利用特殊身份谋取非法利益。

拉萨市人民检察院工作报告

——在拉萨市第十一届人民代表大会第四次会议上

市人民检察院检察长 田建设

（2019年1月7日）

2018年工作回顾

2018年，全市检察机关在市委和自治区检察院的坚强领导下，在市人大及其常委会的有力监督下，在市政府的大力支持、市政协的民主监督和社会各界的关心支持下，以习近平新时代中国特色社会主义思想为指引，深入学习贯彻党的十九大、十九届二中、三中全会精神，学习贯彻习近平总书记给隆子县玉麦乡群众的回信、致西藏民族大学建校60周年的贺信精神，学习贯彻区市党委九届三次、四次全会，全国全区检察长会议精神，紧紧围绕“稳定发展生态”三件大事，忠实履行宪法和法律赋予的职责使命，努力建一流队伍、创一流业绩、树一流形象，为高质量推进现代化新拉萨建设贡献检察力量。

一年来，全市检察机关共受理各类刑事案件1183件，受理刑事、民事行政和执行检察监督案件1014件。市检察院连续4年在全市目标绩效争先进位考核中名列前茅，7项工作得到区市主要领导批示肯定，集体和个人荣获市级以上表彰20余项，城关区检察院、市检察院干警嘎旺分别被最高人民检察院授予集体一等功和个人一等功，首府检察首位度作用进一步巩固。

一、坚持把政治过硬作为最高标准，突出政治建检和从严治检，把牢正确政治方向

自觉把检察工作置于党的绝对领导之下，始终向市委看齐，每月召开2次中心组理论学习扩大会议，对市委各项会议精神及时组织传达学习、贯彻落实。全年两级院中心组理论学习117次，支部学习460余次，交流发言180余人次，撰写心得体会1200余篇。狠抓思想政治建设。结合“两学一做”学习教育常态化制度化，深入开展政治教育、政治纪律教育、“全面加强政治建检、打造过硬检察队伍”专项教育整顿等活动，召开动员部署会议27次，邀请专家讲座12场次，干部轮训300余人次，确保教育培训工作全覆盖。严抓基层党建工作。牢固树立抓好党建就是最大的政绩观念，严格落实“三会一课”制度，检察长、班子成员上党课45次，召开民主生活会和支部组织生活会24次，领导干部均以普通党员身份参加。开展党员志愿服务、专题研讨、网上辅助教学、主题党日等活动，不断增强党员学习教育的针对性和多样性，提升党组织活力。9月份，由市直机关工委牵头，组织全市基层党支部书记120余人观摩团，在市检察院学习交流党建工作，受到一致好评。深抓党风廉政建设。落实纪委派驻纪检机构改革部署，加强对接协调，主动接受监督。制定系统内巡察全

年计划和三年规划,年内已完成尼木县检察院巡察,对发现的问题全部督促整改、落实到位。突出加强干部讲政治、守纪律教育,通过述职述廉、廉政谈话、个人重大事项报告等方式,全面压实“两个责任”。加大监督执纪力度,召开党风廉政建设专题会议18次,层层签订《党风廉政建设责任书》《队伍建设责任书》,全年对司法办案、检风检纪等情况开展检务督察16次。落实意识形态工作责任制,着力淡化宗教消极影响。

二、坚持把维护社会稳定作为第一职责,惩治犯罪保障人权,增强人民群众安全感

全年共批捕各类刑事案件399件520人,同比分别下降7.9%、5.6%,起诉568件680人(含积案和直诉案件),同比分别上升10.7%、8.8%。坚决维护国家安全。贯彻落实习近平总书记关于治边稳藏的重要论述,严厉打击恐怖、分裂、宗教和网络政治谣言等犯罪,批捕危害国家安全犯罪2件2人,起诉7件7人(含积存)。紧紧抓住维稳工作重要节点,制定方案、预案60余份,累计值班带班、巡逻备勤、维稳督导1.8万余人次,组织“反自焚、防自焚”应急处突演练11场次,有力推动维稳各项任务落地落细落实。保障群众生命财产安全。坚持司法为民,强化提前介入、专案办理机制,起诉故意杀人、抢劫、强奸等严重暴力犯罪125件164人,“黄赌毒”犯罪42件50人,交通肇事、危险驾驶等危害公共安全犯罪69件69人。严厉打击“两抢一盗”、诈骗等多发性侵财犯罪,起诉146件172人,帮助老百姓看好自己的“钱袋子”。倾心传递司法正能量。落实未成年人案件办理特殊程序,构建“捕诉监防矫”一体化工作机制,依法批捕16件18人,起诉14件18人,不捕不诉24人、品格调查7人、心理矫治29人、封存犯罪档案32份。针对一起校园性侵未成年人案件,联合市公安、教育、卫计委等单位共同出台《侵害未成年人权益案件强制报告制度》。深化检校合作,开展“青少年维权岗”“关爱保护农村留守儿童”“参与校园欺凌治理”等活动70余场次,举办全市首例不公开附条件不起诉听证会,护航未成年人健康成长。

三、坚持把服务大局作为重大使命,发挥检察利剑作用,助推法治拉萨建设

营造良好市场经济环境。充分发挥法治对创新的保障作用,严厉打击侵犯知识产权和制假售假犯罪30件34人,批捕金融诈骗、虚开增值税专用发票、非法经营等破坏市场经济秩序犯罪6人。积极参与社会诚信体系建设,服务非公有制经济发展,受理行贿犯罪记录查询1874件,查询单位及个人1874家2219人。掀起扫黑除恶强大攻势。以强烈的政治责任感,深入推进“扫黑除恶打非治乱”专项斗争,对黑恶势力坚决“亮剑”,共受理审查逮捕涉黑涉恶案件6件38人,批准逮捕5件23人。加强与市委政法委、法院、公安局等政法部门协作配合,提前介入每一起案件,严把事实关、证据关,6次提出书面意见建议,23次派员参加案件讨论会。做好全员发动,打好“扫黑除恶打非治乱”整体仗,开展专题普法教育活动16场次,收集整理案件线索2条,移送公安机关查办,为营造朗朗乾坤、风清气正、人民满意的和谐安定环境做出突出贡献。坚决守护美丽拉萨建设。通过公益诉讼保护青山绿水,拉萨检察机关不遗余力。一年来,我们在区市党委和上级院的高度重视下,在各相关行政执法部门的理解支持下,以环境资源、食品药品安全、野生动物保护、国土资源等领域为重点,排查公益诉讼案件线索56件,立案31件,制发诉前检察建议24份,均得到积极回应。堆龙德庆区检察院办理的破坏国家级生态林案件,在原砍伐地补种5倍以上林木,补植复绿1560余株,取得良好社会效果。4件典型案例在全区推广经验,1件案例入选最高检典型案例库。扎实开展“保障千家万户舌尖上的安全”检察公益诉讼专项监督活动,调查走访校园周边商店、乡村小卖部、餐饮服务行业、食品企业等360余家,针对“三无产品”、过期食品、第三方网络餐饮平台不规范、不安全等问题,启动公益诉讼诉前程序6件,督促相关部门整改落实,获得人民群众纷纷点赞。

四、坚持把增进人民福祉作为价值导向,妥善化解矛盾纠纷,平等保护民生权益

打造“枫桥经验”检察版。深化涉法涉诉信访机制改革,邀请人大代表、政协委员、律师代表等参与案件听证会,与市司法局、律师协会签订《拉萨市关于实施律师在检察环节参与化解和代理涉法涉诉信访案件实施办法(试行)》。全年共受理申诉类案件44件50人,接待群众来信来访288人次,检察长接待67人次,协助市联合接访中心接访、督办各类事项232件次,妥善解开信访人心结,促进案结事人和。

完善司法救助制度，为6名生活确有困难的刑事被害人提供救助，发放救助金16.3万元。市检察院荣获第九届全国检察机关"文明接待室"荣誉称号。助力精准脱贫战略实施。紧紧围绕全市脱贫攻坚工作大局，落实驻村帮扶、结对帮困等机制，全市328名检察干警自筹资金10万余元，帮扶困难家庭。25名驻村干警，聚焦精准识别、精准施策、精准脱贫，入户摸底800余户，落实扶贫项目65个，办实事好事42件，就地化解矛盾纠纷160余件，结合宣传习近平新时代中国特色社会主义思想和党的十九大精神，深入群众家中、田间地头开展宣传讲座280余场次，用实实在在的成效，书写精准扶贫检察印记。促进提高全民守法意识。严格落实"谁执法谁普法"责任制，围绕拉萨改革发展总要求和主旋律，紧贴人民群众法治需求，大力开展"七五普法""法律七进""民族团结月""12·4国家宪法日"等活动，普法宣传600余场次，发放资料17.5万余份，提供咨询4300余人次。加强自媒体建设，全市检察机关"两微一端"影响力进一步扩大，发布检察动态5839条，阅读量达50余万次。借助全媒体传播平台，打造检察特色品牌，创办"以案说法""检察官说法""清水源""法制明镜"等专栏，发表典型案例、法治文章等350余篇，检察影响力显著提升。

五、坚持把检察监督作为主攻方向，依法履行监督职能，实现检察业务平衡充分全面发展

注重加强刑事立案、侦查和审判监督。在全区率先探索建立重大监督事项"案件化"办理模式，对侦查机关立案情况开展专项监督25次，监督立案6件，纠正漏捕漏诉10人，制发《检察建议》《纠正违法通知书》13份，提出口头纠正意见380余次。对事实不清、证据不足以及没有逮捕必要性和不符合起诉条件的案件，依法不批捕219人，不起诉102人。加强刑事审判监督，办理刑事抗诉案件1件，量刑建议272件次，均得到法院采纳。着力强化刑事执行监督。把维护人权放在突出位置，深化刑罚执行同步监督机制，办理减刑、假释、暂予监外执行案件926件，调整减刑幅度113人，取消减刑、假释15人，有力维护社会公平正义。加强羁押必要性审查，对9名身患严重疾病、符合审查条件的在押人员进行检察监督，建议变更强制措施4人。加强社区矫正活动监督，全市212名社区服刑人员无一脱管漏管。加强巡回监狱（看守所）检察，日常检查监管场所108次，谈心谈话210人次，跟踪了解危重病犯39人次，受理举报申诉10人次。市检察院派驻拉萨监狱检察室被评为全国一级规范化检察室。不断深化民事行政诉讼监督。办理不服法院生效裁判监督案件25件，同比增加30%，对确有错误的民事行政裁判提请抗诉7件，获得改判2件（5件正在审查）。坚持抗诉与息诉并重，对法院正确的民事行政裁判，做好申诉人的服判息诉工作。探索实施党委政法委执法监督与检察法律监督贯通机制试点，办理首例"赵某劳动争议纠纷申请监督案"，已提请自治区检察院抗诉，受到自治区检察院朱雅频检察长的高度评价。

六、坚持把提高司法公信力作为根本尺度，全面深化检察改革，推进司法能力现代化

主动对接国家监察体制改革。做好职务犯罪线索清理、结案与移交工作，全面完成全市检察机关反贪、反渎、预防三部门职能、装备及51名干警、99名编制转隶任务，办结转隶后自侦部门遗留案件5件8人，为拉萨检察机关侦防工作画上圆满句号。认真贯彻落实中央、区市党委和上级院部署，健全完善涉嫌违纪违法案件和案件线索通报、移送等机制，密切配合监察委贪污贿赂、渎职侵权案件查办工作，聚力攻坚一批大案要案，依法受理监察委移送审查起诉案件7件7人，进一步形成"不敢腐"的有力震慑。纵深推进司法体制改革。强化创新思维，检察改革重点任务落地见效。完善检察人员分类管理，在市委、上级院的正确领导，市人大、政协的有力监督，市委组织部、市委党校的支持帮助下，扎实做好第二批员额检察官遴选工作，新增员额检察官19名。健全检察权运行机制，严格执行"随机分案为主，指定分案为辅"的案件分配机制，办案效率显著提升。坚持"入额必办案、不办案不入额"原则，明确入额领导干部直接办案标准，全市入额院领导平均办案6.8件，有效发挥履职示范作用。不断加强自身工作创新。根据自治区检察院朱雅频检察长的指示精神，率先设立案件线索管理和综合指挥中心，进一步增强主动发现案件线索能力，破解检察监督发展不平衡问题。深化阳光检务，拓宽群众监督渠道，向社会公开案件程序性信息2040条，法律文书462份。强化案件流程监控，对

全市检察机关545件案件开展质量评查，以工匠精神打造司法精品。落实司法办案责任制，对3起瑕疵案件承办人给予严肃问责，教育干警养成规范司法的思想自觉和行为习惯。规范涉案财物登记，共登记涉案物品172件，出库98件，涉案钱款103.7万元。

七、坚持把自觉接受监督作为履职保障，狠抓自身建设，夯实可持续发展根基

推动智慧检务建设。将现代科技应用与检察工作相融合，加快建设网上、掌上、实体“三位一体”的信息化检察院，提升检察工作质效和便民服务水平。与法院、看守所协调沟通，积极筹备“远程提讯、远程庭审”系统建设，有效节约司法资源，缓解案多人少矛盾。与江苏省检察院深度合作，引进“拉检掌上通应用系统”，实现检务管理网上流转，大大提升智能化管理水平。推动检察环节“最多跑一次”改革，率先在全区建成规范化“12309检察服务中心”，制定服务事项清单，提升“线上线下”服务水平，让检察数据多跑路、群众少跑腿。加强专业能力建设。大力推进队伍正规化、专业化、职业化建设，完善实战实训机制，开展岗位练兵、模拟抗辩、知识竞赛等活动，积极培养新时代高素质检察人才。借力北京、江苏检察机关人力资源，发展和创新“智力援藏”，互派13名业务骨干挂职交流、实践锻炼，邀请25批117名检察业务专家赴藏传经送宝、业务交流，举办为期6天的检察业务培训班，检察干警业务能力快速提升。坚持以文化彰显活力，编辑出版《2018年检察工作画册》，拍摄拉萨检察形象宣传片，充分展示拉萨检察精神。自觉接受外部监督制约。认真落实“两会”精神，上门走访全国人大代表、部分市县乡人大代表8人，对人大代表、政协委员提出的4条意见建议，纳入年度工作重要议事日程，与业务工作同部署、同推进、同落实。多种形式拓宽信息渠道，两级院邀请代表、委员、人民监督员、社区民警、居委会代表参加“检察开放日”活动专题调研、工作视察16次。主动向人大、政协汇报司法体制改革、公益诉讼等重点工作，积极争取支持。加强检律互动，为律师提供阅卷、刻录、会见等服务187件次，依法保障律师执业权利。

各位代表，回顾2018年检察工作，我们认真学习贯彻习近平新时代中国特色社会主义思想和党的十九大精神，沉着应对、努力克服改革叠加期带来的各种困难和挑战，扣中心聚主业、抓班子带队伍、强业务促改革、打基础谋创新，各项工作取得较好的成绩。这些成绩的取得，得益于市委和自治区检察院的正确领导，得益于市人大及其常委会的依法监督，得益于市政府的大力支持和市政协的民主监督，得益于北京、江苏的无私援助，得益于各位代表、社会各界和人民群众的关心帮助。在此，我代表全市检察机关向长期关心支持检察工作的各级党委、人大、政府、政协及有关部门，向各级代表、政协委员和社会各族人民群众，表示衷心的感谢和崇高的敬意！

在看到成绩的同时，我们也清醒地认识到，面对新时代经济社会发展对法治提出的新要求，检察机关在服务大局、维护稳定、保障民生、化解矛盾等方面的能力还有待提升；

法律监督主责主业发展仍然不平衡，监督纠正违法的力度与人民群众期待还有不小差距；司法体制改革还需进一步推进，与司法体制改革相适应的检察权运行机制仍不健全；队伍整体素能与新时代检察发展要求还不相适应。对于这些问题，我们将高度重视、认真研究，切实加以解决。

2019年主要任务

2019年，全市检察机关将紧密团结在以习近平同志为核心的党中央周围，以习近平新时代中国特色社会主义思想为引领，深入学习贯彻党的十九大、十九届二中、三中全会精神，按照区市党委九届三次、四次全会总体部署，紧扣“稳定发展生态”三件大事，服务保障“三大攻坚战”，全面强化法律监督，纵深推进司法改革，深入实施科技强检，着力建设过硬队伍，为在全区率先全面建成小康社会，实现社会主义现代化新拉萨提供坚强有力的司法保障。

*一是在讲政治、守规矩上下功夫，着力深化政治建检新内涵。*坚定不移坚持党对检察工作的领导，增强“四个意识”，坚定“四个自信”，践行“两个维护”，始终在思想上政治上行动上同以习近平同志为核心的党中央保持高度一致。深入推进“两学一做”学习教育常态化制度化，结合政治教育、政治纪律教育、“全面加强政治建检、打造过硬检察队伍”专项教育整顿活动，推动习近平新时代中国特色社会主义

思想和党的十九大精神贯彻落实。自觉把纪律和规矩挺在前面，加大系统内巡察力度，以更大的决心、更大的勇气推动全面从严治党、全面从严治检，让检察干警知敬畏、存戒惧、守底线。

二是在顾大局、保平安上下功夫，着力应对拉萨社会稳定新挑战。深入贯彻落实习近平总书记关于治边稳藏的重要论述，牢牢坚持把维护国家安全和社会稳定摆在首位，狠抓常态化维稳工作机制。主动研判刑事犯罪新趋势，依法严厉打击各类刑事犯罪，推动完善共建共治共享的社会治理体系。自觉把依法办理、舆论引导、社会面管控“三同步”作为新时代检察工作的重要理念和思维方式，加强网络舆情监测和阵地建设，妥善应对处置涉检舆情。持续开展“扫黑除恶打非治乱”专项斗争，依法惩处黑恶势力及其“保护伞”犯罪，不断提升公众安全感。

三是在抓重点、创特色上下功夫，着力服务全市经济发展新实践。围绕“稳定发展生态”三件大事，突出做好防范化解重大风险、精准脱贫、污染防治“三大攻坚战”，依法严惩侵犯经济秩序和财产权益的犯罪，平等保护非公有制经济发展，全力维护生态屏障和舌尖安全，促进经济强起来、环境好起来、百姓富起来。按照区市党委部署，继续开展“强基础惠民生”活动，综合运用法治方式保障扶贫资金精准投放、扶贫政策精准落地、扶贫开发精准实施，为全市打赢脱贫攻坚战提供坚强司法保障。

四是在攻难点、补短板上下功夫，着力推动检察监督新突破。坚持问题导向，深入研究制约法律监督平衡、充分、全面发展的深层次原因，着力加强刑事立案、侦查、审判、执行监督，深化民事、行政诉讼监督，推动构建多元化监督新体系，努力让人民群众在每一个司法案件中都感受到公平正义。以学习贯彻新修订的《刑事诉讼法》和《人民检察院组织法》为抓手，推进监察法与刑事诉讼法的衔接、完善认罪认罚从宽制度和速裁程序落地落实，实现检察工作转型发展。

五是在稳落实、增质效上下功夫，着力推进司法改革新进程。增强司法改革的主动性和前瞻性，认真思考谋划新一轮改革部署，努力推动司法体制改革向纵深发展。坚持从更好发挥改革的综合效应出发，严格落实以审判为中心的刑事诉讼制度改革、检察机关内设机构改革等重大任务。以落实司法责任制为核心，完善检察官业绩考核和司法档案工作机制，把办案质量终身负责制落到实处。把深化司法体制改革和现代科技应用结合起来，探索运用大数据、人工智能等现代化科技手段，释放改革活力。

六是在强业务、提素质上下功夫，着力展现检察队伍新形象。坚持严管和厚爱相结合、激励和约束并重，让敢于担当、踏实做事、不谋私利的干警有更广阔的发展平台。继续与北京、江苏检察机关深度合作，大力推进“智慧检察”，落地实施网上、掌上、实体检察院建设。进一步加强与人大代表、政协委员联络，突出载体建设，拓宽沟通渠道，自觉将检察权置于人民监督之下。加强检察文化建设，突出抓好意识形态教育，塑造爱岗敬业的职业精神，不断培育信念坚定、司法为民、敢于担当、清正廉洁的“人民检察官”。

各位代表！新思想引领新时代、新使命开启新征程。我们将高举习近平新时代中国特色社会主义思想伟大旗帜，在区市党委、上级院的坚强领导下，认真落实本次会议精神，认清形势、把握机遇、凝聚力量、扎实工作，不断开创新时代拉萨检察工作新局面，为决胜全面建成小康社会、开启拉萨现代化建设新征程做出新的更大贡献！

名词解释

1.《侵害未成年人权益案件强制报告制度》：近年来，因未成年人遭受强奸、猥亵、虐待、故意伤害、杀害等事件时有发生，大部分作案手法较为隐蔽，加之未成年人认知水平和自我保护能力不足，很容易被忽视，从而对未成年人身心造成较大伤害。出台这个强制报告制度，主要是让相关行业行政主管部门切实承担起相应的管理职责，切实加强未成年人行政保护和司法保护衔接工作，也为了更好维护未成年人合法权益。

2.行贿犯罪记录查询：是检察机关为预防贿赂犯罪，促进社会信用体系建设，录入并建立的行贿犯罪信息查询系统。目前，由于监察体制改革全面完成，检察机关反贪、反渎、预防三部门职能转入监察委员会，按照最高人民检察院要求，今年8月1日，已停止受理查询工作。

3.公益诉讼：公益诉讼包括民事公益诉讼和行政公益诉讼。检察机关根据法律规定，在生态环境和资源保护、食品药品安全、国有财产保护、国家土地使用权出让等四大领域，对造成国家和社会公共利益损害或者有损害危险的违法行为，可以提起公益诉讼；针对行政机关在国家和社会公共利益遭受损害过程中的不当履职、怠于履职行为，检察机关通过制发检察建议履行诉前程序，督促行政机关依法履行保护公益职责，督促无效后检察机关可以向人民法院提起行政公益诉讼，确保国家利益和社会公共利益得到有效保护。

4. 枫桥经验：20 世纪 60 年代初，浙江省诸暨市枫桥镇干部群众创造“发动和依靠群众，坚持矛盾不上交，就地解决。实现捕人少，治安好”的“枫桥经验”，为此，1963 年毛泽东同志就曾亲笔批示“要各地仿效，经过试点，推广去做”。“枫桥经验”由此成为全国政法战线一个脍炙人口的典型。

5. 刑事审判监督：人民检察院依法对人民法院的刑事审判活动是否合法以及所作的刑事判决裁定是否正确进行的法律监督。主要手段：提出抗诉，对违法情况提出纠正意见。

6. 羁押必要性审查：指人民检察院依据《中华人民共和国刑事诉讼法》第九十三条规定，对被逮捕的犯罪嫌疑人、被告人有无继续羁押的必要性进行审查，对不需要继续羁押的，建议办案机关予以释放或者变更强制措施的监督活动。

7. 社区矫正：将符合社区矫正条件的罪犯置于社区内，由专门的国家机关，在相关社会团体和民间组织以及社会志愿者的协助下，在判决、裁定或决定确定的期限内，矫正其犯罪心理和行为恶习，并促进其顺利回归社会的非监禁刑罚执行活动。

8. 监察体制改革：2017 年 11 月 4 日，全国人大常委会通过在全国各地推开国家监察体制改革试点工作的决定。是将人民政府的监察厅（局）、预防腐败局及人民检察院查处贪污贿赂、失职渎职以及预防职务犯罪等部门的相关职能整合至监察委员会。

9. 司法体制改革：2016 年拉萨市检察院确定为全国第三批司法体制改革试点单位以来，重点推进司法人员分类管理、健全司法人员职业保障、完善司法责任制、省以下法院检察院人财物省级统一管理等改革任务，着力构建公正高效的检察权运行机制和公平合理的司法责任认定、追究机制，解决影响司法公正、制约司法能力的深层次问题，进一步提升司法公信力。

10. 拉检掌上通应用系统：2018 年，在江苏省检察院刘华检察长的高度重视下，在市检察院党组的积极努力和不懈推动下，将江苏省检察院自主研发的“苏检掌上通”应用系统无私援助给拉萨市检察机关。该系统立足于掌上办文、办事、办会、办公、办案，开发 9 大模块 69 个子模块，公文办理、请假、派车等事项和用警申请等以及无纸化会议系统都可掌上完成，是今后不可或缺的工作助手，也为拉萨市检察机关打造“掌上检察院”奠定坚实基础。

11.12309 检察服务中心：12309 检察服务中心是全国检察机关统一对外的智能化检察为民综合服务网络平台，通过 12309 网站、12309 检察服务热线、12309 移动客户端和 12309 微信公众号四种渠道，向社会提供更加便捷高效的“一站式”检察服务。主要包含 3 大模块 13 项具体功能，即：检察服务（包括：控告、刑事申诉、民行申诉、国家赔偿、司法救助、其他信访、法律咨询）；案件信息公开（包括：案件程序性信息查询、辩护与代理网上预约、重要案件信息、法律文书公开）；接受监督（包括：人大代表政协委员联络平台、人民监督员监督服务、群众意见建议箱）。

12. 案件信息公开：人民检察院应当及时向社会发布下列重要案件信息：（一）有较大社会影响的职务犯罪案件的立案侦查、决定逮捕、提起公诉等情况；（二）社会广泛关注的刑事案件的批准逮捕、提起公诉等情况；（三）已经办结的典型案例；（四）重大、专项业务工作的进展和结果信息；（五）其他重要案件信息。人民检察院对正在办理的案件，不得向社会发布有关案件事实和证据认定的信息。

13. 以审判为中心的诉讼制度改革：十八届四中全会提出要开展以审判为中心的刑事诉讼制度改革，要求刑事诉讼围绕“审判为中心”理顺各种制度机制，建立起侦查、起诉面向审判的诉讼制度。2016 年 7 月 20 日，最高人民法院、最高人民检察院、公安部、司法部、国家安全部联合出台《关于推进以审判为中心的刑事诉讼制度改革的意见》，明确要求侦查机关、人民检察院按照裁判的要求和标准收集、固定、审查、运用证据，人民法院按照法定程序认定证据，依法作出裁判。

2018年拉萨市“四讲四爱”群众教育实践活动

自2018年“四讲四爱”群众教育实践活动开展以来，拉萨市坚持把“四讲四爱”群众教育实践活动作为一项重要政治任务，深入贯彻落实吴英杰书记重要批示和边巴扎西常委重要讲话精神，在总结第一年教育实践活动有效经验基础上，在思想认识、责任主体、宣讲内容、方式方法、社会宣传和督导考核等方面力求再提高、再明确、再聚焦、再创新、再鲜活、再严格，全年全市开展各类宣讲4.7万余场次，受众达240万余人次，开展各类实践活动达1.3万余场次，受众达150万人次，实现群众教育实践活动扎实推进，取得良好成效，现总结如下。

一、提高思想认识，精心安排部署

拉萨市坚持把开展“四讲四爱”群众教育实践活动作为深入推进“两学一做”学习教育常态化制度化的拓展和延伸，作为深化群众思想教育，打牢共同团结奋斗思想基础的有力举措，进一步提高思想认识，研究好、部署好各项工作。一是提高政治站位，认识重大意义。全市各级各相关部门深刻认识开展“四讲四爱”群众教育实践活动，在深入贯彻落实习近平新时代中国特色社会主义思想和党的十九大精神，推进全面建成小康社会，实现拉萨市长足发展和长治久安过程中的重要作用和必然要求；深刻认识群众教育实践活动是巩固马克思主义在意识形态领域的主导地位，不断筑牢“我要稳定”的思想基础，大力推进乡村振兴战略的实施的重要举措。全市各级各相关部门把开展群众教育实践活动从牢固树立“四个意识”、坚决做到“两个维护”的高度，提高政治站位、统一思想认识，跟改革发展稳定生态等重点工作同研究、同部署，切实增强责任感、使命感和紧迫感，为群众教育实践活动深入开展打下坚实的思想基础。二是细化方案制度，确立根本遵循。根据自治区《总体方案》要求，细化制定《拉萨市“四讲四爱”群众教育实践活动实施方案》，进一步细化工作步骤，明确牵头部门和实施主体。结合实际制定《宣讲工作方案》《宣传报道方案》《督导检查方案》和25项群众实践活动子方案，及时转发自治区关于四类受教群体的专项工作方案，为落实落细群众教育实践活动各项工作提供根本遵循、有力支撑和坚强的组织保障。三是定期研究部署，稳步推进活动。按照自治区部署拉萨市于5月3日率先在堆龙德庆区羊达乡通嘎村举行“四讲四爱”群众教育实践活动启动仪式，市委副书记、市长、城关区委书记、市“四讲四爱”群众教育实践活动领导小组常务副组长果果出席并作动员部署，全市各级各相关部门也层层进行动员部署，使活动迅速在全市范围内全面铺开。为使活动进一步向纵深推进，拉萨市前后两次召开工作推进会，专题研究活动开展过程中存在的问题，为下一步工作提出思路。全市各级各相关部门通过召开专题会议，或以党委（党组）理论学习中心组学习会等形式进行深入学习研讨，对今后工作中抓好贯彻落实提出要求。四是及时总结表彰，提出更高要求。按照自治区要求全市各县（区）于2019年1

月下旬召开总结大会。市委宣传部通过认真评选，并上报市委主要领导同意对2018年度全市“四讲四爱”群众教育实践活动暨“五有五好”文明村镇创建活动中涌现出的41家先进集体和125名先进个人（包括50名优秀宣讲员）进行表彰。为开展好2019年群众教育实践活动，全市范围内开展“四讲四爱”大调研，撰写调研报告，为下一步群众教育实践活动确定思路。

二、明确责任主体，压实工作责任

拉萨市在开展群众教育实践活动中，明确责任主体，层层压实责任，有力推动教育实践活动向纵深开展。一是加强组织领导，明确责任主体。拉萨市在原有领导小组基础上，进行重新调整充实，由区党委常委、拉萨市委书记白玛旺堆同志为组长，政府市长、市委副书记、人大常委会主任、政协主席等主要领导为常务副组长，市四大班子分管负责人为副组长，各县（区）委书记、市直相关部门主要负责人为成员的领导小组。各县（区）、各相关部门参照市群众教育实践活动领导小组的组织架构，结合实际进行调整充实，明确县（区）委、乡（镇、街道）党委，村（居）党组织主体责任和书记第一责任人责任，确保人员、组织、经费足项到位，形成党委领导，书记挂帅，各负其责，齐抓共管，一级抓一级、层层抓落实的工作机制，为全市群众教育实践活动的顺利开展提供有力组织保障。二是纳入专班工作，列为重要议事。年初拉萨市委成立精神文明建设和意识形态工作专班，作为市委11个重点工作专班之一，明确“四讲四爱”群众教育实践活动在专班工作中的重要地位。白玛旺堆同志多次召开市委常委会和专题会议，听取专班工作开展情况，专门对群众教育实践活动开展理思路、议举措、做部署。三是签订目标责任，落实工作任务。年初市委与全市各级党委（党组）签订意识形态工作目标责任书，明确群众教育实践活动为重要工作任务，要求各级党委（党组）结合实际，层层签订工作目标责任书，确定本年度教育实践活动重点任务，细化工作要求，排出时间进度，实行目标责任管理。

三、注重宣讲教育，聚焦重点内容

拉萨市始终认为宣讲决定整个教育实践活动的成效，坚持把宣讲作为整个活动的重中之重来抓。一是狠抓宣讲培训，壮大宣讲队伍。活动伊始，拉萨市及时举办全市“四讲四爱”群众教育实践活动宣讲骨干培训班，全市各级宣讲骨干近200人参训。各级各相关部门分批次广泛组织宣讲员开展培训，使各级宣讲员准确把握宣讲内容，掌握宣讲技巧，进一步提高基层宣讲队伍的能力水平。针对各级各类学校德育教师力量薄弱的问题，将骨干教师、班主任充实到宣讲员队伍，把宣讲内容纳入教学计划，以班级为单位开展宣讲。市属国有企业将中层以上管理人员、重点技术人员纳入宣讲员队伍进行集中培训，进一步充实和加强宣讲力量。在四个节点宣讲工作完成后，为有效开展“回头讲”工作，市活动办给各县（区）专门下拨专项资金，要求开展宣讲员培训，对《宣讲提纲》四节十六讲进行复习串讲，对习近平新时代中国特色社会主义思想和党的十九大精神进行再次深入解读，有效提升“回头讲”效果。二是发挥骨干作用，带动示范宣讲。在充分发挥县（区）宣讲骨干、驻村驻寺干部、村（居）党支部第一书记、农牧民宣讲员、大学生村官、学校德育教师和思政辅导员等宣讲主体力量的基础上，各县（区）委书记及班子成员，市涉宗、教育、工信等相关单位主要负责人切实发挥领头示范作用，带头深入基层，走上讲台，面向广大群众开展宣讲。白玛旺堆书记、果果市长和吴亚松常委多次深入不同场合围绕“四讲四爱”主题，并结合全市中心工作进行示范宣讲，形成“头雁效应”。同时，全市各级各相关部门采取集中、分片、包组、入户宣讲的方式，组织全市各级宣讲团成员示范讲，道德模范和致富带头人巡回讲，驻村队员和联户代表机动讲，学校教师课堂讲，驻寺干部和僧尼现身讲，形成“一人带一户，一户带一片，一片带一域”的联动宣讲机制。各级宣讲员紧扣“四讲四爱”宣讲主题，结合农牧区发展成就、精准扶贫政策、党的民族宗教政策和惠民利民政策、农牧民生活变化、寺庙“9+5”、校园新貌、企业改革发展以及广大群众普遍关注的热点问题，以便民服务站、乡镇会议室、基层文化站、村组活动场所、田间地头、牧区草场、校园操场、学生教室、僧尼僧舍、企业厂房、施工现场为阵地，以开展交流讨论、演讲比赛、知识竞赛、问卷测试、心得体会、主题班会等形式，形成强力的宣讲态势和声势，真正让群众教育实践活动走进基层，贴近群众，让“四讲四爱”内容深入人心，取得预期效果。三是把握宣讲重点，增强宣讲效果。全市各级宣讲员紧紧围绕习近平新时代中国特色社会主义思想和党的十九大精神这条主线进行深入宣讲。同时，对习近平总书记关于治边稳藏重要论述和加强民族团结、建设美丽西藏的重要指示，党的十八大以来在以习近平同志为核心的党中央英明领导下西藏经济社会发展取得辉煌成就，区市党委、政府坚决贯彻党的治藏方略，扎实推进依法治藏、富民兴藏、长期建藏、凝聚人心、夯实基础各项工作进行深入解读。在第二节点“讲团结爱祖国”主题宣讲工作中，拉萨市把反分裂斗争宣传教育有效融入宣讲内容，组织广大基层干部群众认真学习《西藏日报》7月4日起连续刊登的《高举习近平新时代中国特色社会主义思想伟大旗帜奋力推进西藏长足发展和长治久安》10篇系列评论文章，教育引导广大群众主动发声揭批达赖集团反动本质，坚持中央对达赖集团的基本斗争方针，自觉与达赖集团划清界限，做到旗帜十分鲜明、立场十分坚定。在第四节点和“回头讲”工作中突出法治宣传教育，通过集中宣讲、“法律七进”“以案释法”等方式深入解读宪法修正案、新修订《宗教事务条例》《民族区域自治法》等，教育引导各族群众自觉尊法学法守法用法，努力争当遵纪守法的好公民；突出对外出返乡农牧民的宣讲教育，全市各县（区）因地制宜，根据城乡接合部流动人口和外来务工人员较多的实际，创新方式，将宣讲内容植入茶馆、课堂，将宣讲工作前移到外来人口、流动人口中间，扎实开展“四讲四爱”进茶馆、进家庭、进休闲点等活动，实现宣讲全覆盖。结合“讲文明爱生活”主题宣讲，针对拉萨市跨区域扶贫搬迁迁入点群众和各县（区）扶贫集中搬迁点群众开展“市民化”教育，注重“志智双扶”，教育引导搬迁群众进一步转变观念、行为方式和生活习惯，尽快适应城市生活。四是编印学习读本，强化概念理解。针对当前基层群众对习近平新时代中国特色社会主义思想和党的十九大精神理解不深，特别是对概念性的理论不能熟知熟记的问题，拉萨市投入172万余元编印发放《习近平总书记经典语句摘编》和《基层群众思想政治教育应知应会知识问答》共计45万册，作为有效辅助材料开展大学习活动。对文化程度较低的群众，由宣讲员逐字逐句领读，并区分群众文化程度，以口头问答、试卷答题等方式，对习近平新时代中国特色社会主义思想应知应会知识进行测试，进一步强化群众对理论概念的理解熟知，深化群众思想教育。

四、创新方式方法，提高活动实效

在开展群众教育实践活动中，拉萨市始终强化创新意识，坚持问题导向，不断创新形式，丰富活动载体。一是搭建实践载体，助推活动开展。为进一步深化群众思想教育，提高文明素养，有效实现思想转化，为群众教育实践活动开展提供有力抓手，助推活动深入开展。拉萨市落实1000万元的专项资金，以文明村镇创建为切入点，深入开展有精神文明宣传栏、有公益广告牌、有道德大舞台、有文明引导员、有志愿服务点，实现思想觉悟好、道德风尚好、行为习惯好、精神面貌好、遵规守纪好的“五有五好”文明村镇创建活动，教育引导基层群众坚决维护以习近平同志为核心的党中央权威和集中统一领导，自觉维护祖国统一、民族团结和社会稳定，坚定不移地反对分裂，不断提高道德文明素质，争做神圣国土守护者和幸福家园建设者。二是抓住农闲时节，持续深化教育。为在“三大节日”暨农闲时节群众教育实践活动不断档，特别是做好对外出务工返乡人员的教育，拉萨市印发《拉萨市关于在“三大节日”暨农闲时节深入开展“四讲四爱”群众教育实践活动、“五有五好”文明村镇创建活动以及群众性文艺文化活动的工作方案》的通知，深入开展以宣讲教育、文明创建、文化文艺下乡为主要内容的“四讲四爱”回头看巩固宣讲等20项实践活动，不断丰富广大群众精神文化生活，进一步巩固群众教育实践活动成果。堆龙德庆区充分发挥财政优势，投入190万元，精心设计农闲时节“四讲四爱·五有五好”群众性文明实践“十项活动”，模范性开展各项实践活动，在全市范围引起强烈反响，受到广大基层群众的热烈欢迎，对引导广大基层群众培育和践行社会主义核心价值观、追求现代文明生活、打赢脱贫攻坚战、增强全面建成小康社会的信心和决心起到积极作用。三是以“五讲”为切入，实现精准宣讲。拉萨市涉宗系统，结合涉宗工作实际，成立宗教领域“四讲四爱”宣讲团，创造性开展各级书记讲政治和大势、涉宗干部讲政策和规定、专家学者讲法规和历史、高僧大德讲戒律和佛学阐释、"三老"人员讲对比和变化的"五讲"，用僧尼喜闻乐见的形式和用通俗易懂的语言，深入各寺庙开展宣讲，使"四讲四爱"精神和"遵行四条标准、争做先进僧尼"要求内化于心、外化于行。四是打造业余课堂，推行富脑行动。拉萨市曲水、当雄和堆龙德庆等县（区）分别开办农牧民夜校、农牧民文化素质培训班、巾帼夜校等，开展"四讲四爱"宣讲、文化知识补课和实用技能培训，切实解决农牧区普遍存在的工学矛盾，实现广大农牧民群众白天富口袋、晚上富脑袋，使农牧区业余课堂成为宣传党的政策的阵地、致富能力提升的平台、群众感恩教育的学校。五是拓宽工作渠道，宣讲落实落细。城关区结合城区人口密集度高、人员层系复杂、人员流动性大等实际，因地制宜、精准施策，创新开展以"书记讲堂""楼院讲堂""故事讲堂""寺庙讲堂""企业讲堂"为主要内容的"五个讲堂"，有力规范宣讲方式、打造宣讲品牌，提升宣讲覆盖面和知晓率。林周县采取邀请专家"示范讲"、领导干部"带头讲"、指定场所"集中讲"、宣讲人员"广泛讲"、县直单位"入点讲"、结成对子"绑定讲"、结合需要"拓展讲"、下发视频"现场讲"、利用微信"快速讲"等"九讲"方式方法，面对面、实打实地宣讲，效果显著。

五、搞活社会宣传，突出选树典型

拉萨市充分发挥各类宣传媒介作用，全力统筹各类资源，不断加大宣传力度，形成强大的舆论声势。一是整合宣传资源，壮大主流舆论。拉萨市在拉萨日报、拉萨广播电视台等市属媒体设立"深入开展四讲四爱群众教育实践活动""四讲四爱身边的故事和榜样"等专题专栏，并积极协调自治区媒体加大宣传力度。制作发放"四讲四爱"主题购物袋、围裙、雨伞、T恤衫、文具包、挂历、钥匙扣等"四讲四爱"宣传品，确保"四讲四爱"入家入户、深入人心。整合全市社会面宣传资源，充分利用户外广告资源进行"四讲四爱"相关内容的宣传，在全市498个广告牌、50个公交站台、310辆公交车车载电视、1670辆出租车顶灯、3125个LED显示屏以及2000余个宣传展板和宣传栏，集中刊播"四讲四爱"群众教育实践活动宣传标语和宣讲内容，为活动深入开展营造浓厚的社会氛围。二是推出优秀作品，创新文艺宣传。以自治区"四讲四爱"群众教育实践活动25项规定动作为基础，广泛组织群众开展文艺文化活动。为纪念建党97周年和改革开放40周年，进一步深化"四讲四爱"群众教育实践活动，拉萨市委宣传部联合堆龙德庆区推出现实题材舞台情景剧《幸福新时代》。该剧主题鲜明、内容丰富、剧情曲折，以"争做神圣国土守护者、幸福家园建设者"为主线，向观众讲述祖孙三代在旧社会、西藏和平解放和民主改革时期以及进入新时代等三个不同历史纬度的命运经历。拉萨市委宣传部联合市文化、广电、民宗等部门举办拉萨市第28个"民族团结宣传月"暨第7个"民族团结进步节"文艺晚会，以歌舞剧《我们在一起》讲述一个各族干部群众彼此尊重、相互照顾、充满亲情的暖心故事，用艺术手段，生动展现拉萨各族人民"共同团结奋斗、共同繁荣发展"的心声，表达新时代各族干部群众对未来生活的信心和期盼。推出舞蹈《家园同心》《母亲河》《踏歌飞舞》、歌曲《中华民族》《我们永远在一起》、小品《双喜临门》《为你打call》、相声《开大奖》、双人折嘎和群口相声《四讲四爱》等一批歌颂党、歌颂伟大祖国、歌颂民族团结、体现脱贫攻坚、赞美新生活、倡导文明新风、传播科技卫生知识等优秀文艺作品。三是深挖先进典型，做好正面引导。拉萨市把选树宣传典型工作作为群众教育实践活动的重要抓手，召开全市"四讲四爱"群众教育实践活动典型线索汇报会，分阶段收集122条典型线索，包括城关区普次仁老人"讲堂办在家里，宣讲深入邻里"的典型事迹、墨竹工卡县怕热组"美丽在乡村，文明在人心"的农村人居环境整治成功案例、涉宗领域塔巴寺"党恩普照僧众，爱国成为自觉"的生动写照、堆龙德庆区"开展农闲十项文化活动，打造文明星空"的创新举措等精品典型。为进一步加大典型宣传，注重典型的引领，引导群众树立正确的思想认识，激发学先进、当先进的动力，促进群众教育实践活动成果转化，拉萨市专门组织市属媒体记者分组、分批深入实地开展采访，直接面对典型人物深挖背后典型事迹和感人故事，并在《拉萨日报》和拉萨发布等媒介设置专栏连续报道典型事迹100余篇。城关区充分发挥区属报纸《城关周报》，设置《城关故事》栏目，连载16篇各行各业的典型人物，形成良好的社会反响。

六、严格督导考核，确保活动成效

拉萨市把督导作为推进活动的重要手段，按照自治区要求，市一级实行一季度一督导、县（区）一级实行一月一督导，全年开展各级督导1700余次，确保群众教育实践活动主线不偏、内容不省、步骤不减、要求不降、活动不走过场。一是成立督导小组，形成监督合力。制定《关于成立拉萨市“四讲四爱”群众教育实践活动督导工作的方案》和《拉萨市“四讲四爱”群众教育实践活动督导考核指标体系》，成立以市委副书记肖志刚为组长的拉萨市“四讲四爱”群众教育实践活动督导组，下设四个督导小组，以市委、人大、政府、政协等部门的地级领导为组长，分片区、分行业对责任落实、宣讲教育、实践活动、宣传工作、建立长效机制、活动目标实现等内容开展日常督导。另外，充分利用工会、团委、妇联、工商联等群团组织做群众思想工作的职能，把群众教育实践活动的督导融入各自业务工作，形成合力进行督导。二是调研督导并举，做到立行立改。市委常委、宣传部部长吴亚松同志亲自带队多次深入各县（区）和市直相关单位，就群众教育实践活动开展情况进行督导调研，及时发现问题，提出整改意见。市活动办按照吴亚松常委在督导调研时提出的要求，起草下发《关于全面整改全市“四讲四爱”群众教育实践活动中“四个不够”的问题进一步深化群众教育实践活动的通知》《关于进一步深化巩固“四讲四爱”群众教育实践活动宣讲宣传成果的通知》，对存在的问题，逐项列出、逐条分析、逐步整改，持续跟踪问效，做到发现问题真学真改、即知即改、立行立改。三是严格规范考核，确保取得实效。把“四讲四爱”群众教育实践活动开展情况纳入年度意识形态考核的重要内容，全市于去年12月20号之前完成对各县（区）和相关市直单位的全覆盖考核，考核结果与年度争先进位考评结果挂钩。拉萨市委宣传部在2018年度全市目标绩效争先进位评比中荣获争先一等奖的好成绩。

七、认真查找不足，做好今后筹划

2018年拉萨市“四讲四爱”群众教育实践活动虽然取得一定的成绩，但仍存在一些薄弱环节：一是学习领会不够深刻。个别教育对象没有严格按照学懂、弄通、做实的要求，认真组织相关工作人员和宣讲员深入系统地学习领会吴英杰书记关于“四讲四爱”群众教育实践活动重要批示精神和边巴扎西常委的重要讲话精神，个别工作人员和宣讲员存在浅尝辄止、一知半解的问题，与真学真懂的标准有一定的差距。二是台账建立不够规范。个别乡（镇）、村（居）、寺庙、学校等不重视台账建立工作，存在重落实、轻管理现象，台账分类不规范，缺项较多，混淆杂乱，未按考核体系要求进行整理归档，不能完整地体现活动开展情况，给考核工作带来不便。三是挖掘和选树典型不够。个别基层对于典型线索挖掘不够，对于身边典型发现不够，对于典型经验提炼不够，对于重大典型选树不够，有的还存在典型材料上报之，跟踪落地、深度培植不力的问题。

下一步，我们将坚持问题导向，进一步统一思想、加强领导，克服松懈情绪，确保群众教育实践活动取得实效。一是持续强化宣讲教育工作。严格按照主线不能偏、内容不能省、步骤不能减、要求不能降、活动不能走过场的具体要求，在扎实开展“回头讲”工作的基础上，突出外出务工返乡农牧民群众这个重点，认真组织宣讲员，深入实际采取宣讲教育对象乐于参与、易于接受的方式方法，扎实开展“四讲四爱”宣讲教育，真正把《宣讲提纲》和农牧民群众、青少年学生、寺庙僧尼、国企员工版本的《习近平总书记经典语句摘编》《基层群众思想政治教育应知应会知识问答》的宣讲内容讲清讲全讲透讲细，真正让宣讲教育对象听得懂、能领会、可落实。二是持续强化实践活动开展。坚持以知促用、以用促行，积极采取广大教育对象爱听、爱看、爱做的方式，搭建教育对象乐于参与、易于参与、便于参与的活动平台，拓宽横向到边、纵向到底全面覆盖的有效渠道，扎实开展各项规定的实践活动，确保实践活动层层递进、步步深入，有更大的声势、有更多的亮点、有更好的效果。三是持续强化督导考核工作。认真贯彻落实自治区活动办的要求，认真履行工作职责，积极整合督导资源、认真汇聚督导力量，深入细致开展督导工作，全方位、立体化查摆和解决开展“四讲四爱”群众教育实践活动中存在的问题，认真补齐短板，切实让督导的过程真正成为查问题、找根源、定措施、纠问题、促提升的过程，使督导在推进群众教育实践活动中真正发挥事半功倍的作用，确保群众教育实践活动取得实效。

创先争优强基础惠民生活动

年内，根据中央、自治区党委关于精准选派驻村工作队要求，拉萨市委高度重视，白玛旺堆书记召开会议专题研究，按照聚焦重点、精准发力、改进提高的原则，统筹全市各方面资源，因村施策、精准布点，选派79家市直单位和8县（区）分别派驻96个驻村点和182个驻村点。全市278个驻村工作队按照“指导不领导、到位不越位、帮办不包办”原则，根据《2018年全市干部驻村工作要点》明确的新时代干部驻村“七项重点任务”和22项具体工作，在事关根本性、基础性、长远性问题上精准发力，在决胜全面建成小康社会、奋力开启全面建设社会主义现代化拉萨新征程上聚力用劲。

第七批驻村工作。年内，拉萨市强基办在拉萨成功召开全区强基础惠民生活动办公室主任会议，在观摩学习活动中，曲水县四季吉祥村和城关区当巴社区驻村工作队的好做法好经验，得到区强基办领导和各地市强基办主任的充分肯定。围绕“立足新时代推进干部驻村工作问题研究”调研课题，对全市168个村（居）开展调研，全面掌握驻村工作最真实的第一手资料，并形成高质量的专题调研报告。全年深入县（区）、乡（镇）、村（居）督导检查驻村工作8批次，到督导检查72人次，督导检查县（区）、乡（镇）达100%，村（居）达60%以上。全市各驻村（居）工作队未发生一起车辆安全事故；认真落实自治区强基办《关于做好2018年度自治区强基惠民驻村工作队团体意外伤害保险服务工作有关事项的通知》要求，为全市1112名驻村干部和各级强基办工作人员投保，并根据变更信息实行动态管理，确保驻村干部安全驻村、健康驻村、平安驻村。全市5560万元强基惠民工作经费已经拨付使用1015万元、实施项目68个、落地项目115个、预计投资3308余万元。认真组织开展海拔4500米以上驻村（居）工作队半年轮换工作；协助区强基办对全市第七批驻村工作开展情况和第八批驻村前期准备开展调研；联合市卫计委，整合全市医疗力量，建立健康巡诊制度，为全市驻村干部开展健康巡诊155次，发放药品2140份，价值27余万元，努力为驻村干部提供安全、有效、便捷的医疗卫生服务。在自治区精准考核暂行办法的基础上，紧密结合全市驻村工作实际，对精准考核暂行办法进行进一步细化，为全市精准考核驻村工作提供有力保障。全年共撰写综合类简报105期，上报典型素材65篇，约稿18篇，专报10篇；完成并上报各类统计145次；组织开展召开工作例会5次；积极协调各级媒体大力宣传推广全市强基惠民活动新成效、新经验、新典型。全年各级媒体宣传报道拉萨市驻村工作435次（中央媒体宣传报道8次，自治区媒体宣传报道30次，拉萨电视台宣传报道94次，县区媒体宣传报道303次）。

感恩教育。年内，各驻村工作队把学习宣传好、贯彻落实好党的十九大精神作为驻村工作的首要政治任务，把提高思想政治站位作为驻村工作的硬任务，以集中学习、个人自学等方式在自身学懂弄通做实的基础上，协助村（居）“两委”，以走村入户、召开座谈会等方式，深入宣讲习近平新时代中国特色社会主义思想和党的十九大精神和3279场次，举办专题讲座1061场次，发放宣传材料10.4万余份，参与群众53万余人次；开辟专题宣传栏934期；以歌舞、小品等群众喜闻乐见的形式和通俗易懂的语言，向广大农牧民群众宣讲习近平总书记治边稳藏重要论述在西藏的成功实践1970场次；向群众宣讲以习近平同志为核心的党中央为西藏制定的一系列特殊优惠政策和对西藏各族群众的关心关怀1713场次；向群众宣传区市第九次党代会和区市党委九届三次全会精神886场次，让基层群众切实了解党和国家对西藏的特殊关怀，进一步坚定各族群众感党恩、听党话、跟党走的信心和决心。

扶贫开发。年内，各驻村工作队始终把助力打赢脱贫攻坚战作为干部驻村工作的重要任务，认真落实中央和区市党委、政府关于做好精准脱贫工作的重要决策部署,深入走访摸底建档立卡贫困户和边缘户,分类施策,因户施策、因人施策,全市1112名驻村干部发挥结对帮扶优势,分析致贫原因、制定帮扶措施,双管齐下,"志智双扶",帮助2486户贫困户转变思想观念;协助开展扶贫脱贫政策宣讲3036次,推动扶贫脱贫政策家喻户晓;从各渠道争取扶贫项目130个,确保4825余万元扶贫资金落地见效,帮助所驻村(居)兴办集体经济实体113个,专业合作经济组织112个,实现脱贫资金、项目精准"滴灌";组织开展贫困群众技能培训342次,帮助转移就业1096人,增加现金收入300余万元,进一步提升贫困群众增收致富能力,加快群众致富步伐,为拉萨市在全区范围内率先脱贫摘帽发挥积极作用。

乡村振兴。年内,各驻村工作队始终把解决"三农"问题作为工作重中之重,按照宜商则商、宜农则农、宜牧则牧、宜游则游的要求,依托驻在地资源禀赋,做好特色文章,帮助驻在村(居)理清发展思路715条,制定完善实施经济发展规划374项,推动驻在地传统文化得到传承,旅游产业得到壮大,高原特色农畜产品销售渠道不断拓宽、市场份额占比不断提高;向群众宣传保持土地草场承包关系稳定长久不变政策567场次,协助驻在村(居)开展植树种草、整治脏乱差等活动1879场次,让农牧民群众积极投身建设美丽乡村中来,农牧区人居环境得到进一步改善;开展农牧民群众普通话培训班360期,宣传免费教育政策和就业创业优惠政策1252场次,进一步转变农牧民群众和高校毕业生的就业创业思想观念,激发主动参与建设美好家园内生动力。

维护社会稳定。年内,各驻村工作队协助村(居)"两委"有针对性地开展反分裂斗争教育1063次,引导各族群众自觉与达赖集团划清界限,坚决抵制分裂渗透破坏活动,使"团结稳定是福、分裂动乱是祸"的理念深入人心;协助驻在村(居)"两委"制定维稳工作方案和应急预案1691个,协助建立健全维稳工作机制1429条,妥善化解矛盾纠纷884件,切实将各种不稳定因素化解在萌芽状态、处理在基层一线,有力确保基层社会和谐稳定;宣传党的民族宗教政策969场次,组织开展民族团结进步创建活动655场次,使"三个离不开""五个认同"思想观念深深扎根在广大农牧民群众心中,在农牧区营造团结和谐的良好社会氛围。

基层组织。年内,各驻村工作队以留下一支"永不走的工作队"为目标,充分发挥"传、帮、带"作用,协助村(居)党组织培养入党积极分子1798人,接收预备党员692人,发展党员831人,为农牧区储备一批有生力量;举办农牧民党员培训班334期,培训党员2.3万余人次,进一步提高农牧民党员的政策理论水平、民主法治意识、宗旨意识;帮助驻在村(居)健全组织生活会、民主评议党员、主题党日活动规章制度725条,党务村务财务公开制度507条,党风廉政建设等方面规章制度368条;开展"两学一做"学习教育2213余场次。慰问五保户、贫困户和困难群众15186人次,慰问"三老"人员1443人次,帮助落实农牧区最低生活保障资金190余万元,农村低保户、五保户供养补助调标资金112余万元,各项惠民补偿(补贴)资金702余万元。多方筹措资金为群众办实事好事1031件,让各族群众感受到总书记和党中央的关心关怀,深刻体会到社会主义的温暖,更加拥护以习近平同志为核心的党中央。

精神文明建设。年内,各驻村工作队开展"四讲四爱"宣讲活动2289场次,发放宣传资料9.7万份,向农牧民群众宣讲"老西藏精神""两路精神"662场次,发放宣传资料3.2万余份,使农牧民群众充分体会到幸福生活的来之不易,进一步坚定做神圣国土守护者、幸福家园建设者的信心决心;宣传"厕所革命""两降一升"和包虫病、结核病、肝炎、风湿病、大骨节病等地方病综合防治工作1200场次,覆盖群众13余万人次,协助开展"送健康、送文艺、送体育"活动1081场次,协助村(居)"两委"深入开展"七五"普法活动1130场次,宣传防范电信网络诈骗、禁毒知识教育等1189场次,帮助村级组织健全村规民约521条,协助开展"扫黑除恶打非治乱"专项斗争,打击整治打架斗殴、酗酒赌博案件411起,使科学健康文明的生活理念在农牧民群众中内化于心、外化于行,崇德向善向上的良好风气蔚然成风。

脱贫攻坚

2018年，拉萨市以习近平新时代中国特色社会主义思想为指引，全面贯彻落实党的十九大、十九届二中、三中全会精神，深入贯彻落实习近平总书记关于扶贫工作重要论述，牢固树立“四个意识”，坚决做到“两个维护”，紧紧围绕中央及区党委、政府关于脱贫攻坚的系列决策部署，按照中央“六个精准”“五个一批”和脱真贫、真脱贫的要求，以处理好“十三对关系”为根本方法，强化组织领导、坚持目标导向、优化资源配置、加大资金投入、发动社会参与，强力推进“六脱措施”，截至2018年底，全市已实现10902户44439名贫困群众脱贫，225个贫困村（居）退出，8个贫困县（区）摘帽，全市建档立卡贫困人口剩余16户43人（包括新识别和返贫），全市实现整体脱贫，脱贫攻坚工作取得阶段性成效。农业综合开发工作方面，2018年争取农业综合开发土地治理项目4个，总投资4679.4万元，其中：中央财政资金2220万元，自治区财政配套资金1072万元，县财政配套1304万元，群众投劳折资83.4万元。开发总规模2.75万亩，其中高标准农田建设0.95万亩，草场治理1.8万亩。

抓组织领导，谋划部署更务实。一是高点谋划。把脱贫攻坚列为市委、市政府2018年度重点工作实行每月调度督查。市扶贫开发领导小组印发《2018年脱贫攻坚工作要点》，制定《拉萨市巩固提升脱贫成效三年行动实施方案》《拉萨市乡村振兴战略脱贫攻坚实施方案》等文件，指导全市脱贫攻坚各项工作有序开展。二是高位推动。市委、市政府始终把脱贫攻坚作为最大政治责任和第一民生工程来抓，今年以来，召开市扶贫开发领导小组会议2次、常委会6次，政府常务会议4次、专题会议2次，市脱贫攻坚指挥部例会、办公室例会及专题会议30余次，研究部署迎接中央脱贫攻坚专项巡视、迎接国家考核验收前期准备、各级考核评估反馈问题整改、产业发展、就业提升、跨县（区）易地扶贫搬迁、昌都“三岩”片区搬迁、高海拔生态搬迁、羊八井高海拔风湿患者搬迁等重点工作。三是高压责任。市县层层签订责任书，并严格根据《拉萨市脱贫攻坚责任制实施细则》，压实市、县、乡、村四级责任及各级帮扶单位、各级扶贫开发领导小组成员单位的合力攻坚责任。深入开展“五级书记遍访贫困对象行动”，坚持市、县两级党政主要负责人率先垂范，广泛发动各级党员干部深入贫困村、贫困户，宣传政策、了解实情、查找问题、开展帮扶。强化“321”干部帮扶机制，全市2.6万余名干部职工与1.09万余户贫困户结成帮扶对子，实现责任到人全覆盖、结对帮扶全覆盖。

抓动态调整，基础数据更扎实。坚持“精准扶贫精准脱贫”基本方略，抓好扶贫对象动态管理，做到“应纳尽纳、应退尽退、应扶尽扶”。新增建档立卡贫困人口6户19人。严守退出标准和退出程序，完成238户821人脱贫标注，完成自治区下达300人的年度减贫任务，落实贫困户清退要求，清退416户1612人，贫困户识别和退出准确率有效提高。围绕迎接国家脱贫摘帽考核验收，对2017年脱贫人口开展入户核查和政策宣讲，确保脱贫人口达到脱贫标准，脱贫意愿强，满意度高，顺利通过国家脱贫摘帽考核验收。

抓精准施策，脱贫措施更有力。一是助力全区脱贫“讲大局”。发挥首府城市首位度作用，切实做好为全区脱贫攻坚服务的各项任务，启动昌都市“三岩”片区跨市整体易地扶贫搬迁，按照自治区搬迁计划，拉萨市共承担昌都市“三岩”片区678户4990人搬迁任务（其中2018年搬迁425户2584人、2019年搬迁253户2406人），目前已实现249户1639人顺利入住，占搬迁至拉萨市2018年度任务的63.43%。二是以业脱贫“拔穷根”。完成“十三五”产业扶贫项目中期调整工作，调整后，“十三五”期间，全市计划投资93.18亿元、实施产业项目420个，其中2018年计划投资35.48亿元、实施产业项目142个，目前已投资12.37亿元,开工建设项目96个、完工33个,带动7771名脱贫群众持续稳定增收。深入实施“四业工程”,加强技能培训力度,举办贫困群众专场招聘会,切实提升贫困群众的自身素质和就业能力,投入1438.11万元,开展建档立卡贫困人口培训133期4780人,其中培训农牧业致富带头人120人,通过政府购买服务、企业吸纳、自主就业、创业等实现转移就业9073人,新增和再就业5879人,年工资收入最高达7万元,最低达1万元。三是以迁脱贫“挪穷窝”。“十三五”期间,投入易地扶贫搬迁资金14.89亿元,建设安置点39个,计划搬迁24821人。易地搬迁安置点全部建设完成,统筹推进安置点基础设施和公共服务配套,共实现22979人搬迁入住,剩余1842个搬迁指标,通过区市党委、政府研究后,批准调整至山南市。围绕搬迁安置点布局配套产业项目62个,投资规模达到31.94亿元,辐射带动1.2万名贫困群众增收。四是政策兜底“脱穷境”。通过以教脱贫,向7113名家庭贫困学生发放各项资助金3124.7万元,其中建档立卡贫困大学生2928名,发放资助金958.6万元;妥善安置2121名易地搬迁随迁子女就学;组织40名“两后生”参加职业技能培训工作,目前18名保安培训已完成并上岗工作,22名驾驶技术(A照)培训正在开展。通过以补脱贫,落实生态保护岗位2.58万个,兑现资金9038.75万元;对建档立卡贫困人口中和非建档立卡农村低保人口中无劳动力的2.06万人实施定向补助政策,兑现补助资金537.19万元。通过以保脱贫,共落实低保补差和“两线合一”差额补助金745.29万元,不断完善农牧区基本生活保障、五保供养、医疗救助等社会保障体系,持续巩固“两线合一”成效。通过以助脱贫,共为建档立卡贫困人口中1390人次报销(核销)医疗资金372.7万元。深入落实《拉萨市贫困人口大病专项救治工作实施方案》,继续推行“农牧区医疗制度+农牧民大病商业保险+民政医疗救助+政府兜底”的医疗保障套餐,有效解决1239名因病致贫、因病返贫患者家庭的脱贫问题。五是志智双扶“增动力”。市委、市政府设立1000万元勤劳致富奖励资金,强化扶志、扶智措施,着力提高贫困群众创业就业积极性,着力激发贫困群众脱贫内生动力、提高自我脱贫能力,引导贫困群众树立“勤劳光荣、脱贫光荣”的思想观念,用自己勤劳的双手创造美好生活。共评选表彰590名勤劳致富典型,奖励资金207.1万元,有效激发贫困户的内生动力。立足工作实际,在全市范围深入开展脱贫攻坚农牧民夜校培训工作,打造基层脱贫攻坚的“加油站”,为脱贫攻坚注入强有力的后劲,全市分类开展政策宣讲、藏汉双语、技能技术、道德法治、文明新风等培训班600余期,集中培训18000余人次,通过因需施教开展分类培训,确保贫困户普遍掌握1项至2项实用技能,素质得到明显提升。六是金融扶贫“注活水”。制定出台《拉萨市精准扶贫贷款风险补偿基金管理办法》等政策性文件,着力在易地扶贫搬迁、产业发展等方面集中发力。全市易地扶贫搬迁融资到位资金13.6426亿元,产业项目融资到位资金42.27亿元。

抓强基固本,党建引领更突出。一是优化组织设置,筑牢脱贫攻坚“指挥部”。在易地扶贫搬迁工作中,全市各级基层党组织充分发挥领导核心作用,动员组织贫困群众主动、有序、安全搬迁,在全市易地扶贫搬迁集中安置点建立党组织25个,通过党组织的引领,确保搬迁群众“搬得出、稳得住、能致富”。二是充实基层力量,打造脱贫攻坚“先锋队”。统筹市县乡各级力量,选派232名优秀干部选派到贫困村担任第一书记,选派1083名乡镇干部下沉到村(居)工作,夯实扶贫一线工作力量。坚持从项目、资金、技术、信息等方面大力培养致富带头人,实现“一人致富、带动一片”的效果,全市先后培养党员致富带头人351名。三是完善组织保障,注入脱贫攻坚“新动力”。在阵地建设上,先后整合各类资金9亿元,实施村级组织活动场所建设提档升级,全力提升基层阵地政治功能和服务功能。设立市县两级专项扶持资金6000万元,实现全市276个村(居)集体经济固定收入全覆盖。在运行经费保障上,每年区、市两级财政投入4000余万元,确保每村每年运行经费达到10万元,社区每年达到50万元,不断强化脱贫攻坚基础保障能力。

抓基础设施,统筹发展更协调。一是实施电力扶贫。完成9个易地扶贫搬迁点供电,为5095户1.53万搬迁群众提供可靠的供电保障;完成4190户易地扶贫搬迁点的“一户一表”改造任务,同比增长143.6%。二是加快推进农村道路建设。投资

39327.15万元，实施扶贫道路项目5个，建设总里程66.897公里。2018年扶贫道路建设总里程比2017年增加2.157公里，增长3.33%；2018年扶贫道路项目建设总投资比2017年增加28610.02万元，增长266.96%。三是提升农牧区饮水安全。2018年，拉萨市计划实施农村饮水安全巩固提升工程，共落实PSL贷款资金9985.71万元，计划巩固提升1.07万户4.86万人和19.15万头（只）牲畜的饮水问题，今年6月已完成项目实施方案审查及概算批复，按照《西藏自治区人民政府关于全面加强重点项目建设管理的通知》（藏政发〔2018〕22号）中暂缓实施贷款项目的要求，目前处于停工状态，待自治区出台新的贷款政策后继续实施。四是扎实推进危房改造。2018年自治区下达拉萨市四类重点对象共255户农村危房改造指标，已全部开工建设，完工76户，未完工179户。五是加快贫困村信息化建设。对原有无线覆盖进行扩容及补点541个，224个行政村无线（光纤、4G、宽带）实现全覆盖。六是实施科技扶贫。组织全市20名科技管理干部赴京参加科技扶贫专题培训，选派科技特派员630名，组建84名“三区”科技特派员队伍，开展种植、养殖、动物防疫等工作，推进科技助力脱贫攻坚。七是实施文化扶贫。投资资金335万元对尚未覆盖数字文化的42个乡（镇）综合文化站和50个数字文化驿站进行公共数字文化服务提档升级，向广大人民群众提供“阵地+流动+数字”公共文化服务，最大限度地保障群众的基本文化权益，形成覆盖市、县（区）、乡（镇）、村（居）四级公共文化服务设施网络。

*抓监督管理，资金使用更高效。*严格扶贫资金专款专用，不断加大资金投入、使用、支出及监管，确保扶贫项目建成收益。2018年，整合落实区、市两级财政资金12.47亿元，均已拨付至各县（区）。加强资金监管，将资金分配结果等信息及时向社会公开，对使用财政扶贫资金的项目公示公告到村到组到户，实现资金全过程公开运行。全年开展财政专项扶贫资金管理使用情况督导检查3次，重点督查扶贫资金管理使用情况，对督查检查发现的问题，及时督促县（区）和部门限期整改到位，确保资金使用安全，发挥应有效益，坚决杜绝资金违规使用情况发生。

*抓问题整改，脱贫质量更真实。*一是纵深推进问题排查。参照省际、地市间交叉考核经验，成立9个县（区）交叉督查组，重点围绕“政策落实、工作落实、责任落实、问题整改”等方面存在的突出问题，特别是形式主义、官僚主义等基层干群反映强烈的问题开展督查，开展常态化督查400余次，推进脱贫攻坚纵深开展。二是强力推进问题整改。坚持问题排查与整改并行和边查边改不放松，确保件件有着落、事事有回音。2016以来，国家实施的省际交叉考核、扶贫审计、综合督导、第三方评估考核，自治区党委巡视、纪检监察部门明察暗访、地市间交叉考核、第三方评估、人大政协专题调研，以及市委巡察、市级验收考核等反馈的问题已基本整改到位，中央脱贫攻坚专项巡视发现的问题整改工作正有序推进。自2016年以来，中央、自治区和拉萨市各类考核评估检查发现问题306个，目前已完成整改230个，正在整改且需长期坚持的76个，整改工作取得实质性成效。三是持续跟踪问效。坚决杜绝各类监督检查发现问题整改不落实的问题，启动问题整改“回头看”工作。强化督促指导和跟踪问效，指挥部派出2个督导组，分东西线先后3次深入全市8个县（区）和柳梧新区、空港新区，实地核实问题整改情况，进一步推进整改落实。

*抓扶贫帮扶，攻坚合力更凸显。*一是加大宣传力度。全年在《新闻联播》报道5次，《西藏新闻联播》报道100余次在西藏日报刊发稿件70余篇。在《拉萨新闻》的藏汉语版、民生新闻、广播新闻节目中共报道680条新闻，在拉萨日报刊发稿件140余篇。特别是《曲水县创新脱贫思路，强化产业带动，激发内生活力》典型做法，被列入国务院第五次大督查发现的130项典型经验做法之一，给予通报表扬。开展集中宣讲1500余次，参与群众达15万余人次。二是深化援藏扶贫。北京市制定《北京市对口支援深度贫困地区脱贫攻坚三年行动计划（2018—2020年）》，将规划内北京援藏项目中未实施项目调整至脱贫攻坚项目中，安排援藏扶贫资金3.23亿元（含计划外资金1亿元），实施项目61个，已完成投资2.1亿元，开工项目32个、完工项目12个，辐射带动受援县（区）1105户7593人受益。江苏省安排援藏扶贫资金4.31亿元（含计划外资金1.5亿元），实施项目45个，已完成投资3.34亿元，开工项目45个、完

工项目29个，辐射带动受援县（区）3081户12314人受益，设立1345万元苏拉产业扶持专项资金，引导江苏企业积极参与扶贫工作。同时南京、苏州、镇江、泰州等市的32个县（区、镇）与对口援助的4个县（区）的32个乡镇建立扶贫协作关系。三是持续开展驻村帮扶。全市79家单位和8个县（区）共派驻278个驻村工作队，1112名驻村干部，帮助2486户贫困户转变思想观念，协助县（区）、乡（镇）和村（居）“两委”开展扶贫政策宣讲3000余次，实施扶贫“短平快”项目130个、落实资金4825万元；帮助所驻村（居）兴办村集体经济实体113个、专业合作经济组织112个；组织开展贫困群众技能培训342次，帮助转移就业1096人，增加现金收入300余万元，进一步提升贫困群众增收致富能力。同时，参与定点扶贫各单位领导班子成员到定点扶贫县（区）开展调研398余人次，定点扶贫单位直接投入帮扶资金5802.83万元，引进帮扶资金1157.39万元，培训基层干部1345人，培训技术人员2563人；开展消费扶贫，购买贫困地区农产品2.06万元，帮助销售贫困地区农产品2.02万元。四是加强社会扶贫力度。扎实开展“10.17”全国扶贫日系列活动，通过在市区主要路段挂横幅、发放宣传手册进行宣传，参与群众达4000余人次。深入开展“企帮村”行动，全市46家企业通过发放慰问金、解决就业、教育扶持、物品捐赠等方式参与“企帮村”，投入资金1234.46万元，5182名群众受益。5个志愿团队，300人参与扶贫志愿服务，累计服务时长1万余小时。

抓作风建设，攻坚能力更过硬。以作风建设年活动为抓手，坚决克服形式主义，努力减轻基层负担，全力为脱贫攻坚保驾护航。一是强学习促能力。始终将业务知识学习与扶贫领域作风建设知识学习相结合，通过集中培训、交流讨论、业务测试，着力提高乡、村两级基层扶贫专干、驻村工作队业务知识和扶贫领域作风建设、防风险能力，组织开展全市村（居）干部、扶贫专干等培训5期1000余人次，着力夯实基层扶贫干部业务和防风险能力。二是强责任促落实。为优化脱贫攻坚工作环境，细化扶贫领域作风建设专项治理措施，制定下发《拉萨市扶贫开发工作领导小组关于开展扶贫领域作风问题专项治理的实施方案》和《拉萨市关于开展扶贫领域“庸懒散软贪”问题专项整治工作的实施方案》，着力解决履职不力、作风不实、效能不高、纪律不严等突出问题。三是强执纪促攻坚。强化对中央及自治区政策措施落实情况、财政涉农资金统筹整合政策落实情况、扶贫资金阳光化管理情况等领域的监督，市纪委及时转发自治区纪委下发的扶贫领域违纪问题通报，要求各党委（党组）及支部加强学习，取得良好的警示作用。开展市级专项督查巡查5次，共查处扶贫领域相关问题21件，给予党纪政纪处分16人，组织处理20人，对2批次8起扶贫领域典型问题进行通报，警示震慑作用充分显现，以作风攻坚深入推进脱贫攻坚各项工作。

稳步推进农业综合开发工作。农业综合开发始终坚持“以项目促发展、以项目促增收”的工作思路，积极争取农发项目、切实抓好项目建设质量作为推动农业综合开发工作的重要举措。一是聘请第三方机构对2018年4个农业综合开发土地治理项目进行评审，并报请自治区农发办同意，下达项目批复；二是赴各县（区）对2017年项目、“十八大”以来未按时完工项目进行实地督导检查10余次，针对发现的问题，下发整改通知，明确整改时限；三是聘请第三方机构对2013年—2016年农业综合开发土地治理项目进行验收，部分未通过验收的项目，现正在积极整改中；四是针对“十八大”以来8个未按时完工的项目，按照区办要求，制定整改方案，明确整改时限，现已完工项目7个，终止项目1个，并通过市县两级验收。五是6个高标准农田建设项目科技措施已验收完毕，涉及林周、曲水、墨竹、尼木4县，除尼木县验收通过外，其他县对验收中存在问题正在积极整改中。

民生工程概述

2018年，全市累计建设教育、医疗、社会保障等三类民生项目107个，总投资约27.90亿元，为建设美丽健康幸福新拉萨奠定良好的基础。

*一是教育供给能力稳步提升。*继续坚持教育优先发展战略，把改善办学条件、提升教育供给能力作为重心，多渠道筹措资金，启动建设拉萨师专“专升本”迁建项目、拉萨市白定高级中学、拉萨市西城初级中学、城关区第八小学、拉萨江苏实验幼儿园等教育基础设施项目70个，总投资75481万元。

*二是医疗卫生服务能力有效提升。*全市医疗卫生项目共计30个，总投资18亿余元，拉萨市中心医院一期、拉萨市人民医院门诊楼功能提升改造、拉萨市食品安全风险监测体系设备、达孜区卫生系统整体搬迁、墨竹工卡县藏医院、当雄县疾病预防控制中心，以及18个乡镇卫生院改扩建项目全面实施，有效改善拉萨市医疗卫生服务环境，完善医疗卫生服务功能，提升医疗卫生服务能力，为实现“大病不出市、中病不出县、小病不出乡和社区”的目标迈出坚实步伐。

*三是基本公共服务全面覆盖。*西藏自治区公共职业技能实训基地建成投入，将面向全市农牧民、城镇待业青年、高校毕业生提供职业技能培训和提升服务；实施墨竹工卡县县级全民健身活动中心、曲水县公共体育场、宗角禄康公园全民健身点等体育类项目5个，进一步满足人民群众的健身活动需求。实施拉萨市群众艺术馆，项目投入使用后，将进一步满足拉萨市群众文化需求。实施拉萨市SOS青年公寓，有效改善市儿童村现有住宿条件。

四是易地扶贫搬迁取得重大进展。“十三五”期间，全市计划实施异地扶贫搬迁总任务5591户22979人，截至2018年底实际搬迁入住5357户22023人，完成率95.8%。通过大力发展周边配套产业，已实现4274户5744人转移就业，基本实现户均1人就业；建成39个搬迁安置点，总建筑面积61.09万平方米，安置点小区道路硬化、亮化、绿化等附属设施较齐全水电路讯网、科教文卫保“十项提升工程”实现全覆盖，搬迁群众就近、就便入学、就医便捷有利，基本融入现代城市生活。

*五是防汛抗旱工作成效显著。*2018年，拉萨市总体雨量偏多，面对严峻的防汛形势，全市超前部署、科学调度、奋力抗洪、合力减灾保障拉萨防洪安全。汛前累计投入221.6余万元购置防汛物资，组织1000余人次对涉河在建工程、堤防、水库、水电站、闸坝、塘坝等重点部位进行隐患排查，并及时修订完善防汛应急预案；对拉萨河达孜段、桑珠林段、白定段、2#闸、3#闸库区等进行清淤，清淤量达360万立方米；汛期建立与水文、气象等部门的沟通衔接机制，掌握第一手雨情、洪水信息，将旁多水利枢纽、直孔电站、拉萨河2#、3#、4#闸集中调度管理，提高大规模水闸群工程运行管理水平；加强薄弱环节的严密监控，对拉萨河嘎巴堤段等薄弱环节及时进行修复；汛期调拨编织袋15.5万条、铅丝笼2.2万平方米、铅丝2吨、防冲墩283个、彩条布4500平方米、抽水发电机5组、吨袋200条的主要防汛物资。先后组织2300余人、机械1000余台开展于抢险救灾，最大限度地保障人民群众的生命财产安全；汛后将及早制定水毁修复方案，对受损部位和安全隐患处加快维修完善。

拉萨市灌区渠首取水在线监测项目总投资344.75万元，已于2017年12月设备进场，目前已完成总建设任务的80%，预计10月底完成全部建设任务；全力推进林周县、堆龙德庆区高效节水灌溉工程，采取现代农业节水喷灌、低压管道灌溉方式，改善灌溉面积1.51万亩，实现年节水228万方，减轻农业灌溉需水对地下水开采的压力。大力开展小型农田水利项目，当雄县小型农田水利项目投资1104.77万元，解决3195亩林草场灌溉问题，已于8月中旬正式开工建设，目前完成总建设任务的40%。

2018年度拉萨市农村饮水安全巩固提升工程涉及8个县（区），落实PSL贷款资金9985.71万元，巩固提升10743户，48593人和191480头（只）牲畜的饮水问题。2018年6月完成项目实施方案审查及概算批复，因自治区政府2018年5月出台《西藏自治区人民政府关于全面加强重点项目建设管理的通知》文件暂缓实施贷款项目，目前处于停工状态，待自治区出台新的贷款政策后继续实施。

拉萨概况

自然人文概况

【地理位置】 拉萨地处西藏中部稍偏东南，位于雅鲁藏布江支流拉萨河北岸，地势总体由东向西倾斜。平均海拔3650多米。

【行政区划】 拉萨作为西藏自治区首府，是历史文化"名城"、藏区稳定"要城"、雪域高原"净城"、改革开放"新城"，也是国家历史文化名城、中国优秀旅游城市、全国文明城市、国家园林城市、全国双拥模范城市、国家环境保护模范城市、国家卫生城市。拉萨现辖城关区、堆龙德庆区、达孜区、曲水、尼木、当雄、墨竹工卡、林周五县三区，有65个乡（镇、街道）、267个村（居、社区），东西跨距277公里，南北跨距202公里，总面积3万平方公里。全市常住人口83万人，有藏族、汉族、回族等38个民族。

【拉萨气候】 拉萨气候属高原温带半干旱季风气候。气候特点为：辐射强，日照时间长，年日照时数在3000小时以上，有"日光城"之称；干湿季明显，冬春降雨少，天气干燥多大风；雨季降水集中，年降水量为200～510毫米，主要集中在6—9月，多夜雨；年无霜期100～120天；平均气温低，日温差大，6月平均气温为15.7℃，平均最高气温为22.9℃，是一年中温度最高的月份，1月平均气温为-2℃，平均最低气温-9.7℃，是一年中最低的月份，多年极端最高温度为29.6℃，极端最低气温-16.5℃，分别出现在6月和1月，夏秋季无高温，是夏季的避暑胜地。

【自然资源】 拉萨能源资源丰富，已探明各类矿产50多种，刚玉、高岭土、自然硫储量位居全国前列，铅锌矿、铁矿、铜矿储量分别达到40万吨、230万吨和460万吨。水电资源蕴藏量达到255万千瓦，地热田热流量发电潜力15万千瓦，年太阳总辐射达202千卡/平方厘米。拉萨动植物资源独特，虫草、贝母、天麻、红景天、雪莲花等药用动植物达到1000多种，青稞、芫根、藏鸡、牦牛等高原特色农畜产品营养价值高。拉萨文化旅游资源丰厚，布达拉宫、大昭寺、罗布林卡被列入世界文化遗产名录，自然风光秀丽、名胜古迹众多，是重要的世界旅游目的地。

土地资源。拉萨市现有耕地58万亩，还有宜农土地101.78万亩、宜牧土地3109.69万亩、宜林土地252.9万亩。

能源。境内江河年均流量340亿立方米，湖泊储水200亿立方米，地下水丰厚，念青唐古拉主峰及附近约578平方公里的冰川和永久积雪带储存大量固体水。人均水量和每亩地占水量均高于全国水平。全市河流（不含雅鲁藏布江过境段）水能资源理论蕴藏量255万千瓦，地热田年热流量发电潜力15万千瓦，地热地区天然热流量发电潜力26.8万千瓦，年太阳总辐射值达202千卡/平方厘米。

农作物资源。粮食作物以青稞为主，次为小麦、豌豆、蚕豆、荞麦、玉米；经济作物主要有油菜，兼有少量的藏中药材；蔬菜作物中马铃薯、大蒜、藏葱、藏萝卜、曼青等种植历史悠久，大白菜、小白菜、萝卜、甘蓝、芹菜、菠菜、空心菜、花菜、韭菜、莴笋、胡萝卜等在城镇郊区也广泛种植；随着高效日光温室、塑料大棚、地膜覆盖栽培技术的应用，食用菌、西红柿、辣椒、黄瓜、南瓜、葫芦、扁豆、茄子、西瓜、油桃、草莓等蔬菜水果品种达 90 余种。

树种资源。拉萨共有木本植物(含变种)105 种，其中乔木 41 种、隶属 20 个科。树种主要有高山松、乔松、西藏云杉、大果圆柏、侧柏、藏川杨、清溪杨、缘毛杨、银白杨、北京杨、新疆杨、小香杨、箭杆杨、山杨、优胜杨、钻天杨、加杨、长蕊杨、红柳、左旋柳、唐定柳、龙爪柳、垂柳、白榆、国槐、刺槐、复叶椿、臭椿、白醋、泡桐。干果油料树种有核桃和文冠果，果树有苹果、桃、李、梨、杏，可用造林的灌木有紫穗槐、沙生槐、沙棘、水柏枝、小叶杞子等。

动物资源。家畜主要有牦牛、黄牛、犏牛、马、骡、驴、绵羊、山羊和猪等。先后从区外引进 28 个家畜优良品种，包括黄牛有西门达尔、北京黑白花、滨州牛、三河牛、瘤牛，绵羊有新疆细毛羊、高加索细毛羊、茨盖羊和罗姆尼羊，山羊有陕西奶山羊、中卫山羊、绒山羊，猪有荣昌猪、内江猪、长白猪等。家禽主要有鸡、鸭、鹅等。野生动物主要有野牦牛、野驴、黄羊、藏羚羊、野马、鹿、黑颈鹤、天鹅、藏雪鸡等。

药材资源。主要有虫草、贝母、红景天、雪莲花、大黄、羌活、独活、高山党参、臭党参、藏沙参、黄花、刺参、麻黄、藏荆芥、曼陀罗、麝香、鹿茸、牛黄、牛鞭等。

矿产资源。现已发现 50 多种矿产、矿(化)点 170 多处，主要有铁、铜、铅、锡、铝、银、金、地热、煤、泥炭、刚玉、石膏、自然硫、高岭土、石灰石、火山石、重晶玉、汉白石、花岗石、大理石等。其中，刚玉、地热居全国第一位，自然硫居全国第三位，高岭土居全国第五位；探明铜铅锌储量 43 万多吨，勘探工作尚在深入进行。

【历史文化】 拉萨作为西藏自治区首府，是一座具有 1300 年历史的古城。拉萨古称“惹萨”，藏语“山羊”称“惹”，“土”称“萨”。相传 7 世纪，唐朝文成公主嫁到吐蕃时，这里还是一片荒草沙滩，后为建造大昭寺和小昭寺，用山羊背土填卧塘，寺庙建好后，传教僧人和前来朝佛的人增多，围绕大昭寺周围便先后建起不少旅店和居民房屋，形成以大昭寺为中心的旧城区雏形。同时松赞干布又在红山扩建宫室(今布达拉宫)，于是，拉萨河谷平原上宫殿陆续兴建，高原名城从此形成。早在 7 世纪，松赞干布兼并邻近部落、统一西藏后，就从雅隆迁都逻些(今拉萨)，建立吐蕃王朝。“惹萨”也逐渐变成人们心中的“圣地”，成为当时西藏宗教、政治、经济、文化的中心，金碧辉煌、雄伟壮丽的布达拉宫，是至高无上政教合一政权的象征。1951 年 5 月 23 日，西藏和平解放，拉萨城进入新的时代。1960 年，国务院正式批准拉萨为地级市。1982 年又将其定为国家首批公布的 24 座历史文化名城之一。拉萨在漫长的历史进程中，经历文明的洗礼和文化的鼎盛与延续，积累和沉淀丰厚的文明成果和文化遗产，素以风光秀丽、历史悠久、文化灿烂、风俗民情独特、名胜古迹众多、宗教色彩浓厚而闻名于世。

【拉萨物产】 拉萨北部当雄全县和尼木、堆龙德庆、林周、墨竹工卡部分区乡属藏北草原南沿，水草丰美，牧业兴旺，盛产牛羊肉类、酥油和牛绒、羊毛；中部是著名的拉萨河谷，南部属雅鲁藏布江中游，为西藏较好的农业区之一，盛产青稞、小麦、油菜籽和豆类，“拉萨一号”蚕豆更是饮誉中外的良种。拉萨周围具有经济价值和医疗作用的地热温泉遍地，堆龙德庆县的曲桑温泉、墨竹工卡县的德中温泉享誉整个藏区。

【旅游资源】 拉萨名胜古迹众多，景点星罗棋布。有气势恢宏的地质景观、磅礴玉洁的雪峰冰川、美丽恬静的草原风光、波光万顷的高原湖泊、气象万千的地热云雾和郁郁湿润的湿地林卡，全市有大小寺庙 200 余座，仅市区内已被列为重点保护的文物古迹就有 40 多处；有风雨千秋的历史胜迹，有美妙绝伦的壁画、唐卡、造像和塑像艺术，有几十万件库存文物；有独具神韵的民族歌舞、服饰和异彩纷呈的民俗风情。布达拉宫及以大昭寺为中心方圆 1.3 平方公里的古建筑群，被联合国教科文组织列入“世界文化遗产名录”，受到全人类的尊重和保护。以布达拉宫和八角街为中心的拉萨新城，北至色拉寺，西至堆龙德庆区。纵目眺望拉萨城，邮电大楼、新闻大楼、拉萨饭店、西藏宾馆及各色建筑物星罗棋布，互为参错，连连绵绵，一片新辉。站在布达拉宫顶上俯瞰拉萨全城，整个拉萨市区到处是一片片掩映在绿树中的新式楼房，唯八角街一带飘扬着经幡。在这里，密布着颇具民族风格的房屋和街道，聚集着来自藏区各地的人们，他们中许多人仍然穿着该民族的传统服装。

（张　驰）

经济社会概况

【主要经济指标】 2018 年，全市完成地区生产总值 540.78 亿元，同比增长 9.3%，一般公共预算收入 110.10 亿元，增长 22.8%，城镇居民人均可支配收入 35842 元，增长 10.6%，农牧民人均可支配收入 14369 元，增长 10.6%，居民消费价格指数控制在 3% 以内，城镇登记失业率控制在 2.2% 以内。全社会固定资产投资 442.1 亿元，增长 11.3%，实现社会消费品零售总额 295.39 亿元，增长 14.2%，最终消费对经济增长的贡献率达到 36%。大力推动经济“脱虚向实”，规模以上工业增加值增长 8.5%，新增“四上企业” 43 家。落实各项惠企利企措施，民间投资增长 15%。

【脱贫攻坚】 持续推进脱贫攻坚。39 个易地扶贫搬迁安置点全部建成，搬迁群众 22979 人。实施 31 类 142 个产业扶贫项目，带动 7771 名建档立卡贫困人口稳定增收。发放 3124.7 万元家庭贫困学生资助金，安置 2121 名易地搬迁子女就近入学。完成昌都“三岩”片区跨市整体易地扶贫搬迁 249 户 1639 人。东西部扶贫协作不断深化，三地主要领导开展交流访问活动，年度援藏资金的 88.2% 投向扶贫领域。通过易地搬迁、产业扶贫、金融扶贫、生态补偿等政策协同发力，全面完成建档立卡贫困户脱贫任务。堆龙德庆区、达孜区、墨竹工卡县、曲水县、尼木县、林周县、当雄县通过国家考核验收，自治区政府正式批复五县两区脱贫摘帽。至此，经过三年努力，全市 8 个贫困县全部脱贫摘帽、225 个贫困村全部退出，贫困发生率降至 0.27%，我们率先在全区实现整体脱贫。这在拉萨发展进程中具有重要里程碑意义，标志着离实现全面建成小康社会的宏伟目标，更近一步。

【城市建设】 城市根基不断巩固。编制完成堆龙德庆、达孜分区规划及东部城区空间发展战略规划，堆龙新区市政工程完成 85%，达孜东环线南线（虎峰大道）全线贯通。贯彻区域经济“优势互补、错位发展”思路，各县区、园区发展定位和产业方向更加明确，“一城两岸三区”空间结构加快形成。实施城市主干道路“白改黑”，铺设沥青路面 21.31 公里，打通断头路 17 条，完成两岛市政基础设施改造，彻底解决两岛污水直排问题。纳金水厂、市中心医院、邦嘎隧道等 34 个重点项目推进良好，柳东大桥建设完成。

【产业发展】 净土健康产业完成藏鸡、藏香、拉萨好水、奶牛养殖、藜米、藏毯等六大标准体系建设，认证“三品一标”产品 109 个，“拉萨净土”荣获“2018 年度中华品牌商标博览会金奖”。文化旅游产业启动“全域旅游”示范创建工程，“拉北环线”旅游线路基本成型，实施雪顿古镇、雪鹰通用直升机场等一批文旅融合项目。乡村旅游从业人数达 8.9 万人，一大批农牧民群众吃上“旅游饭”。大力整治旅游市场乱象，旅游发展环境明显净化。全年接待游客 1990.2 万人次，增长 23.87%；实现旅游收入 282.76 亿元，增长 24.33%。现代服务业完成 20 个市级商贸集聚区评选，城投综合物流园、亨通物流园建成投用，快递业务量增长 41.82%。房地产业完成投资 95.69 亿元，商品房住宅销售面积 98.51 万平方米，增长 27.9%。堆龙民泰村镇银行挂牌营业，兴业银行拉萨支行获批筹建。绿色工业企稳回升，完成华泰龙二期 4 万吨选矿厂、巨龙一期 4000 吨选矿厂建设，实施食品、药品等制造业技术改造，推进水泥、砂石等建材企业清洁生产，加快光伏、地热等能源产业布局。循环经济产业园区完成前期工作。

【创业创新】 落实“两创示范”城市专项资金 7.2 亿元，兑现各类奖补资金 2600 万元。设立“梦创”投资基金，开通小微企业金融服务绿色通道，小微企业创新创业服务平台建成投用。众创空间、创新创业基地、服务示范平台等双创载体达到 70 个，在孵企业 3924 家，吸纳就业 12949 人。注册商标总量达 12754 件，增长 45%，科技型企业达到 112 家，专利授权 564 件，科技进步贡献率达到 50.8%，高新区获批全国首批科技资源支撑型特色载体开发区。全市科技经费首次突破 1 亿元，建成全区首个技术产权和人才交易市场，全国质量强市示范城市通过验收，获批建设国家创新型城市，创新驱动力不断增强。全市双创工作聚焦特色领域、服务小微企业，得到李克强总理充分肯定、国务院办公厅通报表扬。

【乡村振兴】 农村基础设施提档升级。建设农村公路314.9公里，开通农村客运班线27条，全市乡镇客车通达率100%，行政村客车通达率85%，村村通光纤实现全覆盖。推进“厕所革命”，建成各类公厕313座。实施中小型灌区、高效节水灌溉等项目42个，农牧业生产条件明显改善。农业现代化加快推进。全市总播种面积74.1万亩，粮食产量16.01万吨，三项作业综合机械化水平保持在81%以上。青稞种植面积占粮食种植面积的72.27%，产量11.25万吨，加工转化率达34%。饲草种植面积18万亩，新增奶牛养殖示范户3000户，建成规模化养殖场11个，新建高标准养殖中心5个。奶牛存栏8.8万头，奶产量达7.93万吨，下降12%。投资3.1亿元建设的城关区高标准乳制品加工厂投产运营，工艺标准达到世界一流水平。牦牛育肥出栏1.5万头，增长145%。斯布牦牛和拉萨白鸡通过国家农产品地理标志登记，实现零的突破。农村改革步伐加快。完成4.37万户、63.89万亩土地承包经营权确权登记任务，确权率达100%，土地流转面积9.35万亩。林权制度改革稳步推进，全面完成摸底工作。兑现草补资金5975.12万元，当雄县草场确权颁证有序开展。在全区首推农机加油一卡通，极大便利农牧民群众。

【改革开放】 政务服务效能不断提速。加快“放管服”改革，市民服务中心进驻事项从166项增加至203项，办理时限压缩51.11%，29个事项做到现场办结，完成开办企业、不动产登记、工程建设项目审批等重点领域改革“5750”阶段性目标。规范政投项目代建管理、公共资源交易，电子招投标系统正式运行。加快推进“互联网+政务服务”，政务服务APP、微信公众号、大厅智能化设备等服务方式不断丰富，建成投用市级政务服务平台，市县两级申请类事项网上可办率分别达到81.47%和77.99%。财税体制改革有序推进，政府部门预决算全部公开。营商环境不断优化。商事制度改革成效明显，推进市场主体“33证合一”和登记5天办结，加快登记注册全程电子化，全年办理企业“多证合一、一照一码”2.75万户，个体工商户“两证整合”4.52万户。深化增值税改革，着力降低企业税费负担，推行“双随机一公开”市场监管执法。各类市场主体突破10万户，达到102504户，注册资金6523.1亿元，分别增长34.9%和53.76%。开放发展态势不断扩大。S5拉萨至泽当快速通道建设过半，拉萨至那曲高等级公路全线开工。中尼友谊工业园通过国家发改委备案，综合保税区通过第一轮联审，“八通一平”及综合楼基本建设完成。组建市县两级招商引资服务中心，落实招商引资项目339个，实际到位资金316.23亿元，增长5.4%。国有企业资产总额达到811.8亿元，增长23.9%，实现利润7.8亿元。完成驻拉部队涉军停偿关停和案件审理工作。持续深化与北京、江苏援藏交流合作，全年落实援藏投资8.5亿元，计划外新增2.5亿元，受援工作取得新突破。

【民生事业】 办妥一批民生实事。覆盖城乡的社会保险制度基本健全，率先在全区实现“五险合一”，发放首批居民社会保障卡。基本公共卫生服务经费提高至人均75元，农牧区医疗制度经费提高至人均555元。城乡低保标准提高至人均9768元、4550元。暖心智慧燃气普惠民生，居民用户近11万人，销售增长10%。就业创业整体推进。开发就业岗位5.1万个，实现城镇新增就业18525人，城镇零就业家庭保持动态清零。开展农牧民转移就业培训9687人，实现转移就业17.1万人次、创收4.7亿元。高校毕业生就业观念持续转变，实现就业4286人，就业率92.1%。教育事业优先发展。建成城乡幼儿园38所，新建小学4所，初中、高中各1所，柳梧初中、第一职业技术学校（一期）建成投用，义务教育超大班额全部消除。教育组团式援藏学校增至11所，普通高中升学率达到96.51%，本科上线率59.76%。住房保障坚强有力。投入12亿元启动加荣、加措、洛堆等棚户区改造，城关区阿坝林、达孜区德庆等棚户区改造全面完成。建成小康安居住房2152套，开工建设公租房2385套，发放城镇低收入家庭住房补贴486.23万元。健康拉萨深入人心。率先在全区完成包虫病患者救治任务，筛查率、救治率均达到100%，“绝不把包虫病带入小康社会”的承诺有效兑现。启动结核病、肝炎和风湿病综合防治，筛查各类人群65.4万人。开展医疗组团式援藏培训1200人次，拓展新手术、新业务33项，新增2个“以院包科”学科，填补6项西藏医疗技术空白。文化体育事业蓬勃发展。实施58个村级文化中心示范工程、42个乡镇综合文化站提档升级工程，完成7座县城数字影院建设，广播电视综合人口覆盖率分别达到98.88%、99%。建成非物质文化遗产博物馆。开展文化惠民演出，举办藏戏演出季活动，成功创建国家公共文化服务体系示范区，文创园被评为“国家文化出口基地”。发展全民健身事业，举办拉萨首届运动会、承办自治区第十二届运动会，纳木错徒步大会、拉萨半程马拉松等体育赛事影响力日益增强。

【生态环境】 落实生态建设重大任务。坚决做好中央环保督察反馈问题整改，落实“党政同责”“一岗双责”，甲玛沟巨龙矿区等挂牌督办事项完成摘牌。配合完成全市生态保护红线划定，保护区面积达5801.76平方公里，占市域国土面积的19.6%。贯彻山水林田湖草生命共同体理念，拉萨河流域生态保护修复工程通过竞争性评审，获得国家20亿元专项资金支持。深入开展污染防治。打好蓝天、碧水、净土三大保卫战，加大汽车尾气、施工扬尘专项整治，开展“绿盾2018”自然保护区监督检查专项行动。加强工业园区、企业和重点行业污水排放监管，对112家环境违法企业处罚1504万元，处置危险化学品和固体废弃物1258吨。全市空气质量优良率达到98%，主要江河湖泊、国控断面和饮用水水源地水质达标率100%，生态环境保持良好。扎实推进节能减排。实施老城区“煤改气、煤改电”工程，淘汰燃煤锅炉22台、黄标车及老旧车2014辆，城市公交新能源汽车达到60%。实施拉萨河流域综合治理工程、拉鲁湿地保护工程，县区污水处理厂全部开工建设。推动土壤生态修复和治理，减少化肥、农药、地膜使用量，“禁白”工作有序推进。开展国土绿化行动。巩固提升国家园林城市创建水平，实施“绿色围城”及周边山体造林。完成国土绿化造林6.92万亩、封山育林1.13万亩、防沙治沙3.51万亩，海拔4300米以下“无树村”和“无树户”全部消除。全市森林覆盖率达到19.49%，城区绿化覆盖率37.8%。墨竹工卡县、当雄县成功创建自治区级生态示范县。

【社会治理】 治理能力不断增强。牢牢把握反分裂斗争主动权，依法严厉打击分裂渗透破坏活动，坚决维护祖国统一和国家安全。开展扫黑除恶等三个专项斗争，打掉涉黑涉恶团伙7个，群众安全感明显提升。推进国家食品安全城市创建，食品抽检合格率达97%。加强市政市容管理，完成环卫、市政养护体制改革。加快推进平安拉萨建设，研究制定网约车管理办法，完善社会治安防控体系，化解信访问题1300件，化解率96.2%，安全生产事故起数下降10%。民族团结进步持续巩固。深化民族团结示范城市创建成果，开展民族团结进步教育“七进”活动，加强拥军优属、军民共建。推进藏语言文字规范化建设，开展藏汉双语互学互助活动，平等团结互助和谐的社会主义民族关系更加巩固。宗教事务和谐有序。坚持依法管理宗教事务，积极引导宗教与社会主义社会相适应，全面落实各项利寺惠僧政策，广大僧尼和信教群众切身感受到党和政府的关怀与温暖。

【党政工作】 不断加强政府自身建设，努力打造廉洁、高效、人民满意政府。主动接受人大法律监督、政协民主监督、社会监督，全年办理市人大代表议案建议107件、市政协委员提案129件，办复率、满意率、回访率均为100%。全面落实从严治党主体责任，加强党风廉政建设，政府系统干部作风明显好转。公务接待费用持续减少，较2017年下降34.8%。加强法治政府建设，完善政府工作规则，扎实推进政府机构改革，政府职能转变加快推进。

（张　驰）

大事记

1月

1月3日　拉萨市人民医院“三级甲等”综合医院揭牌仪式举行。区党委常委、市委书记白玛旺堆，北京市卫生计生委党委书记、北京市医院管理局党委书记方来英，区党委组织部副部长、第八批援藏干部人才总领队郭强，区卫生计生委党组书记、副主任王亚兰共同为拉萨市人民医院“三级甲等”综合医院揭牌。市领导果果、肖志刚、庄红翔出席。

1月5日　市委常委、常务副市长占堆会见西班牙驻华大使馆领事处总领事霍金。占堆希望以此次霍金访问为契机，进一步推进拉萨市与西班牙之间在人文、旅游、文化等领域的友好交流和务实合作。霍金表示，将积极为拉萨和西班牙的交流合作牵线搭桥，向西班牙宣传推介拉萨，吸引更多西班牙游客进藏旅游，推动拉萨与西班牙双方更多交流与合作。

1月9日　拉萨市100辆新能源气电混合公交车正式投放运营。

1月21日　拉萨经开区管委会与顺丰速运公司签订战略合作框架协议。根据合作协议，顺丰速运公司将在拉萨经开区投资建设顺丰拉萨电商产业园，构建一个以产业服务、高端物流、现代化产业为主体的全面完整的生态圈。

1月23日　拉萨经开区管委会与今日头条签订战略合作协议，建设首个青藏高原“今日头条创作空间”。

1月27—28日　拉萨市歌舞团与林周县黑颈鹤民间艺术团组成的拉萨市“红色文艺轻骑兵”送欢乐下基层活动到达孜县演出。

1月28日　自治区十一届人大代表、区党委副书记、自治区主席齐扎拉参加自治区十一届人大一次会议拉萨代表团分组审议，指出过去五年来，拉萨市按照区党委政府决策部署，立足拉萨实际，各项工作走在全区前列，为全区发展做出重要贡献。下一步拉萨市深入学习习近平新时代中国特色社会主义思想，发挥好拉萨在区改革发展中的龙头作用。市领导达娃、果果、庄红翔、马军、王家民参加会议。

1月29日　自治区十一届人大代表、区党委副书记、人大常委会主任洛桑江村参加自治区十一届人大一次会议拉萨代表团审议，指出拉萨各级党组织和广大党员要始终牢记西藏和平解放、民主改革的历史，自觉用习近平新时代中国特色社会主义思想武装头脑，自觉传承“红船精神”，继承发展“老西藏精神”，不断开创拉萨改革发展稳定工作新局面。市领导达娃、果果、庄红翔、马军、王家民参加审议。

同日　拉萨市农村土地确权登记颁证工作推进会召开。会议指出，全市各县（区）、确权办要理清思路，明确责任，尽快完成颁收尾工作，做到证、账、薄、地保持一致。同时立即开展市级数据库平台建设启动工作。

1月31日　拉萨市净土产业投资开发有限公司与中国检验认证集团西藏有限公司签订战略合作协议，旨在打造最严苛的西藏净土产品质量检验认证体系，为拉萨市净土健康产品、饮品、药品、高端农产品行业提供强有力的技术支撑和产品支持。

1月31日—2月1日　以林芝市委副书记、市长旺堆为组长的西藏自治区全国人大代表考察组一行在拉萨市开展考察调研并召开座谈会。市领导果果、王念东出席。

2月

2月1日　区党委常委、市委书记白玛旺堆主持召开全市“两创示范”建设暨高校毕业生创业就业工作座谈会，听取全市“两创示范”建设和高校毕业生创业就业工作开展情况汇报，研究存在的困难和问题，安排部署下一步工作。市领导占堆出席。

2月2日　“中国西藏拉萨净土文化周”招商引资项目集中签约仪式在深圳“海上世界”举行，市委常委、常务副市长占堆，市委常委、宣传部部长吴亚松出席。签约式上，深圳中开藏域商务服务有限公司、中兵瑞图集团、金展集团有限公司等企业与拉萨市净土产品展销有限公司、墨竹工卡县政府、林周县政府等签订净土健康产品、环保、旅游等方面项目的投资合作协议。该次活动共达成签约项目9个，总投资达33.77亿元。

同日　拉萨市开展第22个“世界湿地保护日”宣传活动。活动以“与湿地握手，与生态拥抱”为主题，呼吁市民增强湿地保护意识。

2月7日　区党委常委、纪委书记、监委主任王拥军到堆龙德庆区实地检查调研中央八项规定精神落实情况，看望慰问基层纪检监察干部，对春节藏历新年期间作风建设提出要求。

2月8日　区党委常委、自治区常务副主席姜杰到国道109线那曲至拉萨段控制性工程项目羊八井2号隧道出口施工现场，调研项目进展情况，并代表区党委、政府看望慰问一线建设者。

同日　市委政法工作会议召开，贯彻学习中共十九大、十九届二中全会和习近平总书记关于新时代政法工作的重要指示精神，贯彻落实中央政法工作会议、区市党委九届三次全会和区党委政法工作会议精神，总结工作，分析形势，安排部署2018年政法工作。市委常委、政法委书记、市公安局党委书记马军出席并讲话。

2月9日　区党委书记吴英杰到拉萨走访慰问看望离退休老干部、“四路进藏”老战士和爱国统战人士及其后代，代表区党委、人大、政府、政协向全区广大离退休老干部和爱国统战人士及其后代致以美好祝福。吴英杰先后走访慰问全国人大常委会原委员、全国人大民族委员会原副主任委员列确、“四路进藏”老战士扎西平措、爱国统战人士后代晋美、自治区政协原副主席多吉扎·江白洛桑。

同日　全市统战民族宗教工作会议召开，听取2017年全市统战民族宗教工作报告，安排部署2018年重点工作。市委常委、统战部部长阿努次仁出席。

2月10日　自治区党委书记吴英杰先后到拉萨冲赛康批发市场、药王山农贸市场和百益超市，实地考察节日市场供应情况。自治区领导庄严、白玛旺堆、罗梅一同考察。

同日　区党委常务副书记、区政协党组书记丁业现到拉萨检查指导维稳工作，考察基层党组织建设和村级组织活动场所标准化建设工作，看望慰问驻村驻寺干部。

同日　市委、市政府举行2018年春节、藏历新年团拜会。拉萨市党政军领导与各族各界人士欢聚一堂，畅叙友谊，互致祝愿，共话美好未来，区党委常委、市委书记白玛旺堆出席并致辞。市领导果果、庄红翔、马军、阿努次仁、王家民出席。

同日　拉萨市军休服务管理中心(荣军院)工作运行征求意见座谈会召开，听取市军休服务管理中心(荣军院)的基本情况和工作运行计划，征求与会代表关于如何推进下一步工作的意见建议。

2月11日　区党委常务副书记、区政协党组书记丁业现到色拉寺，实地检查督导民俗宗教活动维稳安保服务等工作，看望慰问执勤官兵、公安民警、驻寺干部、广大僧人和信教群众，向他们致以新春的美好祝福。区党委常委、市委书记白玛旺堆一同调研。

同日　区党委常委、市委书记白玛旺堆看望慰问长期坚守在维稳一线的执勤官兵、基层政法干警，向他们致以最诚挚的慰问和新春的美好祝福。市领导庄红翔，拉萨警备区司令员韩志宏陪同。

2月12日　区党委常务副书记、区政协党组书记丁业现到拉萨督导检查维稳安保工作，考察节日市场供应和食品安全，看望慰问坚守岗位的广大干部职工,向他们表示诚挚的问候和节日的美好祝愿。

2月13日　区党委常务副书记、区政协党组书记丁业现看望慰问拉萨市部分城镇低保户、贫困户、低保边缘户,向他们送去区党委、政府的关怀和美好祝福。白玛旺堆一同看望慰问。

同日　区党委常委、统战部部长旦科到大昭寺、小昭寺看望慰问寺管会干部、派出所民警、消防官兵和寺庙僧人等,代表区党委、政府带去关怀和新春的祝愿。

同日　区党委常委、市委书记白玛旺堆主持召开市委维稳工作专题会议,听取近期维稳工作安排部署情况汇报,研究部署春节、藏历新年期间全市维稳工作。市领导果果、庄红翔、肖光富、马军、阿努次仁、王家民出席。

同日　市委副书记、市长、城关区委书记果果看望慰问城镇低保边缘户、建档立卡贫困户、空巢老人及麻风病康复人员,向他们送去党和政府的温暖及春节、藏历新年的美好祝福。

同日　拉萨市政府与昆明市政府在昆明签订《拉萨市政府昆明市政府友好城市合作协议》。拉萨市委常委、常务副市长占堆,昆明市副市长王建颖出席签字仪式。

2月15日　区党委副书记、自治区主席齐扎拉在拉萨市看望慰问部分一线干部职工,代表区党委、政府,致以节日的祝福,并通过大家转达对全体干部职工及家属们的新春祝福。白玛旺堆一同看望慰问。

2月16日　区党委常委、市委书记白玛旺堆看望慰问部分离退休老干部、"四路进藏"老战士代表,并代表市委、人大、政府、政协,向他们致以崇高敬意和新春祝福。市领导吴亚松陪同。

同日　区市妇联为城关区21名患有"两癌"的贫困妇女发放全国妇联"贫困妇女两癌救助"中央专项彩票公益金,共发放救助金21万元。

2月17日　自治区党委书记吴英杰看望慰问一线环卫工人、基层公安民警,代表自治区党委、人大、政府、政协送去祝福和关怀。自治区党委常委、市委书记白玛旺堆一同看望。

2月19—20日　堆龙德庆区开展全覆盖拉网式安全生产大检查工作,重点对高争建材股份有限公司和天津矿山西藏分公司及堆龙德庆区8家加油站进行安全检查,同时对人员密集场所消防设施、用水用气等情况进行排查。

2月20日　区党委副书记、自治区主席齐扎拉到南山公园、滨河公园、拉鲁湿地,实地调研生态绿化工作开展情况,并代表区党委、政府看望慰问园林工人、巡护员。

2月21日　全市安全生产工作通报会议召开。市委副书记、市长、城关区委书记果果通报大昭寺局部火灾情况,安排部署全市安全生产工作。指出全市上下要以此次火灾事故为戒,举一反三,全面排查消除全市安全生产隐患。市领导王念东、马军、王家民出席。

2月22日　区党委常委、市委书记白玛旺堆到墨竹工卡县、林周县,看望慰问结对户、驻村干部、驻寺干部以及寺庙僧人,调研脱贫攻坚工作开展情况。

同日　拉萨市消防安全隐患排查整治行动动员部署会召开,指出重点对文物古建筑、商场、市场、学校、医院、居民大院以及各级行政企业事业单位和人员密集场所集中开展火灾隐患排查整治工作。副市长朱建红出席并讲话。

2月23日　区党委常委、市委书记白玛旺堆到曲水聂当工业园区、堆龙工业园区、城关区蔡公堂、达孜污水处理厂,督导相关环保问题整改情况。市领导庄红翔、王念东陪同。

2月26日　区党委常委、市委书记白玛旺堆主持召开市委常委会议,传达学习中共十九届二中全会精神、十九届中央纪委二次全会精神和九届区纪委三次全会精神、全区农村工作会议精神、全区深度贫困地区脱贫攻坚工作会议精神和自治区主要领导在《中共拉萨市委员会关于全力以赴确保2018年"色拉崩坚"宗教活动安全顺利圆满的情况报告》上的批示精神,听取九届市纪委三次全会筹备情况和《市纪委工作报告》,研究并原则通过《中共拉萨市委员会贯彻落实中央八项规定实施细则和区党委实施办法精神的办法(送审稿)》,研究并原则通过《拉萨市委常委会2018年工作要点(送审稿)》,通报九届市委第32、第33次常委会决定事项落实情况。

同日　经国务院同意,国家发展改革委、科技部、国土资源部、住建部、商务部、海关总署以2018

年第4号公告发布《中国开发区审核公告目录(2018年版)》,拉萨高新技术产业开发区和达孜工业园区成功入选新版目录。

2月27日　区党委副书记、自治区常务副主席庄严到楚布寺和色拉寺,看望慰问驻寺干部、执勤官兵、公安民警和爱国僧尼,就加强和创新寺庙管理及寺庙维稳工作开展情况进行调研。

同日　中国共产党拉萨市第九届纪律检查委员会第三次全体会议召开,会议贯彻落实十九届中央纪委二次全会和自治区纪委九届三次全会精神,总结2017年纪检监察工作,部署2018年任务。区党委常委、市委书记白玛旺堆出席并讲话。市领导庄红翔、袁训旺、占堆、吴亚松出席。市委常委、纪委书记、市监委主任王家民主持并代表市纪委常委会向会议作题为《以习近平新时代中国特色社会主义思想为指导坚定不移把全面从严治党引向深入》的工作报告。

同日　自治区副主席罗梅率自治区调研组到拉萨市人民医院和拉萨市疾病预防控制中心实地调研拉萨市卫生工作,对城市公立医院改革和运行情况、医疗人才组团式援藏取得的成效和疾病预防控制工作作全面了解。

同日　自治区副主席江白率自治区调研组到拉萨市北山调研造林绿化工作,了解各个点的造林绿化进度,听取相关工作汇报,并给予充分肯定。

2月28日　区党委常委、市委书记白玛旺堆主持召开2017年度拉萨市述责述廉质询评议会,会上,当雄县、尼木县、墨竹工卡县、市住建局、市工信局、市林业局6家单位党委(党组)书记进行现场述责述廉并接受质询评议,与会人员对6人进行民主测评;市委办公厅、市人大办公厅、市委政法委、市国土资源局、西藏文化旅游创意园区等16家单位党委(党组)书记进行书面述责述廉,市委班子成员代表、市政协党组主要领导、林周县委主要领导现场签订党风廉政建设责任书。

3月

3月1日　拉萨经开区注册企业华宝香精股份有限公司在深圳证券交易所正式挂牌交易,成功登陆A股创业板上市,成为拉萨经开区新年首家上市公司。截至年底,拉萨经开区主板上市企业达4家,中小板上市企业2家,新三板上市企业6家,创业板上市企业1家。

3月2日　拉萨市维稳工作电视电话会议召开。区党委常委、市委书记、自治区赴拉萨市省级督导领导小组组长白玛旺堆出席并讲话,指出全市上下要充分认识2018年全国“两会”和近期维稳安保工作的极端重要性,严格按照中央部署和区党委要求,落实好各项维稳措施,坚决打赢维稳安保攻坚战。市领导庄红翔、韩志宏、马军、阿努次仁出席会议。

3月3日　区党委常务副书记、区政协党组书记丁业现到布达拉宫广场、宗角禄康各安检口,考察调研维稳安保和服务管理措施落实情况,仔细询问维稳安保措施落实情况,对各方面维稳力量文明执勤、周到服务,各项安检措施落实到位,社会平安和谐表示肯定。

同日　区党委常委、市委书记、自治区赴拉萨市省级督导领导小组组长白玛旺堆到八廓古城区,督导检查全国“两会”和3月重要时期维稳安保工作开展情况和措施落实情况,并对存在的问题现场进行部署整改。市领导庄红翔、马军陪同检查。

3月7日　拉萨市召开全国两会和3月重要时期全市维稳安保工作部署会,听取各领域维稳安保工作汇报,进一步深化部署近期拉萨市维稳安保工作。区党委常委、市委书记白玛旺堆主持并讲话。市领导庄红翔、马军、阿努次仁出席会议。

3月8日　市妇联联合市民政局,在市救助管理服务站设立首家“拉萨市困境妇女庇护所”并揭牌。

3月12—14日　自治区第三督导调研组督导调研拉萨市中央环保督察反馈问题整改进度,督导调研组负责人指出,各责任单位要按照整改任务时限,倒排建设工作,加快进度,保质保量按期完成整改。其间,督导调研组到墨竹工卡县三大矿区、林周县四大矿区、达孜区污水处理厂等地,就中央环保督察反馈问题整改推进情况,实地检查调研、现场督促整改。

3月15日　自治区副主席石谋军到拉萨市第一中等职业技术学校新校区调研,详细了解校园环境、学校食堂、教学楼等硬件设施建设以及今后的办学方向等情况。市领导占堆陪同。

3月16日 区党委常委、市委书记、自治区赴拉萨市省级督导领导小组组长白玛旺堆主持召开市维稳指挥部视频会议，总结前一段工作，就下一阶段全市维稳工作进行安排部署。市领导肖志刚、庄红翔、袁训旺、马军、吴亚松、阿努次仁、王家民出席拉萨市主会场或县（区）分会场会议。

3月21日 成都—拉萨复线正式开通。成拉复线是成都—拉萨双向航路的简称。2007年提出建设成都—拉萨空中大通道的构想（改变单一航路，实现复线运行、单向循环，形成“来去分开、隔离飞行”的大通道运行格局），但因技术条件不成熟等因素制约，一直未有实质性进展。2017年10月，成都—拉萨复线空域调整方案获得民航局批复，涉及西藏、四川6座机场，航线50多条。

3月23日 总投资2495万元的拉萨市江苏实验幼儿园建设项目开工，标志着江苏省援建的又一重大民生项目正式落地实施，标志着江苏教育援藏实现从学前教育到高等教育的全覆盖。市委副书记、市长、城关区委书记果果，市委副书记、常务副市长、江苏援藏指挥部总指挥胡洪，市委常委、常务副市长占堆出席并为项目培土奠基。

3月26日 拉萨大桥开始实行全封闭交通管制。拉萨大桥自1965年建成至3月26日，已超期“服役”12年，市市政工程养护管理处将对大桥进行维护维修。

同日 区党委常委、市委书记、自治区赴拉萨市省级督导领导小组组长白玛旺堆主持召开市维稳指挥部视频会议，总结前段时间工作，对下一步全市维稳常态化工作进行安排部署。市领导果果、庄红翔、袁训旺、马军、阿努次仁出席主会场或县（区）分会场会议。

3月28日 拉萨市各族各界代表在布达拉宫广场举行“升国旗·唱国歌”仪式，隆重纪念西藏百万农奴解放59周年。自治区领导洛桑江村、齐扎拉、丁业现、庄严、曾万明、姜杰出席，区党委常委、市委书记白玛旺堆致辞，拉萨市领导果果、庄红翔、袁训旺、马军、吴亚松，拉萨警备区司令员韩志宏和全市各族各界代表3000余人参加“升国旗·唱国歌”仪式。

3月29日 拉萨市第一批高校毕业生就业创业政策兑现大会召开，现场为93名就业创业高校毕业生发放奖励扶持资金，其中市场就业43人，自主创业50人，涉及资金321万元。

4月

4月1日 区党委副书记、自治区主席齐扎拉到拉萨南北山、夺底乡、米琼日山、顿珠金融产业园，调研拉萨市“树上山”工程。区党委常委、市委书记白玛旺堆一同调研。

4月2日 政协第十一届拉萨市委员会常务委员会第七次会议召开，传达学习全国和自治区“两会”精神，审议通过政协拉萨市委员会常务委员会2018年度工作要点，通报市政协十一届三次会议期间委员意见建议办理情况和重点提案遴选及市政协领导领衔督办提案事宜。会议应到常委50人，实到39人，符合《中国人民政治协商会议章程》规定。

同日 科技部、国家发展改革委公布新一轮开展国家创新型城市建设的名单。经过专家评审，全国共有17个城市获批建设国家创新型城市，拉萨市成功入围，也是全区唯一获批建设的国家创新型城市。

4月7日 由中铁十一局承建的拉林铁路全线铺架通道第一隧—嘎拉山隧道顺利贯通，标志着拉林铁路建设过程中一项关键控制性节点工程成功告破。嘎拉山隧道位于拉萨市曲水县、山南市贡嘎县境内，是川藏铁路拉萨至林芝段的第一座隧道，隧道全长4373米，线路平均海拔3600米。

4月10日 市委党校（市行政学院）2018年春季开学典礼举行。市委副书记、秘书长、组织部部长、市委党校校长庄红翔出席并讲话。

4月12日 拉萨市召开全面推行“河长制、湖长制”工作电视电话会议，贯彻落实自治区全面推行“河长制”工作电视电话会议精神，通报全市推行“河长制、湖长制”工作开展情况，安排部署拉萨全面推行“河长制、湖长制”有关工作。市委副书记、市长、城关区委书记、拉萨市总河长果果出席会议并讲话。

4月15—17日 北京市委副书记、市长陈吉宁率北京市党政代表团在拉萨对接推动北京市援藏扶贫工作。区党委副书记、自治区主席齐扎拉，区党委常委、拉萨市委书记白玛旺堆，自治区副主席江白出席活动。北京市副市长卢彦，北京市政府秘书长靳伟出席活动。拉萨市领导果果、肖志刚、庄红翔、王念东、暴剑参加活动。

4月21日　经中共拉萨市委2018年4月21日常委会议研究，决定免去达娃的市人大常委会党组书记职务；免去觉根的市人大常委会党组副书记职务。

4月25日　区市领导与江苏康缘集团赴藏考察团一行举行座谈会。区党委常委、市委书记白玛旺堆出席座谈会并讲话。自治区领导孟晓林、拉萨市领导庄红翔出席会议。

5月

5月2日　2018年柳梧新区设立“双创”资金2.65亿元。其中，中央切块资金0.9亿元，本级财政配1.75亿元。

5月10日　商务部完成2017年国家级经济技术开发区综合发展水平考核评价工作，对全国219家国家级经济技术开发区2016年的产业基础、科技创新、区域合作、生态环保、行政效能等方面进行全面“体检”和量化评价。拉萨经济技术开发区(以下简称拉萨经开区)由2015年的第207跃升至第65位，仅用一年的时间排名晋升142位，进入全国70强，这也标志着拉萨经开区的综合发展上一个新台阶。

5月11日　拉萨市首届运动会暨民族传统体育运动会在市群众文化体育中心隆重开幕。自治区副主席甲热·洛桑丹增出席并宣布拉萨市首届运动会暨民族传统体育运动会开幕。市委副书记、市长、城关区委书记、拉萨市首届运动会暨民族传统体育运动会组委会主任果果致开幕辞。自治区政府法制办副主任罗旺次仁，自治区体育局党组书记刘伯清，市委副书记、秘书长、组织部部长庄红翔，自治区民宗委副主任曲扎，市委常委、常务副市长王念东、暴剑出席开幕式。市委常委、常务副市长、拉萨市首届运动会暨民族传统体育运动会组委会常务副主任占堆主持开幕式。

6月

6月6日　川藏铁路拉林段全线重点难点隧道之一——德吉隧道正式贯通。

6月15日　西藏非物质文化遗产博物馆项目移交仪式举行。深圳市政府党组成员、深圳市对口支援工作领导小组副组长陈彪，拉萨市副市长朱建红分别致辞并代表双方交接“钥匙”。万科集团党委副书记、监事会主席解冻出席。

6月16日　由中国人类学民族学研究会民族节庆专业委员会，拉萨市委、市政府，阿里地委、行署主办的首届中国西藏拉萨·阿里象雄文化国际学术研讨会在拉萨隆重开幕。

6月21日　2018年中国世界遗产旅游推广联盟(西藏)大会在拉萨召开。旅游业界学界的目光再一次聚焦拉萨，共聚一堂把脉西藏旅游业新模式、新途径，共同拓展思路，打造品牌，提升实力，实现“促进世界遗产保护、推动旅游产业发展”双丰收。自治区副主席多吉次珠出席并致辞。文化和旅游部旅游促进和国际合作司巡视员张西龙出席并致辞。北京市旅发委副主任曹鹏程出席并致辞。自治区政府副秘书长达瓦次仁、自治区旅发委主任王松平、自治区旅发委副主任姬越出席。拉萨市委常委、常务副市长占堆出席并致辞。

7月

7月1日　清政府驻藏大臣衙门旧址陈列馆被确定为西藏社会主义学院现场教学基地。清政府驻藏大臣衙门旧址陈列馆位于拉萨八廓街北街，距今已有300多年历史。该馆于2013年正式开馆，展现西藏自古以来就是中国领土不可缺失的一部分的历史事实。

7月3日　由国土局牵头，区测绘局、区国土资源规划开发研究院、市林业局、市民政局、市农牧局、市水利局、四川测绘地理信息局测绘技术服务中心，对墨竹工卡县集体土地所有权确权登记发证成果进行市级检查验收，并通过初验。

7月5日 新组建的国家税务总局拉萨市税务局举行挂牌仪式，标志着税务机构改革在拉萨正式拉开序幕。其职责具体承担所辖区域内各项税收、非税收入征管等职责。

7月11日 区党委常委、市委书记白玛旺堆会见京东集团副总裁纪岳巍一行。市领导果果、肖志刚、庄红翔参加会见。

同日 尼木县境内G18线因受强降雨影响，造成国道318（卡如乡境内）公路受损、交通阻塞，并导致4台车辆、12名群众被困。经尼木县公安局交警大队会同公路部门全力抢修救援，被困车辆和人员已全部安全转移，该路段继采取双向车辆临时交通管制措施之后，已经全面贯通。

7月15—17日 由广东省陈绍常慈善基金会联合中山医科大学家庭医生健康中心、广州环球健康医学研究院、中山大学中山眼科中心等机构发起的"慈心善目公益行"第二期活动在尼木县人民医院举行，为80名白内障患者免费实施手术救治。

7月16日 区党委常委、市委书记白玛旺堆主持召开第四届藏博会展览展示组专题会，听取藏博会展览展示筹备工作汇报，听取展览展示组办公室工作进展情况和《第四届藏博会组委会展览展示组工作细化方案》，听取各成员单位关于各自工作进展情况的汇报，安排部署展览展示筹备工作。市委副书记、市长、城关区委书记果果出席会议。

同日 区党委常委、市委书记白玛旺堆会见中国电子科技集团总经理、党组副书记刘烈宏一行。市领导果果、王念东参加会见。

7月17日 市委副书记、市长、城关区委书记果果到建设中的拉萨市中心医院、拉萨市纳金水厂及城关区嘎巴生态牧场，调研项目建设进展情况。

7月18日 区党委常委、市委书记白玛旺堆会见农工党中央常委、北京市主委、政协副主席、卫计委副主任、北京市医院管理局局长于鲁明率队的北京市卫生健康精准扶贫调研组一行。市领导肖志刚、庄红翔参加会见。

7月20日 国家税务总局拉萨市县（区）级税务新机构集中挂牌仪式举行，标志着全市国税地税征管体制改革逐步向纵深迈进。

7月22日 自治区第十二届运动会暨第四届民族传统体育运动会在拉萨开幕。区党委书记吴英杰宣布运动会开幕，区党委副书记、自治区人大常委会主任洛桑江村主持，区党委副书记、自治区主席、运动会组委会主任齐扎拉致开幕辞。区党委常委、拉萨市委书记、运动会组委会执行主任白玛旺堆致欢迎辞。区领导丁业现、庄严、刘江和国家民委有关负责人出席；拉萨市领导果果、肖志刚、庄红翔、占堆出席。

7月23日 民政部部长黄树贤率队到拉萨市调研指导拉萨市民政工作，实地考察拉萨市儿童福利院、拉萨市救助管理站和城关区扎细街道尼卓林社区总支部委员会，看望慰问孤残儿童，了解拉萨市救助管理服务情况，考察社区综合服务能力，并送上慰问金。区党委常委、自治区常务副主席罗布顿珠陪同调研。

7月25—27日 中共中央政治局常委、国务院总理李克强在西藏考察经济社会发展情况。先后到拉萨市柳梧双创基地、布达拉宫、大昭寺考察。考察期间，李克强专门看望和问候帕巴拉·格列朗杰、热地、向巴平措和列确、巴桑等老干部，高度评价他们为西藏发展稳定和祖国建设做出的贡献。区党委书记吴英杰、自治区主席齐扎拉陪同。

7月26日 由中央电视台财经频道、中共拉萨市委、拉萨市人民政府主办的中国创新创业论坛·拉萨论坛在拉萨开幕。市委副书记、市长、城关区委书记果果出席开幕式并致辞。

同日 由自治区推进大众创业、万众创新领导小组办公室和拉萨市"两创示范"领导小组办公室指导，区科技厅主办，拉萨高新区（柳梧新区）管委会承办，北京大学创业训练营支持的"创响中国·梦创拉萨"西藏自治区首届科技创新创业大赛决赛在拉萨柳梧新区国际总部城举行。

同日 由中央电视台财经频道、拉萨市委、市政府主办，拉萨市"两创"办、市金融办承办的CCTV中国创新创业论坛·拉萨论坛在拉萨开讲。

7月27日 十三届全国政协常委、民革中央专职副主席、北京市委主委、北京市副市长王红率团到拉萨市堆龙德庆区乃琼镇波玛村，考察对口援藏扶贫工作，了解该区在聚力脱贫攻坚、推动民生改善方面的经验、做法。

7月29日 拉萨市第三批创建国家公共文化服

务体系示范区实地检查验收工作反馈会召开。文化和旅游部实地检查验收组组长、上海格物文化发展研究院院长符湘林在会议上宣读反馈意见。

同日 拉萨市举办信息化建设专题学习讲座,邀请陕西省咸阳市大数据局局长张鹏就《全面贯彻习近平网络强国战略思想,着力推进智慧社会融合生长》为内容向与会人员进行讲座。市人大常委会党组书记、主任人选云丹出席,市委常委、常务副市长王念东主持并讲话。

同日 中国科学院青藏高原研究所拉萨部举办学术前沿讲座,邀请瑞典斯德哥尔摩大学商学院教授房晓辉和中国科学院大学公共政策与管理学院教授霍国庆分别作学术讲座。

7月30日 拉萨至林芝高等级公路米拉山隧道进口左洞顺利贯通,标志着米拉山隧道全线贯通。米拉山隧道是川藏线(国道318)拉林段高等级公路重点控制性工程,全长5720米,平均海拔4750米,右洞于2018年6月贯通。这一隧道是双线分离式隧道,按照双向四车道高等级公路标准建设。

8月

8月1日 由中国行为法学会法治中国文化艺术研究院、北京古道兰亭艺术馆主办,中国水利水电第四工程局有限公司、中国中铁十局集团有限公司、中国行为法学会廉政行为研究会浙江省工作委员会、西藏书法家协会、西藏自治区榜书家协会、西藏自治区河南商会承办的学习贯彻中共十九大精神,建设新时代文化强国——"红梅礼赞"书画展在拉萨举行。

8月3日 西藏拉萨·江苏招商引资推介座谈会在江苏南京举行。西藏自治区党委常委、市委书记白玛旺堆出席并致辞,表示在国家"一带一路"建设布局中,拉萨市成为国家对南亚开放的中心城市,同时,自治区、拉萨市还从财政扶持、信贷融资、户籍便利、用地保障、企业上市等方面给予投资者更优惠的扶持。

同日 江苏省委副书记、省长吴政隆在江苏南京会见到访的西藏自治区党委常委、拉萨市委书记白玛旺堆一行。区党委组织部副部长、第八批援藏干部人才总领队郭强,拉萨市委副书记、常务副市长、江苏省对口支援西藏拉萨市前方指挥部总指挥胡洪参加。

同日 江苏省委书记、省人大常委会主任娄勤俭与来访的自治区党委常委、拉萨市委书记白玛旺堆在江苏南京座谈。江苏省副省长马秋林参加。西藏自治区党委组织部副部长、第八批援藏干部人才总领队郭强,拉萨市委副书记、常务副市长、江苏省对口支援西藏拉萨市前方指挥部总指挥胡洪参加。

同日 拉萨市举行社会信用体系建设学习会,邀请国家发改委中国信息协会信用专业委员会副会长宋红光、中投国信首席战略顾问马卫东讲授对新时代中国特色信用体系建设的理解及社会信用平台建设与信用应用实践。市委常委、常务副市长王念东主持学习会。

同日 墨竹工卡县扎雪乡、唐加乡、工卡镇新发现文物封土墓地、岩画与摩崖造像。经现场查勘,确认两处遗存皆为封土墓地,各有十余座墓葬。位于唐加乡境内的扎乃栋岩画点,地处拉萨河右岸孜麦山半山山嘴岩体上,至少在4块破碎的崖面上发现以点凿手法制作而成的藏文与图案。图案内容有"卐"字符号、动物、佛塔等;羊嘎山摩崖造像则位于工卡镇,地处拉萨河左岸羊嘎山崖壁上,共有三尊佛教造像,经初步辨识为四臂观音、不动佛、释迦牟尼佛,藏文四排,为重复三遍的六字箴言。从造像风格初步判定其年代为16—17世纪。

8月4日 北京市委书记蔡奇与区党委常委、拉萨市委书记白玛旺堆率领的拉萨市考察团座谈。

8月5日 第七届"吞弥文化旅游节"在尼木县吞巴乡开幕,该届文化旅游节为期3天,开幕当天有"四讲四爱"宣讲、藏戏表演、书法家现场书法展示。旨在丰富群众文化娱乐生活、促进吞巴旅游产业快速发展、提高吞巴景区知名度和影响力、大力挖掘吞巴藏香的悠久历史和背后蕴藏的文化底蕴。

8月6—8日 江苏省委常委、常务副省长、省委秘书长樊金龙率江苏省代表团赴藏考察,召开对口支援工作座谈会,共商两省区合作发展大计。区党委副书记、自治区常务副主席庄严主持。区党委常委、拉萨市委书记白玛旺堆,拉萨市领导果果、胡洪、庄红翔、王念东等参加座谈会并陪同调研。

8月7日 “我们共同追逐梦想——京藏青少年拉萨采风活动”启动仪式举行。活动为期6天,由北京学生活动管理中心组织,北京市和拉萨市参加此次活动的青少年将一起参加布达拉宫外景写生、藏文化讲座、唐卡绘制讲座、绘画创作讲座、色拉寺采风写生、参观自然科学博物馆、罗布林卡采风写生等。

8月9日 由自治区副主席江白率队的调研组到拉萨市周边县实地考察“牧繁农育”试点有关项目建设及进展情况。

同日 汇欧兴业(北京)环保科技有限公司向拉萨市环保局捐赠医疗废物处置设备仪式在西藏自治区危险废物处置中心举行。汇欧兴业(北京)环保科技有限公司向拉萨市捐赠价值160万元的斯德微1200型医疗废物全自动处置一体机一套。

8月11日 由区文化厅、市雪顿节组委会办公室联合主办的“第五届全区藏戏大赛”及“第七届全区藏戏展演”在罗布林卡和宗角禄康公园开幕。

8月11—17日 以“守护神圣国土 建设幸福家园”为主题的2018中国拉萨雪顿节开幕式在拉萨群众文化体育中心篮球馆举行。区党委常委、市委书记白玛旺堆宣布2018中国拉萨雪顿节开幕,市领导果果,庄红翔、云丹、韩志宏、王念东、占堆、吴亚松、阿努次仁、王家民出席。

8月12日 2018中国拉萨雪顿节招商引资推介会暨项目集中签约仪式举行。此次推介会共签约项目45个,总投资102.05亿元。其中,正式签约项目34个,总投资83.39亿元,意向签约项目11个,总投资18.66亿元。区党委常委、市委书记白玛旺堆致辞并见证签约仪式,市领导果果、袁训旺、王念东出席。

8月15日 由全国人大常委会委员、全国人大民族委员会副主任委员史大刚率队的全国人大常委会专题调研组,在拉萨市调研脱贫攻坚工作。

8月16日 区党委常委、市委书记白玛旺堆与江苏康缘集团党委书记、董事长肖伟率领的赴藏考察团一行就进一步深入合作进行座谈。市领导果果、胡洪、庄红翔参加。

8月23日 2018北京文化创意大赛拉萨赛区决赛成功举办。北京市委宣传部副巡视员、北京市文化创意产业促进中心主任梅松,拉萨市副市长朱建红、陆从福出席。

9月

9月2日 由水利部副部长、国务院大督查第二十六督查组组长田学斌带领的督查组对拉萨经开区进行脱贫攻坚工作实地督查。区党委常委、拉萨市委书记白玛旺堆、自治区政府副秘书长徐占山陪同督查。

9月6日 第四届中国西藏旅游文化国际博览会“中华美食·西藏味道”特色美食街开街仪式在拉萨市八廓商城举行。该届藏博会美食展共计44家美食企业和18家拉萨本地酒类商家参展。

9月7日 全国人大常委会副委员长、九三学社中央主席、中科院院士武维华到曲水县才纳国家现代农业示范园区和才纳乡四季吉祥村,考察高原现代农业和扶贫搬迁工作,听取示范园区建设和净土产业发展情况介绍。区党委副书记、自治区人大常委会主任洛桑江村陪同。

9月7—8日 中央统战部副部长、全国工商联党组书记、常务副主席徐乐江,全国工商联副主席谢经荣、李书福、常兆华率全国工商联第四联系调研组在西藏调研,到拉萨市工商联、城关区工商联调研非公经济发展情况。区党委常委、统战部部长旦科,区政协副主席、自治区工商联主席阿沛·晋源一同调研。

9月12日 四川省眉山市工商联(总商会)考察组一行到拉萨市工商联考察交流并座谈。

9月27日 拉萨市曲水县才纳乡国家农业示范园区荣顺生物科技开发有限公司挑战吉尼斯世界纪录获得成功,并举行授牌仪式。据悉,吉尼斯世界纪录创立距2018年已有63年历史,是全球纪录的权威认证机构,此次挑战的纪录是“最高海拔的葡萄园”。

9月28日 川藏铁路拉林段藏木特大桥成功合龙,标志着大桥主体结构施工取得关键性胜利,也为拉林铁路全线如期贯通奠定坚实基础。藏木特大桥由中铁广州局集团承建，拱高112米，桥横跨雅鲁藏布江峡谷，水深66米，是首座跨过雅鲁藏布江的铁路桥梁。拉林铁路是川藏铁路的组成部分，起自拉萨市，止于林芝市，全长435公里，总投资366.74亿元，是西藏首条电气化铁路，其中桥隧总长301公里，全线47座隧道有14座为高风险隧道。

10月

10月1日 拉萨市在布达拉宫广场举行“升国旗·唱国歌”仪式。自治区领导吴英杰、帕巴拉·格列朗杰、洛桑江村、齐扎拉、罗布顿珠、旦科、王拥军、曾万明、边巴扎西、何文浩、刘江出席仪式。区党委常委、拉萨市委书记白玛旺堆发表讲话，市委副书记、市长、城关区委书记果果主持仪式，市领导庄红翔、韩志宏、吴亚松、阿努次仁、廖波，市人大、市政府、市政协等地级领导，以及区（中）直、拉萨市直单位干部职工代表，西藏军区、武警西藏总队官兵代表，学生、退休老干部、宗教界人士和居民群众代表共3000余人参加仪式。

同日 拉萨市公安局成立67周年暨市公安局警史馆开馆揭牌仪式举行。自治区纪检监察委驻公安厅纪检监察组组长、厅党委委员赵尔才，副市长、市公安局局长赵涛出席仪式并共同为警史馆揭牌。

10月15日 南京青年联合会6名代表赴墨竹工卡县甲玛乡小学、甲玛乡幼儿园、扎西岗南京希望小学、墨竹南京实验小学开展“一人一水杯”项目捐赠活动，为该县学生捐赠保温杯7000个，价值245000元。

10月18日 苏州市枫桥街道办事处代表团一行9人赴林周县旁多乡考察交流并召开座谈会。

10月23日 市政府同中国康辉旅游集团在拉萨举行拉萨市旅游产业发展座谈会，介绍拉萨市的旅游产业发展情况与发展目标。市委常委、常务副市长暴剑出席座谈会并讲话。

10月25日 第十三届中国北京文化创意产业博览会开幕，西藏展馆“拉萨印象”主题展正式亮相，来自拉萨等地的300余件文化精品参展，包括铜像、木雕、藏纸、藏香、面具等拉萨最具代表性的非遗文创产品。

10月26日 第十三届中国北京国际文化创意产业博览会西藏拉萨招商引资合作协议签约仪式在西藏大厦举行。拉萨市人民政府与蒙氏（北京）影业有限公司等9家企业签订合作意向协议。

10月30日 拉萨市召开荣获全国文明城市“三连冠”总结表彰暨2018年迎接全国城市文明程度指数测评动员部署大会，总结全市深化全国文明城市创建工作中积累的好经验、好做法，表彰2017年先进单位和个人，安排部署2018年全国城市文明程度指数测评工作。市委副书记、市长、城关区委书记、市文明委主任果果出席会议并讲话。市领导庄红翔、吴亚松、王家民出席。

11月

11月11日 由拉萨市人民政府主办，市体育局、文化局、旅发委共同承办，以“动感魅力拉萨、共享健康生活、奔跑地球第三极”为主题的2018拉萨半程马拉松比赛开赛。区党委常委、市委书记白玛旺堆，自治区副主席甲热·洛桑丹增共同鸣枪开赛并为获奖选手颁奖。

11月19日 区党委常委、市委书记白玛旺堆会见美国驻成都总领事林杰伟一行。自治区外事办主任白曼央宗，市委副书记、组织部部长庄红翔，市委常委、常务副市长王念东陪同会见。

同日 川藏铁路拉林段第一座特大桥——昌果特大桥铺架完成。昌果特大桥位于雅鲁藏布江边，全长3794米，总共架设111孔T梁，2018年10月10日开始铺架。

11月22日 市委常委、常务副市长、北京援藏指挥部副指挥暴剑到拉萨市暖心燃气热力有限责任公司，调研京拉两地国有企业工作进展情况，并召开北京对口支援交流交往交融座谈会。

11月23日 西藏第一家技术市场——拉萨市技术产权与人才交易市场在柳梧新区国际城总部举行揭牌仪式。

11月26日 在贡嘎雅鲁藏布江特大桥上，第一组长25米的轨排精准落下。这标志着川藏铁路拉林段第一座跨江大桥——贡嘎雅鲁藏布江特大桥开始铺轨架梁，拉林铁路顺利迈出跨越雅江的第一步。贡嘎雅鲁藏布江特大桥位于西藏自治区山南市贡嘎县境内，全长5727米，横跨雅鲁藏布江，是拉林铁路最长的桥梁。

12月

12月7日　区党委常委、市委书记白玛旺堆会见德国联邦政府人权事务专员巴贝尔·科夫勒。

12月20日　西藏自治区首个县级公共卫生临床诊疗中心在城关区加荣社区卫生服务站成立。

12月25日　2018年江苏援藏医疗人才欢送座谈会在市卫生计生委举行，向22位医疗专家颁发荣誉证书。

同日　“梦创拉萨·创响堆龙”创业集市项目汇在堆龙德庆区龙创空间（二期）举办。此次展品包括唐卡艺术作品、牦牛肉、糕点、藏鸡蛋以及当地特色辣椒酱、糌粑、菜籽油和生物科技、文化传媒等项目。

中国共产党拉萨市委员会

综述

2018年，拉萨市坚持以习近平新时代中国特色社会主义思想为指导，在区党委正确领导下，深入贯彻中共十九大和十九届二中、三中全会精神，落实区党委九届三次、四次全会部署，紧紧围绕发展、稳定、生态三件大事，正确处理"十三对关系"，深入实施"六大战略"，团结带领全市各族干部群众，推动拉萨各项事业取得新的成绩、迈出新的步伐。

坚决拥戴信赖忠诚捍卫核心。始终把维护习近平总书记的核心地位作为最大的政治，在党内开展"做合格党员、当先锋模范"教育，每月抽出两个晚上开展集中学习研讨，树牢"四个意识"、坚定"四个自信"、坚决做到"两个维护"。在群众和寺庙僧尼中开展"四讲四爱""遵行四条标准、争做先进僧尼"教育实践活动，编印《习近平总书记经典语句摘编》《思想政治教育应知应会知识问答》40万册，组织群众像学习毛主席语录一样学习习近平新时代中国特色社会主义思想，引导各族群众像敬仰毛主席等老一辈革命家一样敬仰总书记，自觉感党恩听党话跟党走。

社会大局持续和谐稳定。制定完善总体工作方案和16项专项方案和子方案。深入推进"三个专项斗争"，依法打击6个涉黑涉恶团伙、14个非法组织，规范整治25处非法宗教临时活动地点。持续深化社会治理。打造扁平化维稳指挥体系，构建僧尼积极参与、主动维护所属寺庙稳定的责任制，各族群众"我要稳定"的愿望越来越强烈，拉萨市公共安全感在全国31个主要城市中排名第一。持之以恒淡化宗教消极影响。充分尊重群众宗教信仰自由，大力开展移风易俗活动，积极解决宗教民俗活动中过度煨桑、翻新花样挂经幡等突出问题，坚决杜绝大捆煨桑行为，各族群众宗教消费更加文明理性。

"三大攻坚战"开局良好。脱贫攻坚取得历史性成就。举全市之力脱贫攻坚，贫困发生率降至0.27%，在全区率先整体摘帽。坚持全区"一盘棋"，统筹推进"三岩"片区、风湿病患者、高海拔地区生态搬迁等工作。推进脱贫攻坚与全面小康有机衔接，大力实施乡村振兴战略，农村土地确权100%、乡镇客车通车100%、行政村通光纤100%。美丽拉萨建设取得突破性进展。全面启动污染防治攻坚战三年行动，积极开展水系修复、污水治理、中水回用、绿色围城、扬尘治理等，推进老城区"煤改气、煤改电"，全面消除"无树村、无树户"，拉萨河流域山水林田湖草生态保护修复工程争取到国家20亿元专项资金，空气质量优良率达到98%，主要江河湖泊、饮用水水源地水质达标率100%。防范化解重大风险能力明显提升。全面摸清政府性债务特别是隐性债务底数，研究制定债务化解方案，严格控制增量，逐步消化存量，金融风险隐患得到有效控制。

办好一批惠民实事。就业优先战略有力落实。开发各类就业岗位6万余个，高校毕业生就业率达到92.1%，市属国企吸纳农牧民群众就业近万人。教育优先发展扎实推进。新建改扩建中小学校45所，全面消除特大班额，高考上线率达到96.5%。医疗卫生水平持续提升。市人民医院"三甲"成果持续巩固，县（区）医院创建"二乙"综合医院，成立全区首家"先天性心脏病三级防治基地”。社会保障不断增强。率先在全区实现社会保障“五险合一”，发放首批社会保障卡，落实资金解决城镇居民医疗报销难问题。投入12亿元开展棚户区改造，建设小康安居住房、公租房4500余套，解决困难人群住房问题。文体惠民扎实推进，建成一批体彩公园和城市绿地。认真解决八廓古城群众住房困难。编制《八廓古城人口疏解、古城保护、业态优化和环境整治总体方案》，做好危房大院130户527人临时过渡安置。

经济持续健康发展。质量效益迈上新台阶。地区生产总值540.78亿元，农村居民人均可支配收入14369元、基本达到全国平均水平，一般公共预算收入110.1亿元，招商引资到位资金316.23亿元。“脱虚向实”取得实质进展，经开区实体经济财政贡献率从5%提升到60%以上。“梦创拉萨”品牌引领作用明显，在孵企业近4000家、吸纳就业近1.3万人。拉萨至那曲高等级公路、绕城环线等基础设施项目有序实施，自治区医院、藏医药大学和技师学院等民生工程奠基开工。重点产业形成新格局。现代产业体系基本形成，文化旅游推出“拉北环线”，游客数和旅游收入增长均超过24%；净土健康产业基地达到17个，高原奶业“万户百场十中心”工程完成60%以上；现代服务业和绿色工业协调发展，高新数字、金融服务等加快发展，规上工业增加值增长15%。城市品位实现新提升。启动编制《拉萨市城市总体规划》，市政道路“白改黑”21公里、打通断头路17条、建设地下综合管廊，堆龙德庆区市政工程完成85%，达孜东环南线全线贯通。民营经济激发新动能。制定园区经济发展“1+4”政策体系，成立招商引资服务中心“全程代办”提供保姆式服务，民间投资增长15%，各类市场主体突破10万户。改革开放迈出新步伐。市、县、乡三级政务服务体系日趋完善，行政审批事项精简一半，进驻市民服务中心行政审批事项时限压缩一半。综合保税区、中尼工业园区等对外合作项目稳步推进，与援藏省市及相邻省区的发展联系更加紧密，3小时藏中经济圈加快形成。

全面从严治党向纵深推进。认真贯彻落实新时代党的建设总要求和组织路线，层层压实主体责任，始终把党的政治建设作为党的根本性建设，严肃党的政治纪律政治规矩和反分裂斗争纪律，查处违反政治纪律案件5起5人。以提升组织力为重点，着力推进基层组织和政权建设，整顿软弱涣散村（居）党组织29个，在“两新”组织、互联网等新兴领域设立党组织299个，优化寺管会党组织169个。突出“五重五用”导向，全面加强干部队伍建设，先后调整市管干部10批次221人，培训各级各类干部4.8万余人次。狠抓作风建设，全面贯彻落实中央八项规定及其实施细则精神，开展禁酒控酒工作，立案查处扶贫领域问题线索26件，对52名县处级干部作出提醒诫勉、批评教育和暂缓任用处理，受理信访举报308件次、给予党纪政务处分121人。

（姚雪梅）

重要会议、重要活动

【全市社会治安综合治理工作会议】 1月4日，2018年度全市社会治安综合治理工作会议召开，贯彻落实中共十九大精神、全国全区综治工作表彰大会和区市党委九届三次全会精神，总结2017年度全市社会治安综合治理工作，表彰先进集体和个人，安排部署2018年度重点工作。区党委常委、市委书记白玛旺堆出席，市委副书记、市人大常委会主任达娃主持，市委副书记、市长、城关区委书记果果出席并讲话，会议要求，发展稳定两手都要抓、两手都要硬。全市各级各部门和驻市各单位要一如既往地把开展综治维稳和平安创建工作列入重要议事日程，与经济社会发展同规划、同部署、同检查、同落实，确保取得实效。会上，白玛旺堆、果果分别与曲水县、市司法局、自治区文化厅三家代表单位主要负责人签订《2018年度拉萨市社会治安综合治理目标责任书》，城关区、堆龙德庆区德庆乡相关负责人作交流发言。市领导王念东、占堆、彭祎涛、暴剑、马军、吴亚松、阿努次仁出席。

【市委常委会2017年度民主生活会】 1月17日，市委常委会2017年度民主生活会召开，通报市委常委会2016年度民主生活会整改落实情况和2017年度民主生活会征求意见情况，班子成员依次做个人对照检查，开展批评与自我批评。区党委常委、市委书记白玛旺堆主持会议并作个人对照检查，达娃、果果、庄红翔等市委常委班子成员逐一作个人对照检查，胡洪、肖志刚等作书面对照检查。个人对照检查结束后，白玛旺堆强调，要把整改工作作为巩固和提升这次民主生活会的成果，会后要认真制定整改方案，明确整改目标、工作举措、完成时限。常委干部既要从严从实抓好个人整改，做到即知即改、立行立改，又要主动认领常委会班子的整改事项，牵头做好分工事项落实，确保每个问题都整改到位。

【全市城市工作会议】 1月19日，全市城市工作会议召开，传达中央城市工作会议和自治区城市工作会议精神。区党委常委、市委书记白玛旺堆出席并讲话，指出各级党委（党组）要把城市工作摆上更加突出的位置，努力开创拉萨城市工作新局面，一要提高规划水平，实现战略引领和刚性控制，高标准编制拉萨城市总体规划（2020—2035）；二要抓好标准化建设，完善城市发展功能，按照错位发展、优势互补的思路，各县（区）、园区找准定位，加快发展城市经济；三要推进高效管理，提升城市治理能力，推进数字化城市管理；四要强化文明创建，提高城市文明程度，提升全民道德素养。区住建厅厅长斯朗尼玛应邀出席，市领导庄红翔、袁训旺、占堆、王念东出席。

【全市环境保护督察整改工作专题推进会】 1月20日，区党委常委、市委书记白玛旺堆主持召开全市环境保护督察整改工作专题推进会，听取《拉萨市贯彻落实中央第六环境保护督察组反馈意见整改方案》制定情况及全市环境保护督察整改工作推进情况汇报。指出，各县（区）、各单位要深刻认识做好生态环境保护和突出问题整改工作的极端重要性，进一步修改完善整改方案，制定切实可行的整改措施，高标准高质量完成各项整改任务。同时以此次整改为契机，进一步推动全市生态环境保护工作，着力推进循环发展。市领导果果、庄红翔、王念东、占堆、吴亚松、王家民出席。

【拉萨市监察委员会挂牌成立】 1月22日，拉萨市监察委员会挂牌成立。

【拉萨市监察委员会成立大会】 1月24日，拉萨市监察委员会成立大会召开，标志着拉萨市深化监察体制改革试点工作迈出关键一步。区党委常委、市委书记、市监察体制改革试点工作小组组长白玛旺堆出席并讲话，指出深化国家监察体制改革，是以习近平同志为核心的党中央着眼加强党对反腐败工作统一领导作出的重大决策部署，对于进一步深化党风廉政建设和反腐败斗争具有重大而深远的影响。全市各级各部门要进一步提高政治站位，强化责任担当，统筹推进，不折不扣把党中央的决策部署落到实处。一要坚决维护核心，切实增强政治警觉性和政治鉴别力；二要强化统筹谋划，按照监察体制改革试点工作的指导思想、目标任务、主要内容、配套机制、实施步骤和工作要求，形成市委统一领导，纪委牵头推进，部门各司其职，市（县区）两级联运的良好局面；三要推进深度融合，纪委和监察委合署办公，力求人员深度融合和工作流程深度磨合；四要狠抓自身建设，充分发挥示范作用，全面深入推进转职能、转方式、转作风。市委常委、纪委书记、市监察委员会主任王家民作表态发言，表示作为拉萨市监察委员会首任主任，将团结带领全市纪检监察干部切实担负起协助市委监督调查处置的有机融合，努力推动全市党风廉政建设和反腐败斗争呈现新气象、取得新成效。市委领导庄红翔出席，市深化国家监察体制改革试点工作小组成员，市监察委员会全体班子成员，各县（区）纪委书记，市纪委各派出（驻）纪检组组长、国有企业纪委书记，市巡察办、市纪委各部室、市检察院全体转隶人员参加会议。

【全市“两创示范”建设暨高校毕业生创业就业工作座谈会】 2月1日，区党委常委、市委书记白玛旺堆主持召开全市“两创示范”建设暨高校毕业生创业就业工作座谈会，听取全市“两创示范”建设和高校毕业生创业就业工作开展情况汇报，研究存在的困难和问题，安排部署下一步工作。指出，全市上下要充分认识“两创示范”建设工作的重要性和长远意义，紧抓拉萨市成功入围“两创示范”的历史机遇，全面提升小微企业创业创新基地城市示范建设水平，让创业创新成为引领拉萨发展的不竭动力，助推全市经济更高质量发展。市领导占堆出席。

【全市统战民族宗教工作会议】 2月9日，全市统战民族宗教工作会议召开，听取2017年全市统战民族宗教工作报告，安排部署2018年重点工作。会上，市委统战部、市民宗局分别同各县（区）统战民宗部门和市属寺庙管委会签订2018年统战民族宗教工作目标责任书。市委副书记、市人大常委会主任达娃出席并讲话，指出全市统战民宗系统要严格落实中央和区市党委各项维稳措施，进一步画好“同心圆”，坚持围绕中心、服务大局、紧扣发展稳定生态三件大事，着力实施好“三大工程”，全力推动全市统战民族宗教工作再上新台阶。市委常委、统战部部长阿努次仁出席。

【全市第九届纪律检查委员会第三次全体会议】 2月27日，中国共产党拉萨市第九届纪律检查委员会第三次全体会议召开，会议贯彻落实十九届中央纪委二次全会和自治区纪委九届三次全会精神，总结2017年纪检监察工作，部署2018年任务。区党委常委、市委书记白玛旺堆出席并讲话，指出全市上下要切实把思想和行动统一到十九届中央纪委二次全会和区纪委九届三次全会的部署要求，深入推进全面从严治党的任务要求，不折不扣抓好贯彻落实，坚决把全面从严治党引向深入。市领导庄红翔、袁训旺、占堆、吴亚松出席。市委常委、纪委书记、市监委主任王家民主持并代表市纪委常委会向会议作题为《以习近平新时代中国特色社会主义思想为指导 坚定不移把全面从严治党引向深入》的工作报告。

【全市维稳工作电视电话会议】 3月2日，拉萨市维稳工作电视电话会议召开。区党委常委、市委书记、自治区赴拉萨市省级督导领导小组组长白玛旺堆出席并讲话，指出全市上下要充分认识2018年全国两会和近期维稳安保工作的极端重要性，严格按照中央部署和区党委要求，落实好各项维稳措施，坚决打赢维稳安保攻坚战。市领导庄红翔、韩志宏、马军、阿努次仁出席会议。

【全市宣传部长会议】 3月7日，2018年全市宣传部长会议召开，总结2017年工作，安排部署2018年工作。市委副书记肖志刚出席并讲话，指出宣传思想文化工作是党的事业的重要组成部分，承担着“两个巩固”的根本任务，要按照新时代党的建设总要求，不断提升宣传思想文化工作的水平和实效。一要强化主体责任，进一步完善做好宣传思想文化工作的体制和机制；二要创新工作方式，提升做好宣传思想文化工作的本领和能力；三要抓好队伍建设，为做好宣传思想文化工作提供坚强的组织和人才保证。市委常委、宣传部部长吴亚松出席并对2018年工作进行安排部署。

【全市文化市场综合执法工作专题会议】 3月7日，2018年度全市文化市场综合执法工作专题会议召开，传达学习区市宣传部长会议以及自治区文化市场综合执法工作会议精神，总结2017年全市文化市场综合执法工作，研究部署2018年度文化市场综合执法改革和执法工作重点任务。会上，各县（区）文化市场综合执法大队负责人进行交流发言。

【全市网信工作会议】 3月7日，2018年度全市网信工作会议召开，传达学习区市宣传部长会议及全区网信工作会议精神，总结2017年全市网信工作，部署全市网信的主要任务。会上，市网信办与各相关单位签订《2018年度拉萨网络管理工作责任书》。

【全市维稳视频会议】 3月8日，区党委常委、市委书记、自治区赴拉萨市省级督导领导小组组长白玛旺堆主持召开全市维稳视频会议，听取各县（区）各项维稳工作汇报，分析研判形势，对进一步做好当前各项维稳安保工作进行再强调、再调度、再部署。他强调，当前全国两会、三月维稳攻坚战进入关键时期，全市各级党政组织、各方面维稳力量要持续贯彻落实好中央和区市党委、政府的各项部署要求，不折不扣落实好丁业现常务副书记在自治区维稳视频会议上的重要讲话精神，充分认识做好近期维稳安保工作的极端重要性，全力以赴确保拉萨持续稳定、长期稳定、全面稳定。市领导胡洪、肖志刚、庄红翔、袁训旺、占堆、暴剑、吴亚松、阿努次仁、王家民，拉萨警备区司令员韩志宏出席拉萨市主会场或县（区）分会场会议。

【市委议军会议暨国动委第六次全体（扩大）会】 3月27日，拉萨市委议军会议暨国动委第六次全体(扩大)会召开,传达《国务院中央军委关于印发我军后备力量建设"十三五"规划的通知》《西藏自治区人民政府西藏军区关于印发西藏自治区后备力量建设"十三五"规划的通知》精神;堆龙德庆区、达孜区委书记、人武部党委第一书记分别进行述职;与会人员集中审定并通过党管武装工作议案。区党委常委、市委书记、拉萨警备区党委第一书记、拉萨市国动委第一主任白玛旺堆主持会议并讲话,指出面对新时代新任务,一定要深刻理解习近平强军思想的重大政治意义、理论意义、实践意义、世界意义,深入学习领会、坚决贯彻落实,坚定不移走中国特色强军之路。市领导庄红翔、王念东、占堆、马军出席会议。拉萨警备区党委副书记、司令员、拉萨市国动委常务副主任韩志宏作工作报告。会前,与会人员还共同观摩某部检验性汇报演示活动,参观拉萨市国防后备力量建设、警备区各人武部和生产团全面建设情况。

【西藏首个智慧化党建平台正式启动上线】 6月29日,城关区智慧化党建平台启动仪式举行,标志着西藏首个智慧化党建平台正式启动上线。市委副书记、市长、城关区委书记果果出席启动仪式并致辞。自治区党委组织部巡视员、区"两新"工委书记李小宁应邀出席仪式并讲话。市委副书记、秘书长、组织部部长庄红翔出席仪式。

【市委规划建设专题会】 7月10日,区党委常委、市委书记白玛旺堆主持召开市委规划建设专题会,审议并原则同意《拉萨市中心城区水系治理和生态修复规划》《拉萨市南环路(柳梧北组团段)沿线景观规划方案》《拉萨市城乡规划管理技术规定方案》《拉萨市堆龙德庆区分区规划方案》。指出,有关部门要抓紧相关申报工作,推动项目早日落地见效,实现拉萨生态水系的全循环、全提升,同时要加快城市水生态系统修复建设,改善水体质量,让拉萨的水更清、环境更优美。市领导果果、庄红翔、王念东出席会议。

【拉萨市召开和谐模范寺庙暨爱国守法先进僧尼表彰大会】 7月10日,拉萨市2018年上半年和谐模范寺庙暨爱国守法先进僧尼表彰大会召开,表彰全市21座和谐模范寺庙、2015名爱国守法僧尼、17个先进寺庙管理委员会、61名优秀驻寺干部。市委常委、统战部部长阿努次仁出席并讲话,要求全市广大宗教界人士和寺庙僧尼要始终把深入学习贯彻中共十九大精神作为首要任务,不折不扣地把区、市党委的决策部署贯彻好,把教育实践活动开展好,把寺庙僧尼的思想引导好、作用发挥好,确保教育实践活动落到实处、取得实效。

【首都专家拉萨行活动】 7月12日,2018年"首都专家拉萨行活动"正式启动。市委副书记、秘书长、组织部部长庄红翔出席启动仪式,并为首都专家代表郄春来、何涛、黄俊雄发放"拉萨市专家服务团成员"聘书。

【拉萨市召开环境综合整治工作专题会】 7月15日,区党委常委、市委书记白玛旺堆主持召开拉萨市环境综合整治工作专题会。他指出,时至7月,拉萨已进入一年中最好的季节,将相继迎来全区运动会、雪顿节、藏博会、国庆节等重大节庆活动,也即将进入旅游经贸洽谈的高峰期。他强调,全市上下要下决心、下大力开展城市环境综合整治工作,认真做好社会矛盾纠纷排查力度,严厉打击各种形式的违法犯罪行为,全力营造和谐稳定、安全有序的社会环境。市领导果果、庄红翔、马军出席会议。

【拉萨市非公有制经济组织和社会组织工作委员会】 7月19日,中共拉萨市非公有制经济组织和社会组织工作委员会召开第一次全体会议,书面印发市"两新"工委成立的通知、"两新"工委议事规则、成员单位职责和"两新"组织2018年党建工作要点,传达学习自治区"两新"工委第一次、第二次全体会议和全区"两新"组织庆"七一"学习习近平新时代中国特色社会主义思想和中共十九大精神经验交流会主要精神,市"两新"工委与部分县(区)和成员单位代表签订《全市"两新"组织党建工作目标责任书》,安排部署全市"两新"组织党建工作重点任务。市委副书记、秘书长、组织部部长庄红翔出席会议并讲话,指出要以成立"两新"工委为新的契机,以基层党组织标准化建设为抓手,推动"两新"组织党建工作全面进步全面过硬。

【全国工商联专题调研】 9月6

日，全国工商联第四联系调研组一行到林周县开展“万企帮万村”扶贫行动提质增效专题调研活动。调研组一行先后来到林周县工商联、林周县绿林农产品综合开发有限责任公司、林周县卡多达桑家具有限公司实地调研。随后，在林周县政府召开“万企帮万村”扶贫行动提质增效专题调研座谈会，听取林周县工商联工作和扶贫行动工作开展情况。截至年底，林周县共注册登记非公民营企业135家，解决就业6000余人，其中建档立卡贫困户314人，人均年纯收入1万余元，为农牧民家庭年共计增收6000余万元。

【全国工商联第四联系调研组在西藏调研】 9月7—8日，中央统战部副部长、全国工商联党组书记、常务副主席徐乐江，全国工商联副主席谢经荣、李书福、常兆华率全国工商联第四联系调研组在西藏调研，其间到拉萨市工商联、城关区工商联调研非公经济发展情况。徐乐江强调，西藏非公有制经济发展要彰显地域和民族特色，更好地实现招商引资，推动非公有制经济大发展快发展。区党委常委、统战部部长旦科，区政协副主席、自治区工商联主席阿沛·晋源一同调研。

【全市维稳视频会议】 9月18日，市委副书记、市长、城关区委书记果果主持召开全市维稳视频会议，总结藏博会期间全市维稳安保各项工作，并就贯彻落实好自治区维稳视频会议精神，全力做好近期特别是中秋节、“十一”期间全市维稳工作进行再安排、再部署。会议指出，全市各级党政组织、各方面维稳力量要继续保持高度警觉警戒，严格落实值班备勤；各县（区）、各有关部门要落实好属地管理责任、行业监管责任、企业主体责任，突出抓好交通安全、消防安全、危险品安全、自然灾害等隐患排查工作，强化寄递物流行业“三个100%”制度的落实，严防发生重大公共安全事故。市委常委、政法委书记、市公安局党委书记马军出席会议。

【全市网络安全和信息化工作会议】 9月27日，全市网络安全和信息化工作会议召开。传达贯彻全国、全区网络安全和信息化工作会议精神，总结工作、分析形势，对新时代全市网络安全和信息化工作进行安排部署。区党委常委、市委书记白玛旺堆出席会议并讲话，指出全市各级各部门要立足拉萨处于反分裂斗争前沿的实际，着力做好网络风险防范工作，要紧紧围绕智慧城市、智慧政务建设，加快制定拉萨智慧城市建设总体规划，加快推进智慧城市建设并投入运营，大力实施“互联网+政务服务”行动计划、“互联网+平安拉萨建设”行动计划、“互联网+智慧交通”行动计划、“互联网+城市服务”行动计划、“互联网+就业创业”行动计划、“互联网+教育”行动计划、“互联网+医疗卫生”行动计划，让全市各族人民尽快享受到智慧城市、智慧政务建设带来的便利。市委常委、秘书长廖波出席会议，市委常委、宣传部部长吴亚松主持会议。

【拉萨市民族团结进步模范表彰大会】 9月28日，拉萨市民族团结进步模范表彰大会召开，宣读拉萨市委、市政府关于表彰2018年拉萨市民族团结进步模范集体、模范个人和模范家庭的决定，受表彰的模范集体、模范个人和模范家庭代表作交流发言。区党委常委、市委书记白玛旺堆出席会议并讲话，强调，全市各族干部群众要以模范集体、个人和家庭为榜样，自觉做国家统一、民族团结和社会稳定的守护者，做各民族交往交流交融的促进者，努力把全国民族团结进步示范市这个品牌打造得更加亮丽，共同建设团结美丽健康幸福新拉萨。市领导吴亚松、阿努次仁、廖波出席会议。

【布达拉宫广场举行“升国旗·唱国歌”仪式】 10月1日，拉萨市在布达拉宫广场举行“升国旗·唱国歌”仪式。自治区领导吴英杰、帕巴拉·格列朗杰、洛桑江村、齐扎拉、罗布顿珠、旦科、王拥军、曾万明、边巴扎西、何文浩、刘江出席仪式。区党委常委、拉萨市委书记白玛旺堆发表讲话，市委副书记、市长、城关区委书记果果主持仪式，市领导庄红翔、韩志宏、吴亚松、阿努次仁、廖波，市人大、市政府、市政协等地级领导干部，以及区（中）直、拉萨市直单位干部职工代表，西藏军区、武警西藏总队官兵代表，学生、退休老干部、宗教界人士和居民群众代表共3000余人参加仪式。

【自治区党委书记吴英杰赴布达拉宫调研】 10月1日，自治区党委书记吴英杰赴布达拉宫，检查指导节日期间的旅游工作，看望各族群众、中外游客。区党委常委、拉萨市委书记白玛旺堆，区党委常委、秘书长刘江陪同。

【自治区党委书记吴英杰在拉萨考察调研重点项目规划建设工作】 10月4日，自治区党委书记吴英杰在拉萨考察调研重点项目规划建设工作。强调，要牢固树立“四个意识”，坚定“四个自信”，以习近平新时代中国特色社会主义思想为指导，贯彻落实总书记关于治边稳藏的重要论述，始终坚持以人民为中心的发展思想，处理好重大项目和民生项目的关系，把民生作为为政之要，时刻放在心头、扛在肩上，把该办能办的实事竭力办好，以实际工作成效让总书记和党中央放心，让全区各族人民满意。区党委副书记、自治区人大常委会主任洛桑江村，区党委常委、拉萨市委书记白玛旺堆，区党委常委、秘书长刘江，自治区副主席张永泽陪同。

【全市组织工作会议】 10月10日，全市组织工作会议召开，书面传达全国、全区组织工作会议精神，城关区委组织部、市公安局党委、拉萨市交通产业集团党委、尼木县委组织部、市直机关工委、市工信局（国资委）党组、市教育局党委作交流发言，研究部署拉萨市党的建设和组织工作。区党委常委、市委书记白玛旺堆出席并讲话，强调要深入学习贯彻习近平总书记关于党的建设和组织工作的重要思想，认真践行新时代党的组织路线，把全市各级党组织建设得更加坚强有力，把干部队伍建设得更加朝气蓬勃，大力集聚各方面优秀人才，为新时代拉萨各项事业发展提供坚强组织保证。市委副书记、组织部部长庄红翔主持会议并作总结讲话，并从坚持以学懂弄通做实为目标、持续强化习近平新时代中国特色社会主义思想学习教育，坚持以“两个坚决维护”为重点，把党的政治建设摆在首位，坚持以提升组织力为抓手、把基层党组织建设为坚强战斗堡垒，坚持以高素质专业化为导向、打造适应社会主义现代化拉萨建设需要的干部队伍，坚持以人才强市战略为指引、聚集各方面优秀人才，坚持以数量充足和质量优良相结合，着力发现培养选拔优秀年轻干部等六个方面，对拉萨市新时代党的建设和组织工作安排部署具体工作。市领导果果、肖志刚、云丹、占堆、暴剑、吴亚松、阿努次仁、廖波出席会议。

【市委规划建设专题会】 10月17日，区党委常委、市委书记白玛旺堆主持召开市委规划建设专题会，审查并原则同意西藏技师学院项目用地选址意见，审查老水泥厂文化艺术创意创业中心项目设计方案及建筑外立面风貌事宜，审查并原则同意西藏空港新区总体规划事宜，审查并原则同意《拉萨市中心城区停车设施规划》，审查并原则同意林周热振旅游度假区规划方案事宜，审查并原则同意曲水县才纳乡净土产业园（拉萨市净土健康旅游示范区）建设项目规划方案事宜，审查并原则同意万达广场建设项目、拉萨爱琴海购物公园项目设计方案及建筑外立面风貌事宜。市领导果果、庄红翔、沈海斌、王念东、暴剑出席会议。

【拉萨市宗教工作专题会议】 10月20日，区党委常委、市委书记白玛旺堆主持召开拉萨市宗教工作专题会议，听取全市和各县（区）宗教工作开展情况汇报，对近期全市宗教领域相关工作进行安排部署。要求，要着力发现和解决当前拉萨市宗教领域和宗教工作面临的突出问题及短板，提出对策建议和有效措施；要结合寺庙和僧尼实际开展有针对性的宣传教育，特别是结合“遵循四条标准、争做先进僧尼”教育实践活动，教育引导广大僧尼增进对伟大祖国的热爱。市领导果果、庄红翔、云丹、阿努次仁出席会议。

【九届市委第七轮巡察工作动员部署会】 11月6日，九届市委第七轮巡察工作动员部署会召开。市委常委、纪委书记、监委主任、市委巡察工作领导小组组长王家民出席并讲话，指出从“两个维护”、管党治党政治责任担当、做“三个表率”、推动全面从严治党向纵深发展、增强群众获得感、贯彻新时代党的组织路线、维护党的纪律严肃性等方面，围绕“五个落实”开展脱贫攻坚专项巡察。

【九届市委第七轮（脱贫攻坚专项）巡察进驻动员会】 11月13日，九届市委第七轮（脱贫攻坚专项）巡察进驻动员会在市纪委召开，传达学习王拥军在九届区党委脱贫攻坚专项巡视工作动员部署会上的讲话精神，安排部署该轮巡察工作，听取被巡察单位党组负责人表态发言。指出，该轮巡察将对市扶贫办、民政局、水利局、农牧局、财政局、发改委六家单位的脱贫攻坚工作进行为期50天的专项巡察。各被巡察单位要把思想和行动统一到中央和区市党委的决策部署上来，扎实完成该轮脱贫攻坚专项巡察工作任务，积极支持配合，确保脱贫攻坚专项巡察工作取得圆满成效。

【白玛旺堆会见美国驻成都总领事】11月19日，区党委常委、市委书记白玛旺堆会见美国驻成都总领事林杰伟一行。白玛旺堆指出，中方高度重视中美关系，中美之间也存在一些分歧和敏感问题，需要妥善处理。西藏自治区愿积极落实两国元首达成的重要共识，与美方加强交流合作，促进相互了解，服务中美关系大局。林杰伟指出，美中都是伟大的国家，两国关系虽时常经历起伏，但总体是向前发展的。美方期待着与中方进一步沟通，不断达成更多的共识。自治区外事办主任白曼央宗，市委副书记、组织部部长庄红翔，市委常委、常务副市长王念东陪同会见。

【全市机构改革工作座谈会】11月29日，区党委常委、市委书记白玛旺堆主持召开全市机构改革工作座谈会，听取各县(区)、市直相关部门对全市机构改革工作的思考、意见和建议，为启动全市机构改革工作统一思想。指出，党中央历来高度重视党和国家机构建设和改革工作。全市上下要把思想和行动统一到习近平总书记关于全面深化党和国家机构改革的重要论述上来，坚决贯彻落实中央、区党委有关机构改革的决策部署，坚持正确改革方向，准确把握机构改革的目标任务，全力以赴做好拉萨市机构改革工作，确保高质量完成各项改革任务。市领导果果、庄红翔，廖波出席会议。

【全市宗教界代表人士座谈会】12月6日，全市宗教界代表人士座谈会召开，宗教界代表人士围绕“遵行四条标准，争做先进僧尼”教育实践活动主题畅所欲言，为推动藏传佛教与社会主义相适应献计献策。区党委常委、市委书记白玛旺堆主持座谈会并讲话，指出历史和实践证明，没有中国共产党就没有新中国，也就没有新西藏，没有强大的祖国，就没有西藏今天发展稳定的大好局面，也不会有各族人民幸福美好的新生活。希望广大宗教界人士深刻认识国内外发展大势，始终保持清醒头脑，坚决维护祖国统一和民族团结。市领导吴亚松、阿努次仁、廖波出席座谈会。

【全市“先进双联户”创建活动表彰大会】12月6日，市委、市政府召开2018年度全市“先进双联户”创建活动表彰大会，总结全市“先进双联户”创建活动工作，表彰先进集体和先进双联户，城关区两岛街道办事处、曲水县达嘎乡色普村联户长作交流发言，对全面深化“双联户”工作进行安排部署。市委副书记肖志刚出席并讲话，指出全市各级干部和广大群众要按照决胜全面建成小康社会，加快全面建成社会主义现代化拉萨的总要求，结合当前维稳工作面临的新形势新任务新要求，把联户平安作为实现长治久安的源头性、基础性工作。同时把脱贫致富作为“先进双联户”创建活动的重要内容，在持续助推脱贫攻坚上发挥更大作用。市委常委马军出席。

【德国联邦政府人权事务专员到藏调研】12月7日，区党委常委、市委书记白玛旺堆会见德国联邦政府人权事务专员巴贝尔·科夫勒。白玛旺堆简要介绍在中国共产党的坚强领导下、在全国人民的无私支援下，西藏取得短短几十年跨越上千年的人间奇迹，特别是中共十八大以来，在以习近平同志为核心的党中央特殊关怀下西藏各项事业取得的卓越成绩。现在的西藏，经济发展、民生改善、生态良好、宗教和睦、社会和谐，希望巴贝尔一行通过实地走访，认真感受一个欣欣向荣、团结幸福的社会主义新西藏，把一个客观真实、繁荣发展的西藏介绍给德国各界人士。巴贝尔表示愿通过不断交流来扩大共识，推动中德双边关系进一步发展。

【深化全国文明城市创建工作推进会】12月7日，拉萨市2018年深化全国文明城市创建工作推进会召开，对深化全国文明城市创建工作进行再动员、再部署、再推进、再整改。市委常委、宣传部部长、市文明委副主任吴亚松主持会议并讲话，指出各县(区)、各单位要结合工作实际，逐项对照测评标准查找不足，做好路段和重点部位承包管理工作，严格按照问卷调查考核标准，动员和发动干部群众参与、认可拉萨市全国文明城市创建工作，确保问卷调查突出成果。

【全市第一期藏传佛教教职人员教育培训班开班】 12月10日，全市第一期藏传佛教教职人员教育培训班开班，旨在结合全市寺庙僧尼中开展的“遵行四条标准 争做先进僧尼”主题教育活动，进行政治素养、时事政治、爱国爱教和法律法规教育。市委常委、统战部部长阿努次仁出席并讲话，指出参训学员要通过学习，深刻领会寺规戒律及教理教义内涵，以历代爱国爱教高僧大德为榜样，以“遵行四条标准”为践行，争做合格的新时期先进僧尼。

【全市宣传思想工作会议】 12月20日，全市宣传思想工作会议召开，传达全国、全区宣传思想工作会议精神，研究分析全市宣传思想工作面临的新形势、新任务，安排部署下一步工作。区党委常委、市委书记白玛旺堆出席并讲话，指出要深入学习领会、全面准确把握习近平总书记关于宣传思想工作的重要论述，提高认识、增强行动自觉，奋力开创新时代拉萨宣传思想工作新局面。一要坚持用习近平新时代中国特色社会主义思想武装头脑，二要牢牢把握意识形态主动权、凝聚人心力量，三要大力培育和践行社会主义核心价值观，培养时代新人，四要繁荣兴盛文化，增强文化供给能力，五要讲好拉萨故事，不断提升外宣传的话语权和影响力。市委常委、宣传部部长吴亚松主持会议。

【全市生态文明建设工作专题会】 12月21日，区党委常委、市委书记白玛旺堆主持召开全市生态文明建设工作专题会，听取2018年全市生态文明建设工作开展情况，分析面临的形势任务，研究2019年工作计划，听取与会人员提出的意见建议。指出，各级党委、政府要把中央、自治区环保督察提出的突出问题整改融入“三大攻坚战”之中，切实防止问题反弹回潮。同时环保部门要结合机构改革工作，进一步理顺体制机制，做好本行政区域生态环境保护统一监督管理工作，研究制定任务清单，明确明年“硬任务”，确保全年各项重点工作任务的落实。市领导庄红翔、王念东、廖波出席。

【全市重点产业推进工作专题会】 12月21日，区党委常委、市委书记白玛旺堆主持召开全市重点产业推进工作专题会，听取现代服务业、绿色工业、全市净土健康产业、文化旅游产业2018年工作开展情况、存在问题，安排部署2019年工作计划。指出，2018年全市项目工作在指标增长、项目结构、推进态势上呈现积极变化，但也要清醒认识项目进度、质量、储备等方面的问题和不足，采取切实有效措施加以解决。2019年要作为全市重点产业发展的质效突破年，落实高质量发展要求，在充分论证的基础上列出年度任务清单，明确重点、分步实施，努力推动全市重点产业实现提质增效协同发展。市领导沈海斌、王念东、吴亚松、廖波出席。

【全市宗教领域“四讲四爱”群众教育实践活动第四节点工作总结】 12月27日，全市宗教领域“四讲四爱”群众教育实践活动第四节点工作总结暨“回头讲”安排部署会议召开。会上，市属各寺管会、各县（区）、柳梧新区、空港新区活动办负责人对全市宗教领域“四讲四爱”群众教育实践活动第四节点工作取得的成绩及存在的问题进行剖析，并就开展好“回头讲”工作提出意见和建议。

【拉萨市强基惠民第七批驻村（居）工作总结表彰及第八批动员大会】 12月28日，拉萨市创先争优强基础惠民生活动第七批驻村（居）工作总结表彰暨第八驻村（居）工作动员大会召开，总结成绩、表彰先进、部署工作。会议指出，2019年全市各驻村（居）工作队要牢牢把握新时代干部驻村“七项重点任务”，推动全市干部驻村（居）工作迈上新台阶、取得新进展。要坚定不移夯实基层基础、坚定不移深化感党恩教育、坚定不移推进乡村振兴、坚定不移维护社会和谐稳定，切实抓好新时代干部精准驻村（居）试点工作，为全区进一步深化干部驻村（居）工作提供可复制可推广的拉萨智慧和拉萨方案。区党委常委、市委书记白玛旺堆出席，市领导果果、庄红翔、云丹、袁训旺、暴剑、王家民、王念东、廖波出席。会上，第七批先进驻村（居）工作队和第八批驻村（居）工作队代表分别作交流发言。

【拉萨市维护社会稳定工作电视电话会议】 12月28日，拉萨市维护社会稳定工作电视电话会议召开，传达全区维稳视频会议精神，全面分析拉萨市维稳形势，就近期维稳工作进行再动员、再部署。市委副书记、市长、城关区委书记果果出席并讲话，指出，当前，拉萨市社会局势持续稳定、大局可控，但要时刻绷紧维护稳定这根弦。各级各部门、各方面维稳力量要主动作为，恪尽职守，坚决确保拉萨市社会局势全面稳定、全年稳定。

【拉萨市第九届委员会第四次全体会议】 12月30日，中国共产党拉萨市第九届委员会第四次全体会议举行。区党委常委、市委书记白玛旺堆向全会作报告。报告从七个方面对2019年工作进行安排部署，一是决胜全面小康打好三大攻坚战，二是把握战略机遇推进高质量发展，三是强化使命担当维护和谐稳定，四是统筹城乡关系促进区域协调发展，五是坚持人民至上保障和改善民生，六是着眼激活市场深化改革开放，七是唱响"主旋律"繁荣先进文化。市领导果果、庄红翔、王念东、暴剑、吴亚松、王家民、廖波，市委委员、候补委员出席会议。

（姚雪梅）

组织工作

【概况】 2018年，全市组织部门坚持以习近平新时代中国特色社会主义思想为指导，深入贯彻落实中共十九大和十九届二中、三中全会精神，深入贯彻落实习近平总书记关于党的建设和组织工作重要论述和重要讲话精神，深入贯彻落实新时代党的建设总要求和新时代党的组织路线，在抓基层、打基础，配班子、选干部，聚人才、管编制上精准发力、久久为功，为率先在全区全面建成小康社会、开启全面建设社会主义现代化拉萨新征程提供坚强的组织保证。

【思想政治建设】 始终把提升党员干部思想政治素质摆在突出位置，围绕学习贯彻习近平新时代中国特色社会主义思想和中共十九大精神，开设县处级干部专题研讨班5期、专题讲座5期、网络专题培训班12期。市委理论学习中心组利用两个晚上开展"学习近平新时代中国特色社会主义思想·建小康拉萨"学习研讨，示范带动"两学一做"学习教育常态化制度化。深入开展"做合格党员、当先锋模范"教育和党员政治教育培训工作，教育引导广大党员干部树牢"四个意识"、坚定"四个自信"、做到"两个维护"，实现全市党员学习教育全覆盖。严肃共产党员不得信仰宗教纪律，制定《拉萨市党员涉嫌违纪违法犯罪信息通报和处理工作办法》，在重大节点开展专项督查，查处不合格党员6人，净化党员队伍，影响带动身边群众反对分裂、维护民族团结、理性对待宗教。结合"四讲四爱"群众教育实践活动，全市各驻村工作队深入群众、深入田间地头，开展宣讲3200余场次，举办专题讲座1061场次。

【干部任免】 坚持党管干部原则，认真落实"二十字"好干部标准和民族地区干部"三个特别"要求，坚持市委"五重五用"选人用人导向，严格按照规定程序选拔任用干部，调整配备干部277人，其中提任正县级干部15人、副县级干部42人，进一步使用24人，平职调整、免职、兼职196人。深入开展领导班子和领导干部调研分析，形成高质量综合调研报告，查找出14类22项共性问题。坚持上下衔接、制度配套，完善提醒诫勉谈话、责任追究等制度，制定出台《拉萨市管干部档案借阅工作暂行规定》《拉萨市县处级领导班子和领导干部综合研判工作办法（试行）》等规章制度。

【干部管理】 推进选人用人专项检查，严格落实"双审核""双预审"制度，持续深入开展"三超两乱"、领导干部在企业兼职等专项整治，清理消化74名超职数超规格配备干部，受理办理选人用人举报案件4件。按照10%的比例随机抽查核实领导干部个人有关事项报告，对38名存在瞒报、漏报和填写不规范的干部进行批评教育、诫勉等处理，对3名情节严重的干部暂缓任用，对1名情节极其严重的干部予以降职。推动干部能上能下，将3名工作成效较差干部改任非领导职务或调离岗位。认真贯彻中央八项规定及其实施细则精神，查处违反中央八项规定及其实施细则精神问题18起22人，给予党纪政务处分13人。开展形式主义、官僚主义"十种表现"专项整治，发现并反馈问题15个、问题线索3

2018年7月1日，市委组织部（编办、老干部局）组织部机关全体党员在南山公园开展庆祝中国共产党成立97周年活动

件。注重提升干部素质，稳步推进“3+X”干部教育培训，大力推行党员领导干部上讲台，培训各类干部4.8万余人次。强化乡村干部履职能力培训，举办乡村干部示范培训班6期。邀请其他省市专家学者赴藏开展专题讲座，选派31名干部到中央、对口援藏省市单位挂职锻炼，选调39批次289人到中央党校、区党委党校及其他省市相关院校进行培训。真情关爱干部，将16名长期在高寒县乡工作、身体健康状况较差、家庭有困难的干部交流到县区或市直单位工作，为8名符合条件的干部解决上一级职级待遇，为21名干部职工办理退休、病退手续，协调北京市友谊医院开辟拉萨干部体检“绿色通道”。

【党建工作】 抓党建促脱贫攻坚、促乡村振兴。大力推动抓乡促村工作，持续保持全市县乡党政正职稳定，深入推进“强党固基扶村”工作，动态配优231名贫困村党组织第一书记，推动1083名乡镇（街道）干部到村（居）开展工作，招聘225名未就业大学毕业生到就近村（居）工作。着力提升基层党组织标准化建设水平，完成269个村（居）组织活动场所功能优化设置，在全市26个易地扶贫安置点建立党组织，集中整顿软弱涣散村级党组织29个，稳步推进1300个未达标基层党组织标准化建设。发展壮大村级集体经济，各级党组织带领村（居）创办经济实体和专业合作组织201个，投资12.37亿元完成扶贫项目33个，助推全市8个县（区）实现整体脱贫摘帽。不断规范村级干部考核，出台《拉萨市村级组织班子考核办法》《拉萨市村（居）干部业绩考核奖励实施细则》。深化强基惠民活动，选派1112名市县乡三级机关干部联合开展驻村工作，把25家资源力量较强的市直单位精准选派到26个相对贫困、基础落后的薄弱村（居）驻村，制定、完善、实施经济发展规划374项，争取扶贫项目130个，帮助贫困群众转移就业1096人，办实事好事1031件。

以党建引领基层治理、服务群众。按照“因企制宜、因地制宜”原则，设立市属国有企业基层党组织110个，新建“两新”组织党组织167个，建立互联网领域党组织32个，相继成立全区首个商圈党支部、楼宇党支部、示范街区党支部、行业党支部、双创联合党支部，带动工青妇等群团组织新建基层组织197个。加大机关党建规范化建设力度，66个市直机关党组织按期完成换届选举。推行党领导下的校长负责制，38所中小学（幼儿园）实现书记、校长“一肩挑”。推动国有企业把党建工作写入公司章程，47名国有企业党组织领导班子成员按照法定程序进入董事会、监事会、经理层。以城市基层党建工作为重点，发挥街道社区“大工委”“大支委”作用，试点开展“两新”组织党建网格化管理工作，推行“党建责任片区”制，加强“互联网+”党建信息化建设，完成网站党建信息备案登记348家，调整优化169个寺庙管理委员会（含特派员机构）党组织设置，党领导下的基层治理更加精细化。推动党员联系服务群众全覆盖，以党建带群建，制定出台进一步加强党建带群建工作的意见，建立完善群防群治工作体制机制，深化“后达赖”向“达赖后”转变时期重大风险应对防范，充分做好组织准备、思想准备、预案准备和力量准备。

【人才工作】 制定出台《拉萨市高层次人才引进暂行办法》，建立4312名高层次人才信息库，专项招录北京、江苏两地高校毕业生

105 人，完成 25 名期满志愿者留藏工作，推动地级党员领导干部与 41 名优秀专家结对，遴选"拉萨英才""行业明星"89 名，聘请 13 名首都专家深入基层一线开展指导服务活动。安排北京、江苏援藏资金 2156.62 万元实施人才项目 47 个，推荐 5 名"西部之光"年轻骨干赴其他省市高等院校和科研院所开展为期一年的研修，申报 3 名"千人计划"专家人选和 5 名博士服务团成员需求，支持 30 名年轻干部人才报考研究生。

【组团式医疗人才管理】 完成第三、四批医疗组团式援藏专家轮换，推进 38 名本地医疗人才与新一批援藏专家签订帮扶协议，确保人才不断档、工作能持续、经验可传承。选派 66 名临床医生和管理、护理人员赴北京市跟岗培训和进修学习，通过专招、引进、调入等方式补充 38 名医疗人才。组织市人民医院与县（区）人民医院签订《医联体协议》，建立"优势互补、资源共享、协同发展"的医联体模式，完成县（区）人民医院"二乙"创建工作。深化以院包科工作，与北京友谊医院、北京安贞医院签订包科协议，邀请援藏省（市）医疗专家进藏开展各类学术活动 16 场次，培训人员 1200 余人次。

【机构编制工作】 按照中央和区党委关于深化党政机构改革的部署要求，成立机构改革工作专班，深入开展调研，收集意见建议 170 余条，摸清改革应该把握的重点、亟须解决的问题。动态调整权责清单，取消调整市级行政职权 136 项，梳理未列入权责清单的市级公共服务事项 246 项，清理规范行政审批中介服务事项 58 项、取消 6 项。推动监察体制改革工作，实现市直单位派驻纪检监察组全覆盖。完成盐业体制改革和市政养护、环卫体制改革涉及的机构编制、人员划转工作。完成 2017 年度机构编制统计和分析报告，督促市直各单位做好统一社会信用代码赋码和事业单位登记工作，完成 2017 年度拉萨市本级事业单位法人年报公示 73 家，指导县（区）完成事业单位法人年报公示 150 余家。

【离退休干部管理】 建立执行党组织按期换届提醒制度，把退休干部党员组织关系转成都办事处 401 人、转区外社区 3 人。认真落实老干部政治待遇和生活待遇，举办中共十九大专题研讨班、党员政治教育示范培训班，组织离退休干部参加全市重要工作会议 19 场次，走访慰问离退休干部 2480 人次、发放慰问金 693.7 万元，联合市人民医院为十八军（四路进藏）老战士上门巡诊 76 次，选派 2 批次 70 余名老干部到云南、广东健康疗养，为 34 名符合条件的十八军老战士和 70 岁以上地级（正高级）退休干部配送氧气。围绕"奉献新时代、共建新西藏"主题实践活动，开展一次访谈座谈、一次主题征文、一次文艺会演、一次趣味运动会等"四个一"活动，组织 200 名老干部参加拉萨市庆祝国庆节和百万农奴解放纪念日升国旗仪式。

（叶　健）

宣传工作

【概况】 2018 年，市委宣传部坚持高举习近平新时代中国特色社会主义伟大旗帜，深入学习宣传贯彻中共十九大、十九届二中三中全会精神，深入学习宣传贯彻习近平总书记关于治边稳藏的重要论述和"加强民族团结、建设美丽西藏"的重要指示以及给隆子县玉麦乡群众的回信精神，认真贯彻全国全区宣传部长会议精神，贯彻落实全国全区宣传思想工作会议精神，贯彻区市第九次党代会和区市党委九届三次全会精神，增强"四个意识"、坚定"四个自信"，牢牢把握"两个巩固"的根本任务，履职尽责、开拓创新、真抓实干，宣传思想文化各项工作扎实推进，为拉萨市深入实施"六大战略"，打赢脱贫攻坚战，决胜全面建成小康社会，实现长足发展和长治久安汇聚强大的精神力量。

【理论武装】 年内，印发《拉萨市委理论学习中心组 2018 年度理论学习安排意见》和《关于全市宣传思想文化战线学习宣传贯彻习近平新时代中国特色社会主义思想和中共十九大精神的实施方案》，印发《全市各级党委（党组）理论学习中心组 2018 年度理论学习重点内容安排》《关于全市各级党委（党组）理论学习中心组学好用好〈习近平谈治国理政〉（第一、二卷）的通知》，对全市理论学习中心组学习进行统筹安排，并对《习近平谈治国理政》进行专项学习。市委理论学习中心组坚持以"学习习近平新时代中国特色社会主义思想·建小康拉萨”专题学习为抓手，围绕习近平总书记关于纠正“四风”、关于依法治国的重要论述等专题，共开展集中学习17次，50名次地级干部、90名次县级干部进行研讨交流。编印发放《习近平总书记经典语句摘编（干部版）》和《党员干部思想政治教育应知应会知识问答》学习手册共7万余册，供全市干部职工学习。结合“面对面宣讲点对点落实，中共十九大精神进万家”宣讲活动、“新时代新作为”百姓宣讲活动，全市各县（区）主动邀请区内外专家学者为干部职工开展中共十九大精神宣讲、专题辅导，年内开展习近平新时代中国特色社会主义思想以及中共十九大精神宣讲和专题辅导4场次，邀请专家学者作专题辅导讲座2次，受教育人数达2000余人次。制定下发《拉萨市党的十九大精神宣传工作方案》《拉萨市关于大力实施以“神圣国土守护者 幸福家园建设者”为主题的乡村振兴战略的宣传方案》等一批重点宣传方案，在市属媒体继续设立《在习近平新时代中国特色社会主义思想指引下——新时代新作为新篇章》《学习贯彻十九大·美丽家园展新貌》《壮阔东方潮，奋进新时代—庆祝改革开放40周年》等专栏专题，以《迎接党的十九大看不够“日光城”拉萨新面貌》《拉萨市干部群众喜迎党的十九大 讲党恩跟党走》等为题，重点宣传习近平新时代中国特色社会主义思想和中共十九大精神及各部门贯彻落实的相关举措等，市属传统媒体刊播相关新闻近5000条；各网络媒体刊载相关稿件1500余篇，累计阅读量20余万次。

【理论研究】 年内，完成拉萨市哲学社会科学专项资金首批共25个项目的实施工作，启动第二批项目申报及评审立项工作。开展优秀理论文章和调研报告评选，对《传承创新中华优秀传统文化 坚定文化自信》《拉萨市全面深化改革工作调研报告》等25篇文章进行表彰、汇编成册，并推荐6篇文章在拉萨日报刊登。围绕纪念马克思200周年诞辰和改革开放40周年，动员理论工作者撰写相关文章并在市属媒体进行刊登。分别开展文化旅游调研、全市宣传思想文化工作大调研，形成《深化文化旅游供给侧改革 打造文化旅游名城》等一批高质量的调研报告。

【舆论引导】 年内，围绕区市党委、政府重要会议、重大活动、重点项目等，开辟专栏专题专版、刊发转载系列重点评论、大力宣传报道拉萨市“两会”“四讲四爱”、脱贫攻坚、环保督察整改、组团式援藏、双创、扫黑除恶专项斗争、首届运动会暨民族传统体育运动会、2018拉萨半程马拉松等重要活动、重点工作、重大项目相关新闻近1万余条，制作播出《文明煨桑 保护生态》宣传片。配合中央、自治区采访团关于改革开放40周年等专项采访活动13次。安排市属媒体设立“精准扶贫 精准脱贫”“梦创拉萨”“劳模风采”“京藏一家亲 奉献在高原”等专题专栏，以《拉萨城关区民族团结小故事：团结之花绽古城》《打开了解西藏历史文化的一扇“窗”——专访青年创业者白玛金珠》《医者仁心建功高原——记北京市“组团式”援藏医疗队队员张莉莉》等为题，报道在维护民族团结、创业创新、脱贫攻坚等工作中涌现出来的先进典型220余期。设立“为了民族复兴 英雄烈士谱”专栏，截至年底，已报道方志敏、秋瑾、廖仲恺、黄兴等30位英烈。在市区重点区域道路隔离栏制作悬挂宣传中共十九大、双创等主题宣传栏60余个，通过跨街龙门架、单立柱广告牌设立“圣神国土守护者 幸福家园建设者”广告30余个，在全市498个广告牌、4250个LED显示屏以及8500余个宣传展板和宣传栏，集中刊播“四讲四爱”群众教育实践活动相关内容。藏博会期间，市区重点区域共刷新大型广告牌20个45面，悬挂和喷绘标语26面，悬挂彩条19920米。3月28日在布达拉宫广场组织各族各界代表3000余人开展西藏百万农奴解放纪念日升国旗唱国歌仪式。10月1—7日，在布达拉宫广场举行“我爱你中国”灯光秀活动，通过中央电视台直播，介绍拉萨市的新发展新变化新景象。

【主题教育】 年内，成立拉萨市“四讲四爱”群众教育实践活动领导小组，全市各县（区）、各相关部门相继调整充实领导小组和工作专班，累计组建各级各类宣讲团（队）386个，分别制定拉萨市“四讲四爱”群众教育实践活动《实施方案》《宣讲工作方案》和《督导工作方案》，形成党委领导，书记挂帅，各负其责，齐抓共管的工作机制。全年，上报信息131期，形成工作周报24期，整理挖掘典型线索122个。活动覆盖全市村（居）、学校、寺庙等，累计开展宣讲46240余场次，开展实践活动13000余场次，制作发放各类宣传册（品）等40余万份，编印《习近平总书记经典语句摘编》《基层群众思想政治教育应知应会知识问答》17万余册供群众学习。

2018年5月3日，拉萨市“四讲四爱”群众教育实践活动启动仪式在堆龙德庆区通嘎村举行

【精神文明建设】 年内，下发《拉萨市2018年“讲文明树新风”公益广告宣传实施方案》，通过设置宣传栏、在大型LED屏滚播及刷新道路交通隔离栏、公园广场、建筑工地围挡等方式，刊播和刷新“讲文明树新风”“图说我们的价值观”公益广告画面2万余平方米；运用报纸、电视、网络等新闻媒体，长期刊播“讲文明树新风”“图说我们的价值观”公益广告；征集并上报58幅弘扬社会主义核心价值观的绘画作品。开展道德模范、拉萨好人系列活动，征集到16个“身边好人”事迹，积极开展第四届拉萨市道德模范推荐评选等典型申报工作。印发《拉萨市2018年精神文明建设工作要点》《关于持续开展道德讲堂活动的通知》《拉萨市开展“拉萨城市精神”宣传活动》等文件，启动拉萨市第一届文明家庭、第一届文明校园评选工作；承办2018年全国社区网络春晚·拉萨专场；筹备成立拉萨市志愿服务联合会；召开拉萨市荣获全国文明城市“三连冠”总结表彰暨2018年迎接全国城市文明程度指数测评动员部署大会。广泛组织开展“我们的节日·七夕”“我们的节日·中秋”暨首届“中国农民丰收节”“向国旗敬礼”等活动。深入推进未成年人思想道德建设，组织开展“学雷锋·我是一名小小志愿者”“童心向党”等主题实践活动，30万余人次的未成年人参与12个类别的主题活动。印发《拉萨市开展“五有五好”文明村镇创建活动工作方案》，2018年全市“五有五好”文明村镇共投入630.78万元，设置精神文明宣传栏956个，公益广告牌5557个，文化大舞台957个，志愿服务站点340个、志愿服务队509支、志愿者54669名，配备文明引导员803名，开展“五好”活动8804场次。

【基层文化】 年内，制定下发拉萨市关于在“三大节日”暨农闲时节开展文化惠民活动的相关工作方案，春节藏历新年、“3·28”西藏百万农奴解放纪念日期间组建“红色文艺轻骑兵”小分队下乡开展文艺演出，“萨嘎达瓦”期间在宗角禄康公园开展“藏戏演出季”活动。配合做好自治区2018首届跨喜马拉雅自行车极限赛闭幕式、拉萨市首届运动会暨民族传统运动会开幕式、自治区全运会开幕式、藏博会等文艺演出活动。作为文化援藏项目，中国评剧院50余名艺术家携原创评剧《藏地彩虹》到拉萨，为广大干部群众奉献一台精彩演出。组织市书法家协会、摄影家协会成员开展春节、藏历新年“送文艺下基层”、免费拍摄“全家福”活动，共免费赠送藏汉文春联900余对、拍摄“全家福”28户。组织开展摄影家协会成员采风创作活动暨“相约最美证件照、我与书法结缘”——送文艺下基层为主题的证件照免费拍摄及书法作品现场交流赠送活动。

【文艺文化】 年内，研究起草《拉萨市文艺创作扶持与奖励暂行办法》。召开2018年度文艺采风创作系列活动策划会议，组织文艺工作者深入基层集中开展为期15天的“走进美丽乡村·聚焦新变化·感受新西藏”艺术家采风活动，推出舞蹈《家园同心》《母亲河》《踏歌飞舞》，歌曲《中华民族》《我们永远在一起》、才旦卓玛老师《唱不尽党的恩情》MV，小品《双喜临门》《为你打 call》，相声《开大奖》、双人折嘎和群口相声《四讲四爱》等一批歌颂党、歌颂伟大祖国、歌颂民族团结、体现脱贫攻坚、赞美新生活、倡导文明新风、传播科技卫生知识等优秀文艺作品。其中，广播剧绿松石获全区精神文明建设“五个一”工程奖。达孜区、当雄县分别获得“第七届全国服务农民、服务基层文化建设先进集体”。完成拉萨市第五批市级非物质文化遗产代表性传承人 40 名的认定，复工楚布寺维修保护工程等 6 个“十三五”文物平安工程项目，启动扎西岗寺、热堆寺等 9 个抢救性文物维修工程。完成西藏非物质文化遗产博物馆布展概念设计。成功举办首届中国拉萨·阿里象雄文化国际学术研讨会，来自美国等 8 个国家以及各省区市的 60 余名专家学者参加。

【文化产业】 年内，加强顶层设计，起草上报《拉萨市文化产业三年行动计划》；完善《拉萨市文化产业发展专项资金管理办法》。加大产业扶持，完成 2017 年文化产业扶持项目复查验收和“三核查、两评估”工作，共扶持企业 12 家，拨付扶持资金 1890 万元，扶持的“醍醐”系列文创产品项目于 2016—2018 连续三年获得自治区旅发委“旅游商品大赛”金奖。落实产业项目。完成纪录片《拉萨遗韵》整体拍摄审查工作；积极推动室内歌舞剧《天湖四季牧歌》、电影《蓝面具》《坐着火车去拉萨》《金城公主》室内剧本审查，纪录片《吉曲》项目建设；完成西藏传统歌舞艺术传承与保护数据库项目在部分县区的收集整理及文字记录工作；完成图书《八大藏戏人物及服饰文化荟萃汇编》专家组平台搭建及文本编译工作。开展对外推介，协调组织市属文化企业赴江苏南京参加“文创西藏——西藏暨拉萨文创精品巡展”、第十四届深圳国际文化产业博览交易会、第十三届中国北京文化创意产业博览会、藏博会等区内外大型文化产业交流活动。

【公共文化服务】 年内，全面实施 58 个村综合文化服务中心示范工程建设项目，中央宣传部下拨的 60% 前期经费已全部足额发放到位，各项目点工作正在有序推进中，积极推动县级综合文化活动中心建设。市广播电视台整体搬迁项目已完成设计方案，待市政府审批。林周县等五县县级广播电视中心建设项目建设进度和投资支出都达到 95% 以上。达孜县等四县县级广播电视播出机构制播能力建设项目，已开始招投标（采购）工作，计划年内实施完成并投入使用。

【文化市场执法】 年内，始终对政治性非法出版物等保持高压态势，持续开展“扫黄打非·护苗·净网·清源·固边·秋风·珠峰工程”等专项行动，查处“名人音像专卖店”售卖淫秽音像制品、自制刻录歌碟、其他盗版非法歌碟，刘某违规销售《高考领航》系列书籍等案件。全年，共出动文化市场综合执法检查 790 人次，检查文化经营单位 1080 家次，开展日常检查 400 余次，查缴各类非法出版物、宣传印刷品 3500 余册张，出动执法车辆 360 台次，收缴淫秽光碟 80 张，盗版光碟 3200 张，删除违禁歌曲 30 首，责令整改 3 家，取缔 1 家，签订安全管理责任书 198 家。

2018年12月3日，拉萨市春节藏历新年电视晚会录制现场

【网络阵地建设】 年内，完成网站党建信息备案登记318家，单独建立网站党组织21家，联合建立党组织8家，建立党小组5家，指派党建指导员284名。深化“重双基、强双责”工作，与各县（区）签订《2018年度拉萨网络管理工作责任书》，与相关网站负责人签订网络安全责任书300份。针对“微领域”以及网络淫秽色情视频、微视频等先后联合开展“购销网络非法有害出版物‘2018清朗专项行动’”“2018深化‘净网’专项行动”等，上报无法正常访问网站140家（无法打开），非法网站9家（涉黄、赌等网站），涉嫌援交包养类APP软件1条，非法微信公众号1家。加强“三级”网评员队伍建设，举办拉萨市新媒体从业人员暨第四期互联网宣传管理业务骨干培训班，各县（区）及市属主要媒体负责人共113人参加培训；完善拉萨市互联网党工委办公室机构设置，配备事业编制3名。围绕市委市政府中心工作，设置“环保督导”“健康拉萨”“脱贫攻坚”“扫黑除恶”等10个宣传专题，结合“客运班线改制”“网络安全法”“双创工作”等议题撰写、收集原创网评文章600余篇。及时做好“3·28”西藏百万农奴解放纪念日、网络中国节·清明（端午）、雪顿节、网络安全宣传周等节点宣传。通过发布《网络媒体记者为拉萨的发展变化点赞》等约100余篇的特别报道，不断深化改革开放四十周年的主题宣传。顺利举办“美好生活 幸福拉萨”——第二届全国网络媒体拉萨行采访活动，来自区内外的28家媒体深入全市开展采访拍摄，在网上掀起“美好生活 幸福拉萨”的宣传热潮。调整拉萨市突发网络舆情应急处置领导小组，制定出台《拉萨市网络舆情突发事件应急处置预案》

【对外宣传】 年内，对全市外宣点进行精心调研，筛选出18个精品外宣点，梳理民生线、文化线、环保线、经济线四条精品外宣采访线。纪录片《吉祥拉萨》进行集中审看，在修改完善之后报区外宣进行二审。深入开展“请进来”工作，全年，分别接待乌克兰媒体团、中宣部外宣影视项目《8分20秒走遍中国》摄制组等共8个外媒团。根据中宣部、区宣部统一安排，拉萨市组织出访演出团参加国务院新闻办公室在俄罗斯举办的“感知中国——中国西部文化行”活动，为俄罗斯莫斯科和圣彼得堡的观众献上4场具有浓郁中国西部民族特色的歌舞演出。年初围绕全市重点及中心工作，制定《拉萨市人民政府2018年新闻发布工作计划》共39场，截至年底，完成拉萨市“两会”、拉萨市首届运动会暨民族传统体育运动会、“最美人民警察”等24场新闻发布会。在江苏省南京市成功举办拉萨市新闻发言人培训班，培训注重突出实战化导向，涵盖理论授课、模拟演练、实地考察等学习内容，各县（区）、市直各单位新闻发言人共41人参加培训。

【队伍建设】 年内，围绕习近平新时代中国特色社会主义思想和中共十九大精神，通过专题讲座、观看爱国影片等方式组织各类学习会30次，撰写各类心得体会、理论文章100余篇。深入开展集中整治不作为慢作为、文山会海等形式主义、官僚主义突出问题专项整治工作，通过自查自纠，查找问题18个，逐步完成整改。选举产生新一届机关党支部委员会和三个党小组班子，共组织开展党员组织生活会、班子民主生活会、党支部会等16次。推进“党员干部进村入户、结对认亲交朋友”活动与干部驻村、脱贫攻坚精准对接，认真开展党员走访慰问结对帮扶，制定并发放党员结对帮扶卡。截至年底，党员干部累计入户达235人次，为71户贫困户、66户边缘户送去大米、面粉、砖茶等慰问物品和慰问金，资金约达13万元。印发《拉萨市“拉萨英才”和“文化明星”遴选办法》，经过政审、专家评审、组织考察等多个环节，评选出“文化明星”10名。组织召开拉萨市2018年度新闻系列职称评审会，完成20名新闻系列工作人员的任职资格评审，组建拉萨市新闻系列初中级职称评审委员会专家评委库。为实现单位人事管理的科学化、规范化和制度化，对市网评中心进行岗位设置，除机构成立时核定的4个管理领导岗位，增设9个专业技术岗位。

（张振华）

统战工作

【概况】 2018年，在区市党委的坚强领导和上级业务部门的精心指导下，市委统战部坚持以习近平新时代中国特色社会主义思想为指导，以深入学习贯彻落实中共十九大精神和区市党委九届三次全会精神为首要政治任务,以落实全区统战民族宗教工作会议精神和市委有关决策部署为基础前提,以维护民族团结、促进宗教和睦、确保社会和谐稳定为总体目标,以解决统一战线各领域突出问题为主要抓手,坚持稳中求进、进中求好、补齐短板工作总基调,紧扣发展稳定和生态三件大事,主动担当、积极作为,为建设团结美丽健康幸福新拉萨贡献新的更大力量。2018年,接待国内国外各类代表团50余批次800余人。

【全市统战民族宗教工作会议】2月9日,拉萨市召开全市统战民族宗教工作会议。会议深入学习贯彻习近平新时代中国特色社会主义思想,全面贯彻落实中共十九大和全国统战部长、民委主任、宗教局长会议精神,贯彻落实区市党委九届三次全会和全区统战民族宗教工作会议精神,总结2017年工作,表彰先进集体和个人,安排2018年重点任务。市委副书记、市人大常委会党组书记、主任达娃出席会议并作重要讲话,市委常委、统战部长阿努次仁,市政协副主席、市民宗局党组书记拉巴顿珠出席会议并作报告,市政府副市长贡扎曲旺主持会议。市统一战线工作领导小组成员单位、市宗教工作领导小组成员单位、市进一步深化民族团结进步创建活动领导小组成员单位主要负责人,市属寺庙管委会主要负责人,各县(区)分管副书记、副县长、统战部长、民宗局长、宗教办主任及副县级以上寺庙管委会主要负责人参加会议。

【和谐模范寺庙暨爱国守法先进僧尼表彰大会】 7月10日,拉萨市召开2018年上半年和谐模范寺庙暨爱国守法先进僧尼创建评选表彰大会,会议表彰和谐模范寺庙21座、爱国守法先进僧尼2015人、先进寺管会17个、优秀驻寺干部(干警)61名,共兑现表彰资金426.1万元。

【拉萨市民族团结进步表彰大会】 9月28日,拉萨市召开民族团结进步表彰大会。区党委常委、拉萨市委书记白玛旺堆出席会议并讲话。会议评选表彰民族团结进步模范集体65个、民族团结进步模范个人74个、民族团结进步模范家庭10户。

【教育实践活动表彰大会】 12月18日,召开拉萨市"遵行四条标准、争做先进僧尼"教育实践活动表彰大会。区党委常委、拉萨市委书记白玛旺堆出席会议并讲话。会议表彰17座模范寺庙、1573名优秀僧尼、18个优秀组织单位和52名先进寺管会干部,共兑现表彰资金373.8万元。

【关心关爱统一战线成员和驻寺干部】 年内,召开全市各族各界爱国统战人士座谈会、藏胞茶话会、离退休干部座谈会、驻寺干部座谈会等,走访慰问全市爱国人士及其后代、宗教界代表人士、民族界代表人士、非公经济界代表人士、归国藏胞、境外藏胞境内亲属、活佛、经师、驻寺干部以及市属寺庙(管委会)、高海拔寺庙(管委会),送去慰问金23万余元。关心党外代表人士工作、生活情况,积极落实全市374名党外代表人士生活补助。

【利寺惠僧政策】 年内,为全市寺庙新增的或未配置电视的僧舍添置配备卫星电视1014套,为建设西藏佛学院哲蚌寺、色拉寺、甘丹寺、楚布寺分院投资3360万元,寺庙基础公共服务设施持续改善。

2018年11月9日,市委统战部召开党员政治纪律教育组织生活会

【改善偏远驻寺干部办公条件】 年内，推进全市 42 座高海拔寺庙暖房项目和 86 座特派员综合业务用房等区市“十三五”重点项目建设，大力改善基层驻寺干部办公生活条件。

【驻寺干部培训】 年内，研究制定《拉萨市驻寺干部教育培训 2018—2020 年三年培训规划》《2018 年拉萨市统战系统干部专题培训班方案》，举办拉萨市统战系统党员干部第六期示范政治纪律培训班、全市驻寺干部第一批能力提升班，组织 17 批 180 余人次参加中央统战部、自治区统战部和市委组织部组织的各类培训。

【爱国藏胞国情教育】 年内，组织 17 名爱国藏胞代表及亲属代表赴四川、贵州、云南等地开展全市第一期归国定居藏胞国情教育活动，引导归国定居藏胞和境外藏胞境内亲属积极向国外亲友宣传党的方针政策和辉煌成就，广泛联系境外藏胞。

【非公经济统战工作】 年内，以全国工商联召开对口援藏工作为契机，积极主动与北京市、江苏省对接，就扶贫工作、扶贫消费、人才培养、招商引资等方面交换意见，对《援藏项目任务清单》达成共识。在藏博会期间，完成中央统战部副部长、全国工商联党组书记、常务副主席徐乐江在市工商联的调研和座谈交流工作。

【驻村工作】 年内，深入开展第七批驻村工作，稳步推进强基础惠民生工作，有力助推贫困县完成脱贫摘帽；关心支持精准扶贫和精准脱贫，先后 3 次组织干部自筹资金 69300 元和部分物资走访慰问 51 户结对帮扶户。

2018年9月16日，市委统战部工作人员在街头开展宣传活动

【回顾拉萨统一战线 40 年】 以改革开放 40 周年为契机，重点从统一战线全面拨乱反正、藏胞工作扎实稳步推进、非公有制经济迅速发展、民族工作创新推进、加强和创新寺庙管理、党外知识分子工作有序推进、统一战线工作力量得到加强等七个方面，回顾总结全市统一战线改革开放 40 年来的重大发展成就。

【统战调研工作】 年内，加大统一战线各领域调研工作力度，形成《拉萨市加强分寺管理的调研报告》《拉萨市淡化宗教消极影响调研报告》《拉萨市关于加强宗教界代表人士培养管理工作调研报告》《拉萨市藏传佛教寺庙僧尼管理工作情况调研报告》《拉萨市伊斯兰教事务管理工作调研报告》《关于加强驻寺干部队伍建设的调研报告》等数十篇调研报告，加大调研成果转化运用。

（土旦格桑）

党校教育

【概况】 年内，市委党校在市委、市政府的领导和自治区党校的指导下，坚持围绕中心，服务大局，聚焦主业主课，深入贯彻落实治边稳藏战略，倾力发挥干部教育主阵地、主渠道、大熔炉作用，全校干部职工同心协力，求实创新，坚持党校姓党，竭力构建活力党校，以奋发有为的精神状态积极投身于全面建成小康拉萨、美丽家园的伟大实践中，全力推动党校事业再上新台阶。

【党建工作】 年内，遵照市委决定，撤销党校党委制，设立校务委员会。及时成立党总支，下设机关党支部和退休党支部，选优配强各支部领导班子成员，细化成员职责分工。充分结合“两学一做”“四讲四爱”及政治教育活动，以校理论中心组学习会、全体干部职工大会、党组织“三会一课”等为载体，重点围绕习近平新时代中国特色社会主义思想，中央和区、市党委重大决策部署、会议精神和上级文件要求，开展形式多样的专题学习。全年共组织理论中心组学习12次，机关党支部共组织学习20次，退休党支部共组织学习12次，常务副校长、党总支书记讲党课2次。充分利用“七一”中国共产党建党节、中秋、国庆、重阳等重大节日，联合蔡公堂乡党委扎实开展各类活动。积极发挥党员先锋模范作用，响应市委号召开展对昌都市江达县波罗乡山体滑坡自然灾害“送温暖，献爱心”捐款活动，共募集捐款1.13万元。扎实落实党建工作责任制。制定《中共拉萨市委党校2018年度机关党建工作计划》《中共拉萨市委党校2018年度基层党建工作责任书》。组织召开党建工作会议6次，专题部署机关党建工作会议1次。建立健全约谈机制。针对工作中出现的一些“慵懒散”现象，及时提醒、敲警钟，常抓不懈、提实效。落实意识形态责任制，强化政治纪律和政治规矩。分层签订《拉萨市委党校（市行政学校）2018年度意识形态责任书》15份，签订《拉萨市委党校党员干部不得信仰宗教、不得参加宗教活动承诺书》30余份。

【廉政建设】 年内，严格按照区、市党风廉政建设责任制相关规定、办法、意见等要求，立足实际，不断强化党员干部队伍思想建设、作风建设、能力建设，积极转变工作作风，提升党校廉政建设和反腐倡廉工作水平。制定落实《2018年度党风廉政建设和反腐败工作方案》《2018年度落实党风廉政建设主体责任清单》。以“集中整治文山会海、不作为慢作为、官僚主义、形式主义”为契机，对标上级文件要求，以制度建设为抓手，梳理出3个方面24个问题，及时完善整改方案，实行限时办结制，扎实开展集中整治工作。通过开展大调研活动、谈心谈话、征求意见建议等方式，形成《市委党校工作调研报告》，梳理制约党校发展存在的问题和瓶颈28项，校委积极研究寻求破解路径，并实行限时督办制，不断提高各项工作运转效率。完善校部门职责分工，内设后勤服务中心，拓宽函授班社会培训及对外交流职能，狠抓教学和管理服务工作。压实党风廉政建设校委主体责任，分层分级签订党风廉政建设责任书15份，组织全校干部职工填写廉政档案68份，撰写廉政报告8份。深入开展制度“废改立”工作，修订完善《市委党校内设机构及职责分工》《财务公开与内部审计制度》《“三公经费”使用管理办法》《公车管理和驾驶员管理办法》等制度，严肃财经纪律，规范财务报销流程，严格执行“三重一大”制度。

【人才引进和激励保障】 年内，为解决人才紧缺的困境，结合空编实际，2018年度引进湖北经济学院博士团挂职服务副校长1名，新分配3名应届毕业生。严格落实高层次人才相关职级待遇政策，按要求兑现薪资福利等各项待遇。

【干部教育培训】 年内，拉萨市委党校根据2018年度干部教育培训工作计划和工作要求，举办“拉萨市新任职县级领导干部研讨班”“拉萨市乡镇党委书记学习贯彻中共十九大精神专题研讨班”等51期培训班，培训各级各类干部5000余人次。结合党员政治教育工作，夯实备课试讲，培育精品课程，开设新专题50余个，采取“专业讲座+案例分析+现场教学+研讨主流+自身总结”教学模式，实施“学员评教师”教学评估办法，提质增效。按照区党校“五个环节”打造标准化流程示范培训班，对全市开展党员政治教育起到示范引领作用。创建教育培训新思路，坚持“四色教育”。以增强党员理想信念为目标，大力开展马克思主义基本原理、党章党史、老西藏精神等“红色”先锋教育，举办校内外“红色”先锋教育198场；以教育引导广大党员树牢纪律红线底线意识，提高依法依规办事能力为目标，大力开展《中华人民共和国监察法》《中华人民共和国宪法修正案》《中国共产党廉洁自律准则》、参观教育基地等“橙色”警示教育，共开展“橙色”警示专题教育58场，廉政警示教育基地共接待校内外参观共223家单位8043人次；以提升党员干部生态环保意识为目标，大力开展“绿色”生态教育，共开展涉及生态环境保护专题讲座24期；紧盯乡村振兴与脱贫攻坚目标任务，开设“金色”农业教育，共开展脱贫攻坚、乡村振兴等“金色”教育18场。根据拉萨市当前发展形势和培训对象的实际情况，围绕习近平治国理政新理念新思想新战略及中共十九大精神解读、法律法规、党史党建、区情市情等8个方面，开设《十九大精神解读》《全国两会精神解读》等新专题50余个；围绕习近平新时代中国特色社会主义思想、中共十九大精神、《宪法》、生态文明建设和《宗教事务条例》等内容，配合市委宣传部、讲师团及各单位共宣讲500余场，受众40000余人次；积极落实"领导干部上讲台"制度。先后邀请区党委常委、拉萨市委书记白玛旺堆，拉萨市委副书记、组织部部长、党校校长庄红翔，自治区党校副校长房玉国等人员到党校讲课，全年邀请领导和专家学者到党校授课率占总课时的20%以上。

【科研工作】 年内，市委党校以"三个抓手"提升科研工作新水平。积极组织申报课题。组织申报区市系列科研课题19项，申报成功8项，与2017年相比，申报课题量增长近1倍；采取新老教师"一对一"交流指导、教师相互征求意见、校委集体讨论等方式，多措并举确保党校科研工作稳步推进；克服专业教师和科研人数不足困难，建设6支不同学科的校内研究团队。2018年在各级刊物公开发表各类理论文章22篇；完成市委办公厅、市委组织部约稿6篇；3篇中共十九大精神文章荣获拉萨市优秀理论文章称号；顺利结项自治区社科基金项目"拉萨市净土健康产业发展研究"，为推进全市净土健康产业发展提供有效的参考价值。完成《拉萨社会科学》全年4期编辑出版工作。

【学历教育】 年内，扎实做好首都经济贸易大学西藏函授站教育工作，开设课程27门，完成2018级函授学生的录取工作和2016级函授学生的论文答辩工作；积极开展区党校在职研究生代培工作。

【"两学一做"专题教育】 年内，制定《"两学一做"学习教育常态化制度化实施方案》等，按要求安排党员领导干部和教师参加市委"每月一课"和"两学一做"集中学习研讨活动以及在线学习活动。全年累计召开"两学一做"学习教育、"党员论坛"集中学习42次，安排校领导、骨干教师为全校党员举办党建专题讲座5次，党员领导干部在线学习达到规定学时。

2018年4月10日，市委党校举行春季开学典礼

【强基惠民精准扶贫】 年内，市委党校始终把脱贫攻坚作为头等大事和第一民生工程，不断强化教育宣传转观念，以"强基惠民"驻村工作为平台，结合中共十九大精神、《民族团结进步条例》《宗教事务条例》、乡村振兴战略等内容，在当雄县麦灵村积极开展入户宣讲工作。全年共发放精准扶贫脱贫政策明白卡79份，教育、医疗、政策等扶贫方面宣传册300份。创新模式开拓新市场。党校驻村工作队围绕助力村集体经济发展，采取"合作社+个体工商户+扶贫户"的经营模式，在市区功德林天街创设麦灵村专业合作社畜产品（奶源为村扶贫户所提供）直销点，不断扩大产品知名度和销售渠道，增加贫困户收入来源。积极争取物资强惠民。争取拉萨翼天使爱心团队赴麦灵村开展扶贫活动，对麦灵村38名贫困群众和村幼儿园30名学前儿童进行慰问，两项共计捐赠物资折合资金1.19万元；积极与财政等部门联系、协调，争取资金104万元，为麦灵村修建党员活动室；深入开展结对帮扶工作，为92户帮扶对象送去慰问金共计3.96万元；制定《关于支持林周县北部三乡脱贫攻坚工作的具体措施》，从

平台援助、资金援助、物品援助、上门送教4个方面给予林周县委党校支持援助，共援助资金5万元。

【基础设施建设】 年内，根据年初的项目预算指标，投入103万元，实施“卫生间优化改造”“扫地车购置”“校园文化建设”等硬件提升工程，有效提升党校干部教育培训硬件服务能力和水平。采取“政府支持+自主管理+社会化管理”模式，进一步优化党校食堂服务、安保维修、客房保洁服务、体育健身服务四支队伍，不断提升服务意识和服务水平。

（何 满）

机关党建

【概况】 2018年，市直机关工委在区市党委的领导下，遵循新时代党的建设总要求，以习近平新时代中国特色社会主义思想为指导，以党的政治建设为统领，聚焦主责主业，积极进取、开拓创新、扎实工作，有力推动机关党建各项工作任务落实。截至年底，工委系统共有62家单位，其中，1个党工委，52个党组，12个机关党委，21个党总支，229个党支部，4550名党员。团工委1个，团总支1个，团支部4个，青年工作委员会3个，团员35名。

【思想理论武装】 年内，始终把政治建设放在第一位，把学习宣传贯彻习近平新时代中国特色社会主义思想和中共十九大精神作为首要的政治任务来抓，结合“两学一做”学习教育、党员政治教育培训和政治纪律教育活动，持续推进学习型党组织建设。全年共发放新党章近5000册，发放党员徽章近5000枚，做到机关党员人手1册、人手1枚。2018年度市直机关各理论中心组开展学习584场次，参学党员7592人次，开展“三会一课”2165场次，参与党员3.31万人次；开展集中观看《厉害了 我的国》爱国教育影片、机关党员结对帮扶等各类主题党日活动619场次，参与党员1.52万人次；参观市廉政教育基地、西藏军史馆等97场次，参与党员2700人次。

【党内政治生活】 年内，采取“强化教育督导，让制度执行‘硬’起来；加强参会指导，让民主生活会‘严’起来；创新纪实管理，让组织生活‘实’起来；抓好载体结合，让主题党日活动‘活’起来”等有力措施，进一步严肃市直机关党内政治生活。全年，工委分赴53家市直单位指导党组（党委）民主生活会；市直各单位开展谈心谈话1.21万人次，征求意见9160条，召开专题组织生活会197场次，组织生活会上提出批评意见1.37万条。

【党组织建设】 年内，对机关基层党组织标准化建设相关情况进行全面摸底自查，针对自查存在的相关问题，工委制定机关基层党组织标准化建设工作责任清单，并督促抓好落实落地；科学设置机关基层党组织，新成立机关党委1个，党总支1个，党支部3个，确保机关基层党组织全覆盖；建立提醒机制，印发《关于建立健全基层党组织按期换届提醒督促机制的通知》，督促指导66个基层党组织开展换届选举和补选工作；做好党费收缴管理和回拨工作，对市直机关党员的党费标准进行核定，设立党费交纳日，及时公示党费收缴使用情况并回拨，全年共回拨2017年度党费19.41万元；慰问130名老党员、困难党员及因公牺牲党员家属，送去16.43万元的慰问金；编印并发放《市直机关发展党员实用手册》2000余册，共发展新党员62名，培养入党积极分子83名；主动加强与市直各部门党组（党委）沟通，建立一支700多人的“政治坚定、结构合理、精干高效、充满活力”的机关专职和兼职党务干部队伍；先后举办市直机关基层党组织书记暨党务工作者培训班、发展对象培训班、机关党建工作现场观摩交流会、拉萨市第九期党员政治教育示范培训班等，共500多人次参加培训；集中抓好软弱涣散基层党组织整顿工作。工委采取加强领导明责任、围绕症结抓整顿、强化督导促落实等措施，帮助和指导10个后进党支部全部进位升级为“一般”。

【党建载体创新】 年内，稳步开展手机交纳党费试点工作。工委积极与建行拉萨支行合作，开通“党费云”手机交纳党费平台，并在工委党员中积极稳妥地开展手机APP交纳党费试点工作；探索推进线上线下虚实融合的学习教育方式。借助现代信息技术，利用“共产党员”、西藏先锋公众号、拉萨机关党建微信群等网络平台，打造线上党建学习阵地，党员参与率超过90%；“七一”前夕，组织开展“不忘初心牢记使命——纪念建党97周年”主题演讲比赛、评选“机关阅读之星”等活动，开展“线下”学习教育；使用全国党员管理系统，积极推进党员日常管理信息化，提高各级党组织工作效率。

【党建责任落实】 年初，组织召开机关党建工作会议，总结工作，安排部署2018年机关党建工作任务，特别是对推进市直机关基层党组织标准化建设进行安排部署，签订机关党建工作责任书；结合机关党建特点，制定《2018年拉萨市直机关党建工作要点》，明确工作重点，并逐条逐项进行任务分解；召开基层党建工作述职评议会议，强化市直各单位“一把手”抓基层党建工作的政治自觉和行动自觉；强化机关党建日常考核。年中，对市直各单位开展党建工作日常考核；年底，对党建工作进行全面考核验收。

【机关群团建设】 年内，组建拉萨市直机关青年志愿服务队，认真开展机关青年志愿服务品牌化建设，全年结合“我们的节日”，组织开展一系列学雷锋、环境保护、“三关爱”、文明交通劝导等各类志愿服务活动10次共800余人次参加。

2018年6月27日，由市直工委主办、市新闻出版广电局协办的拉萨市直机关“不忘初心 牢记使命——纪念建党97周年”演讲比赛决赛在金谷饭店隆重举行

完成拉萨市直机关出席共青团西藏第十次代表大会代表、共青团第十八次全国代表大会代表推荐选举工作。全年指导市直机关新成立青年委员会2个，新成立团支部1个，撤销团支部1个；指导3个机关团组织完成换届选举工作，共有3名优秀团员加入党组织。

【政务活动】 年内，工委共组织市直机关党员干部职工7000多人次先后参加新年登高、“3·28”升国旗唱国歌仪式、清明节凭吊革命先烈活动、拉萨市首届运动会暨民族传统体育运动会、全区运动会、拉萨雪顿节、半程马拉松等各类大型活动30余场次，圆满完成市委、市政府交办的相关任务。特别是在组织拉萨市首届运动会暨民族传统体育运动会时，举全委之力，集有利资源，前后用近2个月时间，扎实完成运动会市直代表团的组建、体检、训练、参赛及运动会开闭幕式观众、机关运动员方队组织和后勤保障服务等工作，荣获道德风尚集体奖等8项，个人奖项10余项，荣获优秀组织奖。

（曾小周）

拉萨市人民代表大会

综述

2018年，拉萨市人大常委会始终坚持以中共十九大精神为指导，认真学习贯彻习近平新时代中国特色社会主义思想，紧紧围绕自治区党委正确处理“十三对关系”和市委“六大战略”目标要求，依法行使宪法和法律赋予的各项职权，顺利完成市十一届人大三次会议确定的各项任务，立法、监督、决定重大事项、代表工作和自身建设等方面取得新进展。年内，制定地方性法规1件，审议修订地方性法规1件，完成地方性法规报批1件，备案审查政府规章和规范性文件6件；听取审议专项工作报告11项、开展专题询问1次、执法检查4次、立法调研2次、专题调研3次，受理群众来信来访3件；依法选举任免国家机关工作人员28人，组织代表开展专题调研、执法检查、专题调研、集中视察130人次。

（罗　梅）

2018年1月12日，拉萨市第十一届人民代表大会第三次会议在市政府会议中心隆重召开

重要会议与决议、决定

【拉萨市十一届人民代表大会第三次会议】 1月12日上午，拉萨市第十一届人民代表大会第三次会议举行，出席会议的代表206人。大会期间，听取并审议市长果果作的《政府工作报告》；书面审查《拉萨市2017年国民经济和社会发展计划执行情况与2018年国民经济和社会发展计划草案的报告》《拉萨市2017年财政预算执行情况和2018年财政预算草案的报告》；书面听取《拉萨市人民政府关于市十一届人大一次二次会议期间人大代表议案建议办理情况的报告》；听取并审议市人大常委会主任达娃作的《拉萨市人大常委会工作报告》、拉萨市中级人民法院代院长任卫东作的《拉萨市中级人民法院工作报告》，拉萨市人民检察院检察长田建设作的《拉萨市人民检察院工作报告》，并表决通过上述报告的各项决议。会议还选举产生自治区第十一届人民代表大会代表，补选拉萨市人大常委会副主任，选举产生拉萨市监察委员会主任，补选拉萨市中级人民

2018年7月24日，日喀则市人大常委会副主任王泽敏率队一行在拉萨市堆龙德庆区、曲水县考察学习人大相关工作经验和做法

法院院长；被任命人员进行集体宪法宣誓。

【拉萨市十一届人大常委会第九次会议】 1月22日下午，拉萨市第十一届人大常委会召开第九次会议。会议在表决通过本次会议议程后，由市纪委有关负责人在会上作有关人事任职说明。会议审议并表决通过关于市监察委员会副主任和委员的有关任职事项。并为新任命的人员颁发任命书，举行《宪法》宣誓仪式。

【拉萨市十一届人大常委会第十次会议】 4月24日，拉萨市第十一届人大常委会召开第十次会议。会议在表决通过此次会议议程后，听取和审议拉萨市十一届人大常委会代表资格审查委员会关于个别代表的代表资格报告；听取和审议人事任免事项；表决通过拉萨市第十一届人民代表大会常务委员会关于接受达娃辞去拉萨市第十一届人民代表大会常务委员会主任职务的请求的决定，关于接受计明南加、觉根两人辞去拉萨市第十一届人民代表大会常务委员会副主任职务的请求的决定。会议传达学习2018年全国两会精神内容和要点以及中共中央关于深入学习宣传和贯彻实施《中华人民共和国宪法》的说明；表决通过有关人事任免事项并颁发任命书；被任命人员进行集体宪法宣誓。

【拉萨市十一届人大常委会第十一次会议】 6月22日上午，拉萨市第十一届人大常委会召开第十一次会议。会议在表决通过本次会议议程后，听取市委组织部、市中级人民法院、市人民检察院关于人事任免事项的说明；听取市人大常委会执法检查《拉萨市市容环境卫生管理条例》和《拉萨市古村落保护条例》实施情况的报告；听取市十一届人大常委会代表资格审查委员会关于个别代表的代表资格的报告，并分组审议以上报告及人事任免事项。会议还表决通过有关人事任免事项，并为被任命人员颁发任命书；被任命人员进行集体宪法宣誓。

【拉萨市十一届人大常委会第十二次会议】 7月23日上午，市十一届人大常委会召开第十二次会议。会议在表决通过本次会议议程后，听取和审议拉萨市人大常委会主任会议关于提名云丹为西藏自治区第十一届人民代表大会代表候选人的议案，并根据《西藏自治区各级人民代表大会代表补选办法》和《西藏自治区各级人民代表大会选举实施细则》有关规定，以举手表决的方式依法补选云丹为西藏自治区第十一届人民代表大会代表，同时要求市人大常委会办公厅及时将补选结果报西藏自治区人大常委会代表资格审查委员会。

【拉萨市十一届人大常委会第十三次会议】 8月29日，拉萨市第十一届人大常委会第十三次会议召开。会议在表决通过本次会议议程后，听取“两院”2018年上半年工作总结暨下半年工作安排的报告、2018年市食品药品安全监管工作开展情况的报告、拉萨市2018年上半年国民经济和社会发展计划执行情况与下半年国民经济和社会发展计划安排、关于2017年度拉萨市本级预算执行和其他财政收支的审计工作报告、拉萨市2017年财政收支决算和2018年上半年财政预算执行情况的报告以及各相关专委会关于上述报告的审查报告和审查意见；听取市人大及其常委会2018年上半年工作总结及下半年工作安排、拉萨市人民代表大会常务委员会关于接受达娃辞去西藏自治区第十一届人民代表大会代表职务的议案、拉萨市十一届人大常委会代表资格审查委员会关于个别代表的代表资格的报告，并分组审议以上报告。

【拉萨市十一届人大常委会第十四次会议】 10月25日，拉萨市第十一届人大常委会召开第十四次会议。会议通过本次会议议程，市委组织部和市中级人民法院相关负责人先后作了人事任免说明。会议听取和审议市人民政府关于《拉萨市国有资产经营及国有企业促发展情况调研报告审议意见》整改措施的报告等四个报告，通过《拉萨市人大常委会组成人员联系本级人大代表意见（草案）》和《拉萨市人大常委会关于本级人大代表联系群众办法（草案）》两项制度，以及《拉萨市村庄规划建设管理条例（草案）》和《拉萨市拉鲁湿地国家级自然保护区管理条例（修订草案）》两个条例。会议还表决通过有关人事任免事项，被任命人员进行集体宪法宣誓。

【拉萨市十一届人大常委会第十五次会议】 12月25日，拉萨市第十一届人大常委会召开第十五次会议。会议审议通过此次会议议程；听取市委组织部和市中级人民法院关于人事任免事项的说明；听取《拉萨市人民政府关于拉萨市十一届人民代表大会第三次会议期间人大代表议案建议批评意见办理情况的报告》和《拉萨市第十一届人民代表大会第四次会议主席团和秘书长建议名单》的说明；听取并审议通过市人民政府关于《拉萨市"十三五"时期国民经济和社会发展规划纲要》的中期评估报告以及市人大财经委关于该评估报告的审查意见；听取并审议通过市人民政府关于《拉萨市2018年财政预算调整方案的报告》及市人大财经委关于该报告的审查意见；听取并审议通过市人大财经委关于《拉萨市物业管理条例》执法检查情况的报告；听取并审议通过《拉萨市第十一届人民代表大会常务委员会代表资格审查委员会关于个别代表的代表资格变动情况的报告》和《拉萨市人大常委会工作报告》。会议还表决通过关于召开拉萨市第十一届人民代表大会第四次会议的决定、议程及相关名单；表决通过有关人事任免事项，并组织被任命人员进行宪法宣誓。此次会议决定拉萨市第十一届人民代表大会第四次会议将于2019年1月初召开。

（罗　梅）

监督工作

【经济监督】 年内，市人大常委会依法听取和审议年度财政计划、预算执行情况报告、财政决算报告、预算变更报告、审计报告等，及时分析和查找经济运行中出现的困难和问题。督促政府部门进一步贯彻新发展理念，深化结构调整，强化创新驱动，实施积极的财政政策，为全市经济发展提质增效提供有力支撑；常委会根据《中华人民共和国各级人民代表大会常务委员会监督法》听取并审议市政府关于"十三五"规划中期评估报告，并提出审查意见；组织人员积极开展《拉萨市物业管理条例》执法检查，提出一系列改进工作的建议和意见。

【民生监督】 年内，市人大常委会听取和审议市政府关于食品药品安全监管工作开展情况专项报告，就进一步加大食品药品安全宣传

2018年10月30日，市人大举行守护世界净土暨人大代表环保实践主题日活动

2018年4月27日，市人大常委会组织部分市级人大代表开展“以迁脱贫”工作集中调研活动

力度，加强对食品药品生产经营者和从业人员的培训，加强对执法人员的法纪教育，完善加强食品药品监管体制机制和队伍建设，强化监管力度，严格市场准入门槛以及实地检查中发现商品标识适用不规范等方面提出意见建议；开展民族团结进步工作专题调研，就进一步巩固拉萨市创建民族团结进步示范市工作成果等方面向市政府提出切实可行的建议。

【依法治市监督】 年内，市人大常委会开展《拉萨市市容环境卫生管理条例》执法检查，运用专题询问的方式，就环境卫生责任落实和监督、市政设施改造、垃圾废弃物处置等17个方面的问题分别向市城市管委会、市住建局、市规划局等10个政府职能部门进行询问；开展《拉萨市古村落保护条例》执法检查，就进一步提高全社会对古村落保护重要性的认识，完善体制机制，探索和创新保护管理利用模式等方面提出意见和建议，有力促进政府依法开展相关工作；配合自治区人大开展《中华人民共和国预防未成年人犯罪法》《西藏自治区实施〈中华人民共和国预防未成年人犯罪法〉办法》《中华人民共和国教师法》《西藏自治区实施〈中华人民共和国教师法〉办法》《中华人民共和国大气污染防治法》《西藏自治区民用机场保护条例》等法律法规在拉萨市的实施情况执法检查。

【司法监督】 年内，市人大常委会分别听取和审议市中级人民法院、市人民检察院上半年工作总结和下半年工作安排报告；配合自治区人大常委会在拉萨市法院、检察院系统开展全面深化司法改革情况专题调研活动；配合自治区人大法制委员会赴城关区就首批基层立法联系点开展情况进行调研。同时，为了解《西藏自治区实施〈中华人民共和国人民调解法〉条例》开展情况，还配合自治区人大到墨竹工卡县、林周县、城关区法院和相关部门对其人民调解员的配备、机构设置等情况开展专题调研。

（罗　梅）

代表工作

【完善代表履职机制】 年内，市人大常委会先后出台《拉萨市人大常委会关于加强和规范市人大代表履职活动办法》《拉萨市人大常委会关于加强和改进基层人大代表履职活动保障工作办法》《拉萨市人大常委会组成人员联系本级人大代表意见》《拉萨市人大常委会关于本级人大代表联系人民群众办法》，进一步完善代表履职机制，保证代表依法行使国家权力。

【议案、建议办理】 年内，市人大常委会出台《拉萨市人大常委会代表建议办理工作“三公开、两见面”制度》，对代表议案建议的交办、督办等工作作出刚性规定；协同市政府对2017年市十一届人大三次会议代表提出的107件议案、建议进行梳理归类，常委会领导干部领衔督办9件代表重点建议，有力提升代表议案建议办理质量和效率，代表议案建议办复率和满意率均达到100%，办结率达56.07%；开展《中华人民共和国全国人民代表大会及地方各级人民代表大会代表法》及《西藏自治区实施〈中华人民共和国全国人民代表大会和地方各级人民代表大会代表法〉办法》执法检查，全面了解全市各级人大在加强代表工作、充分发挥代表作用等方面的情况以及贯彻实施代表法过程中的存在的问题，提出有针对性的工作建议。

【增强代表履职能力】 年内，市人大常委会进一步健全完善《拉萨市人民代表大会代表考察调研制度》，围绕全市工作大局和常委会重要议题，有计划、有针对性地组织代表开展专题调研、执法检查、集中视察共计130人次。邀请市级人大代表列席常委会会议，共计18人次，支持代表发表意见、提出议案建议；采取集中培训、以会代训、"代表之家"学习、聘请专家作专题讲座、组织代表相互交流、赴区内外考察学习等形式，重点围绕宪法和法律、人民代表大会制度、人大立法、监督等内容组织代表进行业务培训和法律知识培训，提升代表履职行权能力水平。

（罗 梅）

自身建设

【思想政治建设】 年内，市人大常委会把学习贯彻习近平新时代中国特色社会主义思想特别是习近平总书记关于坚持和完善人民代表大会制度思想作为首要任务和看家本领，按照"抓大党建、大抓党建"要求，大兴调查研究和学习之风，常委会党组理论学习中心组共召开集中学习（扩大）会议12次，常委会党组成员参加市委理论学习中心组集中学习56人次，参加区市党委组织的政治纪律、政治规矩等学习培训6人次；常委会机关党组集中学习12次，各个支部开展集中学习、"三会一课"、主题党日等会议、活动90场次，极大地提升人大机关干部职工的精神状态。

【党风廉政建设】 年内，市人大常委会制定年度落实党风廉政建设主体责任工作方案，明确党组及党组成员的责任，层层签订责任书、实施督促和问责。认真开展谈心谈话和书记讲党课等活动，针对形式主义、官僚主义等"四风"新表现和执行中央八项规定及其实施细则等方面存在的问题，认真进行自查和整改。常委会党组成员以普通党员身份参加支部学习和组织生活会36人次。深入开展警示教育、党课教育，严守政治纪律政治规矩、"不忘初心、牢记使命"等主题教育。严格贯彻执行《中国共产党党组工作条例》，召开常委会党组会议10次、主任会议8次、常委会会议8次，健全完善决定重大问题、重要工作、重要任务等事项先经常委会党组研究讨论再依法按程序办理的工作机制。

【组织建设】 年内，市人大常委会积极主动向市委请示汇报，提出着力加强人大组织建设，优化人大专门委员会设置和常委会机关内设机构设置的建议意见。为提升常委会履职能力水平，先后组织部分常委会组成人员赴阿里地区以及北京、江苏两省市进行学习交流考察，参加在山南市召开的全区人大工作交流会，并作交流发言。通过学习考察和交流，谈体会、讲感悟、提建议，进一步明晰推动拉萨市人大工作与时俱进的思路举措。

（罗 梅）

拉萨市人民政府

综述

2018年，在自治区党委、政府和市委的坚强领导下，坚持以习近平新时代中国特色社会主义思想为指导，全面贯彻落实中共十九大和十九届二中、三中全会精神，贯彻落实自治区九届三次、四次全会精神，紧紧围绕市委九届三次全会和经济工作会议决策部署，坚持稳中求进、进中求好、补齐短板工作总基调，深入推进供给侧结构性改革，坚决落实高质量发展要求，打好"三大攻坚战"，实施乡村振兴战略，不断深化"六大战略"，统筹推进稳增长、促改革、调结构、惠民生、防风险等各项工作，全市经济社会发展取得新的进步。

综合实力持续增强。完成地区生产总值540.78亿元，同比增长9.3%，一般公共预算收入110.1亿元，增长22.8%，城镇居民人均可支配收入35842元，增长10.6%，农牧民人均可支配收入14369元，增长10.6%，居民消费价格指数控制在3%以内，城镇登记失业率控制在2.2%以内。第四届藏博会、第十六届中尼经贸洽谈会、第十四届全国省际政务服务交流会等重大展会在拉萨举办，社科院公布的全国城市公共安全感指数排名拉萨位列第一，蝉联全国文明城市荣誉称号，首府城市优势不断凸显。

发展质量和效益稳步提升。全年固定资产投资增长11.3%，实现社会消费品零售总额295亿元，增长14%，最终消费对经济增长的贡献率达到36%。大力推动经济"脱虚向实"，规模以上工业增加值增长15%，新增"四上企业"43家。落实各项惠企利企措施，民间投资增长15%，经开区在2017年国家级经济技术开发区综合发展水平考核评价中排名晋升142位，升至第65名。全市科技经费首次突破1亿元，建成全区首个技术产权和人才交易市场，全国质量强市示范城市通过验收，获批建设国家创新型城市，创新驱动力不断增强。

全面建成小康社会取得重要成果。通过易地搬迁、产业扶贫、金融扶贫、生态补偿等政策协同发力，全面完成建档立卡贫困户脱贫任务。堆龙德庆区、达孜区、墨竹工卡县、曲水县、尼木县、林周县、当雄县通过国家考核验收，自治区政府正式批复五县两区脱贫摘帽。至此，经过三年努力，全市8个贫困县全部脱贫摘帽、225个贫困村全部退出，贫困发生率降至0.27%，率先在全区实现整体脱贫。这在拉萨发展进程中具有重要里程碑意义，标志着拉萨市离实现全面建成小康社会的宏伟目标，更近一步。

（张　驰）

重要会议

【第十九次常务会议】 2017年12月27日市委常委、常务副市长占堆主持召开市政府第十九次常务会议。会议听取推进消除"无树村、无树户"工作落实情况的报告，拉萨市各县区粮食安全责任制考核结果的报告，对《拉萨市大力开展植树造林推进国土绿化工作督查办法(试行)》《拉萨市建设领域支付民工工资保障办法(修订草案)》《拉萨市安全生产委员会成员单位安全生产工作职责分工》《拉萨市"十三五"时期消防事业发展规划(2016—2020)(送审稿)》《拉萨市"四上"联网直报企业统计人员奖励补助办法(试行)》《拉萨市人民政府关于深入开展增品种提品质创品牌行动促进拉萨特色优势加工业发展的实施意见》《拉萨市特色优势加工业发展协调领导小组名单》进行研究。

【全市农村土地确权登记颁证工作推进会】 1月29日，拉萨市农村土地确权登记颁证工作推进会召开。会议指出，全市各县（区）、确权办要理清思路，明确责任，尽快完成颁收尾工作，做到证、账、薄、地保持一致。同时立即开展市级数据库平台建设启动工作，做好自治区验收前期准备。

【全市安全生产工作通报会议】 2月21日，全市安全生产工作通报会议召开。市委副书记、市长、城关区委书记果果通报大昭寺局部火灾情况，安排部署全市安全生产工作。指出全市上下要以此次火灾事故为戒，举一反三，全面排查消除全市安全生产隐患。一要牢固树立安全发展理念，进一步筑牢安全生产红线意识和风险管控意识；二要突出加强春季火灾防控，针对人员密集、易燃易爆、寺庙、老旧住宅、文物古建筑等区域场所，开展排查；三要切实加强文物保护，对薄弱环节及时整改，确保各类文物绝对安全；四要切实抓好安全生产大检查；五要深化安全市场网格化管理；六要确保社会大局和谐稳定；七要加强督导检查。市领导王念东、马军、王家民出席。

【第二十次常务会议】 2018年3月2日，市委常委、常务副市长王念东主持召开市政府第二十次常务会议，会议对《关于整体移交拉萨市公安局办公楼及相关附属设施的请示》《关于审议拉萨市市级行政审批中介服务事项清单的请示》《拉萨净土区域公共品牌使用管理办法》《拉萨市百家科技企业培育工程实施意见》《拉萨市绿色围城总体规划（2016—2020）（修订稿）》《拉萨市行政应诉工作规定（送审稿）》《关于公布政府规章规范性文件清理结果的决定》《关于奖励精准扶贫精准脱贫工作中勤劳致富的实施意见》《农机加油一卡通工作方案》进行研究审议。

【全市城乡规划建设委员会会议】 3月29日，区党委副书记、自治区主席、拉萨市城乡规划建设委员会主任齐扎拉主持召开拉萨市城乡规划建设委员会会议，研究审议拉萨建筑风貌导则方案，拉萨河沿线特色空间规划设计、中心城区水系治理和生态修复规划等事宜。指出，要以拉鲁湿地等为重点，加快城市水生态系统修复建设，着力打造“高原水城”的同时，大力推进“绿色围城”，将拉萨建成富有活力和特色的现代化生态城市，让拉萨的天更蓝、山更绿、水更清、环境更优美。区党委常委、常务副主席姜杰，区党委常委、市委书记白玛旺堆出席会议。

【全市农村工作会议】 3月30日，全市农村工作会议召开，贯彻落实中共十九大和中央经济工作会议、中央农村工作会议、区党委九届三次全会和全区经济工作、农村工作会议精神，通报全市2017年“三农”工作总结暨2018年工作安排。区党委常委、市委书记白玛旺堆出席会议并讲话，指出各级各部门要按照中央和自治区的决策部署，紧扣总体要求和目标，在继续做好脱贫攻坚工作的同时，着力提升农牧民增收后劲，推动农牧区公共服务发展，创造农牧民幸福小康新生活。市领导胡洪、肖志刚、庄红翔、袁训旺、王念东、吴亚松出席会议。

【全市扶贫农发工作会议】 3月30

2018年9月7日，自治区党委常委、拉萨市委书记白玛旺堆（左三），自治区副主席江白（右三），市委副书记、市长、城关区委书记果果（右一）等领导出席西藏净土乳业有限公司投产运营仪式

日，2018 年全市扶贫农发工作会议召开，总结 2017 年全市扶贫农发工作取得的成效、存在的问题，深刻分析当前工作面临的新形势新任务，安排部署 2018 年工作．市委副书记、常务副市长胡洪出席并讲话，指出各级各部门要切实把市委、市政府的决策部署不折不扣地落实到位，确保年度目标任务全面完成，以实际行动贯彻落实中共十九大精神，全力谱写拉萨扶贫农发事业新篇章。

【拉萨市东部城区战略规划专题会】 4 月 2 日，区党委常委、市委书记白玛旺堆主持召开拉萨市东部城区战略规划专题会，听取《拉萨市东部城区战略规划编制情况》。指出，以达孜区为重点的拉萨市东部城区战略规划编制水平，决定着今后一个时期拉萨市经济社会发展的速度和质量。各相关单位和规划编制部门要充分认识拉萨市东部城区战略规划编制工作的重大意义，切实抓好拉萨市东部城区战略规划编制工作，不断提高拉萨市经济社会发展水平和质量。市领导果果、胡洪、庄红翔、王念东、占堆出席。

【第二十一次常务会议】 2018 年 4 月 11 日，市委副书记、市长、城关区委书记果果主持召开市政府第二十一次常务会议，会议对《拉萨市矿产资源总体规划 2016—2020》《关于组建拉萨市暖心（控股）集团有限公司和拉萨市暖心检验检测有限责任公司的请示》《拉萨市脱贫攻坚 2018 年工作要点》《关于申请开展电子商务进农村综合示范县创建工作专项经费的请示》《关于市直各单位需追加经费的请示》，全市环卫体制改革指导意见，拉萨师范高等专科学校“专升本”迁建工程事宜进行研究。听取城关区、堆龙德庆区撤乡（镇）设街道行政区划调整情况，拉萨市 2018 年脱贫攻坚工作开展情况。

【包虫病综合防治第六次工作电视电话会议】 4 月 12 日，拉萨市召开包虫病综合防治第六次工作电视电话会议，贯彻落实自治区包虫病综合防治指挥部第八次会议精神，特别是齐扎拉主席在会上的讲话精神，通报全市包虫病综合防治工作进展情况，就全面做好包虫病综合防治工作进行安排部署。市委副书记、市长、城关区委书记果果出席会议并讲话，指出 2017 年 4 月以来，全市各级各部门按照区市党委、政府的总体要求和安排部署，提前完成包虫病全人群筛查任务，确诊患者救治工作也基本完成，为全区包虫病综合防治工作起到带头示范作用。下一步，要按照自治区包虫病综合防治指挥部第八次会议上的安排部署，进一步抓好源头治理，强化基础防范，防止出现“反弹”。市委常委、常务副市长占堆出席会议。

【全市住房城乡建设工作会议】 4 月 19 日，全市住房城乡建设工作会议召开。传达学习全区住房建设工作会议精神，全面总结近年来拉萨市住房建设工作成就，对 2018 年工作进行安排部署。市委常委、常务副市长占堆出席并讲话，强调，进入新时代，拉萨住房城乡建设工面临“任务重、标准高、要求严”的形势任务，全市住建部门要牢固树立以人民为中心的发展思想，把不断满足人民群众对美好生活的需要作为工作的出发点和落脚点，下大力气补齐基础短板，切实保障和改善民生，推进全市住房城乡建设事业持续健康发展。

【全市农村集体产权制度改革动员部署会】 4 月 20 日，全市农村集体产权制度改革动员部署会召开，市委副书记、市农村集体资产清产核资工作领导小组副组长肖志刚出席会议并讲话，要求各县（区）、各相关部门要积极探索集体经济新的实现形式和运行机制，确保越改越好、越改越符合拉萨实际，越来越对农牧民群众有利，不断夯实党的执政地位和基础。

【第二十二次常务会议】 2018 年 4 月 23 日，市委副书记、常务副市长胡洪主持召开市政府第二十二次常务会议，会议研究《拉萨市关于贯彻落实创新驱动发展战略加快建设国家创新型城市的实施意见》《拉萨市推进大众创业 万众创新三年行动计划》《关于鼓励和支持高校毕业生返乡就业创业实施意见》。

【第二十三次常务会议】 2018 年 5 月 17 日，市委副书记、市长、城关区委书记果果主持召开市政府第二十三次常务会议，会议传达学习《西藏自治区各级党委、政府及有关部门环境保护工作职责规定》，听取全市环境保护工作开展情况，安排部署下一阶段工作。传达学习中共中央办公厅、国务院办公厅《地方党政领导干部安全生产责任制规定》，听取全市安全生产工作开展情况，安排部署下一阶段工作。研究《全市厕所新建改建工作有关事宜的请示》《拉萨市人民政府工作规则》《拉萨市当雄县城市总体规划（2015—2030）》，听取集中式饮用水水源地保护区划分情况。

【第二十四次常务会议】 2018年6月10日，市委副书记、市长、城关区委书记果果主持召开市政府第二十四次常务会议。会议研究《2018年中国拉萨雪顿节总体方案（送审稿）》《首届中国拉萨·阿里象雄文化国际学术研讨会方案》《拉萨市古村落保护条例》相关事宜，研究《关于非法买卖占用集体土地有关问题的处理意见（送审稿）》《关于建立健全农村集体土地管理机制的意见（送审稿）》《拉萨市政府法律顾问工作规则》《拉鲁湿地国家级自然保护区管理条例》《拉萨市采砂管理办法》，听取拉萨市宽带中国试点城市建设公共区域免费Wi-Fi覆盖试点项目情况以及2017年度国有企业经营业绩考核情况。

【创建全国质量强市示范城市交流会】 7月3日，拉萨市创建“全国质量强市示范城市”汇报交流会召开。中国检验检疫学副会长、全国质量强市示范城市国家验收专家组组长刘云夏介绍验收工作内容并提出要求。国家市场监督管理总局质量管理司质量管理处处长、全国质量强市示范城市国家验收联络组组长高勇主持会议。自治区质监局党委书记索朗扎西出席会议。市委副书记、市长、城关区委书记果果出席会议并致辞，指出此次国家市场监管总局对拉萨市创建“全国质量强市示范城市”进行验收审核，充分体现国家市场监管总局对拉萨发展稳定各项工作的关心关怀和支持厚爱，拉萨市将以本次验收审核为新的起点，按照中共中央、国务院《关于开展质量提升行动的指导意见》，在国家市场监管总局的有力指导和自治区党委、政府的坚强领导下，不断优化政府质量治理，全面提升产品、工程和服务质量，着力打造具有中国特色、高原特点、拉萨实际的高质量发展之路。

【第二十五次常务会议】 2018年7月4日，受市委副书记、市长、城关区委书记果果委托，市委常委、常务副市长占堆主持召开市政府第二十五次常务会议，会议研究《拉萨市县（区）级民间艺术团管理办法》《关于做好政府向社会力量购买公共文化服务的实施意见》《拉萨市非物质文化遗产项目代表性传承人认定与管理办法》《拉萨市公共文化服务机构运营公众参与办法》《拉萨市公共文化服务社会化发展促进办法》《拉萨市文化志愿者管理办法》《拉萨市文艺团体公益性演出场次补贴办法（试行）》《拉萨市园区经济高效绿色创新发展三年行动计划（2018—2020年）》《拉萨市工业提质增量三年行动计划（2018—2020年）》《拉萨市关于“飞地”政策的实施意见》《拉萨市招商引资促进实体企业绿色发展扶持办法》。

【乡村振兴战略工作会议】 7月13日，市委副书记、市长、城关区委书记果果主持召开拉萨市推进乡村振兴战略工作会议，对拉萨市实施乡村振兴战略工作进行再动员、再安排、再部署。指出，各级各部门要按照市委、市政府的统一部署，紧密结合县域特色和乡村实际，大力推进特色产业提质增效；大力推进基础设施提档升级；大力推进生态环境持续优化；大力推进脱贫攻坚不断巩固；大力推进乡村治理精细精准；大力推进农村改革不断深化。

【全国安全生产电视电话会议】 7月27日，全国安全生产电视电话会议召开后，市委副书记、市长、城关区委书记果果主持召开全市安全生产电视电话会议，贯彻落实习近平总书记重要指示精神、李克强总理重要批示精神和全国安全生产电视电话会议精神，总结2018年上半年全市安全生产工作，分析当前安全生产形势，安排部署下半年重点工作任务。果果指出，全市各级各部门要按照区市领导的指示要求，切实把思想和行动统一到党中央、国务院和区市党委、政府关于安全生产决策部署上来，抓好安全生产各项工作的落实，确保全市安全生产形势持续稳定向好。市委常委、常务副市长王念东出席。

【第三批创建国家公共文化服务体系示范区实地检查验收工作反馈会】 7月29日，拉萨市第三批创建国家公共文化服务体系示范区实地检查验收工作反馈会召开。文化和旅游部实地检查验收组组

2018年5月，市委副书记、市长、城关区委书记果果对拉萨市“放管服”改革工作进行调研

长、上海格物文化发展研究院院长符湘林在会议并宣读反馈意见。检查组通过听取汇报、查阅资料、实地检查、综合第三方暗访等方式对拉萨市创建工作进行全面检查。反馈会上，检查组对拉萨市在创建国家公共文化服务体系示范区建设中取得的成绩给予充分肯定，检查组认为，拉萨市委、市政府在公共文化服务体系示范区创建工作中成绩显著、亮点突出、特色明显。检查组建议拉萨市持续探索推进公共文化服务体系示范区建设、促进民族团结进步的创新实践，争取形成拉萨经验，为全国提供示范。市委副书记、市长、市创建公共文化服务体系示范区领导小组组长果果出席会议并作表态发言，表示，针对检查组在反馈中指出的问题，拉萨市将以巩固创建国家公共文化服务体系示范区工作为载体，以“眼里不容沙子”的决心，查找短板，切实抓好整改落实。市领导占堆出席会议。

【全市重点产业发展暨招商引资推进大会】 7月30日，全市重点产业发展暨招商引资推进大会召开。会议总结全市重点产业发展和招商引资工作，宣读《中共拉萨市委员会 拉萨市人民政府关于表彰全市精准扶贫精准脱贫中勤劳致富对象的决定》，对全市590名产业扶贫勤劳致富带头人进行表彰，为市招商引资服务中心授牌，当雄县、柳梧新区、市净土公司等6家单位以及致富代表作交流发言。区党委常委、市委书记白玛旺堆出席并讲话，指出全市上下要以新发展理念全面统筹推进“产业强市”战略，持续加大招商引资力度，要按照既定目标，培育产值超10亿元实体企业1家、超5亿元实体企业8家、超亿元实体企业16家，培育税收超1000万元实体企业30家。会前，与会人员现场观摩雪鹰通用航空有限公司、柳梧新区“蜂巢+”创新中心、经开区创新中心、经开区江苏鱼跃高原制氧产业园、羊达现代农业设施示范园、香雄美朵生态旅游文化产业园区、城关区嘎巴生态牧场、达孜区扎叶巴产业综合扶贫开发项目点、林周农场旧址保护项目点和林周饲草种植项目点。市领导果果、肖志刚、庄红翔、云丹、王念东、暴剑、阿努次仁、王家民出席会议或参加现场观摩。

【第二十六次常务会议】 2018年8月18日，市委副书记、市长、城关区委书记果果主持召开市政府第二十六次常务会议，会议听取全市食品药品安全监管工作开展情况，《拉萨市2017年财政收支决算和2018年上半年财政预算执行情况的报告》《拉萨市人民政府关于2017年度本级预算执行和其他财政收支的审计工作报告》，研究《拉萨市市级公共服务事项目录清单（送审稿）》《市级权责清单2018年度第一次动态调整事项》《拉萨市国土资源局关于全市非金属（砂、石、黏土）采矿权有偿出让工作的试行办法》《关于柳梧新区管委会易地搬迁项目选址的请示》《关于柳梧新区管委会申请调整中组团科研用地基准地价的意见反馈》《关于调整用地性质的请示》并安排部署下一阶段工作。

【全市生态环境保护大会】 10月10日，全市生态环境保护大会召开。大会的主要任务是学习贯彻习近平生态文明思想，传达全国、全区生态环境保护大会精神，总结全市生态环境保护工作，分析生态文明建设面临的新形势新任务，对生态文明建设和环境保护工作作出部署。区党委常委、市委书记白玛旺堆出席并讲话，指出全市各级各部门和广大党员干部要全面贯彻落实以习近平同志为核心的党中央的决策部署和区党委的工作要求，正确处理好经济发展、社会稳定、民生改善与生态环境保护的关系，将生态文明建设和环境保护工作，与实施以“神圣国土守护者，幸福家园建设者”为主题的乡村振兴战略结合起来，与巩固脱贫成效结合起来，与发展优势特色产业结合起来，让各族群众共享生态文明建设和环境保护成果。市委副书记、市长、城关区委书记果果主持会议，自治区环保厅副厅长扎西顿珠应邀到会指导，市领导庄红翔、肖志刚、云丹、占堆、暴剑、吴亚松、阿努次仁、廖波出席会议。会上，市发改委、市环保局、市住建局、市林业局进行书面交流。

【第二十七次常务会议】 2018年10月11日，市委副书记、市长、城关区委书记果果主持召开市政府第二十七次常务会议，会议研究《拉萨市就业安置用地管理办法（试行）》《拉萨市现代农牧产业园认定管理办法（试行）》《拉萨市电力设施保护实施办法（试行）》《拉萨市污染防治攻坚战三年行动计划（2018—2020年）》，全市出租汽车行业改革工作有关事宜，关于派驻企业干部休假包干路费及年终一次性奖金事宜，《关于确定拉萨市城市总体规划（2020—2035）编制单位的请示》，雪鹰通用航空公司增资扩股和在拉萨重组上市方案，关于解除达孜工业园区挂牌督办的请示的事宜。

【第二十八次常务会议】 2018年11月6日，市委副书记、市长、城关区委书记果果主持召开市政府第二十八次常务会议，研究相关事宜，会议研究《西藏自治区拉萨市土地利用总体规划（2006—2020）调整方案》《拉萨市临时救助制度实施细则（试行）》《拉萨市养犬管理暨流浪犬清理整治工作暂行规定（送审稿）》《拉萨市城市餐厨垃圾管理办法（送审稿）》《拉萨市打赢脱贫攻坚战三年行动计划（2018—2020）》《关于授予西藏春光食品有限公司等39家企业为2018—2020年度拉萨市农业产业化经营龙头企业称号的请示》。

【环保督察整改工作推进会】 11月6日，拉萨市召开环保督察整改工作推进会。听取市环境保护督察整改工作领导小组整改督办一组、二组和三组分别汇报中央转办的143件信访举报案件梳理情况和需在2018年12月31日前整改完成的20个小项问题最新进展情况，并对各自所负责案件的最新情况进行说明。

【全市经济运行分析会议】 11月8日，2018年前三季度全市经济运行分析会议召开。会议贯彻落实自治区经济运行分析调度会议精神，通报全市前三季度经济运行情况，安排部署第四季度经济工作，提前谋划明年经济工作。市委副书记、市长、城关区委书记果果出席会议并讲话，指出1—9月，全市财政收入完成119.41亿元，比2017年同期增加26.1亿元，增长27.97%，完成年初预算的82.69%。总体上看，前三季度全市经济工作基本达到预期目标。做好明年的工作，基础在于2018年第四季度，全市各级各部门务必要全力做好项目储备、推动产业发展、抓好民营经济、深化改革和民生保障，协调配合，把各项工作抓到实处，确保全年各项目标任务全面完成。市领导沈海斌、占堆、王念东出席。

【全市地方政府债务管理工作部署会】 11月12日，全市地方政府债务管理工作部署会召开，传达习近平总书记在全国金融工作会议上的讲话精神，自治区党委书记吴英杰关于政府债务管理工作的重要批示精神和财政部、审计署地方政府债务管理工作会议精神，研究部署全市地方政府债务管理工作。市委副书记、市长、城关区委书记果果出席并讲话，指出全市各级各部门要把加强地方债务管理作为当前工作的重中之重，自觉担负起政府债务管理的重任，对违法违规举债问题，做到“发现一起、查处一起、问责一起”。市领导沈海斌、占堆、王念东出席。会上，果果还代表市政府与县（区）和市直单位代表签订化解存量隐性债务责任书。

【全市高校毕业生就业创业工作推进会】 11月，全市高校毕业生就业创业工作推进会召开，贯彻落实全国、全区高校毕业生就业创业工作会议精神，听取全市高校毕业生就业创业工作汇报和各县（区）、部分园区代表交流发言。研究部署下一阶段工作。市委副书记、市长、城关区委书记果果出席会议并讲话，指出“双创”和高校毕业生就业工作已进入攻坚阶段，各县（区）、各部门要逐项对照承担的指标任务、重点工作，全力以赴做好2018年高校毕业生就业工作，全面完成高校毕业生就业目标任务。市领导沈海斌，王念东、占堆出席会议。

【创建全国禁毒示范城市推进会】 11月16日，拉萨市召开创建全国禁毒示范城市推进会，宣读《拉萨市创建全国禁毒示范城市任务分解方案》《关于加大创建全国禁毒示范城市宣传工作实施方案》，对全市创建全国禁毒示范城市前期工作进行总结，墨竹工卡县、柳梧新区作交流发言，安排部署下一步工作。指出，拉萨市创建全国禁毒示范城市工作已经进入最后的攻坚阶段，为确保攻坚阶段工作完美收官，全市各相关单位、各部门要把创建全国禁毒示范城市工作作为各单位行政考核和问责的重要内容，市创建全国禁毒示范城市督导考核组要严格督导，推动解决问题，切实把创建工作各项举措落到实处。

【“三个专项斗争”专题部署会】 11月21日，拉萨市深入推进“三个专项斗争”专题部署会召开，对深入推进扫黑除恶打非治乱、打击非法组织和重点人、扫黄打非专项斗争作具体部署。市委常委、政法委书记、市公安局党委书记马军，市委常委、宣传部部长吴亚松出席会议并讲话。马军指出，工作的总体思路是紧紧围绕三年为期的工作目标，继续以重点地区、行业、领域为突破口，以深挖彻查保护伞为关键点，以基层组织建设为着力点，进一步提高组织化、专业化、法制化、社会化水平。吴亚松要求，要以强烈的政治责任感和使命感扎实开展好“扫黄打非”专项斗争，推动“扫黄打非”专项斗争深入开展，确保“扫黄打非”专项斗争取得实效。市委常委、纪委书记、市监委主任王家民主持会议并讲话，指出全市各级各部门、各级领导干部要在组织推动上再用力，担当作为上再提高，配合协作上再强化，始终做深做细工作，推动“三个专项斗争”取得更大实效，努力建设更高水平的平安拉萨、法治拉萨。

【迎接自治区2018年脱贫攻坚交叉考核汇报会】 12月3日，市委副书记、市脱贫攻坚指挥部总指挥长沈海斌主持召开拉萨市迎接自治区2018年脱贫攻坚交叉考核汇报会，自治区脱贫攻坚交叉考核组第七组就考核政策、考核标准、考核程序等方面说明此次交叉考核的相关情况，并对交叉考核工作的意义、目标、程序等提出要求，听取拉萨市2018年脱贫攻坚总体工作开展情况汇报。自治区2018年脱贫攻坚交叉考核组第七组组长、阿里地区行署副专员、地区脱贫攻坚指挥部副总指挥长巴桑罗布一行出席会议并正式进驻拉萨市开展年度脱贫攻坚交叉考核工作。沈海斌就做好迎接考核相关工作提出要求，要求各级各部门，尤其是被考核的县（区）在考核组查阅台账资料、实地检查、入户走访等各方面做好服务，同时全面客观地反映各县（区）在脱贫攻坚工作中的主要做法和工作成效，坚决杜绝弄虚作假、虚报瞒报。对考核工作中发现的问题要认真分析原因，及时找出解决问题的关键点，做好整改工作。

【第二十九次常务会议】 12月11日，受市委副书记、市长、城关区委书记果果委托，市委常委、常务副市长王念东主持召开市政府第二十九次常务会议，研究相关事宜，会议研究《拉萨市全域旅游发展三年行动计划》《拉萨旅游环线总体策划与重要节点策划》《拉萨自驾游营地总体规划》《拉萨市创建全域旅游示范区方案》《拉萨市旅游购物场所经营规范（试行）》，《关于动支2018年预备费的请示》《拉萨市2018年财政预算调整方案》《关于明确财政配套资金分级承担的请示》《〈拉萨市“十三五”时期国民经济和社会发展规划纲要〉中期评估报告（送审稿）》《拉萨市人民政府规章制定程序办法（送审稿）》《关于贯彻落实推行终身职业技能培训制度的实施意见》，听取2018年度市级农牧业产业园区认定情况，研究2018年自治区级农牧业产业园区推荐名单，听取城关区政府关于“未批先建”建设项目整治工作推进情况。

【“河长制、湖长制”工作推进会】 12月29日，拉萨市“河长制、湖长制”工作推进会召开，通报2018年“河长制、湖长制”工作推进情况，安排部署2019年重点工作。会议指出，各县（区）各部门要大力推行“河长制、湖长制”，推进河湖系统保护和水生态环境整体改善，通过各种方式对河湖基础数据进行完善，围绕“河长制、湖长制”“六大任务”，完善组织体系，全力推动各项工作落实。副市长刘广民出席并讲话。

（张　驰）

重要活动

【214个贫困村(居)退出与贫困县(区)摘帽】1月,退出与贫困县(区)摘帽,根据《贫困村(居)退出与贫困县(区)摘帽考核办法》《西藏自治区贫困人口脱贫考核办法》《西藏自治区县(区)党政领导班子和领导干部扶贫开发工作成效考核办法(试行)》,2017年11月9日,拉萨市脱贫攻坚指挥部的脱贫摘帽验收考核组对堆龙德庆区、墨竹工卡县、曲水县、达孜县、当雄县、尼木县、林周县等开展脱贫摘帽工作验收考核,根据考验结果和第三方评估报告结论,经请市扶贫开发领导小组审核,同意以上七县(区)214个贫困村(居)退出。

【全市招商引资会】2月2日,"中国西藏拉萨净土文化周"招商引资项目集中签约仪式在深圳"海上世界"举行,市委常委、常务副市长占堆,市委常委、宣传部部长吴亚松出席。签约式上,深圳中开藏域商务服务有限公司、中兵瑞图集团、金展集团有限公司等企业与拉萨市净土产品展销有限公司、墨竹工卡县政府、林周县政府等签订净土健康产品、环保、旅游等方面项目的投资合作协议。此次活动共达成签约项目9个,总投资达33.77亿元。

【签订友好城市合作协议】2月13日,拉萨市政府与昆明市政府在昆明签订《拉萨市政府 昆明市政府友好城市合作协议》。拉萨市委常委、常务副市长占堆,昆明市副市长王建颖出席签字仪式。

【拉萨市困境妇女庇护所揭牌】3月8日,是108个"三八"国际劳动妇女节,市妇联联合市民政局,在市救助管理服务站设立首家"拉萨市困境妇女庇护所"并揭牌。

【成都—拉萨复线正式开通】3月21日,成都—拉萨复线正式开通。成拉复线是成都—拉萨双向航路的简称。2007年提出建设成都—拉萨空中大通道的构想(改变单一航路,实现复线运行、单向循环,形成"来去分开、隔离飞行"的大通道运行格局),但因技术条件不成熟等因素制约,一直未有实质性进展。2017年10月,成都—拉萨复线空域调整方案获得民航局批复,涉及西藏、四川6座机场,航线50多条。

【拉萨市江苏实验幼儿园建设项目开工】3月23日,总投资2495万元的拉萨市江苏实验幼儿园建设项目开工,标志着江苏省援建的又一重大民生项目正式落地实施,标志着江苏教育援藏实现从学前教育到高等教育的全覆盖。市委副书记、市长、城关区委书记果果,市委副书记、常务副市长、江苏援藏指挥部总指挥胡洪,市委常委、常务副市长占堆出席并为项目培土奠基。

【全市基层群众性自治组织特别法人统一社会信用代码证书首发仪式举行】3月30日,拉萨市基层群众性自治组织特别法人统一社会信用代码证书首发仪式在墨竹工卡县工卡镇格桑村举行,向格桑村等7个村(居)委会颁发基层群众性自治组织特别法人统一社会信用代码证书,标志着拉萨市各村(居)委会正式获得特别法人资格。

【拉萨高新技术产业开发区和达孜工业园区成功入选新版《目录》】4月,经国务院同意,国家发展改革委、科技部、国土资源部、住建部、商务部、海关总署以2018年第4号公告发布《中国开发区审核公告目录(2018年版)》,拉萨高新技术产业开

2018年3月17日,拉萨市堆龙德庆区马乡马村村民开启春耕第一犁

发区和达孜工业园区成功入选新版目录。

【嘎拉山隧道顺利贯通】 4月7日，由中铁十一局承建的拉林铁路全线铺架通道第一隧—嘎拉山隧道顺利贯通，标志着拉林铁路建设过程中一项关键控制性节点工程成功告破。嘎拉山隧道位于拉萨市曲水县、山南市贡嘎县境内，是川藏铁路拉萨至林芝段的第一座隧道，隧道全长4373米，线路平均海拔3600米。

【入围国家创新型城市】 4月10日，科技部、国家发展改革委公布新一轮开展国家创新型城市建设的名单。经过专家评审，全国共有17个城市获批建设国家创新型城市，拉萨市成功入围，也是全区唯一获批建设的国家创新型城市。

【首个开展创新型城市建设的城市】 4月16日，《科技部 国家发展改革委关于支持新一批城市开展创新型城市建设的函》公布，在17个获批建设国家创新型城市中，拉萨市成为自治区首个获批开展创新型城市建设的城市。据介绍，拉萨市委、市政府高度重视创建工作，于2013年6月召开拉萨市委常委会，决定申报国家创新型试点城市。12月，自治区人民政府正式将拉萨市作为国家创新型试点城市。2014年8月，国家科技部政策法规司对拉萨市创新型城市试点工作实施方案召开咨询会，并提出咨询意见。2017年3月，由区科技厅和区发改委共同行文，将拉萨市科技局牵头编制的《拉萨市创建国家创新型城市建设方案》上报国家科技部。

【首个县域非遗保护传承观察点】 5月4日，根据文化部近日下发的《文化部非物质文化遗产司关于公布2018年度非遗保护传承观察点名单的通知》，在公布的2018年度32个非遗保护传承观察点名单中，拉萨市曲水县成功入选。据悉，曲水县是自治区首个县域非遗保护传承观察点。

【首届运动会暨民族传统体育运动会】 5月11日，拉萨市首届运动会暨民族传统体育运动会在市群众文化体育中心隆重开幕。自治区副主席甲热·洛桑丹增出席并宣布拉萨市首届运动会暨民族传统体育运动会开幕。市委副书记、市长、拉萨市首届运动会暨民族传统体育运动会组委会主任果果致开幕辞。自治区政府法制办副主任罗旺次仁，自治区体育局党组书记刘伯清，市委副书记、秘书长、组织部部长庄红翔，自治区民宗委副主任曲扎，市委常委、常务副市长王念东、暴剑出席开幕式。市委常委、常务副市长、拉萨市首届运动会暨民族传统体育运动会组委会常务副主任占堆主持开幕式。

【德吉隧道贯通】 6月，川藏铁路拉林段全线重点难点隧道之一——德吉隧道6日上午正式贯通。德吉隧道全长1.715公里，2015年7月开工建设。隧道地处雅鲁藏布江谷地，山高谷深，气候极端恶劣，处在地震、滑坡地带，特别是隧道进出口处于风积沙地段，施工难度极大，属于高风险隧道。德吉隧道风积沙段共有300余米，最大埋深110米。

【非物质文化遗产博物馆项目移交】 6月15日，西藏非物质文化遗产博物馆项目移交仪式举行。深圳市政府党组成员、深圳市对口支援工作领导小组副组长陈彪，拉萨市副市长朱建红分别致辞并代表双方交接"钥匙"。万科集团党委副书记、监事会主席解冻出席。

【首届中国西藏拉萨·阿里象雄文化国际学术研讨会】 6月16日，由中国人类学民族学研究会民族节庆专业委员会，拉萨市委、市政府，阿里地委、行署主办的首届中国西藏拉萨·阿里象雄文化国际学术研讨会在拉萨隆重开幕。

【第五批市级非物质文化遗产代表性项目授牌】 6月16日，拉萨市举行第五批市级非物质文化遗产代表性项目授牌暨第五批市级代表性项目传承人认定证书颁发仪式，擦擦制作技艺传承人尼玛杰布等40人成为市级非物质文化遗产代表性传承人。此次拉萨市人民政府新公布40名市级传承人。截至年底，全市拥有167项非遗代表性项目，其中入选人类保护名录1项，国家级保护名录20项，省级31项，市级65项，县级50项。各级代表性传承人达221名。其中，国家级代表性传承人12名，自治区级35名，市级85名，县级89名。

【国家文化出口基地】 6月25日，由中宣部、商务部、文化和旅游部、国家广播电视总局联合公布的首批13家国家文化出口基地名单中，西藏文化旅游创意园区获批“国家文化出口基地”称号，成为首批13家国家文化出口基地之一。

【首批文化产业示范基地(园区)授牌】 6月29日，拉萨市首批文化产业示范基地(园区)授牌仪式在城关区夺底乡贡德泥塑农民专业合作社举行。副市长朱建红出席授牌仪式，宣读《拉萨市人民政府关于命名公布首批拉萨市文化产业示范基地(园区)的通知》，并为示范基地(园区)进行揭牌、授牌。此次市政府命名的全市首批26家文化产业示范基地和1家示范园区。

【慈心善目公益行】 7月15—17日，由广东省陈绍常慈善基金会联合中山医科大学家庭医生健康中心、广州环球健康医学研究院、中山大学中山眼科中心等机构发起的“慈心善目公益行”第二期活动在尼木县人民医院举行，为80名白内障患者免费实施手术救治。

【关爱青少年试点项目启动】 7月17日，2018年“国防万映”关爱青少年试点项目启动仪式在拉萨北京实验中学举行，仪式上，专家们相继介绍“国防万映”网络平台的使用方法、科普和电影等相关知识内容，并一同观看爱国主义影片《红海行动》。来自拉萨一职、第三高级中学、拉萨特殊教育学校、拉萨师范附小等36所中小学电教人员及拉萨北京实验中学的200余名学生参加启动仪式。

【黄树贤调研民政工作】 7月23日，民政部部长黄树贤率队到拉萨市调研指导拉萨市民政工作，实地考察拉萨市儿童福利院、拉萨市救助管理站和城关区扎细街道尼卓林社区总支部委员会，看望慰问孤残儿童，了解拉萨市救助管理服务情况，考察社区综合服务能力，并送上慰问金。区党委常委、自治区常务副主席罗布顿珠陪同调研。

【入选全国第二批小微企业创业创新基地示范城市】 7月26日，由中央电视台财经频道、中共拉萨市委、拉萨市人民政府主办的中国创新创业论坛·拉萨论坛在拉萨开幕。市委副书记、市长、城关区委书记果果出席开幕式并致辞。果果指出，自2016年5月拉萨成功入选全国第二批小微企业创业创新基地示范城市，努力探索出一条具有西藏特色、拉萨特点的“双创”新路径。截至年底，我们依托文化旅游、净土健康、清洁能源、民族手工艺、藏医药等特色优势产业，全市共设立各类“双创”基金超过40亿元，建成众创空间27个，2个被评为国家级众创空间，6万余户小微企业享受到优惠政策。希望通过本次论坛，让社会各界有识之士进一步了解西藏、走进拉萨。央视财经频道《创业英雄汇》栏目制片人闫琼在开幕式上表示，《创业英雄汇》愿意为拉萨创业者搭建舞台，助推拉萨高质量发展。

【《创业英雄汇》首次举办论坛活动】 7月26日，由中央电视台财经频道，拉萨市委、拉萨市人民政府主办，拉萨市“双创”办、市金融办承办的CCTV中国创新创业论坛·拉萨论坛在拉萨上演。这是中央电视台《创业英雄汇》首次正式举办论坛活动。

【李克强考察经济社会发展情况】 7月25—27日，中共中央政治局常委、国务院总理李克强在西藏考察经济社会发展情况。在拉萨考察期间，先后到拉萨市柳梧双创基地、布达拉宫、大昭寺。在柳梧双创基地考察时，与青年创客交流，指出西藏年轻人投身市场创业，推动择业首选进机关观念的转变，展现出市场活力。双创空间是你们施展才华的大舞台，国家会创造更好环境，同时支持西藏发展技工教育，培养更多急需技能人才。在大昭寺考察时，指出大昭寺在藏传佛教中具有十分重要的地位，门前的唐蕃会盟碑见证藏汉民族团结的历史，希望宗教界人士为维护祖国统一、促进民族团结和社会和睦继续做出贡献。在布达拉宫考察文物保护情况时，指出国家将加大对珍贵文献研究的支持，推动文化传承与交流。考察期间，李克强专门看望和问候帕巴拉·格列朗杰、热地、向巴平措和列确、巴桑等老干部，高度评价他们为西藏发展稳定和祖国建设做出的贡献。区党委书记吴英杰、自治区主席齐扎拉陪同。

【米拉山隧道进口左洞顺利贯通】 7月30日15时40分，拉萨至林芝高等级公路米拉山隧道进口左洞顺利贯通，标志着米拉山隧道全线贯通。米拉山隧道是川藏线(国道318)拉林段高等级公路重点控制性工程，全长5720米，平均海拔

4750米，右洞于2018年6月贯通。这一隧道是双线分离式隧道，按照双向四车道高等级公路标准建设。

【西藏首届牦牛产业发展高峰论坛】 8月6日，由当雄县人民政府主办的西藏首届牦牛产业发展高峰论坛在拉萨举行。举办此次论坛旨在树立品牌，扩大知名度，让当雄县牦牛肉走出高原、走出西藏。当雄牦牛肉作为国家地理标志保护产品之一，共存栏27万余头，每头牛创造的附加值能为牧民增收500～1000元左右。

【拉萨科技孵化器暨高校毕业生创业就业基地揭牌】 8月8日，拉萨科技孵化器暨高校毕业生创业就业基地揭牌仪式举行，同时授予拉萨科技孵化器暨高校毕业生创业就业基地“拉萨市高校毕业生就业见习基地”“西藏民族大学大学生创新创业基地”和“西藏民族大学大学生实习实践基地”牌匾，这标志着拉萨从此结束无科技企业孵化器的历史。拉萨科技孵化器暨高校毕业生创业就业基地总面积16000余平方米，截至年底，孵化器入驻企业已达50余家，涵盖电子科技、净土健康农牧科技等领域；根据企业入驻协议约定提供大学生就业见习岗位150余个，间接带动就业500余人。

【市政府新闻发布会】 8月8日，拉萨市市政府新闻办举行发布会，介绍2018年拉萨市国家地理标志产品保护发展情况。截至年底，拉萨已有7个地理标志保护产品，保护范围覆盖全市，有8家企业获准使用地理标志产品专用标志。

【全国人大常委会专题调研组调研脱贫攻坚工作】 8月15日，由全国人大常委会委员、全国人大民族委员会副主任委员史大刚率队的全国人大常委会专题调研组，在拉萨市调研脱贫攻坚工作。史大刚一行先后到曲水县才纳净土健康产业园区、曲水万亩苗木培育基地、曲水县才纳乡四季吉祥村和柳梧新区达东村调研脱贫攻坚工作，了解群众生产生活情况、惠民政策落实、产业发展、项目实施、村级集体经济培育等情况，听取基层干部群众对脱贫攻坚工作的意见建议。

【第十四届全国政务服务工作经验交流会在拉萨举行】 8月23日至24日，第十四届全国政务服务工作经验交流会暨全国政务服务体系建设研讨会在拉萨召开。自治区领导汪海洲、桑珠次仁，市领导果果、占堆出席会议开幕式。中国行政管理学会、国务院办公厅电子政务办公室、国务院办公厅政府信息公开办相关领导和国内政务服务界的部分专家学者以及全国73个省、市政务服务部门的领导和工作人员及西藏自治区区级部门及各地市各级各部门共300余人参加会议。

【田学斌督查脱贫攻坚工作】 9月2日，由水利部副部长、国务院大督查第二十六督查组组长田学斌带领的督查组到拉萨经开区就脱贫攻坚工作进行实地督查。区党委常委、拉萨市委书记白玛旺堆、自治区政府副秘书长徐占山陪同督查。

【企业集中签约仪式】 9月6日，拉萨市人民政府与意向投资企业集中签约仪式举行。区党委常委、市委书记白玛旺堆致辞，指出本次签约以第四届藏博会为平台，达成一批具有良好发展前景的合作意向，拉萨市将不断完善发展基础设施，持续优化投资营商环境，全面落实财税、金融等特殊优惠政策，竭力为广大企业和投资人提供更加优质、高效、便捷的服务。市委副书记、市长、城关区委书记果果与各企业签订战略合作框架协议，西藏藏医学院党委副书记、院长尼玛次仁，市委副书记肖志刚，市委常委、常务副市长暴剑出席签约仪式。此次共有包括中国医药集团、方正集团、江苏康缘药业、京东集团在内的6家企业与拉萨市签订战略合作框架协议，合作涉及医药健康、科技创新、物流管理、园区开发等重大项目投资合作，意向投资总额达200余亿元。

【中华环保世纪行—西藏行】 9月6日，以自治区人大常委会党组副书记、副主任多托任组长，自治区人大常委会副主任其美仁增任副组长的2018年“中华环保世纪行—西藏行”检查组到墨竹工卡县检查指导环境保护工作。检查组一行沿国道318到墨竹工卡县甲玛乡华泰龙公司办公区，听取情况介绍，并实地检查该公司二期选厂生态环境保护和污染防治措施落实情况。

【藏博会美食展在拉萨举行】 9月6日晚，第四届中国西藏旅游文化国际博览会“中华美食·西藏味道”特色美食街开街仪式在拉萨市八廓商城举行。该届藏博会美食展共计44家美食企业和18家拉萨本地酒类商家参展。

【拉林段首组道岔成功铺设】 9月16日，川藏铁路拉林段首组道岔在新建贡嘎站成功铺设，拉开拉林铁路站场轨道工程的序幕。川藏铁路是国家"十三五"规划重点项目，拉林铁路是其中重要一段，新建正线全长403.144公里，新建车站34个，初期开站17个，中铁十一局三公司承担着所需180组新铺道岔的施工任务。

【曲水县获"最高海拔的葡萄园"称号】 9月27日，拉萨市曲水县才纳乡国家农业示范园区荣顺生物科技开发有限公司挑战吉尼斯世界纪录获得成功，并举行授牌仪式。据悉，吉尼斯世界纪录创立距2018年已有63年历史，是全球纪录的权威认证机构，此次挑战的纪录是"最高海拔的葡萄园"。

【视听医疗点启动】 10月10日，"耳聪目明计划"走进拉萨视听医疗点启动仪式在城关区吉日街道卫生服务中心举行，旨在通过筛查、医疗帮扶、教育养成等措施，让更多视听障碍儿童受益。

【首次农产品地理标志证书颁发】 10月23日，自治区首次农产品地理标志（以下简称"地标"）证书集中颁发仪式举行，拉萨白鸡、斯布牦牛两个产品的申报单位拉萨市禽类良种研究保护推广中心和墨竹工卡县畜牧兽医站喜获国家农产品地理标志证书。至此，拉萨市农产品地标登记实现零的突破。

【"拉萨印象"主题展】 10月25日，第十三届中国北京文化创意产业博览会开幕，西藏展馆"拉萨印象"主题展正式亮相，来自拉萨等地的300余件文化精品参展，包括铜像、木雕、藏纸、藏香、面具等拉萨最具代表性的非遗文创产品。此次西藏展馆主要是由拉萨市代表西藏自治区组团参加，参展的17家企业中除了拉萨本地的，还有西藏山南慈城工贸有限公司、山南桑日县惠民农民专业合作社、那曲巴青县江绵乡民族特色众福综合专业合作社。

【全国文明城市"三连冠"】 10月30日，拉萨市召开荣获全国文明城市"三连冠"总结表彰暨2018年迎接全国城市文明程度指数测评动员部署大会，总结全市深化全国文明城市创建工作中积累的好经验、好做法，表彰2017年先进单位和个人，安排部署2018年全国城市文明程度指数测评工作。市委副书记、市长、城关区委书记、市文明委主任果果出席会议并讲话，指出2018年是新一轮全国文明城市创建周期的开局之年，各单位要层层签订责任书，严格对标对表，狠抓工作落实，以迎检工作的有力措施和实际成效，迅速掀起新一轮全国文明城市创建热潮。市委副书记、市文明委常务副主任肖志刚主持会议。市领导庄红翔、吴亚松、王家民出席。会上，果果分别与县区、市直单位代表签订《2018年度拉萨市深化全国文明城市创建工作目标管理责任书》；受表彰的先进集体和个人代表作表态发言。

【吴英杰调研搬迁户】 11月5日，自治区党委书记吴英杰到林周县卡孜乡卡孜新村二期易地扶贫搬迁点与第一批"三岩"片区和白朗村"三岩"片区易地扶贫搬迁项目点，强嘎乡强嘎村的林周农场旧址、林周县青年（大学生）创业园调研脱贫攻坚、产业发展、大学生"双创"等工作。强调，要始终坚持以人民为中心的发展思想，把打赢脱贫攻坚战作为当前的一项重大政治任务，坚决把思想和行动统一到以习近平同志为核心的党中央的决策部署上来，在精准施策上出实招、在精准推进上下实劲、在精准落地上见实效，确保如期打赢脱贫攻坚战，不断增强各族群众的获得感幸福感。区党委常委、拉萨市委书记白玛旺堆，自治区副主席江白陪同调研。

【自然监督检查组专项检查】 11月6日，拉萨市"绿盾2018"自然保护区监督检查专项行动现场检查组一行到雅江中游河谷黑颈鹤国家级自然保护区（达孜片区）进行专项检查。重点对达孜区唐嘎乡藏鸡合作社、唐嘎乡饲料加工场、唐嘎乡净土健康产业奶牛养殖示范基地、塔杰乡扎西塔杰农民合作社存在问题的整改进展情况进行检查。同时检查达孜区辖区内唐嘎湿地、巴嘎雪湿地生态功能保护区保护建设情况。检查结果显示，未发现存在违法违规建设项目。

【吴英杰调研民营企业发展情况】 11月13日，自治区党委书记吴英杰到拉萨市调研民营企业发展情况。先后在西藏城发莲花之宝文化发展有限公司、叁柒实业有限公司，察看生产和营销情况，并与企业职工交谈。强调，要认真学习贯彻习近平总书记在民营企业座谈会上的重要讲话精神，不断为民营经济营造更好发展环境，让民营经济创新源泉充分涌流，让民营经济创造活力充分迸发，为推进西藏长足发展和长治久安做出新的更大贡献。区党委副书记、自治区常务副主席庄严，自治区党委常委、拉萨市委书记白玛旺堆，自治区党委常委、秘书长刘江一同调研。

【“扫黑除恶、打非治乱”专项行动】 11月19日，拉萨市“扫黑除恶、打非治乱”专项行动开展以来，全市共打掉涉黑团伙1个，抓获涉案人员15人；打掉涉恶团伙5个，抓获涉案人员41人；依法取缔非法组织14个；查处非法传教窝点1个，查处涉案人员124名；侦破八类严重暴力犯罪案件20起，故意伤害（含伤害致死案件3起）63起，抓获涉案犯罪嫌疑人115人；打掉“医托”团伙1个，查处15人；破获涉毒刑事案件32起，抓获犯罪嫌疑人51名，缴获毒品8191.21克；协助其他省市公安机关抓获涉黑涉恶网逃人员3名；整治赌博窝点29处，查处赌博50起357人；整治取缔涉黄场所19处，查处卖淫嫖娼26起307人；整治“黑作坊”29家、“黑民宿”16处；查处倒卖票据人员43人；整治非法营运、非法拉客等治安乱象5次22人。

【首届中小微企业体系认证颁证】 11月21日，拉萨市首届中小微企业体系认证颁证仪式举行，市质监局、市“双创”办联合中国检验认证集团（以下简称“中检集团”）西藏有限公司向拉萨市17家企业颁发质量管理体系认证证书。17家获得认证证书的企业包括拉萨市净土产业投资开发有限公司、西藏求本生物科技发展有限公司、西藏大昭圣泉实业有限公司、尼木县城乡建设与投资发展有限公司、西藏帮锦镁多工贸有限公司等。

2018年12月18日，拉萨市迎来2018年冬天第一场降雪，图为雪后的布达拉宫

【曲水县四季吉祥村被评为“全国生态文化村”】 11月21日，中国生态文化协会组织的“全国生态文化村”评选结果公布，曲水县四季吉祥村被评为“全国生态文化村”。

【技术产权与人才交易市场揭牌】 11月23日，西藏第一家技术市场——拉萨市技术产权与人才交易市场在柳梧新区国际城总部举行揭牌仪式。随后的签约仪式上，西藏藏诺生物科技有限公司与河北甘露生物科技有限公司签订《利用红曲霉液体深层发酵红景天苷的扩大培养技术工艺》技术转让合同；西藏自治区农科院农产品开发与食品科学院研究所和日喀则德琴3900庄园签订青稞酵素、精酿啤酒的技术转让合同；西藏自治区农牧科学院农产品开发与食品科学院研究所和白朗县康桑食品有限公司签订青稞曲奇饼干的技术转让合同。拉萨市技术产权与人才交易市场于2018年10月26日获批成立，为驻区企业与创新创业人才提供技术合同登记、技术市场体系建设、技术转移人才队伍建设等服务，并通过技术与人才网络服务平台，实现线上一站式技术产权交易服务功能，提供信息查询、信息发布、技术产权交易、股权交易、科技中介等各类服务。

【首届梦创拉萨·创响堆龙活动】 11月27日，由中共拉萨市堆龙德庆区委员会、拉萨市堆龙德庆区人民政府主办的首届“梦创拉萨·创响堆龙”创业集市启动仪式在堆龙德庆区小微企业创业创新示范基地拉开帷幕，共有100余人参加。

【“全民参保”检查组检查】 12月3日，自治区各地（市）“全民参保”交叉检查组检查拉萨市全民参保登记暨社会保障卡工作开展情况。检查组一行先后到城关区嘎玛贡桑街道统建社区和扎细街道尼卓林社区，按照评估内容检查文件资料、比对参保登记库，并听取工作汇报。通过评估检查，检查组一行一致对城关区全民参保登记工作暨社会保障卡工作开展情况给予充分肯定。

【高原生物研究所科研基地】 12月9日，拉萨市高原生物研究所科研基地举行揭牌仪式。基地占地55.12亩，累计投资达4650余万元，主要开展珍稀藏中药材扩繁研究、特色植物资源的遗传育种、高原特色农产品的开发、生物创新创业服务的提供、高原作物的高效栽培及土壤质量检测工作。截至年底，基地第一阶段工作基本结束，包括基础建设、设备购置及运营思路等。

【拉萨市至日喀则市机场段路奠基】 12月17日，拉萨市至日喀则市机场段高等级公路在曲水县开工奠基。公路全长75.8公里，估算总投资80.2亿元，建成后拉萨至日喀则行车时长将缩短至3小时内。是继林芝、山南、那曲之后，拉萨连接第4个城市的高等级公路项目。

【全国小微企业“双创”示范城市创建】 12月25日，国务院办公厅下发《关于对国务院第五次大督查发现的典型经验做法给予表扬的通报》，拉萨市全力打造全国小微企业“双创”示范城市典型经验做法荣列其中。

【首届“京藏交流中心杯”棋类比赛】 12月30日，由市体育、拉萨京藏交流中心有限公司主办，拉萨棋院承办的拉萨市首届“京藏交流中心杯”棋类比赛在拉萨京藏交流中心举行。比赛为期一天，共有来自城关区第二小学、拉萨市第三小学、城关区游乐园幼儿园等校的70多名少儿参加比赛。

（张　驰）

办公厅政务工作

【概况】 2018年，市政府办公厅上下坚持不忘初心，牢记使命，忠诚履职尽责，切实增强“四个意识”，坚定“四个自信”，坚决做到“两个维护”，以不断提升“三服务”工作水平为目标，着力建设务实、高效、勤政、廉洁的办公厅，狠抓机关党建工作，着力提高工作效率、转变工作作风、提升服务水平，全力围绕市委、市政府各项决策部署和目标任务抓好组织协调落实，确保全市经济社会各项工作持续有效推进。

【政治教育】 年内，严格按照区市党委的安排部署，坚持把思想政治教育放在首位，始终坚持高度重视、精心组织、创新方式、强化学习的工作原则，切实把党员政治纪律教育和政治教育培训工作作为党建工作的首要政治任务，始终做到把政治纪律教育和政治教育培训工作与学习贯彻习近平新时代中国特色社会主义思想和中共十九大精神紧密结合，与学习贯彻党章党规党纪紧密结合，与学习宣传宪法紧密结合，与推进“两学一做”学习教育常态化制度化紧密结合，推动党员政治纪律教育和政治教育培训工作扎实有序开展。坚持将理论学习贯彻始终，进一步提升干部职工政治理论水平，截至年底，厅党组理论学习中心组带头开展集中学习研讨9次，领导干部带头讲党课5次；固定每周四下午为支部集中学习时间，各支部充分利用党章党规、《习近平谈治国理政》第一卷、第二卷和区市纪委监委通知通报等开展学习研讨，政治教育良好氛围日渐形成，各支部累计开展集中学习40场次1200人次。通过开展多种形式的活动丰富党员教育培训内容，进一步增强政治教育培训工作的实效性，2018年以来，市政府办公厅先后举办庆祝“3·28”百万农奴解放纪念日文艺会演和纪念中国共产党建党97周年庆祝活动等大型活动，积极组织干部职工观看《平“语”近人——习近平总书记用典》《厉害，我的国》等教育影片，参观拉萨廉政教育基地和拉萨规划建设展览馆，开展户外环保登高、“爱家园·绿色骑行”等系列活动，进一步教育引导广大党员干部职工坚定理想信念，激发干事创业热情。10月1日，市政府副秘书长、办公厅党组成员杨年华一行赴山南市玉麦乡开展爱国主义教育活动，与卓嘎、央宗两姐妹和玉麦乡党委及党支部成员进行面对面交流，了解关于两姐妹守边、国旗的故事及边境小康乡村示范村建设等情况，并对卓嘎、央宗进行慰问，切实将党和拉萨市人民政府的关心关怀送到边境。截至年底，由杨年华执笔的长篇报告文学《国旗阿妈啦》姊妹篇《卓嘎、央宗姊妹守边》正在创作中。

【党风廉政建设】 年内，市政府办公厅始终把党风廉政建设作为领导班子和干部队伍建设的重中之重，纳入办公厅工作重要日程和年度整体工作目标。结合区市纪委监委安排部署，深入开展不作为慢作为、文山会海等形式主义、官僚主义突出问题专项整治工作，经自查，共查找突出问题19条，逐条制定整改目标、整改措施和整改时限，确保整改到位，切实以问题整改成效推动办公厅工作作风进一步转变。年初，市政府办公厅党组书记与班子成员及各科室负责人层层签订《拉萨市人民政府办公厅党风廉政建设目标责任书》，严格执行"一岗双责"要求，强化党组书记党风廉政建设"第一责任人"职责，严格落实对重要工作亲自部署、重大问题亲自过问、重点环节亲自协调、重要案件亲自督办、重要情况亲自汇报"五个亲自"。及时向上级党委和纪委报告贯彻落实中央、区市党委有关党风廉政建设和反腐败斗争的决策部署情况及"三重一大"事项工作推进情况，主动邀请派驻纪检组人员参加本厅党组会议达9次。及时传达中央和区市有关党风廉政建设和反腐败工作的部署要求，定期不定期主动听取党风廉政建设和反腐败工作汇报2次，全年累计召开3次专题会对党风廉政建设和反腐败工作进行研究、部署和总结，做到年初有计划，平时有检查，年终有考核。严格落实《党政领导干部选拔任用工作条例》，按照习近平总书记"二十字"好干部标准和对民族干部"三个特别"的要求，切实把好廉政关、动议关、推荐关、考察关、决定关、任职关。全年共提拔、调整科级干部16人。

【意识形态建设】 市政府办公厅一直以来高度重视意识形态建设，深刻认识习近平总书记提出的"经济建设是党的中心工作，意识形态工作是党的一项极端重要的工作"这一重要论述，深入贯彻落实中共十九大关于"牢牢掌握意识形态工作领导权"的部署要求，以高度的政治自觉和有力的政策举措落实意识形态建设的各项任务，切实把意识形态建设作为党的建设和政权建设的重要内容，纳入重要议事日程，始终坚持与办公厅业务工作同部署、同安排、同落实、同考核。办公厅专门制定《拉萨市人民政府办公厅党组意识形态工作责任制实施方案》和《拉萨市人民政府办公厅意识形态工作责任制实施细则》，确保办公厅意识形态工作责任制落实到位。厅党组分别于上半年和下半年专题召开会议对意识形态工作进行研究、部署和总结，牢牢把握正确的政治方向，同时定期向市委、市委宣传部汇报办公厅意识形态建设情况。厅党组书记认真履行第一责任人职责，始终坚持带头抓、直接抓、亲自抓意识形态工作，厅党组班子成员按照任务分工，认真落实"一岗双责"，定期研究、布置、检查、推动分管领域的意识形态工作，定期向厅党组提出抓好意识形态工作的建设性意见，形成齐抓共管的良好局面。

【办文办会工作】 市政府办公厅始终将服务大局、督促落实、当好参谋助手作为重要工作职责，在文稿起草、信息调研、决策督办等重点工作上，坚持高标准、高质量，积极主动服务好领导、部门和群众，确保政府工作运转周密细致、高效有序。自觉将办公厅各项工作始终置于全市工作大局的高度来考虑，强化与各县（区）、各部门的合作，积极稳妥处理好各种关系，认真筹划、精心准备会务工作，努力做到不出纰漏、细致圆满，积极主动推动拉萨市社会经济发展各项工作顺利开展。2018年，成功组织各类会议350余场次（包括政府党组会议、市政府常务会、全体会、市长办公会议、各类专题会、协调会等）；依托电子政务外网，对协同办公系统（OA系统）及无纸化会议系统进行进一步升级改造，实现无纸化办公，办文、办会时间及工作量减少近80%，起草各类重要文稿300余篇、修改重要文稿90余篇，做到无明显差错、无重大纰漏；严把财务支出审核关，减少公用经费开支，积极推进财务"一支笔"审批制度，规范资金使用过程、提高资金使用效率、真正把资金用在"刀刃"上，"三公经费"与2017年相比基本持平，厉行节俭常态化制度化成效明显。

【调查研究】 年内，积极转变调研工作作风，围绕经济社会发展宏观战略，市委市政府重大决策，"六大战略""十三五"规划实施，各族群众关心的焦点问题，开展调研100余次，撰写高质量调研报告10余篇，努力为领导科学决策提供翔实可靠的参考依据。

【信息发布】 年内，及时对全市经济社会发展和维护社会稳定的新做法、新亮点进行总结和宣传，全年，采编、报送信息2462条，编发政务信息2244期，政务信息专报224期，提前、超额完成全年达标分（600分），达标率100%，连续16年在全区政务信息考核中排名第一。

【政务公开】 年内，结合拉萨市信息公开工作实际，进一步规范各部门信息公开工作，全年，市政府门户网站共发布各类信息14973条，其中新闻类6024余条、规范性文件类412余条、财政预决算810条、权责清单类2498条；通过互联网，各县（区）、市直各部门在拉萨市政府门户网站上公开主动公开信息5229条。通过积极争取，10月，拉萨市顺利成为由国务院办公厅批准的全国政府网站集约化国家级试点地区。

【决策督查】 年内，顺利迎接并圆满完成国务院第五次大督查工作。推进构建"大督查"工作机制，突出重点、创新方式，有效推动决策落实，确保政令畅通。全年，开展各类督查210余次，共起草印发《督查专报》96期、《督办通知》28期、《督查通报》29期、《督查简报》58期、《领导批示》4期、《政务督查》2期、《交办单》2期，办理区、市政府领导批（交）办件260余件，办结182件，办结率达70%；督办区（市）人大建议、政协提案263件，代表委员满意率为95%以上，答复率为100%。

【应急工作】 年内，建立健全24小时政务值班制度，及时报送突发事件应急信息15条，不断完善应急预警信息联动机制，加强应急平台建设和管理，规范化、社会化、常态化的应急体系建设水平不断提升。

2018年8月29日，拉萨市人民政府办公厅代表队获全市工间操比赛三等奖，图为代表队合影留念

【金融服务】 年内，不断加强与驻市金融机构的协调联系，大力加强政府融资平台建设，全面助力脱贫攻坚和"双创示范"工作顺利开展，截至年底，扶贫类产业项目融资贷款支持项目61项，融资金额达36.25亿元，到位金额25.07亿元；异地扶贫搬迁融资到位金额16.14亿元。

【公务接待】 年内，严格按照中央八项规定及其实施细则精神和区市党委相关实施办法要求，认真执行《党政机关厉行节约反对浪费条例》《党政机关国内公务接待管理规定》，控制接待规模、规范接待中间环节、规范接待车辆管理、完善财务审批流程、分列两办食堂食材支出。截至10月，共负责安排党政公务接待团体146批次，3507人次，接待经费支出220万元，同比下降4.5%。

【"12315"政府热线】 年内，加大"12345"政府服务热线的督查催办力度，不断完善运行督办机制，充分发挥政府热线民生直通车、发展助推器、作风检测仪、决策信息源作用，有效解决诸多人民群众普遍关注的重点、热点和难点问题。全年，共计接听群众来电近21710件，在线办结15772件，办结率72.6%，群众满意率99.8%。

【公共资源交易工作】 年内，始终坚持高效办事、优质服务、廉洁从政，规范公共资源交易行为，努力加强交易平台建设，着力打造阳光工程。截至10月，共完成招标项目546项，交易总额达220.99亿元，同比上涨38.1%。

【办事处工作】 年内，严格履行工作职责，不断加大对各驻其他省市办事处在党建、党风廉政建设、意识形态建设和干部教育管理等方面的业务指导，积极帮助协调解决问题。各办事处紧紧围绕拉萨市经济发展工作重点，及时搜集、了解最新的政策信息和项目信息，经过筛选和编辑后，及时报送给市委、市政府以及相关部门和单位，力求为领导决策部署提供有效参考。各办事处积极协助开展招商引资工作，利用办事处这一平台，抓住一切宣传机会，大力将拉萨市2018年招商项目推荐给其他省市及有意在拉萨市投资发展的企业。

【后勤服务】 年内，严格按照机关用品采购标准、节约成本的原则进行采购、分发，保障机关办公用品正常使用；做好日常的服务保洁工作，督促各入驻单位、服务员做好保洁、绿化工作，不定期地对办公区域卫生、绿化进行检查，对检查出问题的单位或个人进行通报或处罚；配合各办会单位、科室做好会议服务工作；做好食堂管理工作，确保让每一位干部职工吃上安全放心食品。切实做好进出市政府人员和车辆的管理，办公厅制作了干部职工及入驻单位工作证，及时更新车辆通行证，严格落实凭证出入。严格执行《机关单位公务用车规定》，控制公务用车，严禁公车私用，做好车辆的日常管理、保养、维修工作。

（曾　锐）

外事工作

【概况】 2018年，全市接待和协助接待来自美国、德国、俄罗斯、印度、南非、西班牙、巴基斯坦、尼泊尔等33个国家和组织的外宾、新闻记者共计40批355人，其中记者1批5人；外宾、外交官39批350人。参观、访问内容涉及商务、旅游、宗教、企业、民生、教育、文化等领域。重要团组有尼泊尔总理奥利一行、美国驻华使领馆官员吴安竹、德国人权对话代表团、德国"环球之桥"协会代表团、波罗的海三国议会友好小组代表团等。

【美国驻华使领馆官员访问】 5月7—10日，美国驻华使领馆官员吴安竹到拉萨市参观走访大昭寺、八廓街、甘丹寺、西藏绿色饮品发展有限公司、西藏高原天然水有限公司、达东村等。

【尼泊尔总理参观访问】 6月22—24日，尼泊尔总理卡·普·夏马尔·奥利携夫人一行55人到拉萨市参观走访大昭寺、曲水才纳国家现代农业示范园区、四季吉祥村异地搬迁点。

【德国"环球之桥"协会考察团参观访问】 7月7—12日，德国"环球之桥"协会考察团到拉萨市参观访问大昭寺、八廓街、色拉寺、拉萨青稞啤酒厂、高原之宝乳业有限公司、牦牛博物馆等。

【新西兰驻华大使访问】 7月22—27日，新西兰驻华大使傅恩莱一行4人到自治区参观访问，其间，在拉萨市参观大昭寺、牦牛博物馆并游览八廓街。

【美中工作小组议员助手团访藏】8月7—12日，美国国会众议院"美中工作小组"议员助手团一行13人前来自治区参观访问，其间，在拉萨市参观访问大昭寺、八廓街、老城区、清政府驻藏大臣衙门等。

【资深驻华记者团访藏】 8月20—25日，外国主流媒体资深驻华记者团一行在拉萨市参观访问大昭寺、八廓街、色拉寺、拉萨市儿童福利院、拉萨青稞啤酒厂、天佑德青稞白酒公司、拉萨城市规划展览馆、纳木错等，观看《文成公主》实景剧，并在参观过程中对农牧民、寺庙僧人、《文成公主》实景剧创编人员及以上所有涉及拉萨市参观点有关人员进行采访。

【会见美国驻成都总领事】 11月19—21日，美国驻成都总领事林杰伟一行3人前往自治区参观访问，访问期间，自治区党委常委、拉萨市委书记白玛旺堆会见并宴请林杰伟一行。

【德国人权对话代表团访问】 12月5—6日，"中德第15次人权对话"代表团到拉萨市参观走访布达拉宫、大昭寺、拉萨市实验小学、唐卡画院、游览八廓街、城关区塔玛小区。

【尼泊尔驻拉萨总领馆馆舍改建工作】 2018年，拉萨市严格按照自治区有关尼领馆馆舍改建工作要求，安排拉萨市、城关区两级国土局领导及工作人员到尼泊尔驻拉萨总领馆现场了解情况，并根据区市党委、政府主要领导批示精神，于6月底前敦促相关单位限时办结前置手续。尼领馆改建工程已于年内实施。

【尼泊尔沙拉斯沃提拉康维修】年初，拉萨市根据区市主要领导批示精神，通过实地考察，结合该拉康已认定为新发现文物点的实际，提出切实可行的施工方案，最终同意城关区提出总计造价9.9万元人民币的修缮方案。其间，尼侨代表提出关于维修的新要求，11月，区外办将尼侨关于维修此拉康的最新诉求转至拉萨市办理，市外事办及时组织相关单位及尼侨代表召开专题协调会，对该事进行研讨，研讨意见已上报区外办。

（次仁旦珍）

涉外管理

【概况】 2018年，拉萨市严格按照中央八项规定精神，认真执行因公出国（境）工作规定，严把初审关，坚持开展行前教育，做好全市因公出国（境）人员的管理服务工作，全年拉萨市因公出国共9批57人，其中地厅级干部2人，县级干部10人，科级及以下干部7人，专业技术人员及其他人员36人，学生2人，出访国家有新加坡、日本、芬兰、德国、越南、尼泊尔、俄罗斯等，出访任务包括对外文化演出、教育领域培训学习、人社领域培训学习、青年友好交流、文艺演出等。

【市曲艺代表赴日本、新加坡交流】 为进一步推动西藏文化走出去，7月8—17日，西藏曲协会员、拉萨市歌舞团曲艺团演员欧珠旺姆和土登格桑2人随中国曲艺家代表团赴日本和新加坡进行文化交流。

【市文化演出团赴俄演出】 11月22—29日，拉萨市委宣传部副部长张碧芳带队一行36人参加“2018感知中国——中国西部文化俄罗斯行”活动，赴俄罗斯莫斯科和圣彼得堡进行演出，充分展示拉萨市特色文化、艺术魅力。

【市经贸代表团赴尼泊尔推进中尼友谊工业园建设】 为加快推进中尼友谊工业园项目落地落实，市委常委、常务副市长王念东率团一行6人于11月26—30日赴尼泊尔，对推进项目建设等事宜进行磋商。

【首届中国西藏拉萨·阿里象雄文化国际学术研讨会举行】 在首届“中国西藏拉萨·阿里象雄文化国际学术研讨会”上，拉萨市为11名外宾办理进藏手续，并全程驻会提供热情服务，确保会议顺利举行。

（拥　措）

友城工作

【“一带一路”和“南亚大通道”建设】 11月14—16日，市政府副市长赵涛陪同加德满都市长、副市长一行4人在武汉参加国际友城大会，经拉萨市力推，尼泊尔加德满都市获选“对华友好城市交流合作奖”，会上进行颁奖。11月26—30日，市委常委、常务副市长王念东率团一行6人对尼泊尔加德满都进行友好访问。

【中俄地方友好交流年活动】 为配合好国家总体外交，落实中俄两国元首达成的关于将2018年、2019年两年确定为“中俄地方友好交流年”的决定，拉萨市制定参与活动的总体方案，并与俄方取得联系。但外方因工作原因未能如期接受邀请来藏，对项目其他内容未做任何表态，2018年活动未能按计划启动。

【向以色列贝特谢梅什市新当选市长发函祝贺】 2018年，拉萨市友城以色列贝特谢梅什市选举产生新一任市长，11月，以市长名义发出贺信表示祝贺，就以后加强两市友好关系进行交流。

（拥　措）

侨务工作

【概况】 2018年，按照党和国家机构改革方案，侨务工作由统战部门负责，市外事办认真学习机构改革文件精神，严格按照区市党委、政府要求，守好最后一班岗，有序开展各项侨务工作。

【侨商接待】 5月27—30日，接待中国侨商会考察团，安排考察团走访经开区高原牦牛乳业有限公司、天佑德青稞酒业有限公司，并与经开区进行考察合作交流座谈会。

（达瓦次仁）

信访工作

【概况】 2018年，市委常委会先后6次听取信访工作汇报；自治区党委常委、拉萨市委书记白玛旺堆，市委副书记、市长、城关区委书记、市信访工作联席会议第一召集人果果等市委市政府主要领导就信访工作8次作出重要批示指示，高位推动全市信访工作积极向好发展。年内，市信访工作联席会议各召集人共计主持召开3次信访工作联席会议和28次信访工作专题会议。

【畅通信访渠道】 年内，全市各级信访部门认真履行工作职责，坚持24小时带班值班，确保群众来访随时有人接待，群众诉求及时有人听取，群众困难及时得到解决。同时，充分发挥"互联网＋信访"优势，依托网上信访信息系统，认真贯彻国家信访局"来访必登、应录尽录"的工作要求，确保信访事项网上全流转，做到让"数据多走路、群众少跑腿"，全力以赴保障信访渠道畅通。

【信访形势分析】 年内，全市信访系统通过抓信访形势分析研判、抓综治信息平台建设、抓基层组织建设等措施，持续强化源头预防工作。通过采取信访工作例会、季度形势分析会等形式，定期进行汇总梳理，分析信访矛盾集中区域、成因趋势和存在的主要问题，有针对性的提出意见建议，有效掌握本辖区、本领域信访工作情况，为市委市政府决策部署提供重要依据。全年，市信访局组织召开信访工作例会12次，报送季度形势分析材料4份。

【"三无"市（县、区）创建】 根据国家信访局的要求，继续开展"三无"市（县、区）创建活动。2018年，拉萨市荣获"三无"市（县、区）荣誉称号的县（区）达8个。

【全市信访工作会议】 4月，组织召开全市信访工作会议，白玛旺堆书记、果果市长等市领导对全市信访工作作出重要批示指示。会议表彰全市信访工作先进集体36个、表彰全市信访工作先进个人33人。

【联合接访中心工作】 8月，在市委组织部支持下，在各县区、市直部分单位的积极配合下，继续从八县（区）、市教育局、市民政局和市交通局选派11名干部入驻联合接访中心，加强信访工作力量。

【律师参与信访工作】 年内，继续以政府购买服务的方式与西藏方诺律师事务所签订律师入驻协议，实现每个工作日一名律师到市信访局坐班参与信访工作，全程参与接访，解答信访群众的法律咨询，积极引导涉诉信访导入司法途径解决，依法促进诉访分离。年内，入驻律师共引导125批（件）347人次通过司法途径解决诉求。八县（区）均采取聘请律师或申请法律援助等方式开展律师参与信访工作。

【干部接访下访】 年内，在市信访局接待场所安排"市长接待日"29次，接待上访群众29批62人次，化解29批，化解率100%。全市地级领导下访23次，接待信访群众50批134人次，化解突出疑难信访事项14件；全市县处级干部下访169次，接待信访群众210批503人次，化解信访事项201件；一般干部针对344件信访事项下访265次。市信访局共落实市领导批示29件，办理维稳要情125份。

【领导包案】 对一个月内未化解的突出疑难信访事项，按照属地和主体责任划分，实行地、县级领导、部门"一把手"包案工作制度，把落实责任作为及时就地解决问题的关键，层层传导压力、层层压实责任、层层抓好落实，以"钉钉子"的精神努力化解矛盾、解决群众合理诉求，坚持"一个问题、一个领导、一套班子、一个措施、一抓到底"，做到包情况掌握、包解决困难、包教育转化、包稳控管理、包依法处理，全力抓信访事项化解工作。年内，全市列入地级领导包案疑难信访事项14件，化解14件，化解率100%。

【基层组织建设】 年内，各级信访基层组织坚持突出重点、综合治理，整合网格、联户代表等基层力量，定岗定责定人，开展全方位、地毯式排查，全面了解掌握第一手资料，主动发现矛盾纠纷隐患。形成以块为主、条块结合的大排查网络，做到不走过场、不留死角、不留隐患。切实做到市不漏县（区）、县（区）不漏乡（镇、街道）、乡（镇、街道）不漏村（居）、村（居）不漏户、人。对排查出的各类信访矛盾每日汇总、研判、分析、督办、跟进，切实把存在的矛盾搞清楚、涉及的主要人员弄明白。10月，市信访工作联席会议办公室制定印发《关于建立乡（镇、街道）信访工作联席会议的意见（试行）》，就乡（镇、街道）建立健全基层党委、政府主导的维护人民群众合法权益、为群众排忧解难的信访工作联席会议制度，从源头上预防和化解信访矛盾，有效解决信访突出问题作了具体要求。通过采取系列措施，有效确保将各类信访矛盾控制化解在属地和基层，确保矛盾不上行、问题不上交。

【矛盾化解】 年内,拉萨市累计梳理排查重点领域问题16件,重点问题20件。化解率和解控率均为100%。通过信访矛盾攻坚战的开展,樊某信访事项等一大批信访突出疑难信访事项得到妥善化解,持续实现全市无信访积案的工作目标。

【业务督查】 年内,对全市各级各部门信访业务规范性的督查,主要包括网上信访系统录入情况、工作台账建立情况、答复意见书送达情况等;对责任主体部门信访事项及时办结情况的督查,主要包括限时未办结信访事项的提醒、督办和催办。全年,全市信访系统针对480件信访事项电话督办1010次,针对37件信访事项书面督办32次,针对164件信访事项实地下访督办99次。联合市纪委、组织部、政法委、人社局和两办督查对拉萨市各县(区)及部门、市直部门等34家单位开展实地督查2批,下发整改通知19份。全年,共落实越级访"点对点"通报185批431人次。其中,自治区"点对点"越级访通报116批238人次,拉萨市"点对点"越级访通报69批193人次。

【转办事项办理】 年内,接收并办理"12345"政府服务热线转交办事项212件,办结212件,办结率100%;接收不属于中央环保督察受理范围的来电来信事项236件。经梳理,属于拉萨市职权范围的220件。截至年底,已办结217件,剩余3件相关部门正在积极推进中;接待涉法涉诉信访事项和涉及其他地市信访群众59批146人次。

【党建工作】 年内,市信访局深入学习贯彻习近平新时代中国特色社会主义思想和中共十九大精神,集中学习中共十九大报告3场次,开展中共十九大知识测试8场次。通过党组书记讲专题党课、邀请市委党校讲师专业解读、党小组自行开展微课堂等方式,不断加深对中共十九大报告特别是习近平新时代中国特色社会主义思想的解读;推进机关基层党组织标准化建设,做到党的组织和党的工作全覆盖。局党支部书记由党组成员、副局长普布卓玛担任,支委会配备力量较强。7月1日,经党员大会讨论通过将2名发展对象吸收为预备党员。党支部建立微信学习交流群1个,支部党员全部下载"西藏党员教育"APP,并关注"西藏先锋""拉萨党建"微信公众号,不断加强学习教育。全体党员每月10日前,主动、足额缴纳党费。全年,党支部召开党员大会4次、召开支部委员会11次、召开党小组会80次,组织讲党课4次,召开专题组织生活会1次。局党组向市直机关工委报告党建工作情况2次,党支部组织开展党支部书记抓基层党建工作述职评议考核1次;认真组织学习陈希、庄红翔在组织部长会议上的讲话精神,形成学习简报3篇。

【党风廉政建设】 年内,党组班子成员带头落实《党政机关厉行节约反对浪费条例》和《党政机关国内公务接待管理规定》等管理办法,全年"三公经费"支出同比上升0.03%(增长原因为2018年车辆持续老化和报废一台轿车更换一台越野车导致油料费上升所致),未出现公务消费接待、公款吃喝现象;局党组层层签订党风廉政建设责任书,确保责任到科室、责任到人。全年,共召开党风廉政建设专题部署会议6次,学习会议18次,开展专项检查2次,党组书记讲廉政党课1次。

(卫广伟)

市民服务工作

【概况】 年内,拉萨市市民服务中心共受理行政审批和便民事项104330件,办结率99.99%。提供咨询服务153660人次,办件回访2577人次。开设办证窗口72个,全市38家单位的203项行政审批事项和25项便民事项入驻市民服务中心办理。有126名A、B岗工作人员、30名首席代表及206名中心机关干部职工(含西部志愿者、公益性岗位工作人员)为办事企业和群众提供服务。

【简政放权】 年内,市民服务中心进驻事项从166项增加至203项,办理时限压缩率达51.11%。29项便民服务事项实现现场办结。精简行政许可事项申请材料,努力避免"奇葩证明""循环证明""重复证明"。截至年底,各市直部门的所有行政审批事项证明材料仅保留36项。实现企业登记全程电子化,11428户企业实现网上自主申报企业名称,8511户企业全程实现电子化系统注册登记。落实"多证合一"改革,自2017年6月30日"三十三证合一"以来,办理"多证合一、一照一码"40899户,换照率100%。

办理个体工商户“两证整合”59267户，换照率达82%。全面实行登记注册“一审一核”“审核合一”制度。在服务大厅实现开办企业由5个工作日向3个工作日挺进，不动产存量房交易抵押登记5个工作日办结，其他登记业务7个工作日办结，投资建设项目以全程帮办实现50个工作日取得施工许可证。

【优化服务】 年内，拉萨市政务服务平台已完成网络安全备案、服务器安装、全网通发短信业务等软硬件基础性建设工作，实现大厅藏汉双语语音叫号、手机短信提醒叫号、在线评价等功能。通过政务服务平台、手机APP、大厅查询机、LED显示屏等多种渠道公布，方便群众查询。牵头制定《拉萨市“互联网+政务服务”工作推进方案》，市级行政许可、行政确认、其他类依申请政务服务事项网上可办率81.47%；8个县（区）依申请政务服务事项网上可办率82.24%。

【规范化建设】 年内，拉萨市市民服务中心强化制度建设，修改完善《窗口管理制度》《窗口工作人员守则》《大厅值班主任制度》《窗口工作人员选派和轮换办法》等63项制度。优化指纹考勤系统，建立健全社会监督员制度。公示监督热线，强化“12345”热线工单处理，建立随机回访制度。满意度评价系统等各项规章制度，全方位实施中心监督力度。截至年底，回访群众8200余人次，处理群众提出的大大小小的意见建议1888条，做到条条有答复，对群众提出的合理的意见建议，做到件件有落实。积极配合市委市政府开展贯彻落实国家重大政策实施情况督导检查，征求县、乡、村三级窗口工作人员和办事群众意见建议，完善工作机制，健全完善月报制度等工作制度，促进各县（区）政务服务工作标准化、规范化。

【政务服务体系建设】 年内，全市县（区）级政务服务实体大厅已实现100%覆盖，乡镇政务服务大厅覆盖率达96%，村级便民服务大厅覆盖率达89.8%，审批服务更加便民。持续推进市县乡三级政务服务中心标准化建设、规范化运行管理。根据“放管服”改革相关要求，结合拉萨市实际，从“事项进驻、窗口授权、服务指南、政务公开、咨询接待、业务办理、服务环境、监督评议”等方面入手，不断修改完善各项服务标准，加大标准化宣传培训、贯彻执行力度，以标准化助力政务服务不断提档升级，不断提升市民服务中心集约化服务、协同化办公、一体化服务水平，提高企业和群众获得感。截至年底，各县（区）累计受理行政审批事项和便民事项28.4万余件，受理咨询服务6.1万余人次。

【政务服务培训】 年内，针对全市推动“放管服”和“一网一门一次”改革过程中遇到的难点堵点问题，先后组织中心业务骨干到广州、深圳、浙江、成都等地学习“放管服”改革和政务服务信息化先进方面的工作经验7人次，邀请相关专家学者20余人次进藏，为区市相关单位、各县（区）、各园区、乡（镇）、村居（街道、办事处）政务服务中心（便民服务中心）累计约400余人次授课，传授其他省市在推动“放管服”改革和政务服务信息化建设等方面的先进经验和做法。同时，中心与拉萨市人民政府办公厅、西藏自治区一站式审批服务中心共同承办以“坚持以人民为中心，深入推进审批服务便民化”为主题第十四届全国政务服务工作交流会，成功组织邀请国务院有关部门领导，全国70余个省（自治区、直辖市）、省会城市、部分重点城市的政务服务工作主要负责人、专家代表和全区各地市、区市部门和全市各县（区）、园区相关负责人300余人参加，形成深化全国“放管服”改革的《拉萨共识》。

【基层党组织建设】 年内，服务中心建立健全党组定期研究基层组织建设工作制度，形成主要领导亲自抓、分管领导具体抓、班子成员配合抓的工作格局。全面推行目标责任管理，及时制定下发《拉萨市市民服务中心基层党建工作计划》，确保党建工作的顺利开展。按照“细化、量化、科学化”的要求，合理确定党建工作目标，层层签订党建工作分解落实责任书。严格按照“两学一做”学习教育常态化制度化要求，组织全体党员干部学习习近平新时代中国特色社会主义思想、中共十九大精神和十九届历次全会精神。编制印发《市民服务中心加强党员政治教育培训学习材料汇编》《市民服务中心加强政治纪律教育活动学习材料汇编》《加强政治纪律教育重点学习内容汇编》等各类学习材料汇编400余册，邀请市委党校、西藏大学讲师分别进行专题辅导,全体党员参加集中培训教育不小于32学时;按程序完成党总支和4个党支部换届工作,配齐配强党总支和党支部班子成员,成立党建办明确专职党务干部,统筹开展党建工作。加强群团组织建设,成立由大厅党员干部兼任工青妇成员的群团组织,群团组织的凝心聚力作用越来越凸显。3名预备党员转为正式党员,考虑吸纳2名优秀干部成为入党积极分子;坚持把党风廉政建设与中心工作一起部署、一起落实。及时对中心党风廉政建设领导小组进行调整充实,多次召开会议研究党风廉政建设工作,起草制定并层层签订《拉萨市市民服务中心2018年党风廉政建设责任书》。全年,服务中心未发生任何违反规定的情况。同时,深入学习《中国共产党党内监督条例(试行)》《中国共产党纪律处分条例》《领导干部廉洁从政若干准则》等相关法律法规和文件精神,修改完善《拉萨市市民服务中心财务管理制度》《固定资产管理办法》,严格压减公务接待费、会议费、维修费、购置费、培训费以及各类工作业务经费支出。

（陈新雨）

“12345”政务服务热线

【概况】 2018年,市“12345”政府服务热线电话共接受市民群众投诉、举报、建议、咨询、求助等问题39528多件次,其中受理有效问题11806件次,在线解答问题29034件;市政府领导对受理事项现场调查、专项督办60多件;为市民群众解决问题11804多件;收到市民群众感谢电话730多次、锦旗3面。分析发现,市民群众反映、投诉的热点、难点问题主要集中在城市管理、城市建筑、交通管理、环境保护、供水电气、物业管理、市场监管、劳动社保等方面,上述8个方面问题约占市政府服务热线电话总受理量的80%。

【服务群众】 市“12345”政府服务热线电话工作人员牢固树立宗旨意识,倾听人民呼声,了解群众意愿,在政府与人民群众之间开辟“绿色通道”、架设“连心桥”,全天候、多方位地接受和办理市民群众反映、投诉的问题,以满腔地热情帮助市民排忧解难,真情实意地为群众办实事办难事办好事。市“12345”政府服务热线电话办公室建立健全“12345”政府服务热线电话处理的有关制度,确保每起电话咨询、投诉都能得到及时有效处理。认真执行《市政府热线电话工作规则》,创新工作方式方法,优化热线运行流程,设立市“12345”政府服务热线电话《受理事项审签表》《重点事项督办登记簿》等工作文书,形成接受、整理、报告、签办、交办、督办、反馈、归档等环节完整的工作运行程序;尊重社情民意,关注舆情动态,及时编报各类信息,呈报市政府领导批示,发挥参谋助手作用。先后解决一批重大、热点问题,如城市饮用水源地遭受污染、中高考期间社会噪声污染、拖欠农民工工资、城市道路严重破损等问题;以市民群众满意为第一标准,开展专题调查和现场督查,积极协调解决问题,努力做到“事事有着落、件件有回音”。市民群众投诉的问题80%以上能够得到及时、有效的解决,特别是解决健康路“生命绿色通道”受阻、供电供水供气事故、社区环境秩序管理差等一些重点、难点问题,使市政府服务热线电话真正成为人民政府的“阳光工程”;认真承办市政府服务热线转办事项,市“12345”政府服务热线电话对市政府服务热线电话转办事项,均能够及时做好衔接,按照有关要求督促有关部门办理,并及时反馈办理情况。

【“12345”热线电话有序运行】 市“12345”政府服务热线电话切实行使龙头作用,积极协调、调动相关各成员单位,充分发挥网络整体优势功能,高效运行热线工作网络。热线电话办公室定期组织召开工作网络座谈会,通报热线及网络工作运行情况,总结经验、查找不足,分析、探讨问题,提出具体工作要求;在市“12345”政府服务热线电话工作网络的协调联动中,各成员单位能够相互支持、密切协作、高效运行,真正发挥出各环节的重要作用,有力促进热线工作顺利开展。市城市管理投诉热线、市环境投诉热线、市公安局报警服务热线、市交通热线、市价格投诉热线、市消费投诉热线等部门和单位的热线工作都做出突出成绩,起到网络骨干作用;为提高热线工作人员的综合素质和办事能力,请有关部门进行礼仪培训和业务培训,并根据市政府督查室的安排,定期组织热线工作人员对市直机关各部门和职能单位进行机关职能、服务范围、业务知识培训并进行考核评比，在一定程度上提高自身综合素质和工作效率。

（李 易）

公共资源交易中心

【概况】 2018年，拉萨市公共资源交易中心共完成招标项目615项，交易总额243.47亿元，其中，工程建设项目进场交易471项，交易额236.04亿元；政府采购项目进场交易129项，交易额4.61亿元；土地招拍挂项目交易15项，交易额2.82亿元。全年共计收取并向市财政局上缴交易服务费和场地租赁费1059.25万元。

【全流程电子化招投标】 年内，中心积极争取各相关监管部门的支持，在工程建设项目已实现的网上报名、网上发布招标公告、澄清公告、预约场地、网上缴退投标保证金、中标候选人公示、结果公示等电子招投标功能的基础上，增加网上投标、网上开标、网上评标等应用模块，已完成对评标专家、招标代理机构和招标人的相关培训工作，并已完成项目测试，工程建设项目已于7月中旬完成全流程电子招投标试运行，截至年底，运行良好。

【投标保证金管理】 年内，健全完善投标保证金会计账目和会计核算，在规定时间内及时向投标人退还投标保证金，并坚持按月对账，进一步简化退款门槛和程序。年底正式推行保函制度（银行保函或保单保函），进一步简化保证金缴纳程序和步骤，从根本上杜绝退还保证金不及时的问题发生。

【政府集中采购业务】 年内，拉萨市政府采购中心全年共计完成全市集中采购项目86项，交易总额2.13亿元。政府中心自2017年10月正式移交以来，按照政府采购流程，做好政府集中采购业务现场报名审核、公告发布、招标文件编制、场地预约、开评标现场管理和中标结果公示等工作。中心着力打造德才兼备、服务高效的采购队伍，不断增强政府采购从业人员的业务素质和服务水平，进一步营造公平、公正、公开和阳光透明的政府采购服务氛围。

（梅中林）

接待办

【概况】 2018年，接待办共负责安排党政公务接待团体146批次，3507人次，协助安排全市各部门布宫门票预约369次、2686人（5月1至10月30日），团体接待任务出车160批次（未计出车天数），累计公里数达到79007公里。其中规模较大。任务较重的包括北京市、江苏省党政代表团接待工作，江苏省思谋会企业家西藏行、首届中国西藏拉萨·阿里象雄文化国际学术研讨会，北京评剧院《藏地彩虹》演出组接待、北京媒体团拉萨行活动、第五届京交会拉萨净土健康特色餐饮品鉴活动，第三届藏博会拉萨接待工作，2018年拉萨半程马拉松接待工作等大型接待任务。同时圆满完成尼泊尔加德满都市市政府代表团赴拉访问考察等外事接待活动。

【规范接待】 年内，接待办深入贯彻执行中央八项规定和《公务接待管理办法》有关要求，严格实行“三控”制度，努力学习接待理论知识，不断改进接待方法，坚定不移树立接待工作虽非核心却事关全局的思想认识，坚定不移树立合法合规接待的思想认识，进一步明确接待工作既要为全市经济发展做好服务，又要不触红线热情得体，始终坚守相关规章制度，确保接待工作合法合规合纪，做到接待有方案、接待有标准、接待有纪律。坚持一切从实际出发、不摆阔气、不讲排场，严格按照接待预算执行、按要求办事，尤其是对接待车辆、物品、经费的管理做到层层把关、严格审批，既做到接待规格不超标、经费不超支、私客不准公请、专款专用，又保证接待工作的圆满完成，节省接待支出，减轻财政压力，确保接待经费只能用于党政公务接待工作并且发挥最大效益。

【思想学习】 年内，接待办坚持制定学习制度，将“两学一做”学习教育不断推进深入，即在每周的星期四举行一次集中学习，深入学习中共十八大、十八届三中、四中、五中、六中全会精神、习近平总书记系列重要讲话精神。把思想和行动统一到习总书记系列重要讲话精神上来，补足“精神之钙”和“谋事之需”，磨砺党性，进一步坚定理想，明确方向，提升接待办党员干部讲政治、守规矩，懂全局、管本行，抓重点、破难题，抓落实、求实效，讲担当、善作为，崇廉洁、拒腐蚀的能力，切实提高接待队伍理论武装能力和业务水平。

【作风建设】 作为全市党政公务接待工作的具体落实部门，管物管财责任大，接待事事无小事始终是我们不变的认识。为确保接待系统的风清气正，干净担当，接待办切实加强纪律建设，着力严明党的纪律特别是政治纪律，坚决贯彻落实中央八项规定，加强反腐倡廉建设，规范权力行使，抓好责任落实，推进党风廉政建设并以“严实细高”作风建设为载体，不断加强思想作风、工作作风，筑牢防线，确保党政接待工作顺利推进。始终严守接待工作中的各项规定，以扎实的作风、清醒的头脑、严明的纪律做到坚守原则不碰红线，不触底线，不越雷池，做好党风廉政建设工作，始终深入推进接待办的“正风”行动。

【能力建设】 随着党政公务接待工作制度日益严格和规范，公务接待要求的不断提高，接待办致力于提升接待工作中的服务意识，强化接待工作中礼仪文化的贯穿，在保证规范接待前提下，做到接待任务精、准、细。不断加强与国内兄弟省市接待同行之间的学习交流，在工作允许的前提下积极参加接待系统交流及培训活动，开展心得分享会，实现全体人员共同进步共同提升。

（米玛昌决）

办事处

拉萨市人民政府驻北京联络处

【概况】 2018年，拉萨市人民政府驻北京联络处到机场、车站380余次，接待近500人次；全国“两会”期间主动配合自治区驻京办做好会议期间西藏代表团接待服务工作；全力做好拉萨市党政代表团在京期间后勤保障工作。

【保障服务】 年内，为宣传西藏全年联络处向北京有关部门和各驻京办事处发送《西藏旅游》杂志2400余份；和西藏自治区文化艺术研究院、西藏文学艺术界联合会组织举办纪念毛泽东诞辰125周年书画作品展；为到京看病就医人员进行心理上的疏导和解决生活上的难题，全年协助就医体检29人，接待陪同就医数十人，联系医院11家；配合信访部门完成全国“两会”期间的截访任务，主动劝返和送返上访人员1人；配合北京市对口支援合作办公室完成2018年度的部分对口支援活动；配合中国市长协会做好城市联络员工作；加强对在京退休老干部的联系与管理，积极开展退休老干部活动，“三大节日”期间逐户开展慰问活动，送上组织的关心和问候；全年帮助到京人员预订酒店、宾馆住房500余间；全年市内、市外工作出车累计1500余次，车辆行驶里程达6万公里。

【招商引资】 年内，联络处积极利用在经济社会发展中拥有的社会资源拓展工作职能，强化招商引资工作。全年参与区内外招商引资等大型活动12次，接待拉萨市到京开展招商引资、产品推介等团队8个140人。

【党建工作】 年内，联络处始终坚持把党建工作放在一切工作的核心地位，按照总书记“两学一做”的要求，把强化党建工作贯穿于整个工作中，把从严的态度、从严的标准、从严的举措的要求落到实处，深化“两学一做”学习教育，严抓领导班子和干部队伍建设，联络处内部全年开展党建工作会议4次。

【在京离退休干部职工】 截至年底，在京居住离退休干部职工共计18人，其中，地级3人、县级4人、科级5人、一般干部1人、副高1人、中级4人。

（尚栓斌）

拉萨市人民政府驻成都办事处

【概况】 2018年，拉萨市人民政府驻成都办事处根据《党政机关国内公务接待管理规定》的要求，完成2284人次的接待任务。加强与四川华西医院、四川华西口腔医院、成都363医院和自治区成办医院等各类医疗单位的沟通和协调，为干部职工提供便利快捷的就医渠道和体检服务，截至年底，共协调安排干部职工就医保健服务125人次。截至年底，在蓉居住离退休干部职工共计1147人，其中：地级以上34人、县级214人、高级127人、科级411人、一般干部197人，相关专业技术人员164人。

【保障工作】 年内，坚持接待无小事原则，做好进出藏干部，包括对口支援省市代表团，以及其他相关人员的进出藏接待服务工作，成都办事处与酒店、民航售票处、火车站等相关单位维持良好的合作关系，在接待过程中高标准、严要求。全年安全行车总里程93392公里，车辆完好率基本达到良好状态。

【离退休党支部工作】 年内，贯彻落实西藏自治区离退休干部职工党员管理办法(试行)，加强对离退休干部的政治教育、政治要求和政治管理。在成立拉萨成都安居苑党支部的基础上，进一步推进成都周边离退休干部职工退休点党支部的建设工作。截至年底，共设立离退休党支部8个，管理党员533人。

【春节、藏历新年团拜会】 年内，根据市委、市政府及市老干部局的指示要求，年初成都办事处组织举办春节藏历新年团拜会。协调配合市老干部局做好春节藏历新年在蓉离退休干部座谈会。

【成都拉萨安居苑物管工作】 年内，为使成都拉萨安居苑(离)退休干部职工的生活环境得到进一步的改善，成都办事处投入资金45万余元对安居苑20个单元楼道的地面和墙体进行改造升级，改造后的居住环境变得更加美观舒适，此项工作得到(离)退休干部职工的一致好评。在美化环境的同时，成都办事处同样重视安居苑内的安全防范工作，全年共购买更换93具大中型灭火器材，安保人员演练操作18次，并与辖区派出所、社区联络员紧密联系，确保一旦发生突发安全事件，能够得到及时妥当的处理。

【党建工作】 6月29日市政府驻成都办事处党支部召集全体党员干部职工集中开展党内组织生活教育活动，迎接中国共产党97岁华诞。活动中，党委书记任道波，党委副书记、主任任加表示，办事处往年通过参加文艺活动讴歌党的光辉事业，到红色教育基地探寻红军光荣事迹等形式迎接党的生日，2018年虽然形式不同，但目的和初衷都是为了深情回顾党的奋斗历史，热情讴歌党的光辉业绩，继承和发扬党的光荣传统和优良作风，增强党组织的凝聚力和战斗力，进一步激励广大党员在新时代下与时俱进的崇高理想信念和历史使命。大家通过观看学习七集政论专题片《不忘初心 继续前进》受到鼓舞和启发，纷纷表示在之后工作中努力开拓创新、积极进取，时刻牢记党的宗旨，以昂扬的斗志为党旗增光添彩，以实际行动进一步提升工作水平，为拉萨干部职工和离退休干部职工做好协调服务保障工作，完成好市委市政府交代的各项工作任务。

【专题组织生活会】 9月26日按照区市纪委总体安排部署，结合政治纪律教育要求，召集13名党员干部开展政治纪律教育活动专题组织生活会。会议由党支部书记丁昭主持，时任办事处党委书记任道波，党委副书记、主任任加以普通党员身份参加此次生活会。会上，大家紧紧围绕政治纪律教育主题，按照各自撰写的剖析材料全面深刻地进行个人剖析，并秉承“公正透明”的原则对其他党员提出存在的问题，全体党员耐心倾听虚心接受同事给予的批评指正，针对指出的问题，深刻分析问题产生的原因，明确下一步整改措施和努力方向。

【组织住蓉离退休干部职工参观考察】 年内，根据《中共拉萨市委办公厅关于进一步加强和改进离退休干部职工工作的意见》精神，按照市委老干部局的总体部署，成都办事处结合工作实际，将2018年度健康疗养按年龄段分类进行，一类是针对70岁以上干部职工，按照身体健康，行动自理，家中亲属同意其外出健康疗养的，以就近原则，11月初组织80名退(离)休干部职工到都江堰及街子古镇，成都周边考察社会主义新农村建设发展新貌活动；二类是针对70岁以下的干部职工，按照身体健康，行动自理，职级优先，选择125名未参加过近年来组织的健康疗养的(离)退休干部职工，于10月底到重庆白公馆、渣滓洞、武隆等地三日红色健康疗养。此次疗养模式的创新受到老干部们的欢迎，充分体现市委、市政府对老干部的关心、关怀；也扩宽(离)退休干部职工参加疗养活动的层面。

(奉 芳)

中国人民政治协商会议拉萨市委员会

综述

【概况】 2018年，市政协常委会团结带领各界政协委员，认真学习贯彻中共十九大精神，把习近平新时代中国特色社会主义思想作为统揽政协工作的总纲，认真学习贯彻习近平总书记关于加强和改进人民政协工作的重要思想，全面贯彻落实区市党委九届三次、四次全委会精神，坚持团结和民主两大主题，围绕中心、服务大局，牢牢把握正确政治方向，围绕民生问题干事出力，聚焦党政中心工作履职尽责，突出抓好政协系统党的建设，积极开展对内对外工作交流，重视自身履职能力建设，发挥政协大团结大联合的独特优势，团结一切可以团结的力量，凝聚一切可以凝聚的智慧，激发一切可以激发的活力，为建设团结美丽健康幸福新拉萨做出重要贡献。

【党建工作】 深入学习习近平新时代中国特色社会主义思想和中共十九大精神，召开政协党组会议6次，机关党组会议10次，党支部会议14次。采取全委会、委员培训、专题讲座等形式，引导政协委员认真学习习近平总书记在庆祝人民政协成立65周年大会上的重要讲话精神，学习新宪法、新政协章程及人民政协发展史，树牢“四个意识”，坚定“四个自信”，坚决做到“两个维护”。认真贯彻落实全国、全区政协系统党的建设工作座谈会精神，坚持把党的建设作为政协重要政治任务，真抓、实抓、严抓。紧紧围绕“党建统市”战略，全面推进“两学一做”学习教育常态化制度化，不断强化政协基层党组织建设，规范机关党支部、退休党支部、驻村工作队临时党支部组织生活。市政协党组代表全区地（市）级政协参加在北京举行的全国政协系统党的建设工作经验交流座谈会，并在会上作书面交流。

【强化维稳】 2018年，市政协常委会始终把维护稳定作为政协工作的首要政治任务，深入贯彻区市党委关于维护稳定的决策部署，认真做好一线维稳带班值班工作和面上巡查工作。在重要时段，市政协党组班子成员进驻联系县（区），深入联系村（居）和寺庙开展督导检查工作。党外副主席发挥自身独特优势，积极参与涉宗领域维稳工作，为拉萨市持续稳定、长期稳定、全面稳定做出重要贡献。充分发挥人民政协爱国统一战线这一优势，举办春节藏历新年团拜会，开展形式多样的节前慰问、座谈交流、走访交友等活动，教育引导各族群众深刻认识“团结稳定是福、分裂动乱是祸”的道理，时刻感党恩、听党话、跟党走，理性对待宗教，过好当下的幸福生活，汇聚起“我要稳定”的磅礴力量。

【关注民生工作】 2018年，根据市委统一部署，9名政协领导班子成员对口联系全市9个村、27户贫困户，全年多次深入实地结对帮扶，想对策、出主意、促脱贫。同时，组织委员深入全市3个县（区）、6个村（居）调查研究拉萨市农牧区村（居）集体经济发展“瓶颈”，解决扶贫中的“造血”问题，提出对策建议。组织农牧界、科技界委员深入实地，围绕“送农业实用技术下乡，助推当地乡村振兴”开展界别活动，为农牧区送去科学技术和发展思路。组织经济界、工商界、医卫界、科技界委员赴林周县北部三乡开展脱贫攻坚专题调研，摸准实情，建言献策。着眼群众关切，组织政协委员多次深入市市民服务中心和城关区、曲水县等县（区）及20多个乡级和村级政务服务中心，围绕“市县乡三级政务服务体系运行情况和‘放管服’工作情况”开展调研，就相关问题提出对策建议。着眼群众关心，针对关于在拉萨市开通“掌上社保”、规范网约车的提案，以督促建，助推拉萨市“新型智慧城市”建设。着眼群众关注，针对委员提出的拉萨市部分中小学学生中午就餐难、基层农牧区健康宣传薄弱、哲蚌寺至市六中路段交通混乱等提案，领导领衔督办，力推相关问题得以解决。

2018年5月31日，市政协召开全市县（区）政协工作经验交流会

【团结交流】 年内，市政协常委会始终把充分发挥人民政协爱国统一战线这一优势放在突出位置，多渠道、多领域，增进团结，凝聚力量，不断巩固和壮大最广泛的爱国统一战线。坚持走访联系宗教界人士、爱国统战人士、归国藏胞等，通过纪念西藏百万农奴解放59周年座谈会、“9·17”民族团结进步节座谈会等活动，切实加强同各族各界的联系，增进团结奋进共识。市政协始终把加强与区内外的友好交往作为政协工作的重要内容。主要领导随自治区政协代表团赴瑞典、丹麦访问，一名副主席应邀参加甘南藏族自治州合作市建市20周年庆祝活动，两名党外副主席随团赴其他省市考察交流、宣传拉萨，一名副主席应邀出席日喀则第16届珠峰文化旅游艺术节、那曲羌塘恰青格萨尔赛马艺术节。应那曲市政协邀请，派两名业务骨干到那曲市政协就政协专委会工作交流经验，取长补短，互鉴有无。全力协助自治区政协在全市开展“如何做好新形势下人民调解工作”“贯彻落实国务院《宗教事务条例》情况，如何坚持我国宗教中国化方向、引导广大信教群众过好今生幸福生活，部分寺庙和宗教活动场所在煨桑过程中对生态、环境、消防安全等造成影响”“强化基层文化阵地建设，推动乡村文化振兴”“大学生就业和大学生‘双创’工作”4项调研考察活动，交流经验，集智汇力，积极推动调研视察成果转化应用。热忱接待区内外政协到拉萨考察学习，做好对接协调、沟通联络等工作，全年接待考察团16批、174人次。

【自身建设】 2018年，市政协切实加强自身建设，不断提高履职能力和水平，为做好新形势下政协工作提高坚强保障。举办一期政协委员培训班，加强委员履职能力建设，先后安排6名主席会成员参加在北戴河和青岛举办的“全国政协干部培训班”，不断提升主席会成员的政治素养和业务能力。制定年度调研考察计划，增加调研视察密度，由主席会成员带队，选择党委重视、政府关注、百姓关心的具体问题深入调研考察。多措并举加强机关和专委会建设，不断健全和完善机关各项工作制度，大力开展学习型机关建设，进一步提升政协机关办文、办会、办事和服务委员的能力和水平。严格遵守中央八项规定及区市党委有关要求，规范履职活动，严肃会纪，改进文风会风，从严管控“三公经费”和会议费用支出。积极探索建立专委会联席会议制度。按照“界别为主、便于联系、利于服务”的原则，合理分配委员到各专委会履职，不断提升专委会组织委员开展活动的能力。

（陈 凯）

重要会议

【十一届三次会议】 政协第十一

届拉萨市委员会第三次会议于1月11日至13日在拉萨召开。自治区党委常委、市委书记白玛旺堆,市委副书记、市人大常委会主任达娃,市委副书记、市长、城关区委书记果果以及其他在家的市委、市人大、市政府领导,法院,检察院两院领导和市政协退休领导干部代表出席会议。政协第十一届拉萨市委员会主席袁训旺,副主席亚古、江嘎、孙宝祥、拉巴、拉巴顿珠、岳国红出席会议。会议应到市政协委员249人,实到209人。会议审议通过袁训旺主席代表政协第十一届拉萨市委员会常务委员会所作的《政协第十一届拉萨市委员会常务委员会工作报告》和孙宝祥副主席代表政协第十一届拉萨市委员会常务委员会所作的《政协第十一届拉萨市委员会常务委员会关于二次会议以来提案工作情况的报告》;列席拉萨市第十一届人民代表大会第三次会议,听取和讨论"一府两院"报告及其他报告;增选达娃为政协第十一届拉萨市委员会副主席;审议通过《政协第十一届拉萨市委员会第三次会议提案审查情况报告》;审议通过学习贯彻中共十九大和区市党委九届三次全会精神的决议;审议通过《提案工作报告决议》《常委会工作报告决议》和《政治决议》。不是市政协委员的市政协副秘书长,办公厅调研员,专委会副主任,在拉萨的不是市政协委员的自治区政协委员和市直有关部门负责人列席会议。

【十一届五次常委会】 政协第十一届拉萨市委员会常务委员会第五次会议于1月8日下午召开。市政协党组书记、主席袁训旺主持会议并讲话。市政协副主席亚古、江嘎、孙宝祥、拉巴顿珠、岳国红,副主席人选达娃出席会议。会议应到常委49名,实到36名。会议审议通过《关于召开政协第十一届拉萨市委员会第三次会议的决定》;听取市政协十一届三次会议筹备工作情况通报;审议通过政协第十一届拉萨市委员会第三次会议议程、日程;审议通过《政协第十一届拉萨市委员会常务委员会工作报告(草案)》《政协第十一届拉萨市委员会关于二次会议以来提案工作情况的报告(草案)》和两个报告(草案)的报告人;审议通过政协第十一届拉萨市委员会第三次会议大会秘书长、副秘书长名单;审议通过《大会选举办法(草案)》;听取市委组织部关于增免委员、增选政协第十一届拉萨市委员会副主席的人事说明;审议通过政协第十一届拉萨市委员会辞免委员名单、增补委员名单;审议通过政协第十一届拉萨市委员会副主席候选人建议名单。市政协党组成员刘亮,不是市政协常委的市政协副秘书长,各专委会副主任及各科室负责人列席会议。

【十一届六次常委会】 政协第十一届拉萨市委员会常务委员会第六次会议于1月13日上午召开。市政协党组书记、主席袁训旺主持会议并讲话。市政协副主席亚古、江嘎、孙宝祥、拉巴顿珠、岳国红,副主席人选达娃出席会议。会议应到常委49名,实到36名。会议通过审议政协第十一届拉萨市委员会提案审查委员会关于第三次会议提案审查情况的报告(草案);审议通过政协第十一届拉萨市委员会关于学习贯彻党的十九大和区市党委九届三次全会精神的决议(草案);审议通过政协第十一届拉萨市委员会第三次会议关于二次会议以来提案工作情况的报告的决议(草案);审议通过政协第十一届拉萨市委员会第三次会议关于常务委员会工作报告的决议(草案);审议通过政协第十一届拉萨市委员会第三次会议政治决议(草案);审议通过大会选举办法(草案);审议通过总监票人、监票人建议名单;审议通过政协第十一届拉萨市委员会副主席候选人建议名单。市政协党组成员刘亮,不是市政协常委的市政协副秘书长,各专委会副主任及各科室负责人列席会议。

【十一届七次常委会】 政协第十一届拉萨市委员会常务委员会第七次会议于4月2日上午召开。市政协党组书记、主席袁训旺主持会议并讲话。市政协副主席亚古、江嘎、张勤、孙宝祥、拉巴、岳国红出席会议。会议应到常委50名,实到39名。会议传达学习全国和自治区"两会"主要精神,审议通过《政协拉萨市委员会常务委员会2018年度工作要点》,通报《政协第十一届拉萨市委员会第三次会议委员意见建议办理情况》和《市政协十一届三次会议遴选重点提案及市政协领导领衔督办提案事宜》。袁训旺主席就落实好全年的各项工作提出四点意见。要持续改进工作方法,创新协商形式,突出协商主题,不断加强协商民主建设；要深入一线，沉到基层，切实开展好调研视察活动；要督促提案承办单位切实提高解决率和落实率，认真严肃对待提案办理“被满意”问题；要积极探索更富政协特色和时代特点的民主监督途径和方式，切实加强和改进民主监督。市政协党组成员刘亮，各县（区）政协负责人，市政协副秘书长、办公厅调研员、专委会副主任，各科室负责人列席会议。

【十一届八次常委会】 政协第十一届拉萨市委员会常务委员会第八次会议于6月29日下午召开。市政协党组副书记、副主席江嘎主持会议并讲话。市政协领导亚古、拉巴、朱梅品出席会议，市政府副市长、秘书长廖波应邀参加会议。会议应到常委50名，实到33名。会议听取廖波副市长代表市政府通报全市实体经济发展情况，陈建瑶常委、市农牧局、市旅发委和市净土投资公司负责人，结合各自工作实际，围绕如何发挥非公企业、农牧业合作社、文化旅游产业、净土区域公共品牌作用，就当前新的经济形势下如何保持实体经济平稳较快发展作交流发言。江嘎副主席就充分发挥政协优势作用，发挥委员主体作用，为推动全市实体经济又好又快发展献计出力，推动各项部署要求不折不扣地落实到位提出三点要求。完善协商内容，谋发展；加强调研视察，助发展；加大民主监督力度，促发展。各县（区）政协主席或副主席、市政协副秘书长、办公厅调研员、各专委会副主任及办公厅各科室负责人列席会议。

【十一届九次常委会】 政协第十一届拉萨市委员会常务委员会第九次会议于8月23日下午召开。市政协党组副书记、主席袁训旺主持会议并讲话。市政协副主席亚古、孙宝祥、拉巴顿珠、达娃出席会议。市委常委、常务副市长占堆、市中级人民法院副院长江安次仁、市人民检察院常务副检察长塔青应邀出席会议。会议应到常委50名，实到34名。会议分别听取市委常委、常务副市长占堆受市委副书记、市长、城关区委书记果果委托所作的拉萨市人民政府2018年上半年工作开展情况通报，市中级人民法院江安次仁所作的市中法2018年上半年工作情况通报和市人民检察院塔青所作的检察院2018年上半年工作情况通报。袁训旺代表市政协向市政府和“法检”两院对市政协工作一如既往给予的大力支持表示感谢。并就做好下一阶段市政协工作提出三点要求。进一步深化学习领会中共十九大精神，不断把拉萨政协事业推向前进；进一步强化履职能力建设，不断推动政协工作取得新成效；进一步细化工作职责，认真推进落实全年各项工作任务。不是市政协常委的各县（区）政协主席副主席、市政协副秘书长、办公厅调研员、各专委会副主任及办公厅各科室负责人列席会议。

（陈　凯）

重要活动

【春节、藏历新年团拜会】 2月10日下午，举办拉萨市2018年春节、藏历新年团拜会。自治区党委常委、市委书记白玛旺堆出席团拜会并致辞，市委副书记、市长、城关区委书记果果主持团拜会。各族各界代表互献哈达、互致祝福，并观看文艺演出。市委、市人大、市政府、市政协其他在家地级领导干部，以及驻市人民解放军、武警部队、执勤部队代表、驻村（居）工作队代表，劳模、英模和各族各界人士代表，各县（区）和市（中）直单位主要负责人参加。

1—2月，在春节、藏历新年期间，市政协党组班子成员袁训旺、次仁平措、江嘎、顿珠多吉、张勤、孙宝祥、拉巴顿珠、岳国红、朱梅品、达娃、刘亮分别深入各自联系指导村（居）、寺庙和贫困户，开展联系指导工作和节前慰问活动，亲切看望慰问村（居）“两委”班子成员、驻村（居）工作队，寺管会干部、寺庙僧人，送上哈达、慰问金、慰问品，向基层干部群众致以节日的问候。

【主题党日活动】 3月22日，市政协机关党支部组织机关全体党员、干部职工，开展主题党日活动。传达学习《拉萨市环境保护督察整改工作领导小组办公室关于印发〈庄严同志在自治区环保督察问题整改工作专题会上的讲话（摘要）〉的通知》精神；集中观看红色影片《厉害了 我的国》。

【西藏百万农奴解放纪念日座谈会】 3月27日下午，市政协组织全市各族各界委员代表，举行庆祝“3·28”西藏百万农奴解放59周年纪念日座谈会。市政协副主席亚古出席，市政协副主席、秘书长张勤主持座谈并发言。与会政协委员抚今追昔、畅谈感想，结合亲身经历及所见、所闻，围绕“纪念西藏百万农奴解放59周年”主题，畅谈西藏百万农奴解放59年来全区和全市发生的翻天覆地的变化。

【县(区)政协工作经验交流会】 5月31日上午，市政协组织各县(区)政协召开全市县(区)政协工作经验交流会。市政协党组书记、主席袁训旺出席会议并讲话，市政协副主席亚古出席会议，市政协党组副书记、副主席兼秘书长张勤主持会议。各县(区)政协紧密结合工作实际，围绕各自在履职过程中的特色亮点作交流发言，回顾总结在履职实践中创造的新经验、新方法，分析研究当前政协工作面临的新情况、新问题，探讨加强和改进政协工作的新思路、新途径。

【庆“七一”系列活动】 6月28—29日，市政协机关党支部、妇委会、工会联合开展庆“七一”暨改革开放四十周年系列活动，市政协党组成员、副主席孙宝祥参加活动。6月28日，机关党支部赴城关区河坝林社区开展在职党员到社区报到服务群众活动，为社区“三老”人员送去慰问金6900元。6月29日，市政协机关党支部举行党员重温入党誓词仪式和预备党员入党宣誓仪式，组织开展党章、宪法、政协章程及改革开放相关知识问答和拔河、跳绳、踢毽子等系列文体活动，全体干部职工积极踊跃参加比赛，以各种方式向中国共产党建党97周年暨改革开放四十周年献礼。

【市政协文史资料编委会第一次会议】 7月18日，政协第十一届拉萨市委员会在市政协常委会议室召开文史资料编委会第一次会议。会议全面总结文史资料编委会一年来的工作，启动改革开放40周年征稿工作，广泛征求文史委员对政协文史资料工作的意见建议，研究部署史料征编、校审工作。

【“9·17”民族团结进步节座谈会】 9月14日，市政协召开各族各界政协委员庆祝“9·17”民族团结进步节座谈会。市政协副主席亚古主持会议、市政协党组成员、副主席拉巴顿珠出席并讲话。各族各界政协委员代表和市民宗、统战部门负责人参加会议。与会委员围绕“三个离不开”政策和“加强民族团结，建设美丽西藏”，结合自身经历和见闻畅谈进一步增强民族团结工作的责任感、使命感、紧迫感，就如何发挥好委员作用进行发言。下午，委员们赴清政府驻藏大臣衙门旧址和反分裂斗争教育地及吉日街道办事处河坝林社区居委会视察民族团结工作开展情况。

【委员培训班】 9月25日，政协第十一届拉萨市委员会在市委党校举办政协委员培训班。邀请自治区政协、市委党校等相关专家进行授课，进一步提高政协委员的政治站位，增强委员意识，提高委员履职能力和参政议政水平。市、县(区)政协委员和县(区)政协有关人员共计60人参加培训。

【党员政治教育培训】 10月11日至25日，市政协机关精心部署、认真组织，围绕“把党的政治建设摆在首位——习近平总书记关于党的政治建设重要论述解析”“坚定政治信仰、增强‘四个意识’，坚定‘四个自信’，坚决做到‘两个维护’”“始终把严明政治纪律和政治规矩摆在首位”“坚定马克思主义唯物论和无神论信仰”“牢固树立马克思主义历史观、民族观、国家观、文化观、宗教观”“全面贯彻党的宗教基本方针”等专题，以集中授课的方式，组织机关全体党员、在拉萨的离退休老党员共计60余人开展党员政治教育培训。

【西藏传统筹算法“迪孜”第二期培训班结业】 10月18日，西藏传统筹算法“迪孜”第二期培训班结业典礼在拉萨师专举行。结业典礼上，与会人员共同观看培训成果短片，回顾一年来“迪孜”课堂教学、专题讲座和实地考察等情况；拉萨师专党委书记江白代表“迪孜”传习基地致辞；政协拉萨市委员会和拉萨高等师范专科学校为顺利结业的7位学员颁发西藏传统筹算法“迪孜”结业证书和学员鉴定；老师达娃玉珍代表第二期培训班学员作了发言；市政协副主席孙宝祥作了重要讲话；自治区文化厅党组书记龙志刚代表区文化厅为市政协授予“迪孜”自治区第五批非物质文化遗产名录牌匾。

（陈　凯）

参政议政

【十一届三次会议提案交办会】 3月7日，市政协召开十一届三次会议提案交办会，将提案分别移交市委督查室、市政府督查室。交办会上，市政协提案委主任委员巴次对十一届三次会议提案收集审查立案情况作了说明，并与市委督查室、市政府督查室相关负责人签订委员提案交接清单。此次会议共收到委员提案129件，经提案审查委员会审查全部立案。经与市委督查室、市政府督查室民主协商，确定党委系统承办提案13件，政府系统承办提案116件。

【第13次季度协商座谈会】 4月4日，由市政协文史民族宗教法制委员会牵头承办的政协拉萨市委员会第13次季度协商座谈会在市政协常委会议室召开。市政协党组副书记、副主席、秘书长张勤主持会议并讲话。会上，市政协文史民族宗教法制委员会主任达瓦次仁通报市政协文史工作开展情况。各县（区）政协负责人围绕“加强县（区）史编纂力度，开创拉萨文史资料工作新局面”进行交流发言。各县（区）政协负责人、市政协副秘书长、市政协各专委会负责人、办公厅相关工作人员、市政协部分文史委员等30余人参加会议。

【农牧界、科技界委员开展界别活动】 4月13日，市政协经济资源环境社会教科文卫委员会组织农牧界、科技界委员围绕“开展农业实用技术培训，助推全市乡村振兴”开展界别活动。市政协党组副书记、副主席江嘎出席活动。上午，委员们到香雄美朵生态旅游文化产业园区进行实地参观。下午，在堆龙德庆区古荣乡巴热村，邀请市农业技术推广站专家对巴热村村民开展农业实用技术培训专题讲座。

【专题调研】 5月10日，市政协组织经济界、工商界、医卫界、科技界等相关界别政协委员形成调研组赴林周县就脱贫攻坚工作开展深入调研。市政协党组副书记、副主席、秘书长张勤参加调研。调研组一行与林周县、乡两级有关负责人在旁多乡政府召开座谈会，听取县扶贫办就北部三乡脱贫攻坚工作开展情况汇报，与会委员就林周北部三乡脱贫攻坚工作中存在的困难和问题集思广益，建言献策。

6月11日，市政协组织委员，先后到当雄县羊八井镇恰玛村、当曲卡镇当曲卡村，林周县卡孜乡卡孜村、强嘎乡曲嘎强村，堆龙德庆区羊达乡通嘎村、古荣乡巴热村围绕“拉萨市农村集体经济发展状况”开展调研。市政协党组副书记、副主席、秘书长张勤参加调研。调研组一行通过座谈、听汇报、实地参观农村集体经济实体等方式深入了解农村集体经济发展现状、取得的成效、存在的问题，并提出有利于农村集体经济发展的对策建议，推动全市农村集体经济发展探索新路径、新模式，不断增强农村基层组织号召力、凝聚力和服务力。

8月3—9日，市政协经济资源环境社会教科文卫委员会牵头组织部分委员，以“江河湖泊水资源保护和中心城区水系整治情况”为主题进行调研，赴中心城区南中北干渠入水口、宗角禄康公园、布达拉宫广场、罗布林卡、流沙河、尼木玛曲、雅江尼木段、拉萨河及雅江曲水段、雅江空港新区段、墨竹玛曲、拉萨河达孜段等地，实地调研拉萨市江河湖泊水资源保护和中心城区水系整治情况。市政协党组成员、副主席兼“河长制”督查组副组长孙宝祥参加调研。调研组一行采取实地查看、听取汇报、座谈交流等方式，全面深入了解全市江河湖泊水资源保护和中心城区水系整治情况，并针对持续开展好拉萨生态环境保护工作建

2018年6月29日，政协第十一届拉萨市委员会常务委员会第八次会议

言献策。

11 月 20 日，市政协经济资源环境社会教科文卫委员会牵头组织部分委员，以“拉萨市文化旅游产业融合发展”为主题，采取实地查看、听取汇报、座谈交流等方式开展专题调研。市政协党组副书记、副主席江嘎参加调研。与会委员结合实际，从不同领域、不同角度、不同层面，讲实情、谈体会、提建议，体现政协委员对拉萨市文化旅游产业融合发展的关心和积极参政议政、建言献策的履职担当。

【第 14 次季度协商座谈会】 6 月 15 日，政协拉萨市委员会第 14 次季度协商座谈会在市政协常委会议室召开。市政协党组书记、主席袁训旺主持会议并讲话。市政府副市长郑卫国，市政协副主席张勤、岳国红出席座谈会，市政协办公厅和各专委会、部分市直单位相关负责人及部分政协委员参加会议。与会人员围绕“市直相关部门对环境保护工作的履职情况”进行专题协商，为更好地推进生态文明建设，保护西藏的绿水青山建言献策，提出具有针对性和可操作性的协商意见。

【工商界、军警界委员开展界别活动】 9 月 20 日，市政协经济资源环境社会教科文卫委员会组织工商界和军警界部分委员，采取实地查看、听取汇报、座谈交流等方式，围绕“拉萨市非公企业助推精准扶贫工作”开展界别活动。市政协党组成员、副主席孙宝祥参加活动。政协委员要紧紧围绕拉萨市非公企业助推精准扶贫工作开展调查研究和协商议政活动，强化产业支撑助推精准扶贫，为拉萨市的精准扶贫工作作出努力，做出贡献，为拉萨市经济发展发挥界别作用。

【第 15 次季度协商座谈会】 11 月 9 日，政协拉萨市委员会以“如何提高提案办理实效”为主题召开第 15 次季度协商座谈会。市委常委、常务副市长王念东出席会议并讲话，市政协党组副书记、副主席江嘎主持会议。市政协办公厅、各专委会，市委办公厅督查室、市政府办公厅督查室，市教育局、市公安局等 5 家单位负责人及 12 名政协委员参加会议。会议听取市教育局、市公安局、市人力资源和社会保障局、市卫生和计划生育委员会、市市政市容管委会 5 家单位提案办理工作情况汇报，与会委员围绕提案办理和满意度等问题向相关单位提问并作了交流发言，为市直部门更好地履职尽责，提高提案办理能力和水平提出宝贵意见建议。

（陈　凯）

民主监督

【民主监督小组工作】 市政协民主监督小组在拉萨市 7 家市直派驻单位开展民主监督工作，与受派单位主动对接，明确监督方式和内容，不断规范创新民主监督工作方式方法。民主监督员受邀参加受派单位的有关会议和活动，进行专题调研、专项检查评议，以口头或书面意见建议等形式开展民主监督，不断促进受派单位及其工作人员转变作风、履职尽责。各民主监督小组妥善合理利用微信等媒体渠道，畅通联络沟通渠道，推动民主监督工作更加便捷实效，市政协委派民主监督员工作正稳步推进。

【监督中考工作】 6 月 21 日上午，以市政协常委、提案委员会主任巴次任组长的市政协派驻市教育局民主监督工作小组对拉萨市中考考务工作进行民主监督。市人大常委会副主任、市教育局党组书记康娜美朵全程出席民主监督小组活动。民主监督小组赴市教育局国家考务指挥中心，查看市区 4 个考点试卷的安全保密、分发、监考等考务工作视频，听取拉萨市中考考务整体情况汇报，并实地赴拉萨市一中、拉萨市高级中学、江苏实验中学考点对安全保卫、医疗后勤服务保障等工作进行协商式监督。7 月 24—25 日，市政协党组副书记、副主席兼秘书长张勤分别到受派部门（单位）市住建局、市旅发委、市工信局、市教育局、市市民服务中心、市人民医院、市公安局交警支队（车管所）召开座谈会，督导检查市政协委派民主监督员工作小组工作开展情况。就做好全市政协委派民主监督员工作提出相关要求。

（陈　凯）

专门委员会工作

【提案委员会】 不断提高提案办理水平，加大提案督办力度，十一届三次会议共收到提案 129 件，立案 129 件，遴选出重点提案 2 件、领衔督办提案9件，2名主席会成员对2件重点提案挂牌督办，6名党组班子成员对9件提案领衔督办，提案办复率100%，提案办理被满意率明显下降。重视提案工作交流，一名副主席应邀参加全国部分城市政协提案工作研讨会，汲取百家精华，贡献拉萨经验。结合市政协委员培训班，提案授课1次，培训委员59人；各县(区)政协委员培训班，提案授课4次，培训委员170余人次。提案委精心备课，县(区)授课采用藏汉双语，努力做到通俗易懂、便于掌握。通过培训，使委员进一步掌握提案撰写方法，力求撰写出的提案实事求是、简明扼要、有情况、有分析、有建议，提案整体质量进一步提高。组织委员和界别小组围绕全市脱贫攻坚、乡村振兴、生态文明建设等开展各项调研视察活动4次。积极做好全市巩固"禁白"成果工作，优化"禁白"领导小组成员结构，明确责任分工，创新工作方法，引入市属国企参与"禁白"，加大"禁白"宣传力度，践行"美丽拉萨，我是行动者"主旨活动，加大督导检查，加强县(区)"禁白"工作。全年开展各类"禁白"督查6次，没收一次性发泡塑料袋1.73万公斤，

2018年6月14日，市政协委员到城关区开展提案督办活动

市场投放环保无纺布袋376.1万条。扎实开展"河长制"督查工作，查漏补缺，挖掘典型，推广经验。针对拉萨河北岸经开区段上游至彩虹桥下游之间排洪渠私占乱建、直排等问题开展专项督查。全年开展专项督查4次，形成督查报告4篇上报市委，力推相关问题得到解决。

【文史民族宗教法制委员会】认真指导县(区)政协完成八县(区)史整理编纂工作。组织召开文史资料编委会第一次会议，部署"三亲"文章校审工作。全面启动《改革开放40年——拉萨记忆》征稿活动，征集稿件33篇。积极参与庆祝改革开放40周年系列活动，为"西藏改革开放40周年"主题文史资料供稿10篇。西藏传统筹算法"迪孜"成功入列自治区级非物质文化遗产代表性项目名录，市政协驻会委员卡加·白玛洛珠被认定为"迪孜"市级代表性传承人。与拉萨师专合作成功举办第二期"迪孜"培训班，培养和造就一批品德优良、技艺精湛、善于运用的"迪孜"传承人，为保护和传承这一濒临失传的传统筹算文化发挥重大作用。

(陈　凯)

中国共产党拉萨市纪律检查委员会

综述

2018年，拉萨市纪委常委会带领全市各级纪检监察机关，学习贯彻习近平总书记关于全面从严治党的系列重要论述和重要指示精神，围绕十九届中央纪委二次全会和九届自治区纪委三次全会精神的贯彻落实，牢牢把握新时代纪检监察工作特殊历史使命和重大政治责任，一体履行监督执纪问责和监督调查处置双重职责，立案查处腐败案件110件，依法留置10件11人，给予党纪政务134人，移送司法机关10人，纪律震慑不断扩大、群众获得感不断增强，党风廉政建设和反腐败工作取得新的明显成效。

（赵春梅）

纪检工作

【第三次全体会议】 2月27日，拉萨市召开九届市纪委三次全会，自治区党委常委、拉萨市委书记白玛旺堆出席第一次大会并作重要讲话。拉萨市委常委、市纪委书记、市监委主任王家民主持会议。市委在家常委，市人大、政府、政协地级党员领导干部，市中级人民法院、市人民检察院、市公安消防支队负责人，市委巡察机构负责人，九届市纪委委员，各县（区）委书记、县（区）长及市（中、区）党政主要负责人439人参加会议。

【专题教育】 年内，学习贯彻习近平新时代中国特色社会主义思想和中共十九大精神，制定理论中心组学习计划，明确学习重点、学习步骤及目标要求，分专题开展理论中心组学习17场次，交流发言29人次，撰写心得体会160篇；在拉萨纪检监察网、清风拉萨微信公众号开辟学习专栏，定期转载相关学习内容，营造浓厚学习氛围，发布各类文章1310篇，浏览人数213.29万人次；自主举办学习贯彻中共十九大精神专题培训班，分2期对330名纪检监察干部进行轮训，基本实现市县乡三级纪检监察干部参训全覆盖。

【政治纪律和政治规矩】 年内，坚持把严明党的政治纪律和政治规矩摆在首位，统筹谋划推进全市加强政治纪律教育活动，查处党员、干部违反政治纪律和政治规矩案件5件5人；严格执行党员不信仰宗教、更不得传播和发展宗教的相关规定，发现党员涉嫌参与宗教活动问题线索13件；紧盯重要时期，定期不定期开展维稳督查，现场发现并纠正问题422个，严肃查处违反维稳工作纪律党员干部6人，给予党纪政务处分3人，诫勉谈话3人，对维稳措施落实不力的1家单位给予通报批评。

【履行监督】 年内，开展全市政治纪律教育活动，督促全市各单位深入学习贯彻《中华人民共和国监察法》《中国共产党纪律处分条例》等党内制度法规并开展专项督查；组织124名新任职党员干部开展任前廉政谈话及任前廉政知识测试，对成绩不合格的统一回炉重考；赴违纪违法干部所在单位开展身边事警示教育身边人活动，制定出台《关于进一步加强以案促改工作的通知》，差异化开展以案促改工作；严把选人用人政治关、品行关、作风关、廉洁关，出具党风廉政意见回复163批次4004人次；建立完善、动态更新全市党员领导干部廉政档案1379份，为领导干部精准"画像"；定期推送党风廉政建设动态，公布自治区、拉萨市违纪违法典型案例25条，教育引导党员干部知敬畏、存戒惧、守底线；深入县（区）、企业、医院、学校等开展党风廉政建设和反腐败斗争专题讲座17场次，受教育党员干部1091人次。

【"四种形态"】 年内，有效实施"四种形态"，对反映的一般性问题及时谈话提醒、约谈函询，让本人作出说明、所在党委（党组）书记签字；对如实说明的予以采信，了结后向被函询人反馈澄清，体现党对干部的信任；对存在违纪问题的，查清主要违纪事实后，综合考虑违纪性质情节和认错悔错态度，给予批评教育、组织处理或纪律处分，体现党的政策。全市各级纪检监察机关共受理信访举报342件次（含上级转交办），处置问题线索381件，运用"四种形态"处理520人次，第一、二、三、四种形态分别占比73%、21%、4%和2%；督促受到前三种形态处理的58名党员在民主（组织）生活会上作出说明。

【脱贫攻坚】 年内，助力脱贫攻坚大局，从各县（区）抽调副县级领导干部成立扶贫领域交叉督查组7个，深入脱贫攻坚第一线发现问题、摸排线索，广泛收集广大群众诉求；实行县（区）扶贫领域工作进展情况月报告工作机制，细化完善《拉萨市纪检监察机关日常监督检查登记表》，层层压实责任至乡村一级，林周县阿朗乡、达孜区唐嘎乡、塔杰乡实现扶贫领域问题线索"零突破"；加强与扶贫相关部门沟通协调，建立健全工作联系、信息共享、情况互通等工作机制，建立完善党风政风监督室和监督检查室的协作配合机制，严肃查处扶贫领域贪污挪用、虚报冒领、截留私分、优亲厚友、挥霍浪费等问题28件，给予党纪政务处分26人，组织处理25人，通报曝光2批次8起11人。

【扫黑除恶专项治理】 年内，强化与政法机关职能部门沟通联系和工作会商，建立问题线索快速移送和查办结果反馈机制，发现涉嫌涉黑涉恶腐败和充当黑恶势力"保护伞"问题线索6件。

【惩治力度】 年内，始终保持反腐败高压态势，紧盯选人用人、审批监管、资源开发、大宗采购、土地出让、工程招标等重点领域，高度警惕政治问题与经济问题、反分裂问题与腐败问题相互交织的情况，立案查处腐败案件110件，给予党纪政务处分134人、移送司法机关10人；查处基层"微腐败"35件，给予党纪政务处分32人，组织处理26人，持续强化不敢、知止氛围。

【追责问责】 年内，用好问责利器，对监管不力、履职不到位的8家单位、落实领导责任不力的60名党员领导干部进行严肃问责；处置环保领域追责问责问题线索3件18人，立案审查3件，给予党纪政务处分12人，诫勉谈话6人，对4家单位进行问责；对2017年度目标绩效考核排名靠后的10家单位进行约谈，倒逼责任落实。

【宣传教育】 年内，每逢节假日、子女升学之际，在拉萨纪检监察网以及"清风拉萨"微信公众号上刊登进一步严明纪律要求的公告等，提醒教育全市党员干部廉洁过节，坚决防止"欢送会""谢师宴"等各类不正之风滋生蔓延。在网站上提供权威宣传平台，设立时政要闻、工作动态、宣传教育、互动交

2018年1月16日，拉萨市第十一届人民代表大会第三次会议依法选举产生首届拉萨市监察委员会主任

2018年1月22日，拉萨市监察委员会挂牌成立

流、展馆动态、资料库、他山之石、机构设置等8个版块22个栏目，以文字、图片、视频等多种形式展现工作成果，全面反映拉萨市纪检监察工作动态；截至年底，拉萨纪检监察网站总点击量达2564643次，日均点击量达4989余次，更新发布消息609条，发布反腐倡廉工作信息294条，发布党内法规制度和国家法律法规59条，为拉萨党风廉政建设和反腐败工作提供有力的舆论支持和宣传服务。为致力于权威发布拉萨市纪检监察工作信息，深度解读党风廉政建设和反腐败斗争中民众关注的热点问题，传递党风廉政正能量，助推风清气正新常态，拉萨纪委监委官方微信公众号"清风拉萨"于4月正式改版。从原来每周更新一次信息，升级为每日更新一次信息。做到第一时间发布反腐败工作最新动态，准确把控舆论导向，成为拉萨市宣传党风廉政建设和反腐败工作的热点和重要平台。截至年底，微信公众号关注人数6508人，共发布信息612条，阅读量149707人次；好友转发量3687人次。

【派驻监督全覆盖】　年内，采取"8+1""综合＋单独"方式向全市68家党和国家机关派驻纪检监察组，各组牢固树立派驻监督是上级监督、异体监督的意识，围绕被监督单位领导班子成员落实管党治党责任、执行党的路线方针政策、个人廉洁自律等方面，及时发现并督促整改存在问题，共处置问题线索50件，给予党纪政务处分13人，谈话函询17件、诫勉谈话1人。

【能力建设】　年内，严格落实班子成员联系指导县(区)、纪检监察组(国有企业纪委书记)工作机制，建立跟岗培训、抽调轮训、以案代训、集中培训于一体的培训教育长效机制，自主举办纪法衔接、政治理论和业务知识等培训班7期、培训810人次，发放各类资料3.45万册，选派565人次参加中央纪委国家监委和自治区纪委监委业务培训，双向提升监督执纪问责和监督调查处置能力水平。

【作风建设】　年内，制定出台机关干部日常行为规范系列规定，推行分管、协管领导及部室负责人季度约谈制度，体现严管就是厚爱；以机关党总支升格机关党委为契机，持续加强机关党的建设，选优配强领导班子成员，强化党员日常教育监管；开展纪检监察系统"双述"，选取6名纪委书记、纪检组长现场述责述廉并接受质询评议；处置涉及纪检监察干部问题线索9件9人，给予党纪政务处分3人、组织处理4人。

（赵春梅）

监察工作

【深化监察体制改革】　2018年1月，市县两级监察委员会先后组建完成，划转编制99个、转隶干部52名、移交问题线索8件；精准识别监察对象，由改革前35901人增加至63773人；持续推进职能、人员和工作深度融合、有序运转，组织全体干部既学党章党规党纪，又学宪法法律法规，制定出台系列办法、文书，对谈话函询、初步核实、立案调查等关键环节梳理细化、流程再造，明确纪法贯通、法法衔接程序规范，全要素试用谈话、讯问、询问、查询、调取、扣押、搜查、留置等8项措施，依法留置10件11人(含自治区纪委指定管辖案件)，真正将制度优势转化为治理效能；在全区率先开展监察职能向基层延

2018年1月26日，召开拉萨市监察委员会成立大会

伸工作，选取城关区为先行试点，全市各县（区）陆续向乡镇（街道）设立派出监察室 64 个。自治区党委常委、市委书记白玛旺堆针对拉萨市改革工作作出“开局良好，望持续用力，改革到位”的批示。

【巡察监督】 年内，持续深化政治巡察，修订完善《中共拉萨市委员会 2017—2021 年巡察工作规划》，试点开展市委提级巡察和县（区）交叉巡察，上下同频开展脱贫攻坚专项巡察，加强县（区）巡察指导力度，高质量推进巡察全覆盖，全年组建 19 个巡察组开展 3 轮巡察，覆盖 43 家党组织，发现问题 271 个，移交问题线索 33 件 32 人；建立市纪委监委、市委组织部、市委巡察机构整改督查“三方联动”机制并顺利完成 2 轮督查，整改完成率 86.3%，对整改不到位或存在其他问题的 113 名党员干部进行提醒谈话、约谈或诫勉谈话，督促建立完善制度 239 个，清理清退各类资金 540 余万元。

【纠“四风”工作】 2018 年，抓住重要年节假期，节前召开部署会议、发送廉政短信、下发文件通知，督促各级党组织加强党员干部日常教育管理；联合相关职能部门，成立专项监督检查小组，采取随机抽查、专项检查和交叉互查等方式，严肃查处违规公款吃喝旅游送礼、公车私用、滥发津贴补贴等违反中央八项规定精神问题 19 件 23 人，给予党纪政务处分 14 人、组织处理 12 人、诫勉谈话 8 人，通报曝光 5 起 6 人。将自治区纪委监委蹲点督导反馈问题及时印发至全市各单位，制定出台“十种表现”突出问题集中整治实施方案，强化文山会海、不作为慢作为等形式主义官僚主义问题监督检查，发现并反馈问题 660 个；深入 8 个县（区）、16 家市直单位和 2 家援藏指挥部，围绕 2013 年 1 月至 2018 年 2 月援藏资金管理使用情况开展专项检查，发现整改类问题 89 个，移交问题线索 8 件；在全市开展领导干部利用名贵特产类特殊资源谋取私利问题专项整治自查，督促相关单位对查摆出的问题进行整改；持续深化党员干部和国家公职人员参与赌博或带彩娱乐活动问题专项整治，给予党纪政务处分 5 人。

（赵春梅）

法 治

政法委及综治

【概况】 2018年,市委政法委深入贯彻落实习近平新时代中国特色社会主义思想和中共十九大精神,深入贯彻落实区、市党委九届三次全会精神和关于政法维稳综治工作的决策部署,紧扣新时代党对政法工作的绝对领导这一根本原则,聚焦维护国家政治安全、确保社会大局稳定、促进社会公平正义、保障人民安居乐业的使命任务,坚持抓部署、抓创新、抓落实,不断夯实拉萨市社会持续和谐稳定的基层基础,巩固拉萨市长足发展和长治久安的良好态势。

【维稳工作】 突出整体维稳,形成工作合力。年内,市委政法委充分发挥维稳专班成员单位行业作用、区域作用,深入分析、研判拉萨面临的维稳形势任务,根据不同时段、不同矛盾、不同重点,针对性调整维稳策略。全年先后组织召开维稳专题会议90余场次,印发各类方案100余份,为全市维稳工作的扎实有序推进奠定良好基础,确保重要时段、重大活动期间的社会面和谐稳定,确保中央西藏工作协调小组关于“拉萨绝不能出事、也出不起事”的工作要求和吴英杰书记“以防患于未然为原则做工作、以防出大事打基础做准备、以落实责任敢于担当为标准看干部”的重要指示在拉萨全面贯彻落实。

注重妥善应对,深化反分裂斗争。年内,市委政法委把严密防范达赖集团和敌对势力分裂破坏渗透活动作为反分裂斗争的根本任务。围绕最大程度地消除“输入型”“潜入型”隐患,持续深化反自焚专项斗争,持续发挥“护城河”过滤作用,全面加强人、物查验和管控力度,社会面管控进一步增强。全年共盘查抓捕涉案人员21人,查获反宣光碟390张,收缴汽油1万余升、管制刀具744把。

坚持依法打击,履行首要政治职责。年内,严格履行政法委对危害国家安全案件的统筹指导职责,认真落实政法委重大案件联席会议机制,整合政法机关力量,明确打击方向和重点,提高对危安案件的发现、侦破、公诉、审判水平,形成联动联打危害国家安全犯罪的合力。全年共召开专题案件协调

2018年1月4日,在2017综治表彰大会上市委市政府与单位代表签订综治责任书

会6次，研究危害国家安全案件14件，打击犯罪分子105人。

推动“我要稳定”，夯实群众基础。年内，市委政法委深入贯彻落实区、市党委关于加强党员干部政治教育的部署要求，全面加强干部教育培训，联合组织、宣传、统战等部门，对全市党员干部、僧尼开展深入揭批达赖集团反动本质教育。深入贯彻落实区、市党委“四讲四爱”主题教育活动部署，组织全市政法机关深入基层开展宣传教育活动，培育广大群众爱党爱国思想。深入贯彻落实区、市党委脱贫攻坚整体部署，以帮助群众增收致富为抓手，深入开展党的惠民政策宣传，着力淡化宗教消极影响。

【社会治安综合治理】 深入推进综治网络深度延伸。年内，深入贯彻落实中央和区党委政法委关于加强综治中心建设的部署要求，开展综治中心建设调研，提出整合基层工作力量，建设符合拉萨实际的综治中心的意见，并在此基础上，指导全市各县区积极推进县乡村三级综治中心建设，建立县级中心7个，乡镇级综治中心58个，村居级综治中心110个，确保综治中心在全市范围内的全覆盖。同时，为有效发挥综治中心在加强基层社会治理工作的积极作用，促进综治中心规范化建设，市委政法委牵头组织综治成员单位在林周县召开综治中心建设现场会，推广经验、推行做法，为综治中心的作用发挥、职责统一奠定良好基础。

持续创新社会治理措施。年内，在继续狠抓网格化、双联户等行之有效的基层社会治理措施的同时，市委政法委紧紧围绕深入实施乡村振兴战略，以推动法治、德治在基层社会治理中有效融合为目标，以更好地发挥各族群众在社会治理中的自主作用为抓手，根据拉萨市乡村社会治理体系建设需要，针对性提出建设新时代拉萨平安善治村居意见，对全市社会治理工作提出全面规划。截至年底，相关材料已报市委审定。

2018年2月8日，召开全市政法工作会议

高速推进两个模式有效融合。年内，市委政法委主动适应新时代社会治理需要，突出社会治理和平安建设的精准性，一手抓依靠人力、物力的传统社会治理模式应用，最大程度地发挥群防群治作用，一手抓信息化、智能化新型社会治理模式建设，在全市范围内深入推进“雪亮工程”公共安全视频监控建设，扩大动态监控覆盖面，有效提升预防犯罪和打击犯罪能力。

推动矛盾纠纷联排联化。年内，拉萨市坚持“属地管理、分级负责”“谁主管、谁负责”和“重点要防、难点要盯、热点要疏、一般要复”的原则，突出行业部门、基层组织、群众自治组织联合排查化解矛盾纠纷，定期在辖区内开展排查，组织化解，确保4385件矛盾纠纷在第一时间发现、第一时间化解，未出现影响稳定的重大事件。特别是在落实社会稳定风险评估中，把群众对项目、活动的认同作为标准，深入实地征求群众意见，做到预防在前，为全市324件重大项目、重大活动的顺利实施奠定良好基础。

持续推动重点行业安全监管到位。年内，拉萨市紧紧围绕道路交通、易燃易爆品、消防安全等重点行业，明确行业主管部门工作目标，持续加强安全监管责任制落实，最大限度地预防重特大安全生产事故的发生。全年各行业部门共开展专项行动57次，查处交通违法行为18万余起，检查涉易燃易爆品单位400余家，整改消防隐患1万余处。

【"三个专项斗争"】开展扫黑除恶打非治乱专项斗争。年内，拉萨市深入贯彻落实中央和区、市扫黑除恶打非治乱专项斗争会议精神，严格按照"十个新突破"要求，紧紧围绕农牧区涉恶、影响经济社会发展、危害社会秩序等21个方面的打击整治重点，组织协调全市各成员单位深入开展扫黑除恶打非治乱专项斗争，形成市委市政府牵头，各部门共同开展、群众广泛参与的良好格局。截至年底，共打掉涉黑组织1个，涉恶团伙5个，侦破涉恶犯罪案件20起，破获涉毒案件32起，抓获犯罪嫌疑人225人。成功打掉以扎西为首的长期盘踞在空港新区拉萨机场附近，垄断客运行业、扰乱交通运输秩序黑社会组织，并对涉嫌充当"保护伞"的市交通执法支队曲水大队公职人员普布次仁移交纪委调查；成功侦破以次仁桑珠为首的盘踞乡里、破坏基层政治生态、侵吞集体资产的堆龙德庆区加入村农村恶势力团伙并涉案党员洛桑唐曲及原加入村村主任次旦充当"保护伞"的情况进行审查；成功铲除以刑健为首的寻衅滋事、吸贩毒品的恶势力团伙并对藏匿在公安队伍中的害群之马进行深挖。成功打掉以张鹏为首的开设赌场、高息放贷、充当地下执法队的恶势力团伙。通过在市、县（区）两级公布有奖投诉电话10余个、设立举报箱200余个、横幅标语1000余条、发放调查问卷和宣传材料10000余份，在全市范围形成全民参与、全面联动的揭发、震慑、打击黑恶违法犯罪活动的良好氛围。此外，通过社会治安体系防控体系建设，形成综合治理合力，整治赌博窝点29处，查处赌博违法犯罪行为50起357人，整治危害食品药品安全的"黑作坊"29家、整治影响运输市场的黑车运营上百起，整治影响旅游市场的倒卖门票行为50余起。

开展打击非法组织专项斗争。年内，拉萨市坚持"主动出击、防范在先、严厉打击、确保安全"的工作原则，深入摸排非法组织线索，加大工作力度，坚持"打早、打小、打快、打狠、打稳"，严厉打击各类非法组织，有力挫败达赖集团在境内培植、发展分裂势力的图谋，有力维护国家统一和党的执政地位。截至年底，依法取缔14个非法组织，查处涉案人员124名。

深入开展扫黄打非专项斗争。年内，拉萨市按照2018年清源、净网、秋风、护苗四大专项行动要求，围绕行业规范管理、淫秽色情整治、盗版侵权查处等重点环节，通过实地调研、下发问卷等措施，征求群众意见建议，对曲米路、八一路等治安乱点进行集中清理排查整治，共清查音像制品店105家，娱乐场所144家，洗浴场所185家，收缴非法出版物400余份，先后依法打击卖淫嫖娼活动，查处卖淫嫖娼活动26起，抓获违法犯罪嫌疑人307人。

【依法治市】巩固提高司法体制改革成果。年内，拉萨市严格贯彻中央和区、市党委司法体制改革的部署要求，在全面完成司法改革员额制等基础工作的基础上，以综合配套改革为抓手，深入推进司法责任制改革，深入推进诉讼制度改革；引导法院、检察院积极推动办案团队建立，加快内设机构改革，有效提升公诉率、结案率，缩短办案周期。加强对公安机关、司法部门的改革指导，深入推进"放管服"改革，深化和完善法律援助制度改革，促进部分行政职权的下放，使改革成果更好地惠及人民群众。

依法捍卫群众合法权益。年内，拉萨市持续加强涉法涉诉信访案件处置化解，着力引导群众依法解决问题，导入司法程序办理案件71件，挂牌督办案件33件，审批司法救助金45万余元，有效促进案件妥善化解，提升群众对法律的信任感。

群众法治教育。年内，拉萨市严格落实市委全面实行"谁执法谁普法"责任制部署，由普法工作领导小组牵头，在全市开展以"尊崇宪法、学习宪法、遵守宪法、维护宪法、运用宪法"为主题宪法学习宣传活动118场次，组织国家公职人员宪法学习讨论241场次，受教育干部群众超过12万人次。特别是对全市548名新任村居党支部书记、主任进行宪法法律知识集中培训，并组织开展6场由法律专家和村干部共同参加的依法治村专题研讨会。深化"法律七进"，在全市各学校启动法治教育纳入国民教育规划工作，将《拉萨市中学生法治教育读本》和《拉萨市小学生法治教育读本》纳入全市中小学课程，组织开展法治课79场次；深入开展"法律进宗教场所"主题普法宣教活动，在全市各宗教场所共举办各种法治宣传教育活动204场次，并成功组织全市宗教教职人员和驻寺干部法律知识考试。

【政法队伍建设】政治建设。年内，

2018年7月20日，向自治区验收组汇报雪亮工程验收情况

拉萨市政法系统把政治建设作为党的建设首要任务，在全市政法系统开展习近平新时代中国特色社会主义思想大学习大研讨大培训活动，组织干警深入研读2014年习近平总书记在中央政法工作会议上的重要讲话等重点篇章和习近平总书记关于弘扬新时代“枫桥经验”、深化司法体制改革、创新社会治理、加强政法队伍建设等一系列重要指示精神，坚定以习近平新时代中国特色社会主义政法思想作为新时代政法工作的根本遵循和行动指南。同时，市委政法委以贯彻落实区、市党委关于加强党员政治教育和政治纪律教育的决策部署为抓手，在全市政法系统开展“全面加强政治建警、打造过硬政法队伍”专项教育整顿活动，对政法队伍建设提出新的具体要求。

纪律作风建设。年内，拉萨市政法系统认真学习贯彻习近平总书记在十九届中央纪委第二次全体会议上的重要讲话和关于进一步纠正“四风”的重要指示精神，学习贯彻吴英杰书记、白玛旺堆书记讲话精神，锲而不舍加强纪律作风建设。深入开展政治纪律集中教育活动和不作为慢作为、文山会海等形式主义、官僚主义突出问题集中整治活动，持续提升政法维稳综治干部政治纪律意识，提升新时代广大干部正确履职、严肃履职能力。

履职能力建设。年内，拉萨市政法系统按照增强“八种本领”要求，聚焦提升防控风险能力、运用法律政策能力、适应和运用新媒体能力，全面加强政法机关和政法干警依法办理、舆论引导、社会面管控“三同步”教育培训，为提高政法机关和干警政法宣传、舆论引导、危机应对能力打好基础。围绕教、学、练、战一体化教育培训，政法各单位着力在加强干警综合素质上下功夫，通过举办专业培训班、开展网上网下教育等措施，不断提高队伍执法办案、维稳处突、社会治理和化解矛盾纠纷等方面的能力。

（周　杰）

立法工作

【制定《拉萨市村庄规划建设管理条例》】 年内，市人大常委会本着进一步加强村庄规划建设管理、改善村庄人居环境、促进城乡发展、建设美丽乡村，制定完成《拉萨市村庄规划建设管理条例》，该条例经拉萨市第十一届人民代表大会常务委员会第十四次会议审议通过，并于西藏自治区第十一届人民代表大会常务委员会第七次会议批准，于2019年1月1日起正式实施。

【完成《拉萨市制定地方性条例》报批工作】 年内，市人大常委会在自治区人大的支持下，完成《拉萨市制定地方性法规条例》的报批工作，该条例自6月1日批准施行。

【修订《拉萨市拉鲁湿地国家级自然保护区管理条例》】 年内，市人大常委会对原有的《拉萨市拉鲁湿地国家级自然保护区管理条例》进行修订，在市人大法制委员会多次修改完善后，该条例经拉萨市第十一届人民代表大会常务委员会第十四次会议审议通过，并于西藏自治区第十一届人民代表大会常务委员会第七次会议批准，于2019年1月1日起正式实施。

【立法专家管理】 年内，市人大常委会为进一步激发专家库活力，调动专家咨询服务积极性，面向社会公开选聘38名在各自行业领域具有较强专业性、代表性、权威性的立法咨询专家，并修订《拉萨市人大常委会立法咨询专家管理办法》,进一步规范立法咨询专家库管理,为专家学者参与立法咨询活动提供制度保障。

【制定《拉萨市电动车管理条例》】年内,根据市人大常委会五年立法规划安排和拉萨市城市规划调整,常委会提前启动《拉萨市电动车管理条例》的制定工作,充分学习借鉴其他省市电动车管理立法的先进经验做法,充分结合拉萨实际,针对当前法规需要解决的问题,确定解决方案,明确立法思路。《拉萨市电动车管理条例》正在起草当中。

【调整五年立法规划】 年内,市人大常委会在充分调研论证的基础上,适时将《拉萨市公共场所控制吸烟条例(草案)》调减出五年立法规划。

【规范性文件备案审查工作】 年内,市人大常委会按照规范性文件备案审查的规定,严把行政许可和法律责任关,对政府报备的《拉萨城市行政应诉工作规定》《拉萨市采矿管理办法》《拉萨市政府法律顾问工作规划》等六件规范性文件进行备案审查。

(罗　梅)

法治政府建设

【概况】 2018年,市政府法制办完成政府立法案件8件、受理复议案件6件、仲裁案件47件,提供各类法律意见建议80余件,组织578名执法人员进行培训并考试。对64家单位进行法治政府建设考核。

【政府立法工作】 年内,完成地方性法规修订稿1件。《拉萨市拉鲁湿地国家级自然保护区管理条例》,于2018年6月19日以议案形式报人大常委会审议。出台政府规章4件。《拉萨市建设领域支付民工工资保障办法》,2018年3月1日起施行;《拉萨市人民政府关于废止部分政府规章的决定》,2018年3月28日起施行;《拉萨市采砂管理办法》,2018年8月1日起施行;《拉萨市电力设施保护实施办法》,2019年1月1日起施行。出台政府规范性文件3件:《拉萨市人民政府关于废止和宣布失效部分规范性文件的决定》,2018年4月10日起施行;《拉萨市政府法律顾问工作规则》,2018年7月1日起施行;《拉萨市行政应诉工作规则》,2018年6月1日起施行。

【处理行政复议案件】 年内,加大政府法制监督力度,依法解决行政争议。法制办认真贯彻执行《中华人民共和国行政复议法》,继续推进审理方式的改革,综合运用调解、和解等方式,使得办案水平得到进一步提高。全年收到行政复议案件6件,均已办结。1件维持原决定;2件不予受理;3件要求被申请人重新作出决定。

【执法人员培训】 年内,按照《西藏自治区行政执法人员资格认证和行政执法证管理办法》,10月9—15日,举办为期7天的行政执法人员培训班并进行执法资格考试,共计578人参加,考试通过率为80.8%

【仲裁事务管理】 年内,受理各类民商事仲裁案件47件,涉案标的总额8700万余元。案件类型有房屋租赁合同纠纷、建设工程施工合同纠纷、机械租赁纠纷、矿产资源开发纠纷、借款合同纠纷。截至年底,审结案件23件(含2017年结转),其中裁决20件、调解3件。

【提供法律服务】 年内,坚持事前防范风险、事中控制风险、事后化解风险的原则,通过各种方案对比,提出切合实际的解决办法,认真参与处理政府及政府部门涉法事务,为领导处理问题提供法律意见,充分发挥参谋顾问作用。对自治区、市政府及市直各单位送来的80余件规范性文件、文稿、合同文本进行审核并提出反馈意见,较好地履行政府法制机构的参谋助手职能。

【法治政府建设】 年内,根据中共中央、国务院印发的《法治政府建设实施纲要(2015—2020年)》要求,推进全市法治政府建设工作,准确掌握市直各单位法治政府工作开展情况。成立法治政府考评领导小组,由市政府法制办牵头,分组对市直各部门和县(区)共计64家单位,进行法治政府建设工作开展情况考核,全面、客观查找和分析各单位在开展法治政府建设工作中存在的问题及原因,为下一步加快推进法治政府建设打下基础。

(高子茗)

公安

【概况】 年内，拉萨市公安局深入开展“忠诚教育月”活动和“全面加强政治建警、锻造过硬公安队伍”专项教育整顿活动，全局各级党组织组织学习3200余次。牢牢把握总体国家安全观，举全警之力维护社会稳定，深入推进反分裂反恐怖斗争，情报导侦导控，矛盾纠纷排查化解，社会面防控，安全生产领域监管，勤务安保等工作，排查梳理矛盾纠纷隐患1182件，查处各类交通违法行为384545起，完成全国两会，雪顿节，第四届藏博会，国务院总理李克强、全国政协主席汪洋赴藏调研等重大安保任务176余场。特别是在深入推进扫黑除恶打非治乱专项斗争，严厉打击涉毒、经济领域违法犯罪，治安顽疾清理整治，全面强化出入境服务管理工作等方面取得较大成效，破获各类刑事案件805起，追回各类赃款赃物折合人民币288.376万余元；成功止付、冻结诈骗类案件资金1200.5万元、1525.6万元；破获涉毒刑事案件39起，缴获毒品9316.3克；破获经济犯罪案件45起，挽回经济损失174.69万元；查处治安案件6402起，其中，赌博类案件39起，卖淫嫖娼案件152起；清理清查单位12577家次、居民院21582家次、出租房147563间次、娱乐场所7122家次、宾馆招待所13508家次、沿街商铺62375间次；收缴汽油1648.5升，柴油6092.5升，香蕉水2079升，子弹356发、管制刀具841把。

【意见征求会】 1月12日，局党委副书记、政治部主任邹华威主持召开拉萨市公安局党委班子及班子成员征求意见会，听取局党委班子及班子成员在学习贯彻习近平新时代中国特色社会主义思想、带头遵守党章、执行上级决策部署、严守政治纪律和政治规矩、履职担当、纠正“四风”问题和廉洁自律等7个方面进行研究。城区各公安局、局直各部门主要负责人30余人参加会议。

【党风廉政建设和反腐败工作会议】 4月2日，拉萨市公安局召开全市公安机关党风廉政建设和反腐败工作会议。公安厅党委委员、市委常委、市委政法委书记、市公安局党委书记马军出席会议并作重要讲话，会议由副市长、市公安局局长赵涛主持，局党委委员，各县（区）公安局、局直各部门主要领导及部分科所队站负责人和民警代表参加会议。

【廉政教育】 年内，组织参观区（市）党员干部廉政教育基地是拉萨市公安机关2018年“忠诚教育月”活动“六个一”主题之一。6月8日，区公安厅党委委员、市委常委、市委政法委书记、局党委书记马军带领局党委班子成员到西藏自治区党员干部廉政教育基地进行参观学习。

【公安部调研组指导调研】 8月3日，公安部直属机关党委副书记兼纪委书记董振宇率公安部调研组一行在拉萨市公安局布宫广场便民警务站、八廓古城公安局开展实地调研，并在党建工作座谈会上分别听取局党委副书记、政治部主任邹华威及各部门汇报相关工作开展情况。

【民主测评会】 根据区公安厅党委巡察工作领导小组的统一部署，9月27日上午，市公安局召开拉萨市公安局党委工作汇报会暨民主测评会，区公安厅党委巡察组到会听取局党委、刑警支队、交警支队、治安管理支队工作汇报并进行民主测评。会议由副市长、市公安局局长赵涛主持，区公安厅党委委员、驻公安厅纪检监察组组长、巡察工作领导小组副组长赵尔才出席会议并作讲话，公安厅党委巡察组成员、局党委班子成员出席会议，局直各部门主要负责人及民警代表参加会议。

【专项教育整顿活动动员部署会】 10月15日，经市委政法委同意，市公安局召开拉萨市公安机关“全面加强政治建警、锻造过硬公安队伍”专项教育整顿活动动员部署会，对专项教育整顿活动进行全面安排部署。副市长、市公安局局长赵涛出席会议并作讲话，区纪委监委驻公安厅纪检监察组副组长、区公安厅专项教育整顿活动领导小组成员次央、区公安厅党委巡察组成员、区纪委监委驻公安厅纪检监察组纪检监察员陈文起、市委政法委副书记田献琴和局党委委员出席会议，会议由局党委副书记、政治部主任邹华威主持。各县（区）公安局、局直各部门以及科所队的负责人和民警代表共300余人参加会议。

【巡察工作】 12月27日,拉萨市公安局召开厅党委巡察组巡察拉萨市公安局工作情况反馈会。会议由局党委副书记、政治部主任邹华威主持,驻厅纪检监察组领导赵尔才、何军及市公安局领导赵涛、代利刚等出席会议。会上,对市公安局交警支队、刑警支队和治安管理支队工作中发现的问题进行详细反馈,提出意见建议。

【禁毒工作】 6月12日,国家禁毒办副主任、公安部禁毒情报技术中心副巡视员向卫东督导检查组一行三人在自治区禁毒委领导平措、阿旺云登的陪同下,到拉萨市督导检查三项禁毒重点工作开展情况,拉萨市副市长、市禁毒委主任、市公安局局长赵涛就相关工作开展情况进行汇报并陪同实地调研。

【反恐专项调研】 8月7日,国家反恐办副主任、公安部反恐怖局局长安卫星一行到拉萨市布宫广场警务站、布达拉宫安检口、大昭寺广场、老城区等地进行实地踏勘,市公安局副局长强久陪同并就各项工作开展情况进行汇报。

【警务技能比武】 9月20日,第二届全区公安系统警务实战知识技能比武活动在市公安局特警支队训练场隆重开幕。区党委常务副书记、区政协党组书记、区维稳指挥部总指挥丁业现出席并宣布开幕,区党委常委、区政法委书记何文浩讲话,拉萨市委副书记、市长、城关区委书记果果作开幕致辞。开幕式由区党委政法委书记、公安厅党委书记、厅长张洪波主持。自治区副主席石谋军和区、市直属单位受邀嘉宾及市局领导出席开幕仪式。市公安局各警种、部门共530余名民(辅)警向出席领导和现场观摩代表汇报表演拳术及擒拿技术、交通指挥手势及警用摩托车技能展示、反自焚事件处置、防暴队形、特种战术及"PTU"作战单元处置、防暴恐反劫持事件处置及射击表演等七个科目,为第二届全区公安系统警务实战知识技能比武活动打响第一枪,提振参赛队员士气,营造浓厚的比武氛围。

【总结部署维权工作】 2月11日上午,市公安局召开2017年维权工作总结暨2018年工作部署会,总结分析拉萨市公安机关护警维权工作情况,并对维权工作进行部署。市公安局局党委委员、纪委书记、第一副督察长唐凌、市局"维权委"成员、"维权办"负责人以及2017年下半年部分被侵权民警参加会议,向2017年下半年在执法过程中受到不法侵害的29名民警进行慰问,并发放14500元慰问金。对下步开展护警维权工作提出以下五点工作要求:突出维权工作思想认识的提升;突出执法水平和防范意识提高;突出维权工作新机制的建立健全;突出对侵害正当执法权力的惩处力度;突出自身执法素养和执法艺术的建设。为更好地开展维权工作打下坚实的基础,真正做到"给群众一个明白,还民警一个清白"。

【民警体检】 根据局党委年度工作安排部署,2018年11月27日拉萨市公安局完成2018年度全市民警职工健康体检工作。

【民(辅)警保险续保】 为深入贯彻落实中共十九大精神和习近平总书记在接见全国公安英模代表时关于从优待警的重要讲话精神,市公安局党委及各县(区)公安局领导将为民(辅)警购买保险作为"从优待警"政策的一项重要举措,高度重视,采取各种措施,多方筹措资金,继续为全市公安系统民(辅)警购买人身意外伤害及疾病身故保险。全年全市公安系统为8428名民(辅)警购买人身意外及疾病身故保险,共计5496790元。

【全市县区公安局长会议】 2月8日下午,市公安局召开2018年全市县(区)公安局长会议,市委常委、区公安厅党委委员、市委政法委书记、市公安局党委书记马军出席会议,全面总结2017年公安工作,深入分析当前全市维稳工作形势,安排部署2018年全市公安工作。会议由市公安局局党委副书记、副局长代利刚主持;局党委委员、调研员李斌就"两节"、全国"两会"、三月重要时期全市社会面维稳防控工作进行安排部署。市委组织部、市人社局、市委政法委、市委宣传部、市财政局、市公安消防支队等相关部门领导受邀出席会议,市公安局在岗局领导、各县区公安局、局直各部门负责人及部分民警代表、消防官兵代表共计450人参加会议。

【安全生产隐患排查整治】 年内,为深入贯彻落实党中央、国务院、区市党委政府、区市安委会、区公安厅关于安全生产的工作部署，市公安局在三月期间，按照区维稳指挥部视频调度会议、全市安全生产电视电话会议精神、区市各级领导的指示精神“全覆盖、零容忍、严执法、重实效”的总要求，进一步加大对全市民爆物品、道路交通、枪支管理、烟花爆竹运输和燃放、剧毒危险化学品、消防安全、监所安全等领域的安全监管力度，在全市开展全覆盖拉网式安全生产大检查工作，确保全国“两会”期间全市社会面持续和谐稳定。

2018年2月8日，召开全市公安县（区）局长会议

【扫黑除恶专项斗争】 为深入贯彻落实全国及全区公安机关扫黑除恶打非治乱专项斗争电视电话会议精神，全年，市公安局多次组织召开全市公安机关扫黑除恶打非治乱专项斗争推进会，局主要领导马军、赵涛多次从思想认识、组织领导、形势把握、重点打击、协作配合、严明纪律、督导考核等方面，对深入推进扫黑除恶打非治乱专项斗争工作进行安排部署。

【巡逻清查】 为进一步强化全市社会面维稳防控工作，有效巩固和夯实前期维稳防控根基，坚决确保三月重要时期辖区社会治安形势持续和谐稳定，3月13日晚，市公安局组织7个片区指挥部、特警、刑警、交警、禁毒、消防、武警以及基层治保力量，分片、分区域、分组在全市开展集结拉动、街面巡逻、清理清查行动，共清查居民大院（小区）18处460余户，沿街商铺297家，出租房屋489间，治安复杂场所9处，宾馆、旅店98家，网咖25家，责令整改出租房4家，旅馆3家、商铺1家、酒吧1家，收缴管制刀具19把，汽油9公升、柴油10公升、酒精600毫升，稀释剂23升，橡胶水10升。

【假酒、假奶粉、假饮料销毁】 根据2018年全国公安机关“5·15”打击防范经济犯罪宣传日活动内容，为进一步加大打击制售伪劣产品犯罪力度，维护市场经济秩序和经济安全，5月22日市公安局联合相关职能部门对收缴的3000余瓶，涉案金额40余万元的假酒、假奶粉、假饮料等各类假冒伪劣商品进行集中销毁。期间，拉萨晚报、商报、拉萨电视台、警方热线对此进行跟踪报道，有效震慑各类制售制假违法犯罪行为，切实维护消费者的合法权益。

【半程马拉松勤务安保】 11月11日，首届拉萨半程马拉松在拉萨市成功举办。按照市委、市政府和区公安厅的部署要求，特别是各级主要领导的指示精神，市公安局以“三个现场、一条沿线、整个社会面”为重点，以“六防”为目标，局党委高度重视，市委常委、政法委书记、公安局党委书记马军专门召开勤务动员部署会议，精心筹划，周密部署，通过全体执勤民警和基层治保力量3000余人的不懈努力，圆满完成近万人参加的2018拉萨半程马拉松勤务安保工作。

【重大勤务安保】 市公安局超前谋划、前置措施，固化完善重大安保模式，扎实开展多警种联勤联动、社会面防控、刑侦便衣侦控等安保基础性工作，确保全国两会、拉萨雪顿节、第四届藏博会、总理李克强、主席汪洋赴藏调研等重大安保任务的绝对安全。截至年底，开展重大勤务176场，督导检查各类勤务工作840余场；完善制定4个拉萨市社会面维稳防控总体方案；制定各类预案23份、完善各类预案53份。

【矛盾纠纷排查化解】 年内，市公

安局各级各部门注重从源头上化解矛盾,开展“滚动式”“拉网式”排查,实施领导包案化解机制,采取“一对一”教育稳控措施,坚决做到底数清、情况明,最大限度地化解调处,力争将矛盾纠纷化解在萌芽状态。全年共排查梳理矛盾纠纷隐患1182件,化解367件。

【社会面防控】 年内,市公安局片区指挥部组织特警、武警、军区、110便民警务站等社会面巡防力量,重点围绕政治中心区、党政首脑机关、民生基础设施和标志性重点建筑等重点部位和人员密集场所,全面开展社会面巡逻巡防工作;全市环拉护城河共计检查来拉人员14491063人,车辆5200938辆,物品4129244件;收缴零散成品油12430.5升,收缴管制刀具855把;查获在逃人员26人;查获反宣光碟390张。

【“1·19”特大文物被盗案】 按照公安部关于深入推进“三打击一整治”专项行动的部署要求,根据区市党委政府主要领导的指示精神,市公安局依托拉萨市大要案件合成作战机制,成立多警种联合专案组经跨越西藏、湖北2个省共6天的艰苦鏖战,成功破获拉萨扎基寺特大文物被盗案,追回被盗佛像8尊,赢得广大群众和僧人的一致好评。

【刑事犯罪工作推进会】 5月4日,拉珠副局长组织召开拉萨市公安机关打击刑事犯罪工作推进会,市委政法委综治科科长德吉尼玛受邀参加会议。各县(区)公安局、局直相关部门及县(区)公安局治安大队、刑侦大队负责人参加会议,会议由刑警支队支队长强巴主持。会上,拉珠副局长要求,全市公安机关务必要认真贯彻落实公安部、区公安厅部署要求,紧紧围绕局党委中心任务,加强对“盗抢骗”等传统刑事犯罪打击力度,深化电信网络诈骗犯罪打击建设工作,突出抓好涉枪违法犯罪和扫非治乱专项斗争,以高压打击态势进一步彰显党和政府惩治犯罪、保民平安的决心和信心,努力为全市经济社会发展和大局持续稳定积极贡献力量。

2018年2月15—16日,市公安局进行2018年藏历三十晚及初一期间各项安防工作

【违法犯罪打防专项工作】 岁末年初,正值冬季农闲牧闲期,加之春节、藏历新年临近,周边群众来拉转经朝佛、购置年货、农民工返乡等情况较为集中,转经道沿线或农贸市场往往成为扒窃、盗窃等不法分子活跃的场所。按照市公安局关于2018年冬2019年春专项打击工作安排部署,刑警支队高度重视,精心组织,积极联合各城区派出所、“110”便民警务支队,扎实开展街面违法犯罪打防专项行动,严厉打击一批违法犯罪分子,有效震慑各种街面违法犯罪活动,成效显著。期间,共破获盗窃案11起,查处行政违法行为12起;抓获违法犯罪人员15人;追缴被盗现金3200元。

【扫黑除恶专项行动】 年内,市公安局先后8次召开专题会议研究部署专项工作,采取专案侦查、个案经营、合成作战、上提一级等方式,全面加强对涉黑涉恶违法犯罪的打击力度。全年全市共打掉涉黑集团1个,抓获涉案人员15名;打掉恶势力犯罪集团7个,抓获涉案人员69人;依法取缔非法组织14个,查处涉案人员210人;侦破九大类涉恶犯罪案件19起,抓获违法犯罪人员44人,缴获64手枪1把,子弹7发;协助其他省市公安机关抓获涉黑涉恶网逃人员6人,追回各类文物76件。

【打击各类犯罪活动】 年内，市公安局紧紧抓住影响社会和谐稳定和人民群众生命财产安全的突出问题，对抢劫、绑架、爆炸等八类案件，以及涉毒、涉经济领域违法犯罪活动严厉打击，及时消除重大案件对全市稳定的现实危害。全年共立各类刑事案件2265起；破获各类刑事案件805起；抓获各类违法犯罪嫌疑人598人；打掉犯罪团伙4个，抓获犯罪嫌疑人19人，破获案件37起；追回各类赃款赃物折合人民币288.376万余元。反诈中心共立案324起，破案48起，成功止付1200.5万元，冻结1525.6万元；破获涉毒刑事案件39起，抓获犯罪嫌疑人66人，缴获毒品9316.3克；办理行政案件157起，查获吸毒人员265人；立经济案件109起，破案45起，挽回经济损失174.69万元，刑事拘留68人，取保候审27人，批准逮捕29人，移送起诉24人，抓获11名在逃嫌疑人。

【物流业安全保障】 年内，市公安局全面摸排全市24家入驻寄递企业，127个下设网点，97家注册物流企业，1126名物流寄递企业从业人员；口头警告20家次，当场整改11家次，排除隐患5家次，发现消防设施不达标、实名制登记不规范、未做到“三个100%”等问题4家次；开展普法活动宣讲寄递物流“三个100%”制度以及相关法律、法规活动4次，发放宣传资料2万余份，培训人员达200余人次；成功破获利用物流渠道运输毒品案2起，其中，抓获违法犯罪嫌疑人2人，查获冰毒280克、海洛因20克。

【道路交通安全管理专项治理】 年内，全市各级公安交通管理部门共出动警力86420人次，车辆（含摩托车）31900台次，检查车辆116万余台次。查处各类交通违法行为290452起，其中，警告20439起，无证驾驶1363起，饮酒驾驶234起，醉酒驾驶95起，超速行驶48338起，吊销驾驶证108起，依法行政拘留298人，扣证1922本，扣车2136辆，罚款55684155元；开展道路交通安全宣传近130余次，受教育人数累计达50万余人次。

2018年2月17日，高原铁骑拉萨巡警在执勤

【社会面整治清理清查】 年内，为进一步夯实基层基础工作，有效清除各类隐患，拉萨市各级公安机关依托网格化管理，积极整合多方力量，以“关口前移、源头治理”等多种形式，在全市范围内开展清理清查和集中整治工作，最大限度消除了各类“输入型、潜入型”安全隐患，确保社会面长期、全面、持续和谐稳定，得到广大人民群众的一致好评与支持。

【打击“黄赌毒”违法犯罪】 年内，为进一步治理拉萨市社会治安乱点，严厉打击人民群众反响强烈、深恶痛绝的卖淫嫖娼、聚众赌博、吸贩毒品等社会丑恶现象，全年全市各级治安、禁毒部门，集中时间、集中力量、集中警力对辖区内涉黄、涉赌和涉毒等违法犯罪场所进行广泛摸排，重拳出击，全面清剿，坚决破获一批案件、摧毁一批窝点、打掉一批团伙，最大限度遏制“黄赌毒”多发蔓延势头，不断挤压违法犯罪分子活动空间，依法维护良好的社会治安秩序，为各类重大勤务顺利举办营造良好的外部环境，取得明显成效。当场抓获违法犯罪嫌疑人147名左右；缴获毒品8197.21克，发放宣传资料89200余份，发放宣传品27300余份，受教育人数45200余人。

【禁毒严打整治专项行动】 年内，市公安局禁毒支队狠抓“打、防、

2018年10月23日，市公安局开展“黄赌毒”违法犯罪打击工作

管、教、戒”措施落实，以打击零包贩卖和清查收治社会面上的吸毒人员、整治涉毒娱乐场所为重点，多警种联合行动，切实加大对各类涉毒违法犯罪活动的打击力度，有效遏制各类毒品违法犯罪活动的高发势头，严打整治行动取得明显成效。共破获涉毒刑事案件17起，抓获犯罪嫌疑人25名，缴获各类毒品5430.67克；办理行政案件57起，查获违法行为人86人，行政案件缴获冰毒15.32克、大麻52克；在18所学校设立禁毒图书角，禁毒宣传长廊、禁毒宣传橱窗，对4所学校申报区级禁毒示范学校。

【“民宿”治安专项整治】 年内，市公安局针对在线短租类APP（小猪短租、爱彼迎、蚂蚁短租等）召开专项打击整治研讨会，坚持“源头把关一批、纳入管理一批、查处取缔一批”的原则，不断探索小旅馆治安管理举措，把无证经营的小旅馆治安管理作为社会管理创新的重要切入点，在4月10日至6月1日专项整治行动中，共检查民宿460家，掌握到13家无证照经营的民宿，并依据相关法律条款对其进行依法取缔，拘留4人，批评教育处理2人。

【非法枪爆物品和管制刀具销毁】 9月20日，市公安局治安管理支队联合政治部、警务保障支队、督察支队，城关区公安局、八廓古城区公安局、堆龙德庆区公安局、经开区公安局、柳梧新区公安局在堆龙德庆区羊达乡亿鑫废旧回收有限公司拆解厂开展集中统一销毁非法枪爆物品和管制刀具工作。此次共销毁枪支574支、管制刀具7301把。

【户籍制度改革】 年内，拉萨市公安局不断完善便民利民机制，切实推进户籍制度改革，制定并审核《拉萨市公安机关户籍业务办理实施细则》，办理居住证17万余张，异地受理身份证挂失申报7320张，为71名无户口人员办理落户手续，为“三岩”片区25户124人（其中1人已死亡）搬迁户协调易地扶贫搬迁落户问题。

【人口管理】 年内，市公安局按照区市党委政府关于进一步加强全市流动人口服务管理工作的部署要求，对全市流动人口开展摸底建档工作，全面掌握流动人口实数、实情，为研究出台流动人口合理融入经济社会发展、共享改革发展成果的综合导向性政策，提供信息参考和数据支撑；城关区公安局推行以证管人、以房管人、以业管人筑牢流动人口服务管理根基，共摸排建档租赁房屋9095处76619间，办理租赁房屋治安检查合格证333张，召开业主会130余次；检查54933次，下发整改意见书452份，处罚205起、罚款9112元；共核签76928人，办理居住登记卡264681张、居住证36967张。

【安全生产监管】 全年市公安局共查处各类交通违法行为384545起，无证驾驶1578起，饮酒驾驶366起，醉酒驾驶142起；拘留388人，扣证2541本，扣车2457辆，罚款70852105元。接报道路交通事故139起，死亡61人，受伤138人，直接财产损失820900元；检查剧毒、易制爆危险化学品单位424家次，接群众举报进行核查处理1次，存在安全隐患4家，限期整改4家；检查烟花爆竹销售店和储存库70余家次；继续完善基础设施、技术安防措施，并强化深挖犯罪、实战培训工作，扎实做好提讯押解、巡视监控、值班备勤、医疗卫生、教育管理及后勤保障等工作；共收押刑事犯罪嫌疑人1023人，处置出所966人。

【泥石流灾害救援】 7月1日19时左右，拉萨市尼木县因短时暴雨引发泥石流，辖区（吞巴乡吞巴村2组）318国道4744千米、4745千米、4746千米三处路段因泥石流塌方造成道路阻断，受影响路段约3公里，砂石约3000立方米，5户房屋被淹，部分庄稼受损。获悉警情后，市公安局迅速启动自然灾害应急响应机制，第一时间组织民警投入抢险救灾第一线，全时段、全警力、全覆盖，全力开展道路救灾抢险、车辆通行引导、灾民救援转移工作，多措并举保安全、保畅通、压事故。共排查道路交通安全隐患28处，增设交通标志标牌6块，疏导滞留车辆3000余辆，清理路面塌方泥石流1500立方米，转移受灾群众2户13人。

【"6·26"国际禁毒日万人城市乐跑】 年内，市公安局以"健康人生，绿色无毒，全民健身，全民参与"为主题，联合市禁毒委员会办公室、区市体育局在布达拉宫广场正式举行开幕式，并作为"乐跑"起始点举办"6·26"国际禁毒日全民健身首届万人城市乐跑活动。拉萨市30家禁毒委成员单位领导、公职人员、在校学生、西藏空指部队官兵、市区两级公安机关民警、城关区部分乡镇街道公职人员代表等近万人参加禁毒主题城市乐跑比赛活动。

【社会治安形势新闻发布会】 1月2日，在市公安局四楼新闻会议中心召开岁末年初社会治安形势新闻发布会。会议由市政府副秘书长杨年华主持，市公安局副局长单德军从专项打击整治、强化安全生产监督管理、深化公安改革、完善立体化治安防控体系建设、推进公安机关新媒体建设等方面，对2017年工作进行介绍，并就2018年公安工作重点和方向进行通报。同时，对人民日报新华分社、西藏人民广播电台、西藏日报、拉萨晚报四家媒体关于2017年社会治安形势、下步交管工作重点、电信网络诈骗打击整治及公安机关2018年落实"以人民为中心的发展理念"新举措等方面问题进行现场解答。

【"110宣传日"宣传】 1月10日是全国第32个"110宣传日"，市公安局紧扣"110守护新时代美好生活"宣传主题，通过悬挂标语横幅、摆放宣传展板、发放宣传品和宣传资料、开展现场咨询、调查问卷、播放110宣传短片、发布微博微信等多种形式，最大限度地与群众实现零距离互动，取得良好宣传效果。

【警史馆建设】 10月10日，市公安局警史馆正式向全市公安机关民（辅）警开放。该警史馆作为警营文化建设与传播的有力载体和主阵地，陈展面积约400平方米，现有藏品1900余件，通过丰富的文字、照片、实物资料，全方位、多角度展示拉萨公安走过的光辉历程，以及在新世纪、新征程中为维护社会稳定、保卫人民安全、促进公平正义、服务经济社会发展等方面所作出的突出贡献和取得的辉煌成就。从10月10日至11月30日，组织各县（区）公安局、局直各单位集体参观53个场次，参观人数达2300多人。

【《中华人民共和国反恐怖主义法》普法宣传】 12月27日是《中华人民共和国反恐怖主义法》颁布实施三周年。根据市反恐怖工作指导和市公安局党委部署要求，12月27日上午，拉萨市反恐办协同区反恐办、市公安局反恐办在神力时代广场扎实开展《反恐怖主义法》宣传工作。共发放宣传礼品10000余份；受教育群众达3500余人次。

【公安宣传和舆论】 市公安局充分利用"双网双微双栏一刊"宣传载体，积极构建融媒体时代拉萨公安宣传新体系，形成"报、网、视、端"一体化、全方位、多层次、多声部的主流新闻舆论传播矩阵。全年"平安拉萨"新媒体矩阵平台发稿3700余篇，微信发稿1024篇，微博1076篇；今日头条发稿340余篇。拍摄制作各类新闻电视节目146条，播放量700万余次。

【扫黑除恶重点案件侦办工作新闻发布会】 11月16日、12月14日，市公安局分别组织召开扫黑除恶重点刑事案件侦办工作新闻发布会，会议由市委外宣局局长、市政府新闻发言人拉珍主持，受局党委委托，局党委委员、副局长、新闻发言人单德军以及刑警支队、局扫黑办主要领导作为次发布人参加会议，中国日报、中央人民广播电台、中央电视台等西藏记者站及西藏日报、西藏人民广播电视台、拉萨

2018年11月15日，市公安局开展扫黑除恶专项户外宣传活动

日报等区市主流媒体受邀参加新闻发布会。

案例举要

【"1・19"特大文物盗窃案】2018年1月19日9时，扎基寺发生一起特大文物被盗案，被盗佛像8尊。按照区市领导的批示精神，拉萨市公安局党委高度重视，立即成立专案组，经跨省艰苦鏖战6天，于1月25日在湖北省黄石市阳新县抓获叶某等4名涉案嫌疑人，将8尊被盗佛像全部追回，成功破获该案。

【特大系列虫草诈骗案】2018年8月2日，市公安局刑警支队接被害人报案称：2018年6月17日，其被骗取其虫草3.031公斤，价值391000余元，请求派员查处。接警后，市公安局侦查人员立即赶赴案发现场，开展调查取证工作，并迅速锁定犯罪嫌疑人的基本信息和藏匿地点。8月14日，侦查人员在甘肃省广河县祁家集镇谢家村上河庄将犯罪嫌疑人抓捕归案，并查实：其于2017年10月至2018年7月期间，对清真寺广场附近24家虫草店，以为福建一公司代为收购虫草且先验货后付款为幌子，先后作案24起，并以低于市场的价格将非法所得虫草贩卖到成都和福建，非法获利800余万元。

【团伙盗窃案】2018年9月26日18时许，市公安局刑警支队接"321"提供线索：藏热路"西藏宏发公司甜茶馆"内有6名涉嫌盗窃的犯罪嫌疑人正在喝茶。接报后，市公安局刑警支队立即派员赶赴现场，将涉嫌盗窃的6人犯罪嫌疑人抓获。经调查及审讯，侦查人员发现该6名犯罪嫌疑人近期在拉萨市20多处地点频繁实施入室盗窃、盗窃车内财物、盗窃电动车、盗开机动车等刑事违法行为25起，涉案总价值达22万余元，并在之后的追缴赃物中挽回群众经济损失价值12万余元。

【系列入室盗窃案】2018年3月9日凌晨1时许，市公安局刑警支队接被害人报案称：2018年3月8日23时许，发现家中卧室及保险柜内多件金银饰品被盗，价值50000余元，请求派员查处。接警后，市公安局立即派员赶赴案发现场开展调查取证及现场勘查工作。通过对案发现场分析，侦查人员通过对窗户玻璃残片上少量生物检材进行DNA鉴定后，成功锁定犯罪嫌疑人，并与2018年8月14日，将犯罪嫌疑人抓获。经进一步综合案件特点、作案手段、DNA比对进行分析研判，另查实：2018年1—3月，犯罪嫌疑人先后在柳梧新区、八一路等地，采取翻窗或破窗入室的手段实施入室盗窃5次，盗走现金51000余元、港币2700余元、金项链2条、金手镯1个、玛瑙手链1条、金戒指1枚、天珠3颗、玛瑙手链1条、象牙项链1条、其他金银饰品若干、手表4块、装饰藏刀1把、硬中华9条、软中华烟7条、软云烟5条、玉溪烟5条，总价值167600余元的犯罪事实。

【系列盗窃电动车案】1月8日22时50分许，市公安局东片区维稳指挥部接市局指挥中心指令称：加荣某彩票店内发生抢劫案，犯案嫌疑人为4名年轻藏族男子，抢劫现金3000余元，请派员查处。接警后，经大量细致工作，于2018年1月9日凌晨3时许，在拉鲁湿地附近发现4名可疑男子，并将其抓获。经审查，该4名犯罪嫌疑人交代上述犯罪事实，并对盗窃37

辆电动车的犯罪事实供认不讳。

【全区首例网络私彩案】 3月初，市公安局接到西藏自治区福利彩票发行中心反映称：在拉萨、日喀则、山南等地出现一个名为“乐彩汇”的手机APP软件，并且该软件通过微信、QQ等媒介发展西藏各地市的代理人和玩家，此手机APP是未经任何彩票机构审批的非法网络“私彩”，并在拉萨市招收APP代理，现已发展大量微信、QQ彩民，极大地影响拉萨市正常彩票的销售和发行，也严重扰乱拉萨市彩票市场秩序，请求公安机关调查处理。接警后，经大量调查，市公安局于11月15日凌晨6时许将犯罪嫌疑人王某、周某在荔波县内成功抓获。经审查，上述2名犯罪嫌疑人对其利用境外人员研发APP系统，及境外服务器开设交易平台控制交易平台的犯罪事实供认不讳。

【故意杀人案】 1月7日1时许，刑警支队接110指挥中心指令称：拉萨大桥南侧向东2公里处发生一起故意伤害致人死亡案，导致2人当场死亡。要求派员查处。接警后，该支队经大量工作，发现该2人因日常生活中存在积怨，于2018年1月7日，双方通过电话“约架”后，于当晚0时许，在拉萨大桥南侧往东2公里处发生肢体冲突，其间，双方用随身携带的藏刀将彼此造成重伤，导致双方死亡。

【特大入室盗窃案】 2月11日17时许，刑警支队接受害人报案称：当日16时许，其开设在城关区藏热北路的某茶馆内发生一起盗窃案，有人盗走1部苹果6代手机及现金16300余元，请求派员查处。接警后，该支队经大量工作，于2018年2月13日，联合城关区公安局在色拉路“共济酒店”内成功将犯罪嫌疑人俄某抓获。经审查，犯罪嫌疑人俄某交代：其于2月11日13时35分，在藏热北路该茶馆内就餐时，见餐馆吧台处无人看守，遂起歹念，盗走吧台上钱包一个（内有现金16300余元）及1部苹果6代手机的犯罪事实并供认不讳。

【拐卖妇女儿童案】 3月26日，刑警支队接到那曲地区公安处刑警支队移交被拐卖妇女一名，经询问，2009年5月，被害人被一名陌生女子以介绍工作为由，骗至甘肃省古浪县，后以36000元的价格卖给古浪县黄羊川镇一名男子为妻至今。接案后，市公安局刑警支队有组织犯罪侦查大队立即汇报并根据局党委的总体部署，对该案件展开调查取证工作。经大量跨区域核查工作，于3月27日在拉萨市曲水县才纳乡白堆村5组找到被害人母亲，并于3月29日23时许，在日喀则市警方的大力协助下，在日喀则市外滩十八号附近成功抓获犯罪嫌疑人。

【重大非法持有毒品案】 3月16日，根据工作中掌握的线索得知：有一个涉毒包裹将以顺丰快递的方式，从成都寄往拉萨市城关区雪新村路附近。该支队经大量工作，于当日10时30分，抓获犯罪嫌疑人赵某，缴获1份涉毒包裹（内含冰毒40.99克），并经对其尿检，结果呈“阳”性（含甲基安非他明成分）。经审查，犯罪嫌疑人赵某交代自己的犯罪事实并供认不讳。

【抢劫案】 4月29日22时许，娘热北路扎什颇章酒店对面彩票店发生一起抢劫案，要求派员查处。接警后，市公安局侦查民警立即赶往现场，通过对周边监控的排查，锁定犯罪嫌疑人，并经过4小时奋战，于4月30日凌晨3时许，在拉鲁社区幻影网吧成功抓获犯罪嫌疑人。经审讯及调查发现，犯罪嫌疑人事先踩点后，于4月29日20时许，潜伏在被害人彩票店对面马路，伺机对该彩票店实施抢劫，22时，被害人关闭店门时，犯罪嫌疑人用石头砸向被害人头部后侧致使其昏迷，抢走其随身携带挎包内20000余元现金。

【伪造出售增值税发票案】 11月6日，市公安局经侦支队接城关区公安局治安大队移交一起伪造、出售增值税发票案件线索。接到线索后，该支队经大量工作后，于当日联合城关区公安局在拉萨市城关区联利小区内成功将犯罪嫌疑人陈某、王某、陈某某抓获，收缴普通增值税发票18张、票面金额80余万元，各类虚假公司印章80余枚、空白增值税发票1000余张及电脑、打印机、打票机等作案工具若干。经审查，该上述3名犯罪嫌疑人交代自2017年8月起伪造增值税发票的犯罪事实并供认不讳。

【涉众型合同诈骗案】 11月28日，市公安局经侦支队接受害人钱某、泽某等10人先后报案称西藏某装饰工程有限公司与业主签订装修合同，在骗取装修预付款后，该公司法人逃匿无法取得联系，请求派员查处。接报后，该支队经大量工作，于12月6日在重庆市彭水县公安局玉山派出所的大力协助下成功抓获犯罪嫌疑人杨某，并于12月8日羁押回拉萨。经审查，犯罪嫌疑人杨某交代了自2018年6月份起与业主签订房屋装饰施工合同，收取装修费共计250万余元，拖欠民工工资达77万余元犯罪事实并供认不讳。

（索　贡　贺文翔）

法院

【概况】 2018年，全市法院共受理各类案件13548件，审执结11645件，综合结案率为86%，收案数同比增加3658件，增长37%，结案数同比增加3008件，增长34.82%。拉萨市中级人民法院受理案件2210件，审执结1979件，综合结案率89.55%，涉案标的16.61亿元。

【刑事案件】 年内，全市法院依法惩治刑事犯罪，受理各类刑事案件605件，审结556件。严惩危害国家安全、暴力恐怖犯罪，审理煽动分裂国家等危害国家安全犯罪案件17件；保持对腐败犯罪的高压打击态势，审理贪污贿赂等职务犯罪案件15件19人；严惩涉众型经济犯罪和扰乱市场经济秩序的犯罪，审结非法经营、合同诈骗等犯罪案件60件；审理盗窃、抢劫、抢夺、故意伤害、故意杀人、危险驾驶等危害群众生命财产安全犯罪案件341件397人；审理涉毒犯罪案件58件65人。扎实开展“扫黑除恶、打非治乱、扫黄打非”三个专项斗争，受理1件涉黑社会性质组织犯罪案件，对黑恶势力犯罪形成有效震慑。扎实推进以审判为中心的刑事诉讼制度改革，积极贯彻宽严相济刑事政策，注重加强人权司法保障，210名被告被判处非监禁刑或免予刑事处罚。积极构建审理涉黑、金融、诈骗犯罪减刑假释“三见面”机制，审理减刑、假释案件703件。

2018年4月24日，在拉萨中院诉讼服务中心举行法律援助中心挂牌仪式

【民商事案件】 年内，全市法院审理各类民商事案件8757件，审结7533件，同比分别上升44.5%和43.7%。一审结案诉讼标的14.76亿元。审结涉房地产开发的工程、施工、劳务等合同类案件241件，租赁合同纠纷案1351件，公司、股权、破产类案件49件，公司解散案件4件，金融纠纷、民间借贷类案件891件，为优化营商环境、推动构建诚实信用的市场经济秩序提供遵循和保障。建立家事审判法庭，与妇联等部门建立联席联动解决机制，审结婚姻、继承、抚养等家事纠纷405件，侵权纠纷285件，相邻关系、劳动关系纠纷242件，发出“人身保护令”3份，探索建立离婚证明书制度。突出智力保护和环境保护，审结“雪域泥玛”割草机商标权属纠纷等知识产权类案件9件，妥善审理全区首例互联网著作权侵权纠纷和涉外互联网域名侵权纠纷。建立民事、刑事、行政“三合一”环境资源专业团队。

【案件调解】 年内，全市法院把调解工作贯穿民事审判工作全过程，从根本上化解社会矛盾，力促案结、事了、人和，各类民事案件调解、撤诉结案7356件，调撤率达52.22%。进一步实践多元化纠纷解决机制，两级法院累计与193个相关单位对接，进一步发挥特邀调解员、特邀调解组织作用，多元化解矛盾纠纷1476件。培训基层调解员300余人次，指导民间调解组织化解纠纷400余件，调解协议司法确认案件364件。选派法官到信访部门主持或参加调解337次，以终结方式化解涉诉信访案件2件。

【行政案件】 年内，进一步实践行政案件集中管辖机制，积极推进行政首长出庭应诉工作，依法审理各类行政案件64件，行政首长应当出庭应诉30件，出庭9件，出庭率30%。发出司法建议60余份，有力支持监督行政机关依法履职。深入行政机关开展法律授课，积极为行政机关提供法律咨询、提出法律意见建议，促进行政机关规范执法行为。

【案件执结】 年内，全市法院全力打好执行攻坚战。全年共受理首执、保全、审查类执行案3288件，同比上升39.02%，占全区法院的44%。执结2685件，比2017年增加683件，执结率为81.66%。执行到位金额4.63亿元，3285名申请人的胜诉权益得到实现。联合各部门将失信问题嵌入投标、承揽、贷款等经营活动，对失信被执行人进行联合惩戒；与保险机构签订诉讼保全责任险、执行悬赏险等保险合作协议；落实执行救助制度；创新开展网络司法拍卖、“执转破”等工作。累计冻结划拨存款1.8亿元，发布失信被执行人名单1283人、企业263家，限制高消费1730例，限制乘坐飞机、高铁6970例，罚款11人13.7万元，拘留79人，移送拒执罪1件1人，保险公司出具保函10余份，网络拍卖12件32次，成交金额712万元，溢价率2.4%，为当事人节约佣金32.6万元，为39个案件83名申请人发放救助金110万元，移送“执转破”案件2件涉及11件案件的执行，在媒体上报道执行工作200余件次。依靠综合治理执行难格局的构建，妥善执行涉军产停偿等强制迁出、涉民生案件311件，涉及1000余人，未出现个人极端事件、群体性事件和舆论炒作事件，效果良好。

【网络服务】 年内，市法院加快诉讼服务中心建设与运转，为当事人提供线上线下、方便快捷的诉讼服务。推广远程视频庭审、远程视频接访，通过“车载流动法庭”等方式开展巡回审判，让人民群众切实感受到司法服务就在身边，打通司法服务“最后一公里”，“车载流动法庭”“格桑花”流动诉讼服务队等办案单元巡回办案114件，行程逾2.4万公里，将司法服务触角延伸到乡镇村居、田间地头、群众家里。

【法制宣传】 年内，市法院开展专题法治宣传活动450余场次，发放宣传资料12万余份，受教育干部群众12.3万人次。把每一次公开庭审和宣判作为法制教育公开课，旁听庭审和点击庭审直播达数千人次。拍摄的微电影《流动的阳光》和“基本解决执行难工作”微视频在互联网、“两微一端”播放，有效扩大宣传的广度和深度。

【司法救助】 年内，市法院为经济确有困难的当事人缓、减、免缴诉讼费180.05万元；依法审结司法救助案件13件，发放救助金73万余元。

【司法信息公开化】 年内，充分利用审判流程、裁判文书、执行信息和庭审网络直播“四大公开平台”，公开案件信息10377件133.07万条、生效裁判文书8196份、执行信息3154条、失信被执行人信息1331例，在互联网公开直播庭审292场次，以公开促公正力度不断加大。

2018年2月2日，拉萨中院举办进村普法主题党日活动

【队伍建设】 年内，拉萨法院将干警能力提升作为重要基础，选派372人次参加各类培训，邀请北京、江苏法院讲师团赴藏授课3次，支持中央博士服务团法官和江苏民事审判专家法官开展工作，开展文书评比、案件评查、绩效考核，让法官“开口能说、坐下能判、提笔能写、优胜劣汰”，提升综合能力，树立危机意识。全年两级法院共有6个集体和20名个人受到市级以上表彰，其中2个集体、2名个人获得最高法院的表彰和奖励。

【社会监督】 年内，拉萨法院依法接受人大监督、认真接受政协民主监督，回复意见建议办理情况10余件次，先后向区、市人大常委会报告工作2次，平均召开两次座谈会，共邀请近百名各级代表、委员听取法院工作汇报。邀请人大代表、政协委员、廉政监督员视察法院、旁听案件、参与见证执行活动200余人次。走访慰问代表委员百余人次。依法审理3件抗诉案件，邀请检察长列席审委会3次，自觉支持配合检察机关履行诉讼监督职责。市中院发挥自身的审判监督职能，办理督办案件18件，审结审查监督类案件29件、再审案件17件，有效防范和纠正冤错案件和瑕疵案件。利用自媒体平台发布工作动态、司法公开、司法便民利民举措等信息，加大传统媒体及网络媒体宣传报道力度，畅通民意沟通和表达渠道，正确引导舆论导向，主动接受社会监督。

【廉政建设】 年内，市法院认真落实十九届中央纪委三次全会、区市纪委九届四次全会精神和全区法院工作会议精神，强化“四个意识”，增强“四个自信”，坚决做到“四个服从”，聚焦全面从严治党、从严治院，认真落实《中国共产党廉洁自律准则》和《中国共产党纪律处分条例》。严格执行《中华人民共和国法官法》和《法官职业道德基本准则》，狠抓落实“五个严禁”“十个不准”、司法巡查、审务督察等铁规禁令和工作制度。加强配套制度完善，建立健全冤假错案防范机制及责任倒查制、审判质量终身负责制，落实防止干预过问案件的“两个规定”，为廉洁司法提供制度保障，促进审判与监督、预防与惩治、教育引导与队伍建设的有机结合。以零容忍的态度坚决惩治司法腐败，保持查出违纪违法案件的高压态势，做到凡有举报一律核实查清。共开展司法巡查、审务督查和执行专项核查工作14次，实现巡查全覆盖，发现问题21项，下发通报11份，并跟踪回访，确保实效。考勤通报10余次，维稳督察125次。

（丁　勇）

检察

【概况】 2018年，全市检察机关以习近平新时代中国特色社会主义思想为指引，深入学习贯彻中共十九大、十九届二中、三中全会精神，学习贯彻习近平总书记给隆子县玉麦乡群众的回信、致西藏民族大学建校60周年的贺信精神，学习贯彻区市党委九届三次、四次全会，全国全区检察长会议精神，紧紧围绕“发展稳定生态”三件大事，忠实履行宪法和法律赋予的职责使命，努力建一流队伍、创一流业绩、树一流形象，为高质量推进现代化新拉萨建设贡献检察力量。全年共批捕各类刑事案件399件520人，同比分别下降7.9%、5.6%，起诉568件680人（含积案和直诉案件），同比分别上升10.7%、8.8%。严厉打击恐怖、分裂、宗教和网络政治谣言等犯罪，批捕危害国家安全犯罪2件2人，起诉7件7人（含积存）。

【全市首例不公开附条件不起诉听证会】 1月4日，城关区检察院举行全市首例不公开附条件不起诉听证会。一方面充分保障未成年人诉讼权益，促进附条件不起诉程序正当化，另一方面通过引入第三方监督和社会评议，帮助检察官有效听取多方意见，扩大未成年人保护的参与主体。

【监察体制改革】 1月10日，拉萨市检察院召开转隶干部座谈会。年内，完成职务犯罪线索清理、结案与移交工作，全面完成全市检察机关反贪、反渎、预防三部门职能、装备及51名干警、99名编制转隶任务，办结转隶后自侦部门遗留案件5件8人，为拉萨检察机关侦防工作画上圆满句号。依法受理监察委移送审查起诉案件7件7人。

【全市检察长会议】 2月28日，拉萨市人民检察院召开全市检察长会议。全面总结回顾2017年度全市检察工作，紧紧围绕区市党委、上级院和市委政法委的工作要求，安排部署2018年各项工作，表彰2017年度全市检察机关先进集体和个人，签订2018年度《队伍建设管理目标责任书》。

【首次刑事执行检察业务竞赛】 5月18日，首届拉萨市检察机关刑事执行检察业务竞赛在拉萨市检察院成功举办，全市五县三区检察机关均积极派员参赛。此次竞赛分为刑事执行检察业务知识竞赛和答辩赛二个环节，竞赛内容丰富，涵盖面广，紧密结合基层业务，重点考察刑事执行检察干警的业务基础知识，突发事件的应对处置能力、逻辑思维能力以及语言表达能力等各项综合素质和能力。通过竞赛，参赛选手熟练掌握相关法律规定，实现“以赛代训”的目标。

【思想政治建设】 全年两级院中心组理论学习117次，支部学习460余次，交流发言180余人次，撰写心得体会1200余篇。结合“两学一做”学习教育常态化制度化，开展政治教育、政治纪律教育、“全面加强政治建检、打造过硬检察队伍”专项教育整顿等活动，召开动员部署会议27次，邀请专家讲座12场次，干部轮训300余人次，确保教育培训工作全覆盖。

【基层党建】 年内，严格落实“三会一课”制度，检察长、班子成员上党课45次，召开民主生活会和支部组织生活会24次，领导干部均以普通党员身份参加。开展党员志愿服务、专题研讨、网上辅助教学、主题党日等活动，不断增强党员学习教育的针对性和多样性，提升党组织活力。9月，由市直机关工委牵头，组织全市基层党支部书记120余人观摩团，到市检察院学习交流党建工作，受到一致好评。

【党风廉政建设】 年内，落实纪委派驻纪检机构改革部署，加强对接协调，主动接受监督。制定系统内巡察全年计划和三年规划，年内已完成尼木县检察院巡察，对发现的问题全部督促整改、落实到位。突出加强干部讲政治、守纪律教育，通过述职述廉、廉政谈话、个人重大事项报告等方式，全面压实“两个责任”。加大监督执纪力度，召开党风廉政建设专题会议18次，层层签订《党风廉政建设责任书》《队伍建设责任书》，全年对司法办案、检风检纪等情况开展检务督察16次。落实意识形态工作责任制，着力淡化宗教消极影响。

【保障群众生命财产安全】 坚持司法为民，强化提前介入、专案办理机制，起诉故意杀人、抢劫、强奸等严重暴力犯罪125件164人，“黄赌毒”犯罪42件50人，交通肇事、危险驾驶等危害公共安全犯罪69件69人，“两抢一盗”、诈骗等多发性侵财犯罪146件172人。

【传递司法正能量】 落实未成年人案件办理特殊程序，构建“捕诉监防矫”一体化工作机制，依法批捕16件18人，起诉14件18人，不捕不诉24人、品格调查7人、心理矫治29人、封存犯罪档案32份。联合市公安、教育、卫计委等单位出台《侵害未成年人权益案件强制报告制度》。深化检校合作，开展“青少年维权岗”“关爱保护农村留守儿童”“参与校园欺凌治理”等活动70余场次，举办全市首例不公开附条件不起诉听证会，护航未成年人健康成长。

【营造良好市场经济环境】 年内，打击侵犯知识产权和制假售假犯罪30件34人，批捕金融诈骗、虚开增值税专用发票、非法经营等破坏市场经济秩序犯罪6人。参与社会诚信体系建设，服务非公有制经济发展，受理行贿犯罪记录查询1874件，查询单位及个人1874家2219人。

【扫黑除恶】 年内，深入推进“扫黑除恶打非治乱”专项斗争，对黑恶势力坚决“亮剑”，共受理审查逮捕涉黑涉恶案件6件38人，批准逮捕5件23人。加强与市委政法委、法院、公安局等政法部门协作配合，提前介入每一起案件，严把事实关、证据关，6次提出书面意见建议，23次派员参加案件讨论会。做好全员发动，打好“扫黑除恶打非治乱”整体仗，开展专题普法教育活动16场次，收集整理案件线索2条，移送公安机关查办，为营造朗朗乾坤、风清气正、人民满意的和谐安定环境做出突出贡献。

【专项监督】 年内，拉萨市检察院以环境资源、食品药品安全、野生动物保护、国土资源等领域为重点，排查公益诉讼案件线索55件，立案31件，制发诉前检察建议24份，均得到积极回应。4件典型案例在全区推广经验，1件案例入选最高检典型案例库。扎实开展“保障千家万户舌尖上的安全”检察公益诉讼专项监督活动，调查走访校园周边商店、乡村小卖部、餐饮服务行业、食品企业等360余家，针对“三无产品”、过期食品、第三方网络餐饮平台不规范、不安全等问题，启动公益诉讼诉前程序6件，督促相关部门整改落实。

【涉法涉诉信访机制改革】 深化涉法涉诉信访机制改革，邀请人大代表、政协委员、律师代表等参与案件听证会，与市司法局、律师协会签订《拉萨市关于实施律师在检察环节参与化解和代理涉法涉诉信访案件实施办法（试行）》。全年共受理申诉类案件44件50人，接待群众来信来访288人次，检察长接待67人次，协助市联合接访中心接访、督办各类事项232件次，妥善解开信访人心结，促进案结事了人和。完善司法救助制度，为6名生活确有困难的刑事被害人提供救助，发放救助金16.3万元。市检察院荣获第九届全国检察机关“文明接待室”荣誉称号。

【助力精准脱贫】 年内，围绕全市脱贫攻坚工作大局，落实驻村帮扶、结对帮困等机制，全市328名检察干警自筹资金10万余元，帮扶困难家庭。25名驻村干警，聚焦精准识别、精准施策、精准脱贫，入户摸底800余户，落实扶贫项目65个，办实事好事42件，就地化解矛盾纠纷160余件，结合宣传习近平新时代中国特色社会主义思想和中共十九大精神，深入群众家中、田间地头开展宣传讲座280余场次，用实实在在的成效，书写精准扶贫检察印记。

2018年6月1日，全市检察机关学习贯彻《宪法修正案》动员部署大会

【提高全民守法意识】 严格落实“谁执法谁普法”责任制，围绕拉萨改革发展总要求和主旋律，紧贴人民群众法治需求，大力开展“七五”普法、“法律七进”、民族团结月、“12·4”国家宪法日等活动，普法宣传600余场次，发放资料17.5万余份，提供咨询4300余人次。加强自媒体建设，全市检察机关“两微一端”影响力进一步扩大，发布检察动态5839条，阅读量达50余万次。借助全媒体传播平台，打造检察特色品牌，创办“以案说法”“检察官说法”“清水源”“法制明镜”等专栏，发表典型案例、法治文章等350余篇，检察影响力显著提升。

【刑事立案、侦查和审判监督】 年内，在全区率先探索建立重大监督事项“案件化”办理模式，对侦查机关立案情况开展专项监督25次，监督立案6件，纠正漏捕漏诉10人，制发《检察建议》《纠正违法通知书》13份，提出口头纠正意见380余次。对事实不清、证据不足以及没有逮捕必要性和不符合起诉条件的案件，依法不批捕219人，不起诉102人。加强刑事审判监督，办理刑事抗诉案件1件，量刑建议272件次，均得到法院采纳。

【刑事执行监督】 年内，把维护人权放在突出位置，深化刑罚执行同步监督机制，办理减刑、假释、暂予监外执行案件926件，调整减刑幅度113人，取消减刑、假释15人，有力维护社会公平正义。加强羁押必要性审查，对9名身患严重疾病、符合审查条件的在押人员进行检察监督，建议变更强制措施4人。加强社区矫正活动监督，全市212名社区服刑人员无一脱管漏管。加强巡回监狱（看守所）检察，日常检查监管场所108次，谈心谈话210人次，跟踪了解危重病犯39人次，受理举报申诉10人次。市检察院派驻拉萨监狱检察室被评为全国一级规范化检察室。

【诉讼监督】 年内,办理不服法院生效裁判监督案件25件,同比增加30%,对确有错误的民事行政裁判提请抗诉7件,获得改判2件(5件正在审查)。坚持抗诉与息诉并重,对法院正确的民事行政裁判,做好申诉人的服判息诉工作。探索实施党委政法委执法监督与检察法律监督贯通机制试点,办理首例“赵某劳动争议纠纷申请监督案”,已提请自治区检察院抗诉。

【司法体制改革】 年内,扎实做好第二批员额检察官遴选工作,新增员额检察官19名。健全检察权运行机制,严格执行“随机分案为主,指定分案为辅”的案件分配机制,办案效率显著提升。坚持“入额必办案、不办案不入额”原则,明确入额领导干部直接办案标准,全市入额院领导平均办案6.8件,有效发挥履职示范作用。

【工作创新】 年内,在全区率先设立案件线索管理和综合指挥中心,进一步增强主动发现案件线索能力,破解检察监督发展不平衡问题。深化阳光检务,拓宽群众监督渠道,向社会公开案件程序性信息2040条,法律文书462份。强化案件流程监控,对全市检察机关545件案件开展质量评查,以工匠精神打造司法精品。落实司法办案责任制,对3起瑕疵案件承办人给予严肃问责,教育干警养成规范司法的思想自觉和行为习惯。规范涉案财物登记,共登记涉案物品172件,出库98件,涉案钱款103.7万元。

【智慧检务建设】 年内,将现代科技应用与检察工作相融合,加快建设网上、掌上、实体“三位一体”的信息化检察院,提升检察工作质效和便民服务水平。与法院、看守所协调沟通,积极筹备“远程提讯、远程庭审”系统建设,有效节约司法资源,缓解案多人少矛盾。与江苏省检察院深度合作,引进“拉检掌上通应用系统”,实现检务管理网上流转,大大提升智能化管理水平。推动检察环节“最多跑一次”改革,率先在全区建成规范化“12309检察服务中心”,制定服务事项清单,提升“线上线下”服务水平,让检察数据多跑路、群众少跑腿。

2018年8月23日,江苏省检察院、拉萨市检察院开展业务培训班开班仪式

【专业能力建设】 年内,大力推进队伍正规化、专业化、职业化建设,完善实战实训机制,开展岗位练兵、模拟抗辩、知识竞赛等活动,培养新时代高素质检察人才。借力北京、江苏检察机关人力资源,发展和创新“智力援藏”,互派13名业务骨干挂职交流、实践锻炼,邀请25批117名检察业务专家赴藏传经送宝、业务交流,举办为期6天的检察业务培训班,检察干警业务能力快速提升。坚持以文化彰显活力,编辑出版《2018年检察工作画册》,拍摄拉萨检察形象宣传片,充分展示拉萨检察精神。

【外部监督制约】 认真落实“两会”精神,上门走访全国人大代表、部分市县乡人大代表8人,对人大代表、政协委员提出的4条意见建议,纳入年度工作重要议事日程,与业务工作同部署、同推进、同落实。多种形式拓宽信息渠道,两级院邀请代表、委员、人民监督员、社区民警、居委会代表参加“检察开放日”活动专题调研、工作视察16次。主动向人大、政协汇报司法体制改革、公益诉讼等重点工作,积极争取支持。加强检律互动,为律师提供阅卷、刻录、会见等服务187件次,依法保障律师执业权利。

案例举要

【合同诈骗案】 被告人洛某在2014年3月至2017年11月期间，谎称其有拉萨市松枝小区、哈达滨河花园小区、牛奶公司小区的内部房源出售，并伪造与拉萨市城市建设投资经营有限公司签订的拉萨市城投房产项目认购书、财务收据等，取得被害人信任。洛某先后从朗某等12名被害人处以购房款、购车款名义骗取人民币共计720.66万元，涉案钱款均被其挥霍一空。该案经拉萨市中级人民法院依法审理，被告人洛某以合同诈骗罪判处有期徒刑十五年，并处罚金20万元人民币。

【特大非法持有毒品案】 2018年1月，被告人吴某从苏某处购买毒品并提供寄达地址及收件人，后苏某把毒品藏匿在消毒柜中，通过物流方式从成都寄送至本市。2018年2月6日，被告人吴某从苏某处得知，毒品已寄到拉萨，被告人让其女友宋某在“58同城”上找跑腿公司到纳金路新蓝天物流园取包裹（单号0039088），取出包裹后在接待车队将包裹交给宋某。随后，侦查人员在尚都国际小区内将被告人吴某抓获，查获毒品约1012.39克。该案经拉萨市中级人民法院依法审理，被告人吴某以非法持有毒品罪判处有期徒刑15年，并处罚金5万元人民币。

【破坏国家级生态林案】 堆龙德庆区检察院在办理邓某涉嫌滥伐林木一案中，发现农林局在本辖区公益林管护工作中，未能很好地履行监管职责，致使堆龙德庆区乃琼镇岗德林村旭日度假村内的国家公益林被砍伐332株。堆龙德庆区检察院根据《国家级公益林管理办法》《中华人民共和国森林法实施条例》《西藏自治区公益林管护办法》的相关规定，依法履行法律监督职责，于2018年3月28日向堆龙德庆区农林局制发检察建议，要求该局对被砍伐的林地进行补植补造。随后，在农林局的监督下，邓某在原砍伐地补种5倍以上林木，补植复绿1560余株。

（马海平）

司法行政

【概况】 年内，拉萨市司法局深入贯彻落实习近平新时代中国特色社会主义思想和中共十九大及十九届二中、三中全会精神，紧紧围绕隆重纪念改革开放40周年这条主线，立足于服务全市“六大战略”，推进司法行政规范化建设，扎实开展法治宣传、人民调解、安置帮教、社区矫正、法律援助和法律服务等工作，为建设团结美丽健康幸福新拉萨贡献力量。截至年底，全市共开展集中法治宣传咨询服务活动2314场次；举办专题法治讲座561场次；印发各类法治宣传资料、法律读本37.11万份（册）；发放宣传品价值24.15万元；参与群众38万次。

【法治宣传教育】 年内，拉萨市普法办以全面落实“谁执法、谁普法”普法责任制为抓手，以“法律七进”为基本平台，牵头组织全市各普法责任单位实施“七五”普法规划，普法内容进一步拓展，宣传形式日益多样化，干部群众学法用法工作持续深入。全市政法系统和法律服务机构在各新闻媒体刊发“法官、检察官、律师以案释法”案例105例；市属公证机关、律师机构和法律援助机构面向社会共计接受各种咨询和提供法律服务1723人次。拉萨市在2018年全区“七五”普法中期验收考核中名列第一，达孜区获全国法治县（市、区）创建先进单位称号，曲水县四季吉祥村和达孜区扎西岗村荣获第七批全国民主法治示范村称号。2018年3月11日十三届全国人大一次会议表决通过《中华人民共和国宪法修正案》至12月，全市各普法责任单位已开展宪法主题宣传活动127场次，发放宪法修正案宣传资料9.41万册，各类宪法宣传品1.32万份，受教育干部群众超过21万人次；组织国家公职人员宪法学习讨论241场次，累计发言509人次。组织开展村（居）“两委”干部宪法知识培训，分6批对全市548名新任村（居）党组织书记、主任进行培训。在全市范围内集中开展“法律进宗教场所”主题普法宣传教育活动，共开展宪法主题宣讲1094场次，巡回宣讲209场次，召开座谈会587场次，播放爱国主义影片773场次，发放宣传资料7330份（册）。组织市属五大藏传佛教寺庙、大小清真寺以及五县三区、两个功能区的宗教场所宗教教职人员、驻寺干部参加宪法知识考试。全市各级各类学校充分发挥法治副校长、法治辅导员作用，积极开展“晨读宪法”“与宪法合影为祖国点赞”等活动，开展以宪法修正案为主题的法治教育课211场次，听课学生超过3.6万人次。2018年10月份开展宪法学习宣传专项督查，对部分县（区）和市直单位学习宣传宪法工作进行实地督促和检查，促进宪法学习宣传落地见实。积极配合自治区司法厅开展全区宪法统一考试工作，转发通知全市各级各部门参与考试，营造浓厚的宪法学习氛围。经后台认证，拉萨市为全区参与宪法考试人数最多的城市。对药王山法治主题公园进行以宪法为主题的功能性改造，建成全区第一座宪法主题公园，实现宪法宣传向文化熏陶、感性共鸣、理性思考、自觉接受的形式转化。牵头举办拉萨市“12·4”国家宪法宣传日系列宣传活动。“12·4”当天，组织拉萨市直和城关区60余家单位部门在宗角禄康公园开展首个宪法宣传周活动启动仪式暨“12·4”国家宪法宣传日集中法治宣传活动，到场群众超过12000余人次，发放各种法治宣传资料107种19300余份、各种宪法纪念品47种9300余个，现场提供法律咨询71人次，现场预约法律服务事项29件。组织市直政法各部门和专业团队为到场市民献上一台精彩的法治文艺演出，并穿插宪法常识有奖互动问答，生动形象地展现各族群众的法治文化生活，为进一步践行两个维护、弘扬宪法精神，建设法治拉萨营造良好法治氛围。另根据中央和自治区关于开展宪法学习宣传“百名法学家、百场报告会”的部署要求，12月5日举办宪法专题辅导报告会，全市各部门、各行业和各县区，以及学生代表、干警代表等共计350余人听取报告，在全市掀起新一轮宪法学习宣传热潮。2018年，拉萨市普法办牵头拍摄完成本地题材的普法微电影《真相》，制作了一批以宪法宣传和社会热点法律问题解析为主题的普法微动漫，微电影微视频普法宣传工作成效初现。在自治区“法治西藏”微电影、微视频动漫作品征集大赛中，《真相》荣获微电影类二等奖；《劳动权益保护》《法援－法条阐释》《邻里纠纷》《社区普法》分别荣获微视频动漫类特等奖、二等奖和三等奖。获奖率和获奖数量在全区各市（地）中位列第一。开通“法治拉萨”微信公众号，向社会公众推送法治新闻和信息；全市各普法责任单位也先后开通“法治拉萨”“清风拉萨”“平安拉萨”“拉萨公安法制”“拉萨交警”“拉萨禁毒”等一系列官方微信公众号，实现与网民的在线沟通，有效扩大普法工作的深度和广度。结合拉萨“智慧城市”建设进度，启动“拉萨市智慧普法”和“国家工作人员网上学法用法平台”建设项目。

【人民调解】 全市现有人民调解组织426个，调解员总数3050人。按照分级培训方式开展人民调解业务知识培训，共计培训人数1710人次。发扬“枫桥经验”，创新调解模式。全市各县（区）司法局组建县、乡两级人民调解工作指导中心，形成司法行政机关指导，政法部门协调，相关部门参与的大调解模式。截至年底，全市8个县（区）指导中心已全部建立，乡级人民调解工作指导中心也已基本建立完成。积极开展人民调解品牌建设工作，已在全市各县（区）组建8个品牌调解室，发挥品牌示范引领效应。建立市级人民调解专家团15人，人民调解律师团10人，人民调解师资团10人，人民调解志愿者团50人。调解队伍中涌现出一批先进调解组织和模范人物。在2018年全国人民调解工作先进

2018年7月6日，拉萨市司法局召开法律援助工作新闻发布会

集体和先进个人评选中，拉萨市曲水县才纳乡人民调解委员会、当雄县当曲卡镇人民调解委员会委员次仁玉珍、尼木县麻江乡强聂村人民调解委员会主任尼玛顿珠、堆龙德庆区乃琼镇人民调解委员会委员伊斯玛荣获司法部表彰。年内共调解各类纠纷 692 件；调解成功 659 件，调解率为 100%，调解成功率为 95%；调解疑难复杂案件 32 件；涉及金额 3549.95 万元。

【安置帮教】 全年初调整充实拉萨市刑满释放人员安置帮教工作领导小组，进一步强化党委、政府对安置帮教工作的主导作用。与各成员单位签订《2018 年度刑满释放人员安置帮教工作目标任务分解责任书》，进一步细化任务分工，明确工作职责，形成工作合力。在深入调研的基础上，拉萨市社会治安综合治理委员会特殊人群专项组办公室结合工作实际，起草《拉萨市刑满释放人员安置帮教工作实施细则》，从信息核查、入监所帮教及外调、人员衔接、委托管理、日常管理、救助帮扶、档案管理、责任倒查等方面，进一步加强对刑满释放人员安置帮教工作的监督指导，提出具体要求，统一工作程序和操作流程，为全市刑满释放人员安置帮教工作提供行动依据和工作指南。进一步理顺体系，全面实行“6+1”帮教模式，建立刑满释放人员“多帮一”帮教小组，准确掌握辖区内刑满释放人员的底数，分布情况和去向，夯实工作基础，确保安置帮教工作不留死角、不留盲区；全市各级安置办通过全国刑满释放人员信息管理系统，每日查看辖区内服刑人员基本信息，通过服刑人员户籍所在地的乡镇（街道）、村（居）及家庭核实基本信息，向监所发放回执。对预释放人员，通过信息管理系统和司法厅做好提前衔接准备。对人户分离的刑满释放人员，户籍地与居住地安置办落实“双列管”，填写移交单、委托单。协调有关部门做好符合条件的刑满释放人员的最低生活保障、特困人员供养、受灾人员救助、医疗救助、教育救助、住房救助、就业救助、临时救助等工作。年内，全市各级安置帮教组织为刑满释放人员提供就业登记 50 人，开展技能培训 57 人，进行临时救助 1 人，落实最低生活保障 1 人，教育救助 1 人，就业扶持 11 人，安置“三无”人员 2 人；帮扶刑满释放未成年人员 3 人，帮扶服刑人员未成年子女 26 人。

【社区矫正】 扎实做好重要节点社区矫正安全防范工作，有效杜绝社区服刑人员虚管、脱管、漏管事件发生。达孜区、曲水县、尼木县依托敬老院等机构挂牌成立社区矫正公益劳动基地。拉萨市依托堆龙德庆区古荣乡藏鸡养殖场，挂牌拉萨市社区矫正过渡性安置基地。2018 年共组织社区服刑人员开展公益劳动 150 次，集中教育活动 170 次，收到良好的警示教育效果。为县（区）司法局、司法所配备警用便携式执法记录仪 60 台，加强对社区服刑人员的日常管理和对执法人员执法行为的监督。全年深入基层督导检查 32 次。全面规范社区服刑人员档案及日常工作档案，向各县（区）司法局、各功能新区发放新版工作台账 24 类共计 4752 本，统一制作档案盒，划分基本档案、执行档案和日常管理档案，实行分级分类管理。自治区社区矫正工作培训班安排 150 名学员现场观摩拉萨市城关区司法局矫正电子监管中心和金珠西路司法所，获得观摩组的一致肯定和好评。年内，全市各级社区矫正机构为全市 4 名社区服刑人员争取到公益性岗位和其他服务岗位；逢年过节期间，走访慰问贫困或患病社区服刑人员 82 人，发放慰问金 10 万余元；帮助 2 名求学的社区服刑人员解决学费 1 万余元。

【法律援助】 年内，拉萨市法律援助中心办理法律援助案件 1688 件。为前来咨询的当事人提供法律咨询服务 2900 余人次，代写法律文书 562 份，案外调解 190 余次，司法确认 29 件。正式启用西藏公共法律服务平台，开通“12348”法律援助咨询热线，截至 12 月底，共接听咨询电话 903 次。切实做好农民工法律援助工作，开通农民工申请法律援助绿色通道，2018 年共受理 856 件农民工法律援助案件，涉及农民工 886 人次，已成功调解案件 406 件，挽回农民工经济损失 1758 万元。拉萨市法律援助中心和八县（区）法律援助中心均已在同级人民法院设立法律援助工作站。拉萨市法律援助中心和达孜区、堆龙德庆区法律援助中心驻同级看守所法律援助工作站也相继挂牌成立。11 月 26 日，城关区司法局在城关区人民检察院挂牌成立“城关区法律援助中心驻城关区人民检察院法律援助工作站”，成为全区首家驻人民检察院法律援助工作站，进一步打开法律援助工作渠道。截至12月，全市13家法律援助工作站共受理法律援助案件357件，其中民事案件274件，挽回当事人经济损失97万元；刑事案件83件，均指派律师在侦查、公诉、审判阶段进行辩护。

【律师公证管理】 年内，全市22家律师事务所、拉萨市法律援助中心共计办理刑事案件86件；民事诉讼代理案件801件；非诉讼案件244件；法律援助案件384件；为200余家企事业单位担任法律顾问；提供法律咨询及代写法律文书7500余人次。4月27日，拉萨市成功组织召开第一次全市律师代表大会暨拉萨市律师协会成立大会，律协的成立掀开拉萨市律师事业发展的崭新一页。在成立拉萨市律师协会的同时，7月1日组建成立拉萨市律师行业党委，截至12月底，拉萨市律师行业党委共有律师党员28名、预备党员5名。市直22家律师事务所已成立律师事务所党支部4个。11月7日，组织召开全市村（居）法律顾问工作会议，对拉萨市村（居）法律顾问工作的相关内容和工作任务进行安排部署。截至12月底，全市22家律师事务所与全市278个村（居）委员会签订《村（居）法律顾问服务协议》建立契约关系，实现法律顾问100%全覆盖。加强律师参与涉军停偿案件工作，市直各律师事务所共代理涉军停偿案件65件。继续实施律师入驻信访和市民服务中心工作。西藏方诺律师事务所共派出律师8名210人次到拉萨市信访局协助工作，参与接待信访事项165次，接待信访人员333人，提供法律咨询110余次。市民服务中心法律服务窗口共接待群众各类法律咨询案件289起。拉萨市阳光公证处以成立10周年为契机，以开展公证宣传、慰问走访活动回馈社会，提升，其中，民事类6971件、经济类2301件、涉外类341件，公证收费676万余元。为残疾人、低保户、军、警开展上门服务工作和提供优先服务500余次；接受广大群众公证法律咨询10000余人次，代写法律文书6000余件；开展外出调查800余次，有效保障公证质量。积极推进合作制公证机构改革工作。2018年5月，拉萨市成立全区第一家合作制公证机构—西藏自治区拉萨市藏信公证处，为拉萨市公证法律服务注入新的力量。藏信公证处自2018年5月挂牌成立以来截至12月底，共办结公证业务1320件，其中经济类公证4件，民事类公证1316件，接受法律咨询800余人次，代拟文书940件，公证费用收入102万余元。

【“扫黑除恶打非治乱”专项斗争】 根据上级扫黑办工作指示，成立拉萨市司法局“扫黑除恶”专项斗争工作领导小组。设立扫黑办，由专人负责扫黑办日常工作。建立“扫黑除恶”工作部署、排查管控台账、“涉黑涉恶”线索提供、舆情处理、重大事项报告、信息报送等工作机制，对“扫黑除恶”工作系统性推进。联合“扫黑除恶”成员单位开展大规模“扫黑除恶”集中宣传活动。深入细致开展矛盾纠纷排查化解工作，发现“涉黑涉恶”线索及时汇报扫黑办。加强特殊人群排查管控。对安置帮教对象、社区服刑人员依法教育管理，对“涉黑涉恶”线索及时梳理第一时间上报。引导督促法律服务机构增强政治意识、大局意识和纪律意识，要求律师从维护社会稳定的高度，依法履行代理、辩护等职能，参与扫黑除恶专项斗争。

【扶贫攻坚】 拉萨市司法局党组高度重视扶贫工作，多次召开专题会议研究部署相关工作。通过结对帮扶、解决困难群众就业、消费扶贫、赠送宣传书籍和交通工具等方式开展扶贫工作，年内总计投入资金163300元。根据区（市）强基础惠民生活动和拉萨市精准扶贫干部结对帮扶工作安排部署，拉萨市司法局与驻村点当雄县宁中乡堆灵村对接结对帮扶工作。按照县处级干部结对3户，科级干部结对2户，一般干部结对1户的标准，安排全局61名干部结对堆灵村建档立卡贫困户116户568人。局干部职工到帮扶地160余人次，自行出资为建档立卡户购买食用油、米等物品，或个人出资给予慰问金，或购买农产品，合计投入32000元。按照市委研究林周县北部三乡脱贫攻坚工作相关事宜专题会议的指示精神，研究制定《拉萨市司法局帮扶林周县北部三乡实施方案》。结合基层普法和法治乡村建设，于2018年7月、11月先后两次深入林周北部三乡开展帮扶活动。向北部三乡司法所赠送电脑、摩托车等办公设备和交通工具，赠送各类法律宣传书籍，开展法治宣传活动，发放法律宣传手册、宣传品。两次帮扶活动合计

2018年4月27日，拉萨市第一次律师代表大会暨拉萨市律师协会成立会议召开

投入资金46300元。

【受援工作】 4月7—13日，市司法局派出受援工作对接组，先后到北京市司法局、江苏省司法厅协调对接对口援助工作。4月12日至5月18日，拉萨市司法局和达孜、堆龙、城关、曲水、尼木县司法局8名业务骨干赴江苏省司法厅开展为期37天的跟班学习活动。7月30日至8月5日，北京市通州区司法局业务专家团一行8人到拉萨开展为期1周的援藏工作调研交流和业务培训活动。10月15—17日，北京市司法局援藏代表团进藏实地对接对口援助工作，于10月17日上午在拉萨市人民政府召开对口援助工作会议。会上，北京市司法局与拉萨市司法局签订对口支援合作协议，捐赠援藏资金三年300万元。北京市法律援助基金会向拉萨市司法局捐赠价值100万元的法律书籍。

【廉政建设】 拉萨市司法局党组和局各基层党组织坚持以“两学一做”学习教育常态化制度化为载体，深入开展“不忘初心，牢记使命”专题教育活动、政治纪律专项教育活动，突出思想政治建党、思想建党，重点加强对党的十九大精神和习近平新时代中国特色社会主义思想的学习教育，深入理解和把握党的治边稳藏重要论述，大力弘扬“老西藏精神”“两路精神”“红船精神”，确保广大党员坚决做到“两个维护”，确保立场坚定，政令畅通。年内开展理论中心组学习活动20次，以党支部、党小组为依托，先后安排60余次集体学习（含专题研讨活动3次、“书记讲党课”活动4次），参学人数达300余人次，撰写各类学习笔记（心得体会）150余篇，切实达到学习主体、内容、形式、时间的“全覆盖”。结合学习中共十九大精神，集中整治不作为、慢作为和官僚主义、形式主义等突出问题，以及政治纪律专项学习教育活动，人均记录学习笔记6000字以上，人均撰写心得体会2篇以上，人均撰写剖析材料2篇。制定《2018年落实党风廉政建设主体责任工作要点》，并对工作任务进行分解，明确具体措施要求和责任领导、部门，为全年工作打下基础，指明方向。局党组书记与领导班子各成员、各科室负责人层层签订《拉萨市司法局党风廉政建设责任书》，做到任务到人，责任到人，形成“一把手”负总责，分管领导齐抓共管，部门各负其责，压力层层传导，全局干部职工积极参与的良好工作局面。制作《拉萨市司法局领导干部落实党风廉政建设主体责任工作纪实手册》，建立全局干部职工《廉政档案》。推动全局广大党员干部职工作风持续向好，巩固拓展“两学一做”学习教育和全局各项事业发展成果，开展集中整治形式主义、官僚主义“十种表现”专项工作，扎实完成各项任务要求，让集中整治工作成果真正体现到转变机关作风，提高工作效能，积极推动党建和业务工作深入发展。督促党员干部在“八小时以外”牢记党纪党规要求，严禁赌博、严禁大吃大喝、出入会所等高档娱乐场所；签订《拉萨市司法局党员干部“八小时以外”行为监督管理责任书》《拉萨市司法局关于严禁共产党员和国家工作人员参与任何形式的赌博和宗教活动的责任书》。以严格落实廉洁自律各项规章制度，做到警钟长鸣，坚决杜绝节日腐败。认真落实“收支两条线”，严格遵守厉行节约制度，严格控制各种经费开支；严格遵守政府采购制度，做到党务公开、政务公开、财务公开。

（张　鑫）

军　事

拉萨警备区

【概况】 2018年，拉萨警备区紧紧围绕党在新时代的强军目标，坚持不懈用习近平新时代中国特色社会主义思想凝心聚魂，坚决贯彻战区、陆军和军区党委决策指示，团结带领广大官兵首抓维护核心、大抓练兵备战、狠抓维稳制乱、大力纠治基层不正之风和“微腐败”，狠抓正风肃纪，广泛开展群众性练兵比武活动，扎实开展军警民联合训练，不断加强国防后备力量建设，圆满完成各项工作任务，部队全面建设呈现出持续发展、稳步前进的良好势头。

【思想政治建设】 2018年，拉萨警备区思想政治建设积极适应形势任务发展变化，坚持以习近平新时代中国特色社会主义思想和强军思想为指导，以开展“传承红色基因、担当强军重任”主题教育为主线，以全面深入贯彻军委主席负责制专题教育为抓手，聚焦中心、突出重点、注重融合、查找不足、积极整改、狠抓落实，有效促进各项任务完成。结合单位任务性质及驻地社情实际，紧贴支援、维稳和抢险救灾等任务，收集辖区内社民舆情，常态化开展群众纪律、法纪法规、防间保密等经常性教育，建强心理服务骨干队伍，开展经常性心理咨询服务，在思想政治理论上武装官兵头脑、指导部队建设，及时有效化解矛盾问题，不断巩固思想防线，为圆满完成本职任务、夯实安全发展打好坚实基础。

【作风建设】 2018年，拉萨警备区积极转变工作作风、严肃工作纪律、提升工作质量，努力打造一支作风过硬、勇于担当、清正廉洁、干事敬业的干部队伍。班子成员以身作则，观大势、谋大局，常怀律己之心，常行务实之举，各级领导干部切实转变工作作风，坚守政治规矩，提升政治素养，以责任重于泰山的担当意识，履职尽责的干事能力，以上率下，齐心协力，共谋发展。扎实开展党纪教育、法规学习，认真组织以张阳、房峰辉案为反面教材的专题教育，集中组织观看《利剑巡视》《铁纪强军》等正风反腐纪录片，让广大官兵知敬畏、存戒惧、守底线，营造警备区干净、清爽、和谐的政治生

2018年5月11日，警备区官兵担负拉萨市首届运动会护旗

态,全年没有出现任何作风问题,没有任何不良反应。

【维稳执勤】 年内,及时修订完善处突预案,主动搜集整理重点寺庙情况和辖区人社民情,合理调整兵力部署,持续加强训练演练,扎实开展巡逻执勤。出动民兵、车辆担负守护青藏铁路堆龙德庆、当雄县辖区内路段和拉日铁路堆龙德庆、曲水县、尼木县辖区路段,守卫各县区党政机关、油库、青藏输油管道、交通要道等重要目标,协助公安武警设卡执勤等任务。

【军警民联合训练】 年内,依托民兵训练基地,组织城关区人武部,城关区公安局、民宗局、消防大队、城管大队等单位有关人员及部分民兵,围绕处置边境连锁反应条件下一定规模的分裂恐怖行动课题,采取"实兵实案、单方演练、情景位移、分区演示、连贯实施"的方法组织参加军地联合反恐怖行动训练,并在西藏军区省军区系统新大纲集训期间进行演示,反响较好。

【军训工作】 在西藏体育运动技术学校、拉萨阿里河北完全中学、西藏大学3所地方学校组织2685名学生开展军训活动,累计授课280学时。参训学生在国防意识、吃苦耐劳精神、组织纪律观念等方面均有所增强,综合素质显著提升。军训期间,承训官兵以严谨的军人作风和过硬的军事素质,向在校师生全方位展示良好的部队形象,未发生任何军民纠纷的问题。同时,结合年度征兵工作,军训队利用校园板报、横幅、橱窗营造浓厚的军营绿色文化,大力开展国防教育,共发放2300余册《国防知识宣传手册》,充分调动大学生参军入伍热情,为拉萨市国防后备力量建设创造有利条件。

【驻地群众工作】 警备区派出百余名官兵赴大昭寺至功德林天街一线帮助当地民众美化环境,上街道、进社区义务开展清理卫生活动,展现了解放军官兵良好形象,为"加强民族团结,共建美丽西藏"助力增色。另拉萨警备区派宣传车1辆,沿城区主要街道循环播放国防教育法,并在布达拉宫广场、宇拓路、龙王潭公园三地,指派12名宣传骨干设立国防教育宣传点,发放各类宣传资料500余册,大力弘扬拥政爱民光荣传统,为民众普及国防知识、宣讲征兵政策,得到民众的支持与认可。大力开展脱贫攻坚工作,推进军民共建,先后向定点帮扶贫困户捐赠价值7万余元的米、面、油等生活物资,发放慰问金7000元,给儿童福利院发放慰问金5000元,耗资48万余元援建第二高级中学一个国防教育馆,确保帮扶工作精准发力、落地见效。

2018年10月15日,警备区官兵组织义务巡诊

【国防后备力量建设】 警备区党委坚持把国防动员建设纳入军事力量建设全局考虑,召开"2018年拉萨市委议军暨国动委第六次全体会议",研究解决拉萨市驻军部队在国防后备力量建设、军事设施保护、军事用地需求、土地使用权属等方面存在的困难和问题,不断提升服务保障军人、军属权益的能力。坚持把国防教育作为国防后备力量建设的一项基础性工作。4—8月,结合征兵宣传工作,组织160余人次进入西藏大学、西藏职业技术学院、藏医学院、师范学院等5所高校开展宣传教育;5月中旬,组织城关区民兵在市区开展全国防灾减灾宣传。按照国防动员潜力储备的要求,积极把部队潜力需求与拉萨市实际相结合,把部队建设工作纳入经济社会发展规划。6月,组织国防动员成员办公室开

2018年11月8日，警备区官兵在街区组织国防教育宣传

展年度国防动员潜力调查，核实完善人民武装、国民经济、政治科技等潜力数据。7月，警备区带城关区、堆龙德庆区人武部参加军区组织的国防动员要素训练，进一步建立健全国防动员机制。11月份，警备区组织市、县(区)两级5个地方国防动员单位和8个县(区)人武部，修订完善全市国防教育、人民武装、国民经济、人民防空、交通战备、信息科技共6类动员方案，确保177项国防潜力数据与上级赋予的任务需求相一致。加强人武部建设。及时补充更新装备器材，5月份，为各民兵武器仓库配发新式步枪、防毒面具、警棍盾牌、伪装遮罩等民兵武器装备及器材共6000余支(套、台)。

(李俊池)

武警拉萨市支队

【概况】 中国人民武装警察部队西藏总队拉萨支队(旅级)(简称武警拉萨支队)，2005年5月24日，由原第一支队和原拉萨市支队合编而成。2018年1月，根据中央军委编制体制改革，整编为武警拉萨支队。2018年，支队坚持以习近平强军思想为指引，坚决贯彻军委、武警部队和总队党委决策部署，始终聚焦学习贯彻中共十九大这条主线，突出讲政治护核心、务打仗强能力、严法治促正规、固基础保稳定、抓党建净生态，不动摇、不折腾、不懈怠、不畏难，齐心协力抓建设、反反复复抓落实，支队全面建设持续向上向好发展。

【思想建设】 年内，西藏总队拉萨支队认真落实理论学习制度，用好《三十讲》读本，按照“学懂、弄通、做实”要求，深入学习近平新时代中国特色社会主义思想，持续掀起贯彻中共十九大精神热潮。以《习近平论强军兴军》《军委主席负责制学习读本》等为基本教材，突出抓好军委主席负责制学习贯彻，坚决执行“一个决定、一个办法、两个规定”，着重加强领导干部政治能力训练，“学强军思想、讲强军故事、干强军事业”等活动跟进有力，严密组织“学训词、铸军魂、开新篇”“传承红色基因、担当强军重任”重大教育、“七一”主题党日活动和“十一”主题文艺会演，官兵“四个意识”更加强化。紧盯现实思想，稳步推进“四心工程”，建立“三位一体”共育模式，深入开展谈心交心和清理内外赊欠款等矛盾化解。大力做实慰问解难、疗养休假、看病就医和精准扶贫等工作，着力营造温心氛围。紧跟意识形态动向和网络舆情动态，狠抓“四反”教育、政治考核和新兵“三查”。充分发挥“两微一端”和警营电视台等媒介作用，扎实搞好新闻报道，着力挖掘拓展和厚植红色基因。坚持高站位、高标准，全力推进改革整编，支队编制调整顺利圆满。

【军事训练】 年内，西藏总队拉萨支队用好集中培训、分级组训、任务带训、演习强训“四种方法”，树立军事训练“一票否决”鲜明导向，官兵训练热情不断激发。通过支队党委每月议中心、新大纲教练员集训、训练尖子同场竞训、“魔鬼周”极限强训、备战“巅峰”比武选训、群众五小练兵常训、组织实弹实投严训、完善场地设施保训、考核考评督训等形式，着力提升部队打赢能力，半年接受总队军事训练考核总评成绩及格，参加总队教练员比武取得第三名的好成绩。

【基层建设】 年内，西藏总队拉萨支队深入贯彻习主席“四个坚持扭住”指示要求和武警部队、总队党委1号文件精神，紧盯“三个一线”“三支队伍”“三个源头”，认真落实武警部队新任支队主管抓建基层培训精神，严密组织《纲要》和基层党委（支部）书记培训，组织3批联合工作组考察帮建，持续对3个连续5年以上未进入先进中队精准帮建，分层制定和集中审批按纲建队服务指导和工作计划，坚持分片挂钩帮建，用好“双争”载体，树立大抓基层鲜明导向。积极学典型、找差距、促发展，进一步规范日、周、月、季工作，编印下发军事、政治、后装三个《日常工作手册》，推动内涵发展；严密组织每季按纲建队考评、形势分析和半年“双向讲评”，“七一”评选表彰42名先进个人，拿出2.4万元用于春节、“七一”慰问救济特困官兵，积极安排169万元解决基层“五难”问题，有力激发官兵建队兴队热情动力。

【后勤保障】 年内，着力打造现代后勤风貌，着眼后勤变前勤，修订完善9类11套保障方案计划，轮换处理9种若干件（套）战备物资，规范“一组五队”编成和编携配装，广泛开展“岗位大练兵、比武砺精兵”活动，组织8批次后勤专业兵集训复训。参加总队后勤专业比武，取得1项个人第一和团体第三名的好成绩。

（及西才让）

拉萨市公安消防支队

【概况】 2018年，10月9日，中央军委宣布消防部队集体退出现役。

2018年11月27日，拉萨市消防支队在柳梧新区邦嘎隧道内开展隧道灭火救援暨应急通信保障综合演练

拉萨消防全体官兵按照命令脱装待改。11月9日，习近平总书记向国家综合性消防救援队伍授旗并致训词。12月28日，西藏自治区党委书记吴英杰等党政主要领导出席消防救援总队授旗授衔和换装仪式。2019年1月1日，西藏自治区党委常委、拉萨市委书记白玛旺堆出席拉萨市消防应急救援支队迎旗授衔和换装仪式。全年，全市发生火灾25起，无较大以上火灾，无人员伤亡，直接财产损失143.80万元。同比2017年，火灾起数下降51.2%，直接财产损失下降20.9%。

【落实消防安全责任】 年内，推动市委、市政府继续将消防工作纳入社会治安综合治理、安全生产和政府年度消防工作考核评价体系，市委市政府主要领导先后15次主持会议研究部署消防工作，与9个县（区）政府、柳梧经开区和29个职能部门签订目标责任书，依托市综治委、安委会、消安委开展专项督查、盘点考核消防工作。自治区党委政府、市委市政府主要和分管领导5次调研消防工作，带队开展消防安全督导检查20次，对消防工作多次作出重要指示批示。全年市直多部门联合开展执法20余次，梳理行业系统典型隐患600余个，制定整改措施452条，消防工作齐抓共管合力显著增强。

【改善消防安全环境】 年内，牵头实施区县政府、全国重点镇消防规划编制，推动市政府出台《拉萨市“十三五”消防事业发展规划》，健全联席会议、信息互通、联合执法等工作机制，打造寺庙消防工作合力。在市政府主持下，聘请四川消防研究所、天津消防研究所和中国建筑科学研究院，联合政府部门及第三方服务公司等十余家单位，成立拉萨市消防安全风险评估项目专家组、古城消防安全风险评估项目专家组，研究出台《拉萨市消防安全风险调研评估报告》《拉萨市区域消防安全评估各类场所火灾隐患及整改建议台账(上、下册)》《拉萨市古城区消防安全风险评估项目报告》《拉萨市古城区消防安全隐患及整改建议》,夯实区域消防治理基础。固化消防安全网格化管理,纳入综治、治安部门服务管理平台工作机制,开展大型会展消防隐患排查、建设工程领域消防违法行为专项整治两项自选动作,推动95个乡镇和社区落实消防安全网格化工作。

2018年,全市共检查社会单位17930家次,发现火灾隐患或违法行为15742处,督促整改15541处,下发《责令改正通知书》8186份;办理临时查封10起,办理行政处罚案件42起,罚款92.1万元,责令"三停"单位13家;下发《建设工程消防设计审核意见书》432份;下发《建设工程消防验收意见书》227份;下发"公众聚集场所投入使用、营业前消防安全检查合格证"190份,下发《不同意投入使用、营业决定书》30份。

【消防宣传】 年内,深入贯彻落实《消防宣传"八进"活动工作》要求,将社会普及性消防宣传教育培训纳入市政府购买公共服务内容,将柳梧新区消防科普教育基地纳入示范性综合实践基地建设的重要内容。在区市媒体开设消防专栏7个,制作《微信消防站:极速救援》《防治火灾 人人有责》等消防宣传影片2部,利用全市户外LED屏幕、消防宣传车、出租车、快递件、微信、微博、抖音、今日头条开展固定或流动的消防宣传,联合团市委、市教育局组织开展寒暑期消防教育拓展课程,与市县多部门开展119主题宣传活动42次,开展消防运动会、消防主题文艺会演、消防器材装备展示、慰问孤寡老人等喜闻乐见、载体丰富的宣传活动,消防宣传影响力深入民心。

【灭火救援】 年内,健全高层建筑、易燃易爆扑救等2类攻坚专业队运行机制,编撰《拉萨市区县综合应急救援社会响应机制联络人名册》,系统归纳全市63个乡镇的党委政府、事业部门、村组和驻村工作队综合应急力量联络方式,形成应急响应联络机制,协同公安、交通、卫计、电力等社会救援力量,开展各类灭火救援实战演练890余次,特别是集中全支队力量扎实开展寺庙演练专项行动,修订寺庙文物古建筑平面图、水源分布图、力量部署图、联勤联动图、行车路线图等九类图纸共计809张,修缮各级行动预案157份,梳理报警、指挥、协同、保障等任务,明确出动力量编成、接处警程序要求、联勤联动调度等方面要求,确保灭火与应急救援力量调度快速、准确、高效。全年,全市消防共接警144起,抢救被困人员123人,疏散被困人员80人,抢救财产价值2608.6万元;担任各类公务执勤1853次,出动车辆353辆次,出动警力10059人次,坚决确保全市火灾形势稳定。

2018年6月22日,拉萨市消防支队成功扑救一起汽车报废市场火灾

【建立机制织密救援网络】 年内,认真贯彻《拉萨市"十三五"时期消防事业发展规划》,全力推进以应急救援消防员为主体的多种形式消防力量建设,探索"通信联网、业务联训、作战联动"模式,将全市微型消防站基本信息、装备实力、联动方式纳入指挥中心统一调度指挥,将1个重点镇专职消防队建设列入县(区)政府目标任务,推动全市增加政府专职消防员增招计划,全市专职消防队员总数达88人,在灭早、灭小、灭初期方面发挥重要作用。始终将信息化作为战斗力生成的重要引擎,提交"智慧消防"纳入拉萨市新型智慧

城市顶层设计中，现实消防水源、道路信息、重点单位和救援力量物联网共享。所属22个基层中队100%配齐配强4G单兵图传系统、公网集群“和对讲机”，不断提升智慧网络架构，保障处警通信直通直达，坚持按照直报直调要求组建应急保障分队，根据任务执行要求，多次向公安部、应急管理部直线联系、图传信息。下半年，支队分别两次参与林芝米林山体滑坡和堰塞湖自然灾害救援通讯保障工作，得到应急管理部、消防救援局相关领导的高度肯定。

【基础建设】 年内，通过正规化、法制化渠道，建立完善经费持续增长机制，创新提出“1+x”经费争取模式，即大队业务经费采取确定具体金额为基础，另外必须争取队站建设、装备建设等其他专项经费为目标任务。2018年，支队本级业务经费预算达4000万元，其中一般经费1675.5万元，专项经费2324.5万元，行政经费预算达11650万元，为消防事业可持续性发展提供强有力的支撑。在地方政府压缩财政开支的新常态下与上一年预算持平不减，柳梧大队、城关大队、堆龙大队等年度业务经费预算突破千万元大关，大队级单位预算增长比例均超过5%。支队坚持严格预算编制和预算执行，预算投向、投量更加科学、规范，经费的使用效益得到有效保障。拉萨消防六县队站建设自2016年5月开工建设以来，得到区、市、县三级政府高度重视，共计投入项目资金资金7250万元，打造六县综合救援大楼精品项目。2018年底，最后一批当雄县队站建设项目完成竣工验收及消防员入住，标志着拉萨全市实现消除队站建设空白点任务，应急救援力量强有力地辐射到广大城乡接合部、农村，夯实城市消防基础建设工作。

【管理教育】 年内，全面确立制度管人管事工作导向，从党委成员到基层中队全面推行工作责任清单制，以年初建账、季度算账、年底交账的压力传递机制，督促工作落地兑现。深度应用队伍管理教育全接触技防系统，全面推行支队、大队、中队同部署、同组织、同监测的交接班制度。2018年10月中央军委宣布消防部队改革转隶后，支队继续按照“两严两准”要求落实条令化制度管控，全市消防执勤训练、学习教育、办公秩序紧张有序，每周进行量化评比，每月行办会议进行通报。以百日安全、“六查六防”回头看整治、整训教育活动为主线，深入开展新条例学习、安全大检查等专项活动，排查整治安全隐患160余处，保证队伍的高度集中稳定。

【组织教育】 年内，党委成员带头组织学习“习近平向国家综合性消防救援队伍授旗并致训词”精神，深刻掌握应急管理部黄明书记传达中央领导讲话内容，不断增强改革自信。为增强消防改革信心、振奋人员精神，提出“重塑战斗队伍、永葆军人风姿”口号，支队党委倡导积极、健康、向上的行为模式，引导各级领导干部充分发挥领头雁、主心骨作用，旗帜鲜明讲政治、顾大局、守规矩，全体消防指战员的道德修养、精神面貌、守纪行为得到很大提升。年底，提请总队召开2018年度支队党委班子专题民主生活会，班子成员对照对党忠诚、纪律作风、能力素质、精神状态四个方面，深入查摆剖析存在的突出问题，提出整改措施，认真开展批评与自我批评。全年，党委成员（部门负责人）下基层调研指导工作138次，与基层人员开展交心谈心72次，为基层解决问题、办实事49个。积极倡导机关“说办就办，马上就办”的服务作风，养成“案无积卷，事不过夜”的干事习惯，始终当好“勤务兵”为基层消防员提供“一站式”服务。从制度上落实从优待警，积极回应人员在休假、医疗、婚恋等方面的诉求，协调西藏泰和泰律师事务所为全市消防员免费提供法律咨询，与全市教育共建单位解决消防员子女入学、入托困难，为身患疾病的退伍老兵人文关怀提供困难救助金，基层大中队配齐“红门书吧”，年内共向基层配发图书达1000余册。10月9日，中央军委宣布消防部队集体退役命令后，支队各级按照上级指示迅速行动，协调社会共建单位在全市银行、医院、邮政、机场等服务机构先后挂示“消防救援人员优先”告示牌，强有力地保证党和国家对广大消防指战员的优先权益落地生根。

【党建工作】 年内，认真贯彻落实消防局党委、总队党委和拉萨市委关于改革期间一系列管理要求，坚持党建工作龙头地位，严格执行“十六字方针”，坚持“三重一大”制度，将人事调整、经费审批、工程建设、训练管理等主责主业纳入议事范畴；坚持常态化开展入党积极分子培训、党员党务知识考核，定期调阅基层党组织会议记录、学习笔记，为队伍整体的党建画好“路线图”，确保组织工作规范高效。为稳步推进六县队站建设，解决火灾防控基础薄弱、战斗力生成缓慢等短板问题，以鲜活发展理念引领发展方向，党委常委分片包干联系各点，促使党委把握政策、统筹大局，指导基层的能力不断提高，拓宽发展路径。

（扎西俊美）

武警拉萨市森林大队

【概况】 2018年，大队党委班子调整3人，调整幅度较大，现有委员7人，队伍整体搭配合理、优势互补。一班人按照上级“把好方向、平稳过渡、顺利转制”的总要求，把握转隶移交这个大方向，通过观念更新、思维碰撞和末端印证，确保与上级指示精神全时对表、无缝衔接。8月底9月初选退期间，一班人合理分工，教育引导满期队员转变认识误区，树牢政治意识、大局意识，投身应急救援事业，与到期队员逐一做思想工作，志愿留队人数由最初的8人上升到12人，重点岗位人员都得到保留，最大限度的保留一线战斗员，基本保持队伍结构的稳定。

【教育思想工作】 年内，大队始终把深入学习贯彻习总书记系列重要讲话精神作为首要政治任务，《组建国家综合性消防救援队伍框架方案》下发后，第一时间组织对全体队员宣讲解读，引导队员支持、拥护、服从改革，把习总书记号令坚决贯彻到行动中去。通过持续学习《习近平论强军兴军》读本、新党章，深入推进“传承红色基因，担当强军重任”主题教育，严密开展“永固初心、永葆本色”改革专项教育和“查隐患、保安全、促改革”专题教育整顿活动，扎实做好经常性思想工作，不断掀起学习党的创新理论新高潮。始终牢记习近平总书记“两个维护”政治嘱托和训令训词要求，区分干部、消防员不同层面，层层发动队员学习贯彻新条令，精心组织队容风纪检查，并适时开展“面对改革怎么办，改革之后怎么干”大讨论大谈心活动，进一步理顺情绪、稳住心神，切实做到真看齐，真忠诚，转制后，大队队员思想稳定，都能够做到坚决服从组织安排。

【抓管理保安全】 年内，开展以条令年、安全大检查、暑期百日安全竞赛“三项活动”为重点，以“六个一”活动为抓手，狠抓大队安全管理工作。坚持树牢“三个一些”防范理念。严格落实“日碰头、零报告”“八个转一转看一看”等制度，根据百日安全竞赛活动方案计划，每周落实安全形势分析、安全训练以及每周四组织队员观看安全警示教育片、每周六上午利用半天时间进行安全大讨论，每月组织安全演练，党委（支部）每月结合按纲建队形势分析重点分析安全工作。“7·19”事件发生后，大队根据上级通知要求，集中开展为期20天的“查隐患、保安全、促改革”专题教育整顿活动，突出查治思想隐患、网络隐患和日常管理漏洞隐患，有效防范安全风险，并对照总队《转隶移交期间安全管理工作四十五条措施》，从人、车、酒，水、火、电等方面明确具体管控措施和责任，特别是对手机信息实施严格登记，对计算机USB接口进行物理隔离，坚决防止涉黄涉赌涉贷涉密等违规问题的发生，进一步稳固大队转隶移交后的安全防线。在车辆管控上，从严管控干部、战士私自驾驶私家车，认真吸取教训，从严管理，严防死守，确保行车安全。在季节性事故预防上，针对夏季容易发生中暑、雷击、触电、食物中毒等特点，扎实搞好安全常识教育，开展防护技能训练，并结合前期其他省市“非洲猪瘟”疫情，积极主动开展相关防控工作，切实提高队员自我防护和应急处置能力，树立“人人讲安全、事事想安全、处处保安全”的良好氛围，确保转制改革后大队安全稳定。

【抓训练强素质】 1月，大队认真开展冬季大练兵活动，采取周评比竞赛、月考核公示等方法，有力促进训练成效，在季度考核中，90%的人员考核成绩能达到良好以上。同时，根据上级通报精神，按照“缺什么补什么、什么弱训什么”的原则，抓好大队分队指挥员、新职工第二适应期训练。10月，大队以秋防战备检查考核通报为参照，根据集中教育整训军事训练安排，集中利用一周时间，组织68名队员在达孜县邦堆乡林阿村开展实战化练兵周活动，组织实战化灭火演练，有效检验大（中）队长途机动、跨区增援、快速展开、高效灭火和综合保障能力。

【抓清理搞核查】 上半年，大队按照总队“先查物再对账、先自查后核查”的要求，区分上级调拨、本级自购、地方保障三种情况，以财务部门资产账和总队装备账为依据，采取自查的方式，完成所有物资装备的清查核查工作，在9月26日交接装备物资时，因工作细致、账物清楚，受到应急管理部、武警总部和消防局联合工作组一致好评。

【抓纪律正风气】 年内，大队党委深刻认识到“缺氧气，更要正风气”。以上级巡视、审计为契机，对照军纪委基层“微腐败”和不正之风70个问题清单，引导队员主动与习总书记决策指示对表，与中央基线对正，特别是在改革当口，大队始终把纪律规矩挺在前面，突出抓好《总队调整改革期间纪律“十六个决不允许”》的传达学习，搞好警示教育，引导队员在政治纪律上守规不违、在组织纪律上守矩不逾、在人事纪律上守行自重、在财经纪律上守洁自清、在行政纪律上守纪如铁、在保密纪律上守口如瓶，确保军令政令绝对畅通、改革号令坚决落地。全年共选取推荐技术学兵9人，选晋士官12人，学员苗子1人，预备党员4人，全程公开透明，阳光操作，无任何负面反应。

【战备工作】 年初以来，大队先后圆满完成“元旦”“春节”“国庆”“中秋”等重大节日和“6·4”“7·5”，以及中共十九届三中全会“战备月”等战备工作。始终坚持把战备教育纳入年度教育内容，组织官兵学习防火执勤常识、战备工作规定和适时开展形式战备教育等，有效增强官兵战备意识；根据实战化要求及时完善各类方案预案，年初以来，共制定各类方案预案10余种，修改完善30余次。并且，每周坚持开展方案演练、拉动检查等，有效提高部队的快速反应和实战能力，增强官兵战备意识；认真落实装备维修保养制度和驾驶员50公里训练，确保武器装备保持良好的性能，也进一步提高驾驶员的驾驶技能，为执行多样化军事任务打下坚实基础；全年共完成4次防火宣传工作，为坚决杜绝防区火灾发生打下坚实基础；定期对战备物资进行检查，对过期的食品及时进行更换，为战备工作开展提供强有力保障。

【转隶后工作开展情况】 2018年，大队发展较往年有诸多不同，大队经历转制改革，队伍结构和队员思想受到一定冲击，长期积压矛盾问题集中凸显，大队建设面临破题前行、转型突围的严峻挑战。同时，新使命新任务新标准势在必行，大项紧迫任务集中压茬推进，不容半点迟疑、丝毫懈怠。对此，大队党委既有清醒的认识，也有克难的决心。前期指挥部和总队领导来队检查调研，对大队全面建设和队员思想给予充分肯定。

转制后，大队持续以习总书记全军开训动员训令、在武警队伍授旗仪式上的训词等系列重要讲话精神为引领，以习总书记为应急管理部授旗训词为指引、以应急管理部黄明书记视察森林部队时的讲话为指导，紧盯“综合应急救援”“常备骨干力量”这个职能定位，瞄准“国内顶尖、国际一流”这个建设目标，围绕“政治过硬、本领高强”这个建队标准，超前谋划，狠抓能力准备。同时，扎实推进集中教育整训工作，按照计划方案，动员全体人员以崭新姿态投入新的战斗，并注重加强人员、车辆、手机、网络等安全重点领域管控，严密组织安全工作大检查和“百日安全竞赛”活动，层层签订责任书，全面进行思想调查，扎实搞好隐患排查治理，盯住重点、抓住关键，确保大事小事都不出。

（姚学勤）

社会团体

拉萨市总工会

【概况】 2018年，市总工会始终坚持紧紧围绕中心、服务大局、服务职工，以解决职工群众最关心、最直接、最现实的利益问题为重点促进职工队伍的和谐稳定。切实履行代表和维护职工合法权益的基本职责，充分调动广大职工的积极性和创造性，工会工作取得较好的成绩。市编制办核定市总工会机关行政编制为10人，机关后勤编制3人，事业编制3人。实有行政编制9人，机关后勤编制2人，事业编制3人。内设正科级机构1室3部1中心，即办公室、组宣部、法律保障部、劳动经济部和职工活动中心，另设财务室和机要室。虚设1中心4室3部，即困难职工帮扶中心；经费审查委员会办公室、女职工委员会办公室、经济技术办公室、职工技术协作委员会办公室；女职工部、民主管理部、基层工作部。2018年新建工会组织64个，新增会员1600余人，对已破产或者转出的工会组织和不符合入会条件的会员进行清理，截至年底，全市工会组织覆盖单位数1230个，会员总数约11万人。

【2017年度民主生活会】 2月13日，市总工会召开2017年度党员领导干部民主生活会，市总工会党组班子及班子成员分别作了对照检查。市人大常委会党组副书记、市总工会主席平措朗杰和市直机关工委副调研员葛同荣、市纪委组织部部长普布出席会议，市总工会在家县级领导干部及全体党员参加会议。

【“三大节日”送温暖】 2018年，“三大节日”来临之际，市总工会安排资金221.6万元对602名一线干部职工和87名贫困户、边缘户、三老人员进行慰问。

【党风廉政建设专题部署会】 3月9日，市总工会党组召开2018年党风廉政建设工作专题部署会议，总结2017年党风廉政建设工作，安排部署2018年党风廉政建设工作。市纪委纪检二组副组长黄文斌应邀到会指导工作，市总工会机关全体党员、离退休党员参加会议。

2018年12月19日，市总工会工作人员与环卫工人一起清扫路面积雪

【关爱生育女职工】3月21日，市总工会组织开展“关爱生育女职工送祝福活动”，安排资金19.52万元对全市244名生育女职工进行慰问。

【十届六次全委(扩大)会议】4月4日，拉萨市总工会十届六次全委(扩大)会议召开。会议传达学习中华全国总工会十六届七次执委会议、区市党委九届三次全会和自治区总工会九届九次全委会议精神，总结2017年度全市工会工作，安排部署2018年度全市工会工作任务，表彰2017年度全市工会目标责任考核先进县(区)总工会、企业工会和全市工会结对帮扶村(居)工会工作先进集体，对2017年度困难职工帮扶中心规范化建设达标县区总工会、“六有”“八有”规范化建设达标县(区)、乡镇(街道)工会以及工资集体协商提质增效示范企业和规范企业进行授牌。各县(区)分管工会工作领导、总工会主席及市直机关、企事业单位工会主席(负责人)约100人参加会议。

【《职业病防治法》宣传】年内，市总工会配合市安监局开展以“健康西藏，职业健康先行”为主题的第16个《中华人民共和国职业病防治法》宣传周宣传活动。现场发放《中华人民共和国职业病防治法》《工伤保险条例》《中华人民共和国安全生产法》等法律法规宣传资料200余份，接待咨询人员50余人次。

【全市工会系统第二季度工作推进会】4月28日，市总工会组织召开全市工会系统第二季度工作推进会，会议听取达孜、堆龙和曲水三县区第一季度换届筹备、经费审查和受援等工作开展情况，并就第二季度全市工会系统换届、大病救助等工作进行安排部署。

2018年6月14日，市总工会“五送”活动在当雄县龙仁乡送医送药活动现场

【服务职工活动】6月5日，以“送温暖、送文化、送法律、送政策、送医送药”为主要内容的“学习贯彻十九大工会服务在基层”系列服务职工活动在当雄县当曲卡护路大队启动。6月6—20日，分别在尼木县铁路护路队、经开区、柳梧新区、华泰龙公司、堆龙德庆区德庆乡门堆村、堆龙德庆区铁路护路高天大队、当雄县龙仁乡龙仁村等地连续开展7场“五送”活动，其余8场由八县(区)总工会负责开展，共计投入资金144万元。

【援藏资金审计】6月8—9日，以北京市总工会党组成员、经审委主任何广亮为组长的对口援藏资金使用情况审计组一行5人在拉萨市总工会，就北京市总工会对口拉萨市总工会援藏资金的落实和使用情况进行审计。

【安全生产宣传】6月16日，拉萨市总工会组织工作人员在宇拓路步行街开展以“生命至上，安全发展”为主题的宣传咨询活动，现场以发放《中华人民共和国安全生产法》《中华人民共和国工会法》等相关书籍和手册的方式进行宣传，发放《中华人民共和国安全生产法》等法律法规资料100余份。

【拉萨市工会代表大会】7月3日，市总工会组织召开拉萨市工会代表大会，选举产生48名出席西藏自治区工会第十次代表大会代表。

【资金兑现】7月6日，市总工会组织开展2018年“大病救助”暨2017年“金秋助学”资金兑现仪式，集中为60名罹患大病困难职工和527名家庭困难学子兑现救助(助学)金249.4万元。

【江苏省总工会一行考察调研】 7月23日，以江苏省总工会党组成员、副主席井良强为组长的考察组一行9人在拉萨市总工会就援藏资金使用以及企业对口援助等工作展开座谈，西藏达氏集团有限公司工会等6家企业（县区）工会负责人与江苏省对口结对工会现场签订对口援助协议书。自治区总工会党组成员、副主席、巡视员边巴次仁出席座谈会并讲话。

【基层工会组织建设情况调研】 7月26—27日，市人大常委会党组副书记、市总工会主席平措朗杰围绕乡镇（街道）工会"八有"、村居工会规范化建设、农牧民工集中入会和"职工之家"建设情况等内容利用两天时间深入当雄县龙仁乡、龙仁村、郭庆村等地进行调研。

【中国劳动关系学院一行交流座谈】 8月27日，中国劳动关系学院党委副书记、校长刘向兵一行4人在拉萨市总工会开展交流考察活动，双方就工会人员编制、基层组织建设以及职工疗养、会员福利发放等问题展开座谈交流。

【"民族团结月"宣传活动】 9月16日，市总工会在宇拓路开展"9·16"平安西藏宣传日暨第28个民族团结宣传月宣传活动，现场发放《西藏自治区职工思想教育读本》《中华人民共和国工会法》《中华人民共和国劳动争议调解仲裁法》等法律法规宣传资料150余份。

【经费收支审计】 年内，市总工会经费审查委员会审计调研组一行对县（区）工会2016年、2017年工会经费收支管理情况进行审计调研。

【"两癌"筛查】 年内，市总工会安排资金16万元对200名一线女职工进行"两癌"（乳腺癌、宫颈癌）筛查。

【困难职工技能培训】 11月19日、20日，市总工会2018年困难职工（农牧民）挖掘机、机动车驾驶技能培训班、中式烹调师培训班分别在拉萨市公交驾驶培训学校、西藏吉萨职业技能培训学校和西藏千里马职业技能培训学校举行开班仪式。3期培训班累计培训困难职工（农牧民）学员259人，落实培训资金110.4万元。

【自治区总工会一行到拉萨调研】 11月21—23日，自治区总工会党组成员、副主席边巴一行围绕基层工会组织建设、工会改革、工会经费收支管理及监督审计、西藏工会十大精神贯彻落实情况等内容分赴墨竹工卡县、堆龙德庆区、经开区、林周县等县区开展调研。

【全市工会工作调研】 11月21—27日，为贯彻落实10月26日市委群团工作专题会议精神，全面了解掌握职工群体的真实想法和迫切需求，市总工会分4个调研组通过实地走访、与职工面对面座谈、填写调查问卷等方式分别赴各县区开展工会工作调研。

【困难职工救助】 11月12日，市总工会开展困难职工救助活动，现场为4名罹患重大疾病的困难职工和1名生活困难职工发放救助金4.6万元，为262名困难职工兑现金秋助学金96万元。11月13日，市总工会通过转账的方式，对全国工会系统建立档案的352户困难职工进行慰问，按照每户4000元的标准，累计发放慰问资金140.8万元。

（张兆鑫）

2018年12月11日，市总工会为困难职工发放救助金

共青团拉萨市委员会

【概况】 2018年，共青团拉萨市委员会深入贯彻习近平新时代中国特色社会主义思想和中共十九大精神，坚决贯彻落实区市党委九届三次全会和区市经济工作会议精神，紧紧围绕发展、稳定、生态三件大事，团结带领全市广大团员青年围绕中心、服务大局，淡化宗教消极影响，积极投身推进团结美丽健康幸福新拉萨建设。截至年底，全市有14～35周岁常住青年239873人，流动青年216674人（2018年11月市公安局提供数据）。全市现有共青团员20131人，其中分布在农村的团员1824人，街道社区团员1581人，机关企事业单位团员423人，企业团员447人，学校团员11447人。团市委下辖基层团组织1419个，其中团委96个，团工委4个，团总支33个，团支部1286个。全市共有团干部826人，其中专职团干部23人，挂职团干部11人，兼职团干部792人。基层团组织书记配备率和进班子率均达100%，基层团组织基本实现有工作人员、有办公场所、有工作制度、有工作经费、有活动阵地的工作目标。严格落实团员发展比例要求，规范团员入口，进一步控制团员规模，调整团青比例。

【驻村工作】 年内，根据市委关于驻村轮换的安排和部署，1月9日，团市委与市城乡规划局在海拔近4600米的当雄县郭尼村举行驻村工作交流暨交接仪式。市委副秘书长、团市委书记任映绮和市城乡规划局党组书记李嵘参加并安排部署驻村工作。团市委、市城乡规划局、团当雄县委、乌玛塘乡党委相关领导，郭尼村牧民群众代表，村“两委”班子成员、下沉干部，团市委驻郭尼村第六批工作队队员、市城乡规划局驻郭尼村第七批工作队队员，共30多人参加交接仪式。

【庆“3·28”系列主体教育活动】 年内，为深入贯彻落实中共十九大、十九届二中、三中全会精神，高举习近平新时代中国特色社会主义思想伟大旗帜，贯彻落实中央第六次西藏工作座谈会精神、以习近平总书记“治国必治边、治边先稳藏”的重要战略思想和“加强民族团结、建设美丽西藏”的重要指示，以学习、宣传、贯彻、落实习近平新时代中国特色社会主义思想和中共十九大精神为主题，拉萨市少工委联合中国邮政储蓄银行西藏分行，在拉萨市实验小学东城分校开展“红领巾心向党——西藏发展我成长”庆“3·28”主题教育活动。

【宣传工作】 3月，拉萨各级团组织以宣传平安创建为重点，紧紧围绕建设平安拉萨为目标任务，深入开展各种形式的宣传教育活动，广泛动员和组织广大人民群众和社会各界积极参与到综治宣传活动中，为共同营造和谐稳定的社会氛围做出应有的贡献。

拉萨各县（区）团组织结合自身实际，通过设立咨询服务台、散发宣传单、摆放宣传展板、解答群众法律咨询等多种形式，向过往家长、青少年、学生宣传维护合法权益、预防青少年违法犯罪、促进青少年健康成长的法制知识。各县（区）团组织共发放《未成年人自我保护知识读本》1045册、《青少年法律知识读本》1201册、《民族团结知识读本》3203册、《公民常用法律知识系列问答》1097册等，组织开展30余场次综治宣传活动。

【青年文明号创建】 年内，为引导广大青年职工弘扬“敬业、协作、创优、奉献”的职业精神，充分发挥青年文明号在促进拉萨长足发展和长治久安中的积极作用，根据《西藏自治区青年文明号管理细则》的有关规定，共青团拉萨市委员会经对全市推报的集体综合考察、择优遴选、严格审核、社会公示，授予中国石油西藏销售拉萨分公司中和加油站、拉萨交通产业集团公交运营有限公司卡务中心、拉萨市城关区拉鲁社区、中国建设银行股份有限公司西藏自治区分行慈松塘支行、中信银行拉萨分行营业部、浦发银行拉萨分行营业部、拉萨海雕视角教育咨询有限公司、西藏拉萨经济技术开发区国税局、拉萨市柳梧城投投资有限责任公司、拉萨城投农副产品经营管理有限公司、姜昆黄小勇希望小学、曲水县公安局聂当检查站、达孜区供电有限公司、墨竹工卡县电信局、林周县工商行政管理局、当雄县公安局乌玛塘公安一级检查站16个青年集体为“2017—2018年度拉萨市级青年文明号”。

【召开主题分享会】 5月3日，团市委召开第六届五四表彰暨“不忘初心坚守梦想——争做神圣国土守护者、幸福家园建设者”主题分享会。市人大常委会副主任、秘书长张慧，团区委学校部部长张达，市教育局副局长向宗应邀出席。第六届“拉萨青年五四奖章”获得者，2017年度全市优秀共青团员、团干部，五四红旗团委、团支部单位代表；各县（区）、乡（镇、街道）、学校团委书记；农牧民团员青年、拉萨师专团干部及大学生、青年文明号单位青年、市直机关单位青年、企业青年、西部计划志愿者代表约200人参加会议。

【西部计划志愿者】 2016—2017年度大学生志愿服务西部计划西藏专项拉萨市志愿者（以下简称“西部计划志愿者”）总人数为267人，其中自愿申请延期服务的人数为84人；2017—2018年西部计划志愿者总人数231人，其中自愿申请延期服务的人数为125人，相比上一年增长48.81%。2018年4月28日至5月14日，拉萨市成功举办拉萨市首届运动会暨民族传统体育运动会。为确保市运会更安全有序地进行，拉萨市志愿服务指导中心组织志愿者开展志愿服务活动。参与此次志愿服务活动的人数达370余人次，服务时长达26000余小时。广大大学生西部计划志愿者们用实际行动诠释“我参与、我奉献、我快乐”的真谛。

7月20日，拉萨市志愿者服务指导中心组织召开2017—2018年度大学生志愿服务西部计划西藏专项拉萨市志愿者（以下简称“志愿者”）表彰大会。会议表彰2017—2018年度大学生志愿服务西部计划西藏专项拉萨市优秀志愿者，分享优秀志愿者的先进事迹，总结工作并提出新的希望。团市委党组成员、副书记蒋曦，大学生志愿服务西部计划西藏项目办副主任文智霖出席，各县（区）团委书记、志愿者及申请留藏志愿者代表100余人参加。8月18日，共青团西藏自治区第十次代表大会在西藏人民大会堂开幕，团拉萨市委组织100余名大学生志愿服务西部计划西藏专项拉萨市志愿者参加大会开幕式。

2018首届跨喜马拉雅自行车极限赛于10月16日在西藏林芝开赛，来自全国各地的300多名选手历经3天骑行400余公里，赛道设置在318国道林芝至拉萨段，起点设在林芝会展中心，终点设在拉萨布达拉宫广场。为协助做好2018拉萨国际半程马拉松赛事，进一步加强拉萨“国际文化旅游城市”和“国家历史文化名城”的城市形象宣传，团拉萨市委根据相关指示，积极组织拉萨市80余名志愿者参与马拉松赛事志愿服务工作。2017年8月至2018年7月，西部计划志愿者共计服务全市各类大型活动100余场次，参与人数1万余人次，服务时长4万余小时，受到上级领导和全市干部群众一致好评。

【庆“六一”文艺会演】 5月27日上午，拉萨市少工委联合市教育局，在市青少年活动中心举办拉萨市第三届“向上向善好队员”评选表彰暨“庆六一”文艺会演。自治区少工委副主任巴桑罗布，团市委党组成员、副书记蒋曦及市教育局、市文明办相关领导出席活动。团市委党组成员、副书记、市少工委主任慈旦德吉出席并致辞。全市少先队员代表、少先队辅导员老师代表，各县（区）教育局、各县（区）团委负责人共300余人参加活动。活动评选表彰24名拉萨市第三届“向上向善好队员”。同时，市各小学和市青少年活动中心各兴趣班表演精心编排的14个主题突出、内容丰富、形式新颖的少儿节目。

2018年3月24日，拉萨共青团联合市青联参加义务植树活动

【青年创新创业大赛】 5月25日，由中央电视台财经频道、中共拉萨市委、拉萨市人民政府主办，由拉萨市“两创”办、团市委承办的拉萨市第四届青年创新创业大赛暨央视《创业英雄汇》海选拉萨站启动仪式在拉萨南山公园举行。市委副书记、秘书长、组织部部长庄红翔出席并启动拉萨市第四届青年创新创业大赛暨央视《创业英雄汇》海选拉萨站活动。自治区科技厅副厅长钟国强应邀出席。拉萨市副市长、市“两创示范”办公室主任陆从福致辞。

2018年5月25日，由团市委承办的拉萨市第四届青年创新创业大赛暨中央电视台财经频道《创业英雄会》海选拉萨站启动仪式

截至5月底，共有488位创业者登上《创业英雄汇》的舞台，其中共有359位创业者现场意向融资成功，现场累计意向融资金额约达18亿元。

7月6日，由拉萨市委、市政府主办，市两创示范办、团市委承办的“梦创拉萨 青春聚力”拉萨市第四届青年创新创业总决赛圆满落幕。共青团北京市委副书记杜跃，拉萨市人民政府副秘书长韩勇，团市委党组书记、书记任映琦等出席大赛。经过两个多月的初复赛环节，45个项目脱颖而出。此次创业项目领域广泛、覆盖率强，参赛选手以“3+2”模式带来精彩的路演，充分展示消费升级时代，想要提高生活品质，所能获得的丰富多彩的产品及服务，具有广阔的市场价值，对现代生活方式、科技、产业发展具有一定的引领性。众多一线创投机构投资人、创业导师、传媒人士、高校院所专家学者以及由共青团北京市委副书记杜跃带队的北京市青企协会会员一行12人，从产品（服务）、团队、商业模式、市场竞争力、运营状况及社会效益等方面指导项目。

【《创业英雄汇》海选】 大型青年创业实战公开课栏目《创业英雄汇》，秉承“真创业、真投资、真价值”的宗旨，以国家级媒体的责任和力量，帮助创业者实现创业梦想。作为央视财经频道的明星栏目，《创业英雄汇》经过3年的深耕，为创业者搭建一个展现自身价值、实现梦想的舞台，被人们称为“中国好项目孵化器”。

《创业英雄汇》海选拉萨站，自5月25日大赛启动以来，活动盛况被新华社、中国新闻网、凤凰网、西藏新闻联播、中国西藏之声网、今日头条、快资讯等国内70余家媒体报道转载，阅读点击量突破500万人次，点赞人数超5万余人次，关注大赛的人数超200万以上，活动辐射拉萨，影响全国，受到社会各界的广泛关注和好评。

【民族团结进步教育夏令营】 7月29日上午，拉萨市少工委、市青少年活动中心（少年宫）联合举办“红领巾动感假日——各族少年手拉手”全国夏令营拉萨分营暨拉萨市第九届民族团结进步教育夏令营开营仪式在市青少年活动中心举行，共青团西藏自治区委、市委宣传部、共青团拉萨市委、拉萨市教育局、拉萨警备区相关领导出席开班仪式，小营员、家长、教官、工作人员、志愿者、医护人员等三百余人参加此次活动。开营仪式上，解放军教官代表李雪和营员代表尼玛桑布做表态发言，共青团拉萨市委党组成员、副书记、市少工委主任慈旦德吉做讲话，自治区少工委副主任、少年部部长次仁央宗宣布“红领巾动感假日——各族少年手拉手”全国夏令营拉萨分营暨拉萨市第九届民族团结进步教育夏令营正式开始并授营旗。

【参加共青团西藏自治区第十次代表大会】 共青团西藏自治区第十次代表大会于2018年8月17—20

日在拉萨召开。拉萨代表团以任映绮为团长的51名青年代表参加会议，会议审议通过关于共青团西藏自治区第九届委员会报告的决议和《关于团费收缴、管理和使用情况的报告》，选举产生共青团西藏自治区第十届委员会委员、候补委员。

此次大会得到自治区党委和团中央的高度重视和坚强领导。开幕式上，自治区党委书记吴英杰，共青团中央书记处书记徐晓出席并致辞，区党委副书记、自治区政府主席齐扎拉，区党委常务副书记、区政协党组书记丁业现，区党委副书记、自治区政府常务副主席庄严和曾万明、边巴扎西、何文浩、白玛旺堆、刘江、丹增朗杰、罗梅、扎西达娃等自治区领导出席。800余名来自全区各族各界团员青年代表参加会议。巴塔代表共青团西藏自治区第九届委员会作工作报告。

闭幕式上，选举产生共青团西藏自治区第十届委员会，其中委员59名，候补委员30名。拉萨市当选共青团西藏自治区第十届委员会成员共7名，其中，团市委任映绮当选为共青团西藏自治区第十届委员会常委。共青团西藏自治区第十届委员会第一次全体会议上，选举产生新一届团区委领导机构，巴塔当选为共青团西藏自治区委员会书记，王晓辉、格桑卓玛、张梅、何华、达瓦次仁、龚一枫、谈海玉、贡觉曲珍等8人当选为共青团西藏自治区委员会副书记。

2018年5月27日，拉萨市第三届“向上向善好队员”评选表彰暨文艺会演

【青少年万人交流活动】 12月16—22日，团市委组织拉萨各族团干部、少先队辅导员、岗位能手、创业青年、青学联代表、青年文明号代表、大学（中职）生28人赴厦门开展为期一周的青少年交流活动。此次活动得到共青团自治区委员会、共青团福建省委和共青团厦门市委的大力支持，活动推动福建、拉萨两地各族青少年交往交流交融，营造各族青年相互学习、相互了解、相互尊重、相互包容、相互帮助的浓厚氛围，夯实“两个共同”“三个离不开”“五个认同”的思想基础，打牢中华民族共同体意识。

【共青团拉萨市第九届委员会常委会】 12月27日，共青团拉萨市第九届委员会常委会圆满结束，会议讨论并通过共青团拉萨市第九届委员会工作报告（讨论稿），一致认为报告从调研起草到最终形成讨论稿，历时一个多月，期间多方征求意见，反复讨论修改，并经市委审定，贯彻市委的要求，集中全团智慧，基本符合拉萨市共青团工作实际。

【共青团拉萨市第十次代表大会】 12月28日，共青团拉萨市第十次代表大会隆重开幕，227名代表肩负着全市共青团员的重托出席大会。全市各族各界团员青年350余人参加开幕会。

12月29日，共青团拉萨市第十次代表大会胜利闭幕。会议历时3天，在紧张、严肃、活泼的气氛中，完成各项议程。

【共青团拉萨市第十届委员会第一次全体会议】 共青团拉萨市第十届委员会第一次全体会议于2018年12月29日上午召开，共青团拉萨市第十届委员会委员29人参加会议，候补委员18人列席会议。

（代广政）

拉萨市妇女联合会

【概况】 2018年，全市妇联组织662个，专职妇联干部332名，兼职妇联干部1599名。其中市（县、区）妇联组织9个，专职妇联干部54名；市（县）直机关妇委会215个，兼职妇联干部566名；乡（镇、街道）妇联66个，兼职妇联干部127名；村（居）妇联278个，村（居）妇联主席278名，副主席246名，兼职副主席354名；“两新组织”妇委会61个，妇委会干部150名；寺管会妇委会33个，妇委会干部134名；宗角禄康广场妇联1个，兼职妇联干部22名。

【思想政治教育】 年内，面向城乡妇女广泛开展“巾帼心向党、建功新时代”为主题的学习宣传活动。依托“巾帼夜校”，通过邀请中共十九大代表宣讲、现身说法等方式，持续推动习近平新时代中国特色社会主义思想、中共十九大精神、区市党委决策部署和重要会议精神深入基层、深入人心，进而引导广大妇女更加坚定高举旗帜、紧跟核心、坚定不移跟党走的信念和信心。组织妇女群众积极参与跳舞、健身、花卉种植等健康有益、积极向上的文体活动，引导妇女群众认识自身价值，摆脱愚昧落后，崇尚科学文明，进一步淡化宗教意识，自觉抵制宗教消极影响和封建迷信。

【女性创新创业服务体系建设】 年内，依托拉萨市妇女儿童活动中心，争取资金601.8万元，成立“梦创拉萨巾帼众创空间”，打造西藏首家以女性创业者为主的创新创业孵化基地。空间入驻10家企业，总计提供就业岗位159个，其中大学生就业岗位占比52%，农牧民妇女就业岗位20%，入驻企业年销售额达到5000万元。

【技能培训】 年内，争取农牧民妇女技能培训资金71.65万元，开展“春蕾”女性就业创业、家政服务、汽车驾驶、易地搬迁安置妇女“持家、发展”等技能培训，培训农牧民妇女379人。

【促进女性交往交流交融】 年内，深入开展“北京拉萨两地妇女手拉手，同心共筑中国梦行动”，北京市妇联、北京市妇女儿童基金会向拉萨市贫困女大学生、贫困家庭捐助资金及物资30万元，“请进来”“走出去”培训600余人，有力地促进各民族妇女相互学习、共同发展，进一步巩固民族团结。

【“巾帼夜校”建设】 年内，开办巾帼夜校184所，开展培训1000余次，参训妇女群众达4万余人次。

【巾帼志愿服务活动】 年内，围绕环境保护、卫生整治、文明教育、植树护绿、健康义诊、交通劝导等方面，开展巾帼志愿服务活动560场次，2000余名巾帼志愿者参与活动，发放环保购物袋5000个。

【家庭文明创建】 年内，常态化开展寻找“最美家庭”活动。拉萨市4户家庭荣获全国“五好家庭”，3户家庭荣获全国“最美家庭”，6户家庭荣获自治区“五好文明家庭”，6户家庭荣获自治区级“最美家庭”。通过发放“重视家庭文明弘扬时代新风”倡议书，开展“好婆婆、好媳妇、好女儿”评选活动，让广大妇女把弘扬好家风好家训内化于心、外化于行。

【家庭教育指导服务】 年内，举办“家庭教育讲师团”培训会、“家庭教育讲师团”心理健康教育培训班，建立“家庭教育讲师团”微信工作群，提高“家庭教育讲师团”的业务能力。家庭教育讲师团成员面向家长、学生、社会开展各类讲座208场，受众达4万余人次。

【未成年人思想道德教育】 年内，开展“童心向党庆六一系列活动”，

2018年6月29日，市妇联在城关区塔玛社区，走访慰问基层困难、“三老”党员活动

通过参观西藏科学自然博物馆、开展趣味活动、文艺表演、亲子活动等，营造关心儿童、爱护儿童的浓厚氛围，激励广大未成年人奋发向上、积极进取。

【妇女儿童合法权益】 年内，与市民政局联合，建立全区首个“困境妇女庇护所”，为深陷困境的妇女儿童提供生活、心理、法律等保障服务。召开维权工作交流会，加强与“妇女儿童维权服务岗”“妇女信访代理员”“家事法庭”“婚姻家庭纠纷调解委员会”等妇女儿童维权服务平台的沟通与联系，不断健全完善相关制度和工作机制，进一步促进妇女儿童维权服务平台及时妥善处置化解各类矛盾纠纷。2018年，全市各级妇联共接待来信来访247件[其中市妇联接访48件，八县(区)接访79件，妇女信访代理员接访31件，妇女儿童维权服务岗接访89件]，调解率达98%。开展各类法律宣传12场次，发放《中华人民共和国反家庭暴力法》《中华人民共和国妇女权益保障法》《维权知识包》等宣传资料5000册，宣传品1万个，受益群众1.5万余人。

【巾帼关爱行动】 年内，为全市117名患有“两癌”的贫困妇女发放“两癌”救助金117万元；为96名“蓝天春蕾女生”兑现助学金10.36万元；为80名贫困女大学生发放爱心助学金40万元；开展各类慰问活动发放慰问金6.9万元。

【强基惠民工作】 年内，市妇联第七批驻村工作队先后争取资金74.7万元，为驻村点群众办实事好事18件；协调捐赠帮扶财物价值10.2万元；为270名农牧民进行免费体检，发放价值8万元的免费药品；市妇联全体党员干部深入驻村点开展结对帮扶活动3次，送去慰问金1.14万元。

2018年12月18日，召开拉萨市妇女第十次代表大会第二次全体会议

【实施妇女儿童规划】 年内，针对“两规”实施中存在的重难点问题，拉萨市人民政府妇女儿童工作委员会组成拉萨市妇女儿童发展规划中期督导组，对八县(区)妇儿工委“两规”指标进展情况进行督导，进一步明确下一阶段的攻坚目标，推动2020年如期达标。

【拉萨市妇女第十次代表大会】 年内，拉萨市妇女第十次代表大会顺利召开。市委主要领导出席开幕式，白玛旺堆书记作重要讲话，吴亚松常委与市妇联新一届领导班子集体座谈，充分体现市委对广大妇女的亲切关怀，对妇女事业的高度重视，对妇联组织的殷切期望，为做好新时代拉萨妇女事业和妇联工作指明方向。

【网上妇女工作】 年内，运用“两微、两号”(微信公众平台、微博，今日头条号、抖音号)和各级妇联微信群等新媒体，在各大节点，策划推出“最美妈妈票选”“巾帼时光读书会”“相约金秋情定南山”“最美家庭评选”等线上线下活动，发布、转载正确舆论导向性文章，用先进的思想文化占领意识形态阵地。“拉萨女性”微信公众平台发布文章1237篇，推送文章阅读量17.65万人次，传播指数373.9；拉萨市妇联官方新浪微博账号，累积发布博文千余条，阅读量10万人次以上，在全国市级妇联微博排行中位居前十。

(刁莉 永春 许春霞)

拉萨市工商业联合会

【概况】 2018年，拉萨市工商联系统会员总数达507个，其中企业会员441个,团体3个,个人63个。拉萨市工商联直属会员总数251个,其中企业会员221个,团体3个,个人会员27个。新增企业会员26个。

【全市非公有制经济市场主体突破10万户】 年内,拉萨市各类市场主体突破10万户(102504户),注册资金6523.1亿元,其中,私营企业31002户,注册资金6250.8亿元;个体工商户69776户,注册资金91.6亿元;农牧民专业合作社1520户,注册资金19.6亿元。2018年,全年新增民营市场主体2.57万户,同比增长73.6%,平均每天新增70.4户。

【民营企业座谈会】 6月6日,市委副书记、市长、城关区委书记果果召开民营企业座谈会,共征求到47条意见建议、14条问题,已协调解决12个问题。

【招商引资】 8月,自治区党委常委、拉萨市委书记白玛旺堆带队赴江苏、北京对接拜访知名企业,市工商联承办西藏拉萨·江苏招商引资推介座谈会。2018年5月,拉萨市委副书记、市长、城关区委书记果果带队参加北京第五届京交会,召开拉萨市招商引资项目推介会,共签约51个项目,总投资近150亿元。第四届藏博会期间,通过“以商招商”,在工商联系统对口援藏座谈会精准扶贫西藏行招商引资项目会上达成意向签约项目7个,资金达10亿元。2018年9月28日,市委副书记、市长、城关区委书记果果应邀到成都金苹果教育投资集团考察,进一步推动双方在工商联系统对口援藏工作座谈会暨精准扶贫西藏行招商引资上达成的合作进展。

【受藏工作】 8月2日,根据《全国工商联办公厅关于印发〈援藏项目任务清单〉的通知》精神,拉萨市工商联通过前期与江苏省工商联沟通联系后,在南京召开专题会议,与南京市工商联、扬州市工商联、苏州市工商联等地市工商联就援藏任务清单进行对接,拉萨市工商联与江苏省各地市工商联就扶贫工作、扶贫消费、人才培养、招商引资等方面交换意见,达成共识,并与南京市工商联签订对口扶贫工作补充协议。江苏省光彩事业促进会向拉萨市工商联捐赠20万元资金用于专项扶贫工作。

【全国工商联第四联系调研组到拉萨市调研】 9月7—9日,中央统战部副部长、全国工商联党组书记、常务副主席徐乐江参加全国工商联援藏工作座谈会和第四届“藏博会”,其间率全国工商联第四联系调研组一行到拉萨市工商联调研座谈,并深入城关区、林周县、堆龙德庆区工商联就基层组织建设进行深入调研,为拉萨市工商联系统做好工商联工作指明方向。这也是拉萨市工商联成立24年来,全国工商联主要领导首次到拉萨市开展调研工作,为做好拉萨市工商联工作增强信心。

【考察学习】 12月3—9日,由拉萨市工商联党组书记格西哈姆带队,组织各行业代表共计28人到江苏省南京市就对接落实全联七项任务清单、考察学习江苏省民营企业先进技术经验、增进双方民营企业家和经济交流、促进招商引资和产业合作开展考察交流学习活动。此次活动,进一步明确江苏省工商联与拉萨市工商联《对口交流合作协议》具体落实方式,为建立县(区)工商联对口援藏受援机制打下良好开端,与“藏博会”期间意向合作企业进行对接,达成多项

2018年12月6日,拉萨市民营企业家考察江苏苏宁集团

2018年9月8日，江苏省光彩事业促进会向拉萨市工商联捐赠扶贫资金20万元

合作意向，考察学习江苏省优秀民营企业，拓展拉萨民营企业家们眼界，激发发展的内动力。

【落实小微企业培育资金】 年内，根据《2018年拉萨市“两创示范”建设工作安排》，制定《拉萨市工商联扶持百家特色小微企业“梦创拉萨”资金管理办法（暂行）》，通过各县（区）工商联组织申报，市工商联组织专家实地考察调研、评审、公示等环节，给予符合产业发展方向且具有发展潜力的49家小微企业落实550万元扶持资金。

【协助落实“苏拉”资金】 年内，协助江苏援藏指挥部完成2017年度江苏省1345万元支持苏拉两地企业发展专项资金项目评审工作。通过组织申报、评审、实地考察等环节，西藏藏缘青稞、江苏藏缘文化等9家企业获得1100余万元“苏拉”资金支持。

【维权投诉电话“96888”】 年内，根据市委副书记、市长、城关区委书记果果指示精神，为加大对影响营商环境案件的查处力度，及时解决相关问题，切实保障民间投资者的合法权益，促进民间投资加快发展，开通拉萨市非公经济和民间投资维权投诉电话（“96888”），并通过报刊、网络、电视广播、微信平台等媒体向社会发布公告，截至年底，收到投诉案件10起，上报相关部门已得到妥善处理。

【专题调研】 年内，通过与西藏自治区党校和西藏民族大学组成联合调研组，深入各县（区）和民营企业就推进供给侧结构性改革进行深入调研，并形成10万字的《拉萨市非公有制经济供给侧结构性改革调查研究》报告。对中小微企业融资难、民间投资下滑等问题进行深入调研，形成《拉萨市中小微企业融资难的调研报告》和《民间投资资本下滑的原因及对策建议》。

【“双创”工作】 年内，拉萨市工商联从自身职能出发，发挥桥梁纽带作用，向企业宣传大学生就业创业优惠政策，鼓励他们吸纳支持高校毕业生就业创业，实现共赢。全年共组织50余家有用工需求的非公企业参与招聘会，提供就业岗位912个，涉及管理、策划、营销、金融、销售、人力资源等多个专业，与500名毕业生达成就业意向，与230余人签订就业合同。

【建议提案答复】 年内，拉萨市非公经济人士代表在拉萨市人大、政协十一届一次会议上积极建言献策，对非公经济发展提出很好的意见及建议。2018年涉及工商联界别的人大代表、政协委员建议、提案共8件，经与各委员沟通协调，当面回复交流，完成提案答复工作。其中提案委员评价6件满意、2件基本满意，得到市政协重点提案督办组的肯定。

【培训工作】 年内，投入资金30余万元分别在成都和拉萨举办“拉萨市非公企业家综合管理能力提升高级研修班”“民营企业创新创业培训班”，同时，根据自治区工商联安排先后组织会员企业管理层及县（区）工商联系统工作人员80人参加“全国工商联举办的第三期民族地区小微企业经营者培训班”、西藏自治区工商联在陕西西藏民族大学举办的“法律培训班”和“西藏自治区非公经济组织党组织书记培训班”“全国工商联第一期县级工商联培训班”、拉萨市“每月一课”专题讲座。全年共培训工商联系统干部职工和非公经济人士达600余人次。

【会员企业党建工作】 年内，按照“两新”党工委职责调整，主动抓好会员企业党建工作。按照“两新”组织党员活动室上墙基本内容要求，在51家非公经济党组织中开展标准化建设工作，做到党员活动室有党旗、国旗、领袖像、入党誓词、党支部的主要职责等内容全部上墙；向县（区）非公党工委、园区党委、个私协党工委（工商局）拨付党建工作经费8.3万元，有力解决基层党组织开展活动的经费短缺问题；组织36名直属会员企业党支部的入党积极分子参加市委党校培训；对直属会员企业困难党员及老党员进行慰问，共计发放慰问金7000元；“七一”中国共产党建党节前夕，组织30余名非公企业党员观看大型纪录片《厉害了，我的国》活动；组织14名会员企业党组织负责人参观拉萨市交通产业集团党建工作，学习借鉴国有企业党建工作好的经验和做法；新建非公企业党支部3家，截至年底，市工商联直属会员企业建立党支部13家，党员80人。

【会员信息录入工作】 年内，按照《关于开展民营企业运行状况调查工作的通知》精神，组织拉萨市工商联执委以上企业积极参与全国工商联举办的全国民营企业运行状况调查工作，参与的执委以上企业达80%；进一步完善会员企业数据录入填报工作，对全年进入全国工商联会员系统登录的企业进行审核，同时完成全市工商联系统4个大项25个子项的数据填报工作。

【异地商会友好往来】 年内，拉萨市工商联分别与安徽省合肥市工商联、甘南藏族自治州工商联缔结为友好商会，和云南西双版纳自治州勐腊商会、广东惠州市工商联、四川眉山市工商联召开座谈交流，以促进相互学习、取长补短、共谋发展。

（张正鹏）

拉萨市残疾人联合会

【概况】 拉萨市残疾人联合会于2003年机构单设，为副县级机构。残疾人联合会机关内设机构为办公室和综合业务科，建制为正科级，编制为10人。所属全额拨款事业单位分别为拉萨市残疾人康复服务中心和拉萨市残疾人就业服务中心，建制正科级，编制分别为各5人；所属差额拨款事业单位为拉萨市残疾人托养服务中心，建制为正科，编制为6人。2018年，围绕年度三大重点工作任务，以改善残疾人民生为重点，努力进取、真抓实干、开拓创新，有序开展残疾人教育、就业、培训、康复、维权、扶贫等各项服务工作，积极推进全市残疾人事业又好又快发展。

【落实残疾人补贴】 年内，结合各县区的情况，共计为五县三区落实残疾人事业发展资金150万元；给六所全纳教育示范学校落实全纳事业经费80万元；落实“助残日”资金18.5万元；落实“三大节日”慰问经费22.8万元；兑现各县（区）0～16岁残疾儿童康复补贴164.88万元；落实重点关爱对象残疾人护理补贴67.8万元；完成对25户残疾人家庭无障碍改造工作，共计支出金额为19.7万元；落实残疾人机动车燃油补贴22.04万元。

【维护残疾人合法权益】 年内，市残联为切实维护残疾人的合法权益，创新开展残疾人维权服务工作，积极联系协调，与“拉萨珠穆朗玛律师事务所”合作，投入2万多元专项经费，为残疾人提供专门的法律维权咨询服务，同时开展专项法制宣传教育，开设残疾人法律法规教育课，提高残疾人法律意识，用法律维护自身的合法权益。

【残疾人康复服务】 2018年，通过前期的调研筛查，经统计，全市共有124名残疾人得到精准康复服务；在各县（区）残疾人联合会和社会各界的协助和支持下，开展全市唇腭裂修复手术工作，唇腭裂免费筛查28人，其中为8名符合手术条件的患者实施免费修复手术；为全市贫困残疾人免费发放成人轮椅113辆、坐厕椅48个、手杖173件；拉萨市墨竹工卡县为全区残疾预防综合试验区创建试点，对试验区有需求的孕妇开展产前筛查诊断服务、残疾筛查诊断服务、残疾评定等服务，并在全国助残日广泛开展残疾预防宣传活动。

【残疾人教育】 年内，有序跟踪推进残障少儿在克莱德曼艺术学校的学习情况，并完善各项培训内容。“六一”国际儿童节组织观看残障少儿的汇报演出。为全市16名残疾人成功举办三期“拉萨市残疾人联合会2018年全市残疾人扫盲暨手工康复培训班”，丰富残疾人的文化生活，培养他们的综合素养；经过筛选为全市 12 名残障人开展技能培训；继续以政府购买服务方式与拉萨市岗旋语言学校合作，为 30 名 3 ~ 7 岁的残疾幼儿提供学前教育。

【残疾人创业就业】 年内，为促进残疾人就业，继续扎实开展残疾人就业保障金征收工作；做好残疾人求职登记、职业介绍、就业推荐等工作，全年，推荐 4 名残疾人就业；回访 2017 年残疾人创业就业的 8 个扶持项目的进展情况及安置残疾人就业、受益情况工作；组织有就业愿望的残疾人参加自治区组织的招聘会，全市共有 63 人参加此次招聘会；推荐“拓岗文化传播有限公司”参加《第三届“中国创翼”创业大赛西藏赛区选拔暨西藏第一届创业创新大赛创业产品推介会》，其产品“墙星”获得大赛专项组第一名。

【残疾人日间照料工作】 8 月，投入 88 万元，在拉萨市残疾人就业服务中心内成立全市首家“阳光家园残疾人日间照料服务中心”，为全市 3 ~ 59 岁的残疾人提供日间照料和康复教育、康复训练等服务，并提供一定的智力启发、技能培训、生活自理等方面的教育培训。运行以来，结合日托对象的实际情况，开展相对应的理论培训；定期为托养对象进行康复训练及按摩；进一步做好对托养中心的食品安全和卫生监管工作，确保食堂安全有序的运行；与家长签订安全责任书，明确两家职责，确保工作顺利开展；对日托对象进行体检，建立健康档案。

【残疾人居家无障碍改造】 年初，在市区全面开展残疾人居家无障碍改造需求调查摸底，在摸底调查的基础上，进行实地入户调研，并根据每个户数的实际情况，结合每位残疾人的自身情况，提出可行的改造方案，并实施改造项目，通过无障碍改造，每户残疾人家庭和残疾人生产生活提供许多便利。全年，对 25 户残疾人开展家庭无障碍改造，共计支出金额为 19.7 万元。

【建档立卡统计核查】 年内，圆满完成基础数据调查核实工作，经核查，拉萨市建档立卡贫困残疾人总数为 1960 人。截至 2018 年 9 月，已脱贫残疾人 1909 人，还未脱贫残疾 51 人。

【数据动态更新工作】 残疾人基本服务状况和需求信息数据动态更新工作及残疾人“两项”补贴申报工作是一项常态化工作，按照自治区残联的工作安排，结合全市工作的实际，对基础调查和数据更新工作进行认真的研究，经核查，2018 年需调查人数为 12830 人，其中入户调查到的实际人数为 12591 人，查无此人 21 人，搬迁 24 人，外出 13 人，死亡注销 181 人，调查率达到 98.14%。

【“两项补贴”调查】 年内，拉萨市残疾人联合会认真组织调查，严格审核把关，做到不漏一户残疾户，不漏一名残疾人，建立翔实的档案，完成调查工作，及时将数据上报市民政局，并进一步督促落实。经核实，2018 年全市一至四级困难残疾人为 11921 人，一至二级重度残疾人为 2055 人，落实补贴资金分别是：困难残疾人生活补贴 1430.52 万元，重度残疾人护理补贴 493.2 万元。

【残疾人危房存量改造工作】 年内，按照自治区残联、自治区住房和城乡建设厅的要求，拉萨市核实建档立卡贫困户等 4 类重点对象危房存量相关信息。通过核实，最终确认建档立卡贫困户等 4 类重点对象危房存量为 27 户，其中达孜县 17 户，林周县 9 户，尼木县 1 户。

【基层残疾人工作调研】 为了解各县（区）残疾人各项补贴兑现落实情况、残疾人创业就业扶持项目进展情况、各县（区）残疾人综合服务中心建设情况以及残疾儿童全纳教育工作开展情况，2018 年，理事会 2 名领导分别带队，利用近 1 个月的时间到拉萨市林周县、尼木县、墨竹工卡县、达孜区进行实地调研，进一步全面细致地了解掌握各县（区）残疾人工作开展情况，拓宽残疾人工作思路。

【机动燃油补贴数据库工作】 年内，组织开展 2018 年残疾人机动车燃油补贴人员的审核工作，及时将 2018 年机动车燃油补贴予以落实，全年机动车燃油补贴人数共计 580 人，同时，为进一步规范机动车燃油补贴政策，在 2018 年机动车燃油补贴申报的基础上，对 2019 年各县（区）上报预录入人员的个人信息，进行进一步调查、登记、核实、上报并进行严格的审核，截至年底，2019 年预录入人员共计 491 名。

2018年2月1日，拉萨市残疾人联合会第七次代表大会在香格里拉酒店开幕

【残疾人文体工作】 年内，组建全区第一支由20名肢体残障人士组成的“拉萨市残疾人轮椅篮球队”；组建第一支由残疾人、残疾人工作者和热爱残疾人事业的人士组成的“拉萨市残疾人联合会足球队”并委托第三方进行培训。

【残疾人宣传工作】 年内，利用“三大节日”、全国助残日、重阳节、中秋节、端午节等节点开展丰富多彩的活动，营造扶残助残的良好氛围。自治区党委常委、常务副主席罗布顿珠，自治区党委常委、市委书记白玛旺堆等领导到市残疾人联合会调研，通过调研使残疾人充分感受到党和政府对他们的关心和关怀。以托养对象为帮扶对象，定期开展结对帮扶活动，让他们感受到党和政府的温暖。就残疾人各项事业发展状况，通过拉萨市电视台进行三次专访，以此促进社会各界对残疾人事业的关注。

【第七次残疾人代表大会】 2月1日，会议举手表决通过拉萨市残疾人联合会第六届执行理事会理事长拉姆卓玛作的《开拓创新砥砺奋进——团结带领全市残疾人为全面建成小康社会而奋斗》的工作报告，选举产生拉萨市残疾人联合会第七届主席团主席、副主席、名誉主席、名誉副主席、执行理事会理事长、副理事长、理事、出席自治区残联第七次代表大会名单。

【残疾人基础服务设施建设】 拉萨市残疾人托养服务中心新建项目和拉萨市残疾人康复服务中心扩建项目属拉萨市“十三五”重点建设项目。项目总投资3667.9万元，其中中央预算内投资3483万元，本级投资184.9万元，分别是康复中心2483万元，托养服务中心1184.9万元。建设总规模9700平方米，分别是康复中心7000平方米、托养服务中心2700平方米，建设内容有康复功能用房、托养康复居室、多功能用房和附属设施。项目于2017年5月开工，于2018年7月份全面竣工，计划2019年8月份投入使用。

【助盲项目】 德国助盲项目是自治区残疾人联合会和德国盲文无国界组织合作的项目，项目地分别位于拉萨市和日喀则市，项目于2017年7月终止合作。根据区、市两级党委政府的相关指示精神，拉萨市残疾人联合会发扬主动担当，主动作为的工作作风，积极协调沟通，妥善将27名学生和11名教职员进行安置。

（格　桑）

拉萨市文学艺术界联合会

【概况】 拉萨市文联成立于1994年1月，经市委市府批准在江苏东路5号市群艺馆院内修建约1200平方米的办公和宿舍楼。属市委领导下的群众团体，正县级建制。2002年机构改革后，市文联隶属拉萨市委宣传部领导的副县级机构，行政编制4人、事业编制7人、共11人。内设综合科、《拉萨河》编辑部。拉萨市文联共有10个协会（作家协会、美术家协会、书法家协会、摄影家协会、音乐家协会、舞蹈家协会、戏剧家协会、曲艺家协会、民间文艺家协会、影视艺术家协会），各协会会员共计645名。

【文艺下基层】 年内，为深入贯彻落实中共十九大会议精神，大力弘扬“红色文艺轻骑兵”精神，结合开展“深入生活、扎根人民”活动要求，坚持以人民为中心的工作导向，投身新时代中国特色社会主义伟大事业，努力写人民、演人民、为人民，以实际行动践行新时代文艺工作者的职责使命。拉萨市的书法家和摄影师们于2018年2月8日、11日、12日在扎细社区居委会、堆龙德庆区乃琼镇贾热村、蔡公堂乡白定村等地开展宣传贯彻中共十九大精神，新时代“红色文艺轻骑兵”春节、藏历新年“送文艺下基层”活动。拉萨市摄影家协会、拉萨市书法家协会的艺术家们为居民群众免费拍摄赠送证件照、免费赠送藏汉文春联、吉语和福字，现场还向基层群众赠送《拉萨河》藏文期刊、摄影艺术画册，西藏列萨文化发展有限公司参与活动并为活动免费提供笔墨纸砚等书法用品。三场活动免费赠送藏汉文春联900对，书法家们共创作600余幅书法作品，摄影家们为居民群众免费拍摄赠送证件照400余张，赠送《拉萨河》藏文期刊300本、摄影艺术画册150册、藏文字体练习册600册。

【新年全家福活动】 2月18日、19日墨竹工卡县甲玛乡龙达村群众与堆龙德庆区乃琼镇贾热村群众全家团聚的温馨时刻被定格下来，成为藏历新年美好的纪念。拉萨市摄影家协会的各位会员节日里放弃与家人团聚的机会，积极主动的报名参加全家福拍摄活动，充分体现拉萨市各协会文艺家关心基层群众、服务基层群众的一片至诚之心，也是文联和艺术家们结合自身特点，送文化下乡和文艺惠民的实际举措。拉萨市摄影家协会的摄影师们在工作队的陪同下分两组走东家访西家，为两个村的28户家庭免费拍摄“全家福”照片，活动受到基层干部和农牧民群众的热烈欢迎。拉萨市文联已连续7年为300余户农牧民群众免费拍摄全家福照片，并制作成精美的画框免费赠送给每户。拍摄全家福已成为拉萨市文联每年过年过节为老百姓开展文化惠民活动的一个品牌活动。同时，摄影家们也纷纷表示：“新年全家福”拍摄活动不仅是为基层农牧民群众做好事、实事，同时也是艺术家们贴近生活、贴近基层、贴近群众的难得机会，也是艺术家们深入生活、扎根人民开展采风创作的难得机会，是一件接地气、促灵感的好活动，希望市文联和摄影家协会坚持开展下去。

【最美证件照活动】 3月27日，市摄影家协会受曲水县文广局邀请，组织摄影家赴曲水县文化活动中心开展“最美证件照”志愿服务活动，为曲水县机关干部、宣传队、环卫工人、农牧民群众等近百余人免费拍摄证件照，并现场冲洗照片，将贴心服务送到“家门口”。近年来，市文联及各个协会不断延伸服务项目，主动进社区、乡镇免费“拍摄全家福、证件照、送春联”，这些志愿项目一直深受广大基层人民群众的欢迎和称赞，现已成为文联的品牌活动。

【“勉萨画派”唐卡巡展】 年内，由拉萨市美术家协会协办的“国家级非物质文遗产——藏族唐卡“勉萨画派当代百幅代表性作品西藏区内巡展之林芝展”于3月30日在林芝市群艺馆开幕，此次展览展期共7天。此次巡展通过作品的静态展示、现场绘制唐卡、非遗传承人公益性讲座、勉萨画派历史传承谱系、画布制作、矿（植）物颜料制作工艺流程、唐卡绘制工艺流程等图片展示，滚动播放唐卡专题片，结合线上线下同步全景展示展览等手段，向社会广泛宣传非遗保护传承成果。整个巡展周期为2年，自2018年3月至2019年年底进行。巡展档期共安排7次，覆盖全区七地（市）各1次。巡展节点依托七地（市）每年举办的重要文化旅游节庆活动，分别在林芝、阿里、山南、拉萨、那曲、昌都、日喀则巡展。

【结对帮扶】 4月22日，市委宣传部、文明办、晚报社、文联赴林周县阿朗乡拉康村开展2018年市委宣传部系统党员结对帮扶群众活动。此次活动为每户送去价值500元的米面油等慰问品，市文联为驻村工作队和农牧民群众免费拍摄赠送证件照，市委宣传部常务副部长范跃平参加宣讲会并发表讲话，与农牧民群众促膝谈心，了解他们在生活中遇到的困难，听取他们在今后发展上的意见和建议；同时宣传党的惠民政策，切实把市委、市政府的关怀和温暖送到贫困户、边缘户的心坎上。

【庆“五一”文体活动】 4月29日在市文联主席李铭的带领下，全体干部职工开展“庆五一”党建文体活动。活动首先由文联支部书记李铭给干部职工讲党课——《党的十九大报告辅导读本》解读内容，传达学习市委宣传部2018年党建工作部署会议精神；其次陆续开展

2018年2月8日，市文联组织开展"送文艺下基层"活动

知识竞赛、打字速度竞赛、跳绳比赛、平板支撑比赛、仰卧起坐比赛等多项文体活动。本着"友谊第一，比赛第二"的精神，活动气氛活跃热烈，参加活动的每人均获得不同等级的奖品。此次活动充分调动了广大党员干部参与全民健身活动的积极性，进一步增强了党支部的凝聚力、增强了干部职工的健康意识，全面提升了工作水平和服务质量，不断开创文艺工作的新局面。

【"最美税梦、情倾阳光、一路童行"主题活动】 5月10日，市文联党支部与市国税局第七党支部联合发起，组织柳梧红军小学的小学生们参观西藏唐卡画院和西藏自然科学博物馆，开启他们对民族文化及科学技术的"启蒙之旅"。市文联干部和柳梧分局干部带领来自西藏儿童福利院，就读于柳梧新区红军小学的21名小学生，通过参观西藏唐卡画院展厅，听工作人员讲解唐卡的历史渊源、亲自体验唐卡绘制、举办唐卡知识及藏语敬语讲座等环节，让孩子们在探寻唐卡之美的过程中，感受这种独具特色的绘画艺术形式的魅力所在。为保证活动质量和效果，让孩子们得到良好的绘画体验和艺术熏陶，现场老师们还手把手教学，使孩子们近距离接触唐卡文化及敬语知识。在博物馆讲解员的带领下，小学生们先后参观自然馆、科技馆、天文馆和展览馆等展馆，通过讲解员的现场讲解，真正明白相关知识的渊源。在观摩影像资料以及实地体验高科技产品后，对许多现代科学技术，特别是对具有西藏地域特点的科技产品和自然景观有了深层次地了解。独特的展陈形式，从冰川到奇特地貌、从湿地到苍茫草原、从冰川雪地到红土地貌、从飞禽走兽到叹为观止的现代高科技，4D电影的视觉冲击更是让孩子们兴致盎然、情绪高涨。本次参观学习，具有一定的参与性和趣味性，工作人员与孩子们的亲密互动，让他们在领略西藏历史文化底蕴，以及美丽风光和民族风情之余，传播正能量，也为助推支部品牌"最美税梦、情倾阳光、一路童行"创建活动奠定良好的基础。

【送文艺下基层】 6月5日市文联组织市书法家协会、市摄影家协会赴墨竹工卡县扎西岗乡扎西岗村开展以"相约最美证件照、我与书法结缘"——送文艺下基层为主题的最美证件照免费拍摄活动及书法作品现场交流赠送活动，拉萨市书法家协会、拉萨市摄影家协会的12位艺术家，拉萨电视台、拉萨日报、拉萨晚报、西藏商报记者等20余人参加此次活动。活动现场，书法家们挥毫泼墨送去近百幅祝福作品，摄影家们按动快门捕捉近百张幸福的笑脸，现场农牧民群众对此次惠民活动给予高度评价，并表示"送文化下基层"是造福百姓的文化惠民活动，为百姓送来精神文化大餐，使百姓享受到文化生活的乐趣，对丰富群众精神文化生活，加快文明和谐乡村建设，具有十分重要的现实意义。

【中学生书法培训基地授牌】 5月23日，由拉萨市文联、拉萨市书法家协会组织的"拉萨市书法家协会中学生书法培训基地"在拉萨江苏实验中学举行授牌仪式。授牌仪式现场，市书法家协会主席高延鸿为书法社题字"春风化雨"，寓意江苏实验中学更多书法社的学生在民族优秀文化的熏陶下成长、成才。副主席兼秘书长南杰旺扎、副主席达瓦次仁为书法社成员进行藏文书法示范并对他们进行零距离的指导。6月8日，市文联为拉萨市书法家协会中学生书法培训基地送去近万元的毛毡、墨水、印泥、宣纸等书法用品。

【书法文化进校园】 6月11日，国家一级书法师、中国好人汪太银在拉萨江苏实验中学指导书法文化进校园活动，为80名爱好书法的学生现场展示中国传统书法文化的魅力。汪太银和南杰旺扎老师合作书写“扎西德勒”“藏汉一家亲”等多幅书法作品，为热爱书法的学生送去现场祝福，增进藏汉民族文化的交融。

【书法、摄影文化知识送林周活动】 为丰富群众文化生活，传播藏汉书法和摄影文化知识，6月27日市文联组织市书法家协会、摄影家协会会员到林周县苏州小学，开展“传承民族文化、弘扬书法艺术”教师大练兵之藏汉书法知识送林周活动。

【柳梧新区红军小学授牌】 7月16日上午，由拉萨市文联、市美术家协会、市书法家协会组织的“拉萨市美术家协会小学生美术培训基地”“拉萨市书法家协会小学生书法培训基地”在柳梧新区红军小学举行授牌仪式。市文联及市书协、市美协的领导赴拉萨市柳梧新区红军小学实地考察，在教学和师资条件符合培训基地申报条件的基础上同意授牌。授牌仪式现场，市文联、市书协、市美协领导及柳梧新区红军小学代表参观书法和美术培训基地，市书协副主席南杰旺扎、市美协秘书长旦巴旺久为书法和美术兴趣班的学生们进行藏文书法、美术临摹教学和零距离的指导。

【北京作家“拉萨—阿里”校园行活动】 9月25日至10月3日，北京市作家协会副主席王升山、儿童文学委员会副主任周敏，携同尹超、王名环、唐安兴三位北京作家，与拉萨市文联主席李铭及部分工作人员行程4000多公里，先后在拉萨市、阿里地区多家学校举办文学写作活动，并与藏族同胞共度中秋、国庆佳节。9月25日，第五届“东方少年中国梦”新创意中小学生作文大赛（全国总决赛）、第六届“东方少年中国梦”新创意中小学生作文大赛（拉萨赛区）获奖作品表彰大会在拉萨举行。此次会议由北京市文联、北京市作协、北京援藏指挥部、拉萨市委宣传部、拉萨市文联、拉萨市教育局联合主办。第六届“东方少年中国梦”新创意中小学生作文大赛号召中小学生用新体验、新思想、新视角去观察生活，写出富有创新意义的作品，畅想幸福成长，憧憬美好未来，立志建设美丽家园，实现中国梦。自2月份大赛启动以来，拉萨市各教育单位广泛组织，积极参与，经过层层筛选，分别评出小学组、中学组一等奖各5篇、二等奖各15篇、三等奖各30篇。颁奖典礼结束后，北京作家唐安兴以“写作中的‘三感’：画面感、动感和节奏感”为题，与拉萨市获奖教师代表和学生分享写作中的经验和感受，讲座获得老师和学生们最热烈的掌声。9月26日至10月3日，北京作家协会、拉萨市文联“拉萨—阿里校园行”活动组成员，长途跋涉，途径阿里地区普兰县，到海拔超过4650米的巴嘎乡小学。来自北京的五位作家与学校六年级的老师、学生们以“爱上故事、快乐写作”为主题，进行了一场别开生面的写作座谈。此次，来自北京的作家们分别在拉萨北京实验中学、拉萨市第二小学、拉萨市第三小学、城关区教师培训中心、阿里普兰县巴嘎小学、阿里札达县九一学校等地为拉萨市的近5000名青少年和百余名中小学教师送去11场精彩的文学创作讲座和座谈，北京作协的作家们为孩子们送上上百部他们创作和主编的书籍及价值5000元的藏文书法学习用具，还为贫困地区的学校捐款共1万元。

【感受新西藏活动】 为进一步加强团结和带领各艺术家协会会员积极投身于文艺创作事业，近距离感受西藏美丽乡村建设的新面貌，体现改革开放40年来西藏发生的翻天覆地的变化，同时，增进各艺术家协会会员之间的文化交流，培养高雅的艺术情操，10月11日拉萨市文联、拉萨市各艺术家协会组织开展“走进美丽乡村 聚焦新变化感受新西藏”艺术家采风活动。此次文艺采风活动，来自区内的20余名作家、作曲家、词作家、摄影家、书法家、曲艺专家分赴拉萨市柳梧新区达东村、曲水四季吉祥村、城关区净土产业园区及林芝市鲁朗、波密、墨脱、米林和山南市加查采风，总行程达3000多公里。

【书法交流活动】 12月11日，市文联组织拉萨市书法家协会5名书法家和摄影家协会2名摄影家走进大昭寺，开展“我与书法结缘”——拉萨市文联与大昭寺书法交流活动。市书法家协会5名书法家到交流现场后，拿出各人的藏文书法书写笔，铺开洁白的宣纸，开始用藏文书写书法作品。书法家的现场书写活动，吸引大昭寺众多僧人，以及来到大昭寺参观的游客包括外国游客围观欣赏。在活动现场，市书法家协会的书法家祖牛·拉巴次仁和索朗旺久，应僧人要求热情和僧人们交流藏文书法的写作技巧。5名书法家在交流活动现场用藏文经书、楷书、行书、草书字体分别写下格言和吉祥祝福语的书法作品。在书法家的带动下，大昭寺僧人和管委会工作人员也铺开宣纸，提笔书写藏文书法作品。大昭寺管委会宣教处处长索朗平措高兴地谈到：“大昭寺喜欢书法的僧人很多，有40多名僧人在练习书法，这次与拉萨市文联开展书法交流活动尚属首次，希望今后多举办类似这样的书法交流活动。”

2018年6月27日，市文联组织市书法家协会、摄影家协会会员在林周县苏州小学，开展藏汉书法知识送林周活动

【山南采风活动】 3月20日，市文联组织摄影家协会到山南市浪卡子县卡热乡最堆村开展采风创作活动。摄影家们克服高原艰苦条件，积极搜集创作素材，以独特视角描绘高原的大美之境。最堆村为饮用水水源一级保护区，正值桃花盛开时节，雪山、流水、桃花相映成趣，高原景色，美不胜收。对于艺术家们来说，采风的路艰辛坎坷，但是关在象牙塔里不会有持久的文艺灵感和创作激情。只有走到人民中去，才能从生活的深井中汲取到甘泉，并更好地用艺术生命去礼赞生活。

【临汾采风活动】 为进一步提高拉萨文联干部职工综合素质、提升履职尽责能力，学习兄弟省市文联先进工作经验，加强临汾和拉萨两地文艺家的文化交流，促进两地人民群众“中华一家亲”民族团结意识，进一步促进拉萨市文艺创作事业繁荣发展。11月6—13日拉萨市文联组织15名干部职工及艺术家赴山西省临汾市开展为期7天的培训学习、参观考察及采风创作。培训采风创作活动中，两市文联签订友好文联协议正式缔结为友好文联。活动期间大家进行友好文联工作经验交流，举行联谊心得交流、采风创作交流、戏曲创作基地调研交流等活动。

（强　珍）

对口支援

综述

2018年，北京市、江苏省坚决贯彻党中央决策部署，全方位加大援助力度，紧紧围绕中央“六个精准”“五个一批”和自治区“八个到位”的要求，紧贴拉萨市“两年脱贫、三年巩固”的工作目标，突出重点，精准聚焦，为拉萨市跨越式发展和长治久安做出积极贡献。全年，北京、江苏两省市对口支援拉萨援藏投资8.5亿元，其中1‰以内北京援藏2.6亿元、江苏援藏3.4亿元，1‰以外北京援藏1亿元、江苏援藏1.5亿元。

（刘静静）

援藏重大活动

【互访交流】 4月，北京市委副书记、市长陈吉宁到拉萨考察扶贫援藏工作，表示北京市将进一步加大援藏工作，特别是对口扶贫工作力度，深入推进教育医疗人才组团式援藏，支持发展特色产业，增强内生发展动能，巩固脱贫攻坚成果。并向拉萨市捐助3000万元扶贫专项资金。5月，拉萨市委副书记、市长、城关区委书记果果应邀参加第五届中国（北京）国际服务贸易交易会（以下简称“京交会”）。积极向与会嘉宾推介拉萨投资发展环境，真诚邀请广大客商投资拉萨，创业发展，互促共赢。8月，西藏自治区党委常委、拉萨市委书记白玛旺堆率领拉萨市党政代表团到南京考察。同月，江苏省委常委、常务副省长樊金龙率江苏省代表团到西藏自治区，就深入学习贯彻中共十九大精神和习近平新时代中国特色社会主义思想，全面落实中央关于西藏工作的部署要求，共商对口支援和两省区合作发展大计进行考察交流。

11月，自治区党委书记吴英杰率西藏自治区党政代表团到北京考察，代表西藏自治区党委、政府和全区各族人民对北京市长期以来给予西藏的无私帮助和大力支持表示衷心感谢。并表示西藏自治区党委和政府将进一步高度重视受援工作，为北京对口援藏工作创造良好条件，为援藏干部人才充分发挥作用创造更好条件。12月，西藏自治区党委副书记、自治区主席齐扎拉率西藏自治区党政代表团到江苏省考察学习江苏省改革开放和现代化建设的好经验、好做法，共商对口支援工作大计。

【结对帮扶】 年内，北京市、江苏省在分别对口支援8个县（区）的基础上，鼓励村与村、镇与乡、县与县之间开展结对帮扶，从加强组织建设、帮助就业创业、引进先进文化、提高发展后劲、推动脱贫攻坚等方面开展帮扶，提供项目、资金、人才等方面支持。实现从“主动脉”相连到打通“毛细血管”的微循环，形成立体式、宽领域、多层次的援藏扶贫新格局。北京市在区县结对帮扶基础上，新增161个结对帮扶关系，携手奔小康行动惠及贫困人口1822人，帮助贫困人口1733人脱贫，培训贫困村创业致富带头人100人次，带动贫困人口430人。江苏省南京市、苏州市、镇江市、泰州市的32个县（区、镇），已与墨竹工卡县、林周县、达孜区、曲水县的32个乡（镇）建立携手奔小康为重点的扶贫协作关系，在全自治区率先实现了结对帮扶乡镇全覆盖并向村级结对延伸，32个结对帮扶关系共完成互访51次，累计给予结对帮扶各乡镇援助资金1686.5万元。

（刘静静）

援藏项目

【概况】 年内，北京计划内安排援藏投资26039.25万元，项目58个（含机动资金）。当年完成投资24819.25万元，占年度计划投资的95.31%。续建项目25个，当年资金安排14508万元、新建项目33个，当年资金安排11531.25万元。项目开工复工率100%，项目竣工验收率85.71%。江苏计划内援藏项目58个，计划投资34464万元（含预留资金）。当年完成投资31921万元，占年度计划投资的92.6%；已开工项目58个，开工率100%；已完工项目46个，项目完工率为86.8%。

【精准扶贫】 年内，北京、江苏两省市紧紧围绕建档立卡贫困人口实现"两不愁、三保障"目标，在建成一批基层群众受益、民生改善急需的民心工程、富民工程的同时，瞄准贫困村，锁定贫困户，因村因户因人施策，做到政策措施、资源配置向贫困村集中、向贫困户聚焦。在两省市的大力支援下，拉萨市脱贫攻坚工作取得巨大成就。

【智力支援】 年内，选派192名专业技术人才援藏，有力改善和优化拉萨人才结构。特殊专业技术人员援藏，促使拉萨项目评审程序和机制进一步健全完善，质量监督体系更加科学可靠。"组团式"教育援藏有效提高拉萨市整体教学质量，中高考均分数连创新高；"组团式"医疗援藏，实现"大病不出藏"，部分前沿手术技术开创成功先例。培训内容主要涉及青稞育种、旅游规划、教育教学、临床医学、就业保障、机构编制、维稳综治等。

（刘静静）

经济管理

综述

【概况】 2018年，拉萨市坚持稳中求进、进中求好、补齐短板工作总基调，坚定不移贯彻新发展理念，落实高质量发展要求，以供给侧结构性改革为主线，着力打好防范化解重大风险、精准脱贫、污染防治三大攻坚战，奋力实施“六大战略”，统筹推进稳增长、促改革、调结构、惠民生、防风险各项工作，经济发展总体平稳、稳中有进、稳中向好。开展“十三五”规划纲要中期评估，加强经济分析监测预警，综合运用消费、投资、金融等宏观政策，强化重点领域风险防控，促进经济健康平稳发展。全年地区生产总值完成540.78亿元，增长9.3%。

【居民消费】 年内，评选城市商业综合体、专业市场、特色商业街等商贸集聚区20个，城关、堆龙德庆、达孜、当雄四县（区）电子商务进农村综合示范县创建工作积极推进，移动支付优惠、购物满返、网上折扣等个性化、多样化消费模式渐成主流，旅游、文化、体育、健康等新的消费点持续火热，消费结构升级转型带动产业发展作用显著，全年社会消费品零售总额达到295.39亿元，增长14.2%，消费支出对经济增长的贡献率达到36%。

【固定资产投资】 年内，拉萨市依托国家重大建设项目库和在线审批监管平台，加大项目调度频次和督查力度，建立完善项目储备和滚动接续机制，进一步提升基础设施补短板供给质量。“十三五”规划项目累计下达各类投资93亿元，累计完成投资111.6亿元。2018年，城市供暖、师专迁建、西城中学等重点项目落实国家、自治区投资26.7亿元，援藏资金到位8.55亿元。安排前期经费5000万元，推动藏热大桥、G561拉萨至林周国省道连接线、旁多引水工程前期工作，实施建设市级重点项目61个，年度完成投资176.2亿元，拉萨市城市道路升级改造、城市综合管廊等市政工程建设完成，东环南线（虎峰大道）实现通车。全社会固定资产投资增长11.3%，其中民间投资增长18.2%。

【对外贸易】 年内，综合保税区“八通一平”基础设施建设完成投资13亿元。落实扶持资金300万元，培育外经贸小微企业30家，中兴商贸、阿云电商、天知进出口被评选为全区外贸转型示范（试点）经营主体，文创园成功申报为“国家文化出口基地”，全市进出口贸易额保持平稳。实现全市进出口贸易总额40.96亿元，下降7.1%，其中出口27.24亿元，下降4.1%，进口13.72亿元，下降12.5%。

【脱贫攻坚】 年内，拉萨市发展牦牛养殖、饲草种植，实施产业脱贫项目31类142个，完成投资12.4亿元，1.44万余名贫困对象实现稳定脱贫，带动3.75万名建档立卡贫困人口稳定增收。39个集中脱贫搬迁安置点全部建设完成，累计完成搬迁任务2.3万人，羊八井风湿患者集中搬迁一期工程已完工，昌都“三岩”片区跨市易地扶贫搬迁、那曲高海拔地区生态搬迁稳步推进。3个区5个县全部脱贫摘帽，全市脱贫10664户43618人，贫困发生率降至0.27%，率先在全区实现整体脱贫。

【生态环境建设】 年内，拉萨市按期完成中央环保督察整改任务，顺利开展“绿盾2018”自然保护区监督检查专项行动。开展第二次全国污染源普查、重点行业企业排污排查、机动车尾气路检抽查，全面淘汰整治燃煤锅炉，加强危险废物管理。林周、尼木、墨竹工卡、当雄等县(区)污水处理厂土建工程全部完成，百淀污水处理厂达到进水条件。《拉萨河流域山水林田湖草保护修复试点项目实施方案》通过国家部委评审，《拉萨河流域生态修复与综合治理规划》完成咨询论证。拉萨周边山体造林(绿色围城)建设完成19个点，消除4300米以下“无树村”4个、“无树户”18679户。拉鲁湿地自然保护区三期、餐厨废弃物资源化利用、垃圾收集分类、水系治理等重点项目顺利推进。全市环境空气质量优良率不低于98%，饮用水水源地水质达标率100%，环境噪声稳定在较好级别，污染物排放量均控制在自治区下达指标范围之内。

【净土健康产业】 年内，试点划定粮食生产功能区，实施科技增粮集成示范项目，落实高产创建及绿色增产攻关示范田31万亩，全市总播种面积74.1万亩，其中青稞种植面积28.8万亩。粮食总产量16.01万吨，蔬菜、奶产量分别达到25.67万吨和7.93万吨，分别下降2.8%和12%。牦牛规模化短期育肥出栏1.5万头，增长145%。奶牛“万户百场十中心”建设加快，开工建设高标准养殖中心5个，投入运营规模化养殖场11个，完成奶牛养殖示范户挂牌3000户。全市“三品一标”认证产品109个，斯布牦牛和拉萨白鸡通过国家农产品地理标志登记，实现拉萨市农产品地理标志登记零的突破，“拉萨净土”区域公用品牌荣获“2018年度品牌商标博览会金奖”。向百家示范农村专业合作社安排培育资金500万元，评定新增市级农牧民专业合作社35家，评定市级农牧业龙头企业39家，评定拉萨市现代农牧业产业园4家。

【文化旅游产业】 年内，“旅游+”产业体系建设不断完善，编制《拉萨市全域旅游发展三年行动计划》，加快推进“全域旅游”示范区创建工作，拉萨旅游吸引力持续提升。参加北京国际旅游博览会、丝绸之路博览会等大型推介会，旅游新产品新线路得到市场认可。启动以拉萨环线旅游景区基础设施为重点的旅游公共服务设施提升工程，“智慧旅游”管理平台投入使用。成功举办2018中国世界遗产旅游推广联盟大会、拉萨半程马拉松赛等大型活动，首届跨喜马拉雅自行车极限赛得到央视直播报道。开展以徒步、山地自行车越野、油桃采摘等为主题的乡村旅游活动，乡村沟域旅游经济火热。全年累计接待国内外游客1990.20万人次，增长23.9%；实现旅游收入282.76亿元，增长24.3%。

【现代服务业】 年内，《拉萨市现代服务业发展规划》编制完成，“梦创拉萨”天使投资基金设立总体完成，平桥投资公司和信用担保公司整合重组完成清产核资。顿珠金融产业园规划建设加快，多家金融机构意向入驻。堆龙民泰村镇银行正式挂牌营业，兴业银行拉萨分行获批筹建。京东、苏宁仓储物流落户堆龙，顺丰电商物流园、京东物流中心与结算中心前期工作加快开展。房地产市场保持平稳，全市房地产业完成投资95.69亿元，商品房住宅销售面积52.78万平方米。第三产业增加值达到292.83亿元，增长4.6%。

【绿色工业】 年内，拉萨市实施绿色工业重点项目63个，堆龙高原食品冷链中心、吉祥哈达等重点项目建设扎实推进。龙头特色食(饮)品加工企业推进技术改造，水泥建材等重点用能企业实施清洁生产，水产业产量63.7万吨。“信息惠民”、雪亮工程前期工作扎实推进，在全区率先完成电信普遍服务试点。全市规模以上工业增加值增长8.5%。

【经济体制改革】 年内，拉萨市取消调整行政职权事项136项，市级权责清单事项减少至3917项。规范和清理行政审批中介机构，取消市级涉审中介服务事项6项、不列入清单9项。进驻市民服务中心的166个事项办理总时限压缩到2514个工作日，时限压缩率达53.7%。拉萨市政务服务平台投入使用，政务服务网上可办率达到81.5%。企业“多证合一、一照一码”“先照后证”“三十三证合一”改革与全国同步实施。强化跨年度预算平衡和中期财政规划管理，预算绩效管理全面实施，除涉密信息外，全市所有部门均实现预决算公开。全市财政收入完成172.2亿元，增长21.59%，其中一般公共预算收入完成110.1亿元，增长

22.8%。深化增值税改革，各类税收减免政策全面落实。全年确权登记农村土地（耕地）承包经营权4.37万户、41.8万个地块、63.89万亩，完成土地流转面积9.35万亩，草场流转482亩。试点启动3个县、7个乡、1个村农村集体产权制度改革，完成清产核资试点单位396个。拉萨市获批建成国家创新型城市，累计落实“两创示范”城市专项资金7.2亿元，建设众创空间、创新创业基地、服务示范平台等“两创”载体70个，认定市级“两创”载体35个。拉萨首个科技孵化器建设完成，拉萨市高原生物研究所实验基地投入运行，第三极众创空间为初创者提供一站式服务。授牌认定科技型中小企业40家，全市高新技术企业达到36家、科研工作站10家。全年专利授权量达到564件，增长80.77%，科技进步率达到50.8%，科普率达到91%。

【对外、对内开放】 年内，拉萨市推动落实拉萨山南一体化工作计划，S5线拉萨至泽当快速通道项目完成50%工程量，并申报列入国家“十四五”交通发展规划。全方位开展受援合作，与北京市签订健康精准扶贫战略合作框架协议，开工建设林周县格桑塘现代农牧产业示范园、波玛“德吉藏家”易地搬迁扶贫开发等受援项目139个，27所中小学与江苏“手拉手”结对，“走出去、请进来”交流971人次。中尼友谊工业园通过国家发改委备案，进入落地阶段。海关特殊监管区域设立稳步推进，指定口岸项目可研报告通过拉萨海关审核，贡嘎机场航站楼改扩建项目加快推进。

【园区经济】 年内，《拉萨市园区经济高效绿色创新发展三年行动计划》“1+4”文件公布实施，园区政策供给体系更加完善。拉萨市技术产权与人才交易市场投入使用，清理“僵尸”企业2.3万户，工业园区盘活闲置土地2299亩，实施园区重点项目138个，实际到位资金109亿元。经开区建设工业中心、“双创”中心，入驻实体企业60余家，招商引进10余家国内500强企业。柳梧新区搭建创业创新服务平台15个，拉萨申报国家级高新区通过六部委审查，文创、空港、达孜工业园、堆龙工业园、曲水聂当工业园并驾齐驱、加快发展。

【国有企业】 年内，交产集团出租车汽车和旅游板块重组整合改制上市工作深入开展，城投公司内部整合形成九大集团，市属国企与北京国企合作加深，国有资产实现增值保值。市属国有企业资产总额达到811.8亿元，净资产275.8亿元，营业总收入72.2亿元，上缴税金4.6亿元，利润总额7.8亿元。

【非公经济】 年内，拉萨市制定实施招商引资、飞地经济等优惠政策，提供全程“保姆式”服务，参加举办第五届京交会、藏博会、雪顿节活动，全市落实招商引资项目339个，实际到位资金316.23亿元。营商环境持续优化，各类市场主体达10万户，注册资金6478.2亿元。

【乡村振兴战略】 年内，拉萨市乡村振兴战略实施方案（2018—2022年）编制完成，农牧业供给侧结构性改革稳步推进，曲水县才纳园区成功申报国家农业产业融合示范园，农牧区一二三产业融合发展成效显现。建设农村公路314.9公里，开通农村客运班线24条，全市乡镇客车通达率92%，行政村客车通达率82.5%。当雄羊八井镇、尼木吞巴乡等2个全国特色小镇获得国家补助资金3亿元，林周、尼木低温太阳能供暖和当雄地热供暖项目加快实施，投入使用村级组织活动场所269个，县乡基础设施进一步完善。建设完成各类厕所313座，农牧区开展人居环境综合整治，自治区级生态县、生态乡镇、生态村（社区）分别达到25%、91%和91%，城关白定村、林周联巴村、尼木卡如乡被评为中国美丽休闲乡村。户籍制度改革和居住证制度落地实施，新型城镇化质量提升。

【居民收入】 年内，拉萨市城镇、农牧民居民人均可支配收入分别完成35842元和14369元，分别增长10.6%和10.6%。

【就业】 年内，拉萨市千方百计扩大就业，突出抓好高校毕业生、易地搬迁贫困劳动力等群体就业创业工作，应届高校毕业生就业率达90%以上，退役军人就业安置基础工作积极推进。全年开发就业岗位51092个，实现城镇新增就业18525人，农牧区劳动力转移就业17.1万人次，转移就业实现收入4.7亿元，城镇登记失业率控制在2.2%以内，继续保持城镇零就业家庭动态清零。

【社会事业】 年内，拉萨市新建小学4所、初中1所、高中1所，建成城乡幼儿园38所，一职迁建项目（一期）竣工投入使用。小学学龄儿童入学率达到99.94%，巩固率99.83%；初中生毛入学率达到104.31%，巩固率99.68%。市中心医院医疗设备采购工作有序推进，公立医院综合改革顺利通过国家考评，堆龙德庆区等六县（区）创建“二级乙等”医院成功。强化家庭医生签约服务，面向老年人、高血压、孕产妇等重点人群开展民生基因检测2.5万人次，全市基本公共卫生服务补助标准提高到每人每年75元。城乡低保标准提高至年人均9768元和4550元。广播基础能力提升，建成县城数字影院7座、县（区）电视制播能力建设项目4个、县（区）广电中心5个，拉萨市群众文化活动中心、尼木白面具传习所等重点文化项目加快推进。举办首届中国西藏拉萨·阿里象雄文化国际学术研讨会，成功打造“拉萨·藏戏演出季”。

【价格水平】 年内，拉萨市优化价格及收费环境，完善价格监测预警体系，居民消费价格指数上涨1.1%。

（廖唯朴）

宏观调控

发展和改革

【概况】 年内，地区生产总值完成540.78亿元，增长9.3%。全社会固定资产投资增长11.3%。社会消费品零售总额295.39亿元，增长14.2%。全市规上工业增加值增长8.5%。全市一般公共预算收入完成110.10亿元，增长22.8%。城镇居民人均可支配收入完成35842元，同比增长10.6%；农牧民人均可支配收入完成14369元，同比增长10.6%。居民消费品价格指数累计上涨1.1%。

【规划课题研究】 年内，市发改委研究完成《易地扶贫搬迁成果巩固三年行动计划》《拉萨市2018年度推进拉萨山南经济一体化工作计划》等系列文件。深入研究事关长远的重点工作和重大问题，完成《拉萨市新能源示范城市发展规划研究》《拉萨市鼓励和引导民间投资健康发展研究》等重大课题研究5个。

【项目建设管理】 年内，市发改委建立形成投资落实、前期推动和建设管理“三位一体”项目推动机制。按照“储备一批、开工一批、竣工一批、谋划一批”的要求，稳步推进项目储备工作，研究提出“十三五”规划中期调整项目储备计划、补齐基础设施领域短板近期项目储备计划，梳理印发2019年全市固定资产投资计划和2019年全市重点项目计划，理清项目工作思路。2018年，城市供暖、师专迁建、西城中学等重点项目落实国家、自治区投资26.7亿元，援藏资金到位8.55亿元；调整使用节余及存量资金近5000万元。充分发挥市重点项目工作专班作用，充实调动重点办力量，建立落实“半月一调度、半月一上报、一月一督进、一季一总结”推进机制，开复工2018年市级重点项目61个，年度完成投资176.2亿元，拉萨市城市道路升级改造、城市综合管廊等市政工程建设完成，东环南线（虎峰大道）实现通车。为有效防范金融系统风险，全市审批部门加强项目资金来源审核，资金来源不明确、违规贷款、企业垫资的项目一律不予审批，从源头上避免新增政府隐形债务。加强项目事中事后监管，对拉萨市2016—2018年政府投资重点建设项目、援藏项目、企业（含拉萨市国有企业）投资的重大社会公益项目开展专项稽查，对2018年全市74个重点项目开展专门督查。项目安排向薄弱环节倾斜、向关键领域聚焦、向短板瓶颈用劲，项目建设的经济、社会、环境效益持续显现。实施涉农领域项目220项，落实国家资金4.53亿元，曲水县农业产业化示范基地、拉萨周边及山体造林绿化工程等一大批涉农项目开工建设；拉萨市城市道路路面整治顺利完工，拉萨大桥整治修复已经重新投入使用，堆龙新城市政工程、纳金水厂等重点市政项目进展顺利；建设完成易地扶贫搬迁安置点39个，累计完成搬迁任务5357户22023人，“十项提升工程”项目开工117个、产业扶贫项目开工27个，35所城乡幼儿园建设项目全部开复工，拉萨市中心医院、城关区八小、柳梧初中、白定高中等民生项目加快建设。建设现代服务业项目13个，完成投资6.1亿，申报光伏项目20个，总装机容量达403兆瓦，拉萨市高原生物研究所科研平台、鱼跃医疗器械生产线、华大基因国家基因库高原库、拉萨市“新型智慧城市建设”等一批战略性新兴产业项目顺利推进。林周等五县污水处理厂基本建设完成，百淀污水处理厂已竣工，尼木等六县（区）既有建筑节能改造项目开工建设，拉鲁湿地自然保护区三期、餐厨废弃物资源化利用、垃圾收集分类、水系治理等生态建设项目顺利推进。

【易地扶贫搬迁】 年内，市发改委组织县（区）完成自治区易地扶贫搬迁大巡查系统、易地扶贫搬迁指挥作战平台等数据采集、录入工作，涉迁群众信息的动态管理制度基本建立，群众搬迁情况及后续脱贫措施落实情况基本实现可查询、可跟踪、可追溯。截至年底，易地扶贫搬迁资金到位 14.89 亿元，累计支出建设资金 13.04 亿元，资金拨付率达到 87.58%，建设完成易地扶贫搬迁安置点 39 个，总建筑面积 57.1 万平方米，群众陆续搬迁入住。

【经济体制改革】 年内，市发改委作为经济体制改革的牵头部门，紧抓改革要点，完善工作台账，强化跟踪督促，上报经济体制改革信息、总结、专报等 100 余篇，位居全市改革各专项小组榜首。

【"放管服"改革】 年内，市发改委探索简化政府投资项目和企业投资项目行政审批流程，在全市率先试行项目集中审批制，项目审批职能向一个科室集中。《拉萨市发改委政府投资项目审批工作流程（暂行）管理办法》出台实施，项目审批提前介入机制建立完善，项目文本评审一次性通过率大幅提高。截至年底，从正式申报《可行性研究报告》至《初步设计概算》的审批时限，常规政府投资项目控制在 20 天、力争 15 天完成。坚持独立、客观、公正的原则，项目评审中介机构、评审专家库管理制度进一步完善，项目咨询评估工作流程进一步优化，评审费清理拨付力度进一步加大，探索实行工程咨询单位资信评价办法，全力提升项目评审质量和效率，引导工程咨询行业健康有序发展。2018 年，组织评审各类政府投资项目 112 个，评审项目总投资 407.5 亿元。

【社会信用体系】 年内，市发改委多次开展社会信用体系建设学习、宣传活动，在市政府门户网站开通"信用拉萨"板块，公示"双公示"数据 700 余条，全市在省会及副省级以上城市信用排名中上升 4 个名次。

【物价管理】 年内，市发改委完善政府定价和政府指导价格形成机制，开展农畜产品和设施农业成本调查，价格监测范围扩大至 79 个监测点 19 个大类 549 个品种商品和服务，上报价格分析信息 60 期，完成价格鉴定委托 422 起，总鉴定价值 309 万元。出动 312 人次，开展节日市场、涉企、旅游、房地产、行政事业性收费专项检查。受理价格举报 361 件，发放价格宣传册 1000 余册。2018 年，居民消费价格总水平累计同比上涨 1.1%。

【医疗体制改革】 年内，全市顺利完成国务院 2018 年度公立医院综合改革效果评价交叉考核，公立医院综合改革工作稳步推进，市人民医院、堆龙德庆区人民医院分别成为国家级、自治区级公立医院综合改革试点医院。全市所有公立医院实现药品零差价销售，家庭医生签约服务率继续扩大，公共卫生服务水平持续提升，"健康拉萨"建设加快推进。

【受援工作】 年内，市发改委强化北京、江苏与拉萨沟通协调，聘请第三方专业机构对援藏项目开展全过程监督，北京、江苏对口支援拉萨 1‰以内援藏资金达到 6.05 亿元，援助项目 102 个。国家发改委等 7 部委对 17 个援藏省市 2017 年援藏工作绩效考核进行排名，北京、江苏援助拉萨工作均位列前茅，考核等级为优秀。

【铁路建设】 年内，市发改委协同推进铁路建设，《拉萨铁路枢纽规划（2016—2030 年）》修编获得铁路总公司同意批复，格拉扩能改造工程征拆工作全部完成，拉林铁路项目除柳梧新区部分林地及区调队、戒毒所外，其余地段达到入场建设条件。

【节能减排】 年内，市发改委组织以"节能降耗，保卫蓝天"为主题的 2018 年节能宣传周活动，加强全市"万家企业"节能考核和节能监察工作，拉萨市能源消耗总量和强度"双控"及温室气体排放顺利通过自治区政府考核。

【粮食流通】 年内，市发改委加强粮食流通统计，掌握粮食供需情况，全市粮食企业收购粮食 7597.4 吨，采购粮食 148770.8 吨，销售粮食 160875.2 吨。加强日常监管，排除安全隐患，确保储备粮数量真实、质量良好、储存安全，开展储备粮（安全生产）检查 52 次。粮库智能化项目扎实推进，仓储设施基础更加牢固。开展粮油市场检查77次，及时掌握粮油动态，发布粮油监测信息14期，维护国家粮食安全的支撑作用明显增强，开展以“科技创新，强业兴粮”“世界粮食日”主题宣传活动，发放宣传资料1000余册，增强粮食安全意识，营造良好社会氛围。强化粮食安全专员（市长）和县（区）长责任制考核工作，市政府与各县（区）政府签订《粮食安全责任书》，《拉萨市售粮大户奖励办法》及时出台，进一步强化考核导向，逐级落实工作责任，层层压实目标任务，形成从生产环节到流通环节的有效监管，粮食安全基础更加牢固。2018年市发改委被评为西藏“粮安之星”典型集体和储备粮管理“优秀单位”。

【自身建设】　年内，市发改委深入推进“党建统市”战略，全面落实党要管党、从严治党要求，持续推进学习型党组织建设，开展理论中心组学习11次，各类集中学习21次，撰写心得体会100余篇，上报学习简报30余篇。深入落实中央、区市党委政府关于党风廉政建设和反腐败工作部署及区市纪委明确的重点任务，研究制定落实党风廉政建设主体责任工作要点、年度任务分解表等，组织签订《党风廉政建设责任书》28份，并与重点科室签订《拒收项目评审费责任书》。以党员领导干部建设为关键，以全体党员干部管理为主体，以机关党员纪律建设为重点，成立政治教育培训工作领导机构，制定相关方案计划，政治教育和纪律建设统筹推进、相得益彰。依托“我们的节日”平台，开展“七一”文体会演、参观自然博物馆、“立足当前 展望未来”等各类党建活动。强化结对帮扶和党内关怀活动，组织全委干部职工多次深入林周县嘎列村、阿布村和城关区恩惠苑开展结对帮扶活动，送去慰问金2万余元；联合成都市流动党支部“送温暖”，为52户贫困家庭送去慰问物资。

（廖唯朴）

财政

【概况】　2018年，全市财政收入完成172.2亿元，比2017年增加30.6亿元，增长21.61%。其中，公共财政预算收入完成110.1亿元，比2017年增加20.47亿元，增长22.8%；政府性基金预算收入60.88亿元，比2017年增加10.01亿元，增长19.68%；国有经营预算收入1.22亿元，比2017年增加0.12亿元，增长10.91%。

2018年，全市财政支出完成369.35亿元，比2017年增加44.74亿元，增长13.78%，其中一般公共财政预算支出完成300.08亿元，比2017年增加42.65亿元，增长16.6%；政府性基金支出完成68.31亿元，比2017年增加2.06亿元，增长3.11%；国有经营预算支出0.92亿元，比2017年增加0.03亿元，增长3.37%。

【教育支出】　2018年，全市教育资金支出45.76亿元，增长10.2%，主要用于教职工住房公积金、职业教育、援藏教师交通、生活补贴、工伤保险、教师培训和全纳教育等。

【支农惠农支出】　2018年，全市农林水支出34.84亿元，增长28.89%，重点加快推进脱贫攻坚和乡村振兴战略发展。

【“两创示范”支出】　2018年，落实“两创示范”城市专项资金27917.86万元，主要用于市级众创空间的认定、创业创新基地补贴、小微企业创业融资担保、巾帼众创空间运营、高校毕业生就业创业、设立“梦创拉萨”天使投资基金政府引导基金等。

【社会保障支出】　2018年，各类社会保障及医疗卫生支出30.04亿元，主要用于支持基层医疗卫生体制改革，确保各类保险和城乡低保、医疗救助、稳定就业岗位等资金及时足额到位。全市城乡居民医疗保险实现全覆盖，参保率达100%。

【基础设施建设支出】　2018年，全市基本建设支出57.63亿元，主要用于西藏会展中心项目、新能源汽车地方补贴、拉萨市流浪狗第三期项目、拉萨中心医院建设项目、保障性住房建设、迎亲大桥项目、蓝天路工程、拉萨市第一中等职业技术学校项目、应急联动指挥中心、供暖工程贷款贴息、市政设施维修、道路及桥梁建设等。

【财政改革】　2018年，制定《拉萨市预算信息公开暂行办法》，持续推进预决算公开，做到预决算公开全覆盖；制定《拉萨市预算绩效目标管理实施细则》《拉萨市预算事前绩效评估管理暂行办法》等10项制度，全面实施预算绩效管理改革；推进环保费改税开征，进一步对全市非税收入和财税优惠政策进行全面清理规范；出台《拉萨市债务风险应急处置预案》和《拉萨市政府隐性债务化解方案》，严格规范地方政府性债务；通过加快预算执行进度、建立定期清理机制等系列措施，积极盘活财政存量资金，进一步提高财政资金使用效率；深入推行国库支付电子化管理改革、公务卡改革，推进“一卡通”试点工作。

【财政管理】 加强政府采购和投资评审工作。实行采管分离，开展代理机构扩面工作，将自治区专家库作为拉萨市专家库使用。出台《关于进一步加强政府采购管理办法》，加强对代理机构的监督管理，实行量化考核。2018年，全市采购预算资金63457万元，节约资金4610万元，节约率7.26%。对79个竣工建设项目开展竣工决算（结算）财政投资评审，送审资金129823.98万元，审减资金7787.23万元，审减率5.998%。

严格控制“三公经费”支出。2018年全市“三公经费”支出12436.14万元，同比增加915.51万元，增长7.9%。及时完成2017—2018年政府定点饭店补录采购工作，全市政府定点饭店共计23家，新补录10家。

全面清理规范国有资产管理。对行政事业单位国有资产进行清查，摸清家底，建立统一的资产台账。按照资产管理相关规定及区党委巡视办工作要求，对市商务局、卫计委超编闲置车辆进行回收，并向市政府提出全市超编车辆处置方案。

加强财政监管。对市农牧局、卫生局、科技局等几家单位（企业）的财务进行监督检查，通过调查询问、抽查会计凭证、核查会计账簿等方式，对财务管理、专项资金管理、存量资金等方面进行监督检查。对检查出的问题提出整改意见，并责令限期整改。

【队伍建设】 坚持集体领导，坚决落实民主集中制原则，大事一起议，决策一起定，班子内部形成团结、务实、实干的良好传统。严格按照规定，提拔任用中层干部，积极补充新鲜血液，打破常规，“能者上、庸者下”，将德才兼备的干部放在关键岗位锻炼，营造和谐温暖、积极向上的浓厚工作氛围。2018年，局机关引进调入5位优秀干部，选拔任用1名副科级干部。

【构建财政文化氛围】 倡导和推广“尚德、创新、精筹、高效”的财政精神，确定财政标识，为全局干部职工提供共同的价值追求和统一的视觉标志，形成拉萨财政人的精神坐标。成功举办“我劳动我快乐”厨艺大赛、迎“七一”暨学习中共十九大精神知识竞猜、“我自豪我是拉财人”拓展训练活动，丰富干部职工的精神文化生活，进一步提升队伍的凝聚力和战斗力。

【党风廉政建设】 局党组紧扣财政资金和财政干部“双安全”工作要求，狠抓党风廉政建设主体责任的落实。召开廉政建设大会，安排部署2018年党风廉政建设工作，制定《工作计划》，层层签订《落实党风廉政建设责任书》和《党风廉政建设承诺书》，并与企业签订《助廉承诺书》，形成一级抓一级，层层抓落实的责任体系。各分管领导按照“一岗双责”的要求，认真落实党风廉政建设责任制，切实抓好反腐倡廉建设工作。2018年，党组成员开展廉政谈话2次，对风险岗位人员进行廉政约谈。在作风建设方面，在落实重大事项、重点项目资金上，执行“事不隔夜”制度。

（曹　磊）

税务

【概况】 2018年，累计入库各项收入1787443万元，较2017年同期增收480206万元，同比增长36.7%。

【税收征管】 年内，拉萨市税务局以组织收入为中心，综合考虑税源、征管、政策等因素，制定和分解组织收入预期目标，加强税收预测管理，提升收入管理的前瞻性和主动性。抓好税收风险管理，不断夯实征管基础，规范进户执法工作制度，全面落实“三证合一”和“两证整合”登记制度。推进实名办税，完成36042户纳税人实名信息采集。探索二手房管理新模式，完成调整原政府指导价的基础评估以及社会风险评估工作，持续探索向一房一价精确征收方式稳步过渡的模式。运用跨区域协作平台接收并完成外省推送的跨区域协作任务558条，并向区外发起协作任务725条。推进电子税务局建设，市区各办税服务厅均设立纳税人体验区，2100人次参与，涉及企业3200户，拉萨市单位纳税人通

2018年4月2日，拉萨市税务局第七支部开展“税宣进村入户，关爱留守儿童”活动

过电子税务局申报增值税户数为33988户。有序推进社会保险费和非税收入征管职责划转，正确引导社会舆论，认真分析测算，确保社会保险费各项政策和管理措施有效落地。全面推行“双随机、一公开”工作机制，与相关部门联动建立守信激励和失信惩戒机制，对达到标准的案件及时移送司法部门，严格落实重大税收违法案件信息公布制度，保持打击偷骗税、虚开虚抵和制售假发票高压态势，营造公平公正的税收法治环境，为加快诚实守信企业发展和推动地方经济发展助力加瓦。

【纳税服务】 年内，拉萨市税务局始终从纳税人的视角出发，围绕特色亮点，利用各类平台多渠道加强政策服务宣传，打造税收宣传明星产品。如开展“优化营商环境 助力绿色税收”活动、举办“我们谈谈税收那些事”税企故事会、开展“大手勾蓝图·小手绘税收”税收进校园等各类活动。开展纳税人开放日活动以及“深化增值税改革业务”政策大辅导，实施深化增值税改革“降税率”政策，累计减税户数为1886户，累计减税26720.95万元；享受增值税减免纳税人51825户次，累计减免23432.01万元；全年办理出口退免税6453万元。全面推进个人所得税改革，推广自然人税收管理系统客户端2.22万户，让纳税人充分享受改革减税红利。重点围绕各项减税降费政策、个人所得税改革、增值税改革、环境保护税、“放管服”改革、社保费和非税收入征管职责划转平稳有序等工作，建立督查、暗访、问效、追责机制，不定期开展实地督查。绝不以任何理由在落实税收优惠政策上打折扣，做到不该征的坚决不征，该减免的必须减免，使减税降费在支持供给侧结构性改革、增强企业技术创新动力和服务地方经济发展上发挥更大作用。

【提升干部素质】 年内，拉萨市税务局牢固树立“西藏虽然客观条件特殊但从严治党和反腐倡廉没有任何特殊性”的思想，严查公车私用、办公用房超标、借婚丧嫁娶敛财等违纪行为，纠正以会议贯彻会议、以文件落实文件等形式主义和官僚主义作风。梳理内部规定，组织编印内部管理制度汇编，强化执法督察结果运用，确保各类经济责任审计及总局专项巡视反馈问题整改工作落实到位。强化“两权监督”，开展集体廉政谈话，召开行风监督员座谈会，启用内控监督平台，强化廉政风险防控，严格控制“三公经费”支出。组织干部到自治区监狱开展警示教育，注重身边典型案例教育，开展预防职务犯罪讲座。到拉萨市中级人民法院旁听现场庭审，把严守纪律规矩融入作风建设和廉政建设。加大干部培训力度，深化练兵比武活动，制定2018年业务骨干营培训计划，努力构建拉萨税务人才梯队。持续做好超职数配备干部专项治理和消化。完成拉萨税务学会理事会换届选举，修订《拉萨市税务学会章程》，按期刊发《拉萨税务》。形成符合拉萨市特点的新督查督办模式。加大对离退休干部关心和管理力度，健全老干部组织生活制度以及帮扶机制，充分发挥好新建老年活动中心的阵地功能。加大基层经费倾斜力度，慰问基层干部，努力为干部成长创造良好的工作、生活环境。深入开展“察实情 办实事”税情调研活动，广泛听取基层税务干部及纳税人的意见建议，通过善待严管来激发干部的活力动力，努力打造首府城市税务铁军。

【党建工作】 年内，全市各级税务机关深入贯彻习近平总书记治边稳藏重要战略思想，保持清醒头脑、始终绷紧维护社会稳定之弦，加强内部安全防范，严格落实24小时领导带班和干部值班责任制，坚持每日零报告制，加大维稳值班督查力度，加强与辖区派出所等部门联系沟通，对责任区内暂住人员加强管理。强化维稳应急管理，落实好信访、舆情、保密、信息公开等制度，利用新闻等各类载体正面宣传，积极引导舆论。深入推进强基惠民及精准扶贫，开展寒假义务辅导、慰问单亲母亲、孤寡老人和贫困妇女活动、举办羊达村巾帼妇女夜校、农闲时期十项活动等，累计投入资金49万余元，为驻村点加快脱贫致富尽心竭力。强化理论武装，完善"六个打通"工作机制，建立"条主动、块双重""下抓两级、抓深一层"工作机制、签订主体责任书、监督责任书、"一岗双责"责任书、纪律审查保密承诺书。落实常态化沟通走访机制。召开党委专题民主生活会，实实在在整改问题。各基层党组织将"两学一做"学习教育同税收管理、纳税服务和推动税收现代化进程相结合，在税收宣传月、"便民办税春风行动"等各项工作中，充分发挥党员先锋模范作用，各办税服务厅设立"党员先锋岗""青年文明岗""学雷锋志愿者团队"，不断强化党员进企业进社区活动，加大与社区、居委会等地方部门和企业单位的联系沟通和活动共建，依托扶贫济困、好书分享、诗歌大会、义务植树、登山徒步、传唱《中国税务之歌》等载体，以"一支部，一品牌，一单位，一特色"为抓手，先后创建出"堡垒共建""双建双创""书香支部""税收故事会"和"一路童行"等党建品牌，开展税收宣传、走进企业等各类税收政策辅导百余次，深化纵合横通机制，践行税务精神，使"党建＋税宣""党建＋服务"等更接地气，为拉萨经济发展注入活力。

【廉政建设】 年内，全面贯彻落实《巡视工作条例》，制定《巡察工作要点》，坚持政治巡察定位。认真贯彻落实《监督执纪工作规则》，年初签订《纪律审查保密承诺书》。抓实"三会一课"制度，党支部会每月至少1次，党员大会坚持每季度至少召开一次，党课坚持每季度至少上1次。签订党风廉政建设《主体责任》《监督责任》《"一岗双责"》责任书共计51份。下发《工作要点》分解《工作任务》下达绩效指标。组织学习新修订的《中国共产党纪律处分条例》，撰写学习《以案明纪》和《廉洁从税》心得体会。组织干部观看电视纪录片《不朽的马克思》，到拉萨市中级人民法院旁听现场庭审，组织青年干部召开"我想对你说"座谈会。邀请市纪委人员开展预防职务犯罪讲座，邀请检察院、法院、公安局及部分行风监督员召开研讨会。选派9名纪检干部参加区局纪检巡察工作培训。开展廉政文化建设，共收集廉政文化作品55件。完成涉税案件"一案双查"3起。持续抓好早上出操及上下班考勤。

（刘　娟）

国有资产监管

【概况】 2018年，13家国有企业运行良好，国有企业总资产持续较快增长，国有企业资产总额达811.81亿元，增长22.91%；负债总额516.54亿元，资产负债率为66.01%。净资产275.83亿元；已交税金3.88亿元，增长79.68%；营业总成本43.66亿元，增长57.18%。

【国资监管】 准确把握出资人职责定位，以管资本为主推进职能转变，进一步推动国资国企监管工作向科学化、规范化、制度化轨道迈进。在已制定出台"1+3"文件的基础上，起草《拉萨市国有企业分类划级管理试行办法（送审稿）》等文件，修订完善原《拉萨市国有企业负责人经营业绩考核试行办法》和《拉萨市国有企业负责人薪酬管理试行办法》。围绕以管资本为主加强国有资产监管，起草《关于改革和完善国有资产管理体制的实施意见》，以及国资委"权力责任清单""投资项目负面清单"和"国有企业重大事项审批、核准、审核上报、备案目录表"，截至年底，正在进一步完善。

（李雪莲）

审计

【概况】 2018年，拉萨市审计局人员编制47人，在编44人，领导职数6名。设有办公室、法规科、财政金融审计科、基本建设投资审计科、行政事业与社会保障资金审计科、经济责任审计处、经贸企业审计科、农业与资源环保审计科、信息中心。2018年，根据全市经济工作会议精神和全区审计工作会议精神，围绕中心、服务大局，狠抓各项审计工作。共完成审计项目22个，其中2018年年初计划项目18个，2017年度跨年度项目4个。出具审计报告、决定38篇，提出审计建议76条，被采纳76条，进一步加大审计监督力度，为促进拉萨的经济建设、社会稳定和构建和谐社会以及党风廉政建设等发挥积极作用。

【预算执行情况及其他财政收支情况审计】 年内，不断深化财政管理、预算执行审计，认真组织开展2017年市本级预算执行情况和其他财政收支情况审计，开展曲水县2015年至2017年本级预算执行情况和财政收支情况审计，拉萨市2017年生态综合补偿资金专项审计；按照国务院统一部署和审计署统一要求，对拉萨市2018年贯彻落实稳增长、促改革、调结构、惠民生、防风险政策措施落实情况进行跟踪审计，促进有关政策的落实。提出审计建议11条，被审计单位采纳11条。

【行政事业和专项资金审计】 年内，完成拉萨市2017年城镇保障性安居工程跟踪审计、拉萨市住房和城乡建设局2016年至2017年财政财务收支情况审计、拉萨市城关区蔡公堂乡2015年至2016年财政财务收支情况审计（跨年项目）。提出审计建议12条，被审计单位采纳12条。

【经济责任审计】 年内，完成拉萨市国土资源局原党组书记、副局长强巴江才离任经济责任审计，拉萨市民政局党组副书记、局长白玛玉珍任中经济责任审计，拉萨市自来水公司原总经理普布次仁离任审计（跨年项目），那曲市那曲县（色尼区）原县委书记曹永寿和县委副书记、县长赤来塔吉经济责任审计。提出审计建议15条，被审计单位采纳15条。

【固定资产投资审计】 年内，进一步加大对重点投资、重点工程建设项目的审计力度，完成柳梧新区乡镇干部职工周转房建设项目竣工决算审计、尼木县县城供暖工程三期建设项目审计、拉萨经济技术开发区人才公寓项目竣工决算审计、2018年北京援藏项目跟踪审计即城关区扎细街道团结新村棚户区基础设施改造项目跟踪审计。提出审计建议8条，被审计单位采纳8条。

【扶贫项目专项资金审计】 年内，不断加强对精准扶贫精准脱贫资金的审计力度，完成当雄县2016年至2017年精准扶贫精准脱贫政策落实及扶贫资金分配管理使用情况审计、林周县2016—2017年精准扶贫精准脱贫政策落实及扶贫资金分配管理使用情况审计、达孜区2016—2017年精准扶贫精准脱贫政策落实及扶贫资金分配管理使用情况审计。提出审计建议12条，被审计单位采纳12条。

【企业审计】 年内，按照“把握总体、揭露隐患、服务发展”的总体思路，以企业资产、负债、所有者权益的真实性为基础，重点揭露和查处弄虚作假、盈亏不实、资产管理不规范等行为，有重点、有步骤、有深度、有成效的推进企业审计。完成拉萨市城市规划设计院2013—2016年财务收支情况审计（跨年项目）、拉萨市暖心燃气热力有限责任公司审计调查（跨年项目）、拉萨布达拉旅游文化集团有限公司2017年度财务收支审计、拉萨净土产业投资开发有限公司2017年财务收支审计。

2018年5月16日，拉萨市审计局组织全体干部职工在办公楼前开展为祖国点赞与宪法合影宣传活动

提出审计建议18条，被审计单位采纳18条。

【"两学一做"学习教育】 年内，拉萨市审计局充分认识党员政治教育培训的重大意义，把开展党员政治教育培训和推进"两学一做"学习教育常态化制度化作为党建工作的一项重要任务，精心组织实施，制定实施方案及学习计划，及时通过召开安排部署会、座谈会、集体学习、自学、观看主题教育影片、参观拉萨市廉政警示教育基地、党组成员讲党课4次、交流研讨会、党员到社区报到、结对认亲交朋友等灵活多样的方法开展学习教育，确保集中教育培训时间不少于32学时。确保各项工作的顺利推进，效果明显。

【党风廉政建设】 年内，在市委、市政府的正确领导和市纪委派驻市发改委纪检组的精心指导下，市审计局高度重视党风廉政建设和反腐败工作，深入学习贯彻中共十九大和十九届二中、三中全会精神，区、市党委九届四次全会精神，认真履行全面从严治党责任和党风廉政建设主体责任，层层签订《市审计局党风廉政建设责任书》，责任书实行任务分解，明确领导班子及成员、科室负责人、干部职工在党风廉政建设中所履行的职责，形成"党政齐抓共管，领导干部各负其责，党员干部积极参与"的党风廉政建设工作新局面。不断加强党员干部的党风廉政学习教育，全面提高党员干部的政治思想觉悟和反腐倡廉意识，建立健全与审计工作相适应的教育、制度、监督并重的惩治和预防体系，狠抓党风廉政建设和反腐败工作，确保党风廉政建设主体责任的贯彻落实。

【党建工作】 年内，以建设学习型、服务型、创新型、引领型、战斗型基层党组织为目标，市审计局高度重视加强党支部标准化建设，严肃党内组织生活，积极组织开展"不忘初心、牢记使命"主题教育和"做合格党员、当先锋模范"教育，认真贯彻落实"三会一课"制度以及开展支部主题党日活动，采取专题辅导、集中学习、书记讲党课、党员政治教育培训、观看主题教育影视片、实地参观学习、自学、撰写心得体会、交流讨论等方式，组织全局党员深入学习贯彻中共十九大和十九届二中、三中全会精神和习近平新时代中国特色社会主义思想，学习贯彻自治区第九次党代会、区市党委九届四次全委会精神、《中国共产党章程》《中国共产党廉洁自律准则》《中国共产党纪律处分条例》，进一步教育引导党员干部树牢"四个意识"、坚定"四个自信"、做到"两个维护"。组织党员深入林周县当杰村开展党员干部结对联系贫困户帮扶慰问活动4次，倾听群众意见，采取切实可行的帮扶措施。为庆祝中国共产党建党97周年，市审计局机关党支部、退休支部联合组织全局党员干部职工开展重温入党誓词、慰问困难党员、发展党员、党组书记上党课、党建知识竞赛、才艺表演等系列活动，进一步增强党组织的凝聚力和战斗力，充分发挥基层党组织的战斗堡垒作用。

（沈士虹）

统计

【概况】 2018年，拉萨市统计局创新制定《2018年拉萨市统计局岗位目标管理考评办法》，依据此考评办法，从基础工作、统计服务、临时性工作、工作作风、机关党建、群团工作、党风廉政建设、创新工作、保密工作、督办事项办理工作、民主评议、综合治理等12个方面对各科室进行全面考评。通过行之有效的考核，全局形成争先创优，积极进取的良好氛围。

【能力建设】 年内，全市认真贯彻落实西藏自治区编办和西藏自治区统计局《关于进一步加强基层统计工作力量的通知》文件精神，县、乡（镇）统计机构、统计人员继续得到加强，多数县区积极组建乡（镇）统计工作站，多渠道充实基层统计工作人员，市、县、乡三级统计网络不断得到加强。同时，为适应统计体制管理改革，提升基层统计机构能力，提供真实的源头数据，切实提高统计数据质量，按照规范基层统计机构规范化建设的要求，起草制定《拉萨市统计基层基础规范化建设工作实施方案》。

【"四上"联网直报企业统计管理】 年内，推动出台《拉萨市"四上"联网直报企业统计人员奖励补助办法（试行）》，并以此为依据下发《拉萨市联网直报企业统计基层基础规范化创建实施细则》。"四上"联网直报企业统计人员奖励补助工作的开展，大大提高统计源头的数据质量。

【统计管理】 年内，建立统计工作联席会议制度，每月召开统计工作联席会议，督促指导县（区）及部门的统计工作；分析评估主要经济指标数据，正确研判经济形势；发现经济运行中出现的新情况、新问题；协调解决县（区）及部门统计工作中的重大问题。起草制订《拉萨市部门综合统计一套表制度》。

【队伍建设】 年内，为解决统计力量与统计工作业务量严重失衡的问题，经市政府同意，通过面向社会公开招考的方式，招聘10名辅助统计员，确保统计工作的正常有序开展。制定《2018年全市统计教育培训计划》，面向各县区、企业统计人员专业培训7期，受训500余人次；派人参加国家统计局、区局举办的培训班3期，受训人员20余人次。通过不同方式的培训，统计人员熟练掌握培训内容，统计业务能力得到明显提高。

【常规统计和专项调查工作】 年内，依据“先进库、再有数，不在库、不出数”的原则，认真开展基本单位名录库核查工作。4月，组织召开全市基本单位名录库培训会议，进一步提升县（区）名录库管理能力，确保名录库实时、及时更新与维护，为“四上”企业入库和“四经普”的顺利开展提供有力保障。全年共计完成全市398个“四上”企业在统计“一套表”平台数据的上报、审核、监测工作。全年新增入库“四上”法人单位43家，其中工业企业2家，房地产企业8家，建筑业企业7家，贸易企业5家，服务业企业21家。

【数据质量】 年内，拉萨市统计局以夯实统计数据质量为中心，坚持实事求是，持之以恒，一抓到底。多次组织县（区）、科室学习习总书记等中央领导关于提高基础数据质量、遏制“数字上的腐败”的重要指示精神，以及《关于深化统计管理体制改革 提高统计数据真实性的意见》《统计违纪违法责任人处理办法》《防范和惩治统计造假弄虚作假督查规定》，逐步消化理解、悟深悟透文件精神，统一思想，达成共识，提高认识。开展深入查摆数据失真风险点，切实将提高数据质量的理念、规范、手段融入统计生产的全过程，贯穿于统计工作的方方面面。组织召开全市统计系统“防范和惩治统计造假、弄虚作假”专题会议，王念东常务副市长亲临会议作出部署，真正把提高数据质量的各项措施抓细、抓实、抓到位，层层负责、人人担当。

【开展“大型普查”工作】 年内，成立拉萨市第四次全国经济普查领导小组，研究制定周密可行的普查方案，申请落实普查经费，普查所需经费由各级政府共同负担，已列入相应年度的财政预算并按时拨付。完成“两员”的选聘及培训工作，共选聘普查员700人，普查指导员123人。组织全市经济普查清查培训10余期，共计培训“两员”800多人。抓好普查宣传工作，借助与自治区统计局共同举办“统计开放日”活动，开展“经普”宣传工作。利用出租车顶灯、警务站LED积极进行“经普”宣传。在《拉萨晚报》、“拉萨发布”等媒体刊登“拉萨市经济普查清查公告”。印制并张贴经济普查宣传海报；10月20—22日，拉萨市统计局由局领导带队，组成4个小组到全市11个普查机构了解清查工作进展情况，并入户检查指导清查工作，有效推进全市经济普查清查工作，全年全市共计完成50449家单位的清查任务，占全区的43%，完成19112家个体户的清查任务。按相关规定认真完成第三次全国农

2018年7月8日，全市统计系统组织庆“七一”活动

业普查数据审核汇总工作，初步编辑完成第三次全国农业普查公报。

【统计服务】 年内，拉萨市统计局紧紧围绕市委市政府中心工作、全市统计改革发展中出现的新情况新问题，开展季度经济运行调研；投资、消费、房地产、园区发展情况等重点领域专项调研；基层基础工作调研；"美团外卖""网络购物调查"等各类专项调查，及时发现问题、分析原因、提出对策建议，全年共计撰写统计分析58篇、统计专报14篇、统计研究报告9篇、统计信息92篇，为党政领导把脉经济社会发展状况提供全方位的统计信息参考。注重主要指标上报的时效性，将进度数据及时发送至有关市领导。在关键节点，特别是数据进入调整期以后，及时将数据调整进度和具体情况，通过专报形式，报送市领导，得到市领导的高度认可。特别是《加快发展第三产业发挥投资与消费"双引擎"作用》一文得到自治区党委常委、市委书记白玛旺堆批示。及时开发统计数据，编印《2018年月度主要经济指标小册子》《2018年领导干部手册》《2018年统计年鉴》等统计产品，服务全市经济社会发展。编印《改革开放40周年》一书，展现拉萨市改革开放40年来取得的成就。

（扎　多）

工商行政管理

【概况】 2018年，全市工商系统认真贯彻中共十九大精神，全面落实习近平新时代中国特色社会主义思想，按照区市党委九届三次全会和区市经济工作会议的要求，坚持把商事制度改革作为深化"放管服"改革的先手棋，砥砺前行、攻坚克难、开拓创新。截至年底，全市各类市场主体102504户，突破10万户大关，注册资本（金）6523.1亿元，同比分别增长34.9%、53.76%。其中，企业31002户，注册资本（金）6250.8亿元；个体工商户69776户，注册资本（金）91.6亿元；农牧民专业合作社1520户，注册资本（金）19.6亿元。2018年全市新增市场主体2.65万户，同比增长53.2%，平均每天新增72.6户。

【企业开办提速】 年内，参照江苏省"3550"改革方案，结合拉萨实际，制定《拉萨市"开办企业限期办结"改革工作实施方案》，通过召开协调会，推动工商注册、公安刻章、银行开户和税务发票等部门环节的联动，将企业开办时间在2017年市级大厅基本实现5个工作日办结的基础上，2018年试点压缩到3个工作日办结。

【准入门槛大幅降低】 年内，落实"先照后证"改革，制定《"一址多照""一照多址"登记操作规范（试行）》，率先在全区开展"一照多址"企业登记注册，大幅度降低规模型商业企业的成本，在国务院大督查期间获得督察组的好评。

【审批流程不断优化】 年内，简化注册程序，提高登记效率，制定《市场主体登记注册"一审一核""审核合一"制办法（试行）》，2月10日起，在全系统全面实行登记注册"一审一核""审核合一"制度，由原来的三级审查改为"一人通办"减少审批环节，提高登记效率。

【落实"多证合一"】 年内，在"五证合一"和"两证整合"改革基础上，再将多项涉企登记备案事项整合到营业执照上，于2018年6月30日起实现"三十三证合一"。截至年底，已办理"多证合一、一照一码"30692户，换照率达100%；办理个体工商户"两证整合"46404户，换照率达69%。

【"证照分离"改革】 年内，在拉萨经开区试点"证照分离"的基础上，2018年11月11日与全国同步实施"证照分离"改革，将第一批106项涉企行政审批事项分别按照直接取消审批、审批改为备案、实行告知承诺、优化准入服务等四种方式实施"证照分离"改革，让企业既能快速进入市场"大门"，也能便捷进入行业"小门"，破解"准入不准营"的问题。

【企业登记全程电子化】 年内，全面实行注册登记名称自主申报、经营范围自主填写等创新举措，还"权力"于市场主体，全年有14915户企业通过网上自主申报企业名称。5月30日，在市民服务中心发放首张通过全程电子化系统办理的营业执照，实现企业登记注册"零纸张、零见面、零费用"。截至年底，已有2370户企业通过全程电子化系统办理注册登记。

【下放企业承接工作】 年内，按照属地管理，将注册资本3000万以下企业的注册登记权限下放到分局、县局，方便市场主体就近注册、就近办照。做好区局下放企业的承接工作，2018年共承接区局下放登记注册的企业3194户。

【小微企业发展】　年内，全力服务小微企业，确保小微企业“进得来、活得下、行得好”。开展送法到企、政策宣传，实行“一企一策”、点对点帮扶，分析市场发展动向，帮助企业做大做强，实现个转企、小升规。截至年底，全市规模以上企业5187户，注册资金5236.6亿元；注册资金上亿元的企业1058户，注册资金达3658亿元。积极推进小微企业名录库建设工作，完成系统平台建设，这是全区第一个小微企业名录库。

【“简易注销”改革】　年内，按照《工商总局关于全面推进企业简易注销登记改革的指导意见》实施企业简易注销，全年全市共有105户企业完成简易注销登记。积极试点个体工商户简易注销，以市政府的名义印发《拉萨市个体工商户简易注销登记管理暂行办法》，截至年底，全市已有21280户个体工商户完成简易注销登记，退出市场。

【商标注册】　截至年底，全市有效注册商标总量达12754件，占全区的67%；驰名商标14件，占全区的93%；其中2018年新增1件；地理标志商标14件；区域公用商标1件；马德里国际注册商标3件。充分发挥商标指导员在指导、帮扶经营主体研究商标、开发商标、运用商标及保护商标全程服务方面的作用，努力实现商标战略目标，开展商标行政指导199次，发放“四书”199份，“五进”指导14次。广泛宣传《中华人民共和国商标法》等法律法规，发放相关书籍及宣传资料830份，接受咨询327次。检查市场主体227户，责令下架过期、“三无”产品等18种、230公斤，价值1.5万元。组织全市涉及“布达拉宫”商标侵权12家企业及系统内商标工作人员召开行政约谈会，并发放《中华人民共和国商标法》《中华人民共和国商标法实施条例》等书籍，共计100余册；组织24家企业参加在河北唐山举办的“2018年中国国际商标节”，达成项目合作意向173个、电商意向102个、展会销售42万元、现场达成项目合作18个，发放企业商标品牌宣传资料13249份。拉萨市工商局再次被中华商标协会授予“中国国际商标品牌节贡献奖”。根据国家广告监督管理司监管平台2018年4月广告监测数据，针对西藏卫视等官方媒体发布的涉嫌违法广告以及被投诉举报频率较多的现象，对西藏卫视进行广告行政约谈，对拉萨晚报下达《责令改正通知书》。截至年底，通过人工实时监测媒体广告，对西藏卫视监测258条次、西藏日报93258条次、西藏商报110258条次。全市大型LED广告发布单位播放公益广告条数达12089条次。依法查处市属某企业发布虚假违法广告案，罚款20万元。对某教育咨询服务公司在微信公众号发布虚假宣传广告进行查处，责令停止发布广告，并作出20万元行政罚款。

2018年8月29日，拉萨市工商局召开迎接国务院大督查动员部署会

【市场监管】　年内，通过微信、LED、宣传册、电视台、政府门户网站、平面媒体等媒介作用，宣传年报时间、方式、流程、年报工作的重要性和作用，提醒市场主体按时年报。截至年底，全市应年报76657户，已年报67553户，年报率为88.1%。将未年报的9104户市场主体列入异常名录或标记异常状态。各区、县工商局参照市工商局做法，以区、县政府名义组织召开

"协同监管平台"运用和"双告知"工作培训会。截至年底,推送市场主体信息5316条,发放《承诺书》和《后置审批告知函》15378余份,为落实协同监管打下基础;完成总局发起的定向抽查任务229户,区局发起定向抽查任务2168户、不定向抽查任务1601户,并将抽查中发现问题的463户市场主体列入经营异常名录并进行公示。认真梳理长期未年报的市场主体,在全市范围内集中组织开展"僵尸企业"专项清理工作,通过现场核查并与税务部门进行数据比对,共完成对23064户长期未经营的企业、个体工商户、农民专业合作社的清理和吊销工作。并结合双随机抽查、专项检查等对无照经营进行查处。截至年底,共立案查处各类违法案件1737起,占全区案件总数的70%,案值220余万元,罚没款172.77万元,案件公示率达到100%。开展政企联手打假12次,查获侵权酒类、冰柜、日用品等货值67万余元,办理侵犯商标专用权案件21件,罚没款50.89万余元。与泉州市工商局开展联合执法行动,查扣侵犯中国驰名商标运动鞋497箱,"三无"运动鞋520箱,货值近200万元,该案已上报市场监督总局,并通过"溯源"专项行动协调其他省市工商部门对此案开展进一步调查。各级工商部门结合工商职能,加大对农贸市场欺行霸市、强买强卖、不正当竞争、垄断经营及制售假冒伪劣商品行为的检查力度,动员消费者检举揭发"市霸""菜霸""行霸"行为。依照新《中华人民共和国反不正当竞争法》查办首例商业贿赂案件,作出没收违法所得9.4万元、罚款10万元的行政处罚决定。以开展创建无传销社区、校园为抓手,加强与商务、公安等部门的协作配合,召开打传联席会议10余场次,签订《责任书》110余份,发放各类宣传材料5000余份。截至年底,共创建无传销学校27所,无传销社区20个,无传销乡镇14个,无传销居委会2个。

【消费维权】 年内,以"品质消费 美好生活"为主题,通过联系新闻媒体、典型案件、消费警示、消费热点分析等全方位、多层次、广角度大力宣传"3·15"国际消费者权益日活动。活动当天现场受理消费者投诉举报39件,现场办结36件。围绕群众反映强烈的家用电器、建筑建材、农资产品、通信器材等重点商品,推进线上线下商品质量一体化监管,共抽检650批次商品,其中抽检不合格134个批次,辖区分局已完成检测报告的送达、行政处罚以及信息公示。同时按照上级部门要求,抽派干部配合市农牧局在尼木、曲水、柳梧和堆龙对复混肥、掺和肥、有机肥等50个批次的肥料进行抽检。截至年底,拉萨市工商局"12315"消费者投诉举报中心共受理投诉1169件,占全区的56.3%,较同期增长44.6%;举报334件,占全区的65.6%,较同期增长28.6%,争议金额693.8万元,为消费者挽回经济损失208.8万元。12345政府热线转办306件,已全部办结。

【依法行政】 年内,结合拉萨实际,代市政府起草并报送《拉萨市人民政府〈关于贯彻落实无证无照经营查处办法〉的实施意见》,待市政府批准后实施。制定《罚没(暂扣)物资的管理与处置办法》《专项执法检查行为规范(试行)》《行政执法类文书汇编》,确保系统执法文书统一、程序规范、有效提高案件质量。两次动态调整权责清单和行政职权事项清单;利用"3·15"国际消费者权益日和"12·4"全国法制宣传日等重要节日,积极向消费者和经营者宣传工商法律法规,并提供各种咨询服务。制作了《消费者权益保护》动漫宣传片,在全市多个LED屏幕进行滚动播出。该微视频动漫获得全区"第一届法治西藏微电影 微视频动漫作品大赛"微视频动漫组一等奖;建立案件核审和公示案件台账,做到对所办的案件和公示案件底数清、情况明。截至年底,案审会共会审案件15件。首次组织召开某液化石油气站行政处罚案件听证会,行政处罚相对人行使自己的合法权益,同时对推进工商行政许可走向法治化、规范化的道路具有重要意义。

【业务培训】 年内,机关各业务科室、各分局、各县局(所)共500余人次干部参加上级部门和拉萨市工商局举办的培训。每季度定期开展登记注册业务交流培训。通过培训,进一步规范行政执法和业务办理能力。

(次 央)

质量技术监督

【概况】 年内,市质监局全面开展质量提升行动,对涉及净土健康产业的21家企业的30批次产品进行抽样送检,产品抽检合格率为100%。加大特种设备安全监管监察力度,全年办理特种设备使用登记827件,"自学直考"考核作业人员108人。持续推进地理标志产品的培育、申报和管理,申报1个国家地理标志产品保护项目当雄蕨麻(人参果)。积极推动"全国质量强市示范城市"国家现场验收,7月份顺利通过验收,使拉萨市成为西部少数民族地区首府城市第一个通过现场验收的城市。有力推动拉萨经济建设和社会和谐高质量发展。

【产品质量提升】 年内,认真落实国家市场监督管理总局和区质监局质量提升行动的部署,全面开展质量提升行动。在重要节点、"两会"、藏博会期间,对全市范围内的7家工业产品生产许可证获证企业、9家强制性产品认证获证企业、5家食品相关产品获证企业重点开展春季农资打假、"3·15"国际消费者权益日活动日、强制性认证和食品相关产品等专项检查活动,重点消费品质量水平明显得到提升。组织对涉及净土健康产业的21家企业的30批次产品进行抽样送检,产品抽检合格率为100%。同时,摸排更新辖区工业产品生产加工企业,实地普查到全市112家,其中规上企业18家,规下企业94家。邀请江苏专家对6家(3家在建)机动车安检机构开展培训和实地指导工作,进一步规范检验检测行为,提高检验检测质量。围绕"双创"工作要求,实地调研拉萨市五县三区及净土公司55家企业,对100多家拉萨市中小微企业开展服务需求调查,确认具备帮扶条件的企业共48家,为全面开展以质量认证、企业标准建设、品牌建设及检验检测等为抓手的双创帮扶项目打下基础。同时,免费为5个县3个区及拉萨市净土公司所属的34家中小微企业的66名企业质量管理人员及企业负责人开展培训,指导和推动企业开展ISO全面质量管理,全面提升拉萨市中小微企业质量管理水平。

【质量强市】 年内,质量强市办(质监局)全力推进拉萨市全国质量强市示范城市创建国家验收准备工作,组织召开备选实地考察点工作会和迎接质量强市国家验收部署会,细化迎接验收工作,重点做好户外宣传、示范点打造等准备工作。通过拉萨市委、市政府的统一安排部署和质量强市各成员单位的共同努力,拉萨市创建"全国质量强市示范城市"于7月顺利通过国家现场验收,成为西部地区少数民族地区首府城市第一个通过现场验收的城市。积极协调推进5个县3个区政府质量工作考核和重点产业质量分析等重点工作,通报2017年度全区地(市)级政府考核中自治区考核组考核情况,组织开展2017—2018年度县(区)级政府质量考核,共同推进质量工作的良好工作局面得到进一步巩固。认真贯彻落实质量提升相关要求和巩固拉萨市质量强市创建成果,组织开展"质量提升及标准体系建设"专题培训班,"加强市场监管 建设质量强国"主题集中宣传,质量标准论坛、部门业务培训、执法打假等系列活动。

【特种设备安全监察】 年内,突出"发展"和"民生"两个关键,在重要节点、"两会"和3月重要时期,持续加大特种设备(全市经注册特种设备9715台。其中电梯7020台、锅炉498台、各类气瓶约20万余只)安全监管监察力度,特别是第四届中国西藏旅游文化国际博览会期间,对"核心区"和"缓冲区"内18家单位459台特种设备全面排查,实现检验检测、隐患排查、消除隐患、现场值守"4个100%",保障藏博会期间全市安全形势持续稳定。贯彻落实好"一门、一网、一次"办事要求,大力推进特种设备动态监管平台和作业人员考核平台信息化建设,此项工作正在试点,届时,材料精简率达80%以上。全年办理特种设备使用登记827件,"自学直考"考核作业人员108人。

【标准计量】 年内,贯彻落实市委、市政府"统一制定产品标准,加快以农牧业为基础的净土健康产业规范化、现代化、品牌化发展"要求,全力推进净土健康产业标准体系建设,《有机藜米种植技术规程》地方标准立项并通过初审。充分发挥地理标志产品保护在脱贫攻坚中的作用,积极推进地理标志产品的培育、申报和管理,申报1个国家地理标志产品保护项目当雄蕨麻(人参果)。组织全市5个区(县)的12家企业6类16个地理标志产品,参加第四届中国西藏旅游文化国际博览会,以"培育地标产品,做强特色产业,助力乡村振兴,致富一方百姓"为主题的西藏地理标志产品保护成果展取得丰硕成果，拉萨土特产让更多的贫困群众搭上“地理标志”这趟快车走出贫困、奔向小康。立足完善养老服务体系和提供高质量的健康养老服务两个工作方向，推动养老服务标准化试点建设、申报的“达孜县（区）五保集中供养养老服务标准化项目”成功入围2018年第五批国家级社会管理和公共服务综合标准化试点项目，作为全国5个养老服务类试点项目之一，这也是拉萨市2018年度唯一入围国家级养老服务业标准化试点的项目。

【执法监督】 年内，全面实施行政执法责任制，健全完善法治质监建设，按照年度工作计划围绕简政放权、放管结合、优化服务，全面推进“双随机、一公开”抽查检查机制，立足民生，对全市特种设备、安检机构、农资、建材等重点领域、场所开展“双随机”专项综合执法，随机抽查68次，出动执法人员220人次，检查生产经营户98户。开展市质监局权责清单调整工作。对全局原145项权责清单现调整为129项（行政许可5项、行政处罚105项、行政强制3项、行政检查11项、行政奖励4项、其他类1项），向市民服务中心质监窗口提交行政许可职权相关信息及事项办理流程标准化措施。认真开展宪法学习。按照区质监局、市政府“七五”普法工作要求，对全局党员干部开展“宪法”等相关法律法规专题学习培训12次，考试5次。开展法制宣传5次，共发放宣传资料4000余份，群众咨询共计600余人次。“12365”（包括“12345”）热线受理投诉电话54起，咨询42起，上级转办1件，办结率及满意率均为100%。同时，坚持正确的舆论导向，实现执法与宣传双轮驱动，在各新闻媒体累计宣传报道质量强市、标准体系建设、专项综合执法工作动态信息，营造拉萨市特色质量文化氛围。

【队伍建设】 年内，把“三会一课”、局党组理论中心组和支部党员轮训学习教育有机结合，进一步明确学习要求、目的和方法，不断健全规范学习制度，采取灵活多样的学习模式，领导率先垂范，全体党员干部认真参与，通过学习引导机关广大党员干部职工不断增强“四个自信”，补足精神之钙，塑造与推进“四个全面”战略布局相适应的机关文化。全年组织理论中心组学习13次，党组书记讲党课2次，支部党员轮训28学时。以中共十九大精神为统领推动党风廉政建设和反腐败斗争向纵深发展，抓住政治建设这个根本和纪律建设这个关键，准确把握当前形势和任务，认真落实党风廉政建设主体责任，通过持续不断抓党员干部思想、组织和作风建设，开展廉政教育12次，观看警示录6次，切实增强党员干部为民、务实、清廉的责任意识，确保在机构改革前干部队伍思想不乱、工作不断、队伍不散、干劲不减。

（任建明）

安全生产监督管理

【概况】 2018年，全市共发生各类生产安全事故176起，死亡69人，伤131人，直接经济损失1140.01万元（其中生产经营性事故9起，死亡5人，伤1人）。与2017年同期（发生各类安全事故198起，死亡71人，伤150人，直接经济损失1893.7万元）相比，事故起数下降11.11%，死亡人数下降2.82%，受伤人数下降12.67%，直接经济损失减少753.69万元。

【道路交通事故】 年内，全市共发生道路交通事故140起，死亡60人，伤129人，直接经济损失86.3万元（其中无生产经营性事故。其中城区发生事故107起，死亡30人，伤99人；堆龙德庆区发生事故9起，死亡8人，伤6人；达孜区发生事故6起，死亡4人，伤3人；林周县发生事故4起，死亡4人，伤5人；当雄县发生事故2起，死亡3人，伤3人；墨竹工卡县发生事故4起，死亡4人，伤3人；曲水县发生事故6起，死亡5人，伤6人；尼木县发生事故2起，死亡2人，伤4人。

【火灾事故】 年内，全市共发生火灾事故25起，无伤亡人员，直接经济损失104.12万元（生产经营性事故3起，无伤亡人员）。其中，市辖区发生事故2起，无伤亡人员；城关区发生事故12起，无伤亡人员；堆龙德庆区发生事故8起，无伤亡人员；曲水县发生事故1起，无伤亡人员；当雄县发生事故1起，无伤亡人员；尼木县发生事故1起，无伤亡人员。

【工矿商贸事故】 年内，全市共发生工矿商贸事故6起，死亡5人，伤1人，直接经济损失554.35万元（生产经营性事故4起，死亡3

人，伤1人）。其中城关区发生建筑施工事故2起，死亡1人，伤1人；墨竹工卡县发生矿山事故2起，死亡2人，无伤亡人员；尼木县发生建筑施工事故2起，死亡2人，无伤亡人员。

【较大及重特大安全事故】 年内，全市共发生较大道路交通事故1起，死亡3人，无伤亡人员。

【责任制度】 年内，由市政府市长担任市安委会主任，各副市长担任市安委会副主任。市委、市政府针对不同时段审时度势，部署全市安全生产工作，先后召开市委常委会议5次，市政府常务会议3次，市政府专题会议、安全生产季度会议和市安委会全体成员会议11次，听取汇报和安排部署工作；在年初全市安全生产工作会议上，市政府主要领导与各县（区）人民政府、市安委会各成员单位、重点企业代表签订全年安全生产目标责任书，落实责任。为强化安全生产工作落实，将安全生产工作纳入全市年度争先进位、综治等各类考核工作中，切实提高安全生产工作的权威性。

年内，市安委会先后制定印发《拉萨市安全生产委员会成员单位安全生产工作职责分工》《关于印发拉萨市2018年安全生产巡查方案的通知》《拉萨市关于开展全市防灾减灾及近期安全生产工作方案》等文件安排部署安全生产工作，市安委会组织相关单位在“两节”“两会”“五一”国际劳动节、雪顿节、藏博会、“萨嘎达瓦”和国庆等重点时段开展安全生产大检查大排查大整治工作，利用“安全生产月”和“安全生产拉萨行”等活动强化宣传教育工作。

【非煤矿山安全监管】 年内，市安监局针对已开复工的非煤矿山企业进行抽查，抽查率达63%。全市共有10家非煤矿山企业通过复产验收工作。市安监局多次深入西藏宁玛矿业有限公司开展隐患排查与双重预防机制推进工作。同时，按照2017年度《西藏自治区安全监管局关于对华钰矿业山南分公司等13家非煤矿山企业双重预防机制建设情况评估检查的通报》中针对全市5家非煤矿山企业创建双重预防机制存在的问题进行一一督促。根据年初工作计划和专项整治工作方案内容，集中对全市非煤矿山企业（生产和停产企业）进行监督检查，并督促各县（区）安全监管局加强对非煤矿山企业的日常监管。共开展监督检查11次，查出各类安全隐患30余处，现场整改27处，下发整改指令书2份，限期整改3处，已全部整改完毕。根据市安委会召开的汛期安全生产工作专题会议安排部署，市安监局针对全市非煤矿山领域集中开展汛期安全专项检查工作。为进一步加强工贸、非煤矿山行业领域安全生产工作，市安监局聘请专家对全市辖区内的工贸行业、非煤矿山重点企业进行检查指导，并将形成的隐患整改报告下发至各县（区）安全监管局督促整改。同时，市安监局聘请北京华夏诚智安全环境技术有限公司分别于11月12—16日对工贸行业安全标准化创建重点工作进行检查指导，11月19—23日对拉萨市在生产建设的重点非煤矿山企业进行专家会诊与隐患排查工作，并形成专家会诊报告；为进一步督促企业落实冬季安全生产相关要求，市安监局及时制定并下发《关于进一步加强近期拉萨市金属非金属矿山安全生产工作的通知》《进一步做好冬季非煤矿山安全生产工作的通知》和《关于工贸行业构建安全风险分级管控和隐患排查治理双重预防机制工作方案的通知》等文件，要求矿山和工贸企业结合冬季安全生产特点，制定冬季安全防范措施，强化安全生产工作，确保冬季生产安全。同时，组织专家对和润采石厂的安全设施设计进行审查，并按照专家意见下达设计审查批复。市安监局开展涉氨制冷、粉尘涉爆、有限空间领域专项整治工作，下发《拉萨市安监局关于开展2018年粉尘防爆专项整治工作的通知》《拉萨市安监局关于深入开展工贸企业有限空间作业条件确认工作专项整治实施方案》《继续深化涉氨制冷企业液氨使用专项治理工作方案》。按照市委、市政府主要领导重要指示批示，市安监局牵头开展润通商贸有限责任公司液氨制冷冷库安全论证工作，积极联系第三方中介机构开展论证工作，前后两次邀请市商务局、市质监局、市消防支队、城关区政府和城关区安监局召开协调会，对论证过程及论证结果进行审核，并形成《关于拉萨市润通商贸有限公司涉氨安全问题的情况报告》上报至拉萨市委和拉萨市人民政府。

【危险化学品安全监管】 年内，加

强学习，强化源头管理，严格危险化学品经营许可办证，以及危险化学品项目审查工作。截至年底，危险化学品新办证1家，延期换证21家，变更换证4家；认真分类整理各县区票面经营审批情况，做到对监管企业心中有数；完善办证审查流程、建立电子表格档案工作，严把准入关。通过学习和实践工作，为以后安监局危险化学品经营许可办证审查奠定基础；根据要求，与第三方赛飞特公司积极合作，编制拉萨市综合应急、矿山应急、危险化学品和烟花爆竹应急预案，与编制人员一同深入相关企业征求意见，邀请中油、中化、华泰龙、巨龙、交产集团、烟花爆竹协会等专家召开应急预案评审会，最终经多次修改完善后，形成拉萨市综合应急、矿山应急、危险化学品和烟花爆竹应急预案的编制。2018年在中油、中化企业的积极主动配合下，已经上报评审31家二级加油站。春节、藏历年开展危险化学品安全专项检查，对加油气站等进行检查25次，检查加油站26家，排查安全隐患46处，尤其对正在改造的15家加油站油气回收改造重点检查。

【烟花爆竹安全监管】 年内，加强城关区、堆龙德庆区等重点区域烟花爆竹零售布点、从业人员的培训工作。牵头组织有关部门执法人员，采取"四不两直"方式，对各县（区）烟花爆竹进行突击检查，严厉打击违法非法经营，共检查烟花爆竹零售店15家，发现安全隐患25处，下发责令指令书6份。根据自治区生产监管局要求，积极推行烟花爆竹经营保险工作。对120名烟花爆竹零售人员进行岗前培训，培训内容主要为烟花爆竹事故预防，消防器材的使用以及如何扑灭初期火灾。通过以上工作的开展，确保全市重要时点局势稳定，烟花爆竹营销和燃放安全。

【职业健康监管】 年内，督促有职业危害的企业设置职业健康管理机构，配备专职或兼职的职业健康管理人员，负责本单位的职业危害防治工作。根据《自治区安全监管局关于开展2018年职业病防治法宣传周活动的通知》要求，召开会议细化工作部署，制定全市《关于开展2018年职业病防治法宣传周活动》，紧扣"健康中国，职业健康先行"主题，组织开展职业健康和职业病防治知识的宣传教育，在职业病防治法宣传周和安全生产咨询日等活动发放《中华人民共和国职业病防治法》《拉萨市用人单位职业卫生基础建设指南》等1410余份资料，接受咨询480人次。组织人员深入重点企业通过发放宣传材料、咨询等形式，就职业病防治、防范等知识进行宣传教育，现场发放宣传资料700余份。协调沟通区通信管理局，通过10086短信在拉萨市范围内发送"健康中国，职业健康先行"。职业病以预防为先，预防以行动为先"。组织企业负责人、安全管理人员进行专业培训，学习《作业场所职业健康监督管理暂行规定》和《作业场所职业危害申报管理办法》，并对企业职业危害申报进行业务培训，使各企业相关人员及时掌握职业危害申报的操作程序和方法。组织开展作业场所职业病危害申报工作。截至年底，全市已有117家企业通过网上作业场所进行职业病危害申报；根据《西藏自治区安监局关于职业健康执法年活动实施方案》文件精神和"一体化"执法要求，制定《拉萨市安监局关于职业健康执法年活动实施方案》《拉萨市安监局关于拉萨市开展建设项目职业病防护设施"三同时"专项检查工作方案》，按照方案在全市范围内开展职业健康执法，通过督导检查和联合检查，切实做到加大职业病危害事故和违法违规的检查力度。年内，共计检查企业70余家，发现各类职业健康防治隐患90余条，其中未开展或未及时开展职业病危害因素检测的问题占70%，针对职业卫生防治工作不达标企业下发现场检查书23份，下发整改指令书4份。

【应急管理】 危险化学品经营储存、非煤矿山、烟花爆竹经营储存企业在办理安全生产行政许可时，把企业是否按规定要求编制、评审应急预案作为重要条件严格进行审核把关，应急预案必须在属地安监部门进行备案，中央企业的分公司在拉萨市安监局备案。日常开展安全生产检查时，对企业是否按照法律、法规和规范要求进行应急预案的评审、备案、发布等要求落实情况进行检查，发现问题及时向企业提出整改要求。现场参与并观摩指导拉萨市交通产业集团在堆龙德庆区开展综合事故应急演练、专项演练、现场处置方案。

【考核导向作用】 年内，按照市委市政府的安排部署制定印发检查、督查、巡查工作通知，对各县（区）和重点行业领域开展认真细致的督导检查工作。督导检查涵盖全市各县（区）、各重点行业领域，对督导检查中发现的问题逐一进行通报，并提出整改建议和整改时限。

【宣传教育】 年内，制定《关于印发2018年“安全生产月”和“安全生产拉萨行”活动方案》，在宇拓路集中开展“6·16”安全宣传咨询日活动，发放各类宣传资料3万余份。开展安全生产专题培训。组织安监业务骨干和相关企业负责人56人赴北京市、江苏省开展安全生产工作培训。邀请国内知名安全生产专家举行专题讲座、“进企业”宣讲、现场业务培训等活动；投资20万元制作安全生产宣传片和非煤矿山、烟花爆竹、危险化学品动漫片。

【综合安全监管】 年内，结合安全生产监管工作实际，密切关注S5线工程项目施工安全，深入查找施工过程中的安全生产薄弱环节，把安全生产综合监管工作抓得细而又细、实而又实。市安监局多次赴S5线工程项目部、路桥钢材加工场及隧道施工现场开展安全施工督导检查，对之前隐患整改情况进行复查，对新发现的隐患提出整改意见。市安监局根据市委、市政府领导重要指示批示精神，组织市交通局、市工信局赴市公交集团督促5路公交车冒白烟事件整改落实情况。市公交集团详细汇报5路公交车冒白烟缘由，是由于该车增压器进气管发生故障，发动机机油进入增压器遇热后产生白烟，属于车辆机务故障。市安委办组织市住建局、市交通运管局、市城投公司等单位赴堆龙德庆区柳东大桥督导检查安全隐患，并下发督办通知，要求市住建局、市城投公司、浙江省大成建设集团有限公司严格按照各自职责对存在的安全问题和隐患及时采取应对措施，遏制事故的发生。

【党风廉政建设】 2018年，市安监局党组始终坚持把抓党风廉政建设作为应尽之责、分内之事，纳入转型发展和党的建设总体布局，坚持党风廉政建设与安全生产同部署、同落实、同检查、同考核，坚决贯彻落实上级党组织关于党风廉政建设的部署要求，研究制定工作计划、目标要求和具体措施。年初召开党风廉政建设工作专题会议，与班子成员和科室负责人签订党风廉政建设责任书，对责任进行层层分解，科学划分领导班子、党组书记和班子成员等责任主体之间的责任界限，将压力层层传导，把责任压紧压实。年中召开党风廉政建设主体责任半年总结会，听取班子及班子成员履行党风廉政建设半年工作汇报，安排部署下半年工作。牢牢抓住意识形态工作的领导权，切实用最新理论成果武装头脑、指导实践、推动工作。局党组理论学习中心组先后组织15次集中学习，深刻领会习近平总书记系列重要讲话和治国理政新理念新思想新战略，围绕学习内容开展讨论，使全体党员干部坚定不移把维护核心、维护党中央权威体现在思想行动上，体现在安全生产中心工作中，始终与党中央保持高度一致。树立正确选人用人导向，在选人用人上局党组严格执行《党政领导干部选拔任用工作条例》和个人有关事项报告等制度，坚持原则、敢抓敢管、严抓严管，不回避矛盾和问题。局党组对落实中央八项规定、纠正“四风”“三公经费”使用管理、干部工作作风、落实区市重大决策部署、领导班子和领导干部队伍建设等情况进行全面摸底检查，对发现的问题及时整改。局党组以集中整治不作为慢作为文山会海等形式主义、官僚主义突出问题为契机开展整改整治工作。坚持问题意识、问题责任，注重标本兼治，综合施策抓整改。多次召开党组（扩大）会，研究部署集中整治工作，在整改过程中坚持问题导向，本着“坚持标准、严肃负责”的态度，把自己摆进去、把工作摆进去、把职责摆进去，深入细致查死角、抓细节、排隐患，班子成员按照责任分工对号入座，主动认领，带头整改；凡是涉及立行立改的问题，采取分管领导牵头、业务科室承办，按照说办就办、马上就办的要求抓好整改落实。以政治纪律教育活动为契机，深入学习领会习近平总书记关于守纪律、讲规矩系列重要讲话精神，进一步严明政治纪律，加强政治规矩，坚定党员理论信念，提高党员政治站位和政治觉悟，保持党员队伍先进性和纯洁性。成立由党组书记任组长、局长任常务副组长、各副县级领导任副组长、各科室负责人为成员的领导小组，坚持“一把手”负总责，亲自抓，各科室认真贯彻执行，层层落实责任。局党组召开会议，研究制定《拉萨市安监局2018年度加强政治纪律教育工作方案》，明确工作要求、主要措施和学习计划表。在学习提高阶段，局党组共开展集中学习10次，交流发言8人，撰写心得体会15篇。查摆整改阶段，每周报送工作开展情况和工作信息。为深入开展政治纪律学习，从市委党校邀请讲师王海英以题为《严肃党内政治生活，净化党内政治生态》的报告，对《关于新形势下党内政治生活若干准则》和《中国共产党党内监督条例》两大方面进行翔实的讲解。报告深入浅出，坚持理论与实际相结合，对《中国共产党纪律处分条例》和《中国共产党廉洁自律准则》进行全面深入的讲解。

【党建工作】 年内，市安监局建立机关党支部制度，督促党支部按党章规定开展正常的组织生活会，严格规范“三会一课”，完善以支部为单位的党组织活动，落实“三会一课”组织生活制度，基层党建和组织生活逐步正常化、规范化。根据《拉萨市安监局党组理论学习中心组2018年度理论学习安排计划》《“两学一做”学习计划》《拉萨市安全生产监管局2018年度“不忘初心、牢记使命”暨“加强政治纪律教育”学习计划表》《拉萨市安全生产监管局加强党员政治教育培训》的安排，严格执行学习计划。专题传达学习全市党建工作会议精神。充分利用“两学一做”学习会、支部“三会一课”、专题辅导讲座等平台，集中学习研讨中共十九大报告、新修订的党章、《中华人民共和国宪法修正案》、习近平新时代中国特色社会主义思想、《习近平谈治国理政》第一卷、第二卷、党中央治边稳藏重要论述和习近平总书记关于西藏工作的重要思想等。全年共开展中心组学习15次、“两学一做”学习教育32次，其中“不忘初心、牢记使命”暨“加强政治纪律教育”学习及培训16次、主题党课2次、撰写学习心得40篇。利用“三八”国际妇女节、“3·28”百万农奴解放纪念日、“清明节”“五四”青年节、端午节、“七一”中国共产党建党节、中秋节、国庆节、重阳节等节点组织开展拉萨市安监局趣味活动、组织机关全体党员集体观看大型纪录影片《厉害了，我的国》“我的节日清明”“我的节日端午”、拉萨市安监局文体活动、“学雷锋志愿”活动、庆“七一”主题党日活动、庆“中秋、国庆”中华经典朗诵及“重阳节”慰问老干部、送慰问信、献鲜花等精彩纷呈的活动，展现机关的优良面貌、激情活力。同时，进一步发挥驻村工作队战斗堡垒作用，开展“南巴村舞蹈大赛”“南巴村运动会”，丰富驻村联系点群众业余生活，激发群众参与活动的热情，凝聚人心、夯实基础；根据市委组织部、市纪检委关于党员政治教育学习、党员政治纪律教育学习以及市直机关工委有关要求，结合市安监局实际，11月8日在局会议室召开拉萨市安监局机关党支部党员政治纪律教育专题组织生活会，开展民主评议。会上，党组书记带头开展自我批评，支部书记代表支部班子作对照检查。整个活动在热烈活泼的氛围中进行，大家本着互相帮助、共同提高的原则积极认真地开展批评与自我批评，端正态度，实事求是，既勇于剖析自己，又敢于批评他人。既有思想交锋，又有感情交流，充分体现党内民主，增强党员的交流。会上，共22名党员作了剖析，其中7人由于工作等原因作了书面剖析，会上提出的批评意见已经进行反馈；充分利用宣传栏、学习简报、微信公众号、电视、报纸等宣传平台，在全市范围内宣传市安监局党建动态，扩大活动影响力。

（南　宁）

食品药品安全监管

【概况】 年内，保障重大活动驻地餐饮服务安全15次。共办理行政许可事项6153家，其中，食品销售2588家、餐饮服务3496家、食品生产12家、药店26家、医疗器械31家。对全市范围内近10000余家餐饮服务单位、1500余家食品流通企业、90家食品生产企业进行监督检查。共查处“三品一械”违法案件40起，罚没款97万元。处理各省市协查来函200余件，处理投诉举报407起，办结率达100%。完成市级食品安全抽检计划2816批次，2018年食品国抽和省抽任务368批次，化妆品132批次，药品21批次。

【综合协调】 年内，对创城工作和新的评价细则进行认真梳理，及时明确新的标准要求，继续稳步推进创城工作。市食品安全群众满意度测评实地调查采集样本623份，市民对全市食品安全满意度为77.14%、对创城知晓率为88.44%、对创城支持率为99.84%。全市有6家超市积极申报“放心肉菜示范超市”的创建，经初步评选，拟向自治区食药监局推荐3家超市参与2018年的“放心肉菜示范超市”创建工作。

【食品安全监管】 年内，加强食品生产加工餐饮环节的监督检查，制定《关于食品生产企业建立食品安全追溯体系的通知》，要求全市食品生产企业从产品信息、原辅材料信息、生产信息、销售信息、设备信息、设施信息、人员信息、召回信息、销毁信息、投诉信息等10个方面，建立全面反映食品生产经营全过程质量安全控制实际情况的食品安全追溯体系，并做到有效、真实，确保信息记录内容完整。结合食品风险等级及全市实际，制定《2018年度拉萨市食品生产企业监督检查计划》，开展食品生产企业风险评估，采取控制措施，在日常监督检查过程中，履行风险等级管理制度，做到风险排查有检查、有记录、有划分等级的控制措施。全年对3000余家食用油、液态奶食品生产企业、学校食堂、餐饮服务单位开展各类专项检查。结合全市环保督察工作，对300平方米以上餐饮服务单位进行安装高效油烟净化装置检查工作，已全部安装到位；在全市范围内部署开展食用农产品集中交易市场、校园及周边食品安全、鸡蛋市场标签标识规范、边销茶等食品安全专项检查，共检查辖区21家食用农产品集中交易市场，513家食品经营摊位，全市学校（含托幼机构）184所、校园内及周边食品销售企业750余家，鸡蛋批发企业12家和超市45家，边销茶经营企业165家，没收价值3603元的问题食品，对存在问题的单位下达《责令改正通知》，通过开展各项食品安全专项整治，进一步规范全市食品流通市场秩序。

【药品及医疗器械安全监管】年内，在各县区及企业自查的基础上，组织人员开展跟踪督查。坚持企业自查与部门督促相结合，全面排查治理药品、医疗器械行业安全生产隐患，切实做到不留死角、不走过场，对查出的问题实行“零容忍”，列出清单、限期整改。共检查药品生产经营单位160家次，学校医务室21所，医疗器械经营企业18家，排查安全隐患6条，整改6条，收回GSP认证证书1家，限期整改8家。按照自治区食药局有关文件精神，派出工作组协同区市两级卫计、人社部门组成督查组对全市3个县7个乡12个村藏医科及乡镇卫生院开展联合督导检查工作。重点对基层藏药制剂调剂管理办法落实和监督情况等进行督查。对发现的部分辖区未经备案调配藏药制剂的行为提出限期整改的处理意见。在全区率先开展委托第三方物流企业存储、配送医疗器械业务受理相关工作。截至年底，已完成5家企业委托第三方物流企业存储、配送业务的确认审核工作。结合疫苗事件和中央领导批示精神进一步强化疫苗安全监管，全市无疫苗批发和零售的经营企业，疫苗的流通均分布在全市各级疾控和医疗机构。按照国家、自治区局的药品经营许可证办证标准，严格疫苗准入制度。

【违法案件查处】 年内，根据日常监管、监督抽检、风险监测和互联网监测以及舆情监测、群众投诉举报等方面发现违法线索，加大大案要案查处力度。共查处“三品一械”违法案件40起，其中食品违法案件28起，化妆品案9起，药品案3起，已结案36起，罚没款97万元。对已办结的食品行政处罚案件通过西藏自治区食品药品监督管理局门户网站和拉萨市人民政府门户网站及时向社会进行公开。共接其他省市食品药品有关问题协查函200余份，执法人员及时开展现场核实，现已全部核实完毕并已复函。共受理投诉举报407起，其中，“12345”转办单65件，自治区食药监局转办69件，其他方式投诉举报273件，全部已在第一时间安排执法人员赴现场核实，向公安机关线索移送一起。核查处置“三品一械”任务共计86批次产品，对抽检不合格产品的购进渠道、购进查验记录、销售情况及库存数量进行现场检查，并进行立案查处。

【风险防控】 年内，完成市级食品安全抽检任务2816批次，抽检合格率达到97%以上；完成2018年国抽和省抽任务食品368批次，抽检合格率达到80%以上；化妆品132批次，抽检合格率达到92%以上；药品21批次，抽检合格率达到90%以上；医疗器械监督任务102批次，未收到不合格检验报告。配合市农牧局开展销售环节农、禽畜、水产品风险监测抽样工作，共计抽检123批次。

（蒋旭东）

农业·林业·水利

农牧业

【概况】 2018年，全市总播面积达74.1万亩；在全市6个商品粮基地县(区)完成31万亩高产绿色示范田创建，推广种植“藏青2000”“喜玛拉22号”“冬青18”等优质良种37.66万亩；蔬菜生产面积达7.2万亩，全年累计生产各类新鲜蔬菜品种达到100个左右；完成木香、藏当归、大黄等特色经济作物种植11259亩，人工种草18万亩。全市机耕、机播、机收面积分别达到61.83万亩、57.07万亩、48.01万亩，三项作业综合机械化水平保持在81%以上，农机具完好率达95%。2018年，全市农牧系统认真落实新发展理念，着力推进农牧业供给侧结构性改革，有效应对经济下行压力加大、自然灾害多发、重发的严峻挑战，全市农牧业发展保持稳中有进的良好态势。全市农林牧渔总产值达32.8亿元，较2017年同比增长11.1%。粮食总产稳定在16.01万吨以上，蔬菜、肉、奶、蛋等主要农畜产品产量分别达到25.67万吨、3.27万吨、7.93万吨、600吨。农牧民人均可支配收入达14369元，同比增长10.6%，获得全区农牧民增收先进地(市)的荣誉。

【产业发展】 年内，全市农牧业产业化龙头企业达到58家，农牧民专业合作社达到922家，“两创示范”农牧民专业合作社达到100家，市级示范社达到35家，自治区级示范社达到18家；全市休闲农牧业经营主体发展数量达到3个；城关智昭产业园、当雄国家牦牛产业园被初步评为自治区现代农牧业产业园，曲水才纳净土健康产业园、达孜区现代农业产业园被评为市级现代农牧业产业园；全市开展农牧培训2次，培训基层农技人员224人，认定新型职业农牧民412人；累计发展国家级一村一品示范村镇7个，中国美丽休闲乡村3个。2018年，全市完成藏鸡、藏香、拉萨好水、奶牛、藜米、藏毯6大净土健康产业标准体系建设；斯布牦牛和拉萨白鸡通过农业农村部地理标志认证，实现拉萨市产业标准体系建设以及地理标志零的突破。2018年，全市落实各类支农专项资金2.64亿元，产

2018年9月26日，在墨竹工卡县工卡镇塔巴村举行西藏首届“中国农民丰收节”活动

业扶贫项目资金12.37亿元,净土健康产业发展扶持资金4888.9万元;兑现惠农资金1.14亿元,其中草补资金5078.8万元,兑现率达85%,农机购置补贴资金6279.89万元,兑现率达71%;累计争取涉农项目资金32925.18万元,完成投资21470.47万元,投资完成率达65.2%。

【制度改革】 年内,全市农村集体产权制度改革取得阶段性成果,三个整县试点清产核资工作任务全面完成。清产核资工作卓有成效,总计清查各类集体资产资金65.06亿元,集体土地面积302.97万亩,集体经济组织成员界定工作确认成员134896人。全市土地流转9.24万亩,草场流转13万亩。农垦改革推进顺利,八一农场名下土地已全部完成土地确权登记颁证工作,确权登记面积13207亩,使用资金79.568万元,剥离办社会职能工作基本完成。2018年,完成林周等6个县(区)基层农技推广体系改革与建设补助项目方案的制定。完成24人专家队伍、215人技术指导员队伍及2150人示范户队伍的组建。2018年,全市涉农"放管服"改革工作有序推进,进一步健全和完善农牧部门行政权责清单,深入推进简政放权,保留市级行政审批事项194项,无合并项,完成下放84项。

【安全监管】 年内,全市国家级农产品质量安全创建县达到1个,自治区级农产品质量安全创建县达到4个,认定自治区级农产品质量安全县示范县1个。认定"三品一标"2个,"三品一标"产品数增至109个。2018年,全市畜水产品、蔬菜等速测抽检合格率高达98.2%。建设完成农畜产品质量安全监管及信息追溯平台,初步实现农畜产品监测数据公开化,质量安全监管数据化。2018年,全市紧抓重大动物疫病防控,合力打好打赢非洲猪瘟防控攻坚战,实现"拒疫情于市门之外"的目标;包虫病防控工作,全年累计犬只驱虫40053只,新生羔羊包虫病免疫11.45万只。累计出具动物及动物产品检疫合格证5885张,检疫合格凭证出场率、检疫不合格无害化处理率均达100%。

【绿色发展】 年内,开展农作物病虫害绿色防控,青稞草害防治面积达27万亩,青稞虫害防控面积达510亩,测土配方示范面积达28万亩。完成划定禁养区133块、面积达24万公顷,依法搬迁或关闭畜禽养殖场(区、户)43家。科学处置过期农药、兽药、疫苗176.12吨。扎实推进"大棚房"问题专项清理整治行动,对排查出的4个违规建设园区、5个问题,均已整改完毕。2018年,全市实现草畜平衡户4.67万户,平衡面积2128.7万亩,落实草原禁牧面积285万亩,草原植被覆盖度达到45%。

【农牧业】 年内,实施青稞单产提升行动计划,全市青稞种植面积30.7万亩,占总播种面积的47.38%,推广种植"藏青2000""喜拉22号""冬青18""藏青320"等高产、优质的品种30.59万亩。同时,加大对青稞营养、保健、药用和工业等多功能用途的研究和开发,以青稞为主要原料的烘焙、膨化、饮品3个大类多个系列产品脱颖而出,产品口感既有符合70后人群的、也有符合80后、90后人群的,系列产品正在适应满足多样化市场需求,有效弥补青稞加工转化滞后的短板。现有青稞加工企业12家,加工转化率34%。

【畜牧业】 年内,按照"牧区繁育、农区育肥"的总体思路,在当雄县、达孜区、林周县、墨竹工卡县、尼木县等五县(区)开展牦牛规模化育肥工作。当雄县牦牛养殖家庭牧场达到18家,饲养总规模达到4707头,年出栏960头。引进区外奶牛2200头(荷斯坦牛2000头、娟珊牛200头)。人工种草面积达到18万亩。推进"万户百场十中心"工程项目,其中"中心"工程,已建成并投入使用2个高标准奶牛养殖中心,达孜、林周、墨竹、曲水、堆龙五县(区)高标准奶牛养殖中心已开工建设;其余4个中心正在开展前期准备工作;"百场"工程,标准化奶牛养殖场建设完成11个、总数达到41个;"万户"工程,新增3000户、累计达到6000户,并按照示范户筛选要求,全部完成示范户挂牌工作。同时,组织专家编制完成《拉萨市奶业"万户百场十中心"工程实施意见(2018—2022年)》。藏鸡产业发展迅猛。创建6个养殖示范乡镇,全年蛋类产量880吨。西藏德青源公司现存原种藏鸡2.2万羽,年底实现存栏5万羽。

藏系绵羊产业稳步提升。澎波半细毛羊存栏达4.68万只,推广澎波半细毛羊种羊650只,林周县绵羊育肥基地销售种羊共236只。

【藏中药材】 2018年,种植面积达6836亩;药品生产企业达12家,其中具有藏药材种植生产基地的企业有3家。

【经济林木及花卉产业】 全市共发展经济林木及花卉种植面积4208.93亩,形成曲水才纳净土健康产业园、柳梧德阳村新品种示范种植基地、堆龙“香雄美朵”生态旅游文化产业园等功能突显的园区。

【蔬菜种植】 年内,全市蔬菜种植面积达到7.25万亩,其中设施蔬菜生产面积2.15万亩,自产各类新鲜蔬菜100种以上,生产各类蔬菜20万吨。蔬菜生产旺季自给率达85%、淡季自给率达57%,有效地保障市民群众的餐桌供应。同时,为加快打造集生产、加工、冷藏、销售为一体的蔬菜产业链,投入资金4800万元,在堆龙区古荣乡正在新建32万平方米的高效日光温室及相关附属设施。

【食用菌产业】 年内,完成市级食用菌工厂化生产基地二期扩建工作。投入资金105万元,实施高原环境下黑木耳栽培技术研究和拉萨野生棕色双孢菇资源挖掘与开发项目。截至年底,黑木耳试验出菇成功,并开展养菌、催耳和规模化生产工作;完成野生棕色双孢菇菌种采集送检、发酵料覆土工作。

【党建工作】 年内,局党组成员切实肩负起责任,坚持参加各自负责单位党支部的民主生活会和组织生活会,并对党建工作检查指导,及时解决党建工作中的热点、难点问题。全年共召开党员大会15次,研究部署2018年党建工作4次;建立和完善党员干部理论学习制度,制定《拉萨市农牧局理论学习中心组2018年理论学习安排计划》《拉萨市农牧局推进“两学一做”学习教育常态化制度化的实施方案》《拉萨市农牧局2018年党员政治教育集中培训方案》等,以“两学一做”学习教育、党组中心组学习、周四集中学习、政治教育集中培训等形式,共召开党组理论中心组(扩大会)12次,召开党组会议8次,集中理论学习28次,累计1200余人参加学习。完善党支部建设,发挥党员的先锋模范作用,建立健全党支部目标管理责任制和发展党员工作机制;坚持党员组织生活会制度;不断加强支部活动场所建设、深入强化基层党建工作创新、持续开展党员干部结对认亲活动。

【农机加油一卡通】 年内,在全区率先实现农机加油一卡通系统覆盖到全市各县(区),使农牧民农机加油难的问题得到有效解决。全市6个县4个区、233个行政村和63个加油站全部安装完农机加油一卡通软件系统,完成信息录入24468个、制作加油卡19520张,共使用9484次,加油总量316.41吨。

【农垦改革】 年内,完成八一农垦国有土地使用权确权登记颁证面积13207亩,完成量100%,使用资金79.568万元;已向各县(区)移交208户552人农场户籍人员,其余人员户籍移交工作正在与各县区协调推进。协调市财政局下达移交小区3年日常管理费用206.4万元,该笔资金已拨付给城关区政府。协调市住建局为八一农场无私有住房的贫困退休职工家庭分配20套公租房。企业化改革更名、改制工作已获得市政府批准。全年通过市场招聘和人才引进等方式,新增12名有专业技术的管理

2018年7月20日，曲水县曲水镇茶巴朗村举行“拉萨市农机加油一卡通试点县加油卡首发仪式”

层员工，管理层老龄化和人才结构性断层问题得到有效缓解。

【农膜回收】 2018年，认真贯彻落实土壤污染防治工作的相关要求，围绕发展高产、优质、高效、生态、环保、绿色农业的目标，落实机械残膜回收作业补贴，大力开展机械残膜回收工作，全年机械残膜回收作业6600余亩（其中曲水县2000亩、达孜区2000亩、林周县2600亩）。

【秸秆综合利用】 2018年，全市年产秸秆35.52万吨（麦秸秆21.6万吨，玉米秸秆13.92万吨），秸秆综合利用率达到99.9%，其中饲料化82.3%、肥料化17%、原料化0.4%，燃料化0.2%。通过加快秸秆综合利用工程建设步伐，有效改善和杜绝农作物秸秆对周围环境造成的污染。

【畜禽养殖粪污资源化】 2018年，安排专项资金248万元用于达孜区、堆龙德庆区和曲水县建设粪污处理利用配套设施，对现有基础设施和装备进行改造升级。畜禽粪污综合利用率达到64%，规模养殖场粪污处理设施装备配套率达到70%，大型规模养殖场粪污处理设施装备配套率达到100%。

【禁养区划定】 2018年，全市划定禁养区133块，面积240622.77公顷。根据中央环境保护督查组提出的整改要求，累计关闭或搬迁畜禽养殖场43家（生猪35家，牛2家，禽类6家；达孜区4家，墨竹工卡县1家，曲水县1家，林周县3家，城关区34家）。

（张开翼）

林业

【概况】 全市林地面积970.4万亩，有林地面积38.08万亩，森林面积866.33万亩，灌木林面积884.79万亩，已补偿生态公益林面积744.08万亩，森林蓄积量851525立方米，森林覆盖率达到19.49%。天然乔木林主要由杨、桦、圆柏等组成，天然灌木林主要由蔷薇科、豆科、杨柳科的木本植物组成。人工乔木林主要由杨、柳、柏松等树种组成，木本植物有20个科、105种（含变种），乔木树种有41种。野生动植物资源主要有鹿、獐子、水獭、藏马鸡、旱獭、黑颈鹤、雪鸡、黄鸭、灰鸭、野鸡、黄羊、豹子、狗熊、猞猁、狼、狐狸、岩羊、野驴、野兔、大雕、虫草、贝母、黄连、党参、雪莲等。国家一级保护动物10种（如黑颈鹤、白唇鹿等）、二级保护动物20种，三级以及未列入保护级别的动物种类更多。

【保护区】 雅江中游河谷黑颈鹤国家级自然保护区（拉萨段）成立于1993年，2003年晋升为国家级自然保护区，所在地域涉及林周、达孜、墨竹工卡3个县，面积为1762.57平方公里。其中核心区面积为302.67平方公里，缓冲区面积为317.26平方公里，实验区面积为1142.64平方公里。是国际濒危物种黑颈鹤的重要越冬栖息地，保护区内181种野生脊椎动物，列入国家Ⅰ、Ⅱ级重点保护的野生动物共有25种，占保护区内总种数的13.8%。其中列入国家Ⅰ级重点保护野生动物有黑颈鹤、雪豹、白唇鹿、金雕、鹫、白尾海雕、白肩雕等7种，占区内脊椎动物总数的3.9%；列为Ⅱ级重点保护的动物有棕熊、鸢、猞猁、兔狲、藏原羚、岩羊、苍鹰、大鵟、鹗、秃鹫、高山兀鹫、猎隼、红隼、燕隼、藏马鸡、藏雪鸡、灰鹤等18种，占区内脊椎动物总数的9.9%。雅江中游河谷黑颈鹤国家级自然保护区拉萨河流域保护点，包括林周—达孜段（面积为1762.57平方公里）。

核心区由2块小核心区组成，其中林周澎波核心区包括林周澎波农场以西河谷地带。是保护区内黑颈鹤最主要的分布区域，面积197.966平方公里。达孜核心区位于达孜以东、墨竹工卡以西的拉萨河谷地段，面积104.7平方公里。

缓冲区由2块小缓冲区组成，其中林周澎波缓冲区包围在林周澎波核心区外围，面积200.77平方公里。达孜缓冲区位于达孜核心区外围，面积116.49平方公里。

实验区包裹在林周澎波核心区和达孜核心区的外围，面积1142.64平方公里。

【造林绿化】 2018年，组织实施拉萨周边造林绿化工程、“两江四河”流域造林工程、重点区域生态公益林建设工程、高原生态安全屏障防沙治沙工程、退耕还林工程等造林绿化工程，完成造林绿化11.56万亩，完成投资1.89亿元［“五消除”工作完成投资1.66亿元，林业工程项目完成投资0.23亿元］。其中，完成造林6.92万亩，封山育林1.13万亩，防沙治沙3.51万亩，创新义务植树尽责形式，免费提供苗木和技术指导，部分机关、企业、寺庙、

2018年3月12日，拉萨市开展义务植树活动

村委会自发开展单位绿化和周边造林工作，完成造林109亩。

【消除“无树村、无树户”】 2018年，通过实施义务植树、四旁植树、房前屋后绿化等形式，对易地搬迁点、敬老院、寺庙周围、道路沿线及村庄周边等大力开展消除“无树村、无树户”工作。全市累计投入资金1.66亿元，全面完成海拔4300米以下4个“无树村”和18679户“无树户”消除任务，并完成6个造林绿化重点村组和17个生态文明村造林绿化任务，累计完成造林2.21万亩，完成率达250%。同时，在当雄县、尼木县、墨竹工卡县海拔4300米以上部分村居试种栽植北京杨、细叶红柳、旱柳等各类苗木1882株，成活率达70%以上。

【集体林权制度改革】 年内，集体林权制度改革范围为对2017年1月1日起在宜林地上新造的林地和林木进行改革，各县（区）上报的集体林权制度改革摸底林地面积6.34万亩，实际核实的林地3401宗，面积为6.29万亩。按照权利性质分，家庭承包经营2093宗0.94万亩，集体或联户经营1308宗5.34万亩。按造林类型分，老百姓房前屋后1565宗0.39万亩，退耕还林326宗2.26万亩，自留山造林11宗23.53亩，集体林地1499宗3.63万亩。2018年完成外业勘测、林地登记、内业数据处理、林权信息系统搭建及各县（区）技术培训等各项工作。

【野生动植物保护】 年内，组织实施总投资389万元的曲水县野生动物救护站项目，总投资300万元的当雄阿热湿地保护工程，总投资82万元的林周县疫源疫病监测站建设项目。落实野生动物肇事补偿资金，认真核实统计2017年全市野生动物肇事事件，共涉及8个县37个乡（镇）105个村9723户农牧民，损失金额为1202.64万元。对2018年野生动物肇事补偿商业保险试点建设通过政府公开招标进行投保。在全市范围内开展代号为“2018飓风”和“2018春雷”的打击非法侵占林地和野生动植物保护专项行动，先后出动警力100余人次、车辆41台次，排查清理木材及野生动物交易场所47处、野生动物制品加工经营场所2处，清理网络线索9条，办理各类林业案件9起，没收野生动物制品10件，没收猎捕工具66套（件）、熊掌2只，教育警告6人，行政处罚4人，罚没资金1.49万元。开展分发、张贴《禁售象牙及其制品公告》和《致市民商户一封信》普法宣传工作，深入105个宾馆酒店、486家土特产店，发放“一封信”3250张、张贴公告287张，宣传普及人数4869人。组织开展对野生动物驯养繁育单位专项检查工作，充分发挥全市野生动物疫源疫病监测员作用，实行全天候监测巡查，全面落实日报告制度，严格考核奖惩，野生动物疫源疫病监测基本实现全覆盖。2018年，重点加强“非洲猪瘟”疫病监测工作，未发现野生动物疫病情况。实行林政木材运输检查24小时轮班值守，建立与各级公安检查站常态长效协调联络机制，公布监督举报电话，畅通监督举报渠道。2018年，共检查各类木材运输车辆600余车次，查获木材2000余根，有效遏制无证运输、偷运盗运木材现象，切实维护木材流通领域的正常秩序。

【自然保护区建设和管护】 年内，继续组织实施总投资1525.27万

2018年4月20日，拉萨市堆龙德庆区开展消除无树户工作

元的雅江中游黑颈鹤国家级自然保护区三期建设项目，完成界桩、界碑、宣传牌等安装及相关基础设施建设工作，2018年完成工程量的90%。全面推进雅江中游黑颈鹤国家级自然保护区范围和功能区调整工作，国家林业和草原局已召开专家评审会审核通过雅江中游河谷黑颈鹤国家级保护区调整方案并报生态环境部。对雅江中游河谷黑颈鹤国家级自然保护区内国家卫星遥感违法违规建设项目进行全面梳理，对2017年的21个违法违规建设项目截至年底已完成整改9个，其他各项目均制定整改方案、整改措施，明确整改时限、整改责任人，整改工作正在有序推进中。继续强化保护区日常巡护，在保护区内配备19名专职巡护员（达孜区7人、墨竹工卡县3人、林周县9人），进一步加强保护区内违法生产经营、乱捕滥猎野生动物等行为的巡护检查，有效维护保护区生态功能。

【中央环境保护督察整改】 年内，进一步加大卫星遥感监测出问题的整改力度。根据《西藏自治区林业厅关于进一步做好2013—2015、2015—2016年国家级自然保护区环境保护遥感监测人类活动点存在问题整改工作的通知》精神，涉及拉萨市的56个点位，其中已整改的点位34个。涉及矿山类的整改事项，各属地县政府职能部门均已下发停止生产、恢复生态的通知书，并要求各矿山企业邀请有资质的机构制定生态恢复方案。进一步推进中央环保督办案件整改进度，督促相关企业制定《矿山地质环境保护与土地复垦方案》，开展矿洞回填、矿山平整、生态恢复等工作。按照中央环境保护督察整改工作要求，根据《美丽西藏建设规划纲要》相关部署，牵头起草《拉萨市关于贯彻落实〈美丽西藏建设规划纲要〉分工方案》并以市政府办公厅名义印发，进一步明确各单位工作职责和任务目标，为美丽西藏建设工作奠定坚实基础。

【森林资源管护】 年内，进一步规范“煨桑”原材料采伐管理。制定印发《拉萨市林业局关于规范“煨桑”原材料采伐管理的通知》，进一步从宣传引导、采伐监管、执法检查等方面规范“煨桑”原材料采伐管理，2018年，累计开展专题宣传6次，办理非法运输“煨桑”原材料案件13次，暂扣没收小叶杜鹃、爬地柏等“煨桑”原材料590袋，全市范围内乱采滥伐、批量运输和买卖“煨桑”原材料现象明显减少。全面加强生态公益林管护，完成全市744万亩生态公益林区划界定工作，落实专职护林员岗位3398个，兑现生态管护资金3697.34万元，办理征占用林地手续10宗，涉及林地1471亩。全面强化林业有害生物防治工作，坚持“预防为主，科学防控，依法治理，促进健康”的防治方针，强化目标管理，加强植物检疫，推行联防联治、群防群控，推广先进适用技术，进一步完善林业有害生物监测预报，健全林业有害生物突发事件应急机制，有效遏制林业有害生物持续高发势头。2018年，从区外调入规定必须检疫的森林植物及其产品审批2712份、核发森林植物检疫证书15份，签订《2018年森林植物检疫承诺书》50份，开展专项执法行动18次，出动执法人员累计100余人次、车辆80余台次，检查苗木及木制品经营单位60家，检查大型木材交易市场1个，检查来往调运森林植物及其产品车辆200余车次，全市林业有害生物防治“四率”（成灾率、无公害防治率、测报准确率、种苗产地检疫率）指标均达到自治区下达的各项工作目标。加强森林火灾防控，全面贯彻落实“全国国土绿化、森林草原防火和防汛抗旱电视电话会议”精神，严格按照自治区主席令（第143号）、全市森林防火目标责任书和森林防火“十不准”要求，加强火源管理，常态化开展森林火灾隐患排查，加强宣传引导，强化物资储备，进一步加强森林防火工作。完成全市各县（区）森林防火物资统计上报，在全市范围内组织开展森林火灾隐患集中排查2次，组织召开森林防火宣传现场会1次，森林火灾扑救实战演练1次，其他宣传活动4次，发放森林防火宣传资料（物品）2000余个（份），在全市范围内营造良好的森林火灾防控氛围，取得全市森林火灾零发生的良好成绩。

【林业产业发展和生态扶贫】 坚持创新、协调、绿色、开放、共享的发展理念发展经济林木及花卉产业，以净土环境为依托，以现代科技为引领，以生态安全和生态良好为目标，扎实推进经济林木及花卉产业发展，形成功能突显、布局合理的林业特色产业发展架构，曲水才纳净土健康产业园国家AAA级景区观光带、堆龙“香雄美朵”生态旅游文化产业园等林业特色产业。全面落实全市精准扶贫精准脱贫工作，充分发挥林业在生态扶贫中主力军作用，积极推进生态扶贫工作，2018年全市共落实林业生态补偿岗位12155个，落实岗位资金4254万元。在实施林业工程项目过程中，优先雇用当地劳力、租用当地机械、购买当地苗木，通过实施林业工程项目，实现群众增收200余万元。2018年，全市种植桃树、树莓、雪菊等经济林木及花卉4610.1亩，通过群众投劳、经济林果采摘等，实现群众增收800余万元。

【苗木培育】 年内，继续组织实施《西藏珍稀濒危树种雅江巨柏快繁与造林推广》《乡土树种优良种质资源收集、保存、选育及扩繁示范》科技支撑项目，全年，累计完成客土7000余立方米、整地30余亩、土壤改良40余亩，先后栽植巨柏、油松、江孜沙棘、椿树等各类苗木38000余株，为全面推进苗木培育科学化、高效化提供必要支撑。积极支持全市义务植树工作。加强沟通衔接，落实责任到人，严把苗木质量关，确保义务植树的苗木供应，2018年共为全市义务植树工作提供油松、樟子松、沙枣、云杉等各类优质苗木16847株，确保全市义务植树工作顺利完成。

【重点工程项目】 年内，推进“山水林田湖草”系统治理，全力配合市生态专班，修改完善《拉萨河流域山水林田湖草生态保护修复实施方案（2018—2020年）》，将生态景观廊道、城市游园、南北山坡造林、防沙治沙、荒滩造林等林业绿化项目纳入“山水林田湖草”系统治理范畴，争取以奖代补资金7.66亿元。全面推进“绿色围城”工程建设项目。2018年，“绿色围城”建设工程及周边山体造林累计完成种植面积5051.5亩，完成投资3.55亿元，种植草坪7100平方米，种植各类苗木177万余株。其中：北山山体造林面积2651.9亩，种植苗木64959株（丛）。米琼日寺山体造林面积223.5亩，种植各类苗木45000株；南山山体（鹏矗生态园）造林151.40亩，种植各类苗木18963株。南山顿珠金融产业园山体造林1540亩，种植各类苗木90004株。全面推进机场路沿线山体沙化治理项目。根据中央环境保护督察整改工作要求，完成拉萨至机场路沿线7700亩山体沙化治理项目立项、可研方案和项目设计编制、初设概算批复等前期工作。

（王荣达）

水利

【概况】 全年水利重点工程完成投资5.37亿元，涉及中小河流、中小型灌区建设、水土保持综合治理、高效节水灌溉、城市防洪、县城水源地等42个重点项目建设。

【重点水利工程建设】 截至年底，拉萨市共开展水利项目前期工作54项，总投资为63.11亿元，其中已完成前期工作41项，总投资为16.14亿元（中央预算内投资项目13项，总投资5.82亿元；PSL贷款项目24项，总投资9.88亿元；无资金渠道4项，投资为0.44亿元）。正在开展项目前期工作13项，总投资为46.97亿元（待概算批复4项，总投资为9.16亿元；正在办理前置手续7项，总投资为36.89亿元；正在编制方案阶段2项，总投资为0.92亿元）。

拉萨河城区段综合整治工程1#、5#、6#闸项目方案已于3月29日通过拉规委会审查；可研报告于9月19—21日由长江勘测设计院进行审查。截至年底，1#、5#闸规划选址、水保、风评已下达批复，6#闸风评已下达批复，国土、水保、环评等前置手续正在办理。建立拉萨河达孜大桥至曲水聂当55公里城区段河道的三维数学模型、河工模型，利用该模型开展试验研究，为拉萨河城区段总体规划、防洪影响评价、堤线调整论证提供科学依据。

远眺“河变湖”工程3号闸

【基础设施建设】 续建项目。2018年续建项目涉及澎波灌区白浪区灌区、协荣灌区、农村饮水安全巩固提升、防洪工程等5个大类22项，转接资金3.6亿元，年底完成全部建设任务。

新建项目。2018年，新建项目涉及堆曲灌区、雅江（拉萨河段）治理工程、农田水利设施建设等21项，总投资12.15亿元（其中PSL贷款项目17项，涉及资金7.8亿元，国家投资4.35亿元），年初计划完成10.75亿元，由于西藏自治区人民政府下发《关于全面加强重点项目建设管理的通知》，因此所有贷款项目已暂停实施，仅能完成投资2.97亿元，截至年底，完成投资2.57亿元，占能完成投资的86.5%。

【民生水利建设】 年内，拉萨市灌区渠首取水在线监测项目总投资344.75万元，10月底完成全部建设任务；全力推进林周县、堆龙德庆区高效节水灌溉工程，采取现代农业节水喷灌、低压管道灌溉方式，改善灌溉面积1.51万亩，实现年节水228万立方米，减轻农业灌溉需水对地下水开采的压力。大力开展小型农田水利项目，当雄县小型农田水利项目投资1104.77万元，解决3195亩林草场灌溉问题，已于8月中旬正式开工建设，截至年底，完成总建设任务的40%。

2018年，全市农村饮水安全巩固提升工程涉及8个县（区），落实PSL贷款资金9985.71万元，巩固提升10743户，48593人和191480头（只）牲畜的饮水问题。

【水生态文明建设】 年内，继续实施最严格水资源管理制度，严格规范取水许可、水资源论证审批程序，完善施工降排水制度，全年征收水资源费2700余万元。实施水资源消耗总量和强度双控行动，明确“十三五”时期行业节水、地下水开采管理、水权制度建设等管理目标。根据市委书记白玛旺堆的要求，对全市499家用水单位进行调查，对自来水管网覆盖范围内使用自备井的单位、企业和个人下发整改通知，要求其整改，封填自备井。率先在全区开展地下水管理区划分工作，积极探索“一区一策”的地下水管理模式。加大水土保持综合治理力度，开工建设达孜县叶巴沟、林周县甘曲镇帕亚沟水土流失综合治理项目，治理水土流失面积5004公顷。对全市水利、交通、市政等66个项目水土保持方案严把审批关，对20个在建项目进行执法检查，2018年征收水土保持设施补偿费479.94万元。

【“河长制”工作】 年内，市水利局为全面推动全市“河长制”工作，将“河长制”考核纳入全市目标绩效争先进位考核；编制墨竹玛曲、澎波曲、尼木玛曲、当曲、拉曲、雅江拉萨段6条河流“一河一策”治理方案初稿，完成拉萨河、纳木错、堆龙河“一河一策、一湖一策”综合保护治理工作方案初审；制定《拉萨市入河排污口监督管理工作方案》，对拉萨河7个国控监测断面每月进行一次监测，18个县控断面每季度进行一次监测。实施达孜县邦堆乡叶巴沟水土保持生态清洁小流域综合治理工程和林周县甘曲镇朗当村帕亚沟水土流失综合治理工程，治理水土保持林 30.09 公顷、水土流失面积 2354.46 公。对全市河湖、水库乱占、乱采、乱堆、乱建等行为进行全面排查全力整治。对排查出的河湖“四乱”问题，按照属地管理原则由问题所在地总河长挂牌督办，市河长办督促整改。截至年底整改销号 1 起，其他问题正在进一步整改中。

【水利改革】 2018 年 9 月，拟定《拉萨市关于推进农业水价综合改革的实施方案(征求意见稿)》，向市直各相关部门和各县区征求意见，待实施方案进一步完善后报市政府尽快印发实施。小型农田水利工程产权制度改革。2018 年 5 月，组织尼木县编制完成《尼木县农田水利设施产权制度改革和创新运行管护机制实施方案》，优化调整试点改革任务，主要包括建立项目建设管理公开公示制度、探索完善项目建设方式等 8 项内容。方案已于 2018 年 6 月启动，2020 年完成试点改革任务。

【受援工作】 年内，市水利局通过“走出去、请进来”等方式，水利部淮委和江苏省水利厅从人才、项目、资金、技术等多方面给予拉萨水利大力支持。水利部淮委派出 6 名专业技术干部，对拉萨市水利局防汛抗旱、质量检测、建设管理、水质检测进行为期半年的短期援藏。以援藏单位淮委水质检测中心技术力量为支撑，启动 2018 年农村安全饮水检测工作，提高水源水质检测技术水平。江苏省水利厅援助资金 1545 万元建设拉萨市防汛抗旱指挥调度系统，具体包括全市水情、工情信息采集系统和基础通信网络建设，推进建立完善全市防汛、抗旱、减灾、调度指挥平台；选派 10 余名专家重点在“河长制”、闸站标准化管理运行、党建工作精细化等方面进行多次培训。

【党建工作】 年内，市水利局以“两学一做”常态化、制度化、政治纪律教育、政治教育为载体，深入学习党的十九大精神和习近平总书记系列讲话精神，进一步强化全面从严治党政治责任，严肃机关作风。认真落实“强基惠民”驻村工作，为林周县卡孜乡松盘村、阿郎乡布岗村争取惠民资金 5 万余元，帮助村委会完善基础设施，发展集体经济；为两个驻村点投资水利资金 82 万元，修建防洪堤 1 处、排水渠 2 处；坚持正确的选人用人导向，强化正向激励，加强监督管理，持续深化作风治水，广大党员干部无私奉献、爱岗敬业、勇于担当、积极作为的思想自觉和行动自觉日益增强，风清气正、干事创业的良好发展氛围得到巩固。认真贯彻党章、党内监督、纪律处分等党内法规，严格执行中央“八项规定”精神和自治区党委“约法十章”“九项要求”，以及市委“八项要求”，深入开展“禁止以任何娱乐形式参与赌博、严禁借子女升学等名义大操大办”等专项整治活动，狠抓巡视巡察问题整改落实，不断完善廉政风险防控体系。

(田莉莉)

防汛抗旱

2018 年，拉萨市总体雨量偏多，面对严峻的防汛形势，全市超前部署、科学调度、奋力抗洪、合力减灾保障拉萨防洪安全。汛前累计投入 221.6 余万元购置防汛物资，组织 1000 余人次对涉河在建工程、堤防、水库、水电站、闸坝、塘坝等重点部位进行隐患排查，并及时修订完善防汛应急预案。对拉萨河达孜段、桑珠林段、白定段、2# 闸、3# 闸库区等进行清淤，清淤量达 360 万立方米。汛期建立与水文、气象等部门的沟通衔接机制，掌握第一手雨情、洪水信息，将旁多水利枢纽、直孔电站、拉萨河 2#、3#、4# 闸集中调度管理，提高大规模水闸群工程运行管理水平。加强薄弱环节的严密监控，对拉萨河嘎巴堤段等薄弱环节及时进行修复。汛期调拨编织袋 15.5 万条、铅丝笼 2.2 万平方米、铅丝 2 吨、防冲墩 283 个、彩条布 4500 平方米、抽水发电机 5 组、吨袋 200 条的主要防汛物资。先后组织 2300 余人、机械 1000 余台开展于抢险救灾，最大限度地保障人民群众的生命财产安全。汛后将及早制定水毁修复方案，对受损部位和安全隐患处加快维修完善。

(田莉莉)

工　业

综述

【概况】 年内,市工信局按照区市经济工作会议和全区工信工作会议的决策部署,牢固树立创新、协调、绿色、开放、共享的发展理念,主动适应经济发展新常态,坚定不移实施“产业强市”战略,以推进供给侧结构性改革为导向,以工业稳增长和转型升级为主线,以提高发展质量和效益为中心,全力推进绿色工业专班、两创载体建设、节能减排降耗、工业经济运行调度等重点工作,完成全市工业经济各项目标任务,全市工业经济发展总体呈现平稳增长态势。2018 年,全市规上工业实现总产值 149.46 亿元,同比增长 12.5%,规上工业增加值同比增长 8.5%;实现工业销售产值 154.54 亿元,同比增长 10.1%,产销率为 103.4%,工业品产销衔接良好。非金属矿物制品业工业增加值同比增长 63.1%;有色金属矿采选业工业增加值同比增长 6.6%;食品制造业工业增加值同比增长 0.5%;医药制造业实现工业增加值同比增长 9.1%,主要行业运行平稳。新增规模以上工业企业 7 家,全市规模以上企业达到 80 家。

【绿色工业】 3 月,市委成立拉萨市绿色工业专项推进组,拉萨市以发展绿色工业为导向,坚持把培育特色支柱产业作为经济发展的战略重点,持续做大净土健康产业(天然饮用水、绿色食饮品加工、藏药产业、民族手工业)、合理有序发展优势矿产业、积极发展生态环保和新能源等新兴产业、推进发展绿色建材业、大力发展信息技术产业。

【水产业发展】 年内,依靠雪域高原丰富而纯净的淡水资源,利用拉萨市良好的道路交通及较为完善的配套服务、水资源开采难度小且富含锶、偏硅酸等特点大力向中高端水市场发展。市工信局组织高原天然水、大昭圣泉、5100 冰川矿泉水、汇泉实业、白玛甘泉等拉萨天然饮用水企业参与水博会、“西藏好水”推介会、藏博会等活动,提高产品在国内(除西藏外)市场的占有率。2018 年,全市天然饮用水产量 61.88 万吨,同比下降 11%;销量 61.13 万吨,同比下降 10%;总产值 10.87 亿元,同比下降 26%;销售收入 8.46 亿元,同比增长 9%;上缴税金 5704.14 万元,同比增长 0.01%。

【藏药产业发展】 年内,拉萨市有藏药企业 21 家,其中藏药生产企业 11 家,药品销售经营企业 10 家,规模以上藏药企业有 5 家。以西藏奇正藏药股份有限公司为代表的重点企业多次获国家、自治区级荣誉称号,并申请专利 140 项,取得专利证书 78 个。西藏奇正藏药股份有限公司 123 种藏药材通过德国 CERES(有机食品认证)质量认证,58 种藏药材获得美国、欧洲“通行证”。甘露藏药、天知生物等企业通过全国藏医药 GMP 认证,占自治区 GMP 认证企业总数的 30.4%。

【民族手工业】 年内,依托经开区、达孜工业园、城关区、尼木民族手工业基地做大做强藏毯、藏香、唐卡等民族传统产业。加大对民族传统产业的指导、扶持力度,培养民族传统产业从业人员,促进民族传统产业与文化旅游产业发展相融,不断拓展民族传统产业销售市场。2018年，拉萨民族手工业生产企业达40家，资产总额达15亿元，实现产值2.84亿元，销售产值2.71亿元，利润总额3327万元，上缴税金142.3万元。

【特色食（饮）品加工业】 年内，以牦牛、藏鸡、藏香猪等畜产品深加工、青稞等农产品深加工（青稞啤酒、青稞白酒、糌粑、青稞米等）等丰富的特色资源为依托，发展绿色食（饮）品加工产业。依托市净土投资公司及各县区净土公司等企业，不断延伸产业链，提高附加值。利用北京、江苏等地援藏优势，联合科技研发，推动净土健康产品转型升级，对拉萨牦牛肉、藜米、青稞等代表西藏区域特色的原料为主体食材进行新产品开发。净土健康产业实现从“产品”到“品牌”的提升，净土健康产品走向北京、江苏、广州等其他城市，“拉萨净土”品牌成为拉萨新名片，“拉萨净土”区域公用品牌影响力进一步扩大。截至年底，绿色食（饮）品加工规上企业达20余家，主要分布在经开区和城关、达孜、堆龙、曲水等县（区）。

【矿产业发展】 年内，以建设“绿色矿山”目标，坚持资源开发与环境保护相互促进，推进矿产资源节约与综合利用，大力发展矿业循环经济建设，构建绿色矿业发展长效机制。华泰龙甲玛二期累计完成投资68.6亿元，完成总投资的100%。巨龙矿业驱龙采场矿山正在基建过程中，累计完成投资70亿元，完成总投资的46.36%。同时对华泰龙、巨龙等矿业企业进行调研，摸清企业工作开展、招投标、工程进度、资金落实情况和存在的困难，形成《关于推进华泰龙、巨龙矿业绿色发展的调研报告》。

【企业扶持】 年内，研究制定装配式建筑发展规范性文件，制定绿色建筑发展规划，编制拉萨市绿色建筑设计标准、评价标准、技术导则、检测监督等相关标准，出台《关于推进拉萨市装配式建筑发展的实施方案》。开展装配式建筑工程应用试点示范。拉萨市城关区便民服务中心、拉萨城投节能建材有限公司项目、力泰城市广场等工程均采用装配式建筑。将绿色建筑和推广绿色建材工作纳入国民经济和社会发展规划，着手设立绿色建筑建材发展专项资金，利用现有渠道，引导社会资本，加大对共性关键技术的研发投入，支持企业开展绿色建材生产和应用的技术改造。

【节能减排降耗】 年内，推动企业工厂按照用地集约化、生产洁净化、废物资源化、能源低碳化原则，开展绿色改造，从源头上保证建筑垃圾资源化条件。积极推进拉萨市餐厨废弃物资源化利用和无害化处理、资源自动分选中心、建筑与装潢垃圾资源化处置中心和绿色新型建筑建材产业园等四个项目的垃圾收集、运输、处理、再利用等各项工作，加快建筑垃圾资源化利用技术、装备研发推广，实行建筑垃圾集中处理和分级利用，实现施工过程中垃圾的减量化和资源化利用，因地制宜建立建筑垃圾集中处理基地。以能效提升、节能、节水为核心，支持工业节能节水绿色改造示范项目建设，全力保障工业节能减排目标的实现，深入实施《拉萨市产业准入负面清单（2018年版）》，推广清洁生产技术。积极跟踪中核汇能有限公司尼木60兆光伏电站、物流园区二期4.1兆瓦屋顶分布式光伏、吉电新能源当雄10兆瓦并网光伏发电、续迈地热综合利用、市净土公司高原清洁能源供暖等项目进展情况。

【小微企业创新创业】 年内，深入实施创新驱动发展战略，陆续制定出台《拉萨市中小微企业公共服务示范平台认定奖励办法（试行）》《拉萨市“梦创拉萨”扶持双创中介服务机构资金管理办法（试行）》《拉萨市中小微企业创新创业基地、众创空间和公共服务平台绩效考核管理试行办法》3项“两创”示范扶持政策。推进“两创”载体建设，根据《拉萨市小微企业创业创新基地城市示范建设工作方案》的总体要求，截至年底，已累计完成载体建设70个，完成率122%，其中众创空间48个，创业创新基地21个，公共服务示范平台1个。认定市级载体35个，发放奖补资金3400余万元。双创载体吸纳就业人数7593人，其中西藏户籍3065人；吸纳高校毕业生3010人，其中西藏户籍1356人。

【中小微企业公共服务平台建设】 年内，市经信局推动拉萨市中小微企业公共服务平台建设，加快构建支撑力强、辐射面广、资源聚集、布局合理的中小企业公共服务平台体系建设，为中小企业在政策、信息、咨询、培训等方面提供全方位服务。编制完成《拉萨市中小微企业公共服务中心建设（一期）初步设计》,加快推动拉萨市中小微企业服务中心一期项目建设。

【园区发展】 年内,市工信局积极推进园区高效绿色发展,制定《拉萨市园区经济高效绿色创新发展三年行动计划(2018—2020)》,修订完善园区考核办法,以绿色工业园区建设为契机,进一步强化集约发展意识,强化投资强度和经济密度,多渠道节约发展空间。

【安全生产】 年内,以规范达标企业管理为抓手,落实重点企业安全标准化建设,持续深入推进安全生产大检查、危化品、易燃易爆品综合管控和专项治理等一系列隐患排查整治工作,坚决把事故隐患解决在萌芽状态,力争避免突发事件及其次生衍生灾害。坚持安全隐患定期和不定期排查相结合,坚持进行安全隐患排查,使排查制度长效化。对查出的问题和工作中发现的安全隐患,及时进行整改。

(万翠芳)

市属国有企业

【概况】 为强力推进拉萨市国有企业上市工作,及时解决企业上市过程中出现的新情况和新问题,加大对市属国有企业上市工作跟踪推进力度。推进拉萨交产集团出租车汽车板块和旅游板块进行重组整合和改制,并推进这两个板块上市,推进拉萨市净土公司、拉萨市城投公司、拉萨布达拉旅文集团和圣地生态园林公司等市属国有企业开展上市前期筹备工作。

【国企整合重组】 为加快培育具有竞争力的大公司大企业大集团,实现国有资产"总量扩大,质量提高,分布合理,效益增长"的目标,对企业内部业务种类相似的板块进行整合,提高企业经营效益和管理效率。跟踪市平桥公司和市信用担保公司的横向整合。市净土投资公司正在制定修改完善成立集团的组建方案。截至年底,市暖心公司组建拉萨市暖心(控股)集团有限公司正在做清产核资工作。市城投公司内部整合九大集团已完成组建。推进产业纵向合作,部分县(区)净土健康公司已与市净土产业投资公司签订战略合作协议。推进八一农场农垦改革工作,科学制定涉及的八一农场集团化改革工作方案,研究并指导企业依法依规开展企业改制工作。

【推进国企合作交流】 推进拉萨国企与央企、北京和江苏国企合作,对市属国有企业摸底调查,梳理可行性投资领域和项目,寻找企业间的合作共识和契机,截至年底,共梳理13个项目,积极推进条件成熟、具备合作意向的市属国有企业与中央企业、北京和江苏国有企业开展合作,形成《推动"京拉"两地国企合作工作方案》,5月29日由拉萨市委常委、常务副市长暴剑主持召开北京公交集团等14家北京国有企业和拉萨市属10家国有企业、3个工业园区合作交流座谈会。7月16—23日,拉萨净土公司与北京二商集团就双方产业深度合作达成共识,进一步加强京拉产业互融互通协同发展。8月20—25日,首农食品集团商务考察团一行到净土投资公司进行考察,将大力支持净土公司管理、技术型人才的培养培训工作。协调进驻北京盛华宏林市场、北京连锁超市与北京翠微百货等,开展北京空军干休所系统亦庄第二家净土专卖店筹备工作。

【"央企入藏"项目建设】 2018年拉萨市"央企助力富民兴藏"合同类签约项目共36个,总投资

2018年5月29日,北京拉萨两地国有企业在京座谈

484.33 亿元，其中央企出资 183.13 亿元，国家出资 301.2 亿元。截至 2018 年底，完成投资 316.13 亿元；已完成建设项目 21 个；正在建设项目 6 个，总投资 85.63 亿元；正在开展前期工作的项目 9 个，总投资 68.78 亿元。

【国企职工待遇】 为完善注重长效激励约束分配机制和企业员工能进能退、收入能增能减的市场化经营机制以及员工收入按不低于前三年考核指标实际完成值的平均值，好于上一年实际完成值得原则实行，制定企业全员业绩考核办法，保证员工福利待遇与企业的收益挂钩。

【国企解决就业】 2018 年，市属国有企业解决高校毕业生就业人数达 874 人。据不完全统计，2018 年拉萨市属国有企业解决农牧民就业 9614 人，其中西藏籍员工 5377 人，实现工资收入 5 亿余亿，年平均工资收入 5.2 万元。

【国企职工培训】 7 月 22—31 日，组织全系统 20 名党支部书记赴北京市经理管理学院，开展为期 10 天的党支部书记培训班。7 月 31 日至 8 月 1 日，市企业党工委举办党组织书记培训班，为全系统 109 名党组织书记培训基层党组织标准化建设、党组织如何在国企改革中发挥作用、如何预防职务犯罪等课程。组织国有企业 90 余人开展国有企业财会人员统计培训。

【国企落实社会责任】 信访维稳大局稳定，安全生产总体平稳。精准扶贫成效明显，注重宣传教育，全系统 8 个驻村工作队加强对驻村点群众的宣传教育，积极宣传国家、区市党委政府关于精准扶贫等政策措施。依托产业发展、注重项目带动、解决就业等。截至年底，市属国有企业已实施精准扶贫项目 34 个，投资达 70.65 亿元。重视结对帮扶工作，千方百计帮助拉萨群众解决实际困难，慰问困难群众或企业困难职工 366 户，慰问金或慰问物资价值 40.99 万元。

【国企党建】 指导市属国有企业和 15 家改制企业开展党建工作和开展“四讲四爱”活动。科学制定每月理论学习计划表，开展“戴党徽、亮身份、作表率”“心理健康”“党员进社区”服务等主题活动，开展党组理论中心组学习研讨、专题辅导、党支部、党小组集中学习，召开节前廉政会议 4 次、下发廉洁提醒通知 8 次、利用微信平台发送廉政短信提醒 5000 余人次、领导干部报告个人事项 72 份。邀请自治区党校老师为机关干部职工及各国有企业、改制企业负责人作《中华人民共和国宪法》为主要内容的专题辅导讲座。加强国企或改制企业党建工作。企业党工委基层党组织数量由 2017 年的 94 个，增加到 2018 年的 116 个，实现国资国企领域党组织全覆盖。党员 1135 名，党员占职工总数的 19.4%。2018 年培育入党积极分子 477 人，吸收预备党员 136 人，转正党员 286 人。持续推进“双向进入、交叉任职”支部书记队伍选拔任用。为国有及改制企业 134 名困难党员、老党员和特困群众发放慰问金 12.35 万元，向党建活动经费不足的党组织下拨党费 6 万元，对 219 名退休干部发放慰问金 24 万元。举办为期 5 天的 2018 年第一期入党积极分子培训班，培训入党积极分子 278 名。持续开展“四讲四爱”活动。精心组织开展“爱国歌曲大家唱”活动等，在新旧西藏对比故事会等规定动作的基础上，充分利用自身优势，积极创新“宣讲 +”模式，切实增强宣讲活动的吸引力和干部职工的参与度。全系统共开展集中学习 200 余场次，个人自学 96 学时，撰写心得体会 5000 余篇，教育覆盖率达 98%。各企业共开展支部党员大会 80 场次，支部委员会 480 场次，党小组会 120 次，开展讲党课 100 余场次。加强党员政治教育和政治纪律教育。开展为期 7 天的拉萨市第七期党员政治教育示范培训班，组织市属国有企业相关负责人和党支部书记参加培训。组织机关全体党员干部开展党员政治教育和政治纪律教育活动。

（李雪莲）

拉萨市城市建设投资经营有限公司

【概况】 拉萨市城市建设投资经营有限公司始终坚持科学发展和做大、做强、做优的发展宗旨。截至年底，资产总额达 600 亿元，2018 年缴纳各项税金 4.4 亿元，并于 2018 年初入围国家税务总局“千户集团”。

【发展支撑能力持续增强】 截至年

底，公司现有在职职工6000余人，拥有全资、控股子公司100余家。根据公司发展需要，全面实行“九大集团”发展战略，重组成立：鲲泰集团、地产集团、领峰集团、升航集团、博瑞集团、文旅集团、金控集团、启恒集团、玉拓集团，分别涉足建筑施工、地产开发、商贸物流、建筑建材、城市基础设施运营服务、休闲观光、金融投资、教育体育、医疗养生养老业务领域。经过一年的布局谋划、强势推进，九大集团已较好地完成第一轮的组建发展任务，新一轮深入拓展正阔步向前。

【重大项目建设】 自公司正式运营以来，共承建实施项目218个，总建筑面积737.44万平方米，完成投资达611.06亿元。如S5拉萨至泽当快速通道、拉萨环城路、拉林高等级公路城区段项目、专业市场建设、机场路改扩建工程、拉萨市棚户区改造、各县(区)精准扶贫易地搬迁点等重点项目。截至年底，公司正全力推进顿珠金融城、东城连片开发、水泥厂、钢材厂、堆龙新城、新型建材产业园、综合管廊建设、停车场及公园建设等重点项目。

【房产开发稳步实施】 近年来，商业地产开发成果丰硕，截至年底，卓美商业广场、城投八廓美食街、八廓商城三期、幸福商业广场等具有地标性的商业项目已成功运营，极大的提升公司营业收入及资产收益。公司依托“走出去、引进来”战略，在有效利用本土资源的同时，与区外大型优质房产开发集团开展全方位战略合作，截至年底，与万达集团合作实施的“拉萨万达广场”项目已进入主体施工阶段，预计于2019年下半年正式营业。与红星美凯龙集团合作实施的“拉萨红星美凯龙家居MALL”“爱琴海商业广场”项目已成功落地顿珠金融产业园，现已有国开行、农发行、中石油及万达酒店等国内众多大型企、事业单位向公司提出合作意向。

【投融资工作】 按照集团化发展战略要求，成立金控集团，充分利用公司优质资源，创新体制机制，加强与金融系统的对接交流，全力筹集建设所需资金，及时了解政策变化，合理运用金融工具，探索合适的融资体系和媒介，对内不断排摸，对外灵活运用现有财力，实现公司融资科学化、规范化、系统化管理操作。同时，有效缓解公司跨越式发展中的资金压力。

【党建兴企工作】 公司党委高度重视党的建设工作，始终将党的建设工作与企业经营管理目标同部署、同推进。研究制定党建工作“五大工程”及企业中心工作“五大工程”建设目标，将“一岗双责”责任落实情况纳入到领导干部个人年终绩效考核。先后制定《关于加强企业宣传工作的指导意见》等九项规章制度。始终将党员廉政教育与“两学一做”“四讲四爱”教育活动紧密结合，以企业文化建设为目标，创新宣传方式方法，凝聚职工力量。充分利用QQ群、微信群及公众号、内部网站、OA等工作平台，及时推送和更新信息内容，不断加强宣传工作，引导广大职工形成正确的“五观”“两论”。针对公司企业文化建设不完善、宣传不到位的情况，创办企业内刊《跨越》及城投内部信息汇编，及时宣传公司重要工作动态、重要工作部署、亮点特色、企业发展动态。

（赵鹏程）

拉萨布达拉旅游文化集团有限公司

【概况】 拉萨布达拉旅游文化集团立足拉萨实际，解放思想、开拓创新、团结拼搏、负重奋进，从无到有从小到大不断发展壮大，公司业务范围涵盖自然景区景点、文化创意产品、城市休闲旅游开发经营、乡村旅游开发建设、文艺演出、旅游汽车运输、智慧旅游、旅行社、酒店、通用航空等20余种业态，基本形成集旅游全要素为一体的产业链。截至年底，集团公司资产总额达18亿元，同比增长28.6%；营业总收入达1.06亿元，同比增长21.3%；固定资产3.9亿元，固定资产投资增长26%，无形资产达1.6亿元。

【纳木错生态旅游项目开发建设】 年内，继续加大旅游基础设施投资力度，提高景区服务的水平和质量，使景区旅游秩序进一步规范，游客满意度进一步提高。全年共接待国内外旅客54万人次，实现门票收入5300多万元(包括冬游西藏优惠活动近800万元)。推进项目预计总投资28亿元(一期投资7.6亿元)的纳木错游客集散中心建设，力争将更多的西藏生态人文、羌塘草原游牧特色文化、纳木错圣湖文化融入其中，使纳木错景区成为集生态观光、科普教育、民俗体验、祈福平安、休闲度假为一体的生态样板景区和高原精品景区。2018年，共完成2.2亿元投资，已购置13辆新能源景区摆渡车。

【通用航空产业发展】 促进拉萨通用航空产业的发展。截至2018年底，共采购飞机32架，到位26架。2018年，开通圣城拉萨空中之旅、纳木错往返游、羊卓雍措往返游等三条旅游观光线路。另外，雪鹰通用航空公司与西藏自治区红十字会应急救援中心签署战略合作协议，可提供综合性救援、跨区域医疗救援和转运服务。截至年底，共为西藏地区5名病危人员提供跨区域医疗转运服务。

【完善"文成公主"项目】 继续与合资公司通力合作，努力在艺术上精益求精，不断提高演出的质量和水平，加强宣传推广，拓展营销渠道，增加营业收入。全年共演出187场，演出及旅游配套共计接待游客50万人次，票房收入超1.5亿元。同时加强配套商业建设，已形成有10万多平方米的商业体量，一个与演出相配套的繁华商业氛围正在逐步形成。投资6400万元加快推进"文城公主"项目的进度，截至年底，已完成剧本评审、剧场主体建设、演员招募和近半年的排练工作，截至年底，正处于剧场装修阶段。

【拉萨特色精品酒店建设】 完成总投资3亿元的拉萨乃仓大酒店(原江苏生态园大酒店)改扩建项目的主体建设任务，现进入装修阶段。完成四川拉萨岷山大酒店的续租和改造升级工作并已正式对外营业。拉萨乃仓民宿品牌项目得到快速推进。2018年签约挂牌试运营45家，已完成民宿升级改造3家，正在进行升级改造11家。

【搭建智慧旅游平台】 结合"互联网+"与旅游文化产业相融合的模式，成立智慧旅游公司，与多家景区景点开展线上线下业务合作，将业务全部打包上线，并与飞猪、蚂蜂窝，携程等国内一线电商平台进行合作，提升品牌形象和影响力。智慧旅游平台全年共服务20万人次，营业额达2100多万元。旅行社全年共接待游客1680人次，实现营业收入360多万元，增长42.86%。

【乡村旅游开发】 与达孜区签订战略合作协议，成立合资公司，推进白纳沟扶贫及产业发展项目。加强与尼木县对接，加快推进琼穆岗日雪山景区开发建设的步伐，已完成规划设计。加强与墨竹工卡县的沟通洽谈，力争对思金拉措、甲玛沟、日多温泉、德仲温泉进行全方位开发经营，打造墨竹工卡全域旅游示范区。

【旅游运输】 通过强化内部管理，制定出公司和改制驾驶员都较为合理的租赁政策，使汽车公司的业绩有较大幅度提升，营业收入比2017年增加900万元，增长63.7%。同时公司积极拓展业务，不断加快自身发展，与康达汽贸公司合作成立布达拉旅文康达汽车产业发展有限公司，与达孜区交通局合作成立虎峰客运有限公司。组建30多人的游船运营团队，拟整合滨河公园商业运营、游船码头和迎亲大桥的商业业态，促进河变湖生态旅游项目全面发展。

【文创产品】 与成都蜀派文化传播有限公司、西藏雪堆白、松泽文化传媒有限公司等合作，共设计打样产品30余种，生产上市产品10余种。融合农牧业、食品加工业、文化旅游业等多种业态，推出高端牦牛乳制品、冰激凌、文化创意产品。与北京兰玉公司合作加强藏文化民族品牌的建设，打造"雅克诺布"服装品牌，于2018年9月在纽约时装周以开放、包容、自信的西藏新形象亮相，受到国内外社会各界的一致好评。

【加强社会就业】 围绕精准扶贫攻坚任务，强化产业扶贫的带动作用，让更多的农牧民群众吃上旅游饭，挣上旅游钱。2018年，解决1700多人就业，其中本地户籍1208人，占总用工人数的71%，贫困户215人，占本地籍人数的17.8%，吸纳62名高校毕业生就业。

(格桑旺姆)

拉萨市净土产业投资开发有限公司

【概况】 2018年，深入贯彻落实市委、市政府关于《大力发展净土健康产业的实施意见》精神，积极抓住八一农场农垦改革的机遇，紧紧围绕净土健康产业的决策和部署，深入推进净土健康产业升级发展战略，一心一意树品牌，千法百计谋发展，不遗余力惠民生，截至年底，企业总资产 9.32 亿元（不含土地，面积 1.33 万亩）。净资产 4.88 亿元。集团公司实现收入总额 26152.83 万元，同比增长 106%。实现利润总额 730.99 万元，同比增长 217.61%。

【扶贫产业实施情况】 2018 年藜米公司在前两年种植成果基础上，采取“订单农业”的方式，在尼木县种植藜米 700 亩，覆盖尼木县农牧民 200 余户，实现种植户增收 140 余万元，人均增收 2800 元；同时在大佛岛藜米种植基地，开展藜米优质品种保种育种工作，全年种植优质藜米品种 2 个，面积 100 亩，累计提供劳务就业 180 余人次，实现当地群众劳务增收 2.8 万元。

【民生供应保障】 2018 年，公司统筹旗下子公司资源，组建净土民生供应保障中心，构建“食品安全、阳光采购、平抑物价、惠民工程”为内容的“净土保供”模式，负责本地市场的民生保障供应工作。截至年底，民生供应保障中心已承接党政机关、企事业单位、学校共 123 家的食堂物资配送业务，配送人数达 41000 余人，实现配送流水收入 5800 余万元。同时积极推进军民融合工作，光荣承担拉萨市政府与武警西藏总队签署《深化军民融合战略合作协议》后相关具体工作及实施。民生供应保障中心已与大佛岛蔬菜基地、曲水楠木鑫赛蔬菜基地、达孜金麦穗蔬菜基地达成蔬菜供货协议，与达孜、堆龙、曲水、尼木的藏鸡养殖公司（或合作社）达成藏鸡蛋供货协议，与达孜、当雄达成牦牛肉供货协议，间接带动当地农牧民增收。

【高校毕业生就业】 截至年底，根据公司发展需求共计招聘高校毕业生 241 人，西藏籍高校毕业生 158 人，占高校毕业生人数的 65.6%；其中拉萨籍为 83 人，建档立卡户 10 人。

【搭建产品销售渠道】 助力当雄县拓展牦牛肉销售渠道，当雄牦牛肉已进入市净土公司市内 9 家净土放心粮油店进行销售，同时也在积极拓展北京、上海、广州等一线城市高端肉市场。截至年底，区外门店（柜）达 19 家、本地达 30 家，线上销售平台达 10 余家，并在老城区开设一家拉萨净土本地牦牛肉直营店（清真寺店），专门销售西藏自产牦牛肉。为各县（区）净土产品全面开放北京、南京、成都等地的销售渠道。将位于宇拓路的展销中心无偿作为各县（区）优质净土产品的展示平台。截至年底，各县（区）净土产品已全面入驻双创基地，合力打造全市净土产业宣传示范窗口，为优质净土产品搭建展示销售平台，扩大净土产业品牌影响力。

【拉萨净土粮油惠民店】 为进一步壮大村集体经济发展，推动精准扶贫工作局面由“输血式”向“造血式”转变。公司结合甘曲村扶贫工作调研情况，帮助甘曲村成立拉萨净土粮油惠民店，并聘用 1 名建档立卡贫困户作为林周县甘曲村拉萨净土粮油惠民店管理员，试运营期间公司每月发放工资 2500 元，全年共计 30000 元。既可以向农牧民群众提供优质、安全、可靠、放心的粮油产品，确保食品安全；又可以降低农牧民群众的生活支出，将惠民工作落到实处，增加村集体经济收入。

【“净土严选”模式】 组建产品运营中心，构建“净土严选”模式，实现拉萨净土品牌“走出去”战略。首批次全新包装、全新概念、全新品质的净土严选系列产品（5 个大类 67 个单品）于 2018 年 6 月上市。同时，

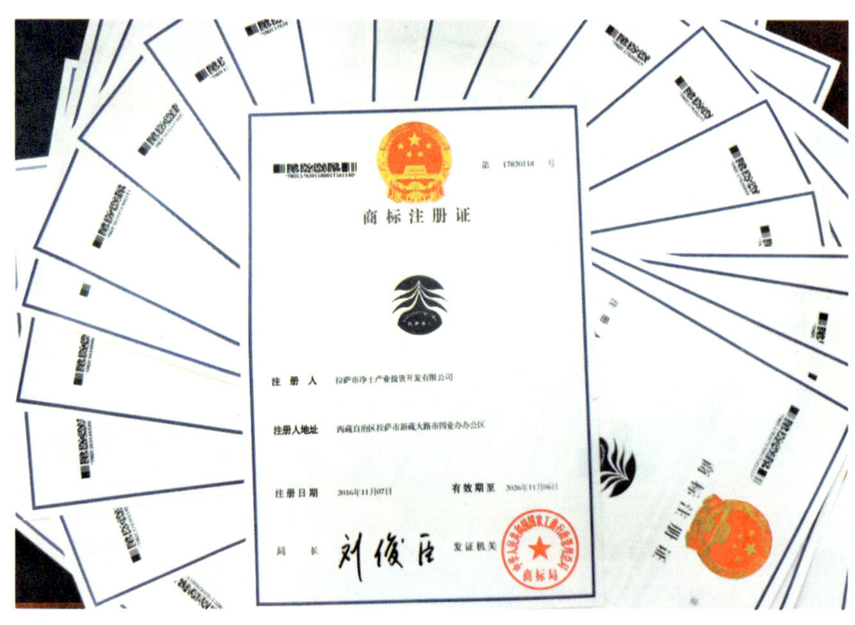

净土健康产品17类商标注册证

跟北京食品科学研究院正在合作研发迭代产品。与中检集团西藏分公司、人保财险西藏分公司等权威机构合作搭建净土产品追溯体系、质量认证体系、品质承保体系。

【拉萨净土健康产业协会】 由公司牵头正式成立拉萨净土健康产业协会，为企业提供各种资讯、评估、培训等服务，发挥好桥梁和纽带作用。完成《“拉萨净土”区域公用品牌管理办法》复审定稿工作。解决“拉萨净土”三类商标（29 类、30 类、35 类）被申请无效宣告事宜，并对 28 类“拉萨净土”图文商标进行全品类保护性注册。在 2018 中国国际商标品牌节上荣获“2018 年度品牌商标博览会金奖”、第十七届中国西部国际博览会上荣获“高原绿色健康产品指定供应商荣誉称号”。“拉萨白鸡”成功通过农业部农产品地理标志认证。“拉萨净土藜米”获得有机产品认证。市净土公司下属子公司区医药公司连锁药店“雪域大药房”，成为全区首家获得新版 GSP 认证的连锁药店。

【党建工作】 始终高度重视党的建设工作，党委书记认真履行“第一责任”，切实推动公司党建再上新台阶。开展公司党委书记带头讲党课 5 次，主要领导积极参加政治教育学习专题培训班，形成个人剖析材料 67 篇。组织观看《榜样 3》《庆祝改革开放 40 周年》等专题片、廉政警示片，利用西藏党员教育 APP、西藏先锋公众号、拉萨市干部教育网等在线学习考试。始终要求基层党组织按照“九有标准”建设党员活动室，扎实开展主题党日活动。公司党委充分利用“八一农场”红色资源在“八一”中国人民解放军建军节之际开展“中国第八届红色感恩会全国行走进西藏”以及升国旗仪式等主题党日活动。深入开展纪检监察，完善惩防体系建设。

（郭 凯）

拉萨市暖心燃气热力有限责任公司

【概况】 拉萨市暖心燃气热力有限责任公司于 2012 年 4 月 1 日正式注册成立，是为加快推进暖心工程，保证拉萨供暖供气项目的顺利实施而成立的国有企业。截至年底，组建 3 三家子公司即拉萨市暖心燃气热力设备销售有限公司、拉萨市暖心工程有限责任公司、拉萨市暖心供暖供气服务有限责任公司。2018 年，公司资产总计 41.89 亿元，负债总额 41.35 亿元，所有者权益 0.54 亿元；实现营业收入 1.95 亿元，实现净利润 459 万元。

【城市供暖工程项目】 截至年底，发包的 99 个施工类合同中，项目现场施工已完成 97 个；第三方造价咨询单位完成初步结算审核项目 80 个，完成比例 80.8%；现场竣工验收已完成标段 80 个，完成比例 80.8%。

【商业用户开发建设工程项目】 2018 年，共完成 60 个商业项目的合同签订，合同总资金共计 9009 万元，完成资金收款 5119.86 万元，合同资金收款率达 57%。现已完工商业建设项目 51 个，完成商业用户开发项目的 85%。

【易地扶贫安置小区供暖项目】 5 个易地扶贫安置小区供暖项目涉及供暖安装总户数 2596 户，工程建设总资金审计金额约为 3066 万元。截至年底，共累计完成施工安装 2160 户，占工程总进度的 83%。

【为搬迁群众送灶具】 2018 年，免费为经开区精准扶贫小康安居小区配送灶具 678 套，价值 67.8 万元，为柳梧新区易地扶贫搬迁安置小区配送灶具 237 套，折合人民币 23.7 万元。

【落实环保责任】 始终坚持把生态环境保护和供暖工程建设工作摆在重要位置，积极承担改善城市生态环境的行业责任，制定相应的《环保突发应急预案》，成立文明施工检查组，严格控制施工现场扬尘、施工噪音、夜间施工等情况。据国家统计局西藏调查总队统计，自从城市供暖工程运营以来，每年能减少煤炭使用量约 9.64 万吨，有效减少排放二氧化碳 18.04 万吨，二氧化硫 1652 吨，氮氧化物 510 吨，烟尘 2544 吨，炉渣 1.39 万吨，实现由传统的牛粪取暖向现代化城市清洁能源供热的历史性转变。

【安全教育】 透过三级安全教育、观看事故案例视频及发放员工安全手册、邀请住建部及北燃集团专家授课等多种教育手段，全面提升员工安全意识。2018 年计提安全生产费 209.39 万元。制定 9 项安全生产专项应急预案、11 项处置方案，并建立应急抢险救援队伍。全年累计培训 48 场次，累计培训 1650 人次，入场教育培训率达 97%。累计开展56人次的应急演练，真正做到安全教育全员覆盖。现3人取得安全工程管理师资格证书，101人取得燃气经营企业从业人员资格证书，20人取得管道工资格证书，11人取得热力运营工资格证书，6人取得煤气输送工资格证书，2人取得煤气户内检修工资格证书，1人取得安全生产应急管理资格证书。全年累计深入179个小区，覆盖17770户，悬挂安全条幅7个，制作安全板报7个、安全宣传牌2个，粘贴安全宣传画30幅，发放宣传资料5200余份，在市区各人流量较大的LED屏及拉萨广播电视台汉语综合频道、藏语频道、旅游文化频道以及宣传车播放燃气安全宣传片5000余次。

（孙敏娜）

中国石油西藏拉萨销售分公司

【概况】 2018年，中国石油西藏拉萨销售分公司全体干部员工团结一致、凝心聚力、攻坚克难，紧紧围绕“稳中有进、稳中向好”的总基调、“一体两抓三推进”工作思路、“33478”工作目标和“安全、网建、营销”三个核心工作，全力抓好“安全、稳定、发展、创新”四件大事，全面落实基础和现场管理提升年各项要求。通过不懈努力，实现各项工作平稳运行，目标任务稳步推进，发展势头持续向好的喜人成效和显著成效。

【党建工作】 年内，制订下发拉萨公司党委、纪委工作要点和党委中心组理论学习计划，各党支部组织生活会、民主生活会、党员民主评议和“三会一课”实现常态化，班子成员、各支部书记带头讲党课。在全区率先全面启动“形势、目标、任务、责任”主题教育活动，制定活动方案，利用4次集中宣讲和12次现场宣讲实现全覆盖。组织党员干部观看《辉煌中国》《厉害了我的国》等专题教育片，召开3次离退休职工座谈会。党委组织开展七一节前困难党员慰问、重温入党誓词、观看爱国影片等系列活动，团总支组织开展“五一”趣味运动会、“五四”篮球赛等活动，妇联组织开展最美加油员评选宣传活动。纳金站荣获“自治区级青年文明号”，中和站荣获“拉萨市级青年文明号”，公司团总支书记当选为拉萨市青年联合会第四届委员会委员。在原有驻村点交换的基础上，主动接收液化气、非油公司驻村任务，委派两名责任心强的站经理担任驻村工作队队长，严格落实强基惠民各项要求，推进项目落实，结合村民实际需求为两个村配备300台微耕机。积极宣传党的政策方针，注重走访调研，在精准扶贫的基础上全力维护稳定。

【网络建设工作】 年内，中石油西藏公司高度重视网络建设工作，多次召开碰头会、对接会，领导班子和部门负责人按照分片挂点到施工现场检查指导100余次，发现问题现场提出，明确责任人，限定整改时限，通过层层传递压力，确保所有项目安全平稳施工。

【队伍建设】 年内，推行公开选拔、竞争上岗，17名年轻优秀人才走上管理岗位。在西藏公司的大力支持下，先后引进其布、普珍、杨玲玲、黄文秀等4名优秀人才担任迎检站经理，加油站管理水平不断提升，其中其布当选为自治区政协委员、三八红旗手，最美格桑花，普珍被评为西藏公司优秀共产党员。部队中心加油站被评为销售公司“百名标杆站”，金珠加油站经理许剑被评为销售公司“百名功勋站经理”。全面开展师带徒工作，制订下发《拉萨公司师带徒管理办法》，截至年底，已有7名优秀人才加入导师队伍，选择对应徒弟，签订师带徒协议。制订全年培训计划，严格落实各专业线、各岗位培训，完成3人中级职称评审工作。

（陈　振）

拉萨平桥投资管理有限公司

【概况】 拉萨平桥投资管理有限公司于2015年12月正式成立，注册资本金为10亿元。公司拓宽投融资渠道，优化创新工作思路，充分发挥金融、专项建设基金等融通作用。通过过桥贷款、投贷联动等举措为拉萨市经济发展提供坚强资金保障。

【企业经营和项目实施】 2018年度公司经营收入966.7万元，投资收益1529.6万元，经营总成本3904.86万元。截至年底，企业已融资贷款为市政基础设施建设项目(属财政资金偿还债务)支付融资贷款利息为5676.09万元。截至年底，通过银行贷款为拉萨市各项产业及各类民生工程融得资金共计27.4亿元；累计获得国家发改委专项建设基金6.12亿元，为拉萨市6个产业项目的发展提供资金支持；通过实施拉萨污水处理厂PPP项目，转变举债搞建设的粗放模式，以PPP模式成功化解地方政府的存量债务6.89亿元，并且注重PPP项目本身的风险防控，实现防风险和增活力的双重目标，在促进社会资本进入公共领域、拓宽社会资本投融资渠道等方面都起到积极的作用。

【整合重组工作】 2018年，拉萨市信用担保有限责任公司与拉萨平桥投资管理有限公司进行整合重组，截至年底，已基本完成整合重组工作。

（达娃央宗）

拉萨圣地生态园林公司

【概况】 公司自2015年组建以来，牢固树立新发展理念，坚持以“五位一体”总体布局、“四个全面”战略布局为统领，深入实施“环境立市”战略，全力推进“树上山”“绿色围城”等重大生态工程项目建设，公司上下齐心协力、攻坚克难，为拉萨市园林绿化产业发展和拉萨市社会经济发展做出积极贡献。公司注册资本为11亿元。截至年底，公司累计经营收入达6.7亿元，资产总额达4.24亿元，实现净利润1.35亿元，上缴税收4130.06万元，上缴国有资本收益2135.16万元。

【项目实施】 先先后承接自治区成立50周年大庆道路绿化项目、南山高海拔山体造林绿化、拉萨鹏矗生态园绿化、柳梧新区道路绿化、经开区道路绿化、拉萨“绿色围城”等大小百余个投资约10亿元的绿化项目，截至年底，已进入管护期。南宁园博会拉萨展园已于2018年12月正式开园。截至年底，北京世园会西藏展园已完成水系工程、绿化部分。

【党建和企业文化建设】 始终坚持党要管党、从严治党的方针，聚精会神、研究谋划，抓部署推动、抓督促落实。2018年6月28日，新成立劳务子公司党支部。认真开展廉政约谈工作，每年党委书记集中约谈5次，单独约谈20余次。丰富企业文化生活，加大公司企业文化的宣传。开展庆“三八”国际妇女节、“五一”国际劳动节等一系列活动，丰富员工精神文化生活。开展军企共建工作，与武警森林部队联合开展篮球友谊赛、文艺联欢活动等，增进军民鱼水情。创作了歌曲《圣地家园》，用歌曲颂扬公司全体人员戮力同心从事生态文明建设的光辉事业，以及“树上山”项目取得的成效，进一步提高公司的知名度。编撰《拉萨鹏矗生态园生物多样性图册》，宣传拉萨市生态环境建设取得的阶段性成果。

（杜进洋）

拉萨净土文化传媒有限公司

【概况】 2018年，资产总额为3.11亿元。经营收入为8562.37万元，利润总额为1175.35万元，净利润为994.06万元。以文化及相关产业和信息化产业为主营方向，重点发展品牌节庆文化活动、影视片制作、户外广告及拉萨市信息化建设项目。

【文化产业发展】 赋予拉萨雪顿节新内涵，展现传统节日新魅力。成功举办拉萨雪顿节系列活动，隆重举行“以守护神圣国土，建设幸福家园”为主题的拉萨雪顿节文艺演出；布展以“幸福家园，嗨购雪顿”为主题的中国拉萨雪顿节名优商品交易会，布置展位达380个。组织以“行走圣湖，挑战自我”为主题的纳木错徒步大会，共吸引来自全国各地的230余名队员。号召队员们在徒步时自觉收捡个人产生和他人遗落的垃圾物60袋、约50公斤，以实际行动呼吁广大旅客爱护纳木错的生态环境。启动微博、微信“双微”平台互动及“线上雪顿”宣传推介，吸引3000余网友参与，话题总阅读量超过280万次；“我和雪顿节”有奖征文活动中共征集到近200篇作品；“看·雪顿——邀你一起过雪顿”摄影作品有奖征集活动中征集到40余幅作品。以新理念布设藏博会拉萨馆，成功承办在广西南宁举办的生态文明建设成果展。

【筹拍电视剧《金城公主》】 按照第8届市委第123次常委会会议纪要精神，融资1亿元（截至年底，到位3400万元），筹拍电视剧《金城公主》，电视剧总编剧、总导演、总策划等主创人员、故事梗概、人物分析及主题分析等内容均已确定。

【推进影视摄制活动】 为弘扬藏民族传统文化，宣传正能量，积极推进电影《蓝面具》的摄制，市委宣传部组织专家评审，剧本已修改至第五稿。为充分展示农村改革发展的巨大成就，展现乡村振兴的美好前景，凝聚加快推进农业农村现代化的磅礴力量，成功在林周县举办西藏自治区首届“农民丰收节”。自创推出西藏大型藏语配音选秀综艺节目《配音吧》，以对各类自选影视作品中的经典片段进行藏语现场配音的形式参与选拔，经过激烈角逐，共有16名选手进入到决赛，为优秀影视剧的传播提供较好的平台。制作大佛岛航拍《还看今朝·看西藏·开篇》等拍摄及60余小时素材拍摄、320余套包装素材整理等工作。

【广告项目建设】 完成2018年春节藏历新年景观装饰项目，民族运动会物料制作安装、拍摄录制，扶贫办S102线单立柱发布户外广告项目，拉萨市高校毕业生创业协会发布广告和物料制作安装项目，肉类蔬菜追溯体系推广自治区双创周活动现场策划及户外宣传项目等。

【“智慧城市”建设】 以信息化建设打造智慧城市快速发展，先后实施“精准扶贫应用平台和数据中心项目”“交警区间卡口测速项目”“雪亮工程”“公安警务信息化”“经济技术开发区基于大数据的互联网+政务服务信息化平台工程项目”“拉萨市‘精准扶贫’信息化建设项目”“拉萨市大数据中心维护技术服务项目”等。

【发挥国企“支柱力量”】 响应市委、市政府号召，做好城市宣传，义务将所属户外媒体资源作为宣传窗口。已发布户外广告共计50余次，涵盖单立柱、龙门架、LED屏幕、公交站台、人行天桥等资源。公益投入总价值630余万元。

（刘　楠）

西藏拉萨市公共安全服务有限公司

【概况】 西藏拉萨市公共安全服务有限公司前身是拉萨市金盾保安服务总公司，是拉萨乃至西藏全区唯一具备资质的安保服务企业。面向全区，为机关、企事业单位等提供门卫、守护和巡逻服务。截至年底，派遣人防保安2309人、客户645家，同时，为各类展览、展销和商业性文娱、体育活动等提供有偿安保服务，并积极响应和参与政府组织的大型公益活动和公安机关组织的维稳安保工作。

【武装押运】 为驻市银行等提供金融押运服务。现有武装押运员180人，有37辆运钞车在执行押运任务。现有武装押运员20人，配有易燃易爆危险品专用运输车17辆。截至年底，承担着高争民爆股份有限公司、葛洲坝易普力股份有限公司墨竹工卡分公司等客户的部分民爆物品等危险品的押运运输任务。成立子公司西藏域腾民爆有限责任公司，建成民用爆炸物品专用仓库，即将投入运营。

【保安培训】 为农牧区剩余劳动力及文化程度偏低等就业困难群体提供就业和提升平台，截至年底，累计培训和解决就业近2万人。2018年，已完成各类保安等培训任务8期，累计培训291人次。

【建设环保包装厂】 根据市巩固“禁白”成果工作领导小组要求，自筹资金建设的“环保包装厂”一期生产线，截至年底，已建设完成并投入试运营。

（刘　博）

拉萨市政投建设项目代建管理有限公司

【概况】 为主动适应投资工作发展的新变化、新要求，深入推进“放管服”工作，提高政府投资项目建设管理水平和投资效益，营造清正廉洁的干事创业环境，拉萨市政投建设项目代建管理有限公司于2016年9月30日正式挂牌成立，经营范围涵盖房建、市政、水利、公路交通、园林绿化工程等项目的管理、工程咨询、项目监理等业务。截至年底，公司资产总计5363万元，负债2119万元，所有者权益合计3244万元，实现营业收入3907万元，实现营业利润2012万元，上缴税金652万元，上缴财政企业资本经营收益360万元。

【承接代建项目】 截至年底，已承接代建项目共计112个，总投资约426亿元，累计完成固定资产投资约203.3亿元（其中2018年承接代建项目共计60个，总投资约225亿元，完成固定资产投资约120亿元）。截至年底，累计已完工的项目46个、正在实施的项目60个、即将开工的项目6个。

【完善公司治理结构】 完善企业法人治理结构，修改完善公司章程，把党的领导深度融入公司治理和企业经营各环节，明确党委、董事会、监事会和经理层的工作职责。完善制度建设，制定《拉萨市项目代建业务承接管理流程》《拉萨市政府投资项目代建管理中心代建项目合同书（范本合同分为全过程和阶段性两种）》和《拉萨市政投建设项目代建管理有限公司制度汇编》等各类规章制度。规范公司审计、考核工作，有效提升各部门和子公司谋求发展的竞争意识。

【党建与企业文化建设】 将党建工作纳入公司章程，扎实有效推进公司党建各项工作，2018年被市企业党工委授予“先进基层党组织”称号。明确工作目标，逐层传导压力。丰富学习内容与形式，提升政治理论水平，汇编《政治理论学习知识手册》。借助邀请专家授课、观看警示教育片、参观爱国主义教育基地、组织集中学习等多种形式强化记忆。以标准化建设为目标，不断完善机制与流程。加强党风廉政建设，先后对8名违反廉洁自律规定、不作为慢作为的当事人予以解聘。以凝聚职工力量为目标，强化企业文化建设，汇编公司季刊与年刊，及时宣传公司重要动态、重要工作部署与落实、亮点特色等，树立企业形象，展现员工风采，形成以“政为民生、投立民心”的企业发展理念。

（于凯华）

电力供应

【概况】 国网拉萨供电公司位于拉萨市当热路4号附4号，始建于1961年，2008年被国家电网有限公司确定为大型供电企业之一，现设11个职能部门，7个业务支撑机构，代管7个县供电公司。主要担负着拉萨市六县三区（林周县、尼木县、曲水县、当雄县、墨竹工卡县、城关区、堆龙区、达孜区）和山南市部分区域（贡嘎县空港新区）的供电任务，供电面积约3.1万平方公里，电力客户10.43万户，供电人口90.25万。共有在职员工529人。

2018年，国网拉萨供电公司上下深入学习贯彻习近平新时代中国特色社会主义思想，坚决落实国家电网有限公司党组、国网西藏电力有限公司党委和拉萨市委、市政府决策部署，扎实推进“一六八”新时代发展战略和“三步走”战略，深入实施“奋进三年·全面进位”追赶行动，真抓实干、攻坚克难，各方面工作取得显著成绩。完成固定资产投资2.57亿元，其中电网投资2.01亿元；完成售电量34.84亿千瓦时，同比增长20.2%；综合线损率8.93%，同比下降0.63个百分点；95598供电服务热线和12345市民服务热线共接单17857单，接派单及时率和到达现场及时率均为100%；圆满完成藏博会等重要保电任务390次。连续两年获得国网西藏电力有限公司企业负责人业绩考核A级。

【电网建设与发展】 年内，加强规划引领，完成“十三五”配电网规划报告滚动修编、拉萨市城市电网可靠性提升工程建设规划报告和“十三五”通信网滚动规划报告的编制工作。圆满完成110千伏城东变电站改造工程，完成110千伏柳梧变电站主变更换。加快推进户表工程建设，着力解决10千伏线路重过载问题。强化项目过程管理，持续推进基建微现场管理，首创的360现场安全系统在全区新开工项目全面推广应用。基建改革12项配套措施通过国家电网有限公司验收。高度重视项目结决算管理，完成110千伏聂当输变电工程等87项工程结决算工作。纳金110千伏变电站等3项工程

2018年6月，国网拉萨供电公司运维检修部输电运检二班等3人在防洪度汛期间巡视110千伏柳西双回输电线路

被国家电网有限公司评为“达标投产工程”。建成投运变电站1座，变电站容量126兆伏安，线路总长0.22公里。

【安全生产】 年内，坚决贯彻上级安全工作部署，着力提升本质安全水平。健全安全生产投入保障机制和激励机制，编制4类233条覆盖全员的安全责任清单，完成年度安全生产述职。开展“三道防线”专项核查整治，建设继电保护区地一体化整定计算系统。完成应急能力建设评估，开展大面积停电等应急演练6次。落实电网运行风险预警闭环管控机制，全面实施风险超前分析和流程化管控，全年发布风险预警24项。健全隐患排查治理常态机制，扎实开展“六查六防”等专项行动，排查整治隐患缺陷311项，梳理安全生产问题29项。高度重视触电隐患排查治理，全年未新发生触电人身伤害案件。《拉萨市电力设施保护实施办法》于11月30日颁布实施。常态化开展《安规》培训普（调）考工作，全年组织开展安规培训4期，累计参培人员500余人次，在国网西藏电力有限公司安规调考中平均成绩位列供电公司第一名。完成达孜、墨竹公司安全性评价工作，夯实农电安全生产基础。开展创建清朗有序网络空间专项活动，确保网络信息安全。全年未发生七级以上人身、电网、设备、交通消防和网络信息安全事件，安全生产天数达1454天。城市供电可靠率99.41%，高于年度指标0.11%；城市综合电压合格率达到99.75%，高于年度指标0.15%。

【营销服务】 年内，坚决贯彻党中央脱贫攻坚决策部署，始终把脱贫攻坚作为第一政治要务，全年累计投资2715万元，为14个扶贫搬迁点千余户搬迁居民提供可靠便捷的供电服务。贯彻落实国家一般工商业降低电价政策，工商业用电成本平均降低11.8%。配合开展转供电环节加价清理规范工作，实现新建小区和扶贫搬迁点一户一表，累计为11479户居民平均节约用电成本20%以上。积极配合市政重点工程建设，规范35千伏及以下线路迁改机制，完成109国道电力迁改和19条道路临时迁改任务。扎实推进让人民生活更美好八大服务工程，全面落实优化营商环境工作部署，高低压平均接电时间压缩至80天和15天，投资分别压降30%和90%以上。完成供电服务指挥平台建设，开发手机APP应用，实现抢修业务全过程在线管控，接派单及时率、抢修到达现场及时率均实现100%。深化“互联网+营销服务”，低压业扩新装线上办理全覆盖，线上缴费17.76万余笔。持续治理频繁停电，开展带电作业131次、零点检修23次，10千伏配网故障停电同比减少122条次，户均停电时间减少1.67小时。努力增供扩销，新增高、低压客户11497户，新增容量59.92万千伏安，完成替代电量1.6亿千瓦时。率先推行购电制改革，实现低压客户费控全覆盖，实施高压费控改造275户。联合公安、媒体开展反窃电专项行动，加大用电稽查力度，累计追补电量617.3万千瓦时，追补电费536.6万元。同期线损系统内合格台区425个，台区线损合格率同比提升54.75个百分点。整改销号新发现和历史遗留问题84项，清理往来款项754.03万元。持续推进县公司管理提升活动，全面规范人财物集约化管理，县公司售电量、线损率、电费回收率等关键指标显著提升。

2018年4月，拉萨突降大雪，国网拉萨供电公司抢修人员巡视排查配网故障

【改革创新】 年内，深化营配末端融合试点，在堆龙公司开展“全能型”班组建设和老城区成立营配末端融合班组的基础上，进一步厘清职能部门和业务实施机构职责界面，推行“供电服务经理制”和网格化管理、片区化服务模式，成立城区供电服务中心，片区抢修到场时间、投诉率、配网故障率等指标得到大幅提升。优化调整物资、建设等部门职能，成立物资部和项目管理中心，专业化管理水平显著提高。完成供电服务指挥中心方案编制上报工作。推进“三项制度”改革，深化全员绩效管理。积极推进县公司直管试点，完成堆龙、达孜公司产权划转可行性研究。创新工作取得新突破，高海拔铁塔综合在线监测系统取得国家专利，其他4项已通过审核受理，“双高地区智能降阻新型接地网的研制”获得国家电网有限公司第四届青创赛银奖。

【党建工作】 年内，深入开展习近平新时代中国特色社会主义思想和中共十九大精神大学习活动，累计组织开展集中学习、主题党日活动92次，实现学习宣贯全覆盖，干部职工“四个意识”得到进一步筑牢，干事创业的信心和决心进一步坚定。扎实推进“旗帜领航·三年登高”计划，开展标准化建设，压紧压实各级党建责任，党建工作“四化”问题基本消除，党支部战斗堡垒和党员先锋模范作用进一步发挥。开展党建联建活动，与苏州公司、那曲公司签订结对创先协议，配合江苏公司完成援藏干部之家建设。严格落实“三重一大”集体决策制度，修订完善决策议事规则。严格执行选人用人标准程序，交流提拔科级干部30人次，晋升岗位52人次。累计开展培训34期，参培人数2100余人次，干部职工队伍能力素质进一步提升。举办领导讲企业文化、讲班组建设课堂，组织劳模宣传月、道德讲堂活动，创建班组文化园地，改善职工生产生活条件，塑造“同心同德、同频共振”的良好氛围，干部员工向心力、凝聚力、执行力进一步增强。全面贯彻落实从严治党有关要求，高质量完成国家电网有限公司党组巡视配合及整改工作。

（巴桑卓嘎）

开发区·工业园区

西藏空港新区

【概况】 西藏空港新区总面积378平方公里，规划面积89平方公里，距离拉萨市56公里，山南市107公里，贡嘎县城9公里。毗邻区内最大军、民两用航空港—拉萨贡嘎机场，所在地海拔3600米。101省道横贯其中，交通方便，信息灵通，物产丰富，素有西藏“窗口”“门户”之称。空港新区下辖甲竹林镇和6个村（居）委会（甲竹林居委会、沃拉居委会、朗杰林居委会、新村村委会、甲日村委会、甲日普村委会），31个村民小组，共2182户，总人口8153人。共有中心校2所，双语幼儿园3所，教学点3个；寺管会1个，寺庙3座；1所卫生院，5个村级卫生室；1个派出所，1个空港便民警务站，1个机场到达口检查站，1个交警大队。

【经济发展】 2018年，实现地区生产总值2.34亿元，同比增长10.6%，年度任务为2.33亿元，完成年度任务的100.4%；实现全社会固定资产投资额20.18亿元，同比增长18.3%，年度任务为20.1308亿元，完成年度任务的100.26%；实现社会消费品零售总额3580.461679万元，同比增长13%，年度任务为3580.221669万元，完成年度任务的100%；实现农牧民人均可支配收入19058.51元，同比增长15.21%，年度任务为18857.88元，完成年度任务的101.06%。

【党建工作】 年内，召开党风廉政专题学习会议5次，召开政治纪律教育动员部署会议12场次440人次；制定实施方案11份、学习计划11份；支部书记讲党课12场次582人次；集中宣讲3场次102人次；向广大党员领导干部发送廉政提醒短信200余条，党员干部撰写心得体会102篇；撰写个人剖析材料117篇，67名党员在专题组织生活会上开展批评与自我批评；上报简报信息52期。强化政治纪律教育，落实党风廉政建设责任，深入开展“不作为慢作为”专项整治工作，及时进行“回头看”，自查梳理问题114条，涉及13个部门。

【指定口岸建设】 年内，拉萨进境冰鲜水产品、水果指定口岸建设项目总占地面积约216亩，投资14亿元，建成后，正常运营年均收入3.24亿元，净利润9924万元，可提供专业服务岗位300个以上。截至年底，指定口岸建设前期的实地调研、可研报告审核、具体方案设计等相关准备工作基本完成。

【招商引资】 年内，新区积极开展招商引资工作，引进太阳能光伏电站、指定口岸、甲日沟文创旅游小镇、西藏经港国际大融城、污水处理厂、佰翔天厨食品加工、空港新区标准五星级酒店、空港新区二级甲等医院等项目，已签订意向协议的项目共6个，累计投资89.27亿元。

【社会治理】 年内，空港新区开展防汛抗旱工作。2018年8月，辖区遭遇大暴雨和强降水灾情，农作物、房屋、渠系受损严重，空港新区投入专项资金30余万元开展防汛工作，使用装载机4辆、挖掘机2辆、大型货运车41辆。协调市水利局解决编织袋30000条，铅丝笼30卷，手电筒12个，探照灯3个，救生衣150件。及时搭建民政救灾帐篷8顶，发放毛毯8条，棉被8条，钢丝床8个。及时兑现受灾群众生活补助款47万元。开展安全生产工作,开展综合执法检查工作共140余次,发现安全隐患3起,停工1起。

【脱贫攻坚】 4月23—28日,自治区脱贫攻坚指挥部委托的第三方评估机构及考核验收组对空港新区脱贫攻坚整体成效进行考核评估。空港新区原建档立卡贫困户267户878人达到“两不愁、三保障”标准。考核评估报告显示,空港新区“综合贫困发生率0.27%、贫困人口错退率为零、漏评率为零、群众满意度达到100%,6个贫困村(居)全部达到退出标准,脱贫攻坚取得决定性进展。”2018年12月20日,西藏自治区公示脱贫摘帽县(区)名单,空港新区纳入到贡嘎县中一起宣告脱贫摘帽。

【社会事业】 2018年,甲竹林镇农村合作医疗参保人员7335人,占全镇农牧民人口的99%,共筹资218880元(其中建档立卡贫困户860人,107740.94元);门诊医疗费报销1052户,775053.6元,其中建档立卡贫困户门诊核销84824.41元;住院报销158人,1312460元。年内,空港新区全力推进包虫病和“两病”综合防治工作。包虫病系统录入7887人,手术治疗1人,药物治疗3人,“两病”筛查人数共5973人,其中筛查出结核病疑似人员21名(已确诊2名),风湿病患者310人。2018年兑现农村低保资金1474764.98元,寿星老人247800元,残疾人两项补贴723600元,临时救助30000元,特困人员供养资金409500元,特困人员护理补贴5600元,医疗救助140人395827.3元,共计兑现资金2871992.28元。年内就业形势趋于良好,实现新增就业420余人,就业困难群体70余人,失业人员再就业130余人,组织实施农牧民转移就业培训7班次335人。

【生态环保】 年内,空港新区组织环保专题学习会议共9次,开展环境卫生检查工作6次,环境卫生清理工作4次。开展未批先建违法违规清理检查工作5次,发现未批先建项目1家。年内实施造林绿化项目共计5项,总投资5139万元。空港新区甲竹林镇甲日普村花木果林种植项目,项目总投资3876万元,年内已完成种植。实施重点区域生态公益林建设工程,项目总投资510万元。大力实施防沙治沙项目,总投资共685.24万元。

(赵　丹)

拉萨经济技术开发区

【概况】 拉萨经开区于2001年经国务院批准成立,是全国第47家、西藏自治区唯一一家国家级经济技术开发区,是国家工信部批设的全国新型工业化产业示范基地,是拉萨中关村科技成果产业化基地、国家循环经济示范园区以及全国净土健康产业知名品牌创建示范区。拉萨经开区东临拉萨市主城区,西接青藏铁路货运总站,南眺拉萨火车站,北连堆龙新区,青藏公路、拉萨西环线、中尼公路穿区而过,距市中心9公里、拉萨贡嘎国际机场45公里。总规划面积5.46平方公里、分A、B两区。其中,A区作为首期开发建设用地,属建成区,B区开发建设全面展开,完成“七通一平”等基础设施建设,已经满足企业投资建设的条件。国家商务部对全国219家国家级经开区综合发展水平考核结果显示,拉萨经开区2016年、2017年连续两年排名前80位,居于全国中上游水平。2018年,荣获拉萨市全国文明城市“三连冠”先进单位、拉萨市脱贫攻坚特别贡献奖、自治区创先争优强基础惠民生活动优秀组织单位等殊荣。

【党建工作】 年内,拉萨经开区牢固树立抓好党建是最大政绩的理念,坚决扛起管党治党政治责任,充分发挥党工委把方向、谋大局、定政策、促改革、抓落实的领导核心作用,以良好政治生态推动经济社会持续健康发展;严格遵守党的政治纪律和政治规矩,严格执行新形势下党内政治生活若干准则,严格落实中央精神和区市党委的决策部署,提高政治站位、强化政治担当,修订完善28项规章制度,其中完善《党工委议事规则和“三重一大”事项范围及清单》《党风廉政建设“一岗双责”工作制度》等制度12项,出台《严格落实基层党建工作责任制度》《国有企业投资项目实施管理办法》等制度文件16项,以钉钉子精神推进巡视整改工作。以领导班子带头学、局室支部集中学、专家教授讲解学、干部职工自觉学等方式,党工委理论中心组带头学习10次、邀请专家教授讲课3次,带动各局室、国有企业开展学习80余场次,强化广大党员干部对习近平新时代中国特色社会主义思想的学习。种好“责任田”、打好“主动战”、唱响“主旋律”，牢牢掌握意识形态工作的领导权、主动权。优化设置机关第一至第五党支部、充实完善公安局党总支机构，报请市委批准成立拉萨经开区税务局党委，压实派驻机构双重管理的党建责任。选举产生德吉康萨社区党委班子，建起战斗堡垒、夯实执政基础。以“单独建”“联合建”“挂靠建”等方式，在6家国有企业设立12个党支部、54家非公企业设立33个党支部，实现园区企业党组织全覆盖。按照“控制总量、优化结构、提高质量、发挥作用”总要求，成熟一个、发展一个，截至年底，共有党员669名（机关136名、国企265名、非公企业268名），全年吸收入党积极分子84名；以“党员干部进村进企、结对认亲交朋友”为载体，深入田间地头、企业车间，了解民情、知晓企意，帮助解决群众困难、企业发展难题；研究制定《中共西藏拉萨经济技术开发区工作委员会贯彻落实中央八项规定实施细则和区市党委实施办法精神的办法》，明确界限、划定红线。

【制度建设】 年内，出台《关于深入贯彻落实党的十九大精神加快推进拉萨经开区转型升级创新发展的意见》，提出建设党建坚强、经济繁荣、全面开放、生态优美、平安和谐、幸福共享“六个新经开”工作目标。加强管委会部门内控机制建设，明确权责体系、规范权力运行，防范和减少风险，形成完备的制度保证。

【经济发展】 年内，拉萨经开区坚持把发展作为第一要务，按照高质量发展要求，全面深化国有企业改革，加快国有经济布局优化、结构调整、战略性重组，促进国有资产保值增值，推动国有资本做强做优做大。管委会共有经开投、中开藏域、顶立建设、人力资源4家国有企业，业务涉及项目投资、园区开发、工程建设、市政服务、城市服务、人力资源等领域，国有企业资产突破150亿元。特别是国企经营、投资稳定、交通便捷、配套齐全，共455个商铺的西藏拉萨建材交易中心正式营业，成为立足西藏、辐射南亚周边地区的多元化建材集散地，也是西部地区占地面积最大的综合性建材市场。“双创”深入推进。以建设“全国净土健康产业知名品牌示范区”为契机，引导企业重质量、讲诚信、树品牌，拥有驰名商标4件、著名商标8件，商标总量为2323件。2018年共实现地区生产总值80.25亿元，较2017年同期增长9%；税收收入75.24亿元；财政收入31.73亿元，增长9.3%；实现规模以上工业总产值30.07亿元；规模以上工业销售产值29.19亿元；全社会固定资产投资增长28.8%，完成社会消费品零售总额18.86亿元，增长14.3%。

【招商引资】 年内，拉萨经开区坚持把发展经济的着力点放在实体经济上，突出招大招强招实，在投资规模大、科技含量高、产业链条长、就业增收带动能力强的企业上下功夫，通过“走出去”与“引进来”相结合，成功引进顺丰速运等10余家国内500强企业，国药集团、九瑞健康等一批关联度大、带动性强的国内行业龙头企业。制定《拉萨经开区转型升级创新发展产业扶持专项资金管理规定（试行）》《拉萨经开区专项资金实施细则》，从支持先进制造业、企业改造升级、开放创新、争创品牌、企业上市等方面加大对实体企业的扶持力度，入园企业质量大幅提升，

2018年6月25日，尼泊尔外交部联邦事务和总行政官员在拉萨经开区考察交流

2018年7月25日，西藏自治区"证照分离"改革试点在拉萨经开区启动

"四上"企业达到60家。积极采取不主动引入、不欢迎注册、不给予支持的"三不政策"，依法清理僵尸企业200余家，做到控制增量；积极探索存量招商新模式，推动虚拟经济向实体经济转变，在存量注册企业里挖出增量实体企业30家，做到消化存量。以融资担保公司为平台，加大对园区实体企业的扶持力度，着力解决融资难、融资贵问题，累计担保金额13290万元，累计担保客户21家、担保26笔。2018年完成招商引资到位资金66.3亿元，增长56.33%。经过努力，实体工业制造类企业从2015年70余家增长到223家，工业增加值较2014年增长65%，工业总产值较2014年增长63%，实体企业财政贡献率由2015年的5%增长至2018年的60%以上。全年新增注册企业814家，下降22.54%。新增注册资金383.87亿元，增长14.6%，注册资金集中在大企业、实体企业上。园区累计注册企业5491家，累计注册资金2917.69亿元。

【园区建设】 年内，拉萨经开区按照对接引进一批、谋划储备一批、开工建设一批、竣工投产一批"四个一批"要求，对前期项目抓落地、开工项目抓保障、在建项目抓进度、建成项目抓投产，全力以赴推进项目建设。全年开工项目41个、完成投资48.18亿元。同时，有效统筹国际、国内两个市场，不断加大对外开放平台建设。采取申报、建设、招商、运营"四位一体"工作方法，大幅压缩项目申报建设工作周期，全力推进拉萨综合保税区申报建设各项任务，申报材料通过国家八个部委"第二轮"联审，"八通一平"基础设施全面展开，海关联检大楼主体封顶，中京兆绒、华诚实业已进入落地实施阶段。深化与南亚国家在管理、资本、人才等方面的合作交流，2018年9月一期项目通过国家发改委备案。在北京、上海、深圳、南京、成都五地建设6个区外产业交流中心，北京亦庄中心企业入驻率达70%，成都高新中心租赁达成率50%以上，成为全国优秀企业进入西藏的窗口和本土企业进入其他城市的通道，得到商务部的肯定表扬。开工建设顺丰电商产业园，为西藏全区特色产业、电商、冷运等行业加速发展提供快捷、高效的物流服务，降低全区招商入驻企业的物流成本。福地瓶坯瓶盖等一批天然水产业配套项目落地实施，促进产业集群发展。加快推动以产促城，持续完善城市商业配套，奇圣大厦、海鑫国际等一批商业综合体加快上马，一号公馆、香缇湾等多个房地产开发进展迅速，为完善配套服务、强化基础设施提供重要支撑。

【改革创新】 年内，拉萨经开区持续巩固"放管服"改革成果，在全区率先开展"证照分离"改革试点，统筹推进"证照分离"和"多证合一"改革，加强事中事后监管，为全区全面推开"证照分离"改革工作提供可复制可推广的经验。加快"互联网+政务服务"平台建设，开通运行OA系统和网上办事大厅，建立招商引资服务中心，高效服务企业。每年列支预算600万元，用于招商引资、企业一条龙服务。大力推行服务"零距离"、担当"零推诿"、办事"零延误"、落实"零折扣"、问责"零容忍"工作法，对企业开展全程式跟踪、提供一条龙服务、实行一站式办结。以"创新创业、创业孵化、产业集聚、示范带动、协调发展、综合服务"为发展方向，分别投资10.5亿元、5.7亿元，建成建筑面积为21万平方米的工业中心，东盛广誉远、吉祥粮、峰美印业、力透玻璃、恒晟医疗、丹圣药业、卫士康药业等30余个实体企业完成入驻；建筑面积为7万平方米的"双创"中心，今日头条、麦佳文化、路威科技等30余家企业实现入驻。建成全区首个弥散式供氧人才公寓231套，实现"拎包就可入住"。博士后工作站获人力资源社会保障部、全国博士后管委会批准，成为西藏首家国家级园区类博士后科研工作站。

【民生事业】 年内，拉萨经开区按照全区、全市脱贫攻坚工作统一部署，投入资金4.3亿元，建设精准扶贫安居房974套，持续完成尼木、当雄、堆龙、芒康、贡觉5个县区3000余名群众搬迁入住，有效解决搬迁群众"上学难""看病难""出行难""就业难"等问题，做到"搬得出、留得住、富得起"。始终坚持把促进就业作为保障和改善民生的头等大事，以发展产业增就业、以推动创业带就业、以加强培训促就业，并出台《拉萨经开区驻区企业吸纳易地扶贫搬迁群众就业补贴实施细则》，对企业予以就业补贴，各类企业用工人数达到16500余人，其中西藏籍6500余人、高校毕业生2600余人，较2017年新增就业3000余人。全面落实市委、市政府决策部署，全力推进对口帮扶尼木工作，加快经开区·尼木产业园建设，投入300万元购置饮用水净化设备，无偿捐赠给尼木县。支持林周县北部三乡农村住房安全保障资金3275万元，支持尼木县尚日村、山岗村脱贫攻坚专项资金612万元，支持拉萨滨河路项目建设资金18亿元，已拨付5.5亿元，利用三年时间支持3000万元帮助空港新区加快发展，真正用实际行动让全市各族人民更多享受到经开区经济发展的丰硕成果。推广使用新能源电动汽车，建设全区首个新能源汽车应用示范区，在园区开通免费便民服务班车。牢固树立绿水青山就是金山银山、冰天雪地也是金山银山的理念，把生态保护作为底线、红线、高压线，对污染型、破坏资源型、有重大环境隐患项目坚决做到"三个不要"，从源头上严格环保准入门槛和环评审批程序，确保项目质量。坚持"管行业必须管安全、管业务必须管安全、管生产经营必须管安全"原则，开展安全生产大检查、大排查、大整治专项行动，落实安全教育培训、隐患排查整改、安全监管监察等工作，深化道路交通、建筑工地、燃气管道、危险化学品、特种设备、消防等重点领域、关键部位安全专项整治，确保安全生产事故"零发生"。特别是投入资金近400万元，建设食品药品检验检测平台，填补经开区历史上没有食品药品检测平台的空白，补齐产品分析检测、食品安全检测、药品质量检测的短板。

（张久成）

柳梧新区

【概况】 "柳梧"为藏语音译，意为"山岩角"，因柳梧宗政府驻地建在境内一座山岩上而得名。柳梧新区属高原温带半干旱季风气候，平均海拔3700米，历史最高温度29度，最低温度-17℃，年平均气温7度，年均日照数3012小时，年均降雨量470毫米，无霜期为130天左右。原生植被主要以藏青杨、银白杨、北京杨、柳树、沙棘等为主，现已扩展至雪松、油松、樟子松、左旋柳、日本晚樱、红梅、红叶碧桃、紫薇、西府海棠、垂丝海棠、树状月季、黄刺玫、红叶李、榆叶梅、连翘、贴梗海棠、千枝柏球、万年青、侧柏等。新区开发前经济以农业为主，林牧业为辅，现经济以现代服务业为主，高原生物、电子商务、清洁能源等为辅。柳梧新区代管1个乡5个村(居)，总土地面积为305平方公里，总人口6万余人，其中农业人口5000余人，城市人口5.5万余人，有卫生院1个，村(居)级卫生室4个，初中1所，小学2所，幼儿园4所，市属高中1所，寺庙5座，一级检查站1个，铁路护路19公里。

2018年，新区完成地方财政一般预算收入11.39亿元，同比增长30.14%，完成目标任务的124.26%；完成各项税收32.44亿元，同比增长27%。实现招商引资到位资金61.09亿元，同比增长10.21%，完成目标任务的101.82%；完成地区生产总值31.57亿元，同比增长10.1%；完成固定资产投资同比增长39%；完成社会消费品零售额11.36亿元，同比增长14.2%，完成全年目标任务的101.52%；完成农牧民人均可支配收入14080元，同比增长11.58%。全年新增注册企业1700余家，累计注册企业超过6000家。上市挂牌企业达23家，高新技术企业达13家，年内获批专利数达79件，引进行业五百强企业2家、世界五百强企业1家。

【党建工作】 年内，结合脱贫攻坚成效稳固、全域旅游打造、基层组织活动场所标准化建设、"五有五好"村镇创建等，发挥工会、妇联、团委等群团组织作用，深入农牧民群众院间田头，与群众促膝长谈、交心交友，传达习近平总书记的重要论述、了解基层群众所思所想、理清增收致富发展思路。以理论学习中心组、“两学一做”学习教育常态化制度化学习、“四讲四爱”主题教育实践、政治纪律教育等系列活动为抓手，通过邀请专家授课、观看爱国影片、在线理论测试、印发红色书籍、集中学习研讨等多种方式，引导党员群众像学习毛主席语录一样学习习近平新时代中国特色社会主义思想，累计组织理论中心组学习12次、“两学一做”学习教育周学习例会32次，“四讲四爱”主题教育实践活动208场，撰写心得体会500余篇，党员干部人均自学达150学时，笔记达15000字以上。建立完善限时办结制、目标责任制、联合工作制、联席会议制、信息报送制、自查自评制、车辆管理制、专班推动制、定期调研制、领导承诺制等10余项行政管理制度；完成1批次的科级干部轮岗，提任1名科级干部，派30余名业务熟练、表现突出的行业干部赴其他省市跟岗学习培训。43名入党积极分子顺利结业，18名党员成功发展，改设党总支1个，新建基层党支部20个，向106家非公企业派遣党建指导员，建立定期指导、动态审查等机制，规范基层组织生活秩序；达东村被评为自治区级党建示范基地，名列全国第五批传统古村落名录，“柳梧蜂巢+创新中心”正积极申建市级楼宇优秀党支部。

【新兴产业】 年内，聚力培育大数据云计算、生物医药、金融服务、软件信息等产业集群，研究制定促进实体企业、自主创新、科技金融、梯度培育、双创载体等发展壮大的专项政策，设立5000万元的风险补偿基金，2000万元的天使引导资金和500万元的创新券，截至年底，已受理风险补偿基金贷款申请2笔，共计200万元。通过政府优先采购等方式扶持小微企业，利用柳梧初中开学、日常设备采购、扶贫安置小区装修、“柳梧蜂巢+创新中心”打造以及初创型企业培训等契机，购买双创企业产品595.7万元，确保新兴产业初创期良好发展、健康运营。

【招商引资】 年内，借助雪顿节、藏博会契机，签约招商引资项目15个，协议资金61.63亿元，其中，江苏康缘、北京佰才邦已正式落户，纳龙建材、明森矿业已开工建设；开投置业公司、昭杨信息、国盛投资等正在加快推进项目前期手续。组建“走出去”招商引资团，先后赴成都、北京、江苏、上海、深圳、重庆等地开展招商引资、企业回访等活动，重点走访江苏康缘、一汽凌源、猪八戒网络、滴滴打车、oppo、vivo、新希望集团、北大方正、清华紫光等30余家企业，覆盖生物医药、互联网数据、零件制造、新能源利用、影视传媒、人力资源管理、生态环保、网络服务、移动数据、金融管理等领域。同时，在北京和上海建立创新创业实践基地，增强投资柳梧的宣传力度，吸引更多的企业家到西藏实现梦想。

【重点项目】 年内，柳梧初中、邦嘎隧道、区妇产儿童医院、宁算数据中心、柳梧双创广场等80个重点项目开复工，其中民营投资项目15个，完成投资16.81亿元，国有投资项目65个，完成投资56.62亿元。宁算科技集团、藏诺药业、江苏康缘、华东水电、区科技创新园、华为西藏实训基地等项目已陆续完善前置手续、开工建设，尚阳能源、中卫默克、飞龙航空、馍啦食品、佰才邦科技、昂彼特堡能源等11家企业已确定入驻标准化厂房。

【双创升级】 年内，投入1.35亿元举办创业创新大赛、打造双创展示平台、完善双创基础配套服务以及鼓励双创企业集聚发展；搭建领先全区的创业创新服务平台15个，其中N·次元众创空间被认定为国家级备案众创空间，北创营众创空间被认定为自治区级众创空间。柳梧蜂巢+创新中心先后引进创业黑马、优客工场、青科会、南开大学西藏创业创新基地、大学生创业园、西藏电商科技孵化园、新型智慧城市原创软件工程研发中心等创业创新孵化平台，新区已形成孵化器、加速器、产业园的全产业孵化链条。成功获批全国第一批科技资源支撑型特色载体开发区、2018年中国产学研合作创新示范基地，在“创响中国”系列活动总结暨成果展示活动成都分会场上与全国双创建设优质团队交流经验、共谋未来。7月28日，国务院总理李克强在新区考察调研高原双创，当场给予新区“柳新花明双创村，梧桐招来金凤凰”的高度评价。11月23日，拉萨市技术产权与人才交易市场在新区国际总部城正式揭牌成立，将为企业提供技术产权交易、科技成果转化、科技中介服务、财产权保护及搭建起科研院所与市场双向互动的服务平台，填补西藏在技术市场建设方面的空白。

【民生改善】 年内，联合美团开展"取餐看证"活动，查处无证经营19家，现场指导整改19家，下发整改意见书12份，出动执法人员50余人次。检查药店8家96次，现场指导整改1家，出动执法人员200余人次。累计派遣450余名教师参加继续教育培训、教学技能大赛、职称评审等，其中2名教师荣获全市赛课第二名，7名教师顺利通过教育学、心理学测试，16名教师通过中初级职称的业务和政治测试。柳梧初中于2018年8月17日正式开学，已选调教师38人（含江苏援藏教师4人），首批招生达279人。西藏技师学院12月11日正式奠基，柳梧新区形成完善的幼、小、中、高、大全覆盖的教育链条。

【脱贫攻坚】 年内，新区建档立卡贫困户人均可支配收入已从2015年的2596.23元增长到2018年的10653.6元，且先后通过拉萨市脱贫摘帽初审考核、自治区第三方评估和国家脱贫摘帽考核验收，已退出贫困行列。康乐小区已安置曲水县、昌都"三岩"片区搬迁群众238户730人，引导搬迁群众通过铁路护路、保安保洁、联动执法、物业后勤等方式勤劳致富，全部实现"一户至少一人就业"目标。与西藏阿妈啦手工业发展公司联合创建德阳村民族手工艺技能培训基地，培训毛毯、氆氇编织及藏装裁缝等传统手工艺技能，已进行手工艺品试生产。扶持建设规模经济林、环保商混站、加气砖厂、藏鸡养殖场、牦牛养殖场、休闲钓鱼场、特色林卡带等增收项目，为农牧民群众就近就便就业和农牧业的产业化、生态化、规模化发展营造生态、奠定根基。同等条件下，优先将200万元以内的建筑施工类项目交予有相应资质的农牧民施工队实施，鼓励群众主动参与新区开发建设，实现改革发展成果人民群众共享。

【生态文明】 年内，配套生态治理专项经费1400余万元，清理破旧广告、横幅890余幅，清洗更换繁华区域垃圾桶1160余台，城区机扫率提升至86.5%，年清运垃圾达18000余吨。投资4600余万元实施梅园二期绿化、领悦公馆西侧绿地景观绿化，投资3045万元实施"绿色围城工程"，开展"树上山"建设项目，实现山体造林60余亩。投入165万元聘请60余名贫困群众全年养护机场高速柳梧段两侧防护林。投入296万元实施全民义务植树，种植各类苗木5000余株。在莱组小区内补种补植云杉、油松、沙杏、山枣240余株，巩固"无树户"消除工作成果。率先探索新型污水处理模式，实施柳梧新区污水处理厂一体化工程，处理后污水水质可达到一级A类标准。聘请第三方专业技术服务机构全程参与、指导柳梧新区全国第二次污染源普查，共清理整治工业污染源、农业污染源、生活污染源、集中式污染治理设施、移动源等五类污染源147个。全面开放景观水系公园、桥头公园、梅园、噶琼祖拉康公园等，供群众游玩休憩，聘请专业团队维护公园绿植，营造绿色、轻松、优雅的公园生态。

（崔鹏飞）

文化旅游创意园区

【概况】 2018年，西藏文化旅游创意园区管委会健全完善"限时办结"工作制度，重点对办文环节按照紧急程度严格执行限时办结制，确保各项工作均能按照上级要求的时限，高质量高标准完成。同时为进一步加大"限时办结"工作的督查，园区党工委管委会严格落实责任追究制度，对于超时办理，无故拖延，敷衍塞责，推诿扯皮，反馈信息、上报办理结果内容失实，情节恶劣、造成不良影响的，将责成有关人员作出检查并对其进行通报批评、诫勉谈话、组织处理和纪律处分。发现重大决策部署落实中存在失职渎职、违纪违法等情形的，将严肃追责；园区党工委管委会始终严格执行中央八项规定及实施细则，持之以恒推进作风建设，坚持不懈纠治"四风"，以市委巡察为契机，整改立行立改问题14条，在党的政治建设、党的思想建设和组织建设、党的作风建设、纪律建设和夺取反腐败斗争压倒性胜利等3个方面存在的11条问题，召开专题民主生活会1次，群众满意度测评会1次；严肃党内政治生活，在党内政治生活中经常接受政治体检。严明政治纪律，严格遵守反分裂斗争纪律，在维护祖国统一、维护民族团结、反对民族分裂等大是大非问题上，始终做到旗帜鲜明、立场坚定、认识统一、表里如一，坚决杜绝“两面派”“两面人”。

【党建工作】 年内，区管委会机关党支部换届选举，在上一届配备书记、组织委员、宣传委员等3名支部委员的基础上，增设副书记1名、纪检委员1名，新一届支部委员会进一步完善党费收缴、“三会一课”、主题党日活动、党员管理、党内监督等制度，为充分发挥基层组织战斗堡垒作用奠定基础；为加强领导班子思想政治建设，提高领导干部的政治理论素养和驾驭全局的能力，带动和促进机关中层以上干部学习，构建学习型机关，由党政办牵头制定“理论中心组”学习制度，截至年底，开展12次学习，重点学习习近平新时代中国特色社会主义思想、党的治藏方略、生态文明建设、安全生产管理等方面的内容，形成学习报告12篇；严格按照年初制定的“两学一做”学习计划，认真落实职责分工，采取灵活多样、务实管用的方式，组织党员搞好学习教育，立足岗位尽职尽责，确保学习教育与中心工作两不误、两促进。2018年，园区召开“两学一做”学习教育活动相关座谈会议39次，制定实施方案1个，制定学习计划1个，制定督导方案1个，发放学习教材50余种，发放宣传资料132份，召开支部学习讨论共39次，开展讲党课活动共4次，观看爱国主义教育影片2次，实地参观爱国主义教育基地3次。在市委组织部的高度重视下，慈觉林村村级组织活动场所已按照基层组织标准化建设“九有”要求，完成主体建设和内部装修，通过上级组织部门验收，并成功投入使用。认真组织开展迎“七一”系列活动。由党工委牵头，紧紧围绕“不忘初心、牢记使命”主题，组织园区下属5个基层组织，认真统筹部署，分阶段组织开展“七月读书”“四讲四爱”“书记讲党课”“重温入党誓词”“优秀组织、优秀党员评比表彰”“趣味活动”“结对帮扶”“学习党章、党规、党纪”等主题活动；建立健全工会、共青团和妇联组织，推动园区党建工作与群团工作有机结合，在推进党建阵地建设过程中，坚持把工会、共青团和妇联组织活动场所作为重要组成部分，实现党群服务中心、党员活动室、远程教育学习室、团员活动室、“妇女之家”等活动场所的共建共享。积极为群团组织搭建活动平台，开展丰富多彩的活动。开展“我们的中秋.我们的节日”等党建带群建活动11次，参与人数120余人/次。

【党风廉政建设】 年内，园区党工委加强改进党风廉政建设和反腐败工作，持之以恒落实中央、区、市关于改进工作作风、密切联系群众和加强勤政廉政各项规定，坚持不懈纠正“四风”，围绕管理促改革，严明党的纪律，强化对领导干部和权力运行的监督制约，持续加大惩治和预防腐败力度，推进园区管委会反腐倡廉建设取得新成效，组织管委会全体党员开展各类党风廉政专题学习会议6次，党工委书记组织以集体谈心谈话1次，班子成员及各部门负责人分别开展谈心谈话活动30余次，班子成员撰写党风廉政调研报告5篇，各局办中心，慈觉林村委会、平台公司负责人撰写党政廉政工作汇报材料各1篇，同时按照上级纪检部门的要求，进一步完善党风廉政台账，制订管委会党风廉政工作方案，成立党风廉政专项领导小组，有效提高管委会开展党风廉政工作的总体水平。进一步压实工作责任，园区党工委同各局办中心，慈觉林村党总支，平台公司党支部签订党政廉政工作目标责任书，同入园企业、政府采购入围商户签订“企业助廉守法承诺书”，要求各部门及重要岗位工作人员自查党政廉政风险防控点，梳理园区管委会党政廉政风险防控点，制定党风廉政风险防控体系，营造风清气正的政治环境。

【理论学习】 年内，将意识形态纳入“理论中心组”的重点学习内容，通过及时传达党中央和区市党委关于意识形态工作的决策部署及指示精神，系统学习中共十九大报告精神和习近平总书记系列重要讲话精神，引导全体党员干部特别是领导干部不断加强理论武装、提高政治素养，牢牢把握正确的政治方向；开展集中整治“落实上级决策部署不坚决，不作为、慢作为，文山会海”活动，通过自查自纠梳理16条问题，并逐一进行对照检查，明确责任，制定整改方案；2018年，管委会制作精神文明建设、社会主义核心价值观教育、加强政治纪律教育、宪法宣传、解读十九大报告、2018年全国两会、党风廉政、“四讲四爱”、习近平重要论述等方面的群众教育实践活动宣传栏共71个、征订《落实中央八项规定精神和两个责任政策法规实用手册》《中国纪检监察》《改革内参》《西藏日报》《拉萨日报》等党报党刊。主动邀请区市主流媒体多次对“3·28”西藏百万农奴解放纪念日、迎“七一”系列活动以及园区建设发展情况等开展正面宣传报道。

【思想建设】 年内，园区党工委认真开展加强政治纪律教育活动，坚持把政治纪律教育与学习贯彻习近平新时代中国特色社会主义思想和中共十九大精神紧密结合，与学习贯彻党章党规党纪结合，与推进“两学一做”学习教育常态化制度化紧密结合，高度重视、精心组织、明确责任、狠抓落实，推动政治纪律教育工作扎实有序开展，召开加强政治纪律教育专题学习会议20次，专题组织生活会议5次，完成全体党员政治教育培训轮训一遍的工作目标，参与培训的党员181人。

【产业发展】 截至年底，已完成招商引资18.2亿元，占全年招商引资任务25亿元的71.5%；完成固定资产投资12.7亿元，占全年固定资产投资目标任务（核减后）24亿元的52.9%，其中，500万元以上固定资产投资额13.1亿元，民间投资完成11.5亿元；按照10.5%的增速，年初目标任务能如期完成。财政收入累计完成37343万元，完成年初预算的83.3%，比2017年同期增加23009万元。其中一般公共财政预算收入完成3541万元，为年初预算的118%，比2017年同期增加2507万元；政府性基金预算收入完成33002万元，为年初预算的80.5%，比2017年同期增加19702万元。2018年1至10月，累计完成财政预算支出26480万元，同比增长3.5倍，完成年初预算的59.1%。支出主要集中在文化产业扶持、城乡社区事务、农林水事务等民生方面，合计23736万元，占财政支出比重89.6%。

【招商引资】 年内，为进一步加强招商引资工作力度，优化招商引资质量，提升招商引资服务，园区成立招商引资服务中心，负责对外宣传推介园区招商形象，建立招商项目信息库，统筹园区招商政策，开展重点项目的招商引资和落地推进工作。充分利用援藏和园区专家人才库的资源，着手编制《西藏文化旅游创意园区关于支持文化旅游产业发展的若干意见》，为入园企业提供良好的政策优势。全年共签约正式项目8家，总占地面积327.05亩，总金额19.5亿元。意向签约项目6个，意向性投资2.5亿元；正在进一步洽谈项目2个。

【项目建设】 年内，园区着手推进的项目共有40个，协议供地1882.14亩，协议资金78.4亿元；实际落地招商项目21个，总投资57亿元，其中《文成公主》实景剧、松赞拉萨酒店及拉萨雪鹰通航文化服务中心等三个项目已投入运营。2018年雪顿古镇、非遗博物馆等21个项目已全面开复工，总投资57亿元；2018年园区共挂牌土地24宗，其中，完成16宗，共426.55亩，实现土地出让收2.4932亿元；正在过牌途中2宗，共54.52亩；流拍6宗，共374.58亩，挂牌起始价4.4998亿元。

【“双创”示范建设】 年内，按照拉萨市“双创示范”目标考核要求，2018年园区共建成1个创业创新基地，2个众创空间，1个科技孵化器，截至年底，载体建设目标已完成。园区极地总创空间于2018年6月认定为拉萨市示范众创空间，于10月31日通过自治区级众创空间初审。西藏文化旅游创意园区创业创新基地（极地文创中心）、3650space众创空间、雪山创投营共享众创空间三个载体已于2018年9月通过园区“两创示范”办认定为园区创业创新基地，市“双创示范”办于10月24日对该基地进行市级创业创新基地认定；通过“双创示范”建设，积极与企业沟通，截至年底，共解决高校毕业生就业46人，其中，本地高校毕业生就业11人，实现有就业意愿的高校毕业生就业率100%。

【食品药品安全监管】 年内，成立食品安全领导小组、调整小组成员；全年开展食品卫生隐患排查活动8次，下发整改通知书34份；开展食品安全宣传月活动3次，食品安全知识宣讲更是逢排查必宣讲，全年共计开展知识宣讲8次并建立简报等台账；先后投入资金1.3万元，着力于贯彻落实政务公开制度，构建社会共治，为加强群众对食品安全监管的信心，编印食品安全知识宣传册下发给群众、企业，共计下发宣传册300套（一套

3册）。全年共计帮助58家食品经营个体户、公司申请办理食品安全许可证；积极督促各入园企业参与园区环境卫生管理，开展“禁白”活动，结合园区实际情况，签订“门前三包责任书”104份；认真组织开展“三病”综合防治工作，协调城关区政府，组织辖区干部群众、企业员工参与统一体检。

【环境卫生】 年内，完成国务院环保资料收集、整理、上报、修改、完善工作，在本局建立环保台账，按照“一企一档”要求，装订环保台账21个。实地整改环境卫生13次，督查环境卫生整改25次，特别是精准扶贫项目生活污水排放和乱堆乱倒垃圾情况；完成市政6条道路环评认定、销号工作。上报中央环保督导组137项，涉及园区的1项，长期整改的资料上报工作，完成自治区环保督导组76项，涉及园区的31项整改资料上报工作。花费37万余元制作爱护环境广告宣传牌，集中清理环境卫生，公交站台文明广告宣传。花费8万元开展环保第二次污染源普查工作。聘用2名精准扶贫搬迁户作为河管员，负责拉萨河段乱倒垃圾和河道环境卫生整治。完成“河长制”方案、制度、公示牌的调整充实工作，管委会组织清理河道垃圾16次，清理园区内垃圾16次，企业自行清理5次，清理垃圾40吨，组织慈觉林运输车队召开会议3次，要求做好运输过程中车辆慢行、做好围挡；购置电动摩托车3辆、电动三轮车1辆和其他推动“河长制”工作开展相关设施设备，以满足河管员工作需求，并花费120000元修建河道管理人员休息室2间；制作并安装安全提示牌10个（1000元/个）。购置8.6万元的防汛应急物资，及时下发村委会和有关部门。

【“扫黑除恶打非治乱”专项活动】 年内，成立园区“扫黑除恶打非治乱”专项活动领导小组，进一步明确责任、细化分工，制定并印发《西藏文化旅游创意园区扫黑除恶打非治乱专项斗争工作方案》，充分调动村委会、入园企业、村警务室等力量全面开展扫黑除恶打非治乱专项斗争，通过悬挂横幅、召开动员部署会等形式营造加强正面宣传，形成园区围剿黑恶势力、非法组织和治安乱点的浓厚氛围。

（李志鹏）

达孜工业园区

【概况】 达孜工业园区规划总面积为6.018平方公里，园区业已形成“一个名牌”（以净土健康产业为主导品牌），“四大产业”（高原生物医药医疗产业、新能源及科技型新兴产业、民族手工业和现代服务业）发展格局。截至年底，入驻企业1758家，其中实体企业68家，规模以上企业10家，龙头企业8家，累计解决就业已达5112人次。2018年，园区完成工业总产值7.2亿元，实现全部税收25.9亿元（含注册型）。重点建成基础设施项目6个，已投8745万元。项目包括达孜工业园区物流服务中心、达孜工业园区镇江路提升改造项目、达孜工业园区小微企业创业孵化基地、达孜区民族手工艺创业基地升级改造工程、达孜工业园区污水总排口生态修复工程、达孜工业园区企业服务中心。

【格列巴桑到园区调研】 4月9日，拉萨市净土公司总经理格列巴桑率领市农垦公司、粮油公司、净土商贸公司、区医药公司、净虹公司、净土公司运营中心等相关负责人到园区考察指导工作。达孜区委副书记、区长春新，区委副书记、常务副区长李军，副区长朱峰，边次以及园区管委会主任王斌忠等领导陪同调研。

【优化税收环境】 4月11日，达孜区国税局第二十七个全国税收宣传月启动仪式在达孜工业园区胜利开幕。出席此次仪式的领导有达孜区委副书记、常务副区长李军，达孜工业园区管委会主任王斌忠，达孜区国税局长向春海，区国税局、管委会全体工作人员和部分企业纳税人参加此次启动仪式。

【齐扎拉调研】 4月20日，西藏自治区党委副书记、区政府主席、党组书记齐扎拉、十三届全国人大常委会副委员长白玛赤林、西藏自治区党委常委、区政府党组副书记、常务副主席罗布顿珠率领自治区扶贫攻坚各部门主要负责人到园区就扶贫攻坚工作调研西藏藏缘青稞酒业有限公司。西藏自治区党委常委、拉萨市委书记白玛旺堆，拉萨市委副书记、市长、城关区委书记果果，达孜区委书记张千等领导陪同调研。

【雷涛调研】 5月10日，拉萨市人

民政府副市长雷涛携西藏银行、中国银行、邮储银行、农业银行等银行系统相关领导到达孜工业园区调研企业发展融资贷款情况。达孜区委副书记、常务副区长李军，工业园区党工委书记、管委会主任王斌忠，达孜区政府办、工业园区相关负责人员陪同调研。

【媒体团参观采访】 6月22日，人民网、新华网、中国新闻网、新浪网、腾讯网等全国20余家网络媒体团到达孜工业园区参观采访。

【园区工业旅游总体规划专业研讨会】 6月25日，园区管委会委托四川斯达纳文化旅游发展有限公司对园区工业旅游总体规划进行专业研讨，对规划中所涉内容进行具体修编和完善。此次会议由园区管委会主任王斌忠主持，管委会各科室负责人参会。

【西藏开发区规划调研组在园区调研】 7月26日，自治区发改委副处长罗桑带领四川大学经济学院教授团队到园区开展开发区规划发展相关工作专题调研。园区管委会副主任蒋云峰、园区经济发展与规划建设局长骆斌、园区管委会办公室主任覃雨菲参加此次座谈。

【臧建东在园区调研】 8月31日下午，江苏省政府研究室副主任臧建东到园区考察指导工作。达孜区委副书记、常务副区长李军，达孜工业园区管委会副主任蒋云峰及相关工作人员陪同调研。

【黄勇嘉在园区调研】 9月10日上午，中国扶贫开发服务有限公司黄勇嘉董事长、综合处盖守丽副处长一行到达孜工业园区考察调研，达孜区委常委、宣传部长徐远，达孜区委办公室主任白玛央金，达孜工业园区管委会相关工作人员陪同调研。

【暴剑调研园区工作】 9月18日，拉萨市委常委、市政府党组副书记、常务副市长暴剑，市发改委党组副书记、副主任李明健，市农牧局党组书记其米旺姆，市环保局副局长唐丽琼，市扶贫办(农发办)副主任次仁德吉等领导一行到园区检查指导工作。区人大常委会主任米玛、区政府副区长边巴次仁、次旺多杰以及工业园区管委会主任王斌忠等陪同调研。

【杜江在园区调研】 9月20日，拉萨市堆龙德庆区区委副书记、区长杜江，副区长王考昌，区政府办公室副主任陈俊宇一行到园区参观调研，达孜区人大常委会主任米玛、区委副书记王红杰等领导陪同调研。

【王纯丁在园区调研】 10月12日下午，自治区总工会党组书记、常务副主席王纯丁一行到园区考察指导工作，达孜区委常务副书记贾云亮、达孜区总工会主席宗吉、达孜工业园区管理委员会办公室主任覃雨菲等领导陪同调研。

【刘广民在园区调研】 10月18日，江苏援藏副总指挥、拉萨市副市长刘广民到园区考察调研，达孜区委常务副书记贾云亮、区人民政府副区长朱峰、工业园区党工委书记、管委会主任王斌忠、管委会副主任邓爽等领导陪同调研。

【非公企业党支部政治纪律教育专题学习会】 10月20日，中共达孜工业园区工作委员会组织全体非公企业党支部书记召开政治纪律教育专题学习会，旨在严明党的政治纪律和政治规矩，坚定党员理想信念，提高党员干部的政治站位和政治觉悟，推动政治纪律教育工作扎实有序开展。会议由管委会办公室主任覃雨菲主持，园区三家非公企业党支部书记参加会议。

【第四批市级创新创业载体领导小组到园区进行现场资格认定】 10月29日，拉萨市工信局党组成员副局长成建华领导一行小组到园区创业创新基地，就申报市级创业创新基地的事宜对园区创业创新基地进行实地考察验收，达孜区委副书记、常务副区长李军陪同考察。

【镇江新区代表团到园区考察交流】 11月2日，镇江新区人大工委主任经山河一行到达孜工业园区考察交流工作，区委副书记、常务副区长李军，达孜工业园区党工委书记、管委会主任王斌忠，副主任蒋云峰、邓爽等陪同。代表团以及园区陪同领导在管委会四楼会议室召开对口共建交流座谈会暨捐赠仪式，镇江新区向园区现场捐赠30万元慰问金。

【工业旅游总体规划专家评审小组到园区考察评审】 11月16日，南京师范大学吴江教授会同拉萨市布达拉旅游集团、市发改委、市环保局、市规划局、市旅发委、市工信局相关领导组成专家团队就园区工业旅游总体规划项目进行现场考察评审。自治区工信厅规划处长向天瑶、拉萨市人民政府副秘书长杨少亮、达孜区委常务副书记贾云亮、区委副书记、常务副区长李军，工业园区党工委书记、管委会主任王斌忠，党工委副书记、管委会副主任蒋云峰，副主任邓爽、区发改委主任孙浩、工信局长周胜毅、环保局长拉巴旺堆、国土局副局长旦增罗布应邀列席会议。

【沈海斌在园区调研】 11月20日，拉萨市委副书记沈海斌到达孜工业园区考察指导工作。达孜区委常务副书记贾云亮，区委副书记、常务副区长李军，副区长朱峰，达孜工业园区党工委书记、管委会主任王斌忠，党工委副书记、管委会副主任蒋云峰等领导陪同随行。

【党工委全体会议】 12月20日，中共拉萨市达孜工业园区工作委员会组织召开党工委全体会议。此次会议由达孜工业园区党工委副书记、管委会副主任蒋云峰主持，工业园区党工委书记、管委会主任王斌忠、区委组织部(编办主任)常务副部长杨俊杰、区工商联副主席解士远、区妇联主席次旦卓玛、区国税局长向春海、区工业园区管委会副主任邓爽、区工信局长周胜毅、区总工会主席宗吉、区工商局长晋美朗吉、区工业园区管委会行政办(财政所)主任覃雨菲、西藏天圣贸易有限公司党支部书记钟科参加会议，会议总结全年党建工作开展情况并对下年党建工作计划进行安排部署。

【"两新"组织党建工作现场推进会】 12月6日，区"两新"工委决定召开达孜区"两新"组织党建工作现场推进会，会议由达孜工业园区党工委书记、管委会主任、工委第一副书记王斌忠主持。市委组织部组织科科长吴小兵、区委副书记、区直属机关党工委书记、区委党校校长巴桑顿珠、区委常委、组织部部长、两新工委书记格西斯满出席会议。现场会选取西藏天圣医药贸易有限公司党支部为党建观摩点，邀请各家企业代表进行实地观摩。随后，格西斯满为达孜区虎峰众创空间党支部进行授旗仪式。最后，"两新"工委组委会在创业基地举行党建工作现场座谈会，园区部分企业代表参加会议。

【兴业银行对接园区企业开展融资工作洽谈会】 12月21日，兴业银行对接园区企业开展融资工作洽谈会。区委常委、副区长王晓蕾，达孜工业园区党工委书记、管委会主任王斌忠，达孜工业园区党工委副书记、管委会副主任蒋云峰以及4家国有企业、8家园区企业代表参加会议。

【开发建设】 年内，园区深化推进18个工业项目建设进程，总投入41505万元。其中西藏飞腾医药科技有限公司已完成综合楼主体及仓库框架。西藏唐富兴隆商贸有限公司已完成综合楼框架结构。西藏瑞丰农牧业开发有限责任公司已完成围墙修建，办公楼外墙粉刷。西藏玫瑰生物科技有限公司已基本完成厂房装修。西藏阿妈羌妈酒业有限公司厂房、青稞灌装生产基地以及两条灌装青稞生产线已正式投入运营。西藏阿克斑马精酿啤酒有限公司厂房啤酒深加工基地、两条生产线已建成。西藏孔巴农畜产品开发有限公司厂房、牦牛肚初加工基地以及相关辅助设施全部完工。

【园区管理】 园区管委会获批三个内设机构经济发展与规划建设局、办公室(财政所)和安全生产与监督管理局，有干部14名，其中县级干部两名、科级干部五名。严密制定各个部门的办事流程、规章制度，建立健全各项服务机制。制定五年规划，园区发展年计划、年初与各职能部门签订目标责任书，确保各项指标任务落实到位。书记、区长多次到园区调研经济发展、项目建设、扶贫开发等相关工作开展情况，深入企业、了解其发展现状及困难，千方百计帮助企业、园区解决实际问题，助推其发展壮大。

【品牌效应与科创能力】 2018年，园区企业新增发明专利2项，分别是西藏罗占民族手工艺品有限公司申报的香炉生产工艺、西藏圣信工贸有限公司申报的一种牦牛绒蚕丝双面料加工工艺两项专利。西藏藏缘青稞酒业有限公司荣获先进民营企业。西藏春光食品有限公司、西藏宏发盛桃食品有限公司、西藏吉顺生物科技有限公司荣获实体标兵企业。西藏优格仓工贸有限公司被中华全国工商业联合会评为全国双爱评双评先进企业工会。西藏阳光庄园农畜开发有限公司获得脱贫攻坚突出贡献企业、示范企业和中华品牌博览会“金奖”等荣誉称号。

【“百企帮百村”产业扶贫】 年内,园区启动“百企帮百村”精准扶贫工作以来,实际解决145名建档立卡户贫困农牧民就业,解决303人达孜籍贫困农牧民就业,园区企业共支出扶贫资金总额近2000万元。2018年,园区企业吸纳就业98人,累计解决就业5112人,西藏籍农牧民占比达81%,累计解决大学生就业234人,其中西藏籍大学生176人。

(覃雨菲)

堆龙德庆工业园区

【概况】 2018年,工业园区共实现工业总产值133139.63万元,同比增长15.67%,其中规上企业实现工业总产值82452.6万元;完成工业增加值53501.15万元,同比增长12.38%,其中规上企业实现工业增加值25137.97万元;完成工业销售产值140585.71万元,同比增长22.44%,其中规上企业实现工业销售值82034.1万元;完成税收21550.61万元,其中工业税收6050.92万元,同比增长23.63%,其中规上企业实现工业税收2371.82万元;完成财政收入7111.7万元。实现固定资产投入12.71亿元;招商引资实际到位12.08亿元,解决就业1141人,其中农牧民就业580人。

【园区配套设施建设】 2018年,园区坚持“做实地下、做美地上”,构建中央财政、地方政府投资、援藏投资等协同发展、综合发力的投资促进体系。截至年底,已累计投入固定资产16.58亿元,自来水厂、110千伏变电站、园区垃圾转运站、强弱电入地、给排水管网入地、A区绿化美化工程、A区道路附属设施建设工程、园区污水处理厂等基础设施将陆续投入使用。园区基础设施日趋完善,配套功能基本形成,为各类企业入驻创造良好的硬件条件。

【招商引资】 2018年,园区积极开展团队招商、活动招商、以商招商、节会招商等各类招商形式,坚持领导带头招商,多次赴浙江、河南、北京、上海、成都等地,有针对性地开展宣传推介,取得较好的效果。同时,组织召开园区入园项目联席会议2次,确定新入园项目2个。健全项目专班工作机制,梳理确定重点项目全部组建专班,从项目立项审批、前置手续办理、开工建设,到施工环境、生活配套等,全程跟踪服务。截至年底,开工建设企业5个,着手办理前置手续企业3个。

【实体经济】 2018年,工业园区积极开展园区企业转型升级工作,委托第三方专业机构对园区现有企业开展摸底调查工作,按“一企一案”的原则,对现有企业存在的个性、共性问题进行整理并研究制定解决方案。同时,为避免造成国有土地资源浪费,集约利用园区土地,针对园区10宗闲置土地,园区管委会多次与各企业负责人沟通、商谈,经不懈努力,截至年底,已成功盘活7宗,依据土地所在产业区域,正逐步开发建设符合产业规划的项目,剩余3宗项目正积极对接中;考虑园区现有企业中,因融资难等问题发展缓慢,园区积极组织召开银企对接会,通过介绍小微快贷等金融产品、宣讲政府类金融政策等方式,使企业了解相关政策。同时与企业沟通联系,截至年底,10余家企业愿意合作,正积极协商中。

【安全生产】 年内,紧紧围绕“安全第一、预防为主”的方针,始终坚持把安全生产工作摆在突出位置来抓,在园区内企业墙面张贴环保、安全生产等宣传标语40余份。全年,开展安全生产大排查工作6次,签订安全生产责任书20余份,发现隐患及时整改4条,发放安全生产标语、警示语100余份。7月12日,邀请其他省市专家开展安全生产专题培训,组织企业安全管理人员学习、参观、座谈讨论、实地考察,圆满完成安全生产知识培训。

【环境保护】 年内,开展环保专题会议3次,签订环保、“门前三包”责任书60余份,发现隐患及时整改2条,发放宣传环保袋、环保手册100余份。6月初至7月底,对园区内所有企业进行登记普查。截至年底,共普查登记88家企业,其中属于工业园区内企业52家,普查质量已顺利通过自治区环保厅、市环保局、区环保局的核查验收。指定专人跟踪协调污水处理厂建设进程。紧扣制定的污水处理厂建设时间节点，按倒排工期原则专项跟踪督查，对建设进度实行周报、月报制度，并及时向相关领导反映污水处理厂在项目建设过程中遇到的问题，为项目按时按量运营提供保障，形成专项简报20余篇，专题汇报5篇。向区政府、区整改上报摘牌请示，并将该摘牌请示以区人民政府的名义报送至拉萨市环保局。开展集中排查园区企业危废情况3次，形成企业危废统计表20余份。

【提高服务企业水平】 年内，园区始终树立服务理念，发挥政府与企业间的桥梁纽带作用。争取2018年雪顿节、藏博会等节日企业产品展示，鼓励企业积极参与展示活动，借助各类平台打响企业品牌。主动解决涉企信访事件，全年，解决信访事件及矛盾纠纷事件20余次，解决涉及金额500余万元；大力营造“大众创业 万众创新”的双创环境氛围，为企业免费提供办公室场所、办公设施等，开拓青年创新创业工作新格局。全面推行办事公开制度，利用园区企业微信群、党务政务公开栏、财务公开栏，对办事流程、服务企业事项的相关政策、文件、法规进行及时公示，接受监督。截至年底，园区管委会已走访企业20余次。全年园区完成工作简报126期，红头文件113份，相关总结材料25篇。

【党建工作】 年内，园区及时调整补充支部委员会。因工作岗位调整及党员人数增加，支部及时向上级党组织申请补充调整支部书记、支部委员人选，调整充实党建领导小组，制定2018年党建工作计划、学习计划及《党建工作责任清单》，明确工作职责，按照“一岗双责”制度要求，落实党建工作责任制，层层传导压力，并逐级签订党建承诺书；高标准，严要求，扎实开展“两学一做”学习，累计开展“书记讲党课”4次，集中学习22次，开展警示教育、学习交流、知识竞赛、志愿服务、党性教育等活动10余次，开展“主题党日”活动12次，在科级以下党员中开展加强政治教育培训班，圆满完成32学时。年内，确定9名入党积极分子，其中8名为企业职工，1名入党积极分子转为预备党员，确保党员队伍生机和活力。严格按规定足额、及时收缴2018年党员党费945.6元。协助企业新成立党支部2个，探索成立企业联合党支部1个，从而真正把园区企业流动党员组织起来、管理起来；针对每季度排查出来的问题，进行集中整改，认真查摆问题，形成整改报告，进一步改善班子队伍力量，提高党建管理水平。

【党风廉政建设】 园区高度重视党风廉政建设，带头履行廉政建设第一责任人职责，按照责任分工，一级抓一级，层层抓落实，将党风廉政建设责任制的落实与经济社会工作同研究、同部署、同落实、同检查，要求在抓好业务线上工作的同时，主动做好分管范围内的党风廉政建设工作，切实提高履行“一岗双责”的意识和能力，签订《2018年党风廉政工作责任书》10份；“第一责任人”带头自觉遵守“五个不直接分管”和“末位表态”等制度规定，坚持重大决策、干部评优、重大项目安排（包括物资采购）、重大突发事件处置和大额资金使用等“三重一大”事项集体研究、集体决策。为搞好党风廉政宣教工作，园区管委会积极开展廉政党课2次，传达学习中央、区、市有关廉政规定30余次，组织开展专题政治纪律教育学习活动18次，形成简报18期，心得体会18篇，并结合政治纪律教育学习情况召开专题组织生活会一次，收集整改意见10余条；组织党员干部参观廉洁警示基地、观看廉洁警示教育片5次。认真落实廉洁自律的重要性，时刻保持一种如履薄冰、如临深渊的危机感和责任感。坚持“两手抓”，将党风廉政建设责任制落实与规划工作同研究、同部署、同落实、同检查，切实提高履行“一岗双责”的意识和能力。按照责任分工，将年度党风廉政建设责任内容进行分解，一级抓一级，层层抓落实。每半年开展一次与班子成员的责任制谈话，强化“风险”提醒。召开党组会听取党风廉政建设工作报告，专题研究党风廉政建设和惩防体系建设推进工作。认真落实“四个亲自”，在开展党风廉政建设工作中做到重要工作亲自部署、重大问题亲自过问、重点环节亲自协调、重大活动亲自参与；全年开展精准扶贫走访活动10余次，慰问帮扶对象慰问金、各类生活必需品近10000元。慰问驻村工作队5次，调查研究2次，帮助驻村点解决实际问题，为驻村工作提供强有力的支持和保障。

（薛　娟）

曲水县雅江工业园区

曲水县雅江工业园区一角

【概况】 曲水县雅江工业园区总体规划面积为12.4平方公里,由聂当工业集中区和曲水县城工业集中区组成,呈“一区两园”结构。按照“二产抓重点”的发展战略,曲水县委、县政府立足自身实际,提出“工业强县”的发展战略。2018年,园区工业总产值5.7亿元,同比增长5%;销售产值7.4亿元,同比增长-13%;工业增加值1.15亿元,同比增长16%;上缴税金1.26亿元,同比增长10%,税收贡献率约为7.5%;招商引资达2.33亿元;固定资产投资达1.6亿元。

【园区定位】 曲水县工业园区立足聂当和曲水县城的区位环境、发展背景、远景目标等方面,综合分析规划园区功能定位,确定聂当工业集中区主导产业为新型建筑建材组团、再生资源利用组团、传统民族手工业组团等;县城工业集中区主导产业主要为藏医药、农副产品加工、生物科技等净土健康产业。后对聂当工业集中区进行规划修编,初步确定聂当工业集中区主导产业为环保产业、新型建筑建材、冷链物流等产业。

【园区企业】 截至年底,曲水县园区注册实体企业共76家。聂当工业集中区实体企业共计63家。该集中区主要以新型建筑建材、民族手工业、再生资源利用类企业为主。县城工业集中区实体企业14家该集中区主要以藏医药、农产品生产加工、生物科技等净土健康产业类企业为主。

【品牌建设】 2018年,曲水县加大对品牌建设和科技创新的扶持力度,西藏求本生物科技有限公司拥有五项国家发明专利技术,“夏天无真空冷冻干燥工艺、夏天无粉的制备工艺(专利号CN201110099459.8)”“紫珠叶真空冷冻干燥工艺、紫珠叶粉的制备工艺(专利号CN201110205591.2)”“一种中药余甘子的加工工艺(专利号CN201110231719.2)”“一种益母草的加工工艺(专利号CN201310136454.7)”、黄蜀葵花的加工方法(专利号CN201310561294.0)。

【循环经济产业园建设】 2018年,聂当工业园区已纳入到拉萨市循环经济产业园,由拉萨市城管委委托中国城市建设研究院编制循环经济产业园区规划,截至年底,已通过概念性规划。

(孟 耀)

【概况】 2018年，全市共实现社会消费品零售总额295.39亿元，同比增长14.2%，比年初既定任务同比增长13%高出1.2个百分点，比2017年高出1.5个百分点，比2016年高出2.6个百分点。其中，城镇实现社会消费品零售总额259.42亿元，同比增长14.5%，总额占比87.82%；乡村实现社会消费品零售总额35.97亿元，同比增长12%，总额占比12.18%。消费对全市经济增长的贡献率为36%，消费对拉动经济增长的作用越来越重要；占全区社消总额的一半份额，是引领全区社消总额增长的火车头。

【对外贸易】 年内，全市进出口贸易总额40.96亿元，同比下降7.1%。其中出口27.24亿元，同比下降4.1%；进口13.72亿元，同比下降12.5%。边境小额贸易额23.24亿元，同比增长2.94%；一般贸易额17.4亿元，同比下降18.13%；全年贸易顺差为13.52亿元。其他进出口免费额2010.86万元，捐助物资出口1085.32万元，租赁贸易进口116.94万元。年内，与拉萨市有贸易往来的国家和地区80个，有进出口业绩的企业共59家，进出口额过亿元的企业8家；全市企业在全国14个海关具有业务，其中，拉萨海关业务占比为86.87%，为主要报关地。全年，拉萨市与主要贸易国尼泊尔的进出口额为23.74亿元，同比增长3.53%，在拉萨市进出口总额中占比为57.96%；拉萨市与美国的进出口额为1.32亿元，同比增长35.38%，总体呈上涨态势，在拉萨市进出口总额中占比为3.22%，份额较少。

【招商引资】 年内，全市共落实招商引资项目322个，其中新建项目196个，续建项目126个，项目总投资937.46亿元，实际到位资金316.23亿元，同比增长5.4%，比年初既定目标同比增长10%高出1.53个百分点，超额完成全年任务4.58亿；占全区份额的一半，为全区投资增速做出重要贡献。其中，高原生物产业项目9个，特色旅游文化产业项目80个，绿色工业项目111个，清洁能源项目29个，现代服务业项目65个，高新技术和数字经济产业项目8个，边境商贸物流产业项目20个，有力推进全市经济产业化发展和产业转型升级。

【社会消费总额】 年内，培育新增限额以上商贸企业，并以限额以上商贸企业为主，开展“三大节日”、端午节、雪顿节、“十一”国庆节等主题促销活动，通过移动支付优惠、购物满返、网上折扣等线上线下融合形式促销，参与活动的企业销售额普遍达到10%以上的增长，消费市场持续繁荣。限额以上商贸企业拉动社会消费品零售总额增长作用显著。不断发展壮大商贸流通市场主体，配合推进东城万达广场、经开区奇圣商业广场、红星美凯龙、北城商业综合体等重要商业项目建设，逐步完善区域商业设施配套，增加优质供给。争取“两创”资金2000万元，计划建设评定以城市商业综合体、专业市场、特色商业街等为主体的商贸集聚区30个，截至年底已评选20个。通过市场主体建设，提升市场主体服务水平和引领消费能力，全市商贸集聚区中的商业综合体、专业市场、商业街等带动消费效果显著。

【外经贸转型升级】 年内，中兴商贸、阿云电商、天知进出口等企业被评选为全区外贸转型示范（试点）经营主体，文创园成功申报为“国家文化出口基地”。同时，促进外经贸小微企业发展，修订完善《拉萨市外经贸小微企业“两创”资金管理办法（暂行）》，争取500万元“两创”资金，评选扶持30家外经贸小微企业发展，整体继续保持外经贸发展回稳向好态势。加快推进园区建设，综合保税区征地拆迁工作基本完成，“八通一平”基础设施建设顺利推进，已签订意向入园企业21家；中尼友谊工业园项目土地审批正在加紧实施；开展指定口岸建设前期工作，拉萨海关正在开展《拉萨贡嘎机场进境冰鲜水产品、水果指定口岸项目可行性研究报告》评估工作，相关征地及基建立项工作同步推进。通过园区和指定口岸建设，完善外经贸产业体系，增加外经贸大中型企业数量，将大幅度提高拉萨市外经贸发展实力，扩大进出口贸易，提升对外开放发展水平。

【“互联网+流通”】 年内，根据商贸流通领域“互联网+”业态发展趋势，采取有力措施，大力发展电商产业。拉萨市第一批国家级电子商务进农村综合示范县曲水县已建成1个县级电子商务公共服务中心、14个村级服务站和相应的物流仓储设施，解决带动大学生就业38人、农牧民就业44人，共实现线上交易830余万元。7月，尼木县被确定为国家级电子商务进农村综合示范县。此外，市政府统筹安排“两创”资金6000万元，在城关、堆龙德庆、达孜、当雄4个县（区）整体推进电子商务进农村综合示范县创建工作。投入400万元支持“智游西藏”“拉萨净土+”等本土电商平台建设，京东、苏宁仓储物流落户堆龙，顺丰电商物流园、京东物流中心与结算中心等正在开展前期工作。投入500万元“两创”资金用于开展市级电商示范企业、园区培育工作。城乡电商体系不断完备，电商产业发展进入快车道，“互联网+”业态逐渐丰富，网络消费和销售更加便利，助推全市经济增长。

【电子商务】 年内，曲水县围绕国家级电子商务进农村综合示范县建设工作，已建成投用1个县级电商服务中心和14个乡村电商服务站，其中覆盖贫困村13个，覆盖率达82%。配套建设冷链物流仓储中心和物流配送车辆，并完成12个包装设计，16个商标设计申请，42个产品的网货上行工作，基本满足产品线上运营的发展需求。同时，先后开展1300余人次的电子商务知识普及培训、28人次的电子商务技能培训以及15人次的赴其他省市电子商务培训，并解决大学生就业38人，农牧民就业44人，带动就业51人。2018年，尼木县也获批为国家级电子商务进农村综合示范县，已完成招投标，2019年将全面开展示范县建设各项工作。进一步推进电子商务进农村综合示范县创建工作。根据市政府统一部署要求，制定印发《拉萨市关于创建电子商务进农村综合示范县工作实施方案》，由市政府统筹安排“两创”资金6000万元，在城关、堆龙德庆、达孜、当雄4个县（区）开展电子商务进农村综合示范县创建工作，全面推进农牧区电子商务发展。已完成承办企业采购工作，正在开展部分县级中心和乡村网点选址、改造工作，“智昭同城”线上平台正在建设中。助力电商全面发展。围绕拉萨净土健康、文化旅游等特色产业发展，支持“智游西藏”“拉萨净土+”等本土电商平台建设。截至年底，平台已投入运营，全年实现交易2000余万元、服务约19.23万人次，上线产品281个。“拉萨净土+”平台正在进行系统测试，并完成163款西藏特色产品的素材拍摄、详情制作、产品上架等。同时，开展市级电商示范企业评选认定工作，通过示范引领助推拉萨市电子商务发展。5月，市商务局邀请江苏商务厅相关负责人、专家、企业家举办电子商务进农村综合示范县创建工作动员暨培训会议。并争取上级培训资源，组织开展电子商务知识培训4次以上，培训人次约60余人次。

【市场保持】 年内，在防汛抗灾和非洲猪瘟等突发状况预防工作中，及时启动应急预案，加大市场储备猪肉投放数量，规范加油站防雷工作；组织开展储备合同续约工作，有效保证市场未出现异常情况，截至年底，上报监测信息50期，为市委、市政府提供决策依据。协调组织各业务部门，共出动执法人员1500余人次，开展商标行政指导149次，责令下架过期、“三无”产品等18种、230公斤，查获16家加工、制作、出售各类伪劣产品的“黑作坊”等；排查整改各类隐患30处。扎实有效推进各项规范市场和打击侵权假冒工作。同时，先后出动50余人次不间断地对市属商场（购物广场）、大中型超市、各主要商品批发专业市场、各主要农贸市场、拍卖、典当、租赁、汽车流通、旧货流通等50多家相关企业开展安全生产大检查工作，检查排查出各种隐患47项，下达整改通知书47份。

【京交会】 年内，由拉萨市人民政府主办，北京援藏指挥部、市商务局、市工商联承办。拉萨市委副书记、市长、城关区委书记果果担任团长带队参展，市委副书记肖志刚，市委常委、市政府常务副市长暴剑，副市长方桂林，拉萨市属3个区5个县4个园区，市商务局、工商联、国资委等部门主要负责人参加。来自全国各地的200多家企业350余人出席拉萨市在京举办的招商引资推介会和高原净土健康特色餐饮品鉴会。本次推介会共签约项目51个，总投资148.79亿元。其中，正式签约项目31个，总投资77.41亿元；意向签约项目20个，总投资71.38亿元。签约项目中上亿元的项目有22个，占总签约项目的43%，如西藏经港国际大融城建设项目，总投资32亿元；西藏领峰国际智慧物流园建设项目，总投资15亿元；国金新能源汽车产业园项目，总投资10亿元。碧桂园集团与城关区签订大昭圣泉战略合作协议，将大昭圣泉产品引入"凤凰优选"社区超市和电商平台销售，有力拓展大昭圣泉的销售渠道；万达酒店管理（上海）有限公司与市城投公司签订万达文华酒店项目，将进一步引领带动全市现代服务业的发展；北京二商集团与市净土公司签订市场共建项目，将进一步拓展拉萨市净土健康产品市场建设与产品销售；北京金山投资有限公司与墨竹工卡县签订甲玛乡2×19.8兆瓦分布式光伏电站项目，在推进拉萨市新能源产业发展中迈出更大步伐。此次活动集中签约的51个项目，是根据拉萨市"十三五"期间总体战略发展规划，紧贴全市经济发展热点，聚焦全市经济发展难点，面向全国，精挑细选，精准对接洽谈的项目。这些前景好、质量高、投资大、后劲足项目的引进，将为拉萨高质量发展注入强大动力，成为撬动全市经济社会发展的新引擎。

【藏博会】 集中签约合同项目38个，总投资204.15亿元；意向签约项目8个，总投资23.08亿元，签约项目数及项目总投资居全区首位，充分体现首府城市经济发展首位度的表率作用。此次活动邀请客商83人，并推荐江苏康缘药业股份有限公司、拉萨市城市建设投资经营有限公司负责人作为9月10日"全程代办专班服务"市长承诺会上的企业代表发言。签约项目数量和投资额均居全区首位。

【昆交会】 本届"南博会"暨"昆交会"上，拉萨市有11家企业参会参展，实现商品销售金额38万余元。西藏拉萨市特色展馆共接待国内外客商5万余人次，其中旅游咨询人次8900余人。分发宣传手册600册，《招商项目册》860册，发放各种产品宣传资料1000份，收集整理1000余家参展企业名录，并与574家企业进行重点洽谈，其中西藏高原之宝牦牛乳业有限公司签订1个近200万元的订单合同。7天来，拉萨市通过展示特色、宣传推介、广交朋友、在宣传拉萨、产品推广等方面取得很好成效。

【雪顿节】 2018中国拉萨雪顿节招商引资项目推介会暨集中签约仪式，由市政府主办，市商务局承办。会议由市委常委、常务副市长王念东主持，自治区党委常委、拉萨市委书记白玛旺堆出席并致辞，拉萨市委副书记、市长、城关区委书记果果以及自治区、拉萨市各有关领导出席会议。市属、各县（区）、园区主要领导、分管招商引资领导、招商局局长及邀请156家区内外客商共计300余人参加会议。2018年中国拉萨雪顿节招商引资项目推介会暨集中签约仪式活动取得丰硕成果。成功签约项目45个，总投资102.05亿元，其中，正式签约项目34个，总投资83.39亿元，意向签约项目11个，总投资18.66亿元。上台签约项目23个，总投资79.75亿元，其中，正式签约项目19个，总投资70.77亿元；意向签约项目4个，总投资8.98亿元。其中投资10亿元以上的重大项目有2个，分别是北京通盈投资集团的西藏大健康产业园项目，总投资10亿元；西藏蕃源措实业有限责任公司的尼弘元仓供应链流通加工基地项目，总投资10亿元。项目涉及净土健康、医疗、科技、旅游、文化、民族手工业、商品流通及服务等领域。这些项目，立足全市的资源优势和产业基础，符合拉萨市经济社会的发展要求，具有投资规模大、科技含量高、带动作用强和发展前景好等特点，这些项目的落户不仅有利于拉萨市产业结构的提升，也将对经济和社会事业的发展产生重要的影响。

（封 丰）

旅游业

综述

2018年，拉萨市接待国内外游客共1990.2万人次，同比增长23.9%，实现旅游收入282.76亿元，同比增长24.3%。全市新增三星级宾馆（饭店）3家，A级景区3处。截至年底，全市共有A级景区25处，星级宾馆（酒店）143家，旅行社311家。全市旅游汽车公司3家，新增旅游房车公司1家，景区直通车运营团队1个。

（李　南）

旅游管理

【全市旅游工作会议】4月11日，召开2018年全市旅游工作会议。会议深入贯彻落实中共十九大、十九届二中三中全会、区市九届三次全委会、区市经济工作会议和全国、全区旅游工作会议精神，对2017年旅游工作进行全面总结，安排部署2018年旅游工作。

【《西藏自治区旅游条例》培训班】4月11日，召开拉萨市《西藏自治区旅游条例》专题培训班。专家就《西藏自治区旅游条例》在不同阶段的立法背景、设计思想及修订过程，特别是对旅游行业的促进与发展、开发与保护、经营与规范、管理与服务、监督检查和法律责任等几个方面进行详细讲解，全市各级旅游主管部门工作人员和部分重点旅游企业负责人参加培训。

【全市旅游专项整治工作部署会】4月26日，召开2018年全市旅游安全生产、环境保护、市场专项整治工作部署会。会议深入分析当前旅游安全生产、旅游环保、旅游市场专项整治工作面临的形式和存在的问题，安排部署2018年相关工作。各县（区）旅游主管部门、驻市各星级宾馆（饭店）、旅行社、A级景区（点）、导服公司负责人等共400余人参加会议。

【联合执法检查】年内，市旅发委研究制定《2018年全市旅游市场专项整治工作方案》，整合公安、药监、物价、工商等部门执法力量，成立涉旅企业专项组、旅游购物专项组、旅游客运专项组、景区（点）专项组、涉旅违法犯罪打击组、社会

2018年3月6日，市旅发委召开综治工作安排部署会

稳定组等7个专项小组，共开展旅游市场执法检查740余次，出动执法人员6200人次，检查企业500次，其中，检查旅行社201次、购物店133次、星级宾馆（饭店）143次，A级景区（点）23次。检查旅游团队、导游558次，检查旅游车辆510辆次。行政处罚1家旅行社、5名违规导游、1家星级宾馆（饭店），累计罚款19500元。

【旅游满意度】 2018年，市旅发委设立来电、来访、信函、网络、短信、微信、微博“七位一体”的旅游投诉处理平台，共接到旅游咨询、投诉电话775次，受理有效投诉255起，为游客挽回经济损失229.9441万元。游客投诉及时受理率、处理率均达到100%，游客满意率达100%。

【酒店星级评定与复查】 2018年，全市共有旅游星级宾馆（酒店）143家。其中五星级3家，四星级28家，三星级43家，二星级19家，一星级4家，星级家庭旅馆46家。2018年3家星级酒店和家庭旅馆获准旅游星级宾馆资格［分别是乔穆朗宗酒店（三星）、鸿罡要生主题酒店（金星）、智选假日酒店（三星）］。

【景区等级评定与复查】 2018年，全市A级景区已达到25处，其中，国家AAAAA景区2处，AAAA景区4处，AAA景区7处，AA景区8处，A景区4处，国家森林公园1处。2018年完成对鲁固西三怙（A）、西藏堆秀唐卡传习基地（A）、藏优格仓工业园（AA）3个景区（点）的评定及申报工作。

（李　南）

旅游基础设施建设

【项目建设】 2018年，旅游产业重点项目共58个，计划总投资81.4846亿元，主要围绕精品旅游环线打造工程、旅游交通体系建设工程、城市旅游基础设施改造工程、旅游服务提升工程、旅游品牌发展工程、旅游惠民工程开展建设。并计划投资3100万元，实施拉萨环线重点旅游景区基础设施建设项目。

2018年9月5日，市联合检查组检查天海大酒店

【运行“智慧旅游”项目】 总投资1750万元的智慧旅游管理平台项目于8月20日正式投入使用。该平台包含基础信息管理子系统、旅游行业监管子系统、舆情监督管理子系统、决策支持分析子系统、智慧旅游图形化平台、跨路LED系统。全市12处A级景区监控观测点，12月已完成建设并投入使用，实现全市旅游管理智慧化的核心转变。

【发展沟域经济】 全市共投入1.332亿元，先后启动尼木赤朗沟乡村旅游示范项目（6000多万元）、娘热加尔西旅游项目（3000多万元）、白纳沟乡村旅游示范项目（3000多万元）、支沟斜沟乡村旅游基础设施项目（1000多万元）、夺底沟乡村旅游基础设施项目（320万元），带动周边农牧民群众参与帐篷租赁、农产品销售等增加现金收入近万元。

（李　南）

大型旅游活动

【中国世界遗产旅游推广联盟（西藏）大会】 6月20日，由拉萨市旅发委和北京市旅游委共同承办的2018年中国世界遗产旅游推广联盟（西藏）大会在拉萨召开，国家文化和旅游部以及全国19个省、市、自治区世界遗产旅游推广联盟成员单位参加会议。

【文旅产业创新发展论坛】 8月19日，由市旅发委、市交产集团主办的2018互联网经济下的拉萨文旅产业创新发展论坛召开。论坛邀请民宿平台CEO、行走的天籁创始人、心藏社群CEO等各界人士，就互联网经济下文旅产业相互配合、发展和创新等议题进行对话与交流。当晚，还举行"行走的天籁·走进拉北环线"心藏社群向心之旅开营仪式及首场"行走的天籁·心灵音乐会"，包括知名企业家、艺术家、学者等在内的500余名粉丝相聚拉萨，先后走进当雄、曲水、尼木、堆龙德庆等县(区)，深度体验唐卡、雕刻、藏纸、藏戏、藏香、郭孜舞等最具拉萨民族特色的文化魅力。

【"醉美318·维色旅行"】 3月24日，由市旅发委、市交产集团主办，拉萨市格桑梅朵旅行社承办的首届"醉美318·维色旅行"房车自驾游发布会及发车仪式在成都举行。活动车队由20台房车和3台后勤保障车组成，3月25日从成都首发，经过10日行程，安全抵达拉萨。

【房车旅游大会】 6月26日至7月8日，举办2018年中国拉萨房车旅游大会。活动组织车友在布达拉宫、大昭寺、羊卓雍措、纳木错、卡若拉冰川等著名景点进行房车露营和巡游活动，部分车友还参加拉萨到尼泊尔的探路探险自驾游活动，活动取得圆满成功。

【体育旅游活动】 5月6日，第三届"最美乡村、行走智昭"徒步活动成功举办，徒步距离近5公里，吸引参赛选手近400名，带动净土产品消费近5万元。5月10日，第四届堆龙德庆区楚布沟自行车越野竞速赛开幕，共有165名区内外骑行爱好者参加活动。

【旅游体验活动】 年内，拉萨市推出达东村第二届桃花会，"情醉姆兰雪山·寻觅虫草之旅"暨当雄县第三届虫草文化旅游节和"一元游堆龙"等旅游体验活动，吸引大量区内外游客参与。

【第四届"旅游商品设计大赛及魅力拉萨旅游摄影大赛"】 年内，市旅发委召集各县区旅游部门征集参赛作品，12月5—12日，第四届"拉萨巧手"旅游商品设计大赛网络投票平台的累积浏览量达到1130872次;"魅力拉萨"旅游摄影大赛网络投票平台的累积浏览量达到1053439次。12月16日，获奖的50余件旅游商品及近70幅拉萨题材的摄影作品在成都宽窄巷子和锦里展出，参观人数日均超过3万人次。

(李　南)

旅游市场

【区域旅游合作】 市旅发委分别于3月和10月，与广东省惠州市旅游局，阿坝州旅发委，就两地旅游业界深入开展交流与合作事宜，共同推动旅游经济不断发展召开座谈会。

【打造特色乡村旅游点】 2018年，市旅发委与各县(区)签订2018年打造2～3个乡村旅游点目标责任书，已全部完成建设。

(李　南)

旅游宣传

【宣传促销】 年内，市旅发委分别参加第十四届海峡旅游博览会，第七届2018南京度假休闲及房车展览会和2018北京国际旅游博览会。宣传拉萨独特的旅游资源和净土健康产品，共发放各类宣传资料14000余份，接受市民及各类旅行商咨询2000余人次。

【2018年全域旅游专题推介会】 5月2日，由拉萨市人民政府主办，市旅发委和布达拉旅文集团承办的"文化圣城.智游西藏"2018全域旅游专题推介会召开。拉萨市相关单位、区内200多家旅行社、宾馆及多家媒体出席。推介会现场综合运用拉萨市旅游宣传片、布达拉旅文宣传片、布达拉旅文资源推介、文创产品展示展览等多种手段，向旅游企业及民众展现拉萨城市形象，推介拉萨旅游资源。

【冬游西藏·共享地球第三极】10月31日，由自治区旅发委主办的"冬游西藏·共享地球第三极"市场促进发布会在蓉成功举办，拉萨市旅发委应邀参加。川藏两省区400余名旅游界人士及媒体(自媒体)参加此次推介会，新华网，人民网，中国日报网，中国青

2018年9月21日，市旅发委工作人员在纳木错景区检查工作

年网等主流媒体第一时间发布活动情况。

【“冬游西藏·相约云上达孜·共享地球第三极”活动】 11月7日，市旅发委、达孜区联合邀请江苏、安徽、福建、深圳、河南、河北、湖南以及四川8个省市300余家旅行社赴拉萨参加“冬游西藏相约云上达孜共享地球第三极”活动。市旅发委共发放300余份精美拉萨画册、地图、光盘和纪念品，推介会在市、区两级部门的共同努力下取得圆满成功。

【冬季旅游巡回促销活动】 12月24日，市旅发委主办的“圣洁拉萨 健康之旅”暨2018年拉萨冬季旅游巡回促销活动在广州拉开帷幕。此次拉萨冬季旅游巡回促销活动在广州、成都两地开展冬季旅游推介，在北京、南京展出历届“魅力拉萨”旅游摄影大赛获奖作品，展览吸引众多市民和游客驻足观看。冬季旅游巡回促销活动旨在打造“冬游拉萨”旅游品牌，让各地游客感受冬季拉萨特有的美景和不一样的风俗体验，同时利用冬季旅游优惠政策吸引更多游客到拉萨旅游。

（李　南）

国土资源管理

土地管理

【概况】 市国土局以习近平新时代中国特色社会主义思想为指引，认真贯彻新发展理念，主动适应经济发展新常态，坚持尽职尽责保护国土资源、节约集约利用国土资源、尽心尽力维护群众权益，全力服务拉萨市发展稳定大局和中心工作，锐意进取、开拓创新、履职尽责，为全面推进“六大战略”深入实施和建设团结美丽健康幸福新拉萨做出新贡献。年内，拉萨市本级范围内，土地划拨15宗，总面积892558平方米，划拨总价款82074.4356万元；土地出让23宗，总面积516087平方米，出让总价款120059.3776万元；变更用地性质补缴出让金及滞纳金合计8宗（容积率调整补缴土地出让金5宗，用地性质调整补缴土地出让金2宗，补缴土地滞纳金1宗），总面积41951平方米，补缴总价款11804.7611万元。

【征地拆迁】 根据2018年7月20日区党委常委、市委书记白玛旺堆主持召开会议对该项工作进行研究安排后，有序推进西藏武警总队13宗土地收回和夺底乡、柳梧乡各1000亩用地的相关工作；绿色围城涉及单位征地（区科技厅、拉萨监狱）征地事宜，科技厅土地征收工作已完成，征收面积为12.5亩，征地拆迁资金为2143660元。江苏实验幼儿园征地事宜，作为自治区重点项目，土地征收工作已经完成，征收面积为33.592亩，兑现征地拆迁资金1284.445万元。当巴社区集体用地征收工作完成对该宗地进行测量、地上附着物统计等前期工作，已基本具备开展土地征收相关条件。市财政局预拨1000万元的征地补偿费，市国土局已将资金拨付给当巴社区居委会。西藏大学教育城校区、绿色围城、东环线、堆龙新城等土地征收工作有序推进。

【耕地保护】 推进尼木县麻江乡土地开发整治项目整改工作。海拔4500米以上土地（共2630.31亩），按照恢复原状的要求，针对项目区自然环境，截至年底，已种植多年生牧草出苗，搭配部分豆科牧草，每亩施复合肥35公斤、追肥15公斤、农家肥1000公斤，维修网围栏，并指定专人看护，防治牲畜进入新恢复草地。海拔4500以下土地（共12409.53亩），已对土地进行再次平整，维修水渠，确保均匀灌溉。种植方面，主要种植箭舌豌豆与燕麦草混播，并加大培肥力度，确保农作物产量。

【不动产登记】 年内，按照“3550”改革要求，2018年7月市国土局将存量房交易、登记时限压缩至5个工作日办结，其他登记类型时限压缩到10个工作日，进一步提高政府工作效率，在全市率先完成改革任务，走在全区，乃至全国的前列。全年累计办理各类报件12337件、已累计发放不动产登记证书14216本、登记证明3875本，出具1034份个人及家庭房屋登记记录信息证明及1808份不动产抵押权注销确认书，办理抵押融资金额13.35亿余元。

【地质灾害防治宣传】 年内，通过2018年“4·22”世界地球日、“5·12”全国防灾减灾日、“6·5”世界环境日等节点，广泛开展地质灾害防治宣传工作，将地质灾害防治群防群策、“五到位”等防灾减

2018年7月4日，国土局迎接国家土地督察成都局土地例行督查整改验收

灾措施深入到广大干部及群众心中，使地质灾害防治工作做到人人知晓，确保对地质灾害危险性和防治认识到位、措施到位。

【环保督察整改】 年内，根据《拉萨市国土资源局中央环保督察反馈问题整改任务分解表》整改事项安排及市整改办的相关要求，市国土局涉及中央环保督察整改事项共3大项、12个子项。所有整改事项均已达到序时进度，其中3个子项已完成，正在申请销号。

【土地例行督察整改】 年内，按照例行督察整改方案的要求，需要完成的整改任务共9大类26项，按时限整改完成21项，已完成的整改任务占整改任务总数87.63%。因涉及机构改革，致使3项任务未完成，7月6日通过国家土地督察成都局的督察验收。

【不动产权籍调查】 该项目工作于2017年9月开展，标段单位以招投标方式确定，总调查面积是85平方公里，共分为A—G七个标段，权籍调查总量约16855宗，截至年底，已完成12500宗，占总量的74.2%。地籍测量75.8平方千米（包含堆龙区国土分局5.3平方千米），占总量85.5平方千米的88.65%，地籍调查与地籍测量剩余部分主要为军事用地及特殊用地。截至年底，该项目已经全部完成并通过验收。

（陈　刚）

矿产管理

【矿产资源规划编制】《拉萨市矿产资源总体规划（2016—2020年）》已编制完成，并于1月5日上报市政府，按照程序已通过市政府常务会议研究，并报区国土资源厅审批，区国土资源厅已批复执行。拉萨市县级矿产资源总体规划编制工作顺利进行。县级矿产资源总体规划也已经编制完成，并征求各县（区）意见建议，进行修改后，已经市政府研究批复执行。

【非金属矿采矿权实施出让制度的进程】 已形成《拉萨市国土资源局关于实施〈拉萨市非金属（砂、石、黏土）采矿权有偿出让工作办法（试行）〉的请示》，截至年底，已经市政府研究印发执行。

【非金属矿业权设置方案修编工作】 年内，已完成全市砂石料采挖点的野外实地核查工作并形成初稿，征求各市直相关部门及各县（区）局意见，修改形成定稿，经市政府正式印发实施。

【矿业管理】 年内，启动在产重点矿山（在生产的金属、非金属矿山）的“三率”、采选综合利用水平及绿色矿山建设现状调查以及矿山定期巡查工作，全面摸清全市的115个探矿权及73个采矿权的现状。

【矿业权市场基准价制定工作】年内，按照《中共中央办公厅国务院办公厅关于印发矿业权出让制度改革方案的通知》《国务院关于印发矿产资源权益金制度改革方案的通知》《西藏自治区国土资源厅关于印发〈西藏自治区矿产资源权益金制度改革工作实施方案〉的通知》精神，市国土局向财政申请专项资金开展工作并已从市公共资源交易中心摇号产生招标代理机构，后续将按照程序开展相关工作。

（陈　刚）

城市建设与管理

城乡规划

【概况】 2018年，市城乡规划局有干部职工53人（其中3名工人于12月份退休），核定内设机构6个，即办公室（政工人事科）、综合规划科、建筑和市政工程规划科、建设用地规划科、农村规划科、监察支队；派出机构3个（城关分局、堆龙德庆分局、柳梧分局）；下属事业单位3个（拉萨市城市规划设计院、规划信息研究中心、城市规划展览馆）。年内，核发建设项目选址意见书41本，上报项目选址请示21件，出具规划初审意见16份；核发200宗建设用地的建设用地规划许可证，用地面积约565万平方米；重点做好堆龙新区、高新区、顿珠金融产业园、保税物流区项目的规划审批，协调推进拉萨河综合整治、中心城区水系治理、地下综合管廊、滨河路等项目的规划服务工作，拉动民营资本投资，改善投资结构，扩大投资规模，办理万达广场、红星美凯龙、碧桂园、爱琴海、拉萨雅砻阳光花园、拉萨市管网改造和智慧水务项目二期工程、柳梧双创产业园等910余个项目的建设工程规划许可证，总建筑规模约588万平方米，市政工程约83.8公里，总投资约565亿元。核发乡村建设规划许可证1本，建筑面积1039平方米。规划许可项目与2017年同期相比增加8%。规划展览馆共接待参观团体155个，约9000人次，同比增长12%。

【国土空间规划】 年内，开展新一轮国土空间规划编制的前期工作，按照城市总体规划编制工作要求，2018年10月12日，经市政府常务会议研究同意，市政府指定中国城市规划设计研究院牵头承担编制任务，经市委、市政府批准，成立总规编制工作领导小组。2018年12月19日，市委、市政府组织召开城市总体规划编制工作动员会，正式开展规划编制前期调研、专题研究和方案编制等工作。

【专项规划编制】 年内，拉萨市中心城区水系治理和生态修复规划已通过市政府批复实施。《拉萨历史文化名城保护规划》已通过自治区各专业委员会审查，并列入自治区规委会审查议题。拉萨综合交通体系规划、拉萨市中心城区停车

2018年5月29日，召开全市城乡规划工作会议

设施规划、拉萨市城乡规划管理技术规定、堆龙德庆分区规划和拉萨市东部城区空间发展战略规划已通过第25次拉规委会议审查，待修改完善后上报市政府审批。拉萨河沿线特色空间规划项目已通过拉规委第24次会议审查。拉萨市“城市双修”规划待提交拉规委审查；拉贡公路沿线地区规划设计规划、拉林公路沿线地区规划设计、拉萨慢行交通规划、拉萨市中心城区窄马路密路网专题研究待提交市委专题会审查。已完成拉萨市旧城改造战略规划初步方案，待召开专家评审会审查。已完成《拉萨八廓街历史文化街区保护规划实施评估报告》方案。启动拉萨市中华文化主题公园项目方案设计等前期工作；参加财政部组织的山水林田湖项目的竞争性评审工作，并获得专项补助资金20亿元。该笔资金主要用于水系规划、拉萨河特色空间规划中的中干渠、南干渠、东干渠和拉萨河护岸和生态修复工作。

【镇村规划编制】 年内，按照乡村振兴发展战略要求，组织开展《拉萨市域镇村体系规划（2018—2035年）》，因地制宜、分类指导各县（区）村镇发展建设；同步组织编制《拉萨市城关区夺底街道规划（2018—2035年）》《拉萨市城关区娘热街道规划（2018—2035年）》，强化城乡接合部的规划引导。

【重点工作】 年内，经市委、市政府批准同意，2018年5月29日首次召开全市城乡规划工作会议，会议传达学习白玛旺堆书记和果果市长关于城乡规划工作的重要批示精神及中央、自治区、拉萨市城市工作会议精神，系统总结近年来的城乡规划工作成绩，安排部署下一步的城乡规划工作任务。按照《西藏自治区各级党委、政府及有关部门环境保护工作职责规定》的要求，积极履行环境保护“党政同责、一岗双责”，持续做好环保督察整改工作，进一步提升城市环境质量和品质；共组织召开专家评审会75次。召开建筑风貌专业委员会8次，审查49项议题。协助市委办公厅组织召开市委专题会3次，审查22项议题。协助自治区政府、市委办公厅组织召开拉规委会议1次，审查5项议题。充分发挥专家在城市规划管理工作中的领衔作用，为重大项目进行科学决策，保障项目及时落地。

【行政改革】 年内，按照“放管服”改革工作相关要求，全面加快推进“放管服”改革相关工作，不断提升工作效率。建立规划管理系统。加快规划信息化平台建设，推动“互联网+政务服务”，推动网上办事、网上咨询，对接市政务服务平台，于11月启动试运行，12月正式上线运行，实现行政许可网上办理承诺，其网上审批事项达到80%，压缩申报材料50%，压缩承诺办理时限30%。同时，规划信息化平台还将作为拉萨市城市总体规划报批的必备平台。规范化审批管理。按照“放管服”工作要求，研究制定修改权责清单、流程图、服务指南，方便群众办事；结合“两集中、两到位”和“应进必进”要求，在市民服务中心设立规划窗口，安排人员进驻受理报件，对照职责清单将建设项目选址意见书等5项行政许可事项、行政确认1项、其他类1项、公共服务3项纳入窗口统一受理，彻底实现“应进必进”的目标。实施便民措施。针对服务群众反映的测绘热点问题，协调对接市民服务中心，安排市城市规划院进驻中介超市，方便群众办事。

【批后监管】 年内，实行全过程批后监管。严格执行项目建设开工放（验）线和项目竣工规划验收制度，在项目开工建设前，由建设单位或个人按照规划许可内容进行放线，经规划主管部门现场验线后方可开工建设。建设过程中，规划主管部门根据批准内容实行全过程监督。项目竣工后，对建设项目进行规划竣工验收，每一个项目至少进行3次现场核查，切实维护规划的严肃性。加大违法建设查处力度。加大违法建设巡查力度，对376起违法建设进行认定，转联动支队处理，处罚款金额约3500万元。

【党建工作】 年内，局党组认真落实党建工作责任制，党组成员实行“一岗双责”，做到党务、业务同抓共管，形成“党组统揽指导、党总支组织实施、党支部（党小组）抓好落实”的党建工作格局。认真抓好班子带好队伍，扎实开展各类党建活动，进一步规范党内政治生活。年内，共组织党员干部集中学习24场次，理论中心组学习10次，主题党日活动11次，党员干部交流发言30余人次，撰写心得体会160余篇，书记讲党课2次。利用“三八”国际妇女节、植树节、“七一”中国共产党建党节等组织广大党员干部职工开展拔河比赛、才纳乡义务植树、“不忘初心 牢记使命”重温入党誓词、“感党恩、爱核心”诗歌朗诵比赛、“铭记党恩 励志笃行”环保公益行、篮球赛、爬山等健康有益的群体性活动。进一步提高党员意识,要求每名党员要勇于亮明身份,工作期间佩戴正确制式的党徽,党总支在每名党员入党月份发放温馨提示卡,提醒党员始终牢记自己入党的初心。城乡规划局51名党员进行公开承诺。同时严格控制“三公经费”支出。

【廉政建设】 年内,党风廉政建设和反腐败工作领导小组积极开展党风廉政教育。对城乡规划局廉政风险点进行多次梳理,总结出“一书三证”行政审批、建设工程规划验收、方案审查、人事任免、财务管理等廉政风险点归纳为90个,并制定符合实际精而实的廉政风险防控措施90条。党组坚持把制度建设贯彻于党风廉政建设的各个方面和各个环节,共梳理完善12项党建、党风廉政建设、业务、管理方面的工作制度,进一步增强管理刚性,规范行政自由裁量权,堵塞制度漏洞。经常性地组织学习中央、区、市党委关于党风廉政建设的文件精神,坚持凡会必提廉洁,集中开展党章党规党纪专题教育6次,党组书记讲廉政党课1次,观看廉政警示教育片2次,参观廉政教育基地1次,组织廉政知识测试1次,把廉政文化宣传与建设工作融入城乡规划管理工作中,不断增强党员干部职工廉政意识,提高党性修养和道德品质。在楼道、会议室悬挂格言警句,不断拓宽弘扬廉政文化的渠道,切实加强廉政文化建设。模范遵守中央“八项规定”、区党委“约法十章”和市委“八项要求”,不利用婚丧嫁娶、传统节日、子女升学、变相赌博、行政审批等机会敛财,做到洁身自好。在管好自己的同时,也管好家人和身边人员,严格教育、严格要求、严格管理。

【队伍建设】 年内,以严管厚爱抓好干部队伍建设、以“放管服”要求提升规划管理水平、以党风廉政建设筑牢思想防线、以北京江苏援藏抓实干部教育培训四个方面开展,“严管”和“厚爱”并举,鞭策与激励相彰,以完善的干部日常考核体系,助推干部队伍素质的提高。同时邀请原中规院院长李晓江等全国知名城市规划专家学者向全市领导干部和规划系统干部职工讲授相关知识,邀请区内外知名专家学者在拉萨举办“拉萨市城乡规划系统业务知识讲座”,进一步提高干部职工的岗位履职能力。2018年共邀请全国10余名规划专家学者共举办3次全市城乡规划业务知识培训,全市城乡规划系统领导干部和专业技术人员300余人次参加培训。

(赵 欣 程思维)

住房和城乡建设

【概况】 2018年,全市实施和委托代建的在建项目共计10项,总投资31.3亿元,完成固定资产投资19.33亿元。实施柳东大桥、两岛市政基础设施综合整治工程、“三渠一河”截污工程、2018年道路提升改造工程、地下综合管廊工程、自治区党校路改建工程、拉鲁湿地北侧截污工程、县(区)既有建筑节能改造项目、县城污水处理厂等重点市政公用设施项目。特色小城镇基础设施建设工程完成投资0.7亿元。实施自治区级厕所革命建设279座、拉萨市自主实施新建、改建441座,已完成建设78座。

【住房保障工作】 2018年,自治区下达拉萨市保障性住房项目11844套(户),估算总投资约224746万元。其中棚户区改造项目共11个,共5032户,总投资34997万元;公共租赁住房6812套,总投资约189749万元。发放廉租住房补贴485.316万元,对农村255户四类重点对象家庭开展农村危房改造。完成公积金归集额12.25亿元,办理住房公积金提取9.23亿元,发放公积金贷款11.12亿元。小康安居工程稳步推进,累计拨付政府直补资金17626.88万元。

【市场监管】 年内,备案招标文件(资料)551项,完成房建、市政、交通、水利等项目的招投标407项,总交易金额83.04亿元,查处招投标违法违规12起,罚金264.8万元,严格落实国家发改委16号令,400万以下项目不再强制招标备案。进一步规范档案管理工作,累计新增建设工程基本信息396项,审核档案793项次,办理项目竣工备案68个,接待档案资料归档咨询215人次,档案查阅71人次,提供档案利用1230余卷184500页。办理监督工程项目498项,报监工程监督覆盖率100%。全市批准商品房销售面积180.58万平方米,实际销售商品房13132套,实际销售额112.08亿元,二手房交易58.05万平方米,成交4632套、调查摸清全市48家房地产中介机构基本情况。建设拉萨市房产政务信息平台，拉萨市智慧房产2.0系统平稳运行。全年完成各类房屋交易14587件，办理商品房合同备案确认4878套，存量房合同备案5147套。完成135家市直单位（含下属单位和市属国有企业）、12个县区（功能园区）的公房统计复核。

【安全生产监管】 年内，开展消防、防汛、起重机械、文明施工等安全生产检查11次，安全生产大检查5次，共检查施工工地513家次，下达停工整改通知书116份，限期整顿239家，现场排查安全隐患865处。开展建设工程扬尘专项执法检查，共检查施工工地260家、停工整顿62家、限期整改162家、冻结企业23家。开展全市建筑市场整治行动，停工整顿20余家企业，行政罚款12家企业，罚金466.8万元。

【行政审批和议案、提案】 年内，深化拉萨市建筑业“放管服”改革，建筑业企业资质办理审核指标从13项缩减至7项，审查时限从20个工作日缩减至10个工作日，强化资质审批和批后监管，共受理建筑业三级资质225项，办理171项，受理安全生产许可217项，办理112项，受理施工许可33项，办理33项。办理人大代表议案、政协委员提案10件，办结满意率100%。

【园林博览会】 第十二届中国（南宁）国际园林博览会拉萨展园以“美丽拉萨”为主题，建筑结构为“宫殿型”，2017年12月15日开工建设，2018年11月14日建设完成，总投资1100万元，占地面积1632平方米，其中主建筑占地510平方米，由门厅、大厅、佛堂、厨房、卧室、休息室和展厅组成，顶部采用边玛草，外墙为石头结构，大厅地面采用阿嘎土，墙面绘有文成公主进藏、藏戏等壁画；外部绿地占地1122平方米，以垂柳、梧桐等高大乔木为主，以大叶黄杨、红黄刺玫等球状灌木为辅，搭配格桑花、月季、草坪等花草地被植物。2018年12月6日，市政府副秘书长杨少亮代表拉萨市参加开幕式。

（黄琳燕）

市政市容管理

【概况】 2018年，拉萨市城市管理委员会扎实开展城市管理各项工作，为改善城市环境、提升城市品质，保障社会持续和谐稳定、促进经济又快又好发展贡献力量。全年共受理“12319”和“6386395”热线举报案件759起、同比下降22.15%，结案758起、结案率达99.87%，其中部件371起，各类井盖缺失、损坏的公共设施类占部件总数的79.78%；事件388起，其中街面秩序类占比59.02%。移交相关部门处理359起、拉萨市城市管理委员会处理178起、城关区城市管理综合执法局处理240起。受理“12345”转交案件352起，其中办结276起、根据职责退回76起。共受理市政类行政审批256件，其中临占175件、挖掘48件、排水9件、开设喇叭口8件、临街施工16件。全年，共办理渣土准运证3401张，同比增加321%；办理生活垃圾准运证58张，同比减少22.5%。

【设施维护】 年内，开展5次路面及附属设施集中维修，维修路面1.51万平方米、人行道1.58万平方米，更换绿化带栏杆0.85万米、清洗3.37万米，新装休闲座椅112套，维修布宫广场藏式吉祥柱、林廓转经道沿线香炉、白塔3次，处理突发路面塌陷险情1起。

【路灯照明】 年内，维修路灯0.89万盏，处理电缆、电器故障230余起，维修更换电缆1900余米，铺设路灯电缆1.33多万米、更换LED灯头720余盏，确保路灯亮灯率达95%以上。

【排水管护】 年内，维修更换井圈井盖1020套，其中球墨铸铁井盖400余套、清理道路排水管网淤积杂物5600立方米、维修更换排水管552米，邀请专业队伍清理8条道路排污管内垃圾4580立方米。

【桥梁维护】 年内，组织开展大型城市桥梁巡检20余次，更换柳梧大桥中央隔离栏人工草坪1450米、花盆350组、绿植8000余株，维修刷新中央隔离带2900米，更换拉萨大桥路灯48柱、路灯电缆1070米，完成拉萨大桥维修加固和柳梧大桥常规检测工作，制定《拉萨市桥梁普查及信息数据库建立工作方案》。

【城市装扮】 年内，在全市27条主要干道和布宫广场、柳梧大桥、纳金大桥等区域开展灯笼、彩旗悬挂和灯笼清洗工作，悬挂彩条6万余米、横幅600余条、清洗灯笼

5400余组、新装灯笼350余组。

【消防检查】 年内，参与老城区消防安全隐患排查工作，检查路面消防井盖80余个、居民庭院100余处、庭院消防栓、消防箱26个，对发现的安全隐患问题及时督促整改。

【环卫监管】 年内，协调36家属地管理单位对65处乱堆乱倒垃圾区域进行清理，共清理垃圾1.275万余吨，同比增加93.4%。协调嘎吉林公司、岗堆村委会等部门修建围墙、围挡4920米。责令16家乱堆装修垃圾商户清理装修垃圾约53吨。协调城关区环卫局投入资金17.1万元，清理23处无人管理区域各类垃圾2098吨、修建围挡约303米。业务工作移交至城投博瑞集团后，清理垃圾126.5吨。投入资金8万元，清理各类“牛皮癣”小广告3.5万余条，拉萨城投博瑞集团清理小广告共24.01万条。配合开展14处公厕选址，协调解决厕所供水供电、用地和绿化进行移植事宜。拆除损坏和老化果皮箱79个、新安装果皮箱61个，督促城关区环卫局加强全市果皮箱保洁力度。全年共转运垃圾4.511万吨，同比减少3.4%。填埋垃圾3.5万吨，同比减少71%。2918.2吨检验合格的飞灰固化块和炉渣进入二期填埋场后，对填埋场进行整形覆膜处理。混合填埋污水处理厂污泥5460.6吨。

【焚烧发电厂】 拉萨市焚烧发电厂于3月15日试运行，5月5日满负荷运行，拉萨市生活垃圾全部进入垃圾焚烧发电厂处理，截至10月26日，焚烧量18.8万吨，完成生活垃圾焚烧发电厂21台特种设备安全问题整改工作，确定每周三为生活垃圾焚烧发电厂公众开放日。

【市容市貌管理】 年内，完成春节、藏历新年布达拉宫前及两处公园节庆装扮工作，悬挂1.6万余串纸质灯笼、1600根具有夜间亮化效果的LED流星雨灯。以娘热南路精细化管理试点道路为重点，对全市户外广告、门店招牌进行清理整治，先后11次对各类户外广告和悬挂的LED灯笼进行检查，对检查发现的问题立即通知相关部门（业主）进行整改。加强市区户外广告审批工作，共受理户外广告审批622件，其中门店招牌类355件、小型LED显示屏14件、占道活动类217件、指路牌23件、楼顶广告13件，受理车身广告164件。协调市区5处大型LED显示屏开展“习近平新时代宣传口号”“110宣传日”“学习雷锋志愿服务活动”等公益广告宣传工作。针对洗车场服务场所基础设施滞后、占道洗车擦车、乱挂乱晒等问题开展规范管理工作，对市区90家洗车场进行全面检查，并按照“统一规划、合理布局、安全规范、文明美观”的原则，对26家存在问题的洗车场进行整治。

2018年6月29日，拉萨市城市管理委员会组织全体干部职工开展迎“七一”宣讲活动

【园林绿化管理】 年内，制订出台《拉萨市绿化养护标准》，并按照《标准》要求，对市区各绿化点位进行检查，下发《城市园林绿化整改通知》49份，处理交通事故损坏绿化5起，处理阻挡道路和影响行人、车辆安全的倒树、断枝事件38起。通过市政府网站、拉萨晚报等媒体公示市规划局新划定绿线范围。投入100万元引进梧桐、大叶女贞、紫薇、红枫、海棠等园林景观树种用于苗圃驯化研究，在藏热北路推广行道树大叶女贞81株，在扎基西路推广景观树白皮松64株，对北京西路、色拉路等6条道路和区党委院内的1897株杨柳树进行飞絮防治，效果显著。共投入290余万元用于城市美化装扮，使用鲜花（绿植）6万

余盆、仿真花卉1.6万余株(丛),绢花5.5万余朵、灯笼2000余盏;对全市建档古树进行复查,对倾斜严重和根部裸露的古树名木进行树池培固、撑杆搭架等保护措施,共新建古树树池9处、搭建撑杆58个。全年共办理园林绿化类审批事项117起,其中修剪61起、移植36起、占用绿地5起、砍伐树木15起。

【燃气行业管理】 年内,认真开展燃气企业隐患排查整改工作,充实拉萨市燃气专家库,与区内外6名专家签订燃气专家聘用协议书,邀请专家对全市加气站开展安全检查10次、检查95家次,下发整改通知书19份、查出安全隐患问题66个,已全部整改完毕。扎实开展以"燃气安全系万家,安全使用莫违规"为主题的安全生产宣传,发放燃气安全宣传资料4000余册。组织各县(区)城管局、全市燃气企业的负责人和安全管理人员共140余人,开展全市燃气安全生产培训及应急演练和燃气突发事故应急演练。督促市暖心公司加强城镇燃气主次干管线、庭院管线的巡查、运营、维护和管理,确保燃气管线安全运行。严格涉及燃气管线道路开挖审批程序,加大对违法开挖城市道路、野蛮施工行为的查处力度,对气站安全生产工作落实不到位的企业、破坏城镇燃气管线企业的违法行为进行处罚。

【给排水行业安全监管】 年内,重点把控供水水质安全,督促供水企业加强源水、末梢水的检测,先后下发加强安全生产通知2份、现场督促检查2次、企业自行委托检查3次,配合住建部供水水质检测中心开展取点检测1次、配合住建部重庆专家组开展林周县和当雄县供水管理工作检查1次。强化供水应急抢修作业,组织市自来水公司开展应急抢修演练1次,维修维护消防设施28次。起草并下发《拉萨市城镇污水处理设施运行管理考核办法(试行)》,明确城镇污水处理设施运行管理考核评分标准,建立污水处理厂长效管理机制,加大检查整改力度,检查污水处理厂7次、下发整改通知书4份、安全生产通知2份,确保出水达标排放。

【城市管理执法】 年内,组织协调市联动支队、城关区执法局等部门在娘热南路安排非机动车停放劝导员,规范非机动车停放。依法处理道路挖掘、破坏燃气管道燃气设施施工、违规设立指示牌广告牌等各类城市管理违法案件51起,其中立案处罚17起,罚款36.2万元。对建筑渣土运输车辆和乱堆乱倒建筑渣土行为进行蹲点检查和路面巡查。对夺底路旧家具市场、慈松塘旧货市场安全隐患进行执法检查,清理慈松堂旧货市场占道行为45家、夺底路旧货市场占道行为96家。参与学校校园及周边食品安全联合执法检查。处理温州商贸城周边停车场问题,取缔机动车停车场1处、人行道石墩桩子58个、取缔早餐黄包车1辆、规范城关区扶贫蔬菜直销车1辆、拆除无用电话亭1座。

【城市管理立法工作】 年内,修改完善《拉萨市城市餐厨垃圾管理办法(送审稿)》,已通过市政府常务会议研究。制定上报《拉萨市桥梁管理办法》《拉萨市古树名木保护办法》《拉萨市城市绿化收费缴纳办法》初稿。起草《拉萨市生活垃圾分类管理办法(草拟稿)》。出台《拉萨市城市建筑垃圾和工程渣土管理办法》。

【政务服务现代化】 年内,以"互联网+政务服务"平台为中心,进一步优化行政审批流程,推进"放管服"工作,提高行政审批工作效率,按照"能予以精简的材料一律精简,能精简的流程一律精简"的原则,压缩审批时限、缩减审批材料,共压缩行政审批事项的承诺时限16天、缩减审批材料共16项。截至10月31日,拉萨市城市管理委员会累计受理广告类、环卫类、市政类、燃气类审批4905件。

【市循环经济产业园组建】 年内,拉萨市城市管理委员会完成《拉萨国家级循环经济产业园区概念性规划》编制并通过市政府专题会议审核、推进先期开工的环保项目建设工作以及拉萨市循环经济产业园筹备领导小组办公室组建。于2018年8月17日将各项工作和资料移交至拉萨市循环经济产业园筹备领导小组办公室。

【生活垃圾分类试点】 年内,拉萨市城市管理委员会牵头,由拉萨城投环卫集团在市委、市政府院内、拉萨八中、乐业苑小区安装调试300套生活垃圾分类设备,并培训设备操作、发放宣传手册和垃圾分类操作指南。对市委、市政府各办公室工作人员、食堂工作人员、后勤保洁人员等60余人进行生活垃圾分类知识培训，在拉萨市第八中学会议室对100多名师生进行生活垃圾分类知识宣讲，同时在市人民医院门口、乐业苑小区对住户、群众进行生活垃圾分类知识宣传。5月8日市政府办公厅批准执行《试点工作实施方案》，成立以市长果果任组长的生活垃圾分类试点工作领导小组，明确责任、确定时间节点。9月，市教育局制定《拉萨市教育局关于加强学校生活垃圾分类管理工作的实施方案》，明确在教育系统积极开展生活垃圾分类工作目标。

【餐厨废弃物资源化利用和无害化处理项目】 年内，该项目于3月16日正式进场，综合楼已基本全部完工，其他单项工程土建基本完成，部分单项工程已经开始安装设备，2017年资金投入900万元，2018年资金投入4513万元。

【市政养护、环卫体制改革】 年内，拉萨市城市管理委员会制定《拉萨市环卫体制改革指导意见》《拉萨市市政养护体制改革指导意见》，并通过市政府常务会议和市委常委会。8月31日，市编办下发《关于拉萨市市政养护处、环境卫生体制改革涉及机构编制调整和人员划转的通知》，市环卫局共29名事业编制人员划转至城关区，职责移交至市城投博瑞公司。市市政养护处共36名在编人员划转至城关区，职责移交至市城投博瑞公司。

【干部队伍管理】 年内，先后开展以“党风廉政建设”“集中整治十种表现”“政治纪律教育”为专题的理论中心组学习12次、支部学习活动102次。印发《关于确保三大节日期间廉洁过节的通知》《关于确保国庆廉洁过节的通知》，制定《拉萨市城管委2018年落实党风廉政建设主体责任工作计划》《城管委党风廉政建设主体责任工作安排》《2018年拉萨市城市管理委员会机关党建工作要点》等系列内容。考察吸收预备党员3名、新发展党员4名。规范党费缴纳，出台《拉萨市城管管委会关于规范党费收缴、管理、使用工作的通知》，完成2018年党费收缴、党员统计工作。选派15名干部职工赴北京学习培训，组织30名干部参加全市执法人员培训班。开展党内关怀活动，慰问老党员70名，金额约7万元；慰问生活困难党员6名，金额6000元；市政养护处、市环卫局和市园林局慰问退休干部共550人。

（张欢欢）

八廓古城管理

【概况】 2012年7月3日，西藏自治区党委常委会议研究决定，成立拉萨市八廓古城管理委员会，为拉萨市人民政府派出机构，正县级，城关区党委、政府对其管理。拉萨市八廓古城管理委员会内设5个正科级机构，即办公室、社会管理综合治理办公室、流动人口服务和管理科、宗教事务管理科、文化旅游管理科；下设2个副县级机构，即八廓古城公安局、八廓古城市政市容和规划管理局。八廓古城管委会含八廓古城管委会市政市容和规划管理局在内共有64名干部职工（包括8名公益性岗位工作人员）。

【党建工作】 2018年管委会党工委结合自身工作实际，进一步调整机关党支部，于2018年7月份选出新一届的机关党支部书记、副书记和各委员。年内，认真贯彻执行中央“八项规定”、自治区“约法十章”“九项要求”、拉萨市关于改进工作作风密切联系群众的“八项要求”，以及城关区委“落实中央八项规定实施细则”。进一步完善惩治和预防腐败体系，牢牢抓住教育、制度、监督等关键环节，惩防并举，标本兼治，切实加强对权力运行的制约和监督，建立健全岗位廉政风险责任制，从源头上预防腐败，确保党风廉政建设和反腐倡廉工作取得实效。认真落实主体责任制和“一岗双责”，落实党组织书记履行第一责任人的责任，班子成员带头承担抓党建的工作责任。坚持定期听取基层党组织的工作意见和建议，加强分层指导，落实党工委成员联系制度。坚持在创新抓党建责任上下功夫，坚持把党建工作融入业务工作中，同部署、同推进、同落实、同考核，形成责任明确，上下齐抓的工作格局；坚持把学习型党组织建设作为党建工作的重要任务来抓，进一步健全党员长效学习机制，把创建学习型党员作为推进学习型党组织建设的重要抓手。

【扶贫帮困】 年内，管委会党组织加强同驻属地白林社区居委会基层党组织联系，从管委会有限的办公条件下腾出两间房屋交予社区发展经济，力所能及地帮助解决社区实际困难。管委会党工委将沿街房屋交予饶赛社区和白林社区开一个甜茶馆。白林茶馆帮扶低保户12人，茶馆年收入每月20000元，全年240000元，月资：按照岗位每人每月2800～3800元不等。饶赛茶馆帮扶低保户13人，茶馆年收入179089元，月资：按照岗位每人每月3000～4500元不等。管委会全体党员干部为白林社区帮扶点捐款，共56人，每人200元，共计11200元。

【优化人员配置】 年内，管委会党工委坚持认真贯彻落实《党章》《党政领导干部选拔任用工作条例》等规定，严格落实习近平总书记提出的“三个区分开来”，旗帜鲜明地为敢于担当的干部担当、为敢于负责的干部负责，对那些一切为公、一切为民，想干事、能干事，敢担当、善作为的干部充分理解、大力支持和保护。2018年管委会严格按照上级组织部门关于人事调整相关要求和工作程序，将8名干部提任上一级职务，6名干部进行进一步使用，并为进一步优化人员配置，对各科室负责人进行轮岗调整。管委会党工委积极向市委、市政府及相关部门汇报工作，坚持正确的选人用人导向，坚持德才兼备、以德为先，坚持五湖四海、任人唯贤，坚持信念坚定、为民服务、勤政务实、敢于担当、清正廉洁的好干部标准，自觉防范和纠正用人上的不正之风和种种偏向。按照相关规定，管委会完成超额配备干部的清理工作，同时在拟任、推荐干部前，管委会党工委会对每位干部档案逐一查阅，逐一核实个人有关事项报告。

【市政养护】 2018年，八廓古城管委会先后完成大小300余处基础设施的维修维护工作，保证老城区基础设施的正常运行和逐步完善。为确保老城区城市环境秩序井然，进一步彰显古城风貌和历史文化特色，全力推进创城工作，更好地发挥老城区基础设施功能，更好地为老城区各族人民群众提供一个干净整洁的城市环境。管委会充分发挥自身职能作用，及时消除道路安全隐患，全年共维修石板路面3934.3平方米（新更换石板2627.3平方米），新更换桥架1087.5米、新更换桥架盖1584.9米、维修加固桥架2269.7米。疏通下水道17089米、清理污水井1522口、清理雨水井867口、清理化粪池414口、井盖更换193套、新建污水井1座。全年路灯维修工程：更换钠灯552个、更换整流器634个、线路检修21931米、更换线路1201米、更换景观灯变压器15套、更换酥油灯231盏、更换LED线条灯298条、更换空开51个、更换时控27个，更换自动控制开关20个、更换电缆1190米、维修路灯灯杆5盏、新安装壁灯26盏。

【规划审批】 年内，八廓古城管委会严格按照《拉萨市老城区保护条例》《拉萨市城乡规划条例》《拉萨市城市总体规划》《拉萨市中心片区控制性详细规划》《拉萨八廓街历史街区保护规划》等相关要求，对老城区申报的公（私）房改建项目严格把关，深入实地严格勘验，对不达标的报送工程项目一律退件并说明理由，做好解释工作。在工程规划验收过程中，严格按照相关要求，将实地测量结果与相关数据进行比对，对符合规定的建筑核发《建设工程规划许可证》，年内共计核发49本，不符合规定的向违建业主下达《违法建设拆除通知书》，责令其在接到通知之日起在规定期限内自行拆除，未在限期内整改的上报至上级人民政府，促进规划审批工作的顺利开展。

【城市综合治理】 2018年，管委会紧紧围绕维护老城区社会稳定，完善老城区基础设施建设，全力推进创城工作和“拉萨古城申遗”的

2018年7月13日，八廓古城管委会党工委组织召开《拉萨市老城区保护条例》《拉萨市老城区市政市容维护管理实施意见》知识竞赛

同时,坚持长期不间断地推进老城区社会治安综合治理和城市管理工作。针对老城区内户外广告不规范、乱贴小广告现象及时开展清理工作。对八廓东街、拉萨市电影院、藏医院、鲁固路段经常出现影响城市环境好转的流动商贩、地摊、尾随兜售等屡禁不止的不文明行为,管委会成立市容规范专班组积极会同八廓街道办事处及社区工作人员,一方面在大昭寺广场、拉萨市电影院、藏医院、鲁固路段、琅赛商场等处增设卡点,长期实行巡逻蹲点、清理劝阻,常年落实早上8:00至晚上10:00工作制,旅游旺季进一步延长工作时间,落实晚10:00至次日凌晨1:00工作制,开展市容整治工作,对不听劝阻、屡教不改的流动商贩、地摊等违法人员依法作出罚款处罚。工作中始终做到发现一个、清理一个、劝阻一个、教育一个、引导一个。2018年以来,管委会共出动工作人员1.2万余人次,共清理流动商贩3560余人,强买强卖600人、店外店1745家、占道经营1160处、非机动车乱停乱放1720次、尾随兜售850人次,整治工作中,针对个别商贩屡清屡犯不良行为进行处罚300例,罚款金额17600元、没收水果称18杆、旅游工艺品84件,通过长期的清理整治,已收到明显效果。严格限制机动车、非机动车进入老城区核心区,落实出入的机动车、非机动车逐级登记制,凡是备案登记符合要求的发放相应“出入证”。同时管委会协调八廓办事处各社区,积极加强与老城区公安安检口的协调联动,力争堵住进入老城区核心区的机动车、非机动车,防止携带危险物品进入老城区核心区,限制一切货车在早上8:00至22:00之间进入老城区核心区。通过一系列的综合整治,老城区的治安日趋好转,城市环境日益美化,人与自然更加和谐。

2018年9月19日,管委会组织全体干部职工参加拉萨市党校廉政建设警示基地

【决策执行】 年内,根据自治区党委常委、市委书记白玛旺堆在大昭寺亮化工程设计方案汇报专题会上的重要指示精神和市委常委、常务副市长王念东主持召开的关于大昭寺亮化工程实施工作推进会议精神,按照会议决定实施过程中的需协调问题由管委会统筹协调要求,管委会作为工程项目法人,在做大量卓有成效的前期工作的基础上,在拉萨市住建局的业务指导下,组织人员召开三次会议,统筹协调项目实施过程中需要处理的各种问题,确保项目总体推进有力,有序实施,于2018年9月按时按要求保质完成大昭寺亮化提升大部分工程。根据拉萨市宗教工作领导小组关于《明确大昭寺广场和八廓沿街经杆管理主体责任意见的专题会议》精神,明确管委会作为日常管理责任单位,管委会领导高度重视,立即组织相关科室分管领导及科室人员,制定大昭寺广场和八廓沿街经杆日常管理制度,为避免大昭寺周围经杆上大量的哈达及经幡致使缩短经杆使用年限和树根潮湿跨倒等安全隐患,管委会组织干部职工连夜加班加点参与经幡清理工作,申请并参与监督修建大理石围栏及大昭寺周围五处经杆套上防火罩,更换经杆后,管委会以藏汉两种文字立牌杜绝任何宗教团体和个人向经杆献祭经幡,使大昭寺四周环境美化的同时降低安全隐患,得到良好的效果,成为古城经道上的一抹亮点,并根据上级领导指示精神,管委会就大昭寺前磕长头区域进行清理整治,设立栏杆划分清晰的磕长头区域,并摆放160个盆栽植物,有效隔离转经道和磕长头区域,并长期以

值班式的进行早上7点至晚上9点的监督劝说工作，禁止人员在划分的区域外坐卧、停留、围观，并组织人员每周一和周五定期对160个盆栽植物进行修剪和浇水，保持该区域的卫生整洁和高雅美观。

（次　杰）

布达拉宫广场管理

【概况】 2018年，布达拉宫广场管理处全体干部职工坚持以习近平新时代中国特色社会主义思想为指导，深入贯彻落实中共十九大精神、区、市党委九届三次全委会精神，深入开展“两学一做”学习教育、党员政治纪律教育及党员政治教育培训，以打造国际一流广场为工作目标，坚持开拓创新，切实转变工作作风，不断完善各项管理措施，为广大市民和国内外游客提供安全文明、优美洁净的旅游休闲环境，为建设团结美丽健康幸福新拉萨做出积极贡献。

【基层党建】 年内，按照上级学习要求，管理处共组织集中学习43次，分组讨论3次，每位干部职工撰写心得体会4篇。管理处组织全体党员干部职工在西藏军区军史馆内开展现场教学并安排党员政治纪律教育和政治教育阶段测试。根据纪检监察组的要求，管理处加强政治纪律教育。11月7日召开专题组织生活会，严格按照会议程序进行。集中整治文山会海、不作为慢作为等形式主义、官僚主义突出问题，召开动员会议，认真研究管理处及领导班子存在的问题，并列出整改清单。如期完成24份廉政档案的上报工作。

【设施维护】 年内，在市财政局的支持下，为广场管理处解决维修资金76万余元，并利用日常的维修经费，针对布达拉宫广场南北湖周边石板道路因树根生长导致道路凹凸不平，存在较大的安全隐患，对广场南北湖1696平方米破损路面进行全面维修铺设，为市民游客提供一条平坦安全的湖边步道；对广场357棵杨树进行修剪，并做好湖面树枝打捞工作。购买垃圾三轮车4辆，专门解决公园茶园垃圾乱堆乱放的问题。广场中心38套中华灯自建成后一直未大规模的系统维护，老化问题严重，无法满足亮化需求，管理处于5月对所有中华灯进行全面维修。布达拉宫观景台全面开放后，为增加夜间亮化，于6月对观景台进行亮化，增添一道夜间景观。宗角禄康公园文化广场条形凳油漆脱落严重，影响公园的整体美观，管理处安排经费对所有条形凳进行全面刷漆，使文化广场焕然一新。增加广场音乐喷泉喷放内容，经会议研究同意将广场音乐喷泉维修养护服务外包。

2018年5月10日，广场管理处召开安排部署迎接全国文明城市测评会议

【环境整治】 年内，为打造娘热南路精细化管理一条街，管理处在公园东门入口周边开展为期2周的专项治理电动车乱停乱放工作，全体干部职工设置物理障碍、悬挂警示横幅、进行口头劝导，有效地改善电动车乱停乱放问题，营造良好的道路通行环境。日常巡逻过程中，发现占道经营、强买强卖行为，管理处采取文明劝导的方式进行清理，并在第一时间向城管执法部门反映情况，维护好城市的公共秩序，为游客提供优美的旅游环境。在清理公园湖边鸡鸭放生点处进行全面清理，并安排专人每日进行清扫、消毒，安放休闲椅凳供市民游客休息赏景。此工作不仅改善公园的环境，同时也为游园群众增添一处休息场地。

（冯晋瑾）

环境保护

环境管理

【概况】 年内，全市环境质量总体稳定，拉萨市环境空气质量优良率为98.4%，各类水体均达到相应功能区划标准，区域环境噪声稳定在较好级别。多措并举打好水、气、土污染防治战役；严格建设项目环境准入，审批建设项目环评文件168个。树立山水林田湖草生命共同体理念，统筹生态保护修复建设。全面推进生态文明建设，全市251个行政村（社区）、64个乡（镇）、4个县成功创建为自治区级生态村（社区）、生态乡（镇）、生态县。加强环境监察执法，妥善处理环境信访举报78起，处理率办结率100%。通过微信微博发布各类环保信息1185条。完成第二次全国污染源普查1830家污染源入户调查。完成中央环保督察整改任务14项。

【党建工作】 年内，组织集中学习31次。邀请党校老师专题授课3次，7次学习关于环境保护知识，5次学习《习近平谈治国理政》。组织理论中心组学习8次。召开党建工作会议，不断强化干部职工党性观念、强化“四个服从”、强化对党忠诚、强化责任义务、强化主体责任，努力打造一支政治素养过硬的环保队伍。

【廉政建设】 年内，先后召开加强政治纪律教育党员动员大会、加强作风建设专项活动动员会、全面从严治党暨党风廉政建设工作会议3次。在全市率先开展“加强作风建设整治活动月”工作，加强作风建设集中整治形式主义、官僚主义“十种表现”活动、集中整治不作为、慢作为文山会海等官僚主义形式主义突出问题。贯彻习近平总书记建设一支生态环境保护铁军的精神，加强环保队伍作风建设，营造风清气正的政治生态。

【环保政务公开】 年内，通过拉萨市人民政府门户网站，对全市环评审批、环评持证机构考核、拉萨市固体废物管理及固体废物污染防治信息、拉萨市集中式饮用水水源地水质状况及环境行政处罚等信息和内容进行公开公示22次，政府信息公开71条，进一步提高环保工作透明度。

（杨　梅）

环境保护与污染防治

【环境质量】 年内，拉萨市的环境空气质量优为143天、良为215天，轻度污染6天，优良率98.4%；全市地表水、地下水、城市集中式饮用水水质均达到相应功能区划标准；全市区域环境噪声总体良好，民居环境较为安静。

【污染防治】 年内，淘汰黄标车及老旧车2160辆；检测车辆128548辆次，合格率86.52%。淘汰燃煤锅炉22台。协调推进加油站完成油气回收改造。开展集中式饮用水水源地环境保护专项整治活动，建立全市饮用水水源地保护区“一源一档”信息库；完成纳金水厂蔬菜大棚农业面源污染整改和27家石材加工厂的拆除搬迁工作。完成拉萨市18个集中式饮用水水源地保护区划分；完成全市399个详查点位523个农用地表层、深层、有机土壤及农产品采样工作。完成持续性有机污染物和重金属行业全口径统计调查，建立拉萨市重金属行业全口径清单。开展自治区危险废物处置中心整治，着力提升危废处置中心处置能力建设，完成1518.55吨危险废物转移审批手续办理，监管危废处置中心全年安全处置危险废物1285.40吨。

【环境监察】 年内，开展318等国道沿线、重点景区环境整治督察工作，进一步巩固环境综合整治工作成效。开展环境稽查自查、水利水电项目专项检查、黑臭水体整治和集中式饮用水水源地环保专项整治行动、全市生态环境综合检查、拉鲁湿地"三渠一河"执法监管及"双随机"监管等环境执法检查13898家次、5724人次，不断提升并优化环境监管执法。开展1次突发环境事件应急演练，进一步提升环境突发事件的应急处置能力。对存在环境违法行为的15家企业（单位）作出行政处罚，罚款金额343.71万元。全市环保系统对158家环境违法企业（项目）作出行政处罚，罚款金额857.06万元。对108家"未批先建"违法企业（项目），处罚597.7万元。推进排污费改税，依法征收排污费3.7万元。

【环境信访】 年内，以"服务好群众，为人民群众做主"为工作原则，狠抓环境投诉案件查处工作，严格执行环境举报热线"12369"24小时值班制度，积极处理"12345"政府服务热线和区网上信访系统、移交的信访举报，着力解决群众反映强烈的环境信访投诉，及时调查妥善处理"12369""12345"等环境信访举报78起，其中噪音污染20起，大气污染39起，其他19起，处理率100%，办结率100%。

【环境监测】 年内，对7个国控断面23项监测指标进行12次监测。4个集中饮用水源地22个监测项目开展12次监测工作。4个功能区、32个交通点、区域环境195个监测点位进行噪声监测。5个降尘监测点位开展12次监测。对酸雨情况进行监测。6个空气自动站进行监测。开展举报监测1次，委托监测2次，污染源监督性监测23次，共计出具报告90份。

【环评审批】 年内，审批建设项目环评文件168个。推进全市重点项目环评审批工作，年内重点项目审批完成率90.54%。开通扶贫项目审批"绿色通道"，对符合国家产业政策的重点项目、精准扶贫、民生领域等亟待开工建设的项目，积极主动对接，缩短审批时间。

【生态文明建设】 年内，严格生态环境管控，配合自治区完成全市生态保护红线划定工作，携手共建绿色"一带一路"。联合开展"绿盾2018"自然保护区监督检查专项行动和"中华环保世纪行—西藏行"活动。深入推进生态文明建设，全市251个行政村（社区）、64个乡（镇）、4个县成功创建并获命名为自治区级生态村（社区）、自治区级生态乡（镇）、自治区级生态县；统筹推进生态工程建设，拉萨市获得国家第三批山水林田湖草生态保护修复工程试点支持资金。开展《拉萨市环境保护总体规划》《拉萨市生态文明建设规划》《拉萨市生物多样性保护战略与行动计划》规划编制工作，为生态文明建设示范市创建做准备。

【中央环境保护督察】 贯彻落实中央和自治区环保督察整改工作的意见决策，督察整改迅速有力。年内，应完成的16项整改任务，已完成14项。

【第二次全国污染源普查】 年内，全市落实污染源普查工作经费1317.45万元，完成1830家污染源普查入户调查。对全面摸清拉萨市各类污染源基本信息，掌握各区域、流域、行业污染物产生、排放和处理等情况，补齐环境基础台账缺失这一短板，打下坚实的基础。

【环保考核】 年内，制定《拉萨市环境保护考核实施方案》，科学合理调整指标的权重、考核方式、考核内容、考核结果运用，并与79家市直单位及县（区）签订环境保护目标责任书，从严从实开展环境保护考核工作。构建齐抓共管的"大环保"工作格局，为改善环境质量，加快生态文明建设有着重要意义。

【环保宣传】 年内，通过各种媒体，在六五环境日、"七五"普法、宪法考试等活动中开展深入广泛宣传13次，让环保法律法规进学校、进机关、进企（事）业、进寺庙下基层，营造生态环境保护的良好风气。开展1次环保公众开放日活动，推动人们知行合一，积极参与生态环境事务，形成共建生态文明的社会氛围。通过环保微信、微博，发布各类环保信息1185条。

（杨　梅）

环保机制建设

【完善环保制度】 年内，制定出台《拉萨市环境保护考核实施方案》《拉萨市生态环境损害责任追究联动机制》《拉萨市环境影响评价持证机构考核办法（试行）》《拉萨市环境保护局建设项目环境影响评价文件审批程序（试行）》《拉萨市环境保护局关于社会化环境监测机构管理办法（试行）》等制度性文件5份。通过环保制度的不断完善，环境管理再上新台阶。

【"放管服"改革】 年内，在缩短审批时限，公开审批程序，简化审批流程等方面下功夫，坚决杜绝因环评审批办理滞后而影响全市项目开工建设，实现环评审批项目的公开透明，为全市经济建设服务好。对全市26家环评机构实施考核，约谈3家环评文件编制质量较差的环评公司负责人，进一步规范全市环评机构管理工作。

【"互联网＋政务服务"】 年内，完成环保权责152个项目清单，并晒出权利清单、责任清单，适时对环保权责清单进行清理核对，实施动态调整，确保行政权力事项全面、真实、合法、有效。在打造权力瘦身"紧身衣"的同时，为进一步优化环保政务服务，提升环保政务服务效率和透明度，完成环境影响评价、污染防治、危险废物管理、自然保护区设立调整审核、环境执法等5方面19项审批事项网上办理流程，努力打造环保政务服务高速移动互联的新标杆。

（杨　梅）

交通·运输·邮政

综述

2018年，拉萨市交通运输系统深入贯彻落实中共十九大精神，加快推进"四好农村路"建设，推动建管养运协调发展，建设农村公路项目41个，年内完成投资6.04亿元。落实养护补助资金481公里，批复农村公路生命防护工程271公里。新开辟农村客运线路17条，辖区乡镇通客车率达100%，行政村通客车率达85%。道路运输市场监管也取得良好成效，行业乱象有效减少，市场环境不断优化，交通运输高质量可持续发展工作推进良好。

（董绍辉）

交通

【农村公路建设】 年内，续建农村公路项目24个，总里程229.93公里，总投资5.16亿元，年内完成投资8987万元，已全部完工；新建农村公路项目17个，投资10.93亿元，建设总里程217.5公里，年内完成投资5.14亿元，完工项目1个。

【重点项目建设】 西藏S5线拉萨至泽当快速路工程建设项目，路线全线长47.46千米，项目概算98亿元。2016年10月17日开工建设，截至年底，公路工程完成总工程量的88.9%，桥涵工程完成总工程量的70.5%，互通工程完成总工程量的72.3%，交通工程完成总工程量的10.2%，隧道工程完成总工程量的29.55%。拉萨市东环线北线建设项目，总投资23.23亿元，全长18.92公里，2018年10月12日开工建设，年内完成投资2987万元。另外，自治区在拉萨实施的公路工程重点项目4个。

【农村公路养护】 2018年，拉萨市农村公路通车里程达4646.61公里，年内落实养护补助资金481.34万元，实施危桥改造项目16座，处置公路水毁、雪毁保通50余次，保障农牧民群众安全出行，农村公路养护机制不断健全。

【工程质量监管】 年内，切实抓好公路工程在建项目质量监管，分批次对全市43个交通工程建设项目进度、质量、安全情况进行督导检

2018年9月20日，拉萨市交通运输局组织局领导，局机关、市运管局、市交通综合执法支队干部职工参观"两路精神"纪念馆

查。派出检查人员400余人次，下发专项监督检查情况通报9份、抽查意见通知书42份、质量监督通知书35份，竣（交）工验收前质量鉴定项目27个。

【客运场站建设】 年内，加快推进拉萨市东嘎客运站、城东客运站建设事宜，东嘎客运站项目前置手续已委托市交通产业集团办理，招投标工作已完成。城东客运站项目前置手续已办理完成，待规划许可证办理完成后即可开工建设。

（董绍辉）

运输

【国家"公交都市"创建】 年内，申报拉萨市创建全国"公交都市"工作，牵头启动拉萨市创建国家"公交都市"申报有关工作，截至年底，《拉萨市国家"公交都市"建设示范工程实施方案研究编制及申报技术咨询项目》已形成研究成果，于2018年11月20日通过专家评审，待市政府审定后执行。

【出租汽车行业改革】 年内，深化出租汽车行业改革，借鉴其他省市网约车管理先进经验，结合拉萨实际，制定《拉萨市网络预约出租汽车经营服务管理实施细则（试行）》，已经市政府第27次常务会议、九届市委第48次常委会议审议通过。

【交通运输市场整治】 5月，全面开展交通运输市场整治行动，整治行业乱象，年内检查出租车9000余台次，公交车5000余台次，纠正各类违规行为1000余次，城市客运服务质量明显提升。

【非法营运车辆专项整治】 年内，进一步规范旅客运输市场秩序，营造安全、有序的道路运输市场环境，按照市委、市政府安排部署，结合"扫黑除恶、打非治乱"专项斗争要求，按照"先打击重点、再辐射周边、逐步织密执法网络"的总方针，深入开展非法营运车辆专项整治行动，2018年共出动执法人员9600人次，查获非法营运670余台次，联合执法29次，取缔非法发车点5个。

【"两客一危"重点营运车辆动态监管】 年内，按照"六个必查"工作要求，共登记检查班线车辆16.4万台次，登记检查旅游车辆2.5万台次，检查危险品运输车辆1.28万台次，检查普通货物运输车辆9.5万台次，查处违法违规危险品运输行为134起，查处违法违规班线旅客运输174起，查处违法违规旅游客运3起，道路运输市场秩序得到进一步规范。

【超限超载治理】 年内，以建立健康、安全、规范、公平、有序的道路运输市场为目标，依托曲水、墨竹工卡2个检测站，全面加强超限超载车辆治理，全年共计检查货运车辆7.15万台次，查获超限车辆数993台，查获超载车辆数812台，查处违法违规普通货物运输行为642起，卸载货物2000余吨。

【春运工作】 2018年春运期间，共发车29403车次，运输旅客26.304万人次。未发生交通安全事故和旅客服务质量投诉，完成春运旅客出行保障工作。

【道路运输管理】 年内，拉萨一级、二级客运站联网售票系统上线试运行，实现互联网和手机APP售票功能。普货车辆"两检合一"推进良好，已实现区内异地检测。

2018年6月10日，拉萨市交通综合执法支队执法人员在318国道曲水段检查货物运输车辆

2018年11月22日，林周县群众在站点乘坐农村客运班车

推出“牦牛出行”APP，实现快车、出租车线上预约服务。完成运政系统空业户、僵尸车清理，清理空业户2000余户，僵尸车6000余辆。

【城乡客运发展】 年内，新增农村客运班线车辆19辆，新开辟农村客运线路17条，农村客运车辆共计达61辆，辖区乡镇通客车率达100%，行政村通客车率达85%，方便农牧民百姓出行和就业。

【道路客货运输】 年内，公交客运量8318万人次，同比增长3.1%。完成公路客运量（非市区客运）382.3万人，同比上升5.6%。客运周转量138405万人公里，同比上升5.5%。完成公路货运量990万吨，同比上升11.2%，货运周转量475798万吨，同比上升11.2%。

【公共交通】 年内，拉萨市共有公交车522辆，其中插电式混合动力公交车285辆，纯电动公交车27辆，燃油公交车210辆，新能源公交车占比达到59.7%。全市共有公交线路38条，线路总长819公里，同比增长14%。

（董绍辉）

拉萨市交通产业集团有限公司

【概况】 拉萨交通产业集团自2014年2月组建以来，至2018年，资产规模22.57亿元，比2014年增长3.17倍。资产负债率77.16%，比2014年下降13%。经营收入5.46亿，比2014年增长3.56倍，2018年减亏61%，迈出向好发展的第一步。

【产业集群化发展】 集团聚焦道路客运主业，围绕车轮子做主业，围绕车轮子延伸链做适度多元化发展，依托互联网+，实现经营管理的转型升级和非线性发展。现有2个子集团（公交集团、旅发集团），21个子公司，运营车辆共5291辆，综合运力占全区63%。业务范围涉及公交、出租、旅游、班线、检测、维修、互联网、汽贸、广告、物业等15个板块。

【解决农牧民就业】 2018年，集团管理岗位和工勤岗位员工共计1590名，其中拉萨籍员工775名，占48.7%。梳理和提供适合岗位，并与县区及市直相关部门做好协调衔接，准确掌握适合岗位条件的农牧民情况，确保空缺和新增适用性岗位安排90%以上的农牧民就业。同时，投入约32万元资金用于对农牧民的岗位培训。

【党建和企业文化建设】 以党建和社会主义核心价值观统领企业文化建设。推进系统化的企业文化建设，明确集团的使命、愿景、价值观、企业精神、文化品格、经营管理理念和员工行为规范等，组织开展群众路线、不忘初心、牢记使命等一系列学习教育实践活动。团队户外拓展活动及高管经营管理能力提升培训、安康杯技能大赛、各类知识竞赛以及安全文化、廉政文化建设常规性开展。围绕“天上西藏、大美于行”品牌理念，先后组织举办“巅峰梦想”围棋汽车拉力赛、“8·18”心藏社群走进拉北环线、房车大会、2018拉萨国际绿色电影周等品牌创建、文化旅游产品创新和企业影响力建设等活动。

【党建工作】 各基层党组织结合自身实际，创新学习形式，丰富活动载体，组织党员加强政治纪律学习，开展新旧西藏对比座谈会、美丽企业清洁行动、庆“七一”系列活动、“四讲四爱”知识竞赛、

2018年6月9日，拉萨市交通产业集团西藏交通旅游大数据产业联盟正式成立

“八一”拥军爱民、生产技能大比武等一系列活动128次。集团党委在公交、出租和旅游客运公司以“立足岗位、争当先锋”为主题，开展党员先锋岗和优秀驾驶员示范岗活动，自活动开展以来，评选示范员工661人，营造出“比、学、赶、帮、超”的浓厚氛围，取得良好的示范效果。探索“互联网＋党建”，激发党建新活力。

（董雪萍）

邮政

【概况】 2018年是贯彻中共十九大精神的开局之年，是改革开放40周年，是决胜全面建成小康社会、实施“十三五”规划承上启下的关键一年，也是拉萨市分公司转变观念、加快转型、创新发展的一年。年内，全市邮政经济整体保持平稳运行态势，邮政业务总量2.4亿元，用户服务满意率达到95%以上，呈现出良好的发展局面。

【党建工作】 年内，始终坚持党对企业的领导，将党建工作作为“最大政绩”“硬性任务”摆在全局工作的首要位置。以加强基层党组织及党员干部队伍建设为重点，紧紧围绕生产经营，进一步加强党建与生产经营的深度融合，为实现市分公司发展战略和发展目标提供坚强的思想保证、政治保证、组织保证。严格按照中央新“16字”方针发展党员，发展入党积极分子8人，接收预备党员1人，预备党员转正5人。

【拓展为民服务】 年内，全市83个普服网点均已开全四项普服业务，其中11个网点开办电子汇兑业务，24个网点开办便民汇款业务，其余48个网点将陆续开办便民汇款业务，采用手工汇兑形式。调整现有邮路路线，以求顺路、顺序投递，使投递工作高效、优质，符合普遍服务投递标准，将原来的31条乡邮投递线路压缩至22条，全部提升至周五班，极大提高广大农牧民群众的用邮体验，广大农牧民群众能够及时了解党的方针政策，学习时事政治、科技、法律等知识，同时还可以了解到更多的外界信息，进一步增长见识。对发挥党报的教育引导功能，满足农牧民群众对文化知识及信息的需求，提高农牧民群众的科学文化素质具有重要而深远的意义；拉萨市169个建制村村邮站建设任务已全部完成，169个村邮站正式运营后，实现与已有平台的充分结合，解决拉萨市农牧区通邮状况远远落后于城市及“投递最后一公里”的问题，使农牧区邮件妥投到户，保障农牧民的基本通信权利，促进全市城乡邮政公共服务均等化的进程。

【驻村扶贫】 年内，在认真落实驻村重点任务的同时，结合邮政行业自身特点，积极发挥电商平台及金融优势，服务于驻村点农牧民群众，全面落实脱贫攻坚工作。开展结对帮扶工作，2018年结对帮扶8户34人，帮扶资金达1.2万元。经细致了解当地经济发展情况、村发展计划等，成功为普巴村争取到有机豌豆粉丝加工合作社项目，申请到项目资金20万元。

【服务地方经济】 年内，主动融入地方经济发展，抓住“精准扶贫”和“工业品下乡、农产品进城”契机，全力打造以“邮乐购”加盟店为核心的电商共赢生态圈，年内累计新建“邮乐购”加盟店15家，代购笔数3516笔，邮乐小店开店187个。进一步与交警、财政有关部门加强沟通，明确三方合作关系，加快代缴罚没款业务上线步伐，基本

2018年1月5日，邮政分公司召开集邮品鉴活动动员部署会

实现邮政网点全覆盖，方便广大用户。开展代理火车票、机票、彩票、交警违章短信等业务，综合服务平台产品和服务进一步丰富。将邮资明信片与景点门票相结合，开发甲羌白玛景点门票、甘丹寺邮资景点门票和小昭寺邮资景点门票，不但扩大拉萨旅游宣传受众面，而且多层次地传播拉萨旅游文化，为景区吸引更多游客，也开辟邮政传统业务的增收路径。

【服务质量管理】 年内，以更严谨的工作方式、更人性化的服务态度，严抓包裹工单、客户投诉处理，规范投递服务质量，加强对投递服务质量管理。实施项目责任制，制定窗口服务规范、全名址录入、收寄安全验视等重点项目，专人跟进、每月检查。对管控指标采取全年管控，月月通报，年终评比的方式，引导各单位全年关注质量指标。全年共处理用户投诉61起，出检天数80天，下发视察报告书51次，提出整改意见1168条，办理快包赔偿30件，普包赔偿7件；全年共处理RFID测试芯片1696件，无丢失。共投递机要邮件2577件，无机要通信事故、无失密。

【实物网投送】 年内，全市电动三轮车增加至51辆，城市投递电动三轮车配备率达到50%，新增PDA39台，外勤投递人员PDA配备率达到100%。进一步优化投递内部处理生产环节，将进口邮件分拣到段，提升邮件处理能力。深化快递包裹业务转型方案，实施投递网格化改造。

【信息化建设】 年内，充分应用营销积分、“一区双录”理财管理、反洗钱、反假币等系统，有效提升网点效能及网点精细化管理水平。升级金融远程系统、逻辑大集中、集邮、分销、投递、营业等系统，为各项业务发展保驾护航。优化技术前段运维外包，进一步缓解技术压力，提高技术维护、管理、开发能力。

（秦晓威）

信息化

信息化建设

【概况】 年内,拟建设拉萨市云数据中心、城市运营管理中心的信息系统建设及基于电子政务外网和综治网络的数据共享骨干网络整合工程。

【惠民服务】 年内,按照国办《进一步深化“互联网+政务服务”推进政务服务“一网、一门、一次”改革实施方案》要求,加强信息共享,优化政务流程,基于全国一体化网上政务服务体系,推进跨层级、跨地域、跨系统、跨部门、跨业务的协同管理和服务,让企业和群众到政府办事像“网购”一样方便的市民服务中心应用系统升级项目。以市政府门户网站为主的辐射各部门网站的政务网站集约化建设项目。以市医院、妇幼保健院为核心建设信息基础设施、预约挂号、电子病历、健康档案等的智慧医疗项目。

【城市管理】 基于云桌面的政务信息化,人大、政协议案系统,智慧市政系统项目。警务信息化系统及部分雪亮工程项目,初步完成拉萨智慧城市一期建设项目的建议书。项目总投资10.233亿元。城市运营管理中心项目2000万元已申请江苏援藏资金。市民服务中心系统提升改造项目674.8万元已由双创资金解决。剩余4.0315亿元,按照市政府主要领导建议,以PPP(Public-PrivatePartnership)模式进行推进。

【“新型智慧城市”建设】 “两个中心”既“云数据中心和城市运营管理中心”。云数据中心是新型智慧城市建设的核心,是数据归集、存储、分析、挖掘和智慧应用的基础;城市运营管理中心则是城市管理者获取相关信息,判断、分析和调度、协调、预警、指挥等的中枢。为全力推进“新型智慧城市”最为基础的两个中心建设项目,市工信局积极对接江苏援藏资金。云数据中心建设项目,市工信局就购买硬件设备和购买云服务两个基本方式进行深入分析和对比,且先后与华为、浪潮、紫光等公司进行洽谈,最终认为购买云服务方式能节省大笔财政投入和运维资金,其中华为公司与国内83个省市签署云购买协议,价格、数据安全、产品性能等均优于其他公司。市工信局正在积极推进两个中心项目可研等前期工作。

【2018深圳智慧城市博览会】 8月21—23日,由常务副市长王念东带队,市工信局组织发改、财政等6个单位和3家国有企业一行12人参加深圳智慧城市博览会。24—27日,参观深圳新型智慧城市运营管理中心、华为总部、嘉兴“最多跑一次”政务服务中心、嘉兴城市综合运营管理中心和城市大数据中心、成都安全运营中心等,并分别与各企业高层及行政管理人员进行座谈,为下一步推进拉萨市信息化产业健康有序发展提供良好参考。

【电子政务外网延伸】 年内,根据《西藏自治区电子政务外网建设和网络保通实施方案》和《西藏自治区电子政务外网管理暂行办法》文件要求,成立电子政务外网延伸工作推进小组,将综治网纳入电子政务外网,对所有的点位进行统一规划、统一管理、统一运维。截至年底,完成684个点位接入,完成率100%,圆满完成电子政务外网延伸工作。电子政务外网一期、电子政务外网延伸项目和综治网三网已完成融合工作，合计节点为833个，初步搭建完成拉萨市信息化“一张网”。

【国资监管平台建设】为更好服务拉萨市国有企业，切实做到“让数据多跑路、企业少跑路”的目标，实现拉萨市主要领导、国资监管单位、企业老总及时、动态、可视化了解国有企业资产状态，切实做到国有资产增值保值，确保拉萨市国有企业良性健康发展。根据市委、市政府更好开展企业党工委、国资委相关工作要求，加快推进国资监管平台项目建设，截至年底，已完成招投标工作。

【信息惠民工程】年内，为推进“宽带拉萨”试点城市建设工作，丰富异地贫困搬迁户精神文化生活，增大老百姓信息收集渠道，使老百姓有机会通过手机、数字电视等信息化终端提高对新社会发展认知，尽快融入城市生活从而实现家庭脱贫的可能。推进拉萨市扶贫户宽带入户试点项目。按照政府引导、企业参与的方式，政府本级财政解决80万，移动公司配套240余万元用于柳梧、经开B区916户异地高海拔搬迁户三年免费100兆光纤宽带、数字电视、座机资源接入服务，截至年底，完成全部接入工作。2018年，市工信局在完成对全市60多个部门、县（区）和部分企业实地调研的基础上，申报“信息惠民”工程作为“十三五”国家预算内项目，申报国家资金为9亿元，本级筹措1亿元。又邀请江苏经信委、江苏科技大学、区工信厅等16位信息化方面的专家对项目进行方案评审，经过专家两轮评审，从3家编制单位的方案中选出最优的方案。在整体项目申报和立项期间，市委、市政府以“信息惠民、拉萨先行”的思路，先期投入4122万元启动资金。

（万翠芳）

中国电信拉萨分公司

【概况】2018年是拉萨分公司全面划小承包经营收入稳步增长的第三年，面对繁重的改革与发展的任务还有激烈的市场竞争，业务发展出现较大的挑战。截至年底，经过全体员工的共同努力，较好地完成预算指标，超时序进度1.77个百分点，发展用户较2017年年末上升3.88%。宽带市场份额65.8%，与2017年年末持平，稳步实现西藏电信梦拉萨篇章的良好局面。

【党建工作】年内，坚持以党建统领为宗旨，持续加强党风廉政建设，履行企业政治和社会责任，树立担当尽责的企业形象。将“两学一做”学习作为常态化工作，同步研究谋划党建工作，党建工作与“发展生产”相融入，紧密围绕生产实际，统一思想坚定信心，实现年年都有新发展。各党支部与各经营单位确定结对突击攻坚团队，开展一对一结对帮扶，助力提升业务发展两不误。严肃党内政治生活、落实管党治党责任作为重要抓手，严格落实区公司党建工作会议上徐永平书记讲话精神，严格履行中央企业党建工作责任制、构建分公司“大党建”格局。开展巡视回头看工作，通过发现问题、解决短板、谋划发展新思路提出发展新举措，使党建工作成为促进公司各项工作发展的强大动力。

【党风廉政建设】年内，分公司将党风廉政建设工作列入公司重要议事日程，建立健全决策机构和议事规则，推进企业规范有序发展，全年专题研究部署党风廉政工作7次。建立健全凡是属于“三重一大”

2018年8月13日，当雄县“当吉仁”赛马节活动应急通信保障现场（摄影边巴）

事项的决策必须通过党委会议和总经理专题会议集体决策的决策机构和议事规则，明确“三重一大”事项的决策范围，权限和程序。全年召开党委会议47次、总经理专题办公会议43次，全年共计决策“三重一大”事项共计341件。配合集团公司、区公司各类专项巡视巡察工作，成立以公司班子担任成员的各类整改工作小组，通过周例会、质询、现场检查、督察督办、签订责任书等方式，进行对标整改，对存在问题的部门负责人进行诫勉谈话，并在全公司内部进行通报、经济处罚等，全年共处理包括公司领导共计10余名员工。

【精准扶贫】 2018年拉萨分公司实施四项举措，明确帮扶责任、落实帮扶措施，成立拉萨分公司精准扶贫精准脱贫专项工作领导小组，多方式开展扶贫工作。针对性地开展教育帮扶、通信业务优惠、网络覆盖及其他基础性建设工作，投入资金81万元，建设开通当雄县纳木湖村冬季牧场C网基站，实现当地4G网络覆盖，切实解决当地71户人家、326人日益迫切的通信需求，助力村民脱贫解决长期困扰当地的通信盲区问题。开展公益性扶贫项目捐款让广大干部职工积极参与公益性扶贫工作，共计捐款人数338人，捐款额总计68000元，更好地展现央企社会责任和担当，为全面建成小康社会决胜阶段打赢脱贫攻坚战贡献力量。

【客户维系及服务】 2018年，服务工作做到常抓不懈，2017年共受理用户投诉1363件，其中有理由投诉

2018年12月14日，共青团中国电信股份有限公司拉萨分公司委员会第一次团员大会召开

95件，定责占比7%，投诉一次性解决率均100%，所有工单100%处理并回访在时限内结单。一年内无发生大的投诉和集团投诉。建立实名制稽核稽查问责机制，不断优化完善系统支撑能力，确保用户实名登记信息的真实性、准确性、可溯源，实名制工作较2017年有大的改观，树立良好的企业形象。

【网络建设】 年内，通过综合化集中维护的实施及后端资源的整合，网络能力得到加强，网络功能得到完善，维护水平也得到进一步的提升。基本实现“业务开通和故障处理”等对前端的响应承诺。顺利完成拉萨市城市一期、二期监控报警联网与指挥系统、拉萨市公安局“110”便民警务站项目、纳木错Wi-Fi、哲蚌寺监控等7个项目的维护工作。截至年底，拉萨分公司无线网以及光宽网覆盖广、覆盖深、上网速度快、稳定性优、速度快等承诺与实际实现一致。2018年，共计完成近500个无线基站调优新建工作，有线光宽新建支撑单1404个需求。同时有效的承接并相继完成智慧堆龙、师校、藏医学院、新藏大等多项政企类重要项目，成为提高客户响应速度和客户感知为目标的新举措和新思路。

【企业文化建设】 2018年，在企业文化建设和创建工作上，连续5年蝉联自治区、拉萨市“全国精神文明先进单位称号”，获得集团公司“模范职工之家”荣誉称号，在2018年全区运动会上荣获优秀组织奖，多名运动员在各类比赛中获得优异的成绩。深化“四小”建设，提高职工之家活跃率，广泛通过开展形式多样、内容丰富的文艺、体育活动，以多种措施，缓解释放员工压力，激励员工斗志，企业内部相互理解、彼此信任、积极进取、业绩至上的良好氛围进一步形成。岗位创新为主的劳动竞赛活动，有效激发员工积极性和创造力。为员工办实事办好事5个大项。收集和了解员工思想动态，做好为员工分忧之事7件，员工

精神面貌也焕然一新，团结向上的企业文化氛围正在逐渐形成。

（吴海燕）

中国移动拉萨分公司

2018年5月16日，中国移动西藏公司应急通信综合演练

【概况】 2018 年中国移动通信集团西藏有限公司拉萨分公司在拉萨地区设有 2 个城区、7 个县分公司，两个营销中心，县自办营业厅 9 家，地市自办营业厅 2 家，指定专营店 421 家，代理店 212 家；拥有员工总计 364 人。

【市场发展】 中国移动通信集团西藏有限公司拉萨分公司，为切实贯彻落实国家精准扶贫政策，开展网络精准扶贫手机活动，并制定专属扶贫资费，助力贫困户能进入 4G 互联网新时代，拥有更好的信息获取通道，走上脱贫之路。共向建党立卡贫困户发放扶贫手机 409 部，全部办理扶贫专属优惠资费。

【精准服务】 年内，拉萨分公司以实现客户满意度行业领先的重要目标开展工作。全面落实执行集团公司各类服务标准规范，并有机嵌入到各业务流程，着力推进落地，加强实施监控。完善服务投诉处理机制，坚持问题导向，强化投诉溯源，投诉解决横向到边，纵向到底。聚焦短板，紧盯质差客户群体，聚焦触点服务质量，提升服务形象。开展“全心全意，为您服务”宣传，持续开展总经理接待日活动，确保服务声音连续性，贯穿性，引领客户口碑。“10086”客户服务热线通过人工、自助语音、短信等方式为客户提供有关移动通讯的业务咨询、业务受理和投诉建议等业务服务。

【通信设施】 年内，拉萨基站规模达 2950 个，其中 2G 基站 985 个，4G 基站 1888 个，3G 基站 77 个。基站建设：2018 年拉萨在建项目开通 1818 个；家宽预覆盖：完成 18142 个端口的建设，截至年底，端口数达 17.95 万个；专线建设：2018 年建设 570 条专线，专线数量 2044 条；应急通信保障：在确保节假日、庆祝活动、重大会议、地震灾害等现场的通话质量稳定，先后开展多次应急通信保障工作，分公司在第一时间派出维护人员赶赴现场实施通信保障；全年共参与应急保障 14 次，应急演练 7 次，共计 21 次，累计出动应急保障人员 213 人次，圆满完成佛事活动、赛马节、雪顿节、体育赛事、藏博会等大型活动的通信保障工作，并获得自治区通信管理局的表扬信。成功开启应急通信车，为当地老百姓与外界联系搭建桥梁。

【信息安全方面】 年内，严格落实网络安全责任制，确保各项任务按期完成。每月进行自查急救工作，每季度开展巡查工作，进一步推动网络安全生产责任制的落地，实现拉萨 2018 年全年网络安全生产零事故。

【信息化建设】 2018 年拉萨移动分公司首次信息化收入突破 2 亿，同比增长达 111.34%。其中 ICT、专线、IDC 迅猛发展。ICT 实现“新型智慧城市”惠民工程等重点领域信息化项目覆盖，由 2017 年的 4157 万增长到 2018 年的 1.5 亿。专线实现与智慧堆龙项目的融合发展，全年共计达成 3700 万，同比增幅达 212%。大型 CND 客户的进入将 2017 年还只有 67 万的 IDC 产品拉升至 2018 年 500 万的收入，其余重点产品也实现不同程度的增长。

（王卓琼）

中国联通拉萨分公司

【概况】 2018年,拉萨联通全年推进互联网化运营,以"三个一切"为经营理念,以"加强市场拓展、加强支撑体系建设、加强员工队伍素质提升、加强基础管理"为抓手,以环比环比再环比提升的具体工作思路为指导,"五新"联通建设取得初步进展,总体实现拉萨联通混改元年的良好开局。

【党建工作】 5月,经拉萨市委和区公司党委批准,成立拉萨分公司党委,召开拉萨分公司全体党员大会,按照流程选举第一届党委委员和党委书记。根据分公司实际情况,组建行政和经营两个党支部。公司党委、党支部以习近平新时代中国特色社会主义思想为指导,深入学习贯彻中共十九大精神,全面落实新时代党的建设总要求,充分发挥党委的领导核心和政治核心、基层党组织的战斗堡垒和党员的先锋模范作用。按照认真学懂弄通做实中共十九大的要求,公司全面细化落实集团公司党组41号文件确定的30项任务71条举措,层层分解抓落实,各部门完成阶段性任务。为营造风清气正企业发展氛围,推进企业健康发展,公司党委、党支部始终把履行党风廉政建设职责扛在肩上、落到实处,坚决贯彻中央八项规定和集团公司纠正"四风"问题的工作要求,切实落实"一岗双责"推进全面从严治党,以各级管理人员这个"关键少数"为重点,层层落实,签订党风廉政建设承诺书,常要求、严管理、真问责。

【主要经营举措】 年内,以拓规模,提效益为主要目标,持续完善产品运营体系,全力保持公司业务快速增长之势。移动业务以冰激凌和大网卡为主要抓手;宽带业务改变传统单宽带发展模式,以融合业务为抓手;专线方面持续推进降低接入成本,降低户均单价,增强市场竞争力。

【网络建设与维护】 年内,落实聚焦战略,集中力量和资源做好城关区、两区五县城区、交通干线和AAAA级景区的网络建设与维护。加快解决弱项短板与新时代高质量发展要求之间的矛盾,找准短板,精准施策。移动网方面加强聚焦区域深度覆盖、扩容4G网络容量,落实2G基站的减频退网、3G基站的拆闲补忙。固网方面加强光网络的建设和对现网的改造,坚定不移推进网络侧"去产能""去库存",对端口进行清理,提升端口利用率。

【基础管理】 2018年,拉萨分公司认真贯彻落实中央八项规定精神,坚决纠正"四风"问题的若干规定,从制度完善、流程梳理、固定资产清查、实名制清理、安全生产自查自纠等方面着手提升基础管理能力。清理非实名用户5927户,保证用户100%实名。核查实名制数据40726户,收集稽核不规范用户原因,及时与后台协调解决。完善制度,下发《关于拉萨市分公司印章使用规范的通知》等三项制度,重新修订《拉萨分公司车辆管理办法》等四项制度。开展固定资产清查专项活动,将办公及网络资产全面清查,摸清家底、提高资产利用率。顺利完成通信电缆的清查和结果上报工作。配合纪检专项检查工作组完成渠道、政企业务相关检查工作。其中渠道方面:检查2015—2018年渠道合计72家,核查相关合同资质、佣金调整依据、渠道政策文件;政企方面:提供2012年至2018年6月互联网专线、数字电路、IDC客户合同原件352份,2012年至2018年6月互联网专线、数字电路、IDC资费审批单340份,2012—2018年6月互联网专线、数字电路、IDC业务分成(或佣金)7份。"三合一"检查保障生产经营工作有序合规,提升生产效率。全面落实安全生产责任制。按照"党政同责、一岗双责、齐抓共管、失职追责"的要求,强化安全生产责任体系,成立安全生产小组,建立健全安全生产规章制度,并联合柳梧消防大队开展应急疏散演练及火灾、地震体验活动,增强全员安全生产意识。加强线路、机房等重要网络设施的管理和巡检,保障网络安全平稳运行,落实各重要活动、节点的通信保障工作;对车辆管理、办公用房管理、招待费管理开展自查。

【文化建设】 年内,拉萨分公司工会小组积极开展争当"好员工"活动、"四讲四爱"先进人物评选活动,让优秀员工的事迹,引领正确的价值取向,汇聚正能量,涵养企业精神和核心价值观。开展业务技能提升竞赛活动,"五一"劳动竞赛活动,营造崇尚先进,争先创优的良好氛围。在继续做好“职工之家”建设工作中，为东城、北城、南城经营部合并成立小食堂，解决三个经营部员工就餐问题。加强“五小建设”，为县域、城区员工解决热水问题。由区总工会协助，成立职工书屋，提升员工精神文化需求。为部分困难员工安排集体宿舍，解决实际生活困难。开展以“共谋发展共同成长共创未来”为主题的“总经理在线活动”，并对2018年企务进行公示，促进企业良好发展，保障企务公开活动在公司落地生根。

（曾　丽）

中国铁塔拉萨市分公司

【概况】 建设类指标。2018年，累计承接需求2191个（其中2017年结转需求1362个），需求交付及时率96%。新建共享率由年初的81.1%提升到89.3%，现场主控项检查合格率100%，互联网检查合格率99.2%，相关KPI指标均达到考核值。

维护类指标。2018年，断电退服率为7.2%、断电退服时长为32.6分钟、发电及时率为92.5%、平均故障处理及时率为99%、设备综合离线率为3.32%，关键维护指标较2017年全面提升。

拓展类指标。2018年。累计行业签约22个，与4家行业外客户开展实质性合作，合作范围主要为广告业务（占拓展业务总收入85%）、监控监测业务（占拓展业务总收入15%）。并已达成拉鲁湿地监控代建和拉萨国土监控（空间租赁）两个合作业务。

【队伍建设】 年内，在做好党委自身建设的同时，认真做好党员队伍建设，于6月成立了拉萨分公司第一党支部、第二党支部。高度重视党员队伍的质量建设，先后制定了党支部标准化建设的相关制度汇编、委员职责、结对子活动方案。深入开展基层密切联系群众活动，并且围绕公司业务难点及各项劳动竞赛，成立党员突击队、攻坚队，为公司党建工作的开展提供组织保障。

【思想政治建设】 年内，强化学习教育，突出各级党组织政治思想建设，坚定党员理想信念，提高党员党性修养。党委、纪委定期组织开展学习，先后开展党委中心组集体学习4次，公司党委书记带头讲专题党课1次，纪委书记讲专题报告1次，纪委廉洁从业调研1次，公司领导班子成员及全体党员撰写学习心得体会文章24篇。全公司累计参加党纪党规学习、纪检廉政教育、反腐案例学习共10余次，每期达20～25人次，参加警示教育5余次，每期达40人次。同时累计开展党委、纪委党风廉政建设谈话15人次，纪检监察组织负责人与同级班子成员党风廉政建设谈话3人次，领导干部述职述廉9人次，重大节日开展“四风”问题专项检查4次。

【监督检查】 年内，把廉政建设特别是党的政治纪律和政治规矩执行情况等列入纪检监察室日常督查的重要内容，确保及时发现问题、解决问题；适时开展廉政约谈、任职廉政谈话和提醒谈话，保持提醒督促常态化。党风廉政建设始终围绕中心，服务大局，坚持做到党风廉政建设与发展目标、经营管理过程、发展成效相统一，坚持服务生产经营不偏离，把提高企业效益、增强企业竞争实力、实现国有资产保值增值作为党组织工作的出发点和落脚点，以企业发展成果检验党组织的工作力和战斗力。

【营造经营环境】 年内，通过政府层面获取政策支持，全面签署五县两区战略合作协议，为各区县日常经营奠定基础。通过与各专业单位建立合作渠道，与拉萨市公安局、拉萨市气象局、拉萨市地下管网公司、青藏铁路等单位签订了战略框架协议。通过与专业开发运营企业建立常态化对接机制，先后与顺通等7家房地产企业签订战略协议，并与海亮、世邦等十余家地产及物业公司建立了合作关系。同时与西藏文化旅游创意园区、拉萨体育馆、柳梧城投等企业建立了一体化资源共享模式，并与多家大型楼宇、和场馆签订了“排他”协议。

【完善服务体系】 年内，持续完善与运营商客户的沟通体系，全年累计与客户召开周例会45次、月例会22次、专题例会26次，坚持问题导向，累计完成各类问题“销号”156个，问题解决率达到95%。

【重建需求承接体系】 年内，按照运营商客户自有平台的对接及运营模式，重新梳理对接流程，充分发挥系统对接优势，大量减少线下订单对接成本，提高运营效率。四是主动推送站址，主动获取客户需求。主动向三家运营商推送未共享塔类需求420个、微站需求61个、室分需求150个，成功获取塔类需求60个、微站需求49个、室分需求10个，在主动获取需求方面走出坚实的一步。

【提升拓展能力】 年内，全面落实区公司部署，执行“首席客户经理制度”，重点关注16+N行业，主动拜访气象局、国土局、城市管委会、邮政公司、公安局、湿地管委会等十余家单位，建立属地化“铁三角”虚拟团队，协同完成无委会勘察安装、银行广告勘察安装、湿地方案制定、国土勘察等项目，项目承接能力显著提升。

【扩大社会影响】 年内，与区公司共同完成藏博会会展，邀请22家重点单位及各区县政府参加业务推介会，推进签订20家单位的战略框架协议，为项目合作、资源获取搭建了良性平台。

【提升建设攻坚能力】 年内，克服需求交付量大、选址难度高、移动需求订单确认难等实际困难，开展专项攻坚，全年需求交付完成率达到96%。在争取外部环境支持的基础上，积极获取利用社会资源。做好资源“签、管、用”管理，利用社会资源作为站址资源的最优选择，先后利用拉萨林周县塔布村政府水塔等“17处”社会资源开展站址建设。实现微站建设“零突破”。以海亮世纪城微站建设为突破口，打通微站建设流程，规范微站建设施工，后续累计完成宗角禄康、大昭寺、体育馆的微站建设，全年完成微站建设92个。主动创新改进物资选型，控制工程造价。根据建设环境的要求，创新改进藏式MINI机房融入环境，并申请专利。在建设方案上严格控制工程造价，所有方案全部优先考虑存量共享，新建共享率由81.1%提升至89.3%。推动拉萨市无线网络规划。对接拉萨市工信局，由铁塔公司牵头制定拉萨市无线网络滚动规划，并统一纳入城市总体规划。

【推动区域维护标准化】 年内，结合站址规模与维护工作量，将现有5个区域优化为10个区域，区域内按照“1+1+1+1+N”的配置模型进行人员配置，与代维合署办公，全面推广区域维护标准化管理，做实做精区域维护工作，充分发挥区域作为维护工作桥头堡的作用。

【物业中心运营标准化建设】 年内，推进地市物业中心组织架构标准化、生产流程标准化、日常管理标准化，合同续签及时率达到81%，同比提升9个PP；场租支付及时率达到91%，同比提升17PP，同时通过完善制度、规范流程等有效防控风险，物业中心标准化运营达标得分全区第二名。

【基础维护达标活动】 年内，从基站环境、作业制度、设施运行、客户设备、动环监控、资源管理等六个方面推进达标工作，全面查找解决维护短板，累计完成306个基站的整治，实现了“四落实”“四提升”，进一步夯实了基础维护能力。基础维达标得分全区第一名，受到了总部检查组的高度评价。

【代维嵌入式管理】 年内，全面实施代维现场作业标准化，故障工单、巡检工单质检合格率均达到100%，一线代维人员现场作业的真实性、及时性、规范性显著提升。持续推动代维例会通报、现场检查、日常考核、问题库管理等代维管理动作落地，代维例会执行率已达99.9%；区域经理月均现场检查基站超过84个、代维驻点12个；入库管理代维各类问题38个，已解决37个，问题解决率达到97.4%。

【“四费”日常管控】 年内，从落实管理责任、开展系统固化、强化精准作业、推进营收常态化等方面入手，推动“四费”精细化管理，2018年场租成本占收比93.4%，维护成本占收比93.5%，发电成本占收比79%，电费成本占收比为86.2%，基本实现年度管控目标。

【应急保障】 年内，完成了第十二届西藏自治区全民运动会、西藏第三届藏博会、雪顿节、当雄赛马节等重大活动通信保障，受到各级党委政府及社会各界的充分肯定与广泛好评。2018年，为应对恶劣天气、电力检修等造成的大面积停电，累计出动应急抢险人员220人次、车辆100台次、油机200台次，完成500站次的应急保障工作，多次受到地方党委政府的表彰和电信企业的普遍认可。

（达瓦江村）

金融业

银行

中国人民银行拉萨中心支行

【概况】 2018年，中国人民银行拉萨中心支行认真落实中央和总行党委决策部署，确定加强金融服务实体经济能力建设、守住不发生系统性金融风险、推进金融精准扶贫、狠抓普惠金融与绿色金融、深化金融改革开放、提升金融服务水平等重点工作。全年，全区金融业增加值118.07亿元，同比增长3.5%。截至年底，西藏金融机构本外币各项贷款余额为4555.74亿元，同比增加512.1亿元，增长12.66%。全年累计发放贷款2094.31亿元；社会融资规模存量5951.27亿元，同比增长10.02%，为地方经济高质量、稳定发展提供有力的金融支持。

【金融服务】 年内，举办两次银企对接会，签订放贷协议总额超60亿元。小微、民营企业融资难问题有效缓解，推广应收账款融资服务平台，截至年底，应收账款融资服务平台累计成交63笔227.4亿元，较2017年年底分别增长26%、13%，其中促成中小微企业融资业务40笔，融资金额151.5亿元，分别增长33.3%、20.6%。截至2018年年底，全区小微企业贷款余额1502.71亿元，同比增长21.85%。强化"双创"金融服务工作。引导对边境小康村建设项目授信77.5亿元，为边防巩固提供有力保障。涉农贷款余额1398.35亿元，同比增长18.70%。西藏"两权"抵押贷款有余额的户数为99户，贷款余额1591万元，同比增长46.03%。

【信贷】 年内，出台金融支持水污染防治、清洁能源产业发展等专项信贷政策，引导信贷资金更多投向绿色发展领域。截至年底，绿色贷款余额652.95亿元，同比增长19.87%。

协助拉萨城投发行10亿元扶贫中期票据和20亿元中期票据，实现西藏首单扶贫票据成功发行；推动西藏金租发行30亿元金融债，实现地方法人金融机构首次发行金融债。指导浦发银行拉萨分行为企业提供5亿元的股权质押融资支持，实现西藏金融史上股权质押融资业务零的突破。

中国人民银行拉萨市中心支行行政服务大厅

【结构性去杠杆工作】 年内，围绕“三去一降一补”工作部署，及时出台结构性去杠杆政策措施，明确对资金出藏、平台类和投资类、高资产负债率等四类企业贷款进行严格审查，遏制西藏宏观杠杆率过快上涨势头。

【风险预警和研判】 年内，始终把防控金融风险放到重要位置，不折不扣落实好总行金融稳定工作部署，全年信贷资产质量良好，各项风控指标符合监管规定，西藏金融运行总体平稳，未发生任何大小风险事件。落实好总行防控金融领域重点风险专项行动方案。高度关注地方政府融资平台信用风险和产业转移调整、有关重点产业周期变化所带来的潜在风险。开展对股权投资行业的监测和评估，加强对民间金融特别是私募基金的监管。做好互联网金融风险专项整治验收总结，建立完善互联网金融监管和风险防范长效机制。稳步推进央行金融机构评级工作。统筹监管系统重要性金融机构，统筹监管重要金融基础设施，加强风险源头管控，早识别、早预警、早发现、早处置。加强对非法集资、金融诈骗、逃废债等的监管和打击力度。开展民间借贷清理规范，特别依法打击非法校园贷、现金贷，治理金融乱象，各类扰乱金融市场秩序行为得到控制。

【金融精准扶贫】 年内，紧紧围绕自治区脱贫攻坚战略部署，进一步督导银行机构新增信贷资金主要用于深度贫困地区，新增脱贫攻坚项目贷款主要布局于深度贫困地区，新增脱贫攻坚举措主要集中于深度贫困地区，提出并实施金融精准扶贫“八个全覆盖”，金融扶贫工作走在全区行业扶贫前列。完善金融助推脱贫攻坚政策框架，出台金融精准扶贫“八个全覆盖”指导性文件，解决贫困地区金融服务的不平衡、不充分发展的问题。创建“4+1”扶贫工作模式，实现金融扶贫帮扶全覆盖。开展金融精准扶贫领域作风专项整治，金融扶贫领域实现零案件。截至年底，全区精准扶贫贷款余额1416.30亿元，同比增长12.50%，占全区贷款总规模的31.09%。建档立卡贫困户到户贷款余额56亿元，覆盖70%的建档立卡贫困户，超过全国水平40余个百分点，位居全国第一。2018年，发行西藏首单扶贫债30亿元、发行首单金融债30亿元，完成大额存单发行30亿元备案工作。

【扶贫再贷款】 争取扶贫再贷款最大优惠政策支持，将西藏地方法人金融机构纳入扶贫再贷款发放范围。2018年，累计向两家地方法人银行机构发放扶贫再贷款12.53亿元，助推西藏打好脱贫攻坚战。

【依法行政】 加强依法行政工作力量，全年对银行业机构作出罚款类行政处罚2笔，处罚个人6笔，处罚金额共计39万元，笔数和金额较往年大幅增加。“放管服”红利不断释放。在机关大力推行简政放权，简化手续，缩短社会各界在中支办事的时间，得到公众认可。

【金融科技创新】 年内，持续推进金融业标准化建设和关键信息基础设施保护建设，全辖金融机构系统运行安全稳定。探索开展辖区云建设，成功部署西藏人行系统云存储系统，实现特定人员、特定部门、本单位、全区之间的信息共享以及共享文件的检索功能。研发《发行基金托管业务物流平台系统》，成功在两个边境县试点开展发行基金托管，全年成功办理12次调拨业务，实现长距离出入库业务减少66%，调拨成本降低60%，在保障偏远、边境县区现金供应上作出有益尝试。试点设立集“宣传、培训、鉴别、咨询”为一体的反假货币示范村，逐步向全区推广。协助公安机关首次捣毁一家制假窝点。联合总行团委成功在藏举办首届西藏钱币文化展。安全完成全年守卫押运工作，确保国家资金和发行库的绝对安全。推动钞票处理转型发展，清分业务超额完成总行年计划的50.7%，大型机械销毁超额完成39%，创历史最好水平。

【国库改革助力地方发展】 年内，11家商业银行接入财税库银横向联网系统，系统运用进一步扩围。全区纳税人通过横联系统缴税笔数、金额较2017年同期分别增长51.38%和12.11%。财关库银横向联网系统在拉萨上线并成功扣税。配合财政部门推动多家银行机构实现非税收入直缴入库。配合税务部门推行税费“退更免”电子化改革，开启退库业务电子办理新模式。

【社会信用体系建设】 年内，对全辖区开展现场检查和征信信息安全巡查，检查机构数超2017年的4倍，全年征信安全事件零发生。征信系统覆盖面进一步提高。截至年底,企业、个人征信系统分别收录企事业单位8117户、自然人144.6万人,同比分别增长0.25%、4.45%。系统应用查询不断增多,全年共查询7037次和54万次。共为75275户发放机构信用代码证,较2017年新增12169张。

【内部管理】 年内,建立会计财务自查检查常态化机制,对辖区违反财经纪律的地市中支进行处理。前瞻性将党中央、总行党委重大决策部署纳入监督审计范围,发现和整改问题的监督长效机制不断完善。将事后监督关口前移,会计核算监督通知书较2017年大幅下降达69%,会计核算工作整体水平大幅提升。规范和强化职工周转房管理,排查、清退违规占用的周转房。举办首届辖区人民银行膳食管理工作会及食堂厨艺大赛,全面提升全辖食堂膳食水平。坚持严把选人用人的政治关、品行关、作风关、廉洁关,全年对10名处级领导干部进行调整,对20名科级干部进行选配,注重少数民族干部和年轻干部选拔任用。中支少数民族干部占比达52.5%。认真落实离退休干部“两项待遇”,积极组织开展2018年离退休干部正能量系列主题活动,离退休干部保持遵章守纪和参与中支工作的良好风貌。中支被授予自治区“五一劳动奖状”。

【农牧区普惠金融发展】 年内,提请自治区政府建立辖区普惠金融工作协调机制,初步探索建立全区普惠金融发展数据分析库,结合分析督导金融机构重点在减少城市与农牧区金融服务差距。除那曲地区外,基本实现符合填补条件的村级基础金融服务助农取款点全覆盖。2018年,普惠金融领域贷款余额271.74亿元,同比增长23.50%。截至年底,西藏辖区已设立助农取款服务点5916个,覆盖全区92.6%的行政村。在此基础上打造以金融业务办理、金融服务咨询、金融知识宣传、反假货币、小面额现钞兑换为一体的金融综合服务平台,有效拓展农牧区金融服务的深度。把推广移动金融作为深化农牧区支付环境建设的重要举措,引导辖内商业银行建立“掌上银行村”。截至年底,西藏偏远农牧区共建立“掌上银行村”415个。全区所有县域基本实现财政直补“一卡通”全覆盖,涉及惠农补贴项目43项,累计发生交易笔数达到1.65亿笔,涉及金额61.06亿元。截至年底,全区已成立助农电商服务点854个,全年共发生交易9866笔,交易金额1070万元。

【金融交流合作】 首次随政府赴尼参与对外经贸交流合作,牵头邀请总行、外管总局和尼泊尔央行代表参加“环喜马拉雅经济合作论坛”,并促成尼央行首次到藏就中尼金融合作进行座谈。

【打击洗钱犯罪】 2018年,接收可疑交易报告41份,启动反洗钱行政调查10起,涉及总金额882.1亿元。全年配合人民银行总行、公安、纪检监察、海关等部门开展案件与线索协查153起。配合自治区“8·6”专班,破获西藏首例地下钱庄案,得到自治区政府充分肯定。

【安保工作】 年内,落实总行安全保卫标准化建设工作部署,选定辖区山南、日喀则中支顺利完成标准化试点,得到保卫局肯定。按照分类指导、重点突出、全面推进的原则,对各类危险源、危险区域、安全隐患、矛盾纠纷和不稳定因素开展普查,建立风险隐患点台账和应对方案,进一步增强应对风险能力。认真落实党中央、人民银行、自治区党委政府关于开展扫黑除恶、打非治乱、扫黄打非专项斗争的决策和部署,有关工作取得阶段性成果。加大对库区、网络和重要系统、工作生活责任区的24小时巡逻检查,建立网格化管理,综治工作实现“零事故”“零发案”,被地方评为综治工作先进集体。

（张　斌）

中国农业银行拉萨分行

【概况】 2018年,中国农业银行拉萨分行主动适应自治区、拉萨市经济变化新形势,稳步推进管理体制改革,科学推进战略转型,深耕服务“三农”领域。截至年底,全行共有在职员工968人,党员471人,党员占比达48.66%。共设有16个内设部室和11个一级支行(4个城区支行、7个县域支行),3个直管支行,对外营业网点72个,全行42个、58%的机构位于县及县以下,县域网点覆盖率100%。各项存款余额750.23亿元,较年初增加53.43亿元,增幅7.67%;各项贷款余额302.8亿元,较年初减少5.03亿元,增幅-1.63%;实现中间业务收入6516万元,同比增加1336万元。

【党的建设】 年内,突出抓好党的政治建设,切实履行管党治党主体责任,推动全面从严治党向基层延伸、向纵深发展。成功举办拉萨分行基层党建实务、学习贯彻中共十九大精神、“不忘初心,牢记使命”井冈山培训和2018年入党积极分子、预备党员等教育培训班,组织开展“微党课”、主题知识竞赛等活动。强化“两个责任”落实,持续扩大巡察覆盖面,开展“两个办法”及“查教结合学案例,筑牢防线促发展”警示教育活动,组织干部员工赴自治区监狱接受警示教育,以阿里分行曾建辉为原型制作的警示教育宣传动漫《逃亡生涯》被农总行采纳,落实“问责强化年”各项安排部署,从严治党从严治行向纵深推进。

【经营转型】 年内,以金融科技应用及渠道建设为核心,统筹推进零售业务和网点战略转型。成立拉萨分行财富管理中心,推进个人高端客户分层营销体系建设。全面启动“千网项目”,着力提升网点营销能力。推动网捷贷新兴消费信贷业务发展。测试开通全区农行首例黄金回购业务,拓展签约全区农行首笔家族信托业务,打好“决战掌银”营销攻坚战,拓宽信用卡办理渠道,开办信用卡汽车分期业务,加强缴费商户营销,加快农牧区金融支付服务环境建设。以新产品新业务为抓手,重点推进对公业务转型。年内成功拓展上市财务顾问业务2笔、债市宝业务83笔、保函业务16笔。为西藏财信担保公司办理“分离式”非融资性保函业务3笔。办理全区首笔电子银行承兑汇票业务。与西藏堆龙民泰村镇银行签订《同业款箱寄存业务协议》,完成西藏宏绩集团公司现金管理平台上线工作。

【服务“三农”】 年内,认真贯彻落实习近平总书记关于服务“三农”和金融扶贫攻坚工作的重要指示,顺应中央和西藏优惠金融政策导向和自治区农业农村经济的新变化、新特点、新趋势,围绕农牧业增效、农牧民增收、农牧区稳定,不断提升“三农”金融服务水平和自身可持续发展能力。截至年底,全行县域各项存款余额137亿元,涉农贷款余额61.41亿元,“三农”金融服务点总数409个,金融服务点全面覆盖5个县2个区57个乡(镇)、227个村(含3个居委会)。IC惠农卡总数48903张。信用县总数达到3家,信用乡(镇)总数达到54家,信用村总数达到225家。全行建档立卡贫困户精准扶贫贷款余额达2.5亿元,带动11237户建档立卡贫困人口增收或脱贫。2018年,拉萨分行辖内37个营业所挂牌“掌上银行村”数量达104个,全市农牧区金融支付环境有效改善。

【队伍建设】 年内,积极向上级行争取机构改革重大政策支持,从基层选拔60名年轻员工充实到拉萨分行本部中,极大地提升本部队伍精神面貌和执行力、战斗力。与成都分行建立结对联动发展机制,全年共派出6批次、74人赴成都分行交流学习。拓宽选人用人渠道和干部成长空间,以推荐考察的方式选拔4名正科级干部、7名县域支行行长助理,以竞争上岗的方式选拔3名正科级、12名副科级干部。完成2名正科级干部及26名副科级干部交流调整、8名达到最高任职年限的科级干部专业序列转岗和16名初、中级县域青年英才推荐选拔等工作,选优配强各行部领导班子,进一步优化干部队伍结构。

(刘 淼)

中国邮政储蓄银行西藏自治区分行

【概况】 中国邮政储蓄银行西藏自治区分行(以下简称“邮储银行西藏分行”)成立于2008年1月28日。2017年3月,经总行批复,区分行实施机构“扁平化”和大部制改革,撤销拉萨市支行内设部门,将相关职责调整至区分行对应部室,拉萨市支行与个人金融部合署办公,2018年年初,成立昌都市、日喀则市支行。2018年,分行共有干部员工349人(含5名援藏干部、1名内退人员和1名交流挂职干部),其中管理人员59人,专业岗员工129人,销售岗员工113人,操作岗员工48人,本科及以上学历278人,占比78.97%,大专及以下学历74人,占比21.03%,平均年龄32岁。区分行下设15个一级部室、9个二级部室;下辖5个一级支行,其中拉萨市支行下辖14个二级支行,4个中心(包括公司金融中心、三农金融中心、小微金融中心、消费金融中心)。截至年底,邮储银行西藏分行总资产规模达120.18亿元,较2017年初增长15.61%;各项存款余额108.25亿元,年内净增8.85亿元;贷款余额115.94亿元,年内净增27.75亿元;存款市场占有率为

2.20%、较2017年同期提升0.19%；贷款市场占有率为2.54%、较2017年同期提升0.36%；分行贷款拨备覆盖率为2579.69%，不良贷款余额1082万元，不良贷款率为0.09%，低于全区0.21%，远低于全国平均水平1.95%。

【业务经营】 年内，个人存款余额68.39亿元，新开办住房公积金存款业务，代缴燃气费项目成功上线。信用卡新增发卡7762张，信用卡激活率70.85%，全国排名11位，与四川商会合作开发的西藏分行首款联名信用卡成功落地；手机银行年内新增1273户，同比增幅32.5%。电子银行交易替代率较2017年提高1.69%，排全国第2位。大理财业务定制化西藏特色贵金属理财产品首次取得突破，实现代理期缴保险保费600余万元，增幅居全国首位。消费、小额和个商等个人贷款余额28.32亿元，较2017年增长43.1%。住房公积金委托贷款和一手房按揭贷款实现“零”突破，成功发放公积金贷款1324万元，发放一手房按揭贷款11147万元，与拉萨城投达成合作意向，储备一手房楼盘项目13个。进一步加大公司业务发展力度，公司战略客户储备取得新进展，与西藏航空、华电、大唐等大型集团实现合作。截至年底，公司存款余额40.07亿元，年内净增8.59亿元，增幅27.29%，市场占有率为0.97%，较2017年提升0.2%；公司贷款余额74.9亿元，年内净增15.15亿元，增幅25.36%，市场占有率为2.22%，较2017年提升0.3%；金融同业业务发展取得新突破，全年新增13亿元、较2017年增长433%。

【精准扶贫】 年内，小微企业贷款年内净增4.07亿元，完成总行下达计划的145.36%，银监“两增”口径净增42户2.07亿元，圆满完成监管要求的目标任务。精准扶贫工作发放产业扶贫贷款105笔6.9亿元，完成总行下达全年指标任务的127.31%，带动近万名建档立卡贫困户增收致富，先后两次作为全区唯一金融机构交流发言，得到自治区党委、政府和总行的充分肯定，并荣获自治区脱贫攻坚“组织创新先进单位”。

【渠道建设】 金融服务网络覆盖列西藏自治区第2位。邮政金融网点县域覆盖率70%，汇兑网点实现县域全覆盖，逐步向具备条件的乡镇延伸服务。自营机构覆盖拉萨、林芝和山南3个地市，计划筹备昌都市和日喀则市新增机构。设立助农取款服务点123个，投放ATM和CRS机具135台、POS终端1487台。拥有个人结算账户数77.88万户，服务客户超过42.6万户，客户总数78.27万人。打造包括网上银行、手机银行、电话银行、电视银行、微信银行、微博银行和易信银行在内的电子金融服务网络。新增手机银行客户2.1万户，电子银行替代率91.97%，高出邮储系统平均水平5.56%。

【党风廉政建设】 年内，坚持把思想政治建设放在首位，充分发挥党委理论学习中心组的统领作用，全年组织党委理论中心组学习12次。进一步规范党内组织生活，先后召开3次民主生活会，指导基层党支部开好民主生活会和“三会一课”等组织生活，切实增强各级党组织的战斗力和凝聚力。健全完善组织机构，调整理顺党组织隶属关系，成立机关纪委。深入推进“强基固本2.0”工程常态化制度化建设，扎实开展“大学习、大讨论、大落实”活动。以党风廉政建设为抓手，运用监督执纪的“四种形态”，不断深入落实“三转”，持续推进“四风”整治，强化“两个责任”全面落实。切实加大“三重一大”决策制度和请示报告制度执行情况的监督检查工作，积极开展深化市场乱象整治和呆账核销效能监察，扎实开展西藏分行作风建设专项活动，切实转变工作作风，深化行业廉洁风险乱象整治和廉洁风险防控工作，为分行经营管理保驾护航。

【风险管控】 年内，修订完善案件管理办法等3项制度，完成对公重点业务风险排查，开展网点风险等级评价和代理金融网点专项检查；严格责任追究，全年问责48人，经济处罚5.3万元，实现年度“零案件”工作目标。扎实开展“三三四十”等专项排查工作。开展“扶贫富农贷”等新产品、新业务，以及外包业务的风险评估工作。全年清收不良资产1389万元。推行授信业务审查审批环节限时服务、平行作业和贷前会商制度，审查审批业务3218笔，增幅208.53%，授信金额202.76亿元，比2017年增长71.83%。开展专项审计11项，经济责任审计16人次，审计调查1次，审计发现问题

53 个，提出审计建议 36 条，工程审计项目 10 个，金额 239.51 万元，审减金额 8.97 万元。严格落实安全生产责任制和维稳工作要求，全时盯防、全员防控，加强重要时段安全维稳工作，实现区党委政府提出的“三不出”维稳要求。

【队伍和文化建设】 年内，完成校招、社招和千人引进工作，完成二级支行长竞聘，开展员工上派、下派、外派交流，基层经营支行干部队伍得到充实。截至年底，西藏区分行在职员工 315 人，男女比例 128∶187，其中区分行机关 141 人，地市一级支行 42 人，二级支行 123 人。树创活动取得新突破，1 人荣获全国金融系统“五一劳动奖章”。坚持党对工会工作的领导，不断夯实工会基层组织体系建设，新成立 10 个工会小组，顺利完成地市支行职工之家建设工作，职工之家建家率和职工入会率达 100%。进一步完善工会财务预算、审批管理制度、权益保障机制和帮扶救助机制，全年发放各项慰问金 75 万元。组织各类技能知识竞赛 9 项，有力助推分行转型发展；树创活动再创佳绩，2 人荣获集团和总行优秀个人，2 个部门荣获集团和总行优秀集体，1 人荣获“全区金融机构五一劳动模范”称号，1 人荣获总行“优秀营销员”。

（单兴乐）

浦发银行拉萨分行

【概况】 上海浦东发展银行拉萨分行（以下简称浦发银行拉萨分行）是 2016 年 7 月 4 日经中国银行业监督管理委员会西藏监管局批准设立、2016 年 9 月 13 日正式开业。浦发银行拉萨分行秉承“笃守诚信，创造卓越”的核心价值观，积极探索金融创新，资产规模持续扩大，经营实力不断增强。截至年底，浦发银行拉萨分行设立 1 家同城支行、8 个离行式自助银行，至 2018 年年底，有 99 名正式员工。

浦发银行拉萨分行办公大楼

【经营业务】 浦发银行拉萨分行经上级机构授权和监管单位核准，主要经营下列业务：吸收公众存款；发放短期、中期和长期贷款；办理国内外结算；办理票据承兑和贴现；发行金融债券；代理发行、代理兑付、承销政府债券；买卖政府债券、金融债券；从事同业拆借；买卖、代理买卖外汇；从事银行卡业务；提供信用证服务及担保；代理收付款项及代理保险业务；资信调查、咨询、见证等业务，努力发挥支持地方、与地方经济发展相融合、促进地方经济金融发展。

（索朗加措）

中信银行股份有限公司拉萨分行

【概况】 中信银行是全国性商业银行之一，总部位于北京，属国有控股商业银行。中信银行拉萨分行于 2015 年 8 月 6 日正式营业。在拉萨共有两个营业网点，分别为分行营业部和北京中路支行。截至年底，各项存款 49.84 亿元，其中对公存款 44.26 亿元，储蓄存款 5.58 亿元；各项贷款 68.4 亿元，其中对公贷款 55.67 亿元，个人贷款 2.72 亿元，票据贴现 10.01 亿元。

【风险管理】 年内，树立“人人讲合规、事事讲合规、时时讲合规”的合规经营理念，坚持可持续发展。组织开展授信风险专项排查，重点排查中小企业客户、个人经营贷款客户、个人信用贷款客户，以及逾期按揭客户。持续推进风险合规文化建设，组织开展一把手讲案例、部门负责人讲新规、专题培训教育、警示教育等活动。建立制度

2018年7月16日，“相约中信·孜资以求”西藏资本市场高峰论坛在拉萨饭店举行

学习长效机制，梳理总分行各条线制度，印制制度学习笔记本和记录本。加强反洗钱管理工作。落实“235号”监管新规，非自然人客户受益所有人识别完成率96.97%。对2.4万名存量客户开展客户洗钱与恐怖融资风险评估及分类管控，合理评定客户洗钱风险等级。

【企业文化建设】 年内，举办“红五月”唱红歌活动。抓文化基础建设。组织文化专项培训，文化宣传渠道多样化。积极创新文化宣传阵地、宣传形式和宣传载体，将新媒体与传统媒体、网上网下相结合。工会群团工作贯彻落实以人民为中心的发展思想，提升凝聚力。健全和完善以职工代表大会为基本形式的民主管理制度。

【特色工作】 加大信贷投入，支持西藏实体经济发展，全年累计向拉萨市基础建设、国家及西藏“十三五”建设项目、矿泉水等领域新发放贷款20亿元。大力承销地方债，全年累计投标自治区政府地方债34亿元，中标5.2亿元，区内金融机构承销地方债份额居第3名。参与拉萨市政府和人民银行组织的银企见面会活动，大力宣传普惠金融业务，民营企业贷款余额占贷款总额近20%。贯彻落实国家“放、管、服”工作要求，落实“优化企业开户服务，推动改善营商环境”，在拉萨两个营业机构均设立小微企业开户服务绿色通道。同时承诺，小微企业客户在开户申请资料齐全的情况下，自开户资料提交之日起4个工作日内完成账户开立业务。派员常驻拉萨市市民服务中心，设立业务窗口，市场主体办理完营业执照后可直接现场填写开户资料，避免多头奔波。

【运营管理】 年内，充分发挥运营保障支持作用，深入推进运营转型，精耕细作运营队伍建设，加紧对运营条线年轻干部的培养，加强对基层运营人员的培训力度，加大对分行业务发展的支持保障力度，加深运营管理条线绩效考核工作水平，采取“周末集中、专题培训、个人自学”等方式提升运营人员业务技能。以查促改，切实做好运营风险防控。把好账户管理关，完成单位账户资料集中上收工作。把好事前、事中、事后三道风险关，全年未发生大的运营风险事件。把好银企对账关，指定专人负责银企对账工作。把好加强现金出纳业务风险关。优化企业开户服务，做好税收居民身份信息补录，推动金库改造工作。

【脱贫攻坚】 2016—2018年，在谢通门县4个乡镇开展“中信银行水渠”工程建设项目，共实施12个工程点，有效解决923户、4853人，共计1.3万亩耕地的灌溉用水问题。工程建设项目区每年增产粮食15.4万公斤，产生经济效益61.6万元，人均每年增收425元。截至年底，资助学生已经毕业496人，已就业416人，其中建档立卡贫困学生66人，已脱贫30人。委派1名中层干部到县政府挂职副县长，参与该县脱贫工作。参团农村电网改造工程银团贷款，全年发放1亿元扶贫贷款，覆盖辖区内40多个区县。

【党建工作】 年内，制定分行理论学习中心组2018年度学习计划，落实好中心组学习制度。严肃党内政治生活，组织召开分行党委民主生活会、党支部组织生活会，开展好党内民主评议。认真抓好党性锻炼和警示教育。突出思想引领，深入学习中共十九大精神。开展专题宣讲，办好主题活动。组织“不忘初心、牢记使命”主题教育和

"不忘初心 深学笃行"主题征文活动。强化组织建设,不断推动党的建设向纵深发展。完成支部换届改选。开展党员示范岗创建活动。加大党建和纪检工作考核力度。

【廉政建设】 年内,分行纪委书记每季度召开纪委委员会议,传达精神、组织学习、提升政治意识和工作能力。持之以恒加强作风建设,不断净化分行政治环境。认真组织"四风"问题专项整治工作。大力纠治形式主义、官僚主义问题。建立健全作风建设长效机制。认真落实行长接待日制度。大力加强纪律建设,推动全面从严治党、从严治行落到实处。深化党纪党规教育。强化行内监督、党内监督和群众监督。严肃开展执纪审查。全年共计问责28人次,采取责令书面检查、责令限期改正、通报批评等组织处理形式以及扣罚绩效的经济形式。

（李　达）

民生银行拉萨分行

【概况】 中国民生银行股份有限公司拉萨分行是中国民生银行总行设立在西藏自治区的一级分行,也是首家进驻西自治区的全国性股份制商业银行,于2013年12月26日对外正式试营业。拉萨分行成立近5年来,坚持总行"为民而生、与民共生"和"做民营企业的银行、做科技金融的银行、做综合化经营的银行"战略导向,坚持"小而稳、小而优、小而富、小而强、小而美"的分行发展目标,以党建为统领,坚持稳健发展合规经营,控制好风险,抓好团队建设,以自己的实际行动有效支持自治区经济的发展,在雪域高原树立民生银行良好的品牌形象,被授予全国银会系统"文明单位"称号。

截至年底,拉萨分行共有员工153人,其中援藏员工27人,本地社招员工126人(含藏族员工59人,占比39%),累计吸收培养本地民族干部员工70人,录用西藏籍应届毕业生45人,逐步打造一支年轻化、高学历、具有战斗活力和较强专业能力的员工队伍。

【助推西藏经济发展】 年内,坚持"服务实体经济,助推经济发展"的经营理念,全行参与自治区特色产业与重点项目建设融资,于2016年正式与西藏自治区人民政府签订战璐合作协议,为西藏自治区基础设施建设、"十三五"重点规划项目、精准扶贫项目、藏医药、特色旅游等区域特色产业等重点项目提供意向性融资支持。参与西藏自治区"林芝至米林机场专用公路新改建工程""贡嘎机场至泽当专用公路嘎拉山隧道雅江特大桥扩建工程"等重点项目建设。

【支持小微企业发展】 年内,始终把支持小微客户的发展作为战略工作,切实培育小微商户内生增长力,增强区内小微经济造血供血功能,围绕八街、建材、汽配、餐饮住宿等重点商圈和行业,遵循"批量化开发、名单制销售、规模化作业"的经营思路,集中精力、物力和人力,强力聚焦小微企业。累计为6000余客户提供小微综合金融服务,覆盖近40%的拉萨市区小微商户,为自治区解决劳动力就业2万人次,为小微企业的发展壮大做出卓越贡献。

【投身社会公益事业】 支持拉萨市"十三五"扶贫产业项目,对接江孜县萨迦县扶贫工作。连续四年捐资4700万元专项救治西藏区内先心病儿童,安排北京安贞医院专家先后3次(共计19人次)赴西藏开展先心病儿童筛查、培训等工作,共确筛先心脏病患儿684名,安排到北京安贞医院、四川华西医院接受免费救治305人,同时,先后为"4・25"地震灾区捐款50余万元。为2016年自治区"10・17"扶贫晚会捐款50万元。为第七批援藏干部图书馆捐赠价值25万余元图书11000余本。与西藏大学共建实习见习基地,接收并安排藏大经济管理学院25名实习生到分行实习。分行员工自发出资2万余元为浪卡子县卡热乡麦村学前幼儿园购置添置学习和生活用品。为2018年西藏第十二届运动会暨第四届民族传统运动会赞助30万元。

（杨　璐）

光大银行拉萨分行

【概况】 2017年初,分行启动筹建工作,并定期向当地政府、人行、银监报告相关工作进度,特别是在物理网点建设中,始终坚持合规流程。2017年1月18日,经银监会批准,拉萨分行正式筹建。2月,全面开展装修调研并做好工程设计方案和完成施工图纸编制等工作。3月,向总行汇报沟通,并完成工程预算编制。6月初，及时组织并完成装修招投标工作。6月中旬，装修公司进场施工，在近3个月的紧张施工中，筹备组加班加点，按计划完成装修任务。8月底，通过公安、消防部门现场验收。9月1日，取得西藏银监局同意开业的批复。9月11日取得营业执照和金融许可证。9月20日，集团与自治区政府签订全面战略合作协议，拉萨分行揭牌成立，实现光大银行在境内省级行政区域机构全覆盖。11月6日，通过人行拉萨中心支行现场验收，并加入金融管理与服务体系。12月7日，通过总行开业前现场验收，分行筹建工作完成，并于12月18日正式对外营业。

【主营业务】 吸收公众存款；发放短期、中期和长期本外币贷款；办理国内外结算；办理票据承兑与贴现；发行金融债券；代理发行、代理兑付、承销政府债券，买卖政府债券；从事同业拆借；买卖、代理买卖外汇；提供信用证服务及担保；代理收付款项及代理保险业务；经中国银行业监督管理机构批准和总行授权的其他业务。

【业务开展】 年内，立足西藏特色的市场环境，持续抓财政、交通、水利、社保、产业集团等重点行业的维护和营销。抢抓交投、旅投、高争集团等西藏重点客户的开户和资金吸存，大力推进银政企合作。推进云缴费、资金托管、阳光理财、资金代发等业务，不断拓展市场份额。截至年底，光大银行拉萨分行存款时点余额14.35亿元，较年初增加13.16亿元，增幅1096.67%（其中，对公存款时点余额13.13亿，较年初增加12.11亿元；对私存款时点1.22亿元，较年初增加1.04亿元）。存款日均余额8.02亿元，较年初增加8亿元（其中，对公日均7.13亿元，较年初增长7.12亿元；对私存款日均0.89亿元，较年初增长0.88亿元）。零售AUM2.23亿元，较年初增长1.98亿元。

中国光大银行拉萨分行

【提升资产业务】 年内，准确把握西藏特殊的金融政策，紧盯重大项目建设、支柱产业、重点优质企业融资需求，积极参与银团合作。克服财政“两费”补贴政策趋紧不利因素，加强项目储备，推进审贷联动，加大贷款投放力度。截至年底，分行各项贷款时点余额7.79亿元，较年初增加7.79亿元。其中公司贷款较年初增加7.57亿元，个人贷款103万元（3笔，均为四季度投放），行用卡透支0.21亿元。日均贷款余额3.34亿元，较年初增长3.34亿元。贷款不良率为零。

【拓展客户基础】 年内，重视客户发展战略，积极营销西藏重大项目业主和施工方开户；重点抓在藏注册央企、本地企业、小微客户群体账户开立工作；充分发挥阳光理财优势，发展个人有效客户。截至年底，对公客户数147户，较年初增加125户（其中，有效客户65户，较年初增加64户，占对公客户的44.22%），已完成总行下达的全年目标数。对私客户数2319户，较年初增加2186户。其中优质客户较年初增加长67户，达到68户；财富客户较年初增加55户，达到57户；私行客户较年初增加8户，达到8户。

【业务创新】 年内，通过与集团联动、系统内分行联动，充分发挥资源共享优势，积极开展协同、联合发展，首笔资金托管业务、联合贷款成功落地。积极营销推介职业年金、购精彩商城、云缴费、境外发债、债权融资计划等特色业务，取得阶段性成果；有效开展物业云缴费、非税云缴费电子化、财库银税通、委托贷款、供应链融资、中期票据等业务，并独家承揽“双创”项目贷款。在认真分析西藏经济、金融市场的基础上，有针对性的编制分行营销地图，指导分行客户拓展。梳理西藏重点项目、特色行业、主导产业金融需求特点，有针对性的提供差异化的金融服务方案。

（德西美朵）

保险

中国人民财产保险股份有限公司拉萨市分公司

【概况】 中国人民财产保险股份有限公司（PICCP&C，以下简称“中国人保财险”）的前身是1949年10月20日成立的中国人民保险公司，是中国人民保险集团股份有限公司（PICC Group，2018年《财富》“世界500强”第117位）的核心成员和标志性主业，是国内历史悠久、业务规模大、综合实力强的大型国有财产保险公司，保费规模居全球财险市场前列。公司于2003年11月6日在香港联交所主板上市（股票代码2328）。中国人民财产保险股份有限公司拉萨市分公司是经保监局批准，于2017年3月13日正式成立，2018年度，拉萨市分公司共实现保费收入41416.36万元，同比提升10.90%。

【主营业务】 财产损失保险、责任保险、信用保险、保证保险、短期健康保险和意外伤害保险，经中国保监会批准的其他财产保险业务。

【业务开展】 年内，建成并投入使用的达孜、城关、柳梧新区等7个县级支公司及三农服务站，全面推广政策性涉农保险，切实把保险服务送到广大农牧民群众身边，进一步提高保险服务覆盖面。2018年，作为承保到户第一年，分公司积极落实承保到户工作要求，全体农险员工夜以继日的奋战在工作最前线，走村入户，认真收集、整理、汇总承保数据，顺利完成全市7县3区承保统计工作，实现保费收入6004.3万元，承保到户率90%。为有效推进农险业务健康、规范、长效发展，公司面向全市58个乡镇公开招聘乡镇专职农保员55名，确保各乡镇配备一名专职农险员，负责数据材料的收集、查勘及保险政策宣传等保险服务，进一步提高保险服务的覆盖面。截至年底，分公司已解决案件3000余万元，未解决500余万元，争取在2019年1月底之前完成2018年度全年案件处理工作，确保结案率达到95%。2018年度公司高度重视责任险业务的推广，成功签出军区总医院医疗责任险保费、职业院校实习责任险、农民工工资履约保险、诉讼保全保险等险种。

为方便广大客户，按照“南京模式”，循序推进“理赔夜市”“主干道巡查”“线上线下一站式服务”等工作举措，大力提高理赔服务水平。响应落实政府的“放、管、服”政策，在拉萨市交警支队的大力支持和帮助下，分公司与交警支队共同设立警保联动服务大厅，为民众提供集保险、车辆违章查处、事故快处快赔、免检车辆年审代办等一站式服务，切实提升客户服务体验。

（吴　微）

中国人寿保险股份有限公司西藏自治区分公司

【概况】 年内，中国人寿保险股份有限公司西藏自治区分公司实现保费收入37680.43万元。其中长险首年标准保费3885.12万元，同比增长5.07%；首年期交保费7741.12万元，同比增长-2.6%；保障型业务保费1856.01万元，同比增长106.1%；大短险保费6504.06万元，同比增长12.35。在册营销人力达到1261人。年内，共计处理理赔案件数3711件，赔付金额为3443万元。其中林芝郎县脱贫保赔付一人共计3万元。

【扶贫捐款】 年内，中国人寿西藏分公司先后向自治区公安民警英烈基金会捐款20万元；向那曲安多县扎仁镇麦龙村捐赠扶贫资金10万元；为放牧守边“爱国乡”——玉麦乡9户居民及21名干部职工捐赠总保额690万元的意外险保险保障；赴那曲聂荣县聂荣镇开展结对认亲活动，累计个人捐款60000元。不仅如此，公司还承办“服务实体经济 建设美丽西藏”政协委员议西藏寿险业发展座谈会。

【党建工作】 年内，中国人寿西藏分公司坚持把党建工作和公司中心工作紧密联合起来，坚持攻弱项、补

2018年11月15日，中国人寿西藏分公司向西藏公安民警英烈基金会捐款20万元

短板，稳步开展基层党建工作。与国寿财险西藏分公司联合举办为期5天“党的十九大精神轮训班”；开展“七一”“三亮三比三评”等各类党内活动6次；先后发展9名优秀员工加入党组织，全年累计缴党费67625.5元；不断优化支部设置，累计投入资金3.5万余元，完善建设党员活动室；严格落实“三会一课”制度，全年累计发放学习材料19份；选派1名第一书记和12名队员深入3个驻村点开展驻村扶贫工作；“三大节日”期间，慰问4名困难党员和11名驻村工作工作队员，送去防寒衣物、米面粮油、糌粑等日常生活用品及慰问金。

【廉政建设】 年内，西藏分公司纪委发挥同级监督作用，向党委提出建议，协助党委加强党风廉政建设、组织协调反腐败等工作。尤其在节假日等关键节点，做好党员领导干部的廉政检查和监督。纪委对各部门制定的管理办法、工作流程进行梳理，对小额采购、《差旅费管理规定》、疑难案件处理等进行规范，对于制度执行不严的情况加强管理，对重点业务流程进行规范。2018年，制定下发《关于进一步落实中央八项规定精神的通知》，对饮酒、赌博、接待、用车等进行规范。针对区纪委通报的违规违纪典型案例，进行对照检查。制定《2018年廉政检查方案》，采取自查与现场检查相结合的方式开展廉政检查。检查覆盖各部门和地市公司。修订完善相关制度1项，抽取凭证815条、访谈36人，抽查车辆11台。发现问题4个，提出意见建议4条。对五项重点费用同期增减情况进行对比，对费用管控提出合理化建议。

（倪　萌）

中国平安财产保险股份有限公司西藏分公司

【概况】 平安产险西藏分公司自2007年3月成立以来，驻扎西藏历经11年的发展，在自治区政府及各机构单位的支持与帮助下，公司业务范围先后覆盖到山南、林芝、日喀则、那曲、阿里、昌都等地区，保险产品从车、财、意到藏区农险得到全面发展。截至年底，累计保费收入36453万元，其中车险25942万元，财产险6480万元，意健险4031万元，整体增速27.7%。累计赔付款17022万元，累计缴纳税款9479万元。年保费收入从成立之初的813万元提升至2018年的36453万元，年平均增速在46.1%以上。截至年底，公司在全区整体市场份额占16.3%，车险市场份额占23%，居全自治区行业第二位。主要业务范围是企业财产损失保险，家庭财产损失保险；建筑工程保险；安装工程保险；货物运输保险；机动车辆保险；船舶保险；能源保险；一般责任保险；保证保险；信用保险（出口信用险除外）；短期健康保险和意外伤害保险；经中国银保监会批准的其他财产保险业务。

【服务工作】 年内，已完成四种场景（分区域、分客户群体、分案件、分体验场景），18种类型的藏区特色化服务方案。第一阶段工作已初步完成，其中藏语单证、藏语座席已进入成熟阶段。“脱困救援”网络初步搭建完成，全区覆盖，快速响应救援客户。“藏族协谈”已实现拉萨本部藏族专属理赔服务，昌都、日喀则已实现藏语协谈理赔服务。

【产品开发】 伴随着西藏经济的飞速发展，为适应西藏特点，围绕中小企业保险需求研发产品，以财产险为主险，扩展平安公众责任险附加电梯与停车场、雇主责任险、以及公共营业场所火灾责任险等，一份保单覆盖财产损失、三者责任、雇主员工等方面，产品具有保障面广，出单方便快速、保费低于常规一揽子保险等特点，易于客户接受。

【内部建设】 年内，公司合规建设制度体系不断完善，通过成立全区合规领导小组、组织专项培训、参与重点项目、机构间经验交流等多种形式，帮助重点合规岗位人员拓宽工作思路，提高专业素质。在反洗钱建设方面，制度体系不断完善，强化责任到人，定期开展反洗钱月报、季报工作小结，举办反洗钱专项培训，加强反洗钱和法律法规宣传，贯彻落实反洗钱工作要求，不断完善反洗钱基础工作，保证反洗钱工作的顺利进行。

【人才建设】 截至2018年7月30日，正式员工278人，营销员1044人，少数民族员工占比30%。公司高度重视人才的招聘、培训和培养，努力造就一支适应保险业改革发展需要、素质优良的人才队伍。通过多年的内部帮扶和外部培训，已初步完成人才队伍梯队建设，专业人才稳步发展的良好局面，有力地保障公司发展所需。

【科技促发展】 年内，引入全新科技手段与“互联网+”项目，成立平安创展西藏分公司，作为平安产险旗下的全资子公司，主要从事专业保险代理业务，借助平安创展核心系统（PC端）和创保网（手机端APP）直接完成保险产品的销售。创展的辅助软件“创保网APP”在同业中已引领标杆，实现从传统渠道到手机端APP的成功转型，为下一步“三农服务站”的成立与拓展带来全新探索模式。

（索朗次仁）

证券

中国银河证券股份有限公司拉萨营业部

【概况】 银河证券营业部于2018年5月由拉萨城关区朝阳路2号搬迁至拉萨城关区金珠中路7号泰和国际文化广场2栋4层32号，名称由中国银河证券股份有限公司拉萨朝阳路证券营业部变更为中国银河证券股份有限公司拉萨金珠中路证券营业部，已更换工商营业执照和经营许可证等相关证件。

【反洗钱相关制度建设】 年内，对原反洗钱相关制度进行修订补充，修订后的反洗钱制度包括《中国银河证券股份有限公司拉萨金珠中路证券营业部大额交易和可疑交易报告实施细则》《中国银河证券股份有限公司拉萨金珠中路证券营业部反洗钱和反恐融资保密工作实施细则》《中国银河证券股份有限公司拉萨金珠中路证券营业部反洗钱和反恐融资管理制度》《中国银河证券股份有限公司拉萨金珠中路证券营业部反洗钱和反恐融资培训宣传工作实施细则》《中国银河证券股份有限公司拉萨金珠中路证券营业部反洗钱和反恐融资信息报告实施细则》《中国银河证券股份有限公司拉萨金珠中路证券营业部反洗钱检查工作实施细则》《中国银河证券股份有限公司拉萨金珠中路证券营业部反洗钱考核办法及实施细则》《中国银河证券股份有限公司拉萨金珠中路证券营业部客户身份识别和客户资料及交易记录保存管理实施细则》《中国银河证券股份有限公司拉萨金珠中路证券营业部

银河证券拉萨金珠中路证券营业部新办公场所

洗钱和恐怖融资风险评估及客户洗钱风险分级管理工作实施细则》《中国银河证券股份有限公司拉萨金珠中路证券营业部可疑交易线索和案件协查工作实施细则》。

【工作培训】 年内，为增强对工作的认识，提高工作技能，营业部不定期地对所有员工进行相关知识培训，内容涉及客户适当性法规、业务知识、新反洗钱系统培训、反洗钱制度培训及新员工培训。通过书面培训、案例解读、邮件提醒等多种方式开展反洗钱知识培训，重点加大对关键岗位人员和新入职人员的反洗钱培训，提高营业部员工的各项工作能力。

【宣传工作】 年内，为有效宣传普及投资者适当性教育和反洗钱知识，提高投资者意识，营业部在2018年开展各项宣传活动。通过发放宣传资料，在营业场所设立专门的咨询台，配备咨询人员，并摆放“打非咨询台”“非法集资咨询台”“非法荐股咨询台”和“反洗钱咨询台”等指示牌，解答投资者有关证券业务、非法证券和反洗钱等问题，大大提高客户对金融知识的认识。

【业务开展】 年内，为配合开展好西藏辖区扫黑除恶打非治乱专项斗争工作，预防和打击金融领域涉黑涉恶、涉非涉乱违法犯罪洗钱行动，最大限度阻断相关违法犯罪所得及其收益的转移、清洗通道，切实维护金融安全与社会稳定，营业部成立扫黑除恶专项斗争领导小组，由营业部负责人担任扫黑除恶领导小组组长。根据行业实际情况出发，加强客户身份识别和资金监测工作。强化“风险为本”意识，坚持“预防为主，打防结合”工作思路，切实加强客户身份识别、客户洗钱风险等级划分工作，结合政法机关通报的扫黑除恶打非治乱工作形势动态以及监管部门发布的风险提示，进一步强化对高风险客户的身份信息核查，综合利用询问、回访、工商登记查询等多种途径，认真开展客户尽职调查，确保客户身份信息的完整、准确，杜绝假名、冒名开户情况发生。充分重视反洗钱监测系统在识别、发现与预警异常资金交易方面的优势，强化对相关违法犯罪领域资金运行规律特征研究，不断完善系统监测指标，努力提升相关可疑交易报告的分析研判水平，确保反洗钱监测工作的有效性。

【日常业务】 在营业部开立账户时，严格把关，认真审查机构户证件及经办人身份证的真实性、完整性、合法性，并详细询问了解客户有关情况；对于开立个人账户，严格按实名制的有关规定审查开户资料，要求客户出示本人（或连同代办人）的有效身份证件进行核对，并登记其身份证件的姓名和号码进行开户操作，对于未能依法提供相关证明材料的个人账户一概不予办理开户手续。

（张建新）

东方财富证券股份有限公司西藏分公司

【概况】 西藏东方财富证券股份有限公司西藏分公司（以下简称“西藏分公司”）成立于2017年3月20日，位于拉萨市柳梧新区国际总部城10栋。西藏分公司秉承公司“用户第一、正直敬业、合作创新”的核心理念，以“链接人与财富，为用户创造更多价值”的经营宗旨，为客户提供专业、高效、前瞻性的金融服务。

【分支机构】 2018年，西藏分公司所辖营业部在拉萨市内的总数达到10家，覆盖面广，均分布在拉萨各黄金地段，各营业部旨在为本地投资者提供优质理财投资服务，也为拓宽西藏企业投融资渠道助力。

【业务开展】 年内，在公司总部支持下，西藏分公司致力于服务本土企业，为西藏的上市公司、拟上市公司、中小企业提供全方位综合金融服务，包括债券融资、股权融资、财务顾问、新三板、股权质押等投资银行服务和资产管理业务、通道业务等服务。同时，西藏分公司结合自身经营范围开展证券经纪；证券投资咨询；与证券交易、证券投资活动有关的财务顾问；证券投资基金代销；代销金融产品；融资融券等多种业务。

【合规审查】 2018年西藏分公司所辖各营业部以“合规创造价值”为理念，重视合法合规，确保各项工作符合监管及公司要求。年内，拉萨辖区各营业部及员工未受到证券监管部门、人民银行、交易所、证券业协会等外部监管机构的处罚，也未受到公司内部处分。

【企业社会责任】 为积极响应国家扶贫攻坚战略，2018年西藏分公司代总部积极落实一司多县扶贫工作，签约曲水县、嘉黎县、墨脱等共计5个贫困县。同年，在上海举办“东方财富首届西藏扶贫县国有企业骨干研修班”，邀请贫困县地区近20名国有企业金融骨干参加培训。2018年西藏分公司向柳梧新区教育激励基金捐款10万元整，为莘莘学子健康成长提供切实的帮助。同年，西藏分公司组织员工到西藏拉萨市城关区福利院慰问孤寡老人。

（嘎 玛）

中国中投证券有限责任公司拉萨营业部

【概况】 中国中投证券是经中国证监会批准设立的全国性、综合类证券公司，由中国国际金融股份有限公司全资控股，注册资本80亿元。中国中投证券在全国各大中城市设有206家证券营业部网点。中国中投证券拉萨林廓西路证券营业部成立于2011年11月，是西藏地区首家具有央企背景的证券营业部，营业部临近拉萨市中心著名景点布达拉宫，地理位置优越。截至年底，营业部经营范围包括证券经纪业务、证券投资咨询、证券投资基金代理、为期货提供中间介绍业务、融资融券（不包括金融业务）、代销金融产品。营业面积368平方米，员工7人。

【运营情况】 2018年，营业部按照公司既定的战略部署和经营规划，配合公司与中金公司积极整合资源和业务优势，稳定传统经纪业务，加快财富管理转型，取得积极成效，积极落实“零售向上、机构向下”的获客策略，强化渠道建设，探索机构获客，持续推进外部新客户的获客，同时强化存量客户的挖掘提升。进一步完善产品服务体系，强化客户和产品之间的适配性管理，提高产品客户渗透率和客户资产产品化率，其中收益凭证销售额超额完成。开展转型营销活动，强化激励，提升服务，积极拓展融资融券业务，2018年全年新开融资融券客户较上一年有大幅度增长；推进大众客户线上化，提高服务水平和服务效率，降低服务成本；加强业务合规管理，做好客户适当性管理工作，切实守好风险合规的第一道防线。

【社会责任工作】 营业部高度重视履行社会责任，切实做到营业部经济效益与社会效益、短期利益与长远利益、自身发展与社会发展相互协调，努力实现营业部与客户、营业部与员工、营业部与西藏的健康和谐发展。

2018年，为增强投资者的守法意识和风险防范意识，保护投资者合法权益，营业部积极开展形式丰富的投教活动。

向客户推介公司官网、交易终端、微信公众号、微博等线上渠道发布的各类投资者教育宣传材料，提高区内广大投资者对证券市场的认知水平，增强风险防范意识；积极配合西藏证监局开展“理性投资，从我做起”专项活动。营业部按监管单位要求通过户外宣传、向投资者发送短信，播放公司原创宣传视频等方式，用通俗易懂的语言向广大投资者进行宣传教育活动，取得良好的效果。营业部与西藏大学金融学院联合举办投资者教育活动，通过现场专人讲解投资知识、投资案例等方式，向大学生宣传理性投资知识，提高在校学生对证券市场的认识、建立正确、理性的投资心态。营业部在大厅显著位置公示投诉渠道，公示投诉渠道包括营业部、公司及监管部门的投诉电话、投诉邮箱，公司及营业部指定专人负责受理客户投诉事项，收到客户的问题反映后，首问负责人认真仔细记录反映的情况，听取客户的意见、诉求以及明确的反馈时间等。通过为客户提供畅通的投诉渠道，切实保护投资者权益。此外，营业部全员认捐公司爱心基金，该基金由公司统一运作，通过帮困纾困、助力扶贫、关怀慰问、公益活动等多种方式，回报社会及公众。

（郭继艳）

科技·教育·体育

科技

【概况】 2018年，党的建设全面加强，一元化领导格局基本形成，机关工作作风风清气正，担当作为成为主旋律；科技经费投入大幅增长，突破1亿元大关。科技项目重点突出，有的放矢，攻克20余项技术难题。科技人才队伍不断壮大，全市拥有科技特派员630名。创新活力不断增强，全市涌现出60多个创新创业载体，科技型企业112家，高新技术企业35家，工程中心17家，成功推动拉萨获批创建国家创新型城市。全市科技进步贡献率达到50.8%，农牧业科技贡献率达到49.2%，科普率达到91%。科技的“引领”作用更加突出，创新驱动发展成已为拉萨经济的新常态。

【党建工作】 年内，市科技局始终坚持以党建工作为一切工作的统领，将党建工作和业务工作同安排，同部署，两手抓，两手硬，两不误，认真落实领导干部联系基层工作制度。党组书记牵头已开展2次“民生体验日”活动；在职党员深入群众60余人次；开展2次在职党员深入驻村点活动；多次开展党员志愿服务活动，开展结对帮扶及慰问困难党员工作。推进“两学一做”学习教育和政治纪律教育，全年，共召开集中学习会议27次，书记讲党课15次，撰写学习笔记3万余字、学习心得体会60余篇。

【项目工作】 年内，组织实施31项具有促进重点产业发展、提升科技创新能力的科技项目，通过项目的实施和结题，加快科技成果转化和应用，促进拉萨市工业、农业、民族手工业的发展，促进产业结构调整。

【科技创新】 年内，完成对拉萨市第一、二批认定的40家科技型中小企业授牌和奖励资金发放工作，发放奖励资金400万元。启动实施百家科技企业培育工程，加大对科技领军企业和高新技术企业的扶持力度，开展市级科技型中小企业认定工作，推动形成以17家规模以上科技型领军企业、35家高新技术企业、66家国家科技型中小企业为骨干的企业创新梯队。开展拉萨市工程技术研究中心培育和评审认定工作，年内，有9家工程技术中心通过专家评审，按照10万元每家的标准，共计发放90万扶持资金。先后修改制定《拉萨市科技创业创新载体认定补贴办法》《拉萨市促进科技成果转化补助资金管理办法》《拉萨市科技型企业奖励资金管理办法》等一系列管理办法，给科技创新工作提升营造好的创新环境。

【创新创业】 年内，市科技局以“小微企业创业创新基地城市示范建设”为重点工作，突出创业创新载体建设，促进大学生小微企业和社会公众无门槛、低成本创业创新。投资1400万余元，租用塔玛社区15000平方米大楼，改建为科技孵化器暨高校毕业生创业就业基地，并于8月8日揭牌运营，孵化器为企业提供政策咨询、法律咨询、财税咨询、人力资源、投融资、知识产权、认证检测、会议培训等方面的一站式、全要素立体服务。2018年，孵化器先后拥有入驻企业98家，其中内孵企业75家，外孵企业17家，毕业企业6家，直接带动就业512人，本地高校毕业生

2018年5月8日，市科技局在青少年示范性综合实践基地开展科技活动周启动仪式暨第二届青少年科技创新大赛表彰大会

创业就业123人，日平均人流量600余人次，并于11月成功认定为全市第一家科技孵化器；拉萨科技众创空间作为全区第一家众创空间和第一家获批的国家级众创空间，已经走在全市创新创业平台的前面，市科技局将拉萨科技众创空间作为标杆进行打造，努力提升其服务能力和水平。组织“创客加油站”品牌活动，“本地科技服务人力资源能力提升培训”项目等，完成创客工坊建设工作。共帮助企业获得科技项目资金60万元，向6家优质创业企业发放“科技创新、创业新锐、创业成长”三种奖项资金18万元，成功孵化毕业企业5家，1家入孵企业获得第四届拉萨青年创新创业比赛二等奖。

【科研平台】 年内，市科技局先后投资共4650万元，建设高原生物科研基地，基地占地面积3.67公顷，打造成集实验中心、试验田、日光温室、无土栽培和智能灌溉系统等于一体的研发平台，为拉萨农业科技发展提供先进的硬件基础。

【队伍建设】 年内，全市选派农牧民科技特派员630名，组建84名“三区”科技人员队伍，在农牧基层开展种植、养殖、动物防疫等工作，推动科技与经济、科技人员与农户和基层经济组织的结合。建成涉及牦牛产业、草牧业、新能源、食用菌、藏鸡、藏医药等院士、专家和基层科研工作站10家，拥有专家队伍145名，推动区内外科技专家、区内科技人员和企业技术人员共同开展研发创新活动。开展拉萨科技明星遴选工作，在全市范围内遴选出10名科技明星，并将其中1名最高得分者推荐成为“拉萨英才”。

【科学普及】 年内，组织实施“全国科普日”“科技活动周”科普夏令营、青少年科技创新大赛等一系列科普宣传活动，高校、科研院所、企业参与科普工作的积极性明显提高，科普资源面向社会公众开放，为社会公众学习科学知识搭建平台。2018年，拉萨市公民具备科学素质的比例达到3.6%，比2010年提高2.66%，超额完成年度拉萨市公民科学素质水平的目标任务。加强科普基础能力建设，全市共建成14个农村科普示范教育基地、10个科普示范社区、4个青少年科普教育基地，7个农村中学科技馆、67个乡镇科普活动站、14家寺庙科普活动站，9个农村专业技术协会，3个华硕科普图书室，3个电子科普宣传长廊，配备科普大篷车8辆，建设科普e站2个、科技服务超市1所、社区科普体验馆1所，组织10余种科普图书编译编印工作，制作了20余种科普音频资料，通过科普基础建设的大力推进，全市整体科普服务能力得到有效提升，农村中学科技馆、科普大篷车、乡镇科普活动站实现全覆盖。

（李　燕）

教育

【概况】 2018年，拉萨市有学校342所。教育部门办308所，其中高校1所，高中4所，中职学校2所，完全中学2所，初中16所，完全小学71所，教学点3个，特殊教育学校1所，幼儿园242所；其他部门及民办34所。在校学生138116人。教育部门办在校学生共计125745人，其中师校3828人，高中在校生11020人，一职2343人，二职4968人，初中在校生23032人，小学在校生59324人，特殊教育学校在校生224人，在园幼儿21006人；其他部门及民办部门在校学生12371人，其中小学8人，幼儿在园学生12363人。在职干部职工11022人。其中普通教职工10863人；其他部门及民办教职工953人；援藏教师159人（师校11人、一职6人、二职3人、基础教育139人）。退休教职工1723人，其中师校73人，一职3人，二职1人，基础教育1646人。专任教师9782人，其中教育部门办共计9365人（师校230人、二职422人、一职209人、高中1128人、初中2130人、小学3951人、幼儿园1229人、特校66人）；其他部门及民办417人。

全市高中、初中、小学专任教师学历合格率分别为99.64%、99.85%、99.89%。校舍建筑面积2227984.73平方米，其中幼儿312783.77平方米，小学820679.47平方米，中学724044.68平方米，特校27976.32平方米，一职126451.49平方米，二职121455平方米，高校94594平方米。图书共2776088册，其中中学1044899册，小学1142669册，幼儿园295924册，特殊学校6500册，高校214100册，一职28734册，二职43262册。计算机（不含幼儿园、特殊教育学校）共20928台，其中初中5062台，高中2111台，小学11621台，一职458台，二职1015台，高校661台。固定资产（不含幼儿园、特殊教育学校）457412.484万元，其中初中为88168.42万元，高中38321.77万元，小学为206318.066万元，高校13188.64万元，一职61063.5万元，二职50352.088万元。

【党建工作】 年内，扎实开展“两学一做”，确保社会主义办学方向，师生员工“四个意识”“四个自信”“五个认同”不断增强，坚定不移维护党中央权威和党的集中统一领导。开展党组织领导下的校长负责制试点，选派党建指导员加强民办学校党建工作。积极探索拟任县（区）教育局局长下派学校任职办法。持续加大纪律审查力度，营造高压反腐态势。全年调处信访事件5起，“12345”群众反映的热点、重点问题及问题咨询68起。认真贯彻执行民主集中制，全年召开党委会14次，党委扩大会议1次，研究“三重一大”事项70项。

【项目建设】 年内，续建城乡幼儿园19所，已完工2所，1所待验收，16所完成总工程量90%。新开工建设城乡幼儿园19所，待验收10所，在建9所。新建白定高中，完成施工及生活用水井，正在办理相关前置手续。新建西城初级中学教学楼、学生宿舍、教师周转房等设备用房基础柱梁浇筑完成，已完成总工程量8%。新建4所小学正在积极推进，城关区第六小学因选址变化正在重新规划，城关区第七小学正在审核施工图纸，城关区第八小学已完成总工程量50%，堆龙德庆区第二小学已完成可研批复。投资1.5亿元续建柳梧初级中学完工并于8月投入使用。市师专迁建项目总投资12.16亿元，项目一期已开工建设，教学楼一栋完成填充墙砌筑，学生宿舍一栋正在进行填充墙砌筑，食堂一栋正在基础施工。

【经费投入】 年内，拉萨市教育基本建设总投资251890万元，建设项目69个，其中国家投资78282万元，市级投资24300万元，县级投资32960万元，援藏投资6268万元，其他投资110080万元。2018年，市、县（区）财政本级教育投入109958.31万元，其中市本级配套30000万元，各县配套79958.31万元。

【德育体育】 年内，开展习近平新时代中国特色社会主义思想进校园、进课堂、进师生头脑宣传教育活动，持续开展“四讲四爱”群众教育实践活动青少年学生主题教育。推进全市各级各类学校德育室标准化建设工作。以“过好当下幸福生活”为主题，组织学生开展“3·28”百万农奴解放纪念日、“热爱祖国 感受北京”夏令营等活动。不断丰富实践内容。新开发现代农业种植体验、西藏民族文化礼仪、野外生存常识等8门校外实践课程。邀请其他省市4名专家到拉萨市开展研学旅行师资培训，培训教师61人。与潍坊市、深圳市中小学生示范性综合实践基地达成友好共建协议，借助外力促进拉萨市青少年实践基地更好更快发展。成功举办全区首届中学生“点赞新时代，担当新使命”研学实践教育活动。组队参加第十八届中国青少年机器人竞赛，6支队伍分别获小学、初中、高中组三等奖，1支队伍参加FGC国际邀请赛，荣获铜奖。与10余家单位建立合作共建关系，丰富研学旅行线路。发展学校体育，组队参加2018年拉萨市首届运动会暨首届民族传统

2018年3月23日，拉萨市江苏实验幼儿园建设项目开工仪式

体育运动会，获得团体冠军、田径项目团体第一名。全市共有 82 所中小学校体育场馆向社会开放。

【教育发展】 年内，起草《拉萨市学前双语教育督导评估指标和评分标准》，提升双语教学质量。实施第三期学前双语教育行动计划，完善覆盖全市、城乡一体的学前教育服务网络。坚持科学保教，防止“小学化”倾向。推进名园办分园、盟园共同体、“园对园”帮扶工作。义务教育均衡发展。全力攻坚做好城关区义务教育均衡发展工作，完成市级督导评估。林周县素质教育顺利通过市级评验，已做好迎接自治区评验准备。持续推进城乡结对、名校办分校工作。继续实施《拉萨市消除大班额专项规划》，已全面消除超大班额，大班额减少到 226 个。特色优质发展高中教育。实施高中教育普及攻坚计划。优化普通高中布局，市二高体育馆项目已完成总工程量 80%，白定高中正在办理前置手续，拉萨市普通高中教育办学条件进一步改善。推进普通高中课程改革，持续开展“一校一品”活动，教学质量稳步提升。2018 年，普通高中升学率达 96.51%、重本率 22.97%。发展现代职业教育。投资 5.77 亿元的一职迁建项目一期竣工，7 月完成整体搬迁，8 月开学投用。校企合作企业增至 157 家，签订“订单式”合作培养协议企业 3 家。一职与中德诺浩、上汽通用 2 家公司建立实质性校企合作关系。两所职校 1950 名毕业生中 1022 人升入高职或普通高校，19 人自主择业，其余全部实现就业。支持发展特殊教育、规范发展民办教育。加强特殊儿童随班就读工作，随班就读学生 536 人。市特校开设培智班，增设生活藏文课程，大力推进特殊教育职业教育工作，增设地毯编织、面点制作两个专业。制定出台《拉萨市民办非学历教育机构设置标准和审批办法（试行）》，填补过渡期间民办学校审批的工作盲点。2018 年，全市小学适龄儿童净入学率 99.9%，巩固率 99.7%；初中毛入学率 100%，巩固率 99.5%；高中阶段毛入学率 93.2%；学前双语三年教育毛入园率 91%；残疾儿童入学率 62%。

【质量提升】 年内，深入推进“五个 100%”教育目标落实，全市已形成全方位推进落实“五个 100%”教育工作目标、提升教学质量的有效机制。“三科”教材在全市良好起步、有效实施。发挥教研在提升质量中的核心作用，出台《拉萨市教育局教学“五环节”实施细则》，义务教育阶段中小学题库建设初具规模，3392 名教师开始使用题库系统。召开拉萨市小学教学质量分析研讨会、2018 年中考、高考成绩分析研讨会，完成 2018 年全区少数民族教育质量监测工作。选派教师参加自治区教学技能大赛，18 名教师获一等奖，13 名教师获二等奖，7 名教师获三等奖。

【师资建设】 年内，深入开展形式多样的师德师风教育活动，不断增强教师为人师表、教书育人的责任感、使命感和人格魅力、学识魅力。形成以国培、区培为龙头，县培、校本培训为基础，以市培、援藏培训为重要补充力量的多渠道、全方位、分层次教师培训体系，全年培训教师 2864 人次。广泛开展教师岗位技能大练兵活动，评选出市级教学能手 100 名，需培训提升 398 名，拟转岗 8 名，不适合教师岗位拟辞退 19 名。严格执行教师资格准入，完成 2231 名教师中初级职称义务考试和大练兵活动考试，办理教师资格证365人次。组织召开全市第34个教师节表彰大会，投入资金1200万元，用于奖励180名优秀教师和13个优秀教师团队。

【信息化建设】 年内，开展"国培计划（2017）"中小学幼儿园教师信息技术应用能力提升工程培训，参训教师464人；完成市级网络培训项目1000人次培训工作。协调推进拉萨市教育云服务平台项目（一期），已基本完工。初步建成拉萨教育城域网，全市中小学幼儿园接入率达97%以上。基本建成市级校安维稳指挥平台，8个县（区）60%以上学校接入市级平台，并与教育厅成功对接。

【以教脱贫】 年内，完善和落实教育资助政策，投入教育资助金3222.39715万元，资助大学生7302人，其中普惠学生386人，资助金额193.57845万元；贫困生4000人，资助金额2165.3787万元；建档立卡生2916人次，资助金额863.44万元。解决林周、空港、墨竹工卡、曲水、尼木、当雄等5个县（区）易地扶贫搬迁1493名学生就学问题，安置率100%；解决那曲、阿里、昌都等3个地（市）易地扶贫搬迁427名学生就学问题。举办建档立卡"两后生"职业技能培训2期40人。

【组团式教育援藏】 年内，11所受援学校第三批组团援藏教师共146名，拉萨市教育人才组团式援藏在全区受援规模最大、学段涵盖面最广、成效尤为明显。2018年，实验中学和拉萨江苏实验中学高考上线率分别为99.65%、95.87%。中国地质大学附中在拉萨北京中学，北京东城区的崇文小学、前门小学在拉萨一小，江苏省教育厅进藏送教专家在拉萨市对口县（区）学校，通过示范课、讲座、集体备课、磨课等方式与教师进行教学技能、职业素质培训，取得良好效果。人大附中与拉萨市联合办学取得实质性进展，正在协商签订合作办学框架协议。

（刘玉源）

体育

【概况】 2018年，拉萨市体育局下设办公室和体育科2个行政科室，行政人员5人，其中领导职数3名，内设机构科级领导职数2名。市体育局始终贯彻落实市政府关于《拉萨市全民健身实施计划（2016—2020年）》文件精神，圆满完成西藏自治区第十二届运动会及民族传统体育运动会、拉萨市首届运动会暨民族传统体育运动会、全国男子篮球联赛（拉萨赛区）揭幕战、2018首届跨喜马拉雅自行车极限挑战赛拉萨段、2018拉萨半程马拉松等各类重大活动，合力推动拉萨体育事业健康有序发展，为全面建成小康社会贡献力量。

【党建工作】 年内，拉萨市体育局共召开党组理论中心组学习会12场，党支部学习12次，组织全体干部职工观看影片《厉害，我的国》2场、参观学习爱国主义教育基地雪监狱1次，撰写心得体会30余篇，开展中共十九大知识测试1次。召开支部委员会10次、党员大会3次，书记讲党课1次。全体党员主动缴纳党费5575.8元。新发展入党积极分子6名。成立拉萨市体育局工会委员会、拉萨市体育局妇委会、拉萨市体育局青年委员会。

【廉政建设】 4月10日，召开2018年拉萨市体育局党风廉政工作部署会，层层签订《党风廉政建设责任书》，切实敲响干部职工的廉政警钟，做到警钟长鸣。年中召开2018年上半年落实党风廉政建设主体责任制会议，会上对拉萨市体育局上半年党风廉政建设工作开展情况进行总结，班子成员对分管科室党风廉政情况进行汇报。严格遵守《党政领导干部选拔任用工作条例》和《中华人民共和国公务员法》的有关规定，认真执行市委关于干部选拔任用工作的政策法规，从建议人选的资格审查到党组讨论决定、任前公示等全过程，认真监督检查，确保干部选拔使用工作做到公平、公正、透明，2018年拉萨市体育局对拉萨市群众文化体育中心7人提任上一级职务。共召开党组会议6次，局长办公会5次，局长专题会14次。

【"中国体育彩票"2018全国新年登高健身大会西藏·拉萨主会场活动】 1月1日，"中国体育彩票"2018全国新年登高健身大会西藏·拉萨主会场活动在鹏矗生态园举行，自治区副主席德吉，区体育局党组书记刘伯清，市委常委、常务副市长占堆，市人大常委会副主任计明南加，市副市长张正，市政协副主席拉巴顿珠出席出发仪式。

【2018年全国青少年“未来之星”冬季阳光体育大会】 2月5—10日由国家体育总局、黑龙江省人民政府在哈尔滨市主办2018年全国青少年“未来之星”冬季阳光体育大会。拉萨市体育局组团代表西藏自治区参加活动，并在足球项目的比赛中荣获男子乙组比赛全国冠军、男子甲组比赛全国亚军以及在雪地障碍比赛中荣获第五名的历史最好成绩。

2018年6月10日，2018全国男子篮球联赛（NBL）拉萨赛区开幕式暨揭幕战

【拉萨市首届运动会暨民族传统体育运动会】 4月28日至5月14日，拉萨市首届运动会暨民族传统体育运动会成功举办。本届运动会是拉萨市举办的规模最大、参与人数最多的综合性比赛，涉及社会各行各业各个年龄段，共有18个代表团，2000余名运动员、教练员、裁判员参加比赛。该届运动会共设比赛项目15个大项64个小项。为突出民族传统体育特色，市运会还设置7个大项10个小项的民族传统体育项目。

【全国男子篮球联赛(NBL)拉萨赛区揭幕战】 6月10日，2018全国男子篮球联赛(NBL)拉萨赛区开幕式暨揭幕战在拉萨市群众文化体育中心篮球馆成功打响，拉萨净土队118：85战胜福建闪电队。

【拉萨围棋冲甲成功】 6月10—20日，全国围棋锦标赛(团体)在江苏省无锡市举行，共有16支乙级队，29支丙级队参加。拉萨棋院围棋队代表拉萨成功冲入围棋甲级联赛，成为西藏体育项目首支甲级联赛队伍。

【“瑞德”斯诺克巅峰对决公益赛】 6月30日，2018“瑞德”斯诺克巅峰对决公益赛在市群众文化体育中心成功举办，世界冠军丁俊晖和约翰·希金斯在雪域高原展开巅峰对决。区党委副书记、自治区主席齐扎拉，区党委常委、统战部部长旦科，区党委常委、宣传部部长边巴扎西，自治区政府党组副书记、政府顾问格桑次仁，自治区副主席甲热·洛桑丹增，自治区政协副主席高扬，自治区政府法制办副主任罗旺次仁，拉萨市委副书记、市长、城关区委书记果果，中国宋庆龄基金会副主席井顿泉、副秘书长李启效、基金部部长唐九红，北京国宇利骏集团有限公司董事长琚存国，瑞德集团有限公司董事长黄玉兵，援助西藏发展基金会副秘书长宋世珍等领导出席活动。

【西藏自治区第十二届运动会暨第四届民族传统体育运动会】 7月12—27日区运会胜利举办。拉萨市体育局不仅积极组队参赛，取得优异成绩，系统地保障好各代表团在拉萨期间的训练、比赛和生活，还全力配合区运会组委会举办好开(闭)幕式及部分赛事。拉萨市代表团派出202名运动员参加21个大项的全部竞赛项目，最终以20枚金牌、10枚银牌、21枚铜牌、总积分542分的成绩排名区运会奖牌榜第一名、团体总分榜第一名，荣获团体体育道德风尚奖。

【第十二届纳木错徒步大会】 8月13日，由拉萨市人民政府主办，拉萨市旅发委、拉萨市体育局以及拉萨净土文化传媒有限公司承办的第十二届纳木错徒步大会在当雄县纳木错隆重举行。该届徒步大会，共有来自全国各地的235名队员报名参加。队员规模以及徒步路线都已升级，参赛队员为

235人，是2017年的3倍；徒步线路设置约18公里，相比2017年增加近10公里。纳木错徒步大会更深度地挖掘和推广拉萨丰富的旅游资源、文化内涵以及高原特色的运动精神，促进旅游与文化的深度融合，推动旅游经济快速发展。

【“全民健身日”工间操比赛】 8月29日，拉萨市干部职工“全民健身日”工间操比赛在拉萨市群众文化体育中心篮球馆举行。全市各县（区）、各经济功能区、市直各企事业单位共15支代表队400余名运动员参加比赛。

【首届“幸福拉萨百队杯”五人制足球联赛】 9月15日，首届“幸福拉萨百队杯”五人制足球联赛在拉萨悠然体育公园顺利举行，全市21支代表队160余名运动员参加比赛。

【2018首届跨喜马拉雅自行车极限赛拉萨段赛事】 10月17—18日，由国家体育总局、中央广播电视总台、西藏自治区人民政府主办，国家体育总局自行车击剑运动管理中心、中国自行车运动协会、自治区体育局、中央广播电视总台第五频道、西藏电视台、拉萨市人民政府、西藏交通建设投资有限公司承办的2018首届跨喜马拉雅自行车极限赛在318国道拉萨段成功举行。2018首届跨喜马拉雅自行车极限赛，共155名来自全国各地的选手参加比赛。赛事共分男子公路团体组、男子公路个人组、女子公路个人组、男子山地团体组、男子山地个人组、女子山地个人组6个组别，全程420余公里。本届赛事拉萨市体育局积极与区体育局、市直等相关部门通力协作、密切配合，精心筹备、共同努力，确保拉萨段赛事的精彩、圆满、成功。

【2018拉萨半程马拉松】 11月11日，由拉萨市人民政府主办，市体育局、市文化局、市旅发委共同承办的2018拉萨半程马拉松比赛圆满完赛。赛事设置半程马拉松（21.0975公里）、体验组（10公里）、健康跑（5公里）3个组别，半程马拉松200人参赛，体验组400人参赛，健康跑2500人参赛。2018拉萨半程马拉松三个比赛项目组织有序，工作人员尽心尽职，赛场设备运行安全，信息发布及时准确，高效有序地完成比赛。拉萨籍运动员多布杰在本次比赛中以1小时11分35秒的成绩荣获男子组冠军。

【2018年拉萨市首届斯诺克锦标赛】 10月26日至11月4日，由拉萨市体育局主办的2018年拉萨市首届斯诺克锦标赛顺利举行。

【拉萨市第二届智力运动会】 11月16—25日，2018年拉萨市第二届智力运动会在拉萨市群众文化体育中心举行。此次比赛分为成年组和青少年组，参赛队员来自全市社会各界干部群众和中小学，参赛裁判员、选手、工作人员共350余人，比赛分为8个大项，分别为围棋、象棋、藏棋、国际跳棋、五子棋、桥牌、掼蛋、双升。其中围棋40余人，象棋30余人，藏棋50余人，国际跳棋30余人，五子棋50余人，桥牌40余人，掼蛋30余人，双升30余人。

【体育彩票销售突破亿元大关】 2018年全年体育彩票销售总额11055.9万元，首次突破亿元大关，同比增长19.43%。

（李　旭）

2018年7月12日，西藏自治区第十二届运动会暨第四届民族传统体育运动会开幕式

拉萨师范高等专科学校

【概况】 2018年，拉萨师范学院坚持严把质量关原则，进一步拓宽人才引进渠道和形式，通过培养、引进、双聘等途径，强化高层次人才队伍建设，努力造就一支师德高尚、业务精湛、结构合理、充满活力的高素质专业化师资队伍。人才引进研究生1人。公招6人，其中硕士3人，本科3人。2018年开展新进教师培训、师德师风网络培训等较大规模培训4次。根据《自治区教育厅 自治区人力资源和社会保障厅关于下放高校教师职称评审权有关事项的通知》文件精神和要求，拉萨师范开展职称评审放管服工作，先后出台《拉萨师范高等专科学校高校教师系列专业技术职务评审实施办法（试行）》等师资相关文件14个，顺利开展全校2018年的放管服职称评审工作，拟聘任教授5人，副教授2人，讲师7人，助讲6人。

【党建工作】 年内，学校党委印发《拉萨师专2018年党建工作要点》，签订《2018年度党建工作目标责任书》《2018年度意识形态工作目标责任书》《2018年度党风廉政建设工作目标责任书》，召开2018年全面从严治党工作部署会，对学校党建工作、党风廉政建设工作、意识形态工作、思想政治工作等进行全面部署。制定2018年度党委中心组学习计划、党员发展计划、党员干部教育培训计划等，全面谋划学校党建各项工作。加强党建制度建设，修订完善《党建工作专题会议制度》《党政联席会议制度》等7项，为学校党的各项建设提供制度保障。以“两学一做”“四讲四爱”教育实践活动为契机，以基层党组织建设、党员先锋模范作用发挥、“三支队伍”建设和制度建设为抓手，强调党建工作在学校改革与发展中的领导地位，认真召开党委民主生活会。开展党员干部政治教育、政治纪律教育培训，有效开展党务干部业务培训，认真开展党支部书记网络培训，全面提升党建工作能力。大力强化党员意识教育，积极开展重温入党誓词、按月按时收缴党费、佩戴党徽亮身份、党员干部警世教育等活动，进一步严格党员管理。加快党建科研工作步伐，围绕学校党建工作中心任务，严格立项党建科研课题10项。扎实开展基层党组织换届工作，立足学校实际成立拉萨师专成都退休党支部，拉萨师范附小退休党支部，进一步优化基层党组织党务干部队伍配备。全面加强干部队伍建设，按照“德才兼备”的原则，轮岗干部19名，提拔科级干部23名，校聘干部23名，大大提高教职员工干事创业的积极性。着力加强服务型党组织建设，积极引导党员干部扎实开展“三联三进一交友”“党员进社区”等活动。加强标准化党员活动室建设，2018年投入8.4万元，建成党员活动室4个，为支部活动提供场所支持。坚持党要管党、全面从严治党，认真贯彻落实中央八项规定及实施细则，自治区“约法十章”“九项要求”、拉萨市“八项要求”和《拉萨师专加强机关作风效能建设的十二项要求》《拉萨师专党员干部教师“九不准”》，锲而不舍反“四风”，党员干部作风建设持续推进。以迎接拉萨市委巡察一组巡察工作和集中整治不作为慢作为、文山会海等形式主义、官僚主义问题为契机，进一步加强学校反“四风”制度机制建设，深入查找存在的作风建设方面的问题，及时进行整改，整改工作得到市委巡察一组的高度肯定。全年，学校党委召开理

2018年9月20日，学校组织新任科级干部到拉萨市廉政教育基地参观学习

论中心组集中学习12次，开展党的建设专题讲座17次，开展主题党日活动247次，开展党委班子成员、党总支书记、党支部书记讲党课53次，开展意识形态专题讲座4次。编写《意识形态工作读本》1部，编写《习近平新时代中国特色社会主义思想西藏大学生读本》1部。培训业余党校学员430人，发展党员56人。1人获得自治区优秀党务工作者称号，2人获得自治区优秀党员称号，2个团队获得自治区先进基层党组织。表彰校内优秀党务工作者12人，优秀党员21人，先进基层党组织10个。

【教学工作】 年内，学校从教学组织管理、教学运行管理、教学质量管理、教学建设管理、实践教学管理、教学改革研究管理等六个方面全面理顺教学制度目录体系，修制订20项制度。组建学校教学指导委员会。实行学期第一周教学检查日通报、教学周报，加强教学督导。调整优化专业结构，停招非师范专业，全力做好师范教育。依据师范类专业认证标准，在全面调研的基础上，结合全区基础教育对师资的需求，本着“一专一兼、全面发展”的特色，修订2018级人才培养方案。启动必修课程教学大纲的修订。实施通识课程建设项目，13门通识课程通过验收。选派15名带队教师，指导1268名师范生进入全区各基层小学幼儿园实习。2017级76名学生代表赴江苏第二师范学院、南通师范高等专科学校、泰州学院开展教育见习。举行学校首届师范生粉笔字书写比赛，150人参加预赛，36人进入决赛并获奖。165名在岗教师参加教学大练兵，并对约30名教师开展半年补差培养。选派1名教师深入师范附小开展教学实践与研究。对24位新进教师以师徒结对方式开展导师带培工作，在教学设计、课堂教学组织实施与评价、试卷命制、教学研究等方面全面指导。组织开展学校第九届教师教学比赛。4名青年教师参加自治区高校青年教师教学比赛，拉萨师范获优秀组织奖，一人获二等奖，一人获三等奖、两人获优胜奖。

【科研工作】 年内，学校科研工作坚持以高水平科学研究支撑学校特色专业发展和学科建设，坚持以高质量学术研究服务“有特色、高水平”的本科师范院校发展目标，全面推进科研工作管理服务水平。完成第四届学术委员会委员换届工作，召开拉萨师专第四届学术委员会第一次全体会议。制定《拉萨师专学术著作出版资助管理办法》《拉萨师专学术带头人学术骨干评选及管理办法》《拉萨师专科研项目经费管理办法》，全面加强科研制度建设。实施学术著作出版资助计划，共资助13部学术专著，启动学术骨干培养计划，第一批培养学术骨干8人。加强科研经费投入力度，科研项目研究经费14.8万元，科研管理保障等经费3.5万元，学报编辑发行经费6.5万元，科研成果奖励经费18.47万元，科研专项建设资金44.4万元。共取得153项科研成果，其中论文107篇、著作2部、学术译著2部、科研项目41项（校级课题28项、省级课题11项、国家级课题2项）、国家级二等奖论文1篇。共立项省区级科研项目31项，国家级科研项目2项、拉萨市级项目2项，共获得校外各级各类资助科研经费81.5万元，实现新突破。实行科研项目匿名评审，确保项目质量，共评审科研项目46项、立项项目31项，淘汰低质量项目15项，有效确保科研质量的提高。

【学生管理】 年内，学校以创新的管理体制为平台，以学风建设为中心，以制度建设为保障，以“三支队伍”建设为依托，以科学规范的管理为手段，努力营造良好的育人环境，形成学风好、管理严、业余文化生活丰富的学生管理办学特色。主要工作措施有全面加强制度建设，修订《拉萨师专班主任、辅导员考核条例》，起草制定《拉萨师专系学管科量化细则》。实行班主任、辅导员系部管理机制，充分发挥系部学生管理能动性。实行学管干部入住学生公寓制度，要求班主任辅导员重要时段、节假日等入住学生公寓，做好校园维稳工作。切实做好大学生国防教育、资助、招生就业和创新创业工作。2018年，学校发放奖助学金940.85万元，完成招生任务1205人。组织师生600人参加自治区第十二届运动会暨第四届民族传统体育运动会开幕式表演活动，组织师生1700人参加拉萨市首届运动会暨民族传统体育运动会开幕式表演活动，组织师生1205人次参加2018首届西玛拉雅自行车极限赛、2018拉萨半程“马拉松”等活动。荣获第五届全国大学生艺术作品展演舞蹈比赛一等奖和优秀创作奖，荣

2018年9月27日，拉萨师范举行大学生就业创业基地挂牌仪式

获自治区大学生辩论赛冠军、全区禁毒主题演讲亚军、自治区第二届西藏大学生“极地杯”阅读知识辩论赛冠军，荣获西藏高校网络安全征文大赛优秀组织奖及一等奖1名、二等奖2名、三等奖5名。

【交流合作】 年内，学校进一步加强交流合作，共选派24名教师赴其他省市对口高校进修挂职。其中，赴首都师范大学进修挂职的有6人，赴南京师范大学进修挂职的有4人，赴东北师范大学进修挂职的有5人，赴苏州大学进修挂职的有9人。2018年，到拉萨师范学院援藏的干部、教师和团中央志愿者共计34人。其中，援藏干部4人，支教教师22人，团中央志愿者8人。形成《拉萨师范高等专科学校对口支援干部、教师管理办法（草拟稿）》。2018年度完成江苏、北京两省市智力援藏工作，先后3批次共选派70名教师赴江苏第二师范学院和首都师范大学开展教学和管理培训。先后选派三批次共17名教师到西安与丹麦哥本哈根大学教授和专家交流学习，就第四期项目合作成果和下一步合作事宜进行总结和商讨。双方达成一致，第五期项目将围绕教师培训、教辅材料开发和科研课题研究，在数学教育、英语教育、学前教育、艺术教育和管理人员的考察学习五个方面开展合作。

【校园安全】 年内，出台《大型文体活动管理规定》《学生工作突发事件应急处理预案》等5项，为校园安全提供制度保障。建立“联防联动”工作机制，成立防爆恐领导小组、义务护校队、义务处突队、义务安检队，组织各部门开展安全隐患大排查活动7次，开展消防演练活动2次，开展防暴恐演练活动4次，开展禁毒、消防、法律知识讲座、校园安全宣传等活动6次。加大校园安全经费投入，提高技防水平，购置、更换消防器材、防暴恐器材等84件，更换大门闸机2台，增加高清摄像头12个，共投入经费69.94万元。加强重点建筑、重点部位的监控力度，安排护校队、保安对实验室、计算机机房、食堂、学生宿舍进行经常性不定期检查。加强流动人口的登记和管理，做到校园外来人员底子清、情况明，确保校园安全稳定。加大校园周边的治安工作力度，经常性检查、警示、提醒校园周边餐馆、店铺的用电、用水、用气及食品安全。2018年，全校未发生一起破坏经济秩序的案件，干部职工无一人违法犯罪，无一人参与“黄、赌、毒”，未发生一起重特大安全生产事故，实现“大事不出、中事不出、小事也不出”目标。

（田志国）

拉萨市第一中等职业技术学校

【概况】 学校占地80.8公顷，分两期建设。一期投资5.7亿元，建筑面积12.9万平方米，建成有8栋专业教学楼、1栋公共教学楼、1栋公共实验楼、1栋图文信息中心楼等教学设施，建成1个标准运动场、篮球场等运动设施，建成10栋师生公寓、学生食堂等生活设施，办学条件得到整体提升。截至年底，学校共有教职工275人，其中正式教职工216人（“双师型”教师53人），援藏干部1人，组团式援藏教师5人，临时工53人。校区内现有农林类综合实验室、产品质量检验检测实训室、工程机械模拟操作室和农机维修实训室共55间，全日制寄宿学生2335人。

【党建工作】 年内,校党委召开党风廉政建设工作会议,并与九个处(室)、教学部主要负责人分别签订《2018年度党风廉政建设责任书》,深入学习习近平新时代中国特色社会主义思想,贯彻落实拉萨市第九次党代会精神和区党委常委、市委书记白玛旺堆在拉萨一职调研座谈会上的重要讲话精神,认真落实校党委党风廉政建设的主体责任,深入推进学校党风廉政建设和反腐败工作,为拉萨一职和谐发展提供坚强的政治保证和纪律保障。

【专业布局】 年内,学校根据区域经济的产业调整和结构升级的需求,以及自身的办学基础,建立学校专业的动态调整机制。在专业课教学中进行"一体化教学"的改革试点,根据职业岗位知识、能力、态度特点,充分考虑学生职业生涯的需要,确定本专业的课程和课程结构,形成理论与实践相互融合的以职业岗位作业流程为导向的课程体系,实践性教学内容达到50%以上。

【招生就业】 年内,争取教育主管部门统筹安排,建立普教和职教均衡发展的招生体制,新生报到注册1199人,新生报到率比2017年显著提高。通过就业指导、推荐,组织学生参加招聘会、到用工单位应聘,鼓励学生自主择业、自主创业,2018年毕业生434人,其中188人参加升入高校继续深造,237人就业,8人自主创业,最终就业率为96.3%。

【校企合作】 年内,完成教育部指定的"中德诺浩""上汽通用"项目申报及后续相关工作,与拉萨市和各县区净土公司建立稳定的合作关系,与TCL王牌电器(惠州)有限公司、京瓷办公设备科技(东莞)有限公司建立长期战略校企合作伙伴关系,增加160个实践岗位。年内继续深化与区内多家企业的合作,一方面提高我校学生的实训工作能力,另一方面也为相关企业的发展注入活力,实现双赢。

【交流合作】 年内,学校与江苏农林职业技术学院、北京农业职业学院、辽宁农业职业技术学院签订合作框架协议。双方将在专业建设、实训基地建设、"双师型"教师培养、学校中层干部挂职培养锻炼、通过网络实现双方图书资料信息共享、项目建设及专业教材建设等方面开展深入合作交流。

(李宝鹏)

拉萨市第二中等职业技术学校

【概况】 拉萨市第二中等职业技术学校始建于2013年9月,坐落于拉萨市城关区蔡公堂乡,是一所全日制综合中等职业技术学校。学校占地面积25公顷,建筑面积12.4万平方米,总投资6.85亿元,规划学生规模6000人。校区内有综合教学楼及辅楼、图书馆、综合实训楼、学术报告厅、活动中心、学生宿舍等基础设施。学校立足拉萨第二、三产业发展需求,设有藏药护理、旅游管理、信息技术、机电技术、财经商贸、文化艺术等6大主干专业群32个专业,配套建有8个现代化实训车间和15个实验实训中心。有教职工437人(其中高级职称31人、中级职称77人),在校生4885人,招生数1811人,毕业1516名学生全部就业。

拉萨市第二中等职业技术学校坚持以"办人民满意的职业教育"为宗旨,秉承"高山景行、天工开物"的校训,坚持"以质量求生存、以创新求发展、以特色创品牌"的办学理念,按照"五进三出,多元合作"的办学思路,创新"校企合作、工学结合、顶岗实习"的人才培养模式,探索一条"强起来、特起来、香起来"的具有高原特色、民族特点的中职教育繁荣发展的道路。

【基层党建】 年内,拉萨市第二中等职业技术学校进一步细化党建工作方案,将专项工作的目标分解到各处室、各系部,形成一级抓一级,层层抓落实的工作机制,认真落实"三会一课"学习制度,约谈各支部书记、各部门负责人共28人。坚持每隔一周的周日下午集中理论学习制度。同中国建设银行合作开通党费网上缴纳系统,各党员按月按时在网上足额缴纳个人党费。发展正式党员9名、预备党员10名、确定积极分子17名。认真开展"四讲四爱"主题教育实践活动,"加强政治纪律教育""不忘初心、牢记使命"等主题教育活动共16次;启动"做合格党员、当先锋模范"教育活动,组织开展党员知识竞赛、走访慰问、优秀表彰、合唱比赛等组织活动。党建工作的良好开展,党委监督主体作用的充分发挥,为学校各项工作的有序推进提供坚实保障。

【德育教育】 年内,拉萨市第二中等职业技术学校开展“四讲四爱”手抄报和黑板报评比活动共9次,观看爱国主义教育影片2次,举行爱国主义歌曲学唱活动,开展百万农奴解放纪念日、学雷锋活动日、全国消防日、爱国卫生月实践教育活动共5次;建立以教学部为单位的9个大团委,以班级为单位的120个团支部、以6人一组的490个团小组,每周进行一次主题团课、每班每星期开展一次主题团课。召开首届学代会暨团代会,完成学生会换届工作。组织119名班主任参加《中职德育教育在线课程资源》示范观摩,完成学校心理健康教育咨询中心的筹建;举办校园成人礼仪式教育活动和五四青年表彰大会,共表彰120名学生,举办纪念“12·9”暨四讲四爱校园文化周系列活动和首届“微笑5·25,阳光二职人”心理健康节,创建“校园之声广播站”。

【教育教学】 年内,拉萨市第二中等职业技术学校制定出台《拉萨二职教学事故认定管理办法》,举办教师岗位技能大练兵活动,开展首届教学设计大赛、教师说课比赛以及首届教师技能大赛,第二届教师微课大赛,组织实施“青兰工程”(教师以老带新),完善修订《拉萨市第二中等职业技术学校专业教学标准》(2018年4月版),用于指导教学,多措并举,使学校教育教学水平不断提高。年内,先后派遣180名二年级学段学生分赴广东理工学院、广西北海艺术设计学院、南京金陵中专、安徽国际商贸等4所其他省市院校交流学习。

【合作办学】 年内,拉萨市第二中等职业技术学校以开展“现代学徒制试点建设”为契机,以推进校企“深度融合”为重点,与西藏大学联合办学,开办舞蹈、乐器“5 + 2”对口高职大专班,与淮安信息职业技术学院、安徽国际商贸职业学院、南通科技职业学院实行“3+3”联合办学,与广东理工学院、广西北海艺术设计学院、南京金陵中等专业学校、安徽国际商贸职业学院4所其他省市院校开展“1 + 1 + 1”学生交流合作办学,安排走访调研企业18家,回访了解安排实习企业3家,与达氏集团、香格里拉酒店、暖心公司、卓玛医院等146家企事业单位建立校企合作关系,其中稳定合作企事业及机关单位48家。校企合作数量和质量双双稳步提升,为学校实现良好发展奠定坚实基础。

【教科研成果】 年内,拉萨市第二中等职业技术学校开展2016年四个已开题课题的中期检查及过程指导。完成2017年西藏自治区教育科学“十三五”5个立项课题的开题。有3个课题获得教育厅批准立项。组织4个课题组相关人员赴山南市、日喀则市3所职业技术学校开展课题调研。组织编写学校首批10本实训指导教程的编写,已公开出版发行。聘请36名企事业单位及行业专家现代学徒制导师。组织教师编写各专业的实训指导教程,出版发行校内《教师优秀论文集》,刊印内部交流资料《高原职教》第七期。

【专业建设】 年内,拉萨市第二中等职业技术学校以传统文化传承为依托,开设民族绘画(唐卡)、锻铜、民族器乐、民族舞蹈、民族服饰、藏药制作等特色专业。以第三产业为依托,开设旅游服务、公共服务、物流等相关专业,共建设6个大主干专业群,开设32个专业。拉萨市第二中等职业技术学校酒店管理与物流管理两个专业为国家级示范专业,逐步发展成为一所区域特色明显,专业定位清晰的中职学校。

【实践教学】 年内,拉萨市第二中等职业技术学校组织开展首届教师职业技能大赛,全校151名教师报名参加护理、管工、会计等20个专业的比赛,58名教师获奖。建立车间主任聘任及管理制度,共聘任藏药、唐卡、缝纫等车间主任8人。组织427名学生报名参加钢筋工、架子工、混凝土工等14个工种的鉴定,239人合格,毕业生初次鉴定合格率达到56%。

【技能大赛】 年内,拉萨市第二中等职业技术学校4名教师参加全国班主任基本功大赛,全部获得三等奖;选派20名学生参加全国性技能大赛8个项目的比赛,2名同学获全国职业技能大赛弹拨乐器演奏(中职组)二等奖和三等奖。2名老师参加全国“礼仪大赛”,获礼仪操项目一等奖、礼仪情景剧项目二等奖。1名老师参加全区民族运动会,获健身操比赛银奖,参加全国职业院校首届师生礼仪大

2018年12月9日，拉萨第二职业中学组织做雪域高原文明教职工师生合唱比赛

赛，学校中华礼仪团队获得三个一等奖。

【招生就业】 年内，拉萨市第二中等职业技术学校普通中职计划招生2190人，实际招生人数为1811人，招生完成率82.69%。两后生计划招生130人，实际招生人数10人。毕业生1516名，升入高一级学校就读975人（普通高考录取525人，对口高职考试录取450人），学生升学率64.31%，未升学学生在各大企事业单位全部实现就业，学生就业（升学）率继续保持100%。

【师资队伍建设】 年初，拉萨市第二中等职业技术学校选派26名教师去常州大学参加机电维修培训、选派28名教师去镇江高等职业技术学校参加计算机专业技能培训、选派20名教师去苏州参加酒店管理培训。年末，选派60名班主任去成都参加班主任管理能力培训，选派15名教师去上海财经大学参加创新就业培训。年内，拉萨市第二中等职业技术学校选派19名教师去扬州大学、电子科技大学参加计算机骨干教师、护理骨干教师等国培项目。年内，全区教师师德师风培训共435人，全部合格。全校专业教师中现有“双师型”教师有187人。教师队伍的建设，为学校的发展提供坚实的人力保障。

【创新创业】 年内，学校根据“一专一铺一市场”思路，成立拉萨二职科技创新创业园，设立美容美发、广告与传媒艺术、服装与设计制作、电商与物流配送、青少年科学技术协会、面点专业烘焙坊6个工作室，利用援藏资金，按照市场化运作模式，在校外租赁10间商铺，成立拉萨市腾远实业有限公司，开办中藏餐、美容美发、会计、广告制作、电子商务等专业校外创新创业实训基地。

【规范管理】 年内，拉萨市第二中等职业技术学校推进以“教学管理、学生管理、后勤管理”为主的三项常规管理，在全区中职校开创性建立督学管理、教学事故认定、学生实习实训安全等多项管理制度，制定出台《拉萨二职教职工考勤管理办法》《拉萨二职教学事故认定管理办法》《拉萨二职采购管理办法》等重要制度，完善修订《拉萨市第二中等职业技术学校专业教学标准》（2018年4月版），顺利召开全校第二届教代会，审议通过学校章程，《教师中初级专业技术职务任职资格及高级职称初评评审细则》以及多项学生管理制度。

【平安校园】 年内，拉萨市第二中等职业技术学校开展应急疏散演练，进行春夏季学生安全和网络安全教育活动，在“萨嘎达瓦节”“雪顿节”、全国“两会”节点，制定工作方案，成立工作领导小组，分别与处室系部负责人、各处室系部与科任老师、各班主任与学生层层签订安全责任书。建立值班、食品药品监督、安全教育等工作常态化机制，配备微型消防站设施设备，建设校园监控网络，建设学工处、安卫办、宿管科、教学部、班主任、班委会等多层管理体系，招聘保安16名，加强学校安全保卫力量。

（余正忠）

文化·广电·新闻出版

综述

年内，全市文化文物工作以习近平新时代中国特色社会主义思想为指导，以学习贯彻中共十九大精神为主线，不断推动各项工作实现新突破，为推动拉萨长足发展和长治久安提供文化支撑和重要保障，全年开展各类文化活动3200余场，受益群众100余万人次。投资25341万元开展文化项目建设，尼木白面具传习所、拉萨市群众文化活动中心等一大批市、县文化项目正紧锣密鼓施工。投资17005万元完成扎西岗寺、热堆寺等22个国家“十三五”文物平安工程和文物维修工程。成功创建国家公共文化服务体系示范区。

（杨睿楷）

文化

【公共文化建设】 年内，研究起草《拉萨市公共文化服务社会化发展促进办法》等9个制度性文件并以市政府名义下发。发放示范区宣传册1000余册，保障法宣传册600余册。顺利通过国家第三批公共文化服务体系示范区制度设计课题评审和实地终期验收。投资25341万元开展文化项目建设，尼木白面具传习所、拉萨市群众文化活动中心等一大批市、县文化项目正紧锣密鼓施工。争取国家扶贫资金335万元对42个乡镇综合文化站，50个数字文化驿站进行公共数字文化服务提档升级。对全市8个县（区）创建工作进行全面督查，组织乡镇文化站工作人员赴内蒙古鄂尔多斯市、河北省秦皇岛市进行创建国家公共文化服务体系示范区实地学习交流。《牦牛走进羊城·西藏牦牛文化展》在广州举办，接待观众近5万余人。组织300名群众及游客参加央视“东方时空”国庆主题“我爱你中国”灯光秀广场舞活动。圆满完成“感知中国西部文化行”赴俄罗斯专场对外文化交流演出活动。举办首届中国西藏拉萨·阿里象雄文化国际学术研讨会，邀请60多名专家研讨，旁听80余人，征集124篇论文，收录60余篇。

【文化产业】 年内，评选命名直孔热

2018年4月23日，召开全市文化（文物）工作会议

色藏药香加工专业合作社等27家县级文化产业示范基地，评选命名林周稀宝古艺艺术有限公司等26家企业为拉萨市首批市级文化产业示范基地，当雄县游牧文化旅游产业园为拉萨市首批市级文化产业示范园区。正式建立起县、市、区三级文化产业示范基地（园区）命名管理体系。组织参加第二届藏毯产业交易博览会，组织各县（区）文化产业示范基地参加拉萨第四届中国西藏旅游文化国际博览会，并圆满完成各项工作任务，组团参加第十三届中国北京国际文化创意产业博览会。

【市场监管】 年内，按照“简政放权、放管服”工作要求，结合文化市场审批事项下放难点，起草《拉萨市文化（文物）局关于下放文化市场行政审批事项的通知》等文件，积极协调市审改办、城关区文化局对接事宜。开展“扫黑除恶打非治乱”“禁毒”“扫黄打非”“2018冬春防火灾防控专项行动”等专项工作，截至年底，与全市178家网吧、102家歌舞娱乐场所法人和315名个体演员签订《安全责任书》，全市文化系统共组织出动检查373次，出动检查人员1571人次，检查歌舞（酒吧）娱乐场所、互联网上网服务营业场所1401家次，有效规范文化市场经营秩序。完成全市178家互联网服务营业场所、102家文化娱乐场所的年审换新证工作和全市308家娱乐场所和网吧的统计年报工作。

（杨睿楷）

文物

【文物保护】 年内，对八县区77处文物保护单位进行检查，下发77份整改意见，共计提出369条整改意见，完成巡查记录300余份。配合公安机关破获扎基寺等3起文物盗窃案件，抓捕21名犯罪嫌疑人，追回被盗文物65件。利用5.18博物馆日等纪念宣传日，广泛开展文物安全管理宣传活动，共计发放《中华人民共和国文物保护法》等法规宣传材料2000多份，发放消防器材160具。总投资9400万元的国家“十三五”文物平安工程项目9个，已完成2个、复工6个，完成前期工作3个。投资7605万元，完成扎西岗寺、热堆寺等10个抢救性文物维修工程。各县区4项3440万元文物保护维修工程列入市发改委2018年投资计划表。完成对朗奴、颇章萨巴及白觉林修缮设计方案等11件审批或方案评审工作（涉及1处自治区级文物保护单位，18处市级文保单位），印发考古勘探报告审查意见7件，上报自治区级及以上级别文保单位修缮、文物资质申请、考古调查鉴定等请示45件，完成43件老城区房屋改建审批工作。查处市级文物保护单位白觉林等违法建设案件，罚款20万元。

【非遗保护】 年内，评审公布40名市级传承人，推荐3人入选国家级非物质文化遗产代表性传承人，参加全国非物质文化遗产策展人才培训班。曲水唐堆玛桑、羊八井羌姆等10个项目入选西藏自治区级非物质文化遗产代表性项目名录。完成曲水协荣仲孜、尼木塔荣藏戏等10个非遗项目200多万元的专项保护经费申报工作。认定26个藏戏队为藏戏传习点（基地），并发放藏戏传承牌。争取2018年度自治区非物质文化遗产保护专项资金共计109万元，拉萨堆绣唐卡、墨竹甲玛谐庆等非遗项目得到有效

2018年3月29日，市文化局举办拉萨市非物质文化遗产传承人对话活动

保护。举办拉萨河流域面具制作论坛，参加浙江杭州第十届·中国非物质文化遗产博览会，参加深圳“中国西藏拉萨净土文化周”。走进拉萨师专、柳梧红军小学开展“文化遗产进校园”活动，到山南市加查县中学开展“行走的博物馆系列之——牦牛文化进校园”专题社教活动发放宣传册1500份、文物点简介书籍400册、明信片400套、宣传品200个。

（杨睿楷）

广播·影视

【概况】 年内，全市共有市级广播电视台1座（汉语综合、藏语综合、文化旅游3个频道和1个广播调频），县级广播电视台6座、县级有线数字电视网6个。拉萨广播电视台汉语综合频道、藏语综合频道和文化旅游频道、拉萨广播电视台综合广播FM91.4兆赫兹，通过无线发射方式覆盖拉萨市区及达孜区、堆龙德庆区，通过自治区有线数字电视网络传输覆盖拉萨市林周、当雄、尼木、墨竹工卡、曲水、达孜六县（区），拉萨广播电视台藏语综合频道通过中星9号直播卫星方式将拉萨广播电视台藏语综合频道定向覆盖拉萨行政区。拉萨广播电视台藏语综合频道和文化旅游频道日播出时长18小时。汉语综合频道全天24小时播出；拉萨广播电视台综合广播日播出17小时。当雄、尼木、曲水、林周、墨竹工卡、达孜六县（区）广播电视台各开办1套电视节目，以转播中央、区市节目为主，自办少量当地新闻和经济类、科技类、法制类、农业类、重大活动类专题、有地方特色的文艺节目以及公益广告等，以有线方式传输，覆盖本县（区）行政区域。全市拥有直接领导管理的城市数字电影院1座，县级数字影院7座，县级电影管理站8个，农牧区数字电影接收管理平台1个，流动电影放映队41个，全市共有电影放映点1020个（其中室内放映点144个），全市有77436户农牧民群众、5332户乡镇干部、4266间寺庙僧舍（含集体收看室）全部安装广播电视直播卫星设备，可以收看收听到54套数字电视节目、27套数字广播节目。截至年底，全市广播电视综合人口覆盖率分别达到98.88%和98.99%。

【项目建设】 年内，市新闻出版广电局完成全市2057户农牧民群众新增用户广播电视设备安装调试工作，完成新增1014间僧舍广播电视设备的安装工作。共为全市227个农家书屋、180个寺庙书屋更新配送藏汉双语出版物137种、914包、32586本（套）。实施完成拉萨市58个行政村综合文化服务中心示范工程配置广播器材项目；投入资金2503.04万元，完成全市7座县城数字影院建设。投入资金3030万元，实施完成中央广播电视无线覆盖工程；投入资金499.56万元，实施完成拉萨市“十二五”三县（林周县、尼木县、当雄县）高山无线发射台站基础设施建设工程。投入资金1840万元，实施完成五县（林周、达孜、墨竹工卡、尼木、曲水）县级广电中心建设项目。投入资金200万元，实施拉萨市广播电视台广播电视无线发射台站基础设施建设项目。

【精准扶贫】 年内，投入资金9万元，市新闻出版广电局完成当雄县羊八井一期风湿病患者异地搬迁150户广播电视直播卫星设备安装调试工作；投入资金139.776万元，为搬迁至城区的5个安置点1664户搬迁户接入并开通有线数字电视。四县（区）电影管理站共为青少年学生放映电影17场，观众达1300余人次。局系统党员干部职工为墨竹工卡县日多乡怎村26户贫困户及边缘户先后送去慰问金8100余元，为吉姆的遗属募集爱心捐款共计20600元，为怎村幼儿园捐赠价值6000元的游乐设备。

【首个地市级广播电视监测系统】 年内，江苏省新闻出版广电局投入80万元资金，援建拉萨市广播电视安全播出监测系统，市财政局下拨年度运维经费（含网络租用费）37.08万元，实现对7个市（县）播出机构模拟无线电视节目和调频广播节目等的全程安全、质量和内容监测，这是全区首个地市级广播电视安全播出监测系统。

【援藏成果】 年内，江苏省新闻出版广电局为拉萨市新闻出版广电局捐赠10万元的培训经费，价值69303.96元的11台笔记本电脑和价值18809.01元的1台高清投影仪，为拉萨市农家书屋捐赠2000册图书。投入资金80万元援助建立全区首个市级广播电视安全播出监测系统。江苏省广播电视总台

2018年9月29日，拉萨市广播电视台6+2讯道4K转播车交接启用仪式

援助50万元，为拉萨市广播电视台广电中心大楼设计安装电梯。北京人民广播电台为拉萨市广播电视台捐赠5台台式电脑和5台笔记本电脑。

【农村电影放映】 年内，自治区电影公司投入资金199312元，为全市8个县（区）电影管理站采购发放一套价值为24914元的新型农村数字电影放映设备。全市完成电影放映3939场次，观众35万余人次，超额完成1251场次放映任务。

【综合广播自办栏目】 年内，拉萨广播电视台综合广播开设《拉萨新闻》《幸福拉萨》《天籁之音》《相约西藏》《聚焦三农》《电影回顾》《嘻哈客栈》《冈拉梅朵》《生活百科》《曲艺天地》10档藏语自办直播栏目。开设《新闻快报》《都市导航》《乐在味中》《你的故事我的歌》《拉萨说》《圣地音符》6档汉语自办直播栏目。

【汉语综合频道自办栏目】 年内，拉萨广播电视台汉语综合频道开设《拉萨新闻》《新拉萨》《生活第1线》（经济类）3档自办栏目。开设《警方热线》（与市公安局合作法制类节目）、《天气预报》（与市气象局合作生活类节目）2档合作节目。

【藏语综合频道自办栏目】 年内，拉萨广播电视台藏语综合频道译制《拉萨新闻》《新拉萨》2档新闻栏目和《相约》《一起旅行吧》《爱尚拉萨》3档自办栏目。

【文化旅游频道自办栏目】 年内，拉萨广播电视台文化旅游频道开设《寻味日光城》《一起旅行吧》《爱尚拉萨》《高原零距离》《格桑梅朵》5档自办栏目。设置有《文化拉萨》《天天影院》2档整合类节目。

【录制春节、藏历土狗新年电视联欢会】 年内，录制完成拉萨市2018年春节、藏历土狗新年电视联欢会，荣获中国电视艺术家协会、电视文艺委员会授予的“春节文艺晚会优秀作品奖”。电视联欢会先后在中央电视台国际频道和中文国际频道、中央人民广播电台、中国国际广播电台、北京卫视、江苏卫视、康巴卫视、银川电视台、乌鲁木齐电视台、南宁电视台及山南广播电视台、移动咪咕视频等区内外媒体播出。

【准直播报道】 年内，拉萨市广播电视台首次尝试演播室“嘉宾访谈+现场报道+记者连线”的准直播报道，完成2018年拉萨半程马拉松比赛的宣传报道工作。

【数字化发展】 年内，拉萨市广播电视台投入454.5万元，实施提升存储格式及媒资系统改造项目，搭建市广播电视台节目资源的统一协调与综合管理平台。

【硬件设施建设】 年内，拉萨市广播电视台投入770万元，实施150平方米全媒体演播室改造工程；市政府投资670万元，购置拉萨市广播电视台“6+2”讯道4K转播车，结束拉萨市广播电视台建台30多年来没有转播车的历史。

【藏语影视剧译制】 年内，拉萨市广播电视台与11家影视制作公司合作生产藏语译制剧，完成《花开半夏》《独立连》《雪山飞狐》等25部，共计990集剧目的藏语译制工作。独立译制完成《英雄本色Ⅰ》《英雄本色Ⅱ》2部电影、纪录片《第三极》和5集大型专题节目《圣途》。

（朱璐伎　白玛康珠）

新闻出版

【新媒体】 年内，拉萨市广播电视台成立新媒体部，将“聆听拉萨”微信公众号进行升级改版为“悦享拉萨”微信公众平台，在自治区网信办2018年12月发布的西藏政务微信公众号排名中，“悦享拉萨”在西藏自治区268个政务微信公众号中名列第十二，在市属媒体中位列第一。与江苏省广播电视总台联合，在“荔枝新闻”客户端上试运营“拉萨频道”，12月18日，拉萨市广播电视台推出全区首个媒体微信小程序，实现拉萨广播电视台三个频道一个频率广播电视节目在移动端实时播放和回放。

【“扫黄打非”行动】 年内，全市共建立“扫黄打非”基层站点800余家，市县乡三级“扫黄打非”办公室共组织开展“扫黄打非”宣讲活动600余场次，开展“扫黄打非”进学校、村居、寺庙等活动80余场次，发放“扫黄打非”宣传资料10类16种1万余张(册)，向4000余名群众和师生宣讲“扫黄打非”基础知识和政策法规；共组织开展“扫黄打非·护苗、净网、秋风、清源固边”等各类专项行动180余次，日常检查500余次，检查出版物、印刷厂、邮递物流、网吧、歌舞娱乐场所等550余家次，查缴各类非法出版物、宣传印刷品4000余册张，处置网络有害信息1200余条，屏蔽关闭非法网站820余个，删除违禁歌曲300余首，处罚歌舞娱乐场所34家，查办淫秽色情等“扫黄打非”案件270余起。

（朱璐佼　白玛康珠）

拉萨晚报

【概况】 2018年，拉萨晚报社设办公室、总编室、汉文编辑部、藏文编辑部、记者部、广告发行部6个部门。下属晚报社印刷车间负责《拉萨晚报》藏、汉文版的排版、印刷工作。截至年底，报社在编人员76人。全年出版《拉萨日报》362期，《拉萨晚报》301期，《拉萨日报》(藏文)262期、《拉萨晚报》(藏文)100期，总发稿(图)12800余条(张)，较2017年相比增长10%。

【基础设施建设】 2018年，拉萨市发改委维修改造报社办公楼基础设施，项目总投资644.65万元。维修工程包含电气工程，暖通工程，拆除部分承重墙体工程，屋顶防水工程。拉萨晚报社办公楼维修项目于2018年9月正式动工，年底，一期工程已竣工验收并正式投入使用。随着《拉萨日报》创刊出版发行，人才队伍将日益扩大，恰逢报社北院办公楼改造维修，报社集中购置更新一批办公设备，包括电脑，打印机，复印机，打样机，传真机，办公桌椅，文件柜等。

【宣传工作】 4月16日，全面接手运营管理“拉萨发布”微信公众号。作为拉萨日报官方微信公众号，“拉萨发布”本着服务基层、贴近受众的理念与“拉萨晚报”微信公众号一起服务全市广大读者和人民群众。12月，创办“拉萨日报藏文发布”微信公众号。截至年底，报社已拥有“拉萨发布”“拉萨日报藏文发布”“拉萨晚报”三个官方微信和一个官方微博。

全年出版《拉萨日报》362期，《拉萨晚报》301期，《拉萨日报》(藏文)262期、《拉萨晚报》(藏文)100期，总发稿(图)12800余条(张)，较2017年相比增长10%。2018年全面共开设《在习近平新时代中国特色社会主义思想指引下——新时代新作为新篇章》《见证改革记录发展——庆祝改革开放40周年》《为了总书记的嘱托——争做神圣国土守护者幸福家园建设者》《精准扶贫精准脱贫》《梦创拉萨》《全力抓双创拉萨在行动》《践行“四讲四爱”我们在行动》《创先争优强基础尽心竭力惠民生》《民族团结一家亲》《中央环保督查整改进行时》《新旧西藏对比》《欢乐雪顿》《培育践行社会主义核心价值观》《重点项目建设巡礼》《新春走基层》等20余个专栏和《两会进行时》《时代楷模》《讲文明树新风》《聚焦市运会》等80余个专版。共报道“民族团结”“四讲四爱”“双创”“脱贫致富”“劳动模范”“道德模范”“强基惠民”“援藏”8类典型。

【报刊发行】 年内，拉萨日报报纸年发行量藏文版为84000份，汉文版报纸4200份，拉萨晚报社藏文版报纸620份，汉文版报纸5100份。

（达瓦普次）

藏语文及编译工作

【概况】 2018年，拉萨市藏语文工作委员会办公室(拉萨市编译局)编制18人，其中县级编制3人，科级编制8人；内设综合科、语言文字科、校审科、翻译科。全市藏语文工作按照《中华人民共和国民族区域自治法》《西藏自治区学习、使用和发展藏语文若干规定》《拉萨市社会用字管理办法(试行)》《中共拉萨市委员会拉萨市人民政府关于进一步加强藏语文工作的意见》等要求,认真开展各项工作,进一步促进全市社会用字的规范化、标准化、信息化、法制化建设。

【规范社会用字】 年内,抽调市公安局、市政市容、市文化综合执法支队、文化局和市公交公司等单位的20多名骨干,分五组对全市范围内的开展一次拉网式的社会用字检查整改。按照自治区的要求,对拉萨市的高原之宝开展专项检查,11月完成整改任务。截至年底,市区检查31000多户,存在问题620多户,下发整改通知单300多个。各县(区)检查3000多户,存在问题100多户,下发整改通知单100多个,存在的问题主要为错字、粘贴错误、掉字为主。《拉萨市社会用字管理办法(试行)》颁布年代久远,是全区最早的关于规范社会用字的办法,该办法在社会用字规范化方面起到积极的作用。但随着时间的推进,不少内容已经无法适应现在的社会用字要求和环境,按照《拉萨市人民政府关于印发〈拉萨市人民政府2018年立法计划〉的通知》文件精神,该办法已列入拉萨市人民政府2018年立法计划,修正工作先后已征求各县(区)和相关部门的意见和建议,参照其他兄弟省市的办法,吸收好的做法和经验,结合拉萨市实际开展调研,准备充分。但按照自治区藏语委办(编译局)的要求推迟修正工作,自治区计划出台全区性的社会用字管理办法,待出台后再进行修正。安排部署拉萨市地名文化释义编写相关工作,截至年底,资料收集工作已基本完成,下一步将进行汇总和审核,争取在3年内完成出版工作。按照拉萨市迎接国家第三类城市语言文字工作评估工作推进表的要求,对各县(区)安排部署相关工作,专门抽调业务骨干,配合市委深入县(区)开展第三类城市语言文字验收工作。按照《关于开展2018年度藏汉翻译系列职称评审工作的通知》要求,召开拉萨市翻译系列评审会,对本年度申报的2名副译审申报的材料进行全面认真审核,并一致同意推荐2人参加副译审评审;年底召开初中级翻译专业技术职务任职资格评审会,评定5名初级和2名中级职称任职资格。

【翻译工作】 年内,市编译局先后承接翻译《习近平总书记经典语句摘编》《西藏自治区地震监测设施和地震观测环境保护办法》《扫黑打恶打非治乱专项斗争线索举报及奖励公示》《拉萨市制定地方性法规条例》《基层群众思想政治教育应知应会知识问答》、象雄文化研讨会、拉萨市首届运动会及拉萨市“两委”材料等,截至年底,翻译字数达到100余万字。市民服务中心窗口受理社会用字翻译10120件,公章翻译审核61600件。

【队伍建设】 年内,藏语文编译专业人员从数量到质量已不能满足新形势发展,需要吸纳一批爱岗敬业、藏汉文字功底较强的各行各业贤人志士,充实西藏翻译工作者协会拉萨分会翻译队伍,4月24日,在西藏大学举办“拉萨市乡镇小学藏语文教师综合能力提升培训班”,来自拉萨各县乡小学的35名学员参加培训,7月15日举办“拉萨市小学藏文教研组长教研教学专业技能提高研修班”,参训人数35人。另外,9月11—16日,在西

2019年1月16日,市翻译局召开翻译系列初、中级职称评审会

北民族大学举办“拉萨市第四期藏汉翻译培训班”，参训人数为30人，促进全市藏语文工作人员在学习中实践、在实践中学习，保障藏汉“双语”工作顺利开展。

（洛桑平措）

档案工作

【概况】 2018年，拉萨市档案局（馆）贯彻落实中共十九大和十九届二中、三中全会及十九届中央纪委二次、三次全会精神，全面贯彻落实习近平总书记治边稳藏重要战略思想和“加强民族团结、建设美丽西藏”的重要指示精神，按照区市党委九届三次全会的部署，认真学习贯彻全区档案工作电视电话会议精神，紧紧围绕市委、市政府中心工作，服务大局，依法履职，加强档案宏观管理，在基础设施建设、档案资源建设、干部队伍建设等方面取得新成效。

【档案法制宣传】 年内，市档案局（馆）在全市档案系统内集中开展以“档案见证改革开放”为主题的2018年国际档案日系列宣传活动。通过组织学习、制作宣传展板、街头宣传等方式，扎实开展“6·9”国际档案日宣传活动并取得良好成效。据统计，街头宣传活动当天，免费发放印有“拉萨档案”字样的环保购物袋500个、玻璃杯300个，档案宣传资料3000余份，现场接受群众咨询600余人次，制作宣传展板4个，发送宣传短信56万条，向公众传播档案文化，营造各方支持档案工作的良好氛围。

【全市档案工作业务培训会】 年内，市档案局采取以会代训的方式召开全市档案业务培训会。自治区档案局业务指导处处长达瓦次仁到会指导。各县（区）档案局（馆）负责人及业务人员；市（中、区）直部门，市属国有企业的档案工作人员100余人参加此次培训。市档案局（馆）综合业务指导科、保管利用技术科、收集整理编研科负责人分别从归档文件整理规则、档案保管利用流程、地方特色档案收集等方面进行授课，并对相关问题进行解答，为下一步推进全市档案工作规范化、标准化、科学化奠定良好的基础。

【历史档案保护】 根据《国家重点档案保护与开发项目任务协作协议书》要求，完成古藏文档案343件的数字化扫描工作，包括全文扫描、翻译、录入工作。

【档案业务监督检查和指导工作】 年内，根据档案工作计划，确保市直单位到期档案移交进馆工作顺利开展，市档案局工作检查小组深入堆龙德庆区、林周等八县（区）、市委组织部、市民服务中心、西藏文化旅游创意园区、市交通产业集团有限公司等30余家市直单位，分别从领导重视、档案基础设施建设、档案资源建设、档案移交进馆、档案信息化建设等五个方面进行检查指导，提出意见建议，促进档案工作的科学发展。选派业务骨干到林周县、西藏文化旅游创意园区、市强基惠民领导小组办公室、市发改委、市交通产业集团等单位开展业务指导工作，不断规范档案工作。

【档案安全体系建设】 年内，邀请市消防支队防火监督处到市档案局（馆）进行一次全面消防检查。根据市消防支队防火监督处关于消防整改意见，向市财政申请消防设备改造项目，并实施消防系统进行维修恢复项目，消除安全隐患，确保馆库安全和档案实体保障。

【档案利用】 年内，先后为自治区档案局、市检察院、市法院、市外事侨务办、市民政局等单位提供档案4652卷次、3195件次、104人次为领导决策、经济建设、编史修志、调解矛盾纠纷、工作参考提供原始依据，深受档案利用者的好评。特别是根据市政府的总体安排，作为拉萨市参加联合国教科文组织第42届世界遗产委员会会议协调工作领导小组成员之一，按照相关工作任务要求，积极梳理提供布达拉宫历史建筑群—大昭寺的相关历史资料，为市文物局提供涉及大昭寺消防工程建设、安防设施建设、壁画廊院维修等相关现行档案7卷15件，同时协调自治区档案局查找提供相关历史照片5张。

（刘淑娟）

党史研究

【概况】 2018年，市委党史研究室围绕中心、服务大局，主动作为、务实创新，充分发挥党史工作以史鉴今、资政育人的重要作用，不断加强和改进新形势下党史工作，扎实推进资料征集、党史编写、宣传教育等工作。

【完善制度】 按照党史工作“一突出、两跟进”的要求,结合拉萨党史工作实际,制定出台《关于进一步加强拉萨党史工作的实施意见》(以下简称“实施意见”),并以市委办公室名义下发全市贯彻落实。“实施意见”从对党史工作重要地位的认识、指导思想和基本原则、主要任务和支持保障四个方面,对如何加强党史工作提出明确要求和具体措施,指出拉萨党史工作着力完成党史研究、党史资料征编、党史著作编撰、党史宣传和党史纪念活动五项重点任务,全面提升党史工作服务改革发展稳定大局水平,切实做到党有所需、史有所为。同时,按照《拉萨市2017—2020年党史工作规划》和《实施意见》的部署要求,开展《中国共产党拉萨历史大事记(2013—2017年)》资料初编工作,总计100余万字,截至年底,已进入初稿编写校对和图片征集阶段。

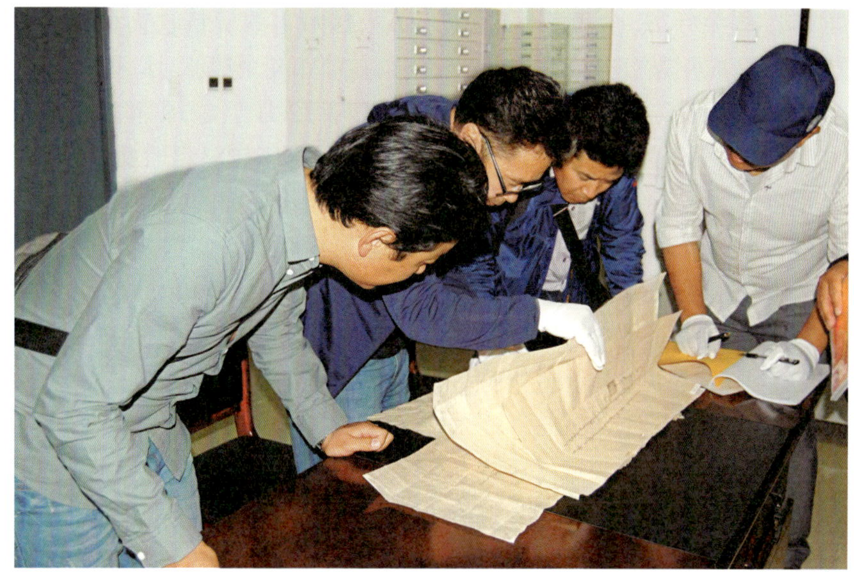

2018年6月8日,拉萨市档案局(馆)邀请区档案专家指导古藏文档案抢救保护工作

【党史宣传教育】 创新开展县(区)党史大事记收集工作,新增县(区)要情专栏,包括县(区)经济、社会事业等领域发生的重大事项,区市领导视察、重要经济活动、重点工程建设等情况,为开展编撰县(区)大事记工作奠定基础,全年共收集市、县(区)大事记50余万字,征集图片200余幅。创新开展党史“进机关”,主动为机关、企业、军营、学校、寺庙等赠送《拉萨党史》书刊5000余册,同时邮寄全国部分党史部门进行经验交流,扩大影响力。在市委办公厅微信学习平台开设党史专栏,于每周固定时间或重要节庆日、重要党史事件和党史人物纪念日,推送相关党史知识,丰富干部职工的学习内容。全年共推送《川藏、康藏公路通车》《邓小平开启改革开放大业》等20余篇文章。创新开展资料征编工作,紧紧围绕纪念改革开放40周年、拉萨新变化等方面,着重征编对拉萨社会经济发展有借鉴作用的资料。重点向市环保局、交通运输局、民宗局等10余家部门和部分离退休老干部约稿,努力将其打造成全市党员和群众深入了解党在拉萨的历史、弘扬党的优良传统和作风、展示拉萨发展新成就的“正能量”传播平台。《拉萨党史》全年共编辑出版4期,刊登文章40余篇,选用图片50余幅,共20余万字。

【发挥党史职能】 按照广泛征集,实事求是的要求,加大党史资料征集力度,组织人员到市委组织部、宣传部等有关部门征集资料。编写出版《拉萨市“两学一做”学习教育资料汇编(2016—2017年)》,资料汇编共2册,约4万余字,收录中央、区市相关文件、重要讲话及研讨文章。协助完成《拉萨年鉴(2016年)》《拉萨市志(2001—2010年)》及县(区)志书审核工作,同时撰写《拉萨年鉴(2017年)》所需资料5万余字,完成《扬州援藏援疆建设志》有关援藏资料的搜集供稿工作。发挥优势,扩展职能,挖掘整理拉萨红色文化资源,按照市委领导的指示要求,全力参与尼木县红色教育基地建设工作,组织人员到尼木县实地调研该县红色教育基地建设工作情况,形成调研报告,并协助开展相关资料征集工作。

(姚雪梅)

地方志工作

【概况】 2018年,各县(区)继续发扬优良传统,提前部署,尽早落实,于1月份陆续启动年鉴编纂工作。截至年底，全市三区五县已全部完成年鉴公开出版发行任务。《拉萨年鉴（2019）》已进入印刷阶段。4月，拉萨市地方志联系北京市地方志办公室，对市志复审稿进行把关评审，经北京市地方志办公室几位专家评审后，根据专家意见，对志稿进一步修改、补充、完善。于10月初提交自治区地方志办公室复审。各县（区）二轮修志工作也取得一定的成绩，《达孜县志（2001—2010）》志稿已送至方志出版社，开始出版工作。曲水、当雄、林周、尼木和墨竹工卡5县（区）二轮县志都已报自治区验收。《拉萨市城关区志（2001—2016）》在北京市东城区地方志办公室的帮助下，也通过了复审。

【全国精品年鉴试点工作】 自2016年以来，《拉萨年鉴》连续三年参加中国地方志指导小组举办的全国精品年鉴试点工作。2018年10月，拉萨市地方志办公室将《拉萨年鉴（2018）》送至中国地方志指导小组进行评审。经过中国地方志指导小组的专家对《拉萨年鉴（2018）》的指导和考评，提高编纂水平和《拉萨年鉴（2018）》的质量，为打造精品年鉴打下坚定的基础，有利拉萨市地方志事业的长足发展。

【为援藏志提供资料】 为加快江苏省援藏志的资料收集和编纂工作，拉萨市4个江苏对口县（区）从2017年12月至2018年3月进行第一轮、第二轮材料收集工作，所有有关援藏方面的文字版、图片版甚至影像版资料都积极收集，涉及教育、医疗、人才、资金、智力等方面，做到“准、全、实、新”。2018年2月底形成援藏志初稿，经过3次通稿修改完善9月底完成复稿，并及时邮寄至苏州市地方志办公室。2018年9月，扬州市地方志工作人员来到拉萨市收集扬州援藏志资料。拉萨市地方志组织相关单位，召开座谈会。会后，各单位根据要求，积极提供相关资料。同时，积极配合扬州市地方志的采访工作。

【受援工作】 2018年4月，拉萨市地方志办公室争取北京市地方志办公室帮助评审《拉萨市志（2001—2010）》复审稿。经北京市地方志办公室3名专家5个月的努力，于8月完成评审工作。南京市地方志帮助墨竹工卡县修改《墨竹工卡县志（2001—2010）》终审稿，并于9月底于南京市召开终审会。北京市东城区地方志办公室与城关区开展全面修志合作，城关区选派人员去东城区学习培训，东城区地方志指派专家前往城关区指导二轮区志编纂工作。在双方的积极配合下，于2018年10月，完成二轮区志的复审工作。

【全市地方志工作会议】 2018年9月27日，拉萨市人民政府办公厅副调研员张玉虎主持召开全市地方志工作推进会。8县（区）分管地方志工作副县（区）长、地方志办公室负责人参加会议。会议传达学习自治区党委、政府关于2017年度全区地方志工作督查考核通报，贯彻落实区市党委、政府的决策部署和白玛旺堆书记在《中共西藏自治区委员会办公厅 自治区人民政府办公厅关于2017年度全区地方志工作督查考核的通报》上的批示精神，认真查找去年地方志工作存在的问题和不足，推动部署2018年重点工作任务，确保全市地方志工作持续健康发展，走在全区前列。

【考核工作】 2017年12月，拉萨市地方志办公室制定了《拉萨市地方志工作考核办法（试行）》。2018年10月30日至11月2日，拉萨市人民政府办公厅副调研员张玉虎、市地方志办公室主任张驰率队，主要根据《拉萨市地方志工作考核办法（试行）》，对各县（区）的领导机制建设情况、机构建设情况、人才队伍建设情况、事业发展的支持保障情况、工作推动落实情况、志书和年鉴编纂情况等方面进行考核。

（张　驰）

医疗·卫生

【概况】 2018年,全市共有医疗卫生机构523家(含自治区级医疗卫生机构),其中各级各类医院29个,卫生院52个,诊所、门诊部(医务室)226个,妇幼保健院(所、站)3个,疾病预防控制中心10个,社区卫生服务中心(站)12个,村卫生室187个,采供血机构1个,卫生监督所1个,其他卫生机构(培训机构、疗养院)2个。实有床位数3989张,每千人拥有床位数5.67张;共有卫生技术人员6256人,每千人拥有卫生技术人员8.89人。

【分级诊疗机制】 年内,率先在全区开展分级诊疗试点工作,出台《拉萨市分级诊疗工作实施意见》和《拉萨市分级诊疗工作考核评价标准》,形成拉萨市分级诊疗疾病谱549种,明确市、县、乡、村四级医疗机构诊治疾病谱,探索实施分级诊疗模式已初具雏形。

【公立医院改革】 2018年,制定拉萨市医疗卫生体制改革工作任务,继续巩固县级公立医院综合改革工作成果,加快推进城市公立医院改革工作步伐。4月,国家考核组对拉萨市公立医院综合改革工作进行考核复评,复评得分为86.5分,自评得分为92分,全区排名第一。

【取消药品加成】 年内,继续巩固率先在全区推行药品采购“两票制”工作成果,在确保药品供应的基础上,要求乡、村医疗卫生机构适时推行药品采购“两票制”,截至年底,2家市级公立医院、7家县(区)级公立医院、10家社区卫生服务中心已全面开展“两票制”工作。继续做好拉萨市公立医院药品“零差价”销售工作,所有公立医院已取消药品加成。

【家庭医生签约服务】 年内,拉萨市率先在全区开展家庭医生签约服务,截至年底,全市已有家庭医生团队282个,签约45万人,签约率达98%,其中,重点人群、计划生育特殊困难家庭、建档立卡贫困人口签约率均达到100%。

【拉萨市中心医院建设】 市中心医院项目于2016年3月开工。截至年底,到位资金10.88亿元,完成总工程量的79.5%,医疗专项工程完成10.5%。完成两批医疗设备和一批办公设备的招标采购及相关合同的签订工作;完成水土保持报告、职业病预评价、DSA项目辐射环评报告,均已取得省级批复,医院排污许可证也已通过环保部门的审批。

【农牧区医疗制度】 年内,继续保持农牧区医疗制度100%覆盖,“先诊疗、后结算”模式常规化执行。在自治区农牧区医疗经费年人均补助标准515元的基础上,全年,全市年人均补助经费标准提高至555元,人均提标40元,提标后覆盖率和筹率持续保持100%。各县(区)政府加大资金保障力度,大大减轻农牧民群众的医疗经济负担。率先在全区探索开展按病种付费工作,截至年底,达孜、墨竹、林周等县已对11个病种实行单病种付费。

【医联体、县乡一体化管理体制】年内,以县级医院为龙头,探索创新基层医疗机构管理体制,加快建立县域卫生人才统筹机制,推行区域内卫生人事权由卫生行政部门统筹,专业技术人才的指导、培训由县级医院和疾控中心统筹,用活现有人才，促进人才队伍良性流动，强化技术指导，提升服务能力，“双向转诊”和“上下联动”的工作机制正在努力形成，医联体建设已进入探索推进当中。

【医院内涵建设】 年内，全市各医疗机构以“三好一满意”“平安医院”等行业活动为载体，加强医院内涵建设，强化医疗质量管理与控制，各级医疗机构服务能力不断增强，全年无重大医疗安全事故发生。市人民医院“三级甲等”医院于2018年1月正式挂牌，七县（区）医院已成功创建“二级乙等”医院，墨竹工卡县“二级甲等”医院市级预评审工作已完成。以“净化医疗市场，确保医疗安全”为目标，组织开展全市大型医疗机构专项监督检查6次，抽查抽检医疗机构204家；结合中央环保督察迎检工作，检查医疗卫生机构204户次，出动执法人员100人次，下发现场监督笔录5份，监督意见书5份，立案查处1家。

【卫生民生工作】 年内，全市包虫病患者医疗救治工作已基本完成。累计手术治疗357例，手术救治率达99%，符合药物治疗的236例患者全部接受药物治疗。同时，收治昌都、那曲两市包虫病患者94例，已完成外科手术治疗63例，充分体现首府城市的责任担当。全市共计完成结核病筛查317705人，风湿病筛查256538人，发现疑似结核病4012例，确诊24例，风湿病确诊3614例。深化家庭医生签约服务工作，重点对老年人、高血压、孕产妇等重点人群开展健康服务与管理。积极与华大基因科技对接，继续实施民生基因检测项目，2018年，共检测42017人，其中，无创产前检测4517例、新生儿耳聋检测3270人、HPV检测34230人。

【疾病预防控制与卫生监督】 年内，以防控重大突发公共卫生事件为重点，坚持预防为主的方针，建立健全疾病预防控制机构岗位责任制，认真落实各项防控措施，重大传染病得到有效控制，公共卫生监督覆盖率达100%。2018年，全市免疫规划疫苗接种率均达到99.58%，乙肝首针接种率达99.92%。

【传染病防治】 年内，切实加大鼠疫、艾滋病等重大传染病防控和大骨节病等地方病的防治工作；无重大突发公共卫生事件发生，无甲类传染病发生，全市乙丙类传染病总发病率为268.1/十万，较2017年同期下降5%。

【健康教育宣传】 年内，深入开展健康讲堂和公益宣传活动，继续开展健康知识深入农村、社区、学校、企业“四进”活动，市县（区）举办专题讲座23期，受益3000余人，覆盖所有乡镇（社区、村），城关区已于2017年被命名为国家健康促进县区，9月，林周县和曲水县通过国家健康促进县（区）建设评估。

【饮用水、空气质量监测】 监测公共场所室内空气275份样，合格269样，合格率98%；检测公共场所服务用具486份样，合格428份样，合格率88%。卫生监督覆盖率达100%。监测生活饮用水水质590份样。

【食品安全风险监测】 2018年，完成食品风险监测7个品种，191个样，完成全年检测任务106%。

【公共场所卫生监督】 2018年，开展公共场所检查1846户次，审批公共场所卫生许可证364户，办理健康合格证21747本。从业人员培训2000余人。组织开展全市大型医疗机构专项监督检查6次，抽查抽检医疗机构204家，督查县级医院医疗废物管理工作7家，出动执法人员100余人次，下发现场监督笔录5份，监督意见书5份，立案查处1家，处罚金额5000元。

【妇幼卫生】 年内，继续做好“两降一升”工作，规范“两大死亡”及妇幼数据汇总工作。孕产妇住院分娩和农牧区适龄应检妇女常见病检查率大幅度提升。继续深入实行农牧区孕产妇住院分娩和婴儿住院救治100%报销政策，妇女疾病普查普治、儿童先心病筛查、育龄妇女叶酸普服、孕产妇住院分娩、儿童营养包等重点人群健康服务不断优化，2018年孕产妇死亡率为23.2/十万，婴儿死亡率5.1‰。兑现孕产妇补助、提前待产奖励资金及护送者奖励512.31万元。发放叶酸4174盒，服务人数达4049人。发放儿童营养包66078盒。完成妇女两癌筛查4493人。

【基础建设】 年内，拉萨市卫计系统续建和新建项目共计30个，总投资184190.32万元。包括拉萨市中心医院一期建设项目、拉萨市人民医院门诊楼功能提升改造项目、拉萨市人民医院住院部改扩建项目、拉萨市人民医院组团式援藏周转房项目、拉萨市食品安全风险监测体系设备项目、达孜县卫生系统整体搬迁项目、曲水县妇保站项目、林周县妇保站项目、7个乡镇卫生院改扩建项目、9个乡镇卫生院标准化项目、2个乡镇卫生院周转房项目、墨竹工卡县藏医院项目、曲水县藏医院项目、2个县级疾病预防控制中心项目。

【爱国卫生运动】 年内,组织200余家驻市单位、各县区开展2次全市性爱国卫生活动,清理卫生死角1000余处,清理各类垃圾近百吨,城乡环境卫生得到进一步改善。

【健康教育与促进】 年内,组织健康教育专业人员深入各县(区)巡回督导、指导10余次;组建健康教育巡讲队,开展麻风、结核、职业病、艾滋病、碘缺乏病、饮用水安全、世界无烟日、包虫病、卫生应急"五进"等主题宣传活动26次,发放宣传资料89种,10万余张;对市属16所学校开展健康巡讲活动,受益人数为6542人,各类学校健康教育开课率达到100%,机关企事业单位全面开展工间操活动;对市人民医院、市保健院、林周县和曲水县开展健康促进医院建设的检查指导工作。通过以上措施,进一步引导社会形成健康生活方式,培育公众良好的健康行为。

【人口和优生优育】 年内,继续落实"一孩、双女"户困难家庭扶助制度和西藏特殊子女家庭特别扶助制度,抓好国家免费孕前优生健康检查项目,加强对流动人口计划生育服务与管理工作。认真落实西藏自治区农牧区"一孩、双女"户困难家庭扶助制度和西藏特殊子女家庭特别扶助制度,2018年农牧区计划生育家庭奖励扶助对象5029人,特殊子女特殊扶助对象1154人,共受助资金1091.784万元。国家免费孕前优生健康检查项目完成1911对,完成自治区出生缺陷一级干预项目3274对。免费为500余名育龄及已婚育龄流动人口妇女提供妇科、孕检等服务,对3000余名流动人口进行免费健康体检,并建立健康档案。通过PADIS系统向原籍反馈率达100%,全国流动人口动态监测项目城关区点组织社会56名调查员开展个人、社区问卷调查及网上申报审核工作,并通过国家验收。

【藏医药事业】 年内,坚持"藏西医并重"的方针,各县医院继续加大藏医专科能力建设,藏医藏药诊疗技术广泛应用于治疗高原性慢性疾病等并取得积极成效。2018年,全市县乡藏医门诊量为180216人次,住院治疗2076人次,县乡医疗机构开展藏医外治疗法共计39709人次,其中药浴2663人次、放血疗法1608人次、针灸14312人次、火罐2904人次、角吸920人次、其他外治以及理疗共17302人次。开展藏医药健康讲座18场次,接受65岁及以上老年人健康管理服务28104人次,健康管理率达75.49%,接受0～36个月儿童健康管理服务13446人次,健康管理服务率达39.59%。作为自治区2016年度局级课题项目,由城关区塔玛社区卫生服务中心巴罗承担的"社区常见病、多发病分析与藏医特色健康教育"局级课题,历时两年多的探索研究,取得丰富成果,获得专家组的高度评价并顺利通过评审。

【藏医培训教育】 年内,加大藏医队伍培训教育工作,遴选5名藏医骨干参加全区基层医疗机构藏医临床骨干培训,县区共开展藏医人才培训10次,受训人次达百余人。开展藏医药预防保健服务和藏医药"三进"活动,开展藏医药健康服务体验50余场次,义诊8场次。

【医疗人才"组团式"援藏】 年内,充分利用医疗人才组团式援藏"1774工程"和"三级医院对口帮扶县级医院"有利政策,借助对口援藏省市优质医疗资源,大力推进市县医疗机构服务能力提升。2018年北京援藏项目资金为拉萨市人民医院导管室建设和设备采购投入2100万元。为北京对口的四县区配备救护车投入600万元。投入500万元用于建档立卡户高原类疾病防治。与北京友谊医院设立的北京市李恒英医学基金会签署精准扶贫结对帮扶协议,并向拉萨市人民医院捐助80万元,用于开展健康扶贫工程。

制定拉萨市人民医院2018—2021年"以院包科"计划,并积极向北京市卫计委、西藏自治区卫计委沟通对接,力争2018—2021年期间每年新增2个"以院包科"责任医院。2018年,北京友谊医院、北京安贞医院与拉萨市人民医院签订"以院包科"协议，分别援助拉萨市人民医院消化内科、心内科。

【健康扶贫】 年内，认真推行医疗惠民套餐，医疗费用负担显著下降。截至年底，"因病致贫因病返贫"建档立卡贫困人口中共有1515人次进行报销(核销)，报销(核销)金额为423.1万元，农牧区孕产妇住院分娩和1岁以内婴幼儿住院救治费用实行100%报销。建档立卡贫困户家庭医生签约率达100%，签约医生每季度至少上门服务1次。搬迁安置点医疗卫生服务工作有序推进。全市建档立卡贫困群众的农牧区医疗制度人均经费再次提标65元，年人均经费达到620元。截至年底，羊八井镇彩渠塘村的易地扶贫搬迁点的148户、672人的农牧区医疗转移接续工作已全部完成。

【拉萨市人民医院】 拉萨市人民医院是拉萨市属唯一一所集医疗、教学、科研、急救、保健、康复、健康体检为一体的综合性医院。医院占地面积7.98公顷，医用建筑面积2.9平方米。现有人员编制525人，法定编制床位430张，截至年底，在编人数456人，年门急诊量25.9万人次，病床使用率91.36%；病床周转次33.41；平均住院天数9.87天。手术3021台次，医院于2018年1月正式挂牌"三甲"医院。

【拉萨市妇幼保健院】 拉萨市妇幼保健医院是拉萨市属唯一集妇女儿童保健、临床、管理、培训、科研、信息统计、健康教育于一体的妇幼专科医院。占地面积6909平方米，建筑面积8589平方米，其中业务用房面积3052.6平方米。核定人员编制86人，编制床位60张，实际开放60张。院平均门诊人次为11666人(其中儿童围产保健人次占68%)、出院人次为2300人、分娩人次为1000人。

【社会医疗机构】 2018年底，全市有社会医疗机构237家，其中诊所、门诊部(医务室)219个。民营医院18家，分别是西藏卓玛医院、西藏神猴藏医院、拉萨康松藏医骨病专科医院、阜康医院、阜康妇产儿童医院、阜康心脑血管医院、阜康医院体检中心、西藏现代妇产医院、拉萨阳光泌尿生殖医院、拉萨阳光妇产医院、恒大生殖健康医院、广升医院、厚北医院、厚兰医院、雅博士口腔医院、维多利亚整形美容医院、西藏五洲医院、洪贞医院。

(土登江措)

民　政

综述

【概况】 年内,拉萨市民政局共为城镇低保6276户9088人和农村低保2087户7160人兑现低保资金共计9268.09万元。清退不合规保障对象1672户5011人。稳步运行医疗救助"一站式"即时结算服务,全面开展重特大疾病医疗救助工作,全年累计救助困难群众7792人,落实医疗救助资金2631.81万元。年内,为610名困难群众,落实临时救助资金168.68万元。2018年全市"两线合一"补贴标准在兑现最低生活保障金的基础上,对农村最低生活保障对象进行年人均641元的补助。年内,为3300户11627名农村最低生活保障对象落实补贴资金745.29万元。全年共接待救助人员1215人,其中,区内245人,区外970人。提供返乡车票351张,全年支出救助经费200余万元。2018年,尼木、林周、达孜、曲水、柳梧新区、空港新区遭受泥石流、洪涝等自然灾害共16起,累计造成8978人不同程度受灾。年内,为国家机关工作人员牺牲、病故后要求办理遗属一次性抚恤金和子女抚养报告共12人,批复12人,及时足额兑现抚恤补助资金1211.53万元。为1389名特困人员落实供养金1588.86万元,为县(区)155名特困人员配备155台总价值69.5万元的助听器。2018年,全市共有585名孤儿,集中收养率达100%,共落实孤儿基本保障金710.4万元。共兑现残疾人"两项补贴"资金1087.89万元。完成高龄老人健康补贴提标扩面及资金兑现工作,全年共发放高龄老人健康补贴1615.44万元。

【编制情况】 年内,拉萨市民政局总编制107名(局机关编制31名,其中行政编制22名,机关事业编制5名,机关后勤4名;参工事业单位编制23名;局属事业单位编制53名),实有人数101人。拉萨市民政局设有办公室、政工人事科、规划财务科、基层政权和社区建设科、救灾科、社会救助科、优抚安置科7个内设机构;老龄办、市救助管理站2个参公事业单位;中国拉萨SOS儿童村、拉萨市军休服务管理中心、拉萨市儿童福利院、拉萨市社会福利院、拉萨市

2018年2月10日，投资1200万元的拉萨市军休服务管理中心（荣军院）挂牌仪式

烈士陵园管理中心、拉萨市救灾物资储备中心、拉萨市居民家庭经济状况核对中心 7 个局属事业单位。

【党建及党风廉政建设】 年内，共召开党组理论中心组学习 12 场次、120 人次，撰写学习心得 44 篇，上报学习简报 12 期。认真贯彻落实《新形势下党内政治生活若干准则》，组织召开 2017 年度党组班子专题民主生活会，找准查摆问题，分析思想根源，认真开展批评与自我批评，主动接受监督，领导班子带头参加组织生活会，严格落实双重组织生活制度。年内，岗位调整 1 批次 5 人，遴选调入干部 1 批次 6 人。全年有 39 名干部参加全国社会工作统一考试。同时，通过"请进来、走出去"的方式，组织选派干部职工参加上级业务部门及市直单位专题培训，协调对接援藏智力项目，组织民政业务骨干赴北京市民政局、江苏省民政厅参观考察学习和挂职锻炼。自主组织培训 2 场 90 余人次，邀请北京市民政局专家指导 1 次，参加区市各类培训 5 场、80 余人次，赴区外参加业务培训 10 余场 30 余人次。主要领导带队组织业务骨干赴北京、江苏考察学习 2 批次、13 人。分赴北京、江苏挂职锻炼 1 批次 24 人。以党建 + 模式，即"党建 + 民政业务""党建 + 精准扶贫""党建 + 志愿服务""党建 + 社会组织""党建 + 公益慈善""党建 + 互联网"，促进党建业务融合强实效；将廉政警示教育纳入党组理论中心组学习专题，纳入党员干部学习计划。年内，观看警示教育片 5 次，廉政专题学习 14 次，编发廉政短信 100 余次；按照"试点先行、稳步推进"的工作原则，确定拉萨市儿童福利院为试点单位；以支部为单位设立民政系统党风廉政监督员。

【"放管服"改革】 年内，深化"互联网 + 政务服务"，推进政务服务"六个一"要求，坚持以优化便民服务为根本，进一步提升市民服务中心入住率。2018 年，确定进驻市民服务中心事项 24 项，进驻率达到 85.7%，网上可办率达到 96%，办事时限压缩率达到 51.7%，高效便民服务取得新进展。

【智慧民政】 年内，投资 386.8 万元建设拉萨市智慧民政综合业务系统项目，共有 25 个系统，涉及民政的各个业务功能。通过前期系统建设，市、县乡三级系统应用培训，智慧民政综合业务系统综合管理平台初版已开发测试完成，并于 9 月 30 日上线试运行，日常的民政数据可进行正常维护操作。网上办事已通过市民服务中心大平台实现业务打通，市民可登录市民服务大厅办理业务。

【"三大节日"走访慰问】 "三大节日"期间，为 5 个受灾县（区）因灾困难户、100 名城乡低保对象代表、五保集中供养服务中心及 80 名工作人员、三大寺 395 名困难僧人、145 名散居麻风病治愈康复人员、100 名空巢特困高龄老人、10 支老年文艺队送去慰问金 85.18 万元。

（王美蓉）

社会救助

【城乡低保】 2018 年，拉萨市城乡低保保障标准分别为月人均 814 和年人均 4550 元，分别高出全区平均水平 64 元和 100 元。年内，共为城镇低保 6276 户 9088 人和农村低保 2087 户 7160 人兑现低保资金共计 9268.09 万元。通过购买社会服务力量，按照"公开、公平、公正"的原则，开展第三方核查工作，共清退不合规保障对象 1672 户 5011 人，其中城镇低保对象 727 户 1249 人、农村低保对象 945 户 3762 人；新增保障对象 53 户 101 人，其中城镇保障对象 29 户 37 人、农村保障对象 24 户 64 人；保障金额调整家庭 167 户 371 人，其中城镇保障对象 111 户 183 人、农村保障对象 56 户 188 人，确保对城乡低保对象动态监测，做到"精准识别、精准认定"。

【医疗救助】 年内，在城关区探索推行医疗救助"5535"（人社统筹报销 5 个工作日完成、大病保险赔付 5 个工作日完成、民政救助 3 个工作日完成、补充保险 5 个工作日完成）模式，通过联审联批，限时办结，切实便民利民；稳步运行医疗救助"一站式"即时结算服务，全面开展重特大疾病医疗救助工作，全年累计救助困难群众 7792 人，落实医疗救助资金 2631.81 万元。

【临时救助】 年内，为 610 名困难群众，落实临时救助资金 168.68 万元。

【精准扶贫】 年内，向市财政局积极争取2018年“两线合一”资金585.52万元，年人均补贴标准为4581元，2018年，全市“两线合一”补贴标准在兑现最低生活保障金的基础上，对农村最低生活保障对象进行年人均641元的补助。年内，为3300户11627名农村最低生活保障对象落实补贴资金745.29万元。

【流浪乞讨人员救助】 年内，开展那曲籍流浪乞讨人员一对一护送工作，共救助那曲籍流浪乞讨人员12人，协调解决实施二级扶贫搬迁2人（均不属建档立卡户），管控教育4人，移交那曲地区驻拉萨办事处6人；跨省护送12人，一对一护送6人。全年共接待救助人员1215人，其中，区内245人，区外970人。提供返乡车票351张，全年支出救助经费200余万元。

（王美蓉）

救灾救济

【概况】 年内，尼木、林周、达孜、曲水、柳梧新区、空港新区遭受泥石流、洪涝等自然灾害共16起，其中，洪涝灾害7起，泥石流灾害7起，风雹灾害2起。据受灾县（区）民政部门统计，16起自然灾害造成累计8978人不同程度受灾，因灾死亡1人（雷击），因灾伤病1人（雷击），紧急转移安置79人，农作物受灾面积1247.3公顷，农作物成灾面积907.82公顷，农作物绝收面积158.6余公顷，因灾倒塌民房2户3间，一般损坏民房19户58间，灾害还造成道路、桥梁、电力等基础设施受损，共计直接经济损失503.4余万元，其中农业经济损失411.6余万元。

【防灾减灾】 年内，在拉萨城区设立16处应急避难场所，采购储备1238.12万元的应急避难场所照明等防灾减灾设备，设计、制作、安装醒目的应急避难场所标志牌等综合指示牌共120个，宣传栏30个，宣传手册12000册。筹办全区首次市级自然灾害救助应急预案Ⅱ级演练，创新开展“综合减灾示范社区”演练培训。举办第二届应急帐篷搭建演练。在当巴社区等3个村（居）开展推进和提升全国综合减灾示范社区试点工作，设立社区综合减灾室。组织区、市减灾委成员单位近52家开展“5·12”全国防灾减灾日科普宣传一条街活动，市、县发放宣传资料3万余册，受教育群众近5万余人，防灾减灾知识普及率明显提高。及时足额下拨2017—2018年冬春自然灾害生活补助资金100万元，救助4727人，落实口粮款103.4万元，先后对62户因灾困难户投入慰问资金5.58万元。将2017年因灾倒损民房重建工作纳入年度考核目标范围，定期督导受灾县（区）加快恢复重建进度，截至年底，重建竣工率为100%，修复竣工率为100%，在全区率先完成2017年因灾倒损民房恢复重建工作。

2018年6月12日，拉萨市首次重点优抚对象短期疗养活动启动仪式

【救灾物资储备】 年内，投资280万元的墨竹工卡县救灾物资储备仓库于2018年7月开工建设。达孜县章多乡、曲水县茶巴拉乡、当雄县纳木湖、乌玛塘乡4个易灾乡级救灾物资储备仓库项目资金485万元，已全部开工建设，完成工程主体70%。截至年底，全市已建成1个市级、8个县级、10个乡级、11个村级救灾仓库，初步形成市、县、乡三级救灾物资仓储网络体系，县级救灾物资储备设施建设覆盖率达到100%。同时，

提前向当雄、尼木、林周等7个县(区)的易灾乡村代储折合人民币340余万元的救灾物资,以满足救灾需要。

(王美蓉)

双拥优抚安置

【双拥创建】 年内,先后7次组织驻市部队开展“拥军爱民”专项活动,确保社会局势和谐稳定。自治区常务副书记丁业现批示:很好,每年3月要把开展“拥军爱民”活动作为惯例,形成长效机制。举行拉萨市“庆‘八一’奋进新时代展双拥风采”文艺演出活动。10月11日,中央军委政治工作部群工局副局长韩江州率领一行全国双拥工作调研组在拉萨市调研双拥工作,针对拉萨市双拥工作开展情况进行高度评价:双拥工作摆位高;部队支持力度大;开展工作有特色;军民共建成效好。双拥创建活动的开展,为实现拉萨市创建自治区级双拥模范城“九连冠”、全国双拥模范城“八连冠”目标奠定良好的基础。

【拥军优属】 年内,“三大节日”及“八一”中国人民解放军建军节期间走访慰问驻市部队、执勤点、基层部队,重点优抚对象和困难退役士兵,发放慰问金97.73万元。在成都及拉萨市召开6次军休人员座谈会,为军休人员发放慰问金及慰问品价值210万元。

【优抚安置】 年内,为国家机关工作人员牺牲、病故后要求办理遗属一次性抚恤金和子女抚养报告共12人,批复12人,及时足额兑现抚恤补助资金1211.53万元。配合开展拉萨市适龄青年入伍相关优抚安置政策宣传。荣获“拉萨市征兵工作先进集体”。签订拉萨市2018年退役士兵保密协议。为2017年度士兵免费开展厨师、汽车驾驶等培训,为拉萨市2017年度自主就业退役士兵,兑现资金1053.76万元家庭优待金及一次性经济补助经费。对拉萨市2017年度符合安置条件的6名退役士兵进行安置,组织全市有意愿的16名自主就业退役士兵,参加拉萨市第二高等职业技术学校保安、学生管理员等应聘,通过应聘8人被录取。争取民政援藏资金30万元用于扶持退伍军人创业,完成优抚对象信息采集工作,为确保优抚对象准确悬挂光荣牌奠定基础。

【军休工作】 2月10日,投资1200万的拉萨市军休服务管理中心(荣军院)挂牌,完成2018年移交地方安置45名军休干部接收工作,落实军休人员各项经费1.1976亿元,落实军休人员体检费65万元;举办全区首次重点优抚对象短期“候鸟式”疗养活动,为8个县区12名重点优抚对象提供康复、医疗、休闲、娱乐为一体的多功能服务。

【烈士陵园】 扎实做好2018年清明文明祭祀活动及9月30日烈士纪念日活动。完成拉萨烈士陵园提升改造及整体绿化工作。

(王美蓉)

社会福利事业

【特困人员供养】 2018年,全市共有1389名特困人员,其中集中供养特困人员863名,分散供养特困人员526名,意愿集中供养率达100%。2018年,城市特困人员和集中特困人员年供养标准达11700元,农村分散特困人员年供养标准达5760元。年内,为1389名特困人员落实供养金1588.86万元,为县(区)155名特困人员配备155台总价值69.5万元的助听器。

【孤儿收养】 年内,全市共有585名孤儿,集中收养率达100%,全年共落实孤儿基本保障金710.4万元。

【残疾人“两项补贴”】 2018年,拉萨市重度残疾人生活补贴标准为200元/月,困难残疾人生活补贴标准100元/月,年内,共兑现残疾人“两项补贴”资金1087.89万元,其中兑现困难残疾人生活补贴740.19万元,兑现重度残疾人护理补贴347.69万元。自治区承担652.73万元,拉萨市承担217.58万元,县(区)承担217.58万元。

【留守儿童保护】 年内,出台《拉萨市人民政府关于加强农村留守儿童关爱保护工作的实施意见》,针对农村留守儿童缺乏临时监护现象,争取福彩公益金投入45万元在曲水、林周两个县开展留守儿童“快乐之家”试点工作。

【福利机构标准化建设】 年内,在全市11家福利机构推行标准化服务试点工作，顺利申报市儿童福利院和达孜区特困人员集中供养服务中心为国家级试点单位，确定SOS儿童村、市儿童福利院、市社会福利院、达孜区特困人员集中供养中心、林周县五保集中供养中心为市级试点单位。11月7日，除林周县外，其他四个福利机构均顺利通过专家组行业标准验收。

【慈善及彩票管理】“百益慈善超市”于2017年12月30日上午揭牌正式开业，设立拉萨市慈善总会救助基金，年内，共募捐慈善资金530余万元，接受捐赠衣物280件。年内，市福利彩票管理站向东郊片区136个福彩站配送约1370万元的即开票，打印纸600箱。

【老龄事业】年内，制定出台《拉萨市人民政府关于高龄老人健康养老的实施意见》，为全市社会养老工作打下坚实的基础。召开老龄事业新闻发布会，加大老龄事业宣传力度。拍摄《百岁老人人物访谈》宣传片。完成高龄老人健康补贴提标扩面及资金兑现工作，将70周岁以上老人列入高龄老人，并享受高龄老人健康补贴，全市70周岁以上老人21449人。其中，70～79岁周岁高龄老人15356人，补贴资金每人每年600元；80～89周岁高龄老人有5425人，补贴资金每人每年1200元；90～99周岁高龄老人646人，补贴资金每人每年2400元；100岁以上人口22人，补贴资金每人每年3600元。全年共发放高龄老人健康补贴1615.44万元。举办拉萨市第三届老年人运动会、老年人协会选举大会。

（王美蓉）

基层政权和社区建设

【农村社区建设试点工作】年内，全市269个村（居）修建的村级活动场所投入使用，并建立完善各类活动设施；制定《关于印发〈村规民约〉和〈居民公约〉（范文）的通知》（藏汉双语）、《拉萨市城乡社区建设工作联席会议制度》和《城乡社区协商目录》《农村社区一村一档目录》《村务公开目录》《村（居）档案管理》。

【易地扶贫搬迁点建立基层组织】年内，堆龙德庆区成立康乐居委会、德吉康萨居委会、祥和苑居委会，城关区成立同心苑居委会，墨竹工卡县成立嘎则居委会。

【发放信用代码】3月30日，在墨竹工卡县举行“拉萨市基层群众性自治组织特别法人统一社会信用代码证书”颁证首发仪式。各县（区）民政局发放《基层群众性自治组织特别法人统一社会信用代码证书》，全市村（居）委会正式获得特别法人资格，村（居）委会有统一的、唯一的、合法的身份，可以独立自主参与经济社会活动。

（王美蓉）

社会组织管理

【社会组织登记】年内，按照《社会团体登记管理条例》和《民办非企业单位登记管理暂行条例》规定，成立拉萨市麦类作物工程技术研究中心协会、拉萨市净土产业协会。

【社会组织党建工作】年内，全市140家社会组织全部建立党组织，其中单独建立7家，挂靠建立123家，联合党支部1家（其中10家社会组织中只有3名党员，采取联合建立），建立党组织覆盖率达到100%，宣传党的方针政策和法律法规11场次。全市25.7%的社会组织实现党组织书记和负责人“一肩挑”。年内，在社会组织中培养发展党员6名，举办社会组织党务工作者培训班3期，培训社会组织党组织书记、党务工作骨干156人次。加大对社会组织党建工作经费支持力度，市委组织部从中央划拨补交党费中拨付15万元用于社会组织党组织工作经费。

【打击非法社会组织活动】5—12月，联合市公安局在全市开展打击整治非法社会组织专项行动，5月24日，召开动员部署会议，下发实施方案，在《拉萨晚报》、公交车和出租车进行广泛宣传；印制《关于打击整治非法社会组织公告》300份下发各县（区），加大宣传力度。

【整治社会组织】年内，5家社会组织进行换届，注销拉萨市岗旋业余语言学校等4家社会组织。

（王美蓉）

行政区划与地名管理

【行政区划调整】年内，完成城关

区娘热乡、纳金乡、蔡公堂乡、夺底乡，堆龙德庆区东嘎镇、乃琼镇、柳梧乡、羊达乡的撤乡（镇）设街道办事处工作。中共拉萨市达孜区委员会、拉萨市达孜区人民代表大会常务委员会、拉萨市达孜区人民政府、中国人民政治协商会议拉萨市达孜区委员会、中共拉萨市达孜区纪律检查委员会、拉萨市达孜区监察委员会于2月1日举行挂牌仪式。

【地名管理】 年内，完成环城路内17条道路103个道路指示牌设置安装和25条道路30个道路指示牌的修复工作。《拉萨市古地名名录》出版发行。

【行政区域界线联检】 年内，根据自治区民政厅《关于〈西藏自治区关于开展全区第五轮县级行政区域界线联合检查工作实施方案〉的通知》要求，下发《关于〈拉萨市关于开展全市第五轮县级行政区域界线联合检查工作实施方案〉的通知》，指导县（区）认真开展工作。

（王美蓉）

社会事务管理

【婚姻登记】 年内，全市婚姻登记共8015对，其中结婚登记6443对，离婚登记1572对。

【殡葬管理】 年内，召开拉萨市殡葬管理协会第二届换届选举大会。下发《拉萨市殡葬领域突出问题专项整治工作方案》，成立领导小组，与市工商局联合对出售祭祀用品商店进行调查摸底，整治市场环境。

【公墓园管理】 年内，以“文明祭祀、绿色清明”为主题，在《拉萨晚报》刊登“文明祭祀、绿色清明”倡议书，积极倡导文明、安全、低碳、环保的祭扫方式，联系交警部门和消防部门全力做好群众祭扫服务工作。

（王美蓉）

民政项目建设

年内，全市民政项目工作重点推进13个，其中市本级9个，各县（区）4个，总投资约1.3亿元，主要属中央专项以及本级彩票公益金投资。其中完成项目12个，投入使用5个（重点包括市社会福利院提升改造项目，拉萨SOS儿童村青年公寓，智慧民政综合业务信息平台系统，儿童福利院淋浴房改造、LED安装项目）。

（王美蓉）

人力资源与社会保障

综述

2018年,全市开发就业岗位6.09万个,举办招聘活动69场次,农牧区富余劳动力转移就业7.61万人,实现劳务收入4.71亿元。职业介绍2.28万人次,实现城镇新增就业1.85万人,城镇登记失业率控制在2.2%以内,城镇“零就业家庭”保持动态清零。应届高校毕业生实现就业4326人,就业率达92.83%,有就业意愿的困难家庭高校毕业生100%实现就业。五大保险参保突破60万人次,征缴基金28.94亿元。引进各类急需紧缺人才283人,人员调配217人,人员派遣678人。核准25家事业单位岗位设置方案,首次岗位认定24家单位,核准岗位347个,认定286人,职称评聘320人,拉萨市专技人员继续教育学时网学时登记超过2000人次。安置自主择业军转干部776人,完成人事考试考务工作6653人次,下达机关事业单位正常晋升月增资指标728.5万元,审批工资变动1.5万人次,办理劳动人事争议案件277件,涉及金额2300余万元,为劳动者追回工资、经济补偿、工伤赔偿等1240余万元,法定期限内结案率达100%。受理劳动能力鉴定278人,工伤认定405起。

(邓　立)

就业创业

【就业创业】 年内,坚持实施就业优先战略,贯彻落实更加积极的就业创业政策,建立健全专班推进就业创业工作机制,鼓励创业带动就业,突出抓好重点群体就业,组织开展各类职业技能培训,强化培训监督管理,全方位开展公共就业服务,就业创业工作全面发力、强力推进,就业局势持续稳定。全年开发就业岗位6.09万个,举办招聘活动69场次,职业介绍2.28万人次,实现城镇新增就业1.85万人,城镇登记失业率控制在2.2%以内,城镇“零就业家庭”保持动态清零。

【高校毕业生就业】 年内,应届高校毕业生实现就业4326人,就业率达92.83%,有就业意愿的困难家庭高校毕业生100%实现就业。建成投用拉萨市高校毕业生

2018年7月21日，高校毕业生冒雨参加招聘会

就业创业一站式服务中心，联合市师范高等专科学校共建高校毕业生创新创业实践基地，组织开展第三届“中国创翼”创业创新大赛市级选拔赛，举办“最强・创业合伙人”“创新工作坊”等创业创新活动，组织54名高校毕业生赴北京、杭州开展创业创新学习培训活动。建立3000万元高校毕业生创业担保贷款基金专户，与中国光大银行拉萨分行合作开发高校毕业生创业担保贷款金融产品、发放创业担保贷款70万元，兑现高校毕业生就业创业补贴资金985万元，累计扶持225名大学生成功创业、带动就业2031人。认定高校毕业生就业见习基地53个，组织就业见习129人。

【劳动力转移就业】 年内，开展职业技能培训1.3万人次，创业培训623人，职业技能鉴定3198人。举办拉萨市“技术名匠”遴选活动、建立“技术名匠”信息库。举办拉萨市首届“两创”民族手工艺技能大赛暨拉萨市第五届职业技能大赛，设置比赛项目14个，347人参加比赛，评选金奖、银奖、铜奖共75人。农牧区富余劳动力转移就业7.61万人、实现劳务收入4.71亿元。培训建档立卡贫困人口2820人，举办精准扶贫专场招聘会9场次，易地搬迁建档立卡转移就业4136户5597人。就业援助1055人，公益性岗位兜底安置就业困难人员就业115人。

（邓　立）

社会保障

【全民参保计划】 年内，深入创建社会保险标准化“先行城市”，巩固深化“五险合一”管理服务体系和综合柜员制度，实施全民参保计划，稳步开展扩面征缴，稳慎推进社会保险制度改革，全面落实社会保险待遇，强化社会保险基金监管，建设社会保险公共服务平台，覆盖城乡居民的社会保障体系基本建立。全市社会保险参保突破60万人次，征缴基金28.94亿元，基金支出15.13亿元，采集上报社会保障卡数据信息63.47万条。

【社会保险】 年内，企业退休人员月平均养老金提高到3907.1元，城乡居民基础养老金月标准提高到170元。开展工伤费率浮动工作，全市工伤保险综合费率由1.02%降至0.63%，全年为用人单位减负1100万元。

【异地就医结算】 年内，拉萨地区4家医院（西藏自治区第一人民医院、西藏自治区藏医院、西藏阜康医院、拉萨市人民医院）接入跨省异地就医结算平台，区外人员可持社保卡在上述医院实现跨省异地就医结算。

【医疗保险监督检查】 年内，加强基本医保与大病保险有效衔接，在城关区人社局设立大病保险经办窗口。联合市公安局、市卫计委、市食药局开展“打击欺诈骗取医疗保险基金专项行动”，专项检查“以物代药”和“挂床住院”等违规行为，核查参保人员万元以上异地就医票据1000余份，对存在违规行为的定点医药机构下达整改通知书，暂停医保刷卡服务。

（邓　立）

人才人事

【人才人事工作】 年内，坚持党管人才工作原则，深入实施人才强市战略，引进各类急需紧缺人才283人，兑现硕士研究生岗位津贴8.4万元。人员调配217人，人员派遣

2018年4月3日，人社局工作人员在向社会人员介绍社会保障

678 人,辞职辞退 94 人。完成人事考试考务工作 6653 人次。

【完善人才人事工作机制】 年内,起草《拉萨市乡村振兴战略人才振兴实施方案(2018—2022 年)》《拉萨市农牧专业技术人员离岗创新创业实施细则(暂行)》《拉萨市机关事业单位编外用工管理办法(试行)》,规范"三支一扶"人员管理办法,成功举办第三期、第四期初任公务员能力提升培训,选派公务员参加全区"如何做一名人民满意公务员"培训、公务员考录面试官培训、"浙江·西藏生态文明建设专题培训班"。

【职务与职级并行制度】 落实县以下机关公务员职务与职级并行制度政策待遇 23 人。

【职称评聘】 年内,组建卫生、教育、文化、农牧、党校、新闻、工程、翻译、中职等 9 个系列中初级职称评审委员会评委库,建成投用拉萨市专技人员职称申报网络系统,职称评聘 320 人。建成投用拉萨市专技人员继续教育学时网络系统,学时登记超过 2000 人次。

【事业单位岗位设置管理】 年内,在林周县试点开展优化事业单位岗位设置结构比例工作。核准 25 家事业单位岗位设置方案,首次岗位认定 24 家单位,核准岗位 347 个,认定 286 人。

【军转干部服务管理】 年内,加强自主择业军转干部服务管理,完善维稳工作台账和动态监测系统,安置自主择业军转干部,连续多年未发生一起自主择业军转干部上访、闹访事件。

【工资福利待遇】 年内,试运行工资申报、审批信息系统,下达机关事业单位正常晋升月增资指标 728.5 万元,审批工资变动 1.5 万人次,审批享受 64 号文件提前退休工资 289 人。开展全市法官、检察官及司法辅助人员的绩效考核和绩效奖金分配工作,下达员额内法官、检察官、司法行政人员及司法辅助人员绩效考核奖金月增资指标 211.18 万元,完成 135 家企业人工成本和在岗职工工资情况调查工作。

(邓　立)

劳动关系

【劳动监察执法】 年内,召开解决企业拖欠工资联席会议 3 次,研究制定《拉萨市建筑领域支付民工工资保障办法》,以市政府令第 56 号发布。制定出台《拉萨市解决企业拖欠工资问题联席会议议事规则》《拉萨市拖欠民工工资失信企业管理办法(试行)》《拉萨市保障农民工工资支付工作定期督查制度》。开展劳动用工日常检查 823 家,开展农民工工资支付、清理整顿培训机构及房地产联审联批等专项检查 5 次、检查用人单位 217 家。督促 499 家建筑施工企业设立维权公告牌,督促 276 家建筑施工企业缴存民工工资保证金 1.49 亿元。建立欠薪应急周转金 5300 万元。办理用人单位劳动用工登记备案 882 家,督促用工双方签订劳动合同 8993 份。处理劳动举报投诉案件 486 起,为 3421 名劳动者追回工资 5557.25 万元,法定期限内结案率为 100%。

【企业劳动保障守法诚信登记】 年内,要求全市用工 5 人以上的用人单位提交书面申报材料,65 家企业提交书面申请。审核出具《拉萨市建筑施工企业拖欠民工工资审查表》736 份。依法公布 4 家企业重大劳动保障违法行为,将 1 家企业纳入拖欠工资企业"黑名单"。

【维护用工双方合法权益】 年内,联合市中级人民法院召开全市首次裁审联席会议,试运行调解仲裁办案系统。办理劳动人事争议案件 277 件,涉及金额 2300 余万元,为劳动者追回工资、经济补偿、工伤赔偿等 1240 余万元,法定期限内结案率达 100%。建成投用全区首个标准化劳动能力鉴定室。受理劳动能力鉴定 278 人,工伤认定 405 起。开展法律法规、政策宣传活动 29 次,发放法律法规知识宣传材料 2.2 万余份。开展工伤预防宣传培训活动 7 场次,培训用人单位 80 余家、劳动者 1000 余人。

(邓　立)

民族·宗教

民族工作

【人口状况】 拉萨市作为西藏自治区的首府城市，是一个以藏族为主的城市，全市总人口95万人，其中藏族人口占为87%，另有汉族、回族、门巴族、珞巴族、蒙古族等38个民族居住在这里。根据第六次人口普查相关数据，在全市8个县（区）中，常住人口中藏族人口比重，除城关区低于全市平均水平，为58.67%，堆龙德庆区85.68%；六县的藏族人口比重均比较高。其中，当雄县97.96%，尼木县97.4%、林周县97.24%、墨竹工卡县96.96%、达孜县95.89%、曲水县93.83%。在拉萨市全部流动人口中，藏族人口为3.57万人，占31.92%；汉族人口7.00万人，占62.53%；其他民族人口为0.62万人，占5.55%。因务工或经商而来的占70.03%。

【宣传教育】 年内，结合“国际环境日”“世界防止荒漠化与干旱日”“3·28”西藏百万农奴解放纪念日、“四讲四爱”主题教育实践活动启动仪式等节假日及宣传活动上街宣传党的民族政策、法律法规、民族理论知识。以发放《中华人民共和国民族区域自治法》《拉萨市民族团结进步条例》《城市民族工作条例》等宣传材料宣传品，共发放《拉萨市民族团结进步条例》3000余册、《城市民族工作条例》4000余份、《中华人民共和国民族区域自治法》《民族团结宣传册》等方面的藏文、汉文宣传手册20000余份，悬挂横幅40余条，以及发放印有民族团结宣传口号的纸盒、牙签盒、宣传袋等300余份。

【先进评选】 年内，根据《中共西藏自治区委员会 西藏自治区人民政府关于开展民族团结进步模范创建评选活动的意见》和《拉萨市民族团结进步模范评选表彰实施办法》文件精神，拉萨市2018年度民族团结进步模范表彰在市政府会议中心隆重召开。大会向65家模范集体、74位模范个人、10户模范家庭进行表彰。2018年，各县（区）共表彰民族团结进步模范集体103个、模范个人714个；向自治区推荐23名模范个人和15家模范集体。

2018年12月28日，市民宗局工作人员在哲蚌寺乃琼寺调研煨桑整治情况

2018年5月3日，市民宗局召开第四次月度会

【民族团结创建活动】 年内，为进一步扩大拉萨市民族团结进步创建活动示范单位覆盖面，更好地发挥示范带动作用，评选77家拉萨市第二批民族团结创建活动示范单位和3家民族团结进步教育基地。年内，切实发挥民族团结进步创建活动示范引领作用，分别安排国家民委、吉林省民宗委、云南省民宗委、广西市民宗委、昌都市创建办等考察学习团，考察学习拉萨市各级创建民族团结进步示范单位，如河坝林、大昭寺、城关区、堆龙德庆区、羊达村等，同时，安排特色村寨项目点，如堆龙桑木村、尼木吞达村、曲水俊巴渔村、城关夺底洛欧村等。

（索朗德吉）

宗教工作

【利寺惠僧】 年内，兑现全市寺庙管委会主任副主任、委员（僧尼成员）岗位补贴1263600元，宗教执事人员僧职补贴和学位补贴846120元，2017年度补充新增僧（尼）入寺前培训工作经费350000元，2018年度社会流动从事民间宗教活动人员年审经费85000元。同时实现全市在编僧尼医疗保险、养老保险、低保，人身意外伤害保险全部落实，并完成拉萨市宗教教职人员包虫病的体检筛查工作，使寺庙僧尼与城乡居民一样享受到社会保障，截至年底，包虫病已体检筛查5265人次，其中包括全市四座分院学员及寺庙勤杂人员，发现疑似病例57例，确诊4列，3名已接受手术治疗，1名正在药物治疗，4名确诊僧尼身体各项指标正常。

【佛协工作】 年内，按照章程完成召开常务理事会议2次、会长会议1次。完成年前活佛慰问工作，协助区佛协完成2019年度藏传佛教僧人考核“格西拉让巴”学位夏季预考工作，按照上级指示和工作要求，协同相关部门专门，负责“格西拉让巴”学位晋升陪考人员的政审工作，组织市属寺庙5名僧人在色拉寺考试辩经和理论文化考试。顺利完成“格西拉让巴”答辩仪式和颁证仪式。

【其他宗教】 年内，协调完成大小清真寺及20个临时礼拜点基本情况的摸底调研工作，共计督导检查主麻日活动40余次。根据市委安排部署，全程参与市委专项工作组，完成25处私设临时礼拜点的规范整治工作，其中藏传佛教1处、伊斯兰教20处、天主教1处、基督教3处、。

（索朗德吉）

人民防空·气象·防震减灾

人民防空

【概况】 2018年，市人防办克服内设机构不健全、专业人员紧缺等困难，认真贯彻“长期准备、重点建设、平战结合”方针和全面提高和履行“战时防空、平时服务、应急支援”使命任务能力，创新工作方法，主动作为，发扬“说办就办、马上就办，办就办好”工作精神，积极将人防建设融入全市经济社会发展，牢固树立“宁可备而不用，不可用时无备”的工作理念，加强人防法律法规宣传工作，狠抓人防“结建”这个保命工程，注重人防建设与城市建设和经济建设相融合发展，完成年初制定的各项工作目标任务。年内，市人防办共开展人防知识讲座5次，播放《防空防灾动画宣传片》共7场，发放人防教育读本3000余册，人防宣传单子6000余份；结合工作实际，市人防办汇编《拉萨市人民防空宣传册子》，制作印有人防知识的围裙、钥匙链、鼠标垫子、杯子、卡包等宣传品发放给群众、学生、机关干部、企业管理人员、寺庙僧尼、部队官兵等。

【学习教育】 年初，根据中共西藏自治区纪律检查委员会、西藏自治区监察委员会印发《关于集中整治不作为慢作为、文山会海等形式主义、官僚主义突出问题的实施方案》的通知和中共拉萨市纪委机关中共拉萨市委组织部关于印发《关于集中整治形式主义、官僚主义“十种表现”的实施方案》的通知文件精神，市人防办（局）党组高度重视，强化组织领导，结合市人防办（局）工作实际，紧密结合自身，坚持问题导向，聚焦重点领域和关键环节，始终抓住主要矛盾，以突出问题为突破口和切入点，把自己摆进去，把思想摆进去、把工作摆进去，把职责摆进去，对号入座、逐条对照、准确画像，不遮遮掩掩，不避重就轻，找准差距、找出问题。共查找出形式主义、官僚主义和不作为慢作为、文山会海等8个方面的问题。认真分析存在问题的根源，明确整改重点和努力方向，明确整改内容和目标时限，按照小问题提醒督办、大问题跟踪督办、难问题重点督办的方式，区分轻重缓急和难易程度，对具备条件的在工作开展中立整立改。截至

2018年6月6日，拉萨市人防办工作人员在雨拓路参与全市科技宣传活动

年底，办党组理论中心组学习12次，办机关党支部组织集中学习38次，撰写心得体会和交流研讨材料25篇；党组书记和党支部书记专题授党课2次，邀请区党校、市委党校教授、讲师为全体党员干部作《习近平新时代中国特色社会主义思想》专题辅导讲座3次，观看大型纪录片《厉害，我的国》，组织党员干部参观西藏军区军史馆、西藏牦牛博物馆、廉政教育基地各1次。

【宣传教育】 年内，为加强人防宣传教育，增进拉萨市民对人防工作的了解，大力营造全社会参与人防建设的良好氛围，结合拉萨市人防工作实际开展人防宣传教育。结合3月、6月“法制宣传月”活动和“3·28”西藏百万农奴解放纪念日活动、国防教育日等节日，在社区、寺庙、步行街、公园等场所开展人防宣传活动，向市民、僧尼等人员宣传人防法律法规、战时防空自救的方法和如何辨别空袭警报、如何识别人防掩蔽标识和《拉萨民族团结进步条例》及国家、区市惠民富民政策等内容，发放《西藏自治区实施〈中华人民共和国人民防空法〉办法》宣传册子、《人民防空知识宣传单》等宣传资料，累计发放宣传资料共6000余份；市人防办会同自治区人防办执法处，在江苏中学和拉萨第八中学建立人防宣传阵地，每个班配备人防宣传讲解员，并在校园内安装人防宣传LED，并通过LED滚动播放国防教育知识及“三防”知识；为把人防知识和防空防灾知识深入到广大学生中，市人防办会同市地震局制作《防空防灾动画宣传片》，并播放到市属各学校。此宣传片易懂易教，深得广大中小学生喜爱，教育成效明显。通过赠送宣传册子及宣传品，进一步拓宽人防知识宣传面，深入普及人防知识，从而进一步增强市民的国防意识、法制意识、忧患意识、防空防灾意识、进一步加深人民防空知识的了解和掌握，进一步营造良好的社会舆论氛围和导向；市人防办在开展人防执法检查时，与行政执法检查为契机，向执法对象企业负责人、企业管理人员宣传人防知识，尤其是宣传人防工程项目必要性、重要性和迫切性以及相关程序及规定，宣传《自治区人民防空法实施办法》。特别是针对拉萨市属国有企业，尤其是城投公司负责人对人防意识淡薄、人防建设不重视、不落实等突出问题，市人防办重点对城投公司管理人员宣传人防知识，发放人防相关规定及宣传册子，从而达到执法宣传“两不误”目标要求。

【开展“平战结合”】 年内，按照自治区人防办和市政府的安排部署，利用国防教育日和拉萨市防空警报试鸣日活动为契机，由市人防办和市地震局主办，市委宣传部、市教育局、市卫计委、市公安消防支队、城关区教育局、江苏中学协办，在拉萨市江苏中学组织开展防空防灾应急疏散演练活动。在紧急疏散演练过程中，各负其责，各司其职，认真履行各自职责，严密组织疏散演练，切实落实演练任务，特别是全体师生严格按照突发事件应急预案及预先制定的紧急疏散路线及时组织学生快速、安全地撤离到安全地带，并依照防空防灾标准动作做好防护措施，圆满完成此次防空防灾疏散演练任务，达到预期的目的。从而达到各单位之间的联动处置突发事件和学生应急疏散能力的目的。在此次疏散演练活动中，共有江苏中学师生1300余人参加。演练之前自治区地震局专家向广大师生进行防灾减灾知识讲座，播放《防空防灾动画宣传片》、发放宣传资料、设立宣传展板等形式向广大师生普及人防地震知识，共发放宣传单及宣传品5000余份。此次疏散演练工作受到市政府分管领导的高度评价，并要求多开展这种实战性、时效性的疏散演练。

【组织人员赴其他省市学习考察】 年内，由于拉萨市人防干部专业水平不高，知识面较狭窄等实际情况，加之拉萨市人防基本指挥所已建设，但是下一步将如何运行、如何管理等方面无经验可言。针对此情，经市委组织部、市政府主要领导同意，于2018年10月份组织市人防办人防干部及部分园区人防兼职干部赴云南、广西、成都等地省市的人防部门进行考察学习。着重学习他们的先进经验及做法、实地查看人防基本指挥所、了解人防指挥通信建设、人防基本指挥所及应急指挥中心运行及管理方面举措、人防信息化建设及人防隐蔽工程建设情况以及地下人防工程及“结建”项目建设情况。通过参观考察，使市人防办干部进一步提高人防知识水平和业务能力，增长知识面，拓宽视野，增强本领，为推动拉萨市人民防空各项工作再上新台阶积累不少经验，打下良好基础。

【项目建设】 年内,在国家人防办和自治区人防办的亲切关怀下,争取到拉萨市人防基本指挥所工程建设项目。自项目开工建设以来,市人防办多次与区人防办工程管理处、指挥通讯处组织施工单位、监理单位召开项目推进会,多次研究部署,加强对项目施工进度、项目质量和施工安全等方面进行监督和检查,严把工程质量关,工程建设进展顺利。拉萨1201工程项目主体工程全部竣工,工程装饰工作已基本完工,信息化管线铺设和设备安装已全部完工。共召开项目推进会19次,召开总参设计院深化设计会6次,项目检验检测会20余次,共投入资金4100万元。协调市政府、市发改委和区人防办完成1201工程项目附属工程立项工作。协调市政府和市财政局申请拉萨1201工程缺口资金3200万元。同时,市人防办还向市发改委申报拉萨市人防训练基地和拉萨人防信息化建设的两个“十三五”中期建设项目,申报项目建设资金9000万元。

【“结建”工作】 年内,市人防办深入贯彻执行《中华人民共和国人民防空法》和《西藏自治区实施〈中华人民共和国人民防空法〉办法》和《人民防空工程管理规定》等人防法律法规赋予的职责,认真履行人防地下室审批职能。2018年市人防办共受理人防“结建”项目225件,符合人防“结建”项目的有84件,其中易地建设57件,修建人防地下室25件,免建免缴1件、补建的1件。为保护拉萨市的战时人民生命安全提供有力保障。

【执法检查】 年内,市人防办深入拉萨市各工程现场进行执法检查,重点检查全市新建民用建筑“结建”情况,共对61个项目施工单位进行执法检查,部分项目单位存在未批准修建人防工程项目,部分项目单位未按照人防设计要求进行建设。对符合人防要求的项目建设单位提出修建人防地下室的要求或开具交纳易地建设费和处罚的通知单。2018年共征收易地建设费为8689余万元,累计征收易地建设费达10430余万元,未批先建罚款400万元。按照自治区人防办的安排,组织人员参加林芝和日喀则的联合执法活动。通过联动执法,从而对比查找我们人防行政执法中存在的问题,交流总结经验,更好地推动“结建”这个保命工程的有效落实,提高市人防办人防行政执法人员的能力,保障人防工程质量。

【防空警报器检测】 年内,为迎接拉萨市9月防空警报试鸣日,检验拉萨市防空警报功效,市人防办在自治区人防办指通处和信保中心的协助下,对全市63台防空警报器进行全面系统检验测试。其中13台警报器信号不通、线路故障等问题。经过一个多月全面系统检修后,全市防空警报器信号全部畅通无阻,确保拉萨市防空警报试鸣日期间能够及时鸣响,鸣响率达到100%。

(邃智超)

气象

【概况】 2018年全市总体降水偏多、气温偏高,大风日数(≥8级)分别为拉萨1天、墨竹工卡13天、当雄61天、尼木131天。拉萨各地雨季开始期均偏早,其中当雄于5月30日率先进入雨季,尼木、拉萨和墨竹工卡于5月31日相继进入雨季,与历年相比,尼木提前13天、拉萨提前6天、墨竹工卡和当雄提前5天。拉萨各站年平均气温为2.9℃~9.6℃之间,与常年同期相比,除尼木偏低0.6℃外,其余地方偏高0.8℃~1℃。拉萨各地年降水量为397.1~694.1毫米,与常年同期相比,当雄偏多4成,其余地方正常略多。

【主要气候事件】 6月29日17—19时拉萨市柳梧新区出现短时强降水天气,2个小时降水量达到31.7毫米,造成部分路段严重积水。

12月18—19日,全市大部分县(区)出现中到大雪,拉萨市区及东部墨竹工卡的大部地区出现暴雪(10毫米以上),雪后19日各地降温明显。市台于18日发布1期《大雪黄色预警信号》,于19日解除。同时,18日发布的《道路结冰黄色预警信号》于20日解除。后续拉萨贡嘎机场连续几天出现罕见的大雾天气,严重影响进出港航班,造成大面积延误。尼木县极端日最低气温事件:10月31日尼木日最低气温为-9.8℃,超过历史同期极小值(1980.10.28,-9.1℃);2018年12月20日尼木日最低气温为-21.0℃,超过历史同期极小值(1981.12.13,-19.6℃)(同时也超过该站的历史极端最低值:1978.1.11,-19.8℃)。

【主要气象灾害】 盛夏尼木县出

现短时强降雨天气引发泥石流灾害，泥石流冲毁退耕还林5.47公顷、农作物受灾约2.73公顷、冲走10圈网围栏、100条柱子，涉及51户；淹埋基本农田0.06公顷、涉及2户；冲毁水源点1处，损坏水管约775米，涉及162户；冲毁防洪堤坝约300米，涉及60户；一处渡槽冲毁，涉及41户；阻断公路约3公里，此次灾情未造成人员、牲畜伤亡。

【人工影响天气作业】 年初严格制定全市人影年度工作计划，并报市政府批准，市政府领导同意执行工作计划。认真学习贯彻《人工影响天气管理条例》，在进入汛期前，对全市32个作业点的66名作业人员培训、作业装备的年检工作。完成全市所有高炮采集器的升级工作。完成达孜区德庆乡高炮自动化改造工作。从4月中旬开始到9月进入人工增雨(雪)、消雨期，历时6个月，在此期间密切监视天气、抓住一切有利时机开展人工增雨(雪)和消雨作业。除开展正常的防爆作业外，完成全运会、藏博会开幕式的消雨气象保障工作，赴山南协助完成重大社会活动的气象保障工作，指挥调度能力得到区局和当地政府的表扬和肯定。

【气象防灾减灾】 全市地面、辐射、酸雨、农气、高空业务运行稳定，数据传输率达到上级部门的要求。加强自动气象站的巡查、维护，确保全市范围内的自动气象站的正常运行。为优化业务运行机制，实现科研促业务，做好为农服务工作，将林周局和农试站合并，合署在林周开展工作。林周局设施农业温室大棚完成建设并投入使用。在“两节”和“五一”“十一”汛前等重大节点全面开展业务大检查和安全生产大检查，确保安全生产和业务工作稳定运行。按照区局统一安排，开展“西藏自治区气象局数据专线升级”的工作，完成区局到市局20兆，市局到三县局10兆的专网带宽升级。完成6个“智慧气象”显示屏安装(布达拉宫、罗布林卡、曲水动物园、自然博物馆等)。组织地面业务竞赛培训，并在全区竞赛中获得团体三等奖。全市28个国家级和区域自动气象站升级改造基本完成。完成8个热岛站和32个人影炮点实景监控项目。完成墨竹局人影作业指挥中心及县政府出资的尼玛江热乡称重式降水6要素区域站建设。曲水县局与电视台签订协议，制作每周电视天气预报并播出。确定到2020年全市23个乡镇，区域自动气象站的建设任务。全年共发布各类预报产品350多期，重要气象报告等得到市、县政府的肯定。为2018年当雄县“当吉仁”赛马节、首届跨喜马拉雅自行车极限赛、2018年第二届全区公安系统警务实战知识技能比武活动、拉萨市首届运动会暨民族传统体育运动会开幕式、自治区第十二届运动会暨第四届民族传统体育运动会、第四届中国西藏旅游文化国际博览会、拉萨半程马拉松比赛、西藏首届“中国农民丰收节”等重大活动提供气象保障服务，深受好评。

【气象为农服务】 年内，根据“三农”服务专项建设绩效考核指标要求，组织“三农”实施小组成员联合拉萨市农牧局抗灾办负责人到曲水县、林周县、达孜县、城关区、堆龙德庆区的32个乡镇开展“气象灾害普查”调研工作。做好2018年的“三农”工作任务。并编写2019—2021年的“三农”重点任务及实施方案等。

【科研人员和研发项目】 年内，潘多作为(通信作者)完成《改进气象雷达TITAN算法在灾害性天气预警中的应用研究》大气科学学报2018年第41卷第4期：561～568；丁真贡嘎的《2017年8月18—20日拉萨市一次强降水个例分析》参加2018年全区气象科技论文交流会。

【党建工作】 年内，调整党建工作领导小组，成立党建办，配备专职党建员；制定党建工作责任清单及管理办法，签订党建工作责任书，落实“书记抓”“抓书记”，一级抓一级，层层抓落实；新成立林周县气象局和拉萨市气象局退休党支部，墨竹工卡县气象局成立独立党支部，年内投入党建经费4.8万元，7个支部均完成标准化建设，将5万元党建经费纳入预算。全体干部职工与驻村点123户结对帮扶，职工募集扶贫资金8万余元以及市局10万元奖励金，用于帮扶慰问。年内4人次参加党务工作者培训，6人次参加积极分子培训。培养入党积极分子5名，发展对象3名，成立拉萨市气象局青年委员会。组织党员参观爱国主义教育基地，重温入党誓词。全年，开展中心组学习12次，支部集中学习22次，领导干部上党课3次，参加市委中心组学习16次，驻村工作中共十九大精神宣讲14次，印发《中国共产党第十九次全国代表大会报告及新党章知识手册》《习近平总书记经典语句摘编》等学习材料，完成区局县处级干部首轮培训。

（鲁 川）

防震减灾

【概况】 2018年，市地震局深入贯彻落实中共十九大精神和习近平总书记提升防灾减灾救灾能力的新思想新理念新要求，切实增强做好防震减灾工作的责任感和紧迫感，准确把握防震减灾工作面临的新形势、新任务和新要求，全面贯彻落实国务院防震减灾工作联席会议部署要求和全区防震减灾工作联席会议精神，坚持以防为主、防抗救相结合的工作方针，坚持常态减灾和非常态救灾相统一的工作思路，不断推进思路理念、方法手段、体制机制创新。

【学习教育】 年内，按照制定的理论学习计划，结合“两学一做”学习教育常态化制度化以及加强政治纪律教育、集中整治等载体，开展学习教育。全年共组织集中学习12次，局党支部组织集中学习38次，撰写心得体会和交流研讨材料15篇。党支部书记专题授党课1次，邀请专家、教授、讲师作专题辅导讲座3次，观看大型纪录片《厉害，我的国》，组织党员干部参观西藏军区军史馆、西藏牦牛博物馆等爱国主义教育基地。全局干部在线学习人均达到40学时。召开党支部专题组织生活会，开展民主评议党员活动。

【作风建设】 年内，按照中共西藏自治区纪律检查委员会、西藏自治区监察委员会印发《关于集中整治不作为慢作为、文山会海等形式主义、官僚主义突出问题的实施方案》的通知和中共拉萨市纪委机关中共拉萨市委组织部关于印发《关于集中整治形式主义、官僚主义“十种表现”的实施方案》的通知文件精神，组织领导，坚持问题导向，聚焦重点领域和关键环节，以突出问题为突破口和切入点，把自己摆进去，把思想摆进去、把工作摆进去，把职责摆进去，对号入座、逐条对照、准确画像，不遮遮掩掩，不避重就轻，找准差距、找出问题。共查找出形式主义、官僚主义和不作为慢作为、文山会海等8个方面的问题。分析存在问题的根源，明确整改重点和努力方向，明确整改内容和目标时限，立整立改。

【地震发生情况】 年内，拉萨市行政区域内未发生3级以上有感地震。

【树立“震情第一”观念】 2018年，拉萨市虽然未列入西藏自治区地震重点危险区和值得注意地区范围，但是地震局始终牢固树立“震情第一”观念，进一步强化震情监测和震情会商机制，加强与区地震局的联系协调和信息共享，充分利用区地震局在技术、装备、人才等方面的优势，促进拉萨市地震监测预报能力提升。

【群测群防工作】 年内，坚持“预防为主、防御与救助相结合”的防震减灾方针，强化社会管理和公共服务，不断加强地震应急和群测群防工作。截至年底，全市各县（区）各个乡镇明确1～2名工作人员担任灾情速报员，共建立灾情速报人员259名。年内，组织全市8个县（区）15个乡（镇）、办事处共计24名防震减灾灾情速报员举办

2018年5月8日，市地震局工作人员在市残疾人托养康复中心开展地震科普知识讲座及应急疏散演练

《2018年防震减灾灾情速报员培训班》，邀请江苏省地震局、自治区地震局6名专家，为学员讲授地震活动与地震灾害、地震灾情快速获取与展望、防震减灾示范创建工作实践、地震监测与震害防御基础、地震灾情速报及相关知识、涉震舆情引导与媒介应对等防震减灾知识和理论，取得良好的培训效果。

【地震灾害救援力量建设】 年内，按照政府统一领导、属地管理、分级负责、相互协同的工作机制，进一步强化部门之间、军地之间的信息沟通与应急联动。地震、民政、武警、公安消防等部门加强合作，对拉萨市地震救援专业队伍的业务培训，加强日常训练，提高综合救援能力。卫生、交通、电力、通信、水利等相关部门切实加强本行业抢险救援队伍建设，努力提升综合救援能力。市地震局通过援藏渠道，积极争取援藏项目，协调安排拉萨市消防支队5名专业人员，参加为期2周的国家地震紧急救援训练基地的专业地震救援培训。

【地震监测设施与地震观测环境保护】 根据《西藏自治区实施〈中华人民共和国防震减灾法〉办法》第24、第25、第26、第27条的规定，地市地震局是地震观测环境保护的主管部门。在环境保护问题上，市地震局加强与自治区地震局的沟通合作，充分发挥主力军作用，提早发现、提早切入、提早处置，坚决维护好地震监测设施和地震观测环境的保护工作。年内，市地震局组织完成《西藏自治区地震监测设施和地震观测环境保护办法》的藏文翻译任务。

【防震减灾科普宣传】 年内，市地震局高度重视防灾减灾知识宣传教育，把宣传教育和应急疏散演练有机结合起来，提升应急避险和自救互救技能。巩固应急避险和自救互救知识纳入中小学公共安全教育，推进防震减灾科普示范学校建设，开展应急避险演练。加大对农牧区、城市社区的宣传力度，不断增强社会公众的防震减灾意识。年内，组织开展防震减灾知识的宣传普及。邀请自治区地震局专家为拉萨市残疾人托养康复中心开展地震科普知识讲座。通过通俗易懂的语言、简单明了的图片宣传等形式，重点围绕特殊人群如何在地震中提升应急避险和自救互救能力等知识进行讲解，并在自治区专家的指导下，组织开展应急疏散演练，发放印有藏汉两种文字的防震减灾宣传材料和防震减灾知识标语的各类宣传品共200余份。结合“5·12”全国防灾减灾宣传、科技宣传周、环保宣传日、“安全生产拉萨行”等平台和载体，开展防灾减灾宣传一条街活动，同时深入色拉寺、拉萨市青少年综合实践基地等学校、社区、寺庙等开展防震减灾科普知识宣传教育。共发放藏汉两种文字防震减灾宣传资料18000余份，发放印有防震减灾知识标语防震减灾宣传品10000余份，布置藏汉两种文字防震减灾宣传展板48块，并制作防灾减灾宣传横幅，向社会公众提供业务咨询服务。通过宣传，让广大公众重视防震减灾工作，提高防震减灾意识，提升综合防灾减灾能力，收到良好科普宣传效果。

2018年5月12日，防灾减灾宣传日，市地震局工作人员在宇拓路开展防震减灾宣传活动

【“平安中国”防灾宣导公益活动】 年内，以中国地震局2018年“平安中国”防灾科普文化影视季宣传活动为平台，围绕“行动起来，减轻身边的灾害风险”主题，开展第七届“平安中国”防灾宣导系列公益活动。陆续在堆龙德庆区的4所小学、幼儿园以及达孜区的2所小

学、幼儿园放映防灾减灾宣传电影共计6场次，约1600余名小学生、幼儿观看防震减灾科普宣传电影，科普宣传成效明显。

【"全国防震减灾知识大赛"】年内，根据自治区地震局关于由拉萨市代表全区参加"全国防震减灾知识大赛"的要求，市地震局与市教育局对接，组织开展拉萨市参加"全国防震减灾知识大赛"高中组和初中组初赛选拔工作。拉萨市属6所高中，18名学生参加高中组选拔赛。城关区区属8所初中，24名学生参加初中组选拔赛。区市地震局2位专家全程对竞赛活动进行监督指导。初赛围绕防震减灾法律法规、地震基础知识、应急避险技能、自救互救知识、地震次生灾害应对等防震减灾科普知识划定竞赛内容和范围。通过分别采取笔试以及必答题、抢答题、简答题等参赛环节，经过紧张激烈地角逐后，拉萨市北京中学和拉萨市江苏中学分别获得高中组和初中组冠军，代表西藏自治区参加于2018年7月10日在四川成都市地震局举办的"全国防震减灾知识大赛"西部赛区的预赛，预赛中拉萨市江苏中学获得初中组第二名，拉萨市北京中学获得高中组第三名的好成绩。

2018年10月16日，拉萨市"2018年防震减灾灾情速报员培训班"在拉萨天峰国际大酒店喜马拉雅会议室举行

【受援工作】年内，按照中国地震局关于全国地震系统援藏工作会议的总体部署，北京市地震局、江苏省地震局和拉萨市地震局2018年1月签订《北京市地震局 江苏省地震局对口支援拉萨市地震局协议书》。根据协议，年内，完成当雄县中学、达孜区中学2所防震减灾科普宣传教育示范学校创建前期实地考察调研工作；完成地震信息发布平台建设的前期调研、协调等工作。完成选派拉萨市消防支队所属城关区中队以及特勤中队5名消防专业人员参加国家地震紧急救援训练基地为期2周的专业培训，加强地震灾害救援力量建设工作。完成地震工作应急装备配备工作。完成邀请4名专家进藏开展专项工作和业务培训以及选派拉萨市地震局4人次业务人员出藏参加地震业务培训工作；拉萨市首个防震减灾科普宣传教育展厅布展完成并通过项目验收，投入使用。

（次　央）

县区概况

城关区

【概况】 2018年,城关区人民政府在区市党委、政府和城关区委的领导下,全区呈现出经济稳步发展、民生持续改善、城市管理有效、文化繁荣欣盛、社会和谐稳定、民族团结融洽、生态持续向好的良好局面。荣获第三批全国民族团结进步创建活动示范单位,中国美丽休闲乡村,自治区民族团结进步模范集体,拉萨市综合治理先进区、法治政府建设优秀单位、目标绩效争先进位考核争先二等奖等荣誉称号。

【经济发展】 2018年,实现地区生产总值(GDP)273.15亿元,同比增长9.5%;实现一般公共财政预算收入9.29亿元,同比增长11.52%;社会消费品零售总额达到238.5亿元,同比增长14.2%;完成全社会固定资产投资同比增速10.6%;完成规模以上工业可比价增速为4.7%;农牧民人均可支配收入达到19080元,同比增长10.54%;城镇居民人均可支配收入达到38187.5元,同比增长14%;城镇登记失业率控制在2.2%以内,调查失业率控制在5.5%以内。

【党的建设】 年内,城关区委高度重视强化对经济工作的领导掌舵,拉萨市委副书记、市长、城关区委书记果果定期召开季度经济运行分析会,研究分析经济形势,结合城关实际,明确具体措施推进经济发展。作风效能转变有效。严格落实主体责任,对中央、区市纪委通报第一时间安排在政府党组会、常务会学习,警示威慑作用有效发挥,“不敢腐、不想腐、不能腐”的思想意识进一步树牢,廉洁政府建设全面加强。配合做好九届区委四轮巡察、专项领域治理和整治“四风”工作,发现问题线索130余个,约谈提醒15人,书面函询15人,诫勉谈话3人,问责追责17人。配合做好自治区审计厅对城关区委、区政府主要领导的经济责任审计,并推动问题整改落实。主动开展区内专项审计,查出问题378个,整改372个,整改率98.4%。强化制度规范,修改完善《政府议事规则》等10余项规章制度,依法行政有效加强,防控廉政风险能力有效提升,政治生态环境持续保持良好,经济发展持续向好。

【政府建设】 年内,深化“放管服”改革,调整权责清单3次后,城关区共有责任清单2671项,行政审批事项127项。抓实全科化便民服务,加快“5750”商事改革落地,设立医疗保险办理等16个便民服务窗口,建立行政审批项目“一个窗口”受理体系,办理行政审批和服务事项29094件,推行网上办理事项110项,可办率达85.27%,让服务更贴近群众。开展“双公示”工作,公示行政处罚48项、行政许可514项,确保群众知情权和监督权。深化执法体制下沉改革,在公德林和嘎玛贡桑街道试点推行城市治理新模式,城市管理更加精细化。

【产业发展】 年内,净土健康产业实现销售额2.45亿元,让利群众2600余万元,利润374.07万元,发展势头良好。亨通物流实现收入1000万元,服务水平全面提升。智能温室成功转型为净土农业生态体验馆,提供就业岗位36个。大昭圣泉、藏净泉两支水成功打入北京、成都、广州、上海等市场,年产量1.4万吨,销量1.3万吨,盈利

210万元，为藏玉冰泉等3个水产品代加工175吨，销售额1500万元，水产业产销持续增长。重点产业项目嘎巴生态牧场和年生产5万吨液态奶的乳制品加工厂正式投产运营，填补西藏高原没有现代化乳制品加工生产线的历史空白，延伸种养、产销一体化净土奶产业链条，推动净土健康产业旅游文化产业、现代服务业协同发展。城投建材实现年产值1408万元，利润165万元。城投商砼实现年产值6.4亿元，利润6000万元。城发莲华之宝完成外贸订单额207万美元，区内销售额180万元，节能环保产业产值不断攀升。完成城关区级第四批非物质文化遗产项目传承人认定工作，洛欧村擦擦文化展览馆成功申报为自治区第五批文化产业示范基地和拉萨市首批文化产业示范基地。制定《城关区文化产业发展专项资金管理办法（试行）》，规范产业扶持评审程序，投资60.56万元扶持中国西藏人物数据共享平台和"藏文化+创意设计"项目，培育文化产业项目持续发展。积极开展"冬游西藏·共享地球第三级"活动，开发旅游纪念品自动销售模式，"一景区一特色礼物"初具成型。升级改造"好客藏家"民俗示范点9家，成功举办第二届"最美乡村行走智昭"徒步大会、桃花林卡节和油桃采摘节等活动，完成跨喜玛拉雅自行车赛拉萨赛事活动和拉萨马拉松赛事任务，乡村旅游内涵不断丰富，全域旅游示范区创建持续向好。全年接待旅游总人数1757万人次，同比增长15%；旅游总收入142.8亿元，同比增长18%。加强投资软环境建设，积极参加招商引资项目推进会，全年实施投资项目227个，投资258.22亿元。落实招商引资项目36个，投资110.23亿元，实际到位27.05亿元，同比增长2.67%，项目带动作用持续发挥。成立城关区第四次全国经济普查和"十四五"规划编制领导小组，全面启动经济普查和"十三五"规划中期评估工作。

【三大攻坚战】 年内，着力打好防范化解重大风险攻坚战。全面排查政府隐形债务，筑牢防范债务风险意识，认真规范政府性债务行为，严格控制债务规模。截至年底，政府债务7.58亿元，已偿还债务1.02亿元，在安全可控范围内；持续推进中央第六环境保护督察组反馈问题整改，41项长期整改任务已完成销号20项，21项正在稳步推进。环境违法案件行政处罚74.3万元。完成项目环评登记表备案379个，发放排污许可证238个。深入推进"净土、静音、净空、净水"工程，严格落实"河长制"，河道水质保持优良，空气优良率保持在98.1%以上。拉鲁湿地三期保护项目进展顺利，完成13.8公里巡护步道建设，基建部分基本完成。深入开展全国第二次污染源普查清查建库工作，清查污染源工业企业936家。全力开展家具厂和仓库搬迁，已完成20%搬迁任务。完成31家纳金石材加工厂整治搬迁工作，平整土地面积290余亩。出动5个工作组，完成约865.54亩土地征收工作，落实兑现征地补偿资金约18823万元。投资3624.78万元，全力推进绿色围城和国土绿化工程建设，城市园林绿化养护面积达220万平方米。常态化开展城市乱象治理工作，行政处罚179.13万元。实施生活垃圾密闭式清运，市区道路洒水降尘覆盖率达60%，全面启动"厕所革命"，确保市容市貌整洁有序；年底，全区387户1186名建档立卡户年人均可支配收入达到9286.85元，同比增长19.01%，实现贫困户累计人均可支配收入由2015年的2153.23元增长到现在的22044.52元，增长9.24倍，贫困发生率、返贫率均为零，贫困户收入水平由脱贫转向稳定致富。加强与北京市通州区的扶贫协作，两地党政正职成功互访交流，深化与东城区、海淀区的交流交往，争取通州区各类援助资金物资1800余万元，组织251人次赴京藏两地交流培训。编制完成乡村振兴战略（2018—2022），启动招录村（社区）党支部第一书记助理、书记助理和村（居）委会主任助理工作，实施村级集体经济扶持项目12个，实现6个村居集体经济收入在1000万元以上。

【民生保障】 年内，财政投入教育资金2.22亿元，占本级财政收入的26.4%。投资2.95亿元，实施教育改扩建和维修改造项目19个。统筹做好3288个教师编制的分编工作，引进教师140名，消除中小学"大班额"55个。落实在校大学生、建档立卡贫困户子女教育补助及生活补贴1133.7万元。义务教育均衡发展专项投资9519.78万元，开展满意度测评自评工作，群众满意度达91.5%，自评得分为97分，八项指标综合差异系数分别为

0.23、0.25，符合自治区规定要求，顺利通过拉萨市督导验收。健康城关深入巩固。加快推进全民健身基础设施建设，对17所市区学校体育场地、场馆进行改造升级，免费向社会开放。强化城市“十五分钟健康服务圈”网络建设，全面启动家庭医生签约志愿服务，签约16.15万人，签约率、服务率分别达到98.4%、100%。扎实开展“两病”筛查工作，完成102例“包虫病”患者医疗救治任务，共筛查20.41万人次，综合防治取得重要成果。完成2个社区卫生服务中心纳入医保刷卡支付范围。住房安全保障有力。制定2018—2020年老城区危房改造计划，逐年对老城区110座居民大院进行改造，改造建筑面积达到11.73万平方米。投入17.78亿元全力实施加措、加荣、洛堆棚户区改造工程，加措棚户区一期建设基本完成。雪新村以西、团结新村、蔡村一二组2488套棚户区基础设施改造工程有序推进。启动八廓古城保护、生态优化、环境治理工作。启动实施1001套公租房建设项目。低保收入稳步提升。清退不符合低保条件的低保户620户1201人，研究制定《关于稳步提升城市低收入群体生活水平的三年(2018—2020)行动计划》，建立低收入群体动态管理数据平台，确定一户一策帮扶措施。就业创业全面推进。开发就业岗位8871个，实现城镇新增就业3310人，高校毕业生就业1785人，就业率达到93.11%，人民群众获得感、幸福感持续提升。

【社会治理】 年内，探索创新善治、法治、德治、自治“四位一体”社会治理体系和基层群防群治体系，5个维稳指挥部、174个网格、10254个联户单位、164个治安守望点、1.9万名红袖标力量、4479名基层民兵形成工作合力。制定应对突发事件总方案和6个分预案，组织联合反恐防暴实战演练167次。深入开展“扫黑除恶、打非治乱、扫黄打非”三个专项斗争，消除黑恶势力、非法组织和治安乱点537处。扎实开展公共安全、生产安全、食品药品安全、消防安全等专项检查共154次，争取北京市海淀区援藏资金100万元，在老城区安装独立式感烟器和可燃气体报警器，提升居民群众生命财产安全技防能力。全面推动信访事项“七化”工作机制，严格落实县级包案制，受理并积极化解群众来信来访71件。检法两院分别受理案件826件、6297件，办结826件、5385件，在法定期限内结案率均达到100%。依法依规推进蔡公堂办事处等违法建设专项整治，强制拆除违建133处501间10.7万平方米，收回土地160多亩，无一例群体性事件发生，有效震慑土地非法买卖、违法建设等不法行为。创建共建氛围浓厚。全区平安街道、村(社区)、寺庙、景区创建率达100%，平安家庭创建率达95.93%。深入开展“四讲四爱”群众教育实践活动和“遵行四条标准 争做先进僧尼”教育实践活动1100余场次。投资259.6万元，组织5批次236名僧众到北京等地参观学习，实现教育引导潜移默化，切实增强广大僧尼的“五个认同”。依法规范整治非法宗教活动场所11处，未出现反弹，宗教和睦和谐和顺。深入开展“五有五好”文明村镇创建，群众自觉参与学跳幸福拉萨规范舞活动，基层文艺演出50余场次，群众性文体活动多姿多彩，基层文化阵地发挥作用。深入揭批达赖集团“三性”“五顶帽子”，引导信教群众文明煨桑理性信佛。萨嘎达瓦、公堂梅朵曲巴、白来日追、燃灯节大型宗教活动参与人数较2017年分别下降18%、12%、12.94%、15.38%，坚决打赢“三大节日”等各重要节点攻坚战，实现“三无三不出三稳定”目标，人民群众安全感持续提升。

（谢　静）

堆龙德庆区

【概况】 全年完成地区生产总值33.13亿元，同比增长10.2%；全社会固定资产投资、规模以上工业增加值分别同比增长19.3%、20%；社会消费品零售总额达到11.76亿元，同比增长14.2%；一般公共预算收入达到14.56亿元，同比增长21.97%；农村居民人均可支配收入达到15500元，同比增长11.06%。新增全市首家民泰村镇银行，辖区金融机构达到3家，年末存款余额58.66亿元。信贷放款17.85亿元。

【党建工作】 2018年研究全面从严治党工作22次，研究党建工作40余项，开展集中学习研讨27次。对5185名党员开展全覆盖政治教育培训。顺利完成区级群团组织换届工作，新组建4家非公企业党组织，进一步规范学校、医院、寺管会、联户单元及扶贫搬迁点的党组织设置和党建工作，制定加强城市党建工作指导意见，积极探索在东嘎农贸市场等流动党员聚集地筹建党组织。创建村级党组织属地牵头管理和辖区兜底治理模式，实现村级标准化场所办公、教育、活动职能一体化，启动15个偏远自然组活动场所建设。建立完善“组长村管、组财村管、组务村管”工作制度，将13类57项公共职能下沉至村级便民服务中心，招聘31名未就业大学生到村工作，积极推行“代跑代办”模式，基层党组织组织力有效提升。不断壮大发展村集体经济，30个行政村集体经济均达100万元以上，其中3个行政村达1000万元以上。选派86名第八批驻村干部，开展5期395人次的新任村干部培训班，储备村级后备干部420名，其中致富能手101名、党员致富能手38名。全年发展党员275人、吸收入党积极分子407人，其中农牧民分别占67%和81%。

【正风反腐】 2018年，完成拉萨市试点交叉巡察和对5家区直单位、3个乡镇和3个寺管会的第三、四轮巡察，全面启动脱贫攻坚专项巡察。依法成立监察委员会，选优配强各级监委干部队伍，实现区、乡镇监察体系全覆盖。全年受理核查问题线索34件、立案2件，给予党纪处分3人，诫勉谈话6人。

【农牧业】 年内，兑现农机购置补贴427.86万元，发放农机具573台，农牧民群众机耕率达90%以上。全年农作物播种面积7.5万亩，主要农作物良种覆盖率达100%，农作物有害生物灾害损失率控制在3%以内。落实良种推广面积4.66万亩、高标准土地深松作业0.8万亩、高产创建示范田4.5万亩、测土配方示范田6.5万亩、良种繁育田0.41万亩，青稞平均产量提高5公斤/亩，实现粮食总产量2.2万吨。完成基本草原划定236.67万亩，年末牲畜存栏11.65万头（只、匹），出栏数4.147万头（只、匹），牲畜出栏率35.6%、仔畜成活率97.3%、成畜死亡率控制在1.1%以内。专业合作组织发展壮大到145家，带动5860户农牧民群众实现增收。16家合作社被评为拉萨市“百家示范社”、3家合作社被评为国家级示范社。

【工业】 年内，加快工业园区A区转型升级，盘活7宗闲置土地，3宗土地实现有效对接。完成B区基础设施建设总工程量的87%，不断提升园区承载力。有序实施领峰国际智慧物流园、吉祥哈达生产线等重点建设项目，入园企业达到54家，园区工业增加值占全区比重提高到32.36%。完成16家涉及使用燃煤锅炉企业产能改造，稳步推进高争建材股份有限公司第六期技改等项目建设，建成并投入试运营园区污水处理厂，加快推动工业企业更高质量绿色发展。新增规模以上工业企业2家，全年实现工业总产值41亿元，同比增长34.63%；工业增加值达到16.5亿元，同比增长18.34%；工业税收达到4亿元，同比增长34.16%。

【招商引资】 年内，建立完善“保姆式”招商服务机制，引进30兆瓦高效农业光伏互补电站等一批辐射带动力强的项目，成为西藏唯一入选“中国营商环境百强区县”的县区。招商引资实际到位资金达到24.2亿元，同比增长10%。着力构建“政府投资+民间投资”的双轮驱动发展模式，全年吸引民间投资5.5亿元。

【现代服务业】 年内，新增规模以

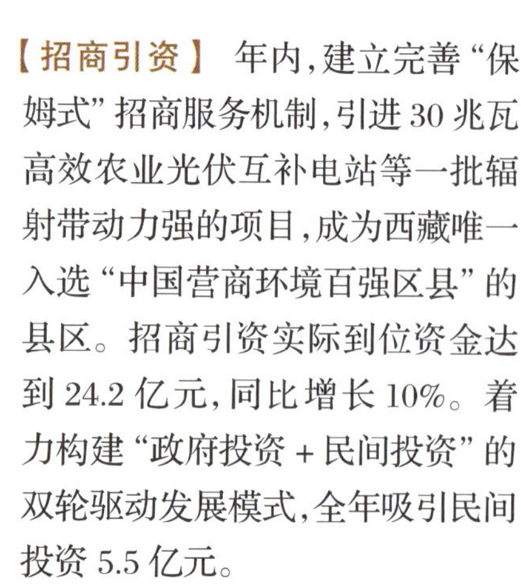

2018年6月21日，由中共拉萨市委宣传部和中共堆龙德庆区委、区人民政府共同主办的堆龙德庆区现实题材舞台情景剧《幸福新时代》演出晚会在拉萨上演

2018年5月10日，第四届堆龙德庆区楚布沟自行车越野竞速赛开赛

上服务业企业1家。达到4家，新增规模以下服务业企业12家，达到25家。拉萨综合保税区等国家战略性重点项目加快推进，钢材物流集散交易中心、工程机械商贸城等综合性商贸市场投入运营，东嘎批发市场被评定为市级商贸集聚区。羊达现代农业设施园与5家快递公司合作成立“羊达便民快递超市”，初步实现特色农产品快捷高效的推广与销售。

【城乡统筹】 年内，调整完善《拉萨市堆龙德庆区分区规划》《新城修建性详细规划》，扎实推进“上三乡”乡域规划和8个村庄规划编制工作，稳妥推进东嘎镇、乃琼镇、羊达乡、柳梧乡撤乡镇设街道前期工作。全面推进堆龙新城建设，在完成一期土地征收的基础上全力加快土地二级开发，积极引进“北大资源·梦想城”项目，投资18.96亿元，扎实推进堆龙新城路网、东嘎时代广场和东嘎小区项目建设，完成堆龙河城区段综合治理工程和水系连通工程前置手续。着力加强城市综合服务管理，全面开展土地私自买卖、城区私搭乱建专项整治，查处涉及违法用地行为1160宗、违章建筑80处，对2起非法买卖土地案件进行立案侦办，依法拆除违规建筑1.1万平方米。确定波玛村、措麦村为堆龙德庆区首批乡村振兴战略示范村。开展农村集体资产清产核资，完成羊达乡整乡推进和其他乡镇试点村整村推进工作。申报8个地理标志产品、11个有机产品和1个有机生产基地，朗孜糌粑、巴热糌粑获批使用“古荣糌粑”地理标志。

【教育事业】 年内，完成7所村级幼儿园建设，加快推进区第三、第四、第五幼儿园以及第二小学、第二中学规划建设工作，人大附中在堆龙合作办学事宜洽谈工作取得实质性进展。大力支持和鼓励社会资本办学，批准试办“小太阳双语幼儿园”。全区学前三年毛入园率达96.11%、小学入学率达99.99%、初中入学率达100%。妥善解决易地搬迁子女入学907人，在校学生数量分别同比增长19.33%、15.18%、14.22%。深化教师队伍建设，成功引进30名紧缺学科专任教师，4项课题研究成果荣获“首届西藏基础教育教学成果奖”。深入落实15年免费教育，下拨“三包”经费2508.15万元、营养改善专项资金452.4万元。持续做好进城务工人员随迁子女和农牧民留守儿童就学工作，适龄青少年受教育权利得到切实保障，未发生任何辍学事件。

【医疗卫生】 年内，农牧区基本医疗实现全覆盖，年人均补助标准提高至515元，住院医疗报销1950人次1710.68万元。为全区城乡居民购买30万元超大额补充医疗保险，兑现赔付资金11人次40.72万元。推进医疗费用支付方式改革，“先诊疗、后结算”受益群众891人次643.01万元。分级诊疗工作有序推进，家庭医生签约率达到94%，便捷高效医疗服务体系不断健全。年人均基本公共服务经费提高至65元，深入开展全民免费健康体检，5名先天性疾病患儿得到免费救治。全面加强重大疾病防控救治工作，确诊包虫病患者56人、结核病患者1人、风湿病患者55人、肝炎247人。兑现“一孩双女困难家庭”扶助资金1019人97.824万元、“独生子女死亡”扶助资金108人58.32万元、“独生子女伤残”扶助资金8人3.36万元。健全食药安全“3+1”监管模式，持续推进“明厨亮灶”和规范化经营公示工作。开展食药日常监管820家次，关停“黑作坊”2家，连续五年保持食药安全零事故。扎实推进自治区医院项目征地拆迁和区人民医院创“二甲”工作，有序推进分级诊疗，完善优化“先诊疗、后结算”医疗费用支付方式。

【文化事业】 年内，顺利通过国家公共文化服务体系示范区终验。培育文化发展企业（合作社）达到12家，新增自治区级文化产业示范基地1家、拉萨市级文化产业示范基地2家，文化产业效益逐步凸显。研究出台民间艺术团团体奖励扶持办法，挂牌成立8个藏戏传习点。成功开通“堆龙藏语文平台”。完成“楚布谐芒”非遗挖掘申报工作，兑现非遗产业扶持资金65万元，持续做好16名非遗传承人、16项非物质文化遗产的传承保护工作。投入文物维修资金452万元，26家文物保护单位实现安全“零事故”。投入150万元，实现村村文艺队全覆盖。成功创作情景剧《幸福新时代》，开展“农闲时节十项活动”“五下乡”“庆祝改革开放40周年文艺晚会”等文化活动120余场次，评选出乡村十大发展之星和30名影响堆龙基层人物，策划制作了人物微视频和故事画册。完成搬迁户、寺庙僧尼等广电接收设备安装1052套，开展电影放映活动360余场，广播电视覆盖率达100%。成功举办首届全民运动会、民族传统体育运动会、残运会等体育赛事活动。

【社会保障】 年内，建成并投入使用3个众创空间和2个示范基地，实现入驻创业团队45家。成功举办“双创工作能力提升”等培训活动、“梦创拉萨·创响堆龙”等系列活动。帮助4个创业项目成功对接并签署合作（投资）协议，为12名堆龙籍高校毕业生兑现创业启动资金60万元，创业带动就业27人。实名制登记应届高校毕业生502人、实现就业471人，就业率93.82%。全年开展就业再就业培训410人，培训后就业率达100%。职业介绍850人次、上岗数393人。开发就业岗位3450个，实现新增就业1560人。农牧区劳动力转移就业2.32万人次，增收6100万元。深入实施“四业工程”，通过“订单式”技能培训、劳务输出、创业帮扶等措施，实现转移就业1.6万人次，新增就业1489人，实现年度“千人就业”目标。全面实施“五险统征”工作，参保3.91万人次，各险种参保率达到100%。高龄老人健康补贴标准提高到600～3600元，办理惠民补贴“一卡通”21697张。实施临时社会救助6人次3.48万元、城乡居民医疗救助503人次412.34万元、“一站式”医疗救助45人次35.85万元、供养特困人员142人，切实做好兜底保障工作。安置退役士兵5人。

【旅游业】 年内，投入资金3.56亿元完成“象雄美朵”生态旅游文化产业园道路、桥梁、民宿等重点项目建设，启动楚布沟、药王谷景区部分基础设施建设。着力发挥“药王故里、藏戏之乡、生态堆龙”文化旅游品牌效益，优化全域旅游与重点景区互融互促的规划体系，开通“一元游堆龙”旅游专线，继续扩大“德吉藏家”精品民宿、楚布沟自行车体验赛、藏医药养生深度体验游、觉木龙派藏戏文化旅游节、糌粑旅游文化节、帮普沟沐浴文化节等文化旅游品牌项目的吸引力。以楚布沟沿线度假林卡为代表的乡村旅游呈现良好发展态势。全年接待旅游人数143.31万人次，实现旅游总收入4554.43万元。

【生态保护】 年内，启动实施第二次全国污染源普查工作，完成生态

2018年3月7日，堆龙德庆区马乡马村举办春耕春播仪式

2018年4月3日，堆龙德庆区举办2018年“春风行动”暨高校毕业生专场招聘会

保护红线划定工作。持续强化农业源污染防治，划定畜禽养殖禁养区20.77万亩。全面消除1851户“无树户”，完成义务植树7.6万余株、拉萨周边防护林体系工程建设2200亩、西藏生态安全屏障封山育林3000亩，林业绿化覆盖率稳步提升，成功创建自治区级生态县（区）。全面推行“河长制”，加快推进堆龙河景观工程建设，顺利通过国家水利部“河长制”验收。在马村、措麦村、嘎冲村、波玛村启动实施垃圾分类回收处理试点工作，首创“垃圾兑换超市”。全区空气质量优良率达97.13%，主要江河、湖泊等地表水水质均达到Ⅲ类标准，102个农村饮用水源地水质达标率保持100%。完成自治区级生态县（区）申报工作，自治区级生态乡（镇）、行政村命名率分别达到100%和93.33%。持续推进中央环保督察58件转办案件整改工作，实现工业园区污水处理厂挂牌督办顺利销号。全年依法依规追究10名党员干部责任。接办群众环境信访或投诉案件60件，办结率、满意率均达100%，备案环境影响登记310份，下达备案无效项目23个，出具环评预审意见15份，行政处罚企业57家次，收缴罚金194.06万元，关闭石材加工厂21家、砂石场和取土点18家、取缔堆煤场5家、搬迁废旧汽车拆解企业1家。

【脱贫攻坚】 年内，实现1262户4387人建档立卡贫困群众全部脱贫，群众满意度达99.36%，通过国家脱贫摘帽考核验收。规划建设的71个产业扶贫项目，完工42个、正在建设29个，为贫困群众分红485.7万元、提供就业岗位1186个。1843名有劳动能力的贫困群众，实现就业1476人。承接那曲市尼玛县荣玛乡高海拔生态搬迁262户1102人，完成全区757户2798人、当雄县550户2326人易地扶贫搬迁。兑现教育扶贫资助金250人次236.18万元、医疗扶贫救助金2329人次769.23万元、低保资金1277人次169.26万元。完成31个扶贫产业项目融资贷款2.6亿元，帮助6家企业（合作社）实施精准扶贫贴息贷款6000万元，为46户建档立卡贫困群众实施扶贫贷款206.5万元。大力推行县级干部包村发展集体经济责任制，行政村集体经济年收入全部达到100万元以上。

【深化改革】 年内，基本完成农村土地承包经营权、宅基地使用权、集体土地所有权确权登记颁证工作。加快推进“互联网+政务服务”建设工作，依法公开26家区直单位3439项权责清单。加强商事制度改革，新增小微企业4109家、市场主体达到13789家、完成企业简易注销49家。积极推行企业全程电子化登记改革，初步实现商事登记管理信息化、便利化和规范化。国家税务总局拉萨市堆龙德庆区税务局挂牌成立，率先完成税务体制改革，逐步建立“以电子办税为主、自助办税为辅、实体办税为补充”的服务模式，首创24小时自助办税服务区。积极支持民泰村镇银行进一步提升服务经济发展的能力和水平。帮普村、羊达乡作为试点单位，分别顺利通过市级初验、本级自验。农村土地经营权确权登记5422户5.94万亩，颁证率达到100%。持续推行公务用车制度改革，“三公经费”呈明显下降趋势。

【援藏工作】 年内，依托北京市优势资源和组团式援藏新机制，主动加强与北京市朝阳区、海淀区、门头沟区的交流合作，达成在教育、医疗、科技、金融、社区共建、沟域经济开发等领域深度合作，全年选

2018年1月20日，堆龙德庆区与中国邮储银行西藏分行签订战略合作协议

派5批、173名干部赴北京对口援藏单位学习培训或跟岗交流，共争取援藏资金9400万元，实施援藏项目3个。深入开展“携手奔小康”对口帮扶活动，争取援藏资金1.165亿元，有序实施羊达生态农业产业扶贫等6个援藏项目。堆龙德庆区173名党员干部赴北京市跟岗锻炼或学习培训。在援藏医生的指导帮助下，区人民医院完成口腔诊疗科、输血科、病案室、设备科、新生儿科等科室建设工作，持续创新和加强腹腔镜微创术、骨科手术、产钳助产术及人工破膜术等医疗方式。

【净土健康产业】 年内，优化“上三乡”净土健康产业园发展定位，增强净土公司产品研发和市场拓展能力，进一步完善“公司+基地+产业园+市场”的发展模式，丰富净土健康产品有效供给。“万户百场十中心”、高效日光温室、高原特色食品深加工基地（冷链中心）等重点项目稳步推进，净土健康产业总产值成功突破2亿元。申报8个地理标志产品、11个有机产品和1个有机生产基地，朗孜糌粑、巴热糌粑获批使用“古荣糌粑”地理标志。

【项目建设】 年内，推进G6高速、青藏铁路扩能等重点项目建设，基本完成综合保税区征地拆迁。投入58亿元，有序实施115个基本建设项目。在全区实现30个行政村“一元通”公交线路全覆盖。国道109线那曲至拉萨（堆龙段）控制性工程完成总工程量的78%。加快推进南嘎村嘎东牧组等3条农村公路建设。完成150套小康安居工程以及318国道、109国道沿线风貌整治工程建设。加强绿色能源开发应用，开工建设古荣乡40兆瓦农光互补项目、西藏沛德堆龙德庆30兆瓦牧光互补复合并网发电项目。完成工业园区自来水厂升级改造，日均供水量达到5760吨。投入5241.3万元，启动实施通讯网络建设项目28个、学校宽带改扩建项目9个，新增宽带用户5101户。投入1298万元，启动实施68座无线基站建设，稳步提升4G通信网络覆盖面。

（雷　凤）

达孜区

【概况】 达孜，藏语意为“虎峰”。达孜宗初建于元至正十四年（1354年）；1959年民主改革后，原达孜宗、德庆宗合并成立达孜县，2018年2月1日撤县设区，隶属拉萨市。地理坐标为北纬29.40°～29.667°、东经91.21°～91.35°。达孜区属高原温带半干旱季风气候区。全区平均海拔4100米，河谷最低海拔3730米，年平均气温7.5℃，年平均日照3065小时，平均降雨量450毫米。地处拉萨河两岸河谷平原地区，西与拉萨市城关区毗邻、北与林周县相连、东靠墨竹工卡县，南接山南市的扎囊县，318国道贯穿而过，距离拉萨城区仅20公里，素有拉萨“东大门”之称，交通便利，战略位置十分重要。

全区总面积1373平方公里，耕地面积6.85万亩。全区共辖5乡一镇，20个行政村，131个村民小组，总人口31255人，其中农村人口28153人，辖区内有中小学校各1所，幼儿园15所，县级人民医院1所，乡镇卫生院5所，五保老人集中供养中心1所。县域境内共有寺庙、日追拉康14座；其中始建于公元15世纪初、已有600多年历史的藏传佛教格鲁派六大寺之首的甘丹寺，其宗教、建筑、艺术等方面的成就在区内外享有盛誉，1961年被列为全国重点文物保护单位；始建于7世纪，至2018年已有1500多年历史的扎叶巴寺，其建筑风格独特，被誉为“隐修圣地”。

2018年，是达孜撤县设区的起始之年，达孜紧紧围绕“建设东翼新城”发展思路，着力抓好“四个定位”，坚持稳中有为，稳中提质，逆中求进，准确把握新常态，攻坚克难、开拓进取，全力以赴稳增长、调结构、促改革、惠民生、防风险，实现经济社会平稳发展。全年完成国内生产总值18.44亿元，同比增长9.8%；全社会固定资产投资13.16亿元，同比增长50.5%；税收收入25.93亿元，同比增长4.59%；一般预算公共财政收入7.88亿元，同比增长16.28%；规模以上工业增加值1.05亿元，同比增长-25%；社会消费品零售总额2.21亿元，同比增长13.6%；农牧民人均可支配收入13550元，同比增长11%。

【政务环境】 年内，牢固树立“四个意识”，更加坚定“四个自信”，切实做到“两个维护”，始终在思想上政治上行动上同以习近平同志为核心的党中央保持高度一致，确保党的路线方针政策在政府工作中的全面体现，确保区党委的各项安排在政府工作中的全面落实。行政效能不断提升。全面摸排厘清政府债务，规范政府举债行为，未发生系统性、区域性金融风险。全面落实“三会一课”及民主评议党员、区政府常务会法律知识学习等制度，专题学习《中华人民共和国宪法》《中华人民共和国监察法》《中华人民共和国预算法》《中华人民共和国合同法》等法律法规，公开各类信息378件，自觉接受人大依法监督和政协民主监督，全年办理人大代表建议和政协委员提案134件，满意率达100%。党风政风不断改进。深入贯彻落实中央“八项规定”、区党委“约法十章”“九项要求”及市委“八项要求”，政治生态风清气正，“四风”得到有效遏制，全年“三公经费”支出同比下降5%。

【农牧业发展】 2018年，达孜区坚持以提高粮食综合生产能力和壮大净土优势产业为重点，全面发展现代农牧业，加快农牧业产业化进程。全年落实农作物播种8.48万亩，牲畜存栏8.57万头(只、匹)，建设蔬菜标准化生产示范基地1处、规模化养殖场7处，净土规模化养殖场2处，培育扶持种养殖合作社50余家，完成地理标识认证2个，商标注册15个。绿色有机青稞试点推广面积2000亩，年产量68万公斤，产值435.2万元，年均转化青稞6220吨以上，产品市场占有率超过70%；唐嘎原种藏鸡养殖项目年产藏鸡蛋120万枚，鸡苗孵化10万只，总产值达500万元。唐嘎泰成乳业奶牛养殖示范基地牦牛(育肥)年出栏4500头，繁育牛犊400头，生产销售鲜纯牛奶2000吨，酸奶1600吨，基地年产值达1.5亿元，牦牛育肥技术日趋成熟；投资1.69亿元的塔杰高标准良种奶牛养殖示范项目主体工程已完成85%。此外，智能化牧草工厂、植物工厂组培、人工虫草培育等项目有序推进，投资2760万元新建12栋标准化钢架结构温室大棚，投资2280万元新建37栋高标准温室大棚，农业产业园发展基础得以夯实。

【工业经济】 2018年，达孜区积极回应中央环保整改要求，全力推进污水处理厂建设并顺利完成园区排污企业污水管网的铺设连接。重资打造园区基础建设，投入8745万元重点实施项目6个，镇江路提升改造项目、小微企业创业孵化基地、民族手工艺创业基地升级改造工程、污水总排口生态修复工程、企业服务中心建设、园区物流服务中心建设全部完工。未雨绸缪、主动出击，

2018年2月1日，达孜县举行撤县设区揭牌仪式

着力推进招商引资，完成招商引资项目36个，涉及科技、文化、建材、医药卫生、新能源等领域，实际引资到位18.2亿元，园区入驻企业达1758家，其中实体型企业68家，龙头企业8家，规上企业9家，工业经济转型升级注入“强心针”。难中求稳、稳中求进，2018下半年园区企业逐渐恢复生产后加快赶超步伐，做强库存贸易，并引导企业做实新旧动力转换，累计完成工业总产值7.24亿元，工业销售值6.7亿元，规上工业总产值2.21亿元，规上销售值2.21亿元，与2017年下半年同期相比呈增长态势。

【旅游产业】 年内，积极推进重点旅游项目建成生效，扎叶巴乡村更新和整体规划设计作为“西藏唯一”入围“2018年度WAF世界建筑节大奖”项目，一期竣工验收并投入使用，扎叶巴游客服务中心顺利落地，核心产品展厅累计接待游客6000余人次，产品销售额5万多元，二期完工98%。规划投资约2.95亿元的白纳沟扶贫及产业发展项目开工建设，已完成200米游步栈道修建、100米水系改造、1户民居外立面改造和高端休闲林卡打造工程。拉北环线产业扶贫交流中心暨“云上达孜”电商创业基地项目加紧实施，有序推进。开展并参与包括“冬游西藏”“共享第三极”等推广活动，开展“醉美西藏、云上达孜”旅游宣传活动20余次，配套开发18类旅游产品，改造藏家乐7户，全面打响“藏鹤仙子”旅游品牌。2018年，全区共接待游客77.89万人次，同比增长17%，旅游收入达到3861.12万元，同比增长21%，农牧民参与旅游业1051户4208人，实现农牧民旅游收入1517.43万元，全年达孜旅游市场投诉率、安全事故率均为零。达孜旅游发展前景广阔，在多次视察调研中得到区市各级领导的一致赞赏。

【交通建设】 年内，以东翼新城统筹建设为契机，加快推进包括东环南线、城区路网、“四好农村路”为主的一批交通路网建设工程。总投资近11亿元的拉萨市东环南线（虎峰大道）市政道路建设项目完成总工程量的95%，已实现全段通车，大幅提升达孜城市形象，开启达孜交通史的新纪元。投入1509万元的“畅通工程”顺利推进，城区文化北路、军民北路等老旧道路逐一修缮完毕，投资3300余万元实施的镇江路及附属支路提升改造工程已顺利完工，城区交通“改头换面”添新颜。农村客运班线改革工作实现突破，投资155万元购置5辆客运车辆，开通城区至唐嘎乡穷达村、城区至章多乡尊木采村、城区至邦堆乡叶巴村三条农村客运班线，行政村通达率达80%，客运管理得以规范优化。此外，全年续建道路2条，新建桥梁5座，水毁维修项目2个，全区农村公路里程达280.8公里，市政道路里程达35公里，拉萨市东环北线征地工作基本完成，2019年初全面开工建设。

【城乡建设】 年内，编制《拉萨市达孜区分区规划2018—2035》初稿并报审，完成近1927亩土地收储工作，出让土地1717.7亩，报批城市建设用地3044.9亩，开发整理土地1580亩；投资近400万元对德庆公园进行提升改造，完成191.91公里电线线路改造工程，投资602万元全面启动“厕所革命”工程，截至年底，建设完成7座，投资800万元完成2018年度棚改计划，涉及群众180户；实施全区9家单位50余幢老旧办公楼及周转房节能改造工程；建成覆盖五乡一镇6个片区的易地搬迁房屋80947.9平方米644套，投资5800万元实施的“三岩”片区易地扶贫搬迁项目基本完工。拉萨城投祁连山水泥厂开工建设。此外，全年完成3个行政村的道路绿化工作，20个行政村村容村貌整治工作，新建4G基站50个，行政村4G覆盖率达100%，新建村邮站14个，基本实现“村村通邮”。村容村貌变化巨大，实现城乡同步发展、共同提升。

【改革创新】 年内，制定出台《拉萨市达孜区小微企业奖励资金管理办法》，为8家企业、6家农牧民合作社拨付奖励扶持金1150万元；创建5个创新创业载体，其中众创空间3个，创新创业基地2个。发展新动能快速成长，创业基地、虎峰众创空间、藏缘科技创业基地均完成市级载体认定审核。投资3800万元新建工业园区二期创新创业示范基地，设有孵化基地和创业基地，入驻企业31家，2018年创收5521万元，解决就业102人，成功承办“我爱青稞”“云上达孜”等主题双创活动，西藏玫瑰生物科技成功申报科技进步资金，青稞啤酒等一批青创品牌成功创立，双创工作在全市名列前茅。制定出台《达孜区人民政府工作规则》，对民主议事、科学决策、精文简会、依法行政等逐一规范，推进政府工作制度化、规范化和常态化，提升政府效能。深化“放管服”改革，加强“互联网+政务服务”建设，投入25万元新建政府门户网站，对外公布区直部门各类信息412条，基本完成三级政务服务体系建设，办理各类行政审批许可、便民服务事项2943件，按时办结率达99.7%。互联网+政务服务“8050”工作目标基本完成，权责清单网上录入工作持续推进。

纵深推进其他改革。扎实推进非法营运车辆改革工作，清查取缔率达60%。以林阿村为试点铺开的农村集体产权制度改革持续推进，20个行政村的清产核资工作全部完成。国企发展再显新作为，虎峰园林公司成功创建，粮食公司、客运公司顺利并入虎峰城投，国资公司实现转型升级。公共文化服务取得新突破，投资380万元的达孜区鼎盛数字影院正式运行，能够实现与区市各大影院片源同步更新。2018年5月成立达孜区广播电视台，8月上线开播，开设达孜新闻专题片、专项工作宣传片两个藏汉双语栏目，聘请9名专业播音记者，投资380万元新建达孜广电楼，9月通过第三批国家公共文化服务体系创建工作验收。放开社会资本投资领域，鼓励社会资本参与基础设施建设；深化教学教材改革，积极向部编教材看齐靠拢。投入25万元扩建藏医馆，藏医药得以传承创新。税源净化清理工作纵深推进，注销非实体企业194家，利用“互联网+”，开通“实体、网上、掌上、自助”等多样化办税缴费渠道。二轮县志编撰工作进入尾声，走在全区前列。

【生态环境】 2018年，以中央环保督察问题整改为契机，达孜区创新生态环境领域监管机制，强化监督执法，推进专项治理，紧盯达孜污水处理厂建设个性问题及29个共性问题整改关键，投入5400万元建成污水处理厂，截至年底，厂区建设全面完工并进入污水调试阶段，污水处理配套管网及中水回用系统均已安装完毕，29个共性问题正逐一整改并长期坚持，环保督察整改工作成效显著。集中开展大气、水、土壤污染防治、环评“未批先建”清查、全国第二次污染源普查、禁养区畜禽养殖场关闭搬迁（四处生猪养殖场）、“禁白”行动等一系列措施明确、成效明显的综合治理工作。不断深化区块污染整治，加大农村环境卫生整治力度，聘请天空环卫和成都川宜开展区块式环卫工作。坚持推行“河长制”工作，确定28名区、乡级河长，20名村级河长，清运河道垃圾39吨。投资970万元建成达孜区垃圾中转站正式投入使用，投资550万元实施农村饮用水水源地保护，完成109处农村饮用水水源水质检测，集中式饮用水水源地保护区划定调整工作严谨推进，合规关闭德庆镇德庆村备用水源地，确保群众饮水安全，全年城市集中饮用水源地水质检测状况达到国家Ⅱ类水质标准以上，水质达标率为100%；推进生态文明示范创建工作，编制《拉萨市达孜区生态文明建设示范创建规划（2017—2020）》，指导生态红线划定和禁养区划定工作。截至年底，全区19个行政村成功创建自治区级生态村，6个乡镇成功创建自治区级生态乡镇。投入880万元积极开展植树造林推进国土绿化，超额完成全区7232户“无树村、无树户”消除工作，全年植树造林4300亩24.46万株，累计退耕还林1934.7亩，全区森林覆盖率达到30.38%，林业绿化率实现“双提升”，全区全年空气质量达到《环境空气质量标准》二级以上且不低于2017年，主要河流（拉萨河）断面水质保持在Ⅲ类以上，水质达标率

2018年10月18日，第一届喜马拉雅骑行大赛达孜区起点

为100%,生态环境持续优化,生态效益和社会效益相得益彰。

【脱贫攻坚】 年内,紧盯脱贫摘帽总体目标,大力实施造血、暖心、育才、手拉手四大工程,"十三五"扶贫产业项目55个,计划投资10.61亿元。2016—2018年3年实现6304人产业分红1430.95万元,帮助3439人脱贫,投资2.93亿元新建易地搬迁住房644套,实现2548人搬迁入住。累计落实生态补偿岗位8116人,兑现岗位工资2509.8万元,累计投入1330万元补充大病统筹资金缺口,建档立卡贫困人口实现新农合全覆盖。2018年,组织贫困户技能培训22场次809人次,实现就业163人。已实现1015户4001人脱贫,贫困发生率下降到0.58%,贫困人口人均可支配收入增长到11892元,顺利通过国家第三方评估组验收,实现脱贫摘帽。

【社会事业】 年内,公共财政持续向民生领域倾斜,全年教育本级投入1.3亿元,投资922万元的区中心幼儿园改扩建项目完工并投入使用,投入3051.16万元新建5所幼儿园基本完工。落实大学生资助资金912.5万元,惠及1142人。全年医疗卫生本级投入2346.9万元,投资1173.78万元新建章多乡、唐嘎乡卫生院,补充完善《达孜区农牧区医疗管理补充办法》,特殊慢性门诊补偿病种从20种增至26种,家庭医生签约服务率100%,在持续做好包虫病综合防治工作基础上,积极开展风湿病、结核病、肝炎筛查工作,区人民医院新设胆囊切除、急性心肌梗死溶栓治疗、无痛人流等11项医疗服务,挂牌成立爱国卫生运动委员会和乡镇食药安全监管室,乡镇食药协管员、村级信息员队伍不断壮大,健康达孜建设不断深入。全年实现城镇新增就业1364人,开展培训28期1593人,劳动力转移就业1.3万人次,2018年应届毕业大学生267人实现就业,其中精准扶贫户大学生40人。"三农"金融服务实现全覆盖,"惠农e贷"网络融资服务平台顺利上线,新增挂牌手机银行村8个,新开惠农卡2000余张,实现农牧民各项补贴"一卡代发"服务,2018年累计向2030户发放贷款17110万元,其中对扶贫户发放扶贫小额贷款1809万元。"两线合一"低保清退工作扎实推进,各类低保金累计兑现283.4万元,五保中心特困老人集中供养标准每年达到15000元/人,以康复救助脑瘫儿童为主的"达孜区残疾人康复救助综合服务中心"挂牌设立,五保集中供养服务中心列入西藏首家国家级养老服务标准化试点单位。

【援藏工作】 年内,依托援藏优势,达孜五乡一镇、工业园区同镇江7个辖市区结对挂钩共建,在资金援藏,项目援藏、技术培育、人才培养等方面开展深度合作,2018年新增援藏项目4个,总投资1377万元。镇江援藏医疗队开展新技术新项目11项,组织各种形式的教学查房与讲座32次,培训医务人员425人次。深入推进教学交流,30名教师赴镇江参加跟岗学习。开展民族交流交往交融活动4批次112人次。此外,"百企帮百村"活动进一步深化,全区47家企业与20个行政村结对帮扶,投入资金1619.1万元,解决贫困户就业209人,协调中科院开展乡村振兴规划编制,在"金麦穗"农牧民专业合作社开展农产品研发和试验工作,协调江苏省城市规划设计院合作编制分区规划,合作模式丰富扩大,助力发展积蓄后劲。

【社会治理】 年内,严格落实"六个严防",坚决遏制和打击境内外敌对势力的分裂、渗透、破坏活动。狠抓重要节点维稳安保工作,强化社会面网格化管控,开展扫黑除恶等三个专项斗争,成功破获跨地区盗掘古文化遗址案,追回涉案文物70件(套),赃款15.5万元,群众安全感明显提升,平安达孜建设不断深化,社会大局保持和谐稳定。投资4400余万元的"雪亮工程"完工70%,组织开展各类安全生产大检查210余次,安全生产形势总体平稳,全年无重特大事故发生。信访责任制有效落实,矛盾纠纷化解率和农民工拖欠工资问题化解率均为100%。2018年7月,投入253万元调用4000余人次干部群众、部队官兵完成拉萨河达孜城区段抢险固堤任务;10月,成功协办首届跨喜马拉雅自行车极限赛。"七五"普法扎实推进,民族团结进步创建活动进一步巩固。严格执行新修订的《宗教事务条例》,开展涉宗领域走访排查983次,拨付30万元深入开展"遵循四条标准、争做先进僧尼"教育实践活动,投入约80万元配齐配足辖区寺庙消防设备、改造老化电线,利寺惠僧政策全面落实,宗教事务和谐有序。

(杨　蒙)

林周县

【概况】 林周，藏语含义为天然形成的沃土，位于拉萨市东北，距离市区65公里。全县辖9个乡1个镇，45个行政村，169个村民小组（自然村），15686户64511人，人口出生率13.48‰，自然增长率10.4‰。地域面积4464.4平方公里，念青唐古拉山支脉—恰拉山横贯全境，将林周县分割为南北两大部分。北部属拉萨河上游及其源流区域，素有“三河一流”（热振河、达龙河、乌鲁龙河、拉萨河流域）的美称，平均海拔4200米，气候干燥，年平均气温2.9℃，以牧业生产为主。南部地区属拉萨河支流澎波河流域，平均海拔3860米，谷地开阔，气候温和，雨水充沛，年平均气温5.8摄氏度，以农业生产为主，主产小麦、青稞、油菜、土豆等，是拉萨市的主要粮食生产基地，全县南北狭长，跨度达180公里。农作物播种面积17895.46公顷，粮食播种面积9973.74公顷，经济作物播种面积7921.72公顷，其中饲草种植面积6082.61公顷。林地面积147000.172公顷，森林覆盖率29.80%。国家级野生保护动物有黑颈鹤、白唇鹿、雪豹、马麝、白尾海雕、玉带海雕等。林周县主要矿产资源有铁、铅、锌、石膏、重晶石、石煤、矿泉水等。

2018年完成生产总值20.01亿元，同比增长9.3%，其中，第一产业完成3.17亿元，同比增长4.4%；第二产业完成5.51亿元，同比增长23.4%；第三产业完成11.33亿元，同比增长3.8%。全社会固定资产投资同比增长14.7%。社会消费品零售总额21653万元，同比增长13.3%。完成邮政业务总量200万元，同比增长48.14%。全年全县累计接待旅客18.96万人次，同比上涨20.1%；旅游收入达2275.38万元，同比增长14.4%。一般公共预算收入1.38亿元，增长32.94%。年末城乡居民储蓄存款总额41041万元。全年农村居民人均可支配收入达12666元，同比增长10.57%。实现城镇就业1.33万人，城镇登记失业率2.2%。截至年底，参加城镇失业保险1474人，参加基本养老保险35624人，城镇职工参加基本养老保险350人。参加新型农村合作医疗57032人，参合率100%。参加城乡居民养老保险34853人，已领取养老保险待遇5853人。城镇居民中有746人得到政府最低生活保障金。

林周县风光秀美、山川壮丽、人杰地灵，人文历史底蕴深厚，是拉萨城市后花园。全县分布有一个国家级自然保护区（雅江中游黑颈鹤国家保护区），一个国家森林公园（热振国家森林公园），两个自治区级自然保护区以及白唇鹿保护区。全县有寺庙、拉康、日追38所，著名的藏传佛教寺庙热振寺，距今已有千年历史，周围有风景秀丽的热振国家级森林公园。

【班子和队伍建设】 年内，林周县四大班子配备情况，县委书记1名、县委常务副书记1名、县委副书记4名、县委常委6名（2月，1名县委常委、县委办主任调离林周县；10月，1名县委常委、纪委书记调离林周县）；县人大常委会主任1名、副主任3名。县政府县长1名、常务副县长1名、副县长8名（2月，1名副县长挂职结束）。县政协主席1名，副主席5名（12月，新增1名副主席）。林周县于2018年8月成立林周县深化党政机构改革工作领导小组和3个专项组，明确责任主体，规范决策程序，强化保障体系，统筹协调和组织实施全县党政机构改革；书面征求全县37家部门关于机构改革相关意见建议，对涉改的12家部门开展专题调研，全面摸清部门基本情况，准确把握全县机构设置、职能配置、人员编制和领导职数，特别是“三定”方案和权责清单履行执行情况、职能交叉情况等重点问题，搞好综合分析研判，拟定《林周县机构改革方案》。

年内，林周县在干部队伍建设上，始终把政治标准摆在首位，坚持“五重五用”选人用人导向，持续建设高素质专业化干部队伍，共选拔任用干部105人，改任非领导职务8人，持续推进领导干部能上能下工作机制。从严管理监督干部，加大干部提醒、函询和诫勉力度，先后进行约谈、提醒谈话15次，涉及干部36名。林周县在人才队伍建设上，坚持引进来、留得住的原则，及时兑现42名专招生安家费167万元。将8名农牧专业人才科学合理调整使用到县农牧局和南部饲草种植面积大、农牧人才紧缺的乡（镇），切实为林周饲草种植产业提供人才智力支持。

【党建工作】 年内，林周县坚持把加强思想政治建设作为一项长期系统工程，把学习宣传贯彻习近平新时代中国特色社会主义思想和中共十九大精神作为重中之重。深入推进“两学一做”学习教育常态化制度化，大力开展“做合格党员、当先锋模范”教育和党员政治教育，积极引导全县党员以学促知、以知促行，增强“四个意识”、坚定“四个自信”、坚决做到“两个维护”，累计培训党员5800余名，实现政治教育培训全覆盖。强化基层党组织建设，着眼于扩大党的组织和工作覆盖面，撤销、合并党支部3个，新成立党组10个、党支部22个，6个寺管会、特派机构在所在乡镇成立挂靠党支部，在扶贫搬迁点建立党支部5个，探索实行在村成立联合党支部45个，牢固树立党的一切工作到支部的鲜明导向。整顿33个软弱涣散基层党组织，新发展党员142名，培训入党积极分子130人。招聘25名大学生到村任职，充实村级组织工作力量，累计投入700余万元，采购45个村级活动场所配套设施，村级组织活动场所标准化建设持续推进。

2018年1月15日，林周县监察委员会挂牌成立

【廉政建设】 年内，林周县认真落实全面从严治党管党，自觉把管班子、带队伍职责扛在肩上、抓在手上、落到实处，做好全面从严治党管党与经济工作同部署、同推进。一是提高政治站位，自觉承担“两个维护”重大政治责任，深入开展政治纪律教育。严明政治纪律和政治规矩，紧盯重要节点，定期不定期对党员干部遵守政治纪律、维稳纪律、工作纪律等情况进行监督检查。严格执行民主集中制，督促各级党员领导干部参加双重组织生活、自觉加强党性锻炼，推动党内政治生活规范化、严肃化。深入开展不作为慢作为、文山会海等形式主义、官僚主义问题专项整治，突出对特权思想和特权现象的监督检查。二是深入开展扶贫领域专项治理，盯紧扶贫领域问题易发多发的风险点和关键环节，实行职能部门季度联席会议制度，组织六脱牵头单位参加纪委监委季度会议，结合监管职责汇报发现问题情况，“抱团”开展问题线索摸排工作。三是持续深化政治巡察，修订完善《中共林周县委员会2017—2021年巡察工作规划》，深入开展巡察反馈意见整改情况督查3次，先后派出两轮共9个巡察组，对20家单位党组织开展政治巡察。四是稳步推进监察体制改革，实现监察职权向基层延伸。在党委负总责、纪委负专责、相关部门协同配合，完成林周县监察委员会组建工作，划转编制6个，转隶干部2名。并向全县10个乡镇派出监察室，与乡镇纪委合署办公，实行一套工作机构、两块牌子，单独挂牌。年内10个乡镇已完成组建挂牌，实施监察职权全覆盖。

【经济发展】 年内，完成生产总值20.01亿元，同比增长9.3%，其中，第一产业完成3.17亿元，同比增长4.4%；第二产业完成5.51亿元，同比增长23.4%；第三产业完成11.33亿元，同比增长3.8%。全社会固定资产投资同比增长14.7%。社会消费品零售总额21653万元，同比增长13.3%。完成邮政业务总量172万元，同比增长24%。全年全县累计接待旅客18.96万人次，同比上涨20.1%；旅游收入达2275.38万元，同比增长14.4%。一般公共预算收入1.38亿元，增长32.94%。年末城乡居民储蓄存款总额41041万元。全年农村居民人均可支配收入达12666元，同比增长10.57%。

【农牧业发展】 年内，全县农作物播种面积达17895.46公顷,粮经饲比例29.9∶5∶18.24,年产粮油连续3年保持在6.7万吨以上,全区产粮大县地位持续稳固。建设短期育肥基地2个,促进牦牛特色优势产业快速健康发展;全年牦牛存栏10.35万头,出栏2.72万头,其中短期育肥出栏2000余头。"万户百场十中心"("万户百场十中心"工程指的是,在2017—2010年期间,培育奶牛养殖示范户1万户、每户养殖4～5头牛;建设100座标准化奶牛场,每座300～500头牛;建设改造10个高标准奶牛中心,每个中心1000头以上)工作有序有效推进,成为全县农牧产业发展的广阔平台。成功举办西藏自治区首届"中国农民丰收节"活动和市级农业现场观摩会。

【旅游业发展】 年内,立足拉萨市北环线旅游开发契机,热振旅游片区规划编制完成,关键节点工程顺利推进。拍摄《雪域沃土 至美林周》宣传片,提高林周县在区内外的知名度和影响力。挂牌成立黑颈鹤拍摄基地,助力"拉萨房车环线"项目实施,完成三处房车营地选址。全力推进文化旅游产业,投入援藏资金3000万元对林周农场旧址进行保护性开发,充分挖掘革命历史文化资源,打造爱国主义教育基地、党性教育基地、民族团结教育基地、红色文化旅游基地为一体的教育旅游产业,得到自治区党委书记吴英杰,自治区党委常委、拉萨市委书记白玛旺堆等区市领导的充分肯定。年内,林周县党员党性教育基地投入使用,共接待江苏省、区市县等党政干部4000多人次,带动约200名群众就近就业创业,增收40余万元。成功举办林周县第二届油菜花观光暨油菜花徒步活动。全年全县累计接待旅客18.96万人次,同比上涨20.1%;旅游收入达2275.38万元,同比增长14.4%。

【特色产业】 年内,林周县净土健康产业保持上升态势,不断扩大饲草种植规模。全年人工种草面积达9.12万亩,同比增长1.33%,产值达6850余万元。投资1.5亿元实施林周县格桑塘现代农牧产业示范园项目,建成投产后年总产值达1.2亿元。建设短期育肥基地2个,注册完成澎波牦牛电子商标。在苏州成功筹建林周县净土健康产业实体店2家,为林周县净土健康产业快速发展打下坚实基础。

【基础设施建设】 年内,完成45个村级组织活动场所建设并投入使用。37套小康安居试点工程建设和1216套农村危房鉴定全部完成,危房改造完成率36.1%,群众住房得到有效保障。总投资2000万元的林周公共场所供暖项目建成投用。农村交通改革成效持续巩固,开通农村客运班线10条,实现行政村全覆盖,累计服务群众8.6万人次,群众出行费用下降近50%。扎实开展"厕所革命",完成56座厕所建设。农牧林水、道路交通、生态环保、社会事业等基础设施不断完善。

【项目建设】 年内,林周县共储备项目104个,总投资38亿元,在建项目82个,总投资31.3058亿元,其中新建67个、续建15个。2018年计划投资22.7959亿元,累计完成投资17.0924亿元,2018完成投资13.659亿元。其中实施援藏项目13个(新建项目4个,续建项目9个),总投资17.5248亿元,涉及2018年援藏资金6380万元。项目开工率达100%,已完成总投资的80%。

2018年9月23日,西藏首届"中国农民丰收节"在林周县松盘乡松盘村举行

【受援工作】 年内,坚持受援项目进度质量与效益安全并重。总投资3亿元的14个受援项目全部开工建设,涵盖城镇基础设施建设、教育卫生、精准扶贫、乡村振兴、文物保护及人才培养等方面。深入实施民族交流交往交融工程,组织实施赴苏培训项目6期,累计选派78名干部到苏州市开展学习交流和挂职锻炼。以组团式医疗援藏为契机,树立“不求所有、但求所用”的理念,变引人为引智,苏州市选派组团式援藏医生5名,着力提升林周县医疗服务水平,辐射带动全县医疗卫生事业蓬勃发展。

【招商引资】 年内,充分发挥自身优势,不断健全招商引资优惠政策,利用援藏、藏博会、品博会等交流平台,组团式开展招商引资工作,全年落地招商引资约8.03亿元,同比增长14.6%。产业园区基础设施和管理机制不断健全完善,林周县产业孵化中心正式立项。持续做好入驻企业跟踪服务工作,6家实体企业正在开展前期工作。坚持双创示范引领。围绕打造“一个基地三个空间”目标,成功创建林周县青年(大学生)创业园,吸纳创业大学生29名,实施创业项目18个。成功举办林周县第三届青年创新创业大赛暨《创业英雄汇》海选拉萨站林周分赛区评选活动。全县上下重视支持青年创业创新的良好氛围日益浓厚。

【脱贫攻坚】 年内,通过“321”帮扶机制,实现贫困户、边缘户结对帮扶全覆盖、常态化。调整选派政策掌握好、基层经验丰富的225名干部充实基层扶贫力量。积极引导各行各业参与精准扶贫,号召各行业主体主动承担社会责任,全年共吸纳建档立卡贫困群众就业3935人次。争取精准扶贫产业配套资金2.71亿元,实施扶贫项目24个;实现建档立卡转移就业培训415人。续建易地搬迁安置点6个,安置686户3113人;新建“三岩”片区搬迁安置点1个,安置57户465人;搬迁安置点配套基础设施日趋完善。安排以补岗位4407个,兑现资金1529.68万元。发放323名贫困大学生补助金264.82万元;完成搬迁至城关区易地搬迁户学生就近入学406人。为165名贫困群众报销住院费用119.3万元。兑现107户435名贫困群众低保金58.26万元。紧盯北部三乡基础设施建设短板,以“十项提升”工程为抓手,投资约6.8亿元用于北部三乡基础设施建设,北部三乡群众增收致富软环境有效改善。紧盯整改促提升,认真梳理各级考核检查提出的意见和问题,针对性制定整改方案,持续抓好整改不松懈,不断提升扶贫工作质量和效益。2018年9月,国务院扶贫开发领导小组向社会公布林周县达到脱贫摘帽条件,顺利实现“两年脱贫”的奋斗目标。2018年12月,全县综合贫困发生率降低至0.01%。

【乡村振兴】 年内,林周县按照产业兴旺、生态宜居、乡风文明、治理有效、生活富裕的总要求,结合拉萨市乡村振兴战略方案,成立林周县乡村振兴工作专班和乡村振兴战略规划编制工作领导小组。精准制定《林周县大力实施〈神圣国土守护者幸福家园建设者〉为主题的乡村振兴战略实施意见》《林周县乡村振兴战略三年规划方案》,进一步明确工作措施、细化工作步骤,精准谋划阶段性工作,推动要素配置、资源条件、公共服务、基础设施向农牧区倾斜,补齐发展短板。同时,在全县各乡(镇)组织开展“乡村振兴,我们干什么、怎么

2018年3月23日,江苏省援藏项目集中开(复)工暨林周县重点项目(产业扶贫—牦牛繁育中心项目)开工仪式

干”为主题的大讨论活动，并率先打造强嘎乡强嘎村乡村振兴战略示范点，投资50万元编制《林周县强嘎乡乡镇总体规划》、投资912.19万元实施村容村貌提升改造项目、投资821.27万元实施扶贫商品房建设项目、投资700万元实施卫生院建设项目、投资450万元实施垃圾填埋场建设项目、投资100余万元实施乡村文化广场建设、投资6万元挂牌成立“留守儿童快乐之家”、投资280万元在强嘎村建设派出法庭等等，以点带面推进全县乡村振兴战略的顺利实施。

2018年5月12日，林周县健身操代表队荣获在拉萨市群众文体中心举行的拉萨市首届运动会暨民族传统体育运动会健身操比赛冠军

【生态环保】 年内，林周县着力开展生态创建工作，成功创建自治区级生态乡镇10个、生态村40个；有序推进“绿盾2018”自然保护区监督检查整改工作；全面加强环境质量监测，全年县域空气各项指标均达到或优于国家一级标准；扎实推进环卫体制改革，垃圾收集、转运工作进一步规范。深入实施化肥、农药使用量零增长行动，全年使用化肥、农药同比减少13.6%。依法整治过度煨桑行为，全面启动全国第二次污染源普查。坚决做好中央环保督察反馈问题整改，专门成立以县委书记为组长的整改工作领导专班，召开环保整改会议23次，现场执法9次，相关部门下达整改通知9份，同时根据中央环保督察问题整改清单，林周县结合实际制定《林周县关于中央环境保护督察组反馈意见4个矿山问题领导包案制整改方案》，切实督促矿山企业加快推进整改进度。严格执行《中华人民共和国自然保护区条例》，禁止在雅江中游河谷黑颈鹤国家级自然保护区内新设矿权，对已设立的探采矿权全面停止办理延续、变更、转让等手续。林周县人民政府和市国土局组织相关部门积极督促企业加快整改，发挥企业生态环境恢复治理主体责任，督促矿权人按照生态恢复治理方案组织开展矿洞和废井回填、尾矿库填平、砌筑挡墙、植树种草等恢复治理工作。建立多部门联动的自然保护区管理机制，强化综合管理和行业主管的衔接配合，完善环保、林业、国土等部门对自然保护区联动监管工作制度。林周县将积极主动作为，对于中央环保督察反馈意见，定期组织整改情况“回头看”，对整改推进缓慢或整改不力的矿山企业实行严格的追责问责制度。有效落实“河长制”，投入1.04亿元实施水利项目9个，完成投资6457.7万元。23条骨干河流公示牌全部设立，吸纳214名河道管护员定期赴河道进行巡查。完成266个水源点水质检测，水质均符合饮用水标准。切实加大防汛抗旱力度，有效做到应对自如。完成澎波河段植树造林160亩，推进河畅水清、岸美景绿。实施国土绿化行动，稳步推进集体林权制度改革，投入496.3万元，完成植树造林1900亩；消除海拔4300米以下“无树户”2598户、“无树村”4个。兑现森林生态效益补偿金849.62万元。全面做好生态红线划定工作，结合实际和群众生产生活需要，全力配合自治区林业和草原局开展雅江中游河谷黑颈鹤国家级自然保护区规划调整工作。

【教育事业】 年内，本级财政投入3204.3万元助力教育事业发展。借力援藏资源，在全市率先开通苏州名校远程共享教学。落实“三包”和“营养改善计划”资金2738.23万元，4月，通过拉萨市素质教育评估验收。7月，学校在县教体局的指导下完成人才引进工作，从其他省市招录4名应届大学毕业生到学校任教。10月，顺利通过西藏自治区健康促进学校验收。12月，完成教师中级职称推荐工作。在2018中考中，学校共有102名学生达到其他省市西藏班及拉中、北高等区内外重点高中分数线，其中，其他省市西藏高中班上线52人，居全市前列。

【卫生事业】 年内，全县农牧区医疗筹资率100%；家庭医生签约覆盖率98.1%，完成家庭医生签约5.6万人；完成包虫病筛查5.97万人。县医院成功创建为“二级乙等”医院。以“组团式”医疗援藏为契机，苏州市选派组团式援藏医生5名，着力提升林周县医疗服务水平，辐射带动全县医疗卫生事业蓬勃发展。2018年，西部战区总医院共派来6名援藏专家到林周县人民医院开展帮扶工作，使林周县人民医院在检验、B超、护理、信息系统管理等方面工作有长足的进步，总医院专家多次下乡义诊，开展医疗精准扶贫健康体检、包虫病筛查、结核、风湿筛查以及健康宣教等工作，累计下乡20余人次，免费体检人次达400余人。

【文化事业】 年内，林周县做强基层文化场所建设，实现县、乡两级文化站全覆盖。有效保护热振卓舞、春堆藏戏、旁多藏刀等文物和非物质文化遗产，成功申报非物质文化遗产29个，确认非物质文化遗产传承人22人，各级文物保护单位43处，文物点173个。挖掘保护民族文化艺术，7支文化演出队完成演出73场。2018年10月，林周县黑颈鹤民间艺术团荣获国家文化部、体育总局颁发的全国广场舞展演活动优秀组织奖的荣誉称号。

【社会保障】 年内，与区市县10家医院签订“一站式”即时结算服务，兑现医疗救助资金825.36万元。特困人员集中供养服务中心标准化建设稳步推进。双拥优抚工作扎实开展。全力推进高校毕业生就业，应届毕业生就业率90.1%。实现城镇新增就业970人。2018年高龄老人健康补贴提标扩面，发放高龄老人健康补贴256.86万元，兑现1476名残疾人“两项”补贴260.4万元。“五项保险”参保人数4.8万人，累计缴纳各类保险费1.15亿元。农民工欠薪治理机制不断完善，全县社会保障体系日益健全。

【和谐构建】 年内，以扫黑除恶、打非治乱、扫黄打非为斗争重点，开展宣传230余场次，形成声势浩大的斗争氛围。成立工作专班，完善工作机制，深入开展涉黑涉恶线索摸排和扫黄打非专项行动，实现扫黑除恶“六有”工作目标。积极构建“大调解格局”，排查纠纷300余次，调解受理矛盾纠纷66起。坚持“能援则援、应援尽援”的原则，依托远程法律援助渠道，有效保障弱势群体合法权益。积极协调办理信访案件，受理来信来访事件26起，办结率84.6%；未出现群体访、越级访、进京访等情况。始终将维护宗教领域持续和谐稳定作为硬任务，持续深化和创新寺庙管理。召开民族团结进步模范表彰大会，深入开展“遵行四条标准 争做先进僧尼”教育实践活动，引导宗教人士和僧尼树立正确的国家观、民族观、历史观、宗教观、文化观。积极淡化宗教消极影响，不断促进宗教与社会主义社会相适应。严格落实安全生产责任制，突出危化品、非煤矿山、道路交通等重点领域，深入开展安全监管专项整治，全年未发生重大安全生产事故，安全生产形势持续巩固。

（贺姗姗　王翠英）

2018年11月14日，林周县黑颈鹤民间艺术团在林周县“三岩”片区搬迁点开展慰问演出活动

墨竹工卡县

【概况】 墨竹工卡县位于西藏中部、拉萨河中上游，地理坐标为北纬 29° 8′、东经 91° 77′。东与林芝地区工布江达县相邻，西靠拉萨市达孜、林周两县，北连那曲地区嘉黎县，南接山南地区乃东县，交通区位优势较为明显，川藏公路（318 国道）横穿而过。县域面积 5492 平方公里，属以农为主的半农半牧县。全县辖 7 个乡 1 个镇，40 个村委会，总人口 5.7 万人，平均海拔 4200 米。墨竹工卡县素有“天边之乡”的美誉，野生动植物资源有黑颈鹤、斑头雁、虫草、雪莲花、红景天等，矿产资源有铜、铅、锌、金、钼、铬、大理石等。境内名胜古迹众多，旅游资源得天德厚，距今 850 多年历史的直孔替寺闻名国内外，日多温泉、德仲温泉和有财神湖之称的思金拉错等自然景观独具魅力，直孔水磨糌粑、斯布牦牛等农畜产品驰名区内外，以松赞拉康、松赞干布纪念馆、霍尔康庄园、甲桑古道徒步为重点的藏王松赞干布出生地甲玛景区已完成松赞干布纪念馆建设并对游客开放。

【经济和社会发展】 年内，全县经济社会发展取得新的进步，全县地区生产总值实现 34.53 亿元，同比增长 9.8%；全社会固定资产投资同比增长 17.7%；一般公共预算收入达到 4.11 亿元，同比增长 8.18%；规模以上工业增加值同比增长 4.6%；社会消费品零售总额达到 4.2 亿元，同比增长 13.5%；农村居民人均可支配收入达到 14300 元，同比增长 10.58%。

【脱贫攻坚】 年内，统筹整合各级涉农资金 2.27 亿元，在全区实现高质量、高标准整体脱贫摘帽。7418 名建档立卡户达到脱贫标准，年人均可支配收入达到 9459.86 元，贫困发生率降至 0.01%。顺利通过国家扶贫办组织的第三方评估，实现脱贫摘帽，脱贫攻坚工作连续两年被自治区评为优秀。

2018年3月21日，墨竹工卡县100个项目开工典礼

【工业】 年内，狠抓经济运行监控，华泰龙二期、巨龙一期采矿业项目建设完成。全年完成工业投入 12.31 亿元，同比增长 76.7%；工业总产值 40.96 亿元，同比增长 30.88%；工业税收 5.49 亿元，同比增长 24.81%。

【招商引资】 年内，完成招商引资项目 17 个，中国银行成功入驻墨竹。发展壮大国有企业，成立建材公司、砂石公司、砖厂，稳定建材供应，三大国有企业实现收入 3632.85 万元。

【农牧业】 年内，农作物播种面积 11.12 万亩，连片种植墨竹小油菜 1.04 万亩，粮食总产量达 2.47 万吨。采集虫草 438.295 公斤，实现创收 6399.09 万元。牲畜存栏 13.43 万头（匹、只），出栏 5.54 万头（匹、只），出栏率达 40%。黄牛改良 2000 头，斯布牦牛通过国家农产品地理标志登记。净土产品销售点入驻拉萨商贸中心，现代农业示范园、墨竹小油菜榨油厂、“万户百场十中心”等农牧业项目有序推进。

【旅游业】 年内，思金拉措景区规范运营，成功举办首届油菜花艺术节、“醉墨竹”非遗旅游文化艺术节，配合完成跨喜马拉雅自行车极限赛，并获得全区优秀组织奖。全年累计接待游客 137.5 万人次，同比增长 4.88%，实现旅游综合收入 3025 万元，同比增长 2.9%。

【基础设施项目建设】 年内，投资

6563.39万元改建农村道路52.95公里。投资2576.63万元对阿沛桥、巴洛桥等13座危桥进行维修。投入800万元成立客运公司,开通客运班线4条,乡镇和行政村覆盖率分别达100%、80%。改善扶贫搬迁点基础设施,投入3700万元建设市政道路4条。加快农网改造,新建和改造高低压线路106.9公里。投入1261.77万元完成27处农村饮水安全巩固提升工程,受益群众2288户、14332人。

2018年3月16日,墨竹工卡县甲玛乡春耕春播仪式

【城乡环境】 年内,以人居环境改善为重点,全区人居环境整治工作在帕热组试点成功,工卡镇垃圾焚烧站试点推进,扎西岗乡垃圾转运站建设完成,试点村组配备垃圾分类箱1100个,县城和2个村建立垃圾分类兑换站,成为全区第一个垃圾分类村,城乡生活垃圾处理率达到90%以上。推进"厕所革命",建设完成公共厕所45座。投入800万元,完成尼玛江热乡宗雪村村容村貌整治。加快甲玛乡特色小城镇建设,投入7780万元完成风貌改造、棚户区改造等项目,孜孜荣村(二期)搬迁安置工程完成主体建设。

【污染防治】 年内,开展"绿盾2018"专项行动。推进全国第二次污染源普查,强化水、大气、土壤三大污染防治。加快污水设施建设,投入1000万元对老城区污水处理厂提标改造,投入2690万元新建新区污水处理厂。对县域15处重点流域及县城集中式饮用水源和大气每季度监测1次,6家重点排污单位定期自行监测并备案。300平方米以上餐饮店全部安装油烟净化设备,4家加油站完成油气回收设备改造。划定永久基本农田保护区12.38万亩,化肥和农药使用量实现负增长。

【绿色矿山】 年内,投入1070.8万元打造"绿色矿山示范县"、甲玛乡绿色矿区生态隔离带。委托第三方启动编制《墨竹工卡县矿山行业发展规划》和《墨竹工卡县甲玛矿区国家级绿色矿山建设规划》。在甲玛沟成功举办中国黄金集团绿色发展论坛。聘请环保专家团队,对全县矿山企业开展两轮环境监察,有力推进环境问题整改。

【国土绿化】 年内,投入1500万元消除"无树户"2982户,在门巴乡等高海拔地区试种苗木。完成绿化造林3314亩、封山育林2100亩、防沙治沙6053亩,森林覆盖率达43%。启动国家级生态县创建,完成斯布村、其朗村、章达村生态文明村建设工作,生态创建在全区率先全面实现"三级同创"。

【改革创新】 年内,全力推进"放管服"改革,行政职权事项取消38项、承接34项,将32项精简合并为12项。加快推进"互联网+政务服务",优化政务服务事项审批办理流程,梳理完成服务事项263个。全面启用政务服务网络平台,144个事项可实现网上办理。推进商事制度改革,实施"三十三证合一"登记制度改革、"一审一核登记制"。企业开办时间有效压缩,全县各类市场主体达到2856户,同比增长41.2%。加强企业监督管理,"双随机"抽查各类市场主体97家。完成国税地税征管体制改革,启动环保税征收工作,社保费和非税收入征管职责顺利划转。深化国库集中支付改革,实现资金统一核算管理。完成7672户土地承包经营权确权登记颁证、40个行政村198个村小组清产核资工作。完成9595宗农村宅基地和集体建设用地不动产登记,发放不动产权证 7503 本。推进林权制度改革,完成林地勘界 215 块。

【受援工作】 年内,南京市以项目、产业、民生、人才“四位一体”的帮扶格局,不断加强对墨竹的关心关注关怀力度。先后实施“金陵映象”高原生态藏茶、波朗村幼儿园、县医院提升改造等援藏项目 20 个。开展第二批组团式医疗援藏,先心病、髋关节脱位等患儿赴南京免费治疗累计达到 115 名。苏拉远程会诊为 40 余名患者提供治疗方案,治愈率达 90% 以上。在南京市的大力关心下,成功举办首届春节藏历新年灯会展。

【乡村振兴】 年内,以“神圣国土守护者、幸福家园建设者”为主题,编制乡村振兴战略规划。实施乡村人居环境整治三年行动计划,扎实推进 G318 沿线乡镇人居环境整治,年内村庄环境整治率达到 50%。支持门巴乡乡村振兴先行先试。深化供给侧结构性改革,农村发展新动能持续培育,农牧民合作组织达到 107 家。标准化奶牛养殖中心、扎雪乡扶贫物流仓储中心等一大批重点产业项目有序推进,27 个产业项目已经实现分红。

【教育事业】 年内,全面落实《墨竹工卡县振兴教育教学质量三年行动计划》。投入 6544 万元实施教育项目 25 个。全面普及农牧区学前三年双语教育,入园率达 95.11%。适龄儿童入学率、初中毛入学率分别达 99.96%、104.83%,义务教育巩固率达 95%,32 名墨竹籍学生考入其他省市西藏初中班。

2018年3月28日,墨竹工卡县敬老院婚礼现场

为 8955 名师生购买人身意外伤害保险。成功举办首届运动会暨民族传统体育运动会。

【卫生事业】 年内,启动创建全市第一家县级“二甲”医院并通过预评审。县医院 120 急救中心、苏拉远程会诊项目投入使用。加快乡卫生院规范化管理、标准化建设,投入 1335 万元购置移动体检、彩超等医疗设备,甲玛乡、扎雪乡卫生院正式投入使用。投入资金 746 万元,高质量完成包虫病综合防治,筛查率、救治率均达 100%,“绝不把包虫病带入小康社会”的承诺有效兑现。投入 176 万元开展结核病、肝炎和风湿病综合防治,筛查 3.92 万人。实施白内障“免费复明”工程,累计救治达到 335 人。统筹 518 万元分别设立农牧民和干部职工大病救助基金。投入 205 万元推行校园食堂升级改造和色标管理,建成农贸市场食品安全检测室,群众食品安全有效保障。

【文化事业】 年内,公共文化服务体系示范区创建有效推进,文化惠民演出 66 场次。完成第一期广播电视数字化改造,广播电视安全播出全年零事故。“天边之乡”数字影院并入全国院线,“2131”电影放映播放 520 场次。加强文物保护和文化传承,直孔梯寺“扎西果芒”殿和唐加寺保护工程基本完工,非遗团队赴南京参加文创西藏精品巡展活动。

【社会保障】 年内,推进全民参保,人数达到 3.9 万人次,发放首批居民社保卡 2.5 万张。社会救助做到应退尽退、应助尽助,兑现各类救助资金 1966.59 万元。为农牧民群众累计报销住院医疗费用 5046.06 万元、受益 4387 人次;为 2072 名大学生报销学杂费并发放生活补贴 1154 万元;为 3976 名农牧区 60 周岁以上老人发放幸福养老金 1714.68 万元。大力改善群众居住条件,投入 1200 万元完成 65 户困难群众住房改造。

【维护稳定】 年内，规范“双联户”管理，增加“双联户”单位57个。深入开展扫黑除恶、打非治乱、扫黄打非专项行动。排查矛盾纠纷53起，调解率达100%，化解信访案件98件，化解率达97%。食品抽检106批次，合格率达95.5%。聘请安全生产专家开展两轮安全隐患排查，隐患整改率达94%。及时完善防汛应急、非煤矿山、道路交通、非洲猪瘟等各类突发事件处置预案，全年未发生洪涝灾害及较大以上生产安全事故。

【依法行政】 年内，自觉接受人大、政协和社会监督，办理人大建议68件、政协提案62件，办结率分别达到64.7%、72.6%，答复率均达到100%。办理“12345”政府服务热线群众反映问题160件，办结率达100%。“十件民生实事”全面完成，“十项重点工程”扎实推进。

【廉洁工作】 年内，严格落实中央八项规定实施细则，扶贫领域、项目建设、乡镇财务收支等方面开展财务检查和审计监督7次。“两学一做”学习教育常态化制度化全面开展。政府570项工作清单扎实推进，完成率达93%。

（土旦旺久）

曲水县

【概况】 曲水县位于西藏腹地、拉萨河下游、雅鲁藏布江中游北岸。雅鲁藏布江、拉萨河过境。属高原温带季风气候，空气稀薄，日照充足，年日照时数近3000小时，无霜期短，年无霜期150天，年降水量441.9毫米。最高海拔5774米，最低海拔3500米，县城海拔3568米。面积1624平方公里，耕地面积11.02万亩。曲水县距拉萨市区64公里，辖5个乡1个镇（达嘎乡、才纳乡、南木乡、聂当乡、茶巴拉乡，曲水镇）、19个行政村、133个村民小组。全县共有户籍人口37290人，农村总户数8694户，其中农村人口33111人，城镇人口4179人。总耕地面积11.02万亩，总播种面积12.53万亩，粮食作物总种植面积5.06万亩，粮食总产达1704.5万公斤，比2017年粮食总产量增长10.3%。油菜作物种植面积0.5万亩，产量65.48万公斤、复种油菜67.645万公斤。蔬菜种植面积1.6万亩，产量6.8826万吨。2018年，全县新增造林128.2公顷，种植苗木50760株，封沙育林面积661.33公顷，成林抚育面积160公顷，桃子、苹果、核桃等园林水果产量114吨。曲水县域内有国家和自治区一级重点保护野生动物6种，二级重点保护的野生动物有24种。全县已发现的矿产有钼矿、铜矿、金矿、铁矿、铅锌矿、刚玉、石墨等10余种。主要旅游景点为国家级AAA级景区秀色才纳、曲水县动物园以及俊巴渔村、桃花村等。特色产品有藏红花、玛咖、野生黑枸杞、雪菊、牛蒡茶、玛咖虫草茶、辅酶Q10、玛咖简干片、茅台玛咖酒、拉萨鹿血酒等。

2018年，全县完成地区生产总值16.87亿元，同比增长9.0%，其中一产1.87亿元，同比增长2.6%，二产12.92亿元，同比增长10.7%，三产2.08亿元，同比增长4.0%；全社会固定资产投资完成额同比增长-34.1%；农林牧渔增加值1.87亿元，同比增长2.6%；农牧民人均可支配收入13960元，同比增长10.7%；一般公共财政预算收入6亿元，增长83.9%；社会消费品零售总额3.5亿元，增长13.4%；城镇就业1008人，登记失业186人，失业率2.2%，参加失业保险1140人。

2018年1月9日，曲水县第十三届人大三次会议第三次全体会议召开

【队伍建设】 年内，曲水县按照习近平总书记提出的好干部标准和民族地区好干部要求，既注重基层工作经历，又注重实际工作能力和经验，坚持多渠道选拔干部，唯才是举，通过组织部门反复考察、对比，县委常委会反复研究、综合考虑，把理想信念坚定、政治可靠、驾驭和处理复杂局面能力强、发展思路清晰的干部选拔为部门主要领导。2018 年，启动干部选拔任用工作 3 批次、133 人，涉及人大办、巡察办、县发改等 18 部门主要领导职务任免。选优配强村级党组织第一书记，采取从县委组织部、县委统战部等县直机关派、乡镇中间选等多种方式方法，选优配强 19 个村党组织第一书记。

【人才队伍建设】 年内，曲水县根据中央、区、市关于深入推进教育、医疗组团式援藏工作的一系列部署要求，研究制定《曲水县关于深入推进医疗、教育人才组团式援藏工作拓展实施方案》。截至年底，7 名医疗组团式人才已经就位。通过吸收借鉴援藏省市经济社会建设各方面的先进经验做法，促进曲水县政治、农业、医疗、教育和卫生事业的全面发展。充分发挥好县委党校的教育主阵地作用，围绕推进精准扶贫，提高干部群众思想认识、理论知识水平等为重点，开展培训班次 37 期，学员达 3000 余人次；安排“走出去”学习培训 113 人次，“请进来” 137 人次；同时抓好引进人才工作。2018 年，接收 7 名从非西藏生源毕业生专项招收的公务员并全部分配至乡镇，进一步充实乡镇队伍建设。召开引进人才交流座谈会 3 次，听取意见建议，了解其思想状态，教方法、解疑惑，解决他们的后顾之忧，在全县范围内进一步营造“尊重人才、关心人才、重视人才”的良好氛围。

【农牧业发展】 年内，曲水县充分发挥科技特派员、农技推广体系技术员的作用，邀请农科院其美老师、桑布、王翠玲三位专家先后开展 6 次“冬青 18 号”种植、“喜马拉 22 号”技术培训，培训的对象主要是科技特派员、农技推广体系技术员等有文化、懂技术的农民，培训人数达 2350 人，发放培训资料 1000 多套册子。自 2017 年曲水县整体推进有机农业创建工作以来，全县主要以青稞、小麦、油菜、马铃薯、藏中药材等粮食作物和经济作物种植为主，推进绿色有机种植面积 11.02 万亩。全县有农业机械 16871 台(套)，使用农机购置补贴资金 110.85 万元，购置农机具 172 台套。全年机耕、机播、机收面积分别为机耕 8.5 万亩、7.4 万亩、7.4 万亩；全县总耕地面积 11.02 万亩，总播种面积 12.53 万亩。粮食作物总种植面积 5.06 万亩，其中春青稞种植面积 2.44 万亩，冬青稞种植面积 0.68 万亩，小麦种植面积 1.94 万亩。全县粮食总产达 1704.5 万公斤(单产 336.5 公斤)，比 2017 年粮食总产量增长 10.3%。油菜作物种植面积 0.5 万亩，产量 65.48 万公斤、复种油菜 67.645 万公斤。蔬菜种植面积 1.6 万亩，产量 6.8826 万吨。在全县范围内示范推广“冬青 18 号” 6800 亩，“喜马拉 22 号” 3000 亩，示范试种青稞新品种“苏拉 8237 号” 100 亩。2018 年，曲水县对 12 个品种进行地理标志产品申报，其中大黄 1460 亩(藏边大黄 1325 亩、唐古特大黄 135 亩)、黑枸杞 2953 亩、黑青稞 10000 亩、玫瑰 1900 亩、木香 3325 亩、葡萄 2000 亩、土豆 10000 亩、万寿菊 100 亩、西瓜 100 亩、雪菊 250 亩、郁金香 100 亩。2018 年，全县依法出具动物检疫合格证 210 张，开展检疫检查 30 次，疫情调查 70 次，参与联合农贸市场检查 20 次；开展渔政巡查 51 次。

【畜牧业】 年内，全县存栏牲畜(含家禽)82132 头头(只、匹)，其中牛 57459 头，羊 16266 只，生猪 7208 头，马属 1199 匹。家禽 38314 羽。成畜死亡 903 头，死亡率 1%，新生仔畜 19798 头，成活仔畜 18918 头，成活率 96%。截至年底，已出栏 33451 头，出栏率 40.7%。牛羊猪肉类产量 3220 吨，禽蛋产量 140 吨，奶类产量 1350 吨。

【教育事业】 年内，全县在职教职工 493 人，专任教师 482 人，其中中学专任教师 125 人，小学专任教师 275 人，学前专任教师 82 人，教师学历合格率达 100%。全县共有小学 7 所，中学 1 所，在校生 3385 人，其中小学在校生 2567 人，中学在校生 818 人，适龄儿童入学率达 99.96%，小学在校生巩固率达 100%，适龄少年入学率达 108.63%，在校生巩固率达 100.71%；义务教育九年巩固率达 99.70%。幼儿园 17 所，其中县级幼儿园 1 所，乡级幼儿园 5 所，村级幼儿园 11 所，在园幼儿1339人，农牧区学前一年入园率达114.25%，学前两年入园率达102.11%，学前三年入园率达95.51%。全县教育经费总投入21474.34万元，实施曲水县公共体育场田径跑道、4所小学录播教室、数字校园建设等项目，学前、小学生均公用经费700元，初中生均公用经费900元，学前“三包”经费每人每年3120元，中小学生“三包”经费每人每年3620元。中小学营养改善计划经费每人每年800元。为383名建档立卡贫困学生发放政府助学金266.42万元，解决贫困家庭子女上学难问题。2018年，全县参加中考人数296人，中考平均分达到326分以上，参加其他省市西藏初中班考试人数2人，小考西藏其他省市班获得全市第一名的历史最好成绩，考入西藏其他省市班学34名。

【医疗卫生】 年内，持续深化医疗卫生改革，全面完成县人民医院提升改造、才纳乡医院建设、县妇幼保健院建设项目，曲水县人民医院成功创建“二乙”医院；全面推行分级诊疗工作，完善制定187种病种分级诊疗工作实施方案，扎实推进异地就医垫支工作；深入开展家庭医生签约工作，签约率100%；以达嘎乡试点，全面推广个性化健康服务包；扎实开展“三病”、包虫病综合防治等筛查救治工作，确诊结核病3人，疑似风湿疾病446人，救治白内障患者69名，包虫病患者14名。认真开展健康促进医院、学校、机关、乡镇、村、企业创建工作，创建健康项目促进县；成功举办曲水县运动会暨首届民族传统体育运动会，推动全民运动、全民健身。

【文化事业】 年内，为聂当乡、才纳乡、曲水镇3个乡镇文化站每个站配备价值6万余元的健身器材，为茶巴拉乡、南木乡、达嘎乡3个乡镇文化站每个站解决购置内部设施的经费6万余元，投入资金36万元；南木乡文化站基础设施投入资金10万元；投入5万元资金维修茶巴拉乡篮球场；曲甫村三组文化室由于汛期房屋严重受损墙体破裂，部分房屋倒塌，无法正常开展文化活动，存在一定安全隐患，投入3万元对曲甫村三组文化室进行维修；为8个有寺有僧的寺庙管委会每个点都配备健身器材，投入资金30余万元。为更好发展藏戏队，重新组建江村藏戏队，开展为期1个月培训，购买藏戏队服装、道具等投入资金19万元。为国家级非物质文化遗产协荣仲孜队购买服装4套、道具6套、投入资金7万元。特别是“五有五好”“六个一”工作的推进，曲水县19个行政村已成立一村一文艺队、一村一林卡，自组建以来，县委、县政府高度重视，专门解决“一村一文艺队”启动资金190.1万元。2018年，曲水县县级文化活动中心1处，乡镇综合文化站6个，行政村文化室19个，村民小组文化室73个，农家书屋19个，“寺庙书屋”10个，信息资源共享点8处。曲水县广播电视台站有36座［其中有线电视台（站）7座、数字电视收转站2座、卫星直播站6座、收转站21座］，全县广播电视人口覆盖率达99.95%（广播）和99.97%（电视）。曲水县非物质文化遗产13个，其中国家级3个、自治区级5个、市级3个、县级2个。曲水县76处文物点，其中国家级1处、自治区10处、市级12处、县级53处。曲水县有10个旅游景点、3个旅游厕所、4家旅馆、19余家餐馆。

【社会保障】 年内，曲水县严格按照“不落一户、不丢一人、不漏一

2018年3月27日，曲水县举办西藏百万农奴解放59周年纪念日文艺演出活动

项”的目标要求，利用7台信息采集设备全面开展常态化数据采集工作，完成32020人全民参保信息采集工作，发放16870人的社会保障卡。企业职工基本养老保险方面（不含退休），全年参保目标人数为218人，已参保303人，完成目标任务的138.99%；全年征缴基金目标为297万元，已征缴396.89万元，完成目标任务的133.63%，基金征缴率达100%。机关事业单位基本养老保险方面（不含退休），全年参保目标人数为1525人，已参保1562人，完成目标任务的102.43%；全年征缴基金目标为4258万元，已征缴4944.4万元，完成目标任务的116.12%，基金征缴率达100%。城乡居民社会养老保险方面（不含领取待遇），全年参保目标人数为16050人，已参保17072人，完成目标任务的106.37%；全年征缴基金目标为170万元，已征缴192万元，完成目标任务的112.94%，基金征缴率达98%。城镇职工基本医疗保险方面（包含退休），全年参保目标人数为1756人，已参保2111人，完成目标任务的120.22%；全年征缴基金目标为1537万元，已征缴2466.4万元，完成目标任务的160.47%，基金征缴率达100%。城镇居民基本医疗保险，全年参保目标人数为842人，已参保938人，完成目标任务的111.4%。全年征缴基金目标为44万元，已征缴48.77万元，完成目标任务的110.84%，基金征缴率达100%。为134人次（职工56人次、居民78人次），提供医疗保险待遇报销服务，报销资金172.53万元（职工126.42万元、居民46.11万元）。失业保险。全年参保目标人数为1017人，已参保1104人，完成目标任务的108.55%；全年征缴基金目标为88万元，已征缴90.49万元，完成目标任务的102.83%，基金征缴率达100%。工伤保险。全年参保目标人数为3000人，已参保3654人，完成目标任务的121.8%；全年征缴基金目标为140万元，已征缴340万元，完成目标任务的242.86%，基金征缴率达100%。工伤报销6起，报销金额38万元；生育保险。全年参保目标人数为1514人，已参保1562人，完成目标任务的103.17%。全年征缴基金目标为107万元，已征缴133.9万元，完成目标任务的125.14%，基金征缴率达100%。为95名干部职工提供生育保险待遇报销服务，支付报销款121.72万元。

【旅游服务业】 年内，重点打造秀色才纳AAA级景区和曲水净土健康动物保护园，全年接待游客109万人次，同比增长384%；旅游收入1890万元，同比增长351%。与拉萨布达拉旅游产业集团合作，在茶巴拉乡色麦村4组（桃花村）打造“拉萨乃仓”旅游餐饮为一体的民宿项目，同时申报300万元“桃花村”景观打造项目（包括观景台、观光道、游客服务中心），申报300万元南木沟生态农庄项目，根据拉萨交通产业集团的房车营地项目，正在深挖才纳乡四季吉祥村周边的景点；积极融入“拉北环线”旅游圈，整合全县旅游资源，俊巴渔村民族特色产业项目已经建设完成；发展才纳园区草莓、车厘子等采摘农业和“十三太保”花卉观赏农业，丰富秀色才纳景点内容；加快曲水净土动物保护园水上乐园、儿童乐园建设工作，丰富旅游层次。

【生态环境】 年内，曲水县深入学习笃行“绿水青山就是金山银山”“冰天雪地也是金山银山”重要论述，坚持“五大发展”理念，不断加大生态环境保护力度，县域内呈现出生态建设不断改善、城乡

2018年5月10日，曲水县举办“四讲四爱”群众教育实践活动启动仪式

环境更加整洁、群众意识明显提高、经济发展与环境保护更加和谐的良好态势。开展植树造林，推进国土绿化。县本级财政投入资金816.04万元，完成种植面积2027.93亩，种植苗木18.25万株。全县森林覆盖率达到30.24%，林地面积5.7万公顷。按照“党政同责、一岗双责”要求，将环境保护工作纳入全县“十三五”规划，严格实施环保“一票否决”制，进一步建立完善环境保护考核、奖惩机制，严格落实环保工作责任制，坚持属地管理、分级负责原则，不断落实中央环保重大决策部署。持续推进“控源头、抓重点”，狠抓环境污染防治工作，加大环境监督执法力度，深入推进“大气十条”“水十条”“土十条”综合整治。全年开展执法检查120余家次，行政处罚7家，查封企业燃煤锅炉3家。精准施策，编制长远环境规划，划定并严守生态保护红线，积极推进垃圾转运站建设工作，加快推进农牧区人居环境整治，深入推动农牧区“厕所革命”，加强农村生态环境监管执法。

【乡村振兴】 年内，曲水县探索建立宅基地有偿使用、流转、退出机制，开展农村集体资产确权赋能、农村承包土地经营权有偿退出、征地制度改革和集体经营性建设用地入市等试点工作，“两权”抵押贷款全面铺开，设立抵押贷款增信基金，累计发放981.5万元“两权”抵押贷款，新增收益117万元。着力推进“定成员、清资产、量份额、设经社、赋权能、谋发展”各项工作，清查集体资产价值32.78亿元，界定成员57508名，拟设141个农村集体经济组织。完成未承包到户集体林权改革方式，制作首批24块855.59亩集体林权不动产权证。房颁证（宅基地确权）、地定权（土地确权）、树定根（集体林权制度改革）、权赋能（农村集体资产股份权能改革）、人定心的成效逐步显现。着力推进基本公共服务均等化进程，行政村公路通达率达100%，通畅率100%；行政村移动信号全覆盖，农村安全饮水、通电、通邮、通宽带率达100%；6个乡镇金融网点实现全覆盖。有效推进广播电视电影事业，广播电视“户户通”用户达8750多户，有线数字电视安装337户；建设县城数字影院并配备国际先进的2K、3D数字放映设备，加入中影数字院线，放映38场次。

【现代农业】 年内，曲水县坚持把有机农业作为现代农业发展的重点，加快推进以有机青稞为重点的有机农业发展，种植有机青稞3.12万亩，青稞产量达到2114.5万斤；西藏奇正集团天麦力健康品有限公司以平均6.5元/公斤的价格收购曲水县有机青稞300吨；扎实推进有机种植核心区划分工作，划分有机核心区3.12万亩，其中青稞种植区2.61万亩，划分缓冲区7.9万亩，强化有机农业管理，确保农产品品质。坚持把净土健康产业作为现代农业的重要抓手，在发展净土健康产业过程中，积极转变工作思路，坚持“做减法”，集中力量打造“一瓶好酒”“一粒好药”，不断深化与茅台集团合作，从酒口感入手不断改善玛咖酒品质，推出2公斤装高端品牌，持续加大产品宣传，提升知名度，拉萨茅台玛咖酒销售额达到2000万元；大力发展汉藏药材产业，有机种植汉藏药材35种10761亩，深化与金哈达合作，生产曲楂胶囊等系列品牌药品，金哈达中藏药销售额达到1108.2万元；大力发展奶牛养殖业和藏鸡养殖业，建成6个奶牛养殖合作社，培育奶牛养殖大户701户；建成7个良种藏鸡养殖小区，藏鸡养殖数量达到6万羽。

【项目建设】 年内，全县开复工项目48个，计划总投资47.86亿元。曲水县色甫村至堆龙德庆区旅游产业扶贫公路、县城污水处理厂、才纳自来水厂、县综合活动中心、县乡供暖、既有建筑节能改造、周转房等重点项目有序推进。切实做好为企业服务的工作，完成企业投资备案32个，总投资49.11亿元。严格执行《曲水县政府投资项目施工、监理单位招标投标暂行办法》，建立“曲水县农牧民施工合作社备案库”和“曲水县工程建设监理单位信息备案库”，备案库有46家农牧民施工队，17家监理单位。2018年1月正式启动以来，共开展8次公开摇号招标，中标农牧民施工队15家，中标监理单位10家。共完成摇号招标项目14个，累计金额1944.01万元。

【脱贫攻坚】 年内，曲水县坚持结合实际、分类指导的原则，将产业扶贫摆在突出位置，不断探索扶贫新模式，确立扶贫项目21个，总投资15740万元，完善审批程序，优化监管制度，促进群众就业；完成柳梧跨县区搬迁安置228户693人，积极承接“三岩”片区搬迁任务；加大贫困学生资助力度，为383名建档立卡贫困学生发放政策资助金266.42万元，制定送教上门方案，进一步做实控辍保学工作；严格落实“三个一批”行动计划，开展贫困人口救治工作，报销863人次155.63万元；安排生态补偿岗位2056个，定向补助1026人，发放生态补偿资金719.6万元，定向补助资金26.68万元。全县建档立卡贫困户33户109人实现脱贫，新识别2户7人，综合贫困发生率下降至0.02%，建档立卡贫困户人均纯收入10010元，实现“两不愁、三保障”，顺利脱贫摘帽。由国务院扶贫办全国扶贫宣教中心指导，中央党校党章党规研究中心、民生智库联合主办的“中国新时代脱贫攻坚的曲水实践”案例研讨会，总结形成中国新时代脱贫攻坚的曲水经验。在《国务院办公厅关于对国务院第五次大督查发现的典型经验做法给予表扬的通报》中，曲水县脱贫攻坚工作作为全国130个典型经验做法之一受到表扬，曲水县也是全区唯一得到表扬的县区。

【援藏工作】 年内，全县援藏项目共10个，安排援藏资金6840万元，其中在建4个，完工6个。为推进援藏项目早日建成投产，县发改委安排专人加强援藏项目的协调对接力度，督促业务部门加快办理项目前期手续，积极对接市项目评审中心，提高项目审批效率，为援藏项目建设做好全面的服务咨询工作；争取2015—2016年苏拉资金220万元，在泰州市老街景区、姜堰区溱湖景区、高港区雕花楼景区等地建立曲水地方特色产品展销中心，展销中心的建设将承载曲水农牧民生产的特色产品，打通其他省市市场的战略通道，展销中心建成后，新增曲水特色产品销售额3000余万元；注重规划引领，开展江苏省“十三五”对口支援拉萨市经济社会发展规划中期评估调研工作，并完成2019年和2020年援藏项目计划编制工作，认真开展2019年援藏项目前期工作；积极盘活存量资金，曲水县援藏领导小组多次与江苏援藏前方指挥部沟通协调，上报曲水县“十二五”援藏项目结余资金使用方案，最终确定将援藏项目结余资金1050万元用于达嘎乡派出所建设、才纳自来水厂建设等一批人民群众急需的重要项目。

【招商引资】 年内，曲水县将高新技术、资源循环利用、净土健康产业等国家、自治区重点扶持项目作为重点招商对象，除积极参加京交会、雪顿节、藏博会等招商活动外，自主到江苏、北京、浙江、广东、重庆、四川、上海等地开展针对性的自主招商活动5次。招商引资成功签约项目3个，招商引资实际到位资金达16.7171亿元。成功引进西藏高争民爆股份有限公司703仓库搬迁项目、高度物流青稞食品加工项目、航星洗涤年洗涤量10000吨布草项目、静静环保拉萨市生活垃圾焚烧工业炉渣综合利用项目。

【特色产业】 曲水净土健康产业：曲水净土产业投资开发有限公司是曲水县人民政府出资5000万元组建的国有独资企业，是一家集农业投资、资本运营、农业资源开发、种养殖、农副产品开发、中草药种植与销售、农村电子商务、农业工程项目建设、旅游产业开发、藏药研发与生产为一体的现代化农业发展公司。2018年，曲水县农业产业化基地建设项目开始实施，该项目总投资7.2亿元，建设地点在才纳乡，占地面积322.49公顷，总建筑面积23.1万平方米，其中第一园区占地9.16公顷，包含曲水县净土健康产业园建设项目（百亩连栋温室）；第二园区占地113.33公顷，包括曲水县生态奶牛养殖场建设项目、曲水县有机肥加工厂；第三园区占地200公顷，包含玫瑰种植及深加工、曲水县葡萄种植建设项目、曲水县中藏药材种植建设项目，3个种植类项目（葡萄、玫瑰、藏药材）已完工。

【西藏拉萨净土健康动物保护园】 年内，西藏拉萨净土健康动物保护园以生态建设服务社会为理念，以建成观赏游览、休闲娱乐，科普教育、动物救助保护为目标，构思和创办具有西藏特色的综合性野生动物观赏景区。

2018年，按照规划，丰富和提升动物展出的内容和档次，提升园区动物观赏多样性和繁殖数量能力，不断完善各项基础设施建设，项目内容有猛兽区建设及附属工程、儿童游乐场建设、道路监控、孔雀斑马矮脚马圈舍改造、停车场扩建、道路广播及道路绿化花卉种植等。2018年，引进东北虎2只、白虎1只、孟加拉虎2只、非洲狮2只、小熊猫4只、大象1头,环尾狐猴4只、矮脚马19只。并成功繁殖梅花鹿21头、矮脚马1匹、羊驼1只。为做好动物救助工作,发挥健康动物保护园基地的功能,成功救助岩羊2只、猕猴2只、狼2只、鹰隼2只、金雕1只、孔雀1只。自2016年动物园先后成功养殖大象、老虎、狮子、狼、小熊猫、猴、骆驼、岩羊、羊驼、牦牛、斑马、梅花鹿、鸵鸟、山鸡、野鸡等30余种动物。2018年,园区客流量131.3万人次,外包门票营业收入5839475元、商店收入494257元、停车场收入466648元、自行车租赁收入449320元,总计7249700元。自主营业收入(游乐场1351710元、租赁费1890000元),总计3241710元。

2018年8月29日，曲水县第一届藏戏唱腔比赛决赛在泰州广场成功举办

【党的建设】 年内,曲水县坚持把党的政治建设放在首位,扎实推进“两学一做”学习教育常态化、制度化,深入开展党员政治教育活动,教育引导党员干部坚定政治信念、树牢“四个意识”、增强“四个自信”、做到“两个维护”。出台《关于构建精干高效乡镇管理体制机制试行办法》,对派出所、学校等实行属地管理和垂直管理“双重管理”;明确村党委领导核心作用,发挥一书、工作队、下沉干部的协助指导作用。扎实推进村级活动场所标准化建设,突出政治功能、服务功能和乡村特色,全面完成村组织活动场所标准化建设,为实施“五型”党组织建设奠定基础,白堆村、德吉村等成为全市村级组织活动场所标准化建设样板。大力实施“三建三带三加力”工程,不断提升党组织凝聚力战斗力创造力,注重发挥基层组织战斗堡垒作用,能组织、能管理、能提升,关键时刻能发挥作用成为必须要求。

牢牢把握意识形态领域工作主动权。扎实推进“四讲四爱”群众教育实践活动,深入学习宣传中共十九大精神和习近平新时代中国特色社会主义思想,教育引导群众维护核心,拥戴核心;以创建全国文明城市为契机,深入宣传社会主义核心价值观,建立社会主义核心价值观宣传墙,提升群众文明素养;加大网络舆论监管工作,营造良好的网络环境。

【廉政建设】 年内,成立曲水县监察委员会,选举配齐监委会班子,与县纪委合署办公,实现对所有行使公权力的公职人员监察全覆盖。严格落实中央八项规定及其细则,驰而不息纠正“四风”“三公经费”支出357.3万元,同比减少24%;深入开展文山会海、不作为慢作为等专项整治工作,查找问题20条,全部整改完成。持续加强反腐败斗争工作,坚持反腐败无禁区、全覆盖、零容忍,全面完成九届县委第一、二轮巡察工作,年底正在开展第三轮巡察。强化执纪问责工作力度,2018年,接到问题线索13件,其中函询2件,初核了结3件,立案3件,3件正在审查核实;全县通报5人,通报单位1家,提醒谈话6人,诫勉谈话4人,政务警告1人,党内严重警告1人。深入开展扶贫领域腐败和作风问题专项整治行动,加大责任追究工作力度,约谈领导干部4名,诫勉谈话1人,批评教育1人,政务警告1人。

【曲水县首届中国农民丰收节】 年内,曲水县举办中国首届农民丰收节,曲水镇茶巴朗村尼玛次仁家的奶牛以综合第一的成绩荣获一等奖,聂当乡德吉村边巴次仁家的2头奶牛获得二等奖,曲水镇茶巴朗村桑珠家的犊牛获得一等奖,活动中,发放奖金81400元。获奖奶牛、牦牛、犊牛参加拉萨市首届中国农民丰收节优质奶牛竞赛活动，其中曲水镇茶巴朗村桑珠家的犊牛获得一等奖，曲水县累计获得奖金164000元，为此次拉萨市中国首届农民丰收节优质奶牛竞赛活动画上圆满的句号。

（徐　通）

尼木县

【概况】 尼木县地处雅鲁藏布江中游北岸，系前后藏结合部，地势是北高南低，尼木河两岸为代表的河谷地区，地势平坦，平均海拔4000米，境内最高点穷母岗峰，海拔7048.8米，最低点为玛曲河汇入雅鲁藏布江处，海拔为3701米。全县2018年度全年用水总量3921.1万立方米，全县范围内有33条主要河湖段、139处农村水源点、水塘87座、水库2座；建成水厂1座，设计日供水能力6150立方米。属高原温带半干旱季风气候区，四季分明，夏季雨水集中，辐射强，年日照时数2947.2小时，年无霜期100天左右，年降水量324.2毫米。距离拉萨市约140公里，辖33个村（居）、137个自然组，2018年年底全县人口7891户34467人，人口出生率11.5‰，自然增长率5.1‰。全县面积约3275.8平方公里，以农牧业为基础产业，净土健康产业为支柱产业，藏鸡养殖业为农牧业特色产业。农业包括青稞、小麦、豌豆、油菜、土豆等作物，畜牧业包括牦牛、绵羊、山羊等。耕地面积43623.89公顷，粮食播种面积31427.77公顷，经济作物耕地面积466.67公顷。森林覆盖率10.44%，林地面积35227.98公顷。国家级野生保护动物有豹子、岩羊、狗熊、猞猁、獐子、黑颈鹤等，已探明矿产资源有铜、钼、泥炭等。主要旅游景点是吞巴景区，级别为国家级AAA级景区。尼木县作为藏文字的发源地，文化氛围浓厚，民风淳朴，被誉为“尼木三绝”的吞巴藏香、雪拉藏纸和普松雕刻享誉区内外。2018年，实现地区生产总值8.97亿元，同比增长9.3%，其中，第一产业完成1.34亿元，同比增长6.5%，第二产业完成4.17亿元，同比增长14.8%，第三产业完成3.47亿元，同比增长3.9%；工业增加值0.68亿元，同比增长33.33%。全社会固定资产投资同比增长40.7%，完成邮政业务总量172.4万元，完成电信业务总量3597单，固定电话用户681户，使用率89.12%；移动电话用户2852户，使用率97.23%；互联网用户745户。社会消费品零售总额0.7亿元，同比增长13.6%。接待旅游9.7万人次，实现旅游收入4091万元，同比增长19%。地方财政收入15470万元，同比增长8.5%；地方财政支出91327.96万元，同比增长2.5%。年末城乡居民储蓄存款余额26486万元。全年农牧民人均可支配收入12865.1元，同比增长10.57%，实现城镇新增就业766人，城镇登记失业率控制在2.2%以内。截至年底，参加城镇失业保险1172人，参加基本养老保险1519人。参加新型农村合作医疗30587人，参合率100%。参加新型农村养老保险11536人，已领取养老保险待遇3306人。城镇居民中有294人得到政府最低生活保障金。有寺庙、拉康、日追22所。

2018年11月28日，五洲医院在尼木县开展残疾儿童鉴定及康复救助筛查工作

【农牧业】 2018年，完成农林牧渔业总产值23274.94万元，同比增长19.89%，其中，农业产值9740.28万元，牧业产值13485.05万元，农林牧渔专业及辅助性活动产值254.6万元。2018年全县耕地确权面积43623.89亩，总播种面积65623.89亩，其中粮食播种面积

32000 亩，经济作物播种面积 7000 亩，饲草面积 5196.12 亩，芫根复种面积 22000 亩。粮油总产为 2798.7 万斤，其中，粮食产量为 2601.4 万斤，同比增产 1028.4 万斤；青稞产量为 2234.5 万斤，同比增产 883.4 万斤；油菜产量为 197.3 万斤，同比增产 52.1 万斤。2018 年，完成牲畜存栏 136480（只、匹），猪牛羊肉产量 1984.58 吨，奶产量 6808.69 吨，禽蛋产量 128 吨。全县共有农牧民专业合作社 87 个，注册资金 7620.6 万元，入社成员 1362 人。

【有机农业】 2018 年，打造有机基地 3420 亩，尼木有机农业网站和有机农产品追溯管理系统建成投用，牦牛、雪菊、藜麦取得有机证书，保持土豆、油菜、青稞有机转换证书有效性。

【“双创”工作】 小微企业创业创新公共服务信息化平台建成投用，建成三个孵化载体。完成“两创示范”特色商业街区规划和第一个众创空间搭建工作。小微企业吸纳就业 3184 人，成功申报 6 家民营企业“梦创拉萨”扶持资金 60 万元。全县非公企业 14 家，注册资金 1.28 亿元，从业人员 950 人。

【旅游业】 加快吞巴景区提档升级工程，与西藏文化旅游有限公司达成 2.8 亿元的吞巴景区合作开发协议。积极推进琼穆岗日雪山景区开发，与北京山海旅游有限公司签订 6.6 亿元的合作开发，2 年内完成景区建设达到试营业条件。加快建设以民俗为主题的卡如沟域经济，使之成为尼木全域旅游线路上的重要节点。自试运营以来，共接待游客 8000 余人，实现旅游收入 21 万余元。加快续迈温泉整体开发力度，投资 840 万元的续迈温泉旅游配套设施建设一期项目已完工，积极申报 1000 万元的续迈温泉二期项目 2019 年开工。投资 96 万元拍摄尼木县文化旅游电视音乐 MTV《缘起 · 文香故里》宣传片，在中央电视 4 台、中央 6 台电影频道、中国旅游卫视、西藏卫视、拉萨电视台以及新华网站，对尼木全域旅游和旅游产品进行宣传。

【特色产业】 藏香文化产业。藏香产业园区精准扶贫示范基地项目和非遗展示厅项目建成投用，成立的藏香协会、藏香研发中心创意开发藏香衍生产品，在传承藏香文化的同时不断促进藏香规模化发展。

藏鸡产业。2018 年，投资 9600 万元的藏鸡原种保护基地二期建设项目基建部分基本完成，设备安装已完成 70%；积极推进投资 1600 万元的藏鸡小循环项目和投资 2100 万元的尼木县建档立卡贫困户藏鸡标准化养殖基地建设项目二期。

【招商引资】 组建县级招商引资服务中心，成立藏博会重点签约项目服务专班。2018 年，招商引资项目 11 个，总投资 27.96 亿元，到位资金 7.1 亿元，同比增长 11.36%。

【教育事业】 2018 年，本级财政投入 2850.2 万元发展教育事业，建成 7 所村级幼儿园并开园招生，学前教育普及程度进一步提高。县中心小学教工宿舍、援藏教学楼、学生宿舍、续迈乡完小风雨操场等项目全面建成。教育扶贫工作稳步推进，兑现建档立卡家庭 127 名大学生补助 110.66 万元，兑现边缘户家庭 40 名大学生补助 27.59 万元。落实“三包”及营养改善计划经费 2022 万元。中考成绩成功实现进位目标，位列拉萨市各县（区）第四名。

2018年8月5日，尼木县“第七届吞弥文化旅游节”在尼木县吞巴乡开幕

【医疗卫生】 年内，藏医院、援藏专家楼建成投用。成功创建“二级乙等”医院。包虫病救治率达到100%。积极开展“三病”综合防治工作，筛查各类人群2.23万人，筛查率95%以上。与北京房山区良乡医院、拉萨市人民医院建立远程会诊，援藏医疗人才培训本地医务人员150人次。全年补偿大病统筹基金1053.23万元，其中736人次享受“先诊疗后结算”优惠政策。制定《尼木县健康扶贫医疗救助兜底保障实施方案》，对贫困人口医疗自付费用实行政府兜底，将20种特殊门诊病种纳入农牧区医疗大病统筹报销范围。

【文化事业】 尼木县第三批国家公共文化服务体系示范区通过国家验收。县、乡、村三级公共文化网络服务供给平台和文化图书站点及县城数字影院建成投用，县城和6个乡广播电视收转站建设工作基本完成。投入120万元，基本完成全县33个村（居）、7所学校的“五有”建设工作。开展文化下乡60余场次，受众人数2.5万人次，放映电影570场次，受益群众4.26万人次。中小学校体育场馆面向社会免费开放。参加拉萨市首届运动会暨民族传统体育运动会和工间操比赛，获得优异成绩。

【社会保障】 民生实事落实到位。县本级投入2574.52万元的10件民生实事全部落实到位。投入79.76万元维修农村客运场站，全面完成县际农村客运班线改革，开通5条农村客运班线，乡（镇）覆盖率100%，行政村覆盖率93%。住房保障坚强有力。投资579万元完成76户老旧房改造，完成吞巴乡特色小城镇275套棚户区改造任务，对8户城镇低收入家庭发放租赁住房补贴2.75万元。保障体系不断完善。“六大保险”参保人数10126人，基本实现应保尽保。城乡居民养老保险参保人数14927人，缴费总额151万元，基本实现全覆盖。发放60岁以上城乡居民养老保险待遇328万元，做到应保尽保。医疗救助550人次，发放救助金212.11万元。临时救助73户次，发放救助金34.76万元。发放社会保障对象661户2583人“两线合一”补贴金82.79万元。

2018年8月22日，尼木县开通农村客运班线

【扶贫开发】 2018年，全县实现整体脱贫摘帽。建档立卡贫困人口人均可支配收入达到10799.81元，收入结构更加优化。健康扶贫工程示范县创建工作受到国家卫生健康委员会办公厅、国务院扶贫办综合司通报表扬，成为自治区唯一受表扬的一个县区。完成拉萨经开区、尼木县城、麻江乡、帕古乡彭岗村易地扶贫搬迁安置点建设，实现500户2075人搬迁入住，入住率100%。其中，拉萨经开区集中安置225户881人；县城一期集中安置100户505人、二期集中安置115户418人；麻江乡集中安置16户60人；帕古乡彭岗村集中安置44户211人；2017—2018学年，学前双语毛入园率达到79.76%，小学毛入学率达到99.97%，巩固率达到99%，初中毛入学率达到99.91%，巩固率达到100%。2018年县财政教育经费投入2850.2万元，教育经费逐年增长；2018年实施扶贫产业项目13个，总投资7.15亿元，其中援藏资金0.86亿元，已完工项目2个，在建设项目8个，进行前期工作准备及招投标工作项目3个；2018年上半年，安排以补岗位2500个，按要求已兑现50%的以补岗位资金437.5万元（每年3500元／人）。2018年下半年，安排以补岗位2495个（因4人去世、1人就业），按要求已兑现以补岗位资金436.625万元。

兑现定向政策补助 55.952 万元（每年 260 元／人）。

【生态环境】 完成整改销号中央环保督察反馈问题 48 项，配合完成自治区环保督查反馈问题台账资料收集整理备案工作；本级财政投入 1530 万元用于生态恢复与基础设施建设，编制《尼木县生态文明建设示范县 2017—2020 创建规划》，制定《尼木县生态保护红线划定工作方案》《尼木县生态保护红线方案》，完成植树造林 2180 亩、封山育林 2000 亩，8 个乡（镇）、29 个村获得自治区生态乡村命名；完成县加油站油气回收装置改造工作，开工建设县城污水处理厂及收集系统工程和帕古乡垃圾无害化处理设施建设项目，配合自治区完成新建厕所 31 座，全县生态环境质量总体优于 2017 年同期水平。

【社会综合治理】 投入 1483.01 万元，积极落实公、检、法、司经费保障及开展“三项斗争”，推进县乡村综治中心规范化建设，深化网格化管理和“双联户”治理模式，网格化和双联户工作覆盖率 100%，基层群防群治人数达 2500 余人。“四讲四爱”群众教育实践活动宣讲 1739 场，受众 15.87 万人次，开展实践活动 310 余场。

【矛盾纠纷化解】 2018 年，全县人民调解委员会共排查各类矛盾纠纷 122 起，化解 119 起，化解率 97.5%。接待群众来信来访 23 批件 59 人次，信访总量同比上升 39%，信访人次同比上升 53%，办结 23 批件，办结率 100%；上级转交办 9 批件 34 人次，信访总量同比上升 22%，信访人次同比上升 61.7%，办结 9 批件，办结率 100%。协调兑现拖欠民工工资资金 620.017 万元。

【民族宗教】 深入推进民族团结进步事业，深入开展藏汉双语互学互助，“民族团结一家亲”和民族团结联谊活动，各民族交往交流交融更加深入。召开 2018 年度民族团结进步表彰大会，对 14 个民族团结模范集体、16 名个人和 4 户家庭进行大力表彰。

落实利寺惠僧政策，投资 60 万元落实提确林寺僧舍维修项目、投资 60 万元落实热杰寺僧舍维修、投资 25 万元落实杰吉寺大门、围墙维修，市级投资 100 万元、县级投资 60 万元用于夏荣寺僧舍维修。为全县 22 座寺庙（拉康、日追）僧尼进行免费体检，重点对风湿病、结核病进行筛查体检。

【安全生产】 2018 年，全县共发生各类生产安全事故 70 起，亡 7 人，伤 10 人，直接经济损失 646.12 万元，与 2017 年同期（事故 62 起，亡 2 人，伤 12 人，直接经济损失 24.68 万元）相比，事故起数上升 11.4%，死亡人数上升 350%，受伤人数下降 16.7%，直接经济损失增加 621.44 万元。对 6 个重点行业领域进行检查 6374 次，发现隐患 848 处，整改 848 处。

【党建工作】 截至 2018 年底，尼木县共有基层党组织 254 个（212 个党支部、32 个党总支、10 个党委），党员 3527 名，其中农牧民党员 2228 名，占 63.2%；女性党员 1050 名，占 29.8%；30 岁以下的 968 名，占 27.4%；大专及以上学历 1058 名，占 30%。

县委始终坚持和加强党的全面领导，毫不放松地坚持党要管党、全面从严治党，以“两保四促一巩固”（党建保稳定、保生态，党建促服务、促产业、促增收、促脱贫，党建巩固小康）为主线，不断夯实执政基础，努力提高党建科学化水平。研究制定《中共尼木县委

2018年9月30日，尼木县举行“9·30”烈士纪念日公祭活动，并邀请14名烈士亲属出席活动

员会关于高举习近平新时代中国特色社会主义思想伟大旗帜全面建成小康社会奋力开启全面建设社会主义现代化尼木新征程的意见》,开展"支部讲政策,群众帮群众""你努力我帮忙大家携手奔小康"两项活动,教育引导群众实现精神与物质"双脱贫"。投入500万元对31个村级组织活动场所进行功能设置。对2018年末位倒排的4个软弱涣散村级党总支进行集中整顿,取得良好成效。结合"大谈话、大调研、大落实"活动,县委组织部成立4个督查组进行2轮"回头看"。研究制定《尼木县开展"党建带群建 聚力抓小康"工作实施方案》,持续深化党建带群建工作。成立县"两新"工委,新成立非公企业党支部4个。依法依规完成48个县(中)直单位党组织换届选举,新成立2个县直单位党组织。开发具有"西藏特点·尼木特色"的"红色北斗·智慧党建"系统,精心制定农牧民党员档案模板,投入7.14万元全面规范农牧民党员档案,全年村集体经济收入618.4万元。

【政府自身建设】 2018年,尼木县坚持以建设群众满意的廉洁政府、法治政府、效能政府、服务政府为目标,不断提高施政水平和能力。坚决落实区、市、县各项决策部署,严格落实党风廉政建设主体责任,加大简政放权和行政监察、审计监督力度,政府系统廉政建设扎实推进。严守党的政治纪律和政治规矩。依法主动接受县人大的法律监督和县政协的民主监督,2018年办理人大建议84件、政协提案27件,办复率达100%。全面梳理和公开政务服务事项,规范公共服务行业,继续推进行政审批"三集中",不断深化行政审批"接、放、管、服"工作。

【廉政建设】 年内,开展经常性纪律教育,利用县委理论中心组传达学习中央以及自治区、市关于党风廉政建设和反腐败工作的相关文件精神,深刻认识和正确把握新形势下全面从严治党的新指示和新要求,教育引导党员领导干部时刻绷紧廉洁自律这根弦,时刻保持警钟长鸣、警惕长存;充分运用"尼木清风"微信公众号加强反腐宣传警示教育,延伸扩大教育宣传效果,督促全体党员干部自觉增强党性意识和纪律观念,尼木清风共更新34期,累计发布172条各类廉政信息。层层压实"两个责任"。深化"双述",协助县委召开述责述廉评议质询会议,签订《党风廉政建设责任书》,坚持压力逐级传导,责任全面覆盖。深入开展定期约谈,坚持问题导向,深化谈话内容,县委主要领导带头对各乡镇、县直各单位党政主要领导进行约谈,层层传导压力,环环相扣责任,共对发现的问题提出整改建议85条。从严追责问责,倒逼责任落实,建立健全责任追究机制,对履行职责不力、失职失责的严肃问责,对重点领域特别是自治区、市党委以及县委督查发现的问题,开展整改落实"回头看",整改责任不落实的严肃问责,共问责12人。严格贯彻落实中央八项规定及其实施细则精神,坚持把作风建设抓常、抓细、抓长,坚决挺纪在前,严防"四风"问题反弹,累计开展执纪监督检查66次,查处违反中央八项规定精神问题1件,给予诫勉谈话1人,通报曝光1起1人。

(于海啸)

当雄县

【概况】 当雄县属拉萨市纯牧业县,位于西藏自治区中部,藏南与藏北的交界地带,拉萨市北部,距拉萨市170公里。县域国土面积1.23万平方公里,平均海拔4300米。地理坐标为东经90°45′~91°31′,北纬29°31′~31°04′。北部与班戈县、那曲市接壤,南与林周县、堆龙德庆区交界,东部一隅与那曲嘉黎县相连,西南与尼木县毗邻,青藏公路(国道109线)由东向西横贯全境。东北至西南颀长,长185公里,西北至东南狭窄,宽约65公里,其中最窄处约34公里。当雄县下辖6个乡2个镇29个村(居)委会,172个村民小组,全县总人口52351人。在职干部职工1927人,退休干部职工353人,全县共有基层党组织306个,基层党支部267个,党员4936人,其中牧民党员3428人。有中学1所,在校生2164人,教职员工182人;小学9所,在校生5659人,教职员工342人;幼儿园29所,在园幼儿2042人,教职工56人;有"牧家书屋"28个、"寺庙书屋"22个、文化站8所(含县文化活动中心)、文艺演出团体1个;县中心医院1所,医务人员72人,乡镇卫生院7所、医务人员91人;防疫站1所,专职人员11人;特困人员114人;享受城镇最低生活保障333户、590人,享受农村最低生活保障553

户、2310 人。全县共有各类宗教场所 24 个，其中有僧无场所 2 个，嘎巴点 13 个，旦康 2 个，大型寺庙 4 座，小型寺庙 3 座。

【经济发展】 2018 年，全县完成地区生产总值 19.91 亿元，同比增长 9.3%；全社会固定资产投资同比增长 19.2%；社会消费品零售总额 2.12 亿元，同比增长 13.5%；地方财政一般预算收入完成 3.94 亿元，同比增长 32%；农牧民人均可支配收入 15850 元，同比增长 10.5%。全年共接待国内外游客 54.58 万人，实现旅游门票收入 4800 万元。以羊八井地热电站为轴的光伏与风能产业连线成片发展的新能源产业园区，2018 年总产值达 8654.18 万元。2018 年，当雄净土公司共签订牦牛肉订单 4755.26 万元，销售有"身份证"牦牛肉 200 吨、2000 余头，实现营业额 2000 余万元。成功打造"纳木错圣水"品牌，2018 年签订订单 37800 吨，实现营业额 4500 万元。

【气候】 受大气环流和地形影响，当雄县气候的主要特点为：冬季寒冷、干燥，夏季温暖湿润，雨热同期，干湿季分明，天气变化大。年均温度 1.7℃，年均降雨量 459.6 毫米，年均蒸发量 1891.4 毫米，年均日照时数 2837.9 小时，年均太阳辐射总量 187.9 千卡 / 平方厘米每年，年均≥ 0℃，无霜期 62 天，积温 1800℃，无霜期仅 62 天，牧草生长期仅 90 ～ 120 天。地表温度平均为 4.8℃，从头年 11 月至翌年 4 月有 6 个月的土地冻结期，全年八级以上风力平均达 17.8 天，多发生在 12 月至 3 月之间。大雪、冰雹、霜冻、干旱、大风等自然灾害频繁。

【地貌】 当雄地貌类型复杂。著名的念青唐古拉山脉沿县的西北横穿全境，海拔 7111 米的主峰位于县辖宁中乡境内，第十一届亚运会圣火取自念青唐古拉山主峰下。总地势由西北向东南倾斜，东北部为高原平原，西北部和东南半壁皆为高峻山地，其间夹着近同念青唐古拉山走向的山间构造宽谷盆地，呈现岭谷平行相间的较有规则的条状地形。盆地海拔都在 4200 米以上，山地海拔最高为念青唐古拉主峰 7111 米，相对高差 3000 米左右。在北部高平原上，有西藏第一大湖——纳木错。地貌分为四个地貌单元，西北部冰蚀高山、极高山，东部高寒中山，北部高原湖盆地和中部洪积宽谷盆地。

【水文】 当雄县水域面积 12.744 公顷，占总面积的 12.7%，其中河流面积 1262.75 公顷，湖泊面积 7.6 公顷，沟渠面积 5.81 公顷，水工建筑物（电站）面积 1.93 公顷，冰川及永久性积雪向积 5.03 万公顷。河流总长度 1152180.0 米，平均水面宽度 10.1 米，水系密度 115.6 米 / 平方公里。境内河流有桑曲、布曲、当曲、拉曲、尼木玛曲等，是拉萨河的主要支流和发源地，也是当雄—羊八井盆地、沼泽、草甸地带的水源所在，北部纳木错湖区为内流水系，水流注入纳木错。

全县地表年平均径流量 23.80 亿立方米，主要河流是典型的以雨水补给为主融水和地下水补给为辅的河流，有着非常丰富的水资源，水利开发有极大的优势。

【水资源】 由地表水和地下水构成。地表水溪河流与山川相倚，呈支状分布。以念青唐古拉山为分水岭，分别注入纳木错湖和汇入拉萨河，注入雅鲁藏布江。县境内较大的河流有桑曲河、拉曲河、布曲河、秀古河等。主要河流以雨水补给为主，冰雪融水地下水补给为辅。地表径流量年平均 23.8 亿立方米。湖泊面积 7.6 万公顷。纳木湖储水量 228.06 亿立方米。永久积雪储量 252 亿立方米。地下水资源丰富，埋藏浅，水质好，可供人畜饮用。热泉资源比较突出，羊八井地热温泉涌水量为 1000 立方米 / 秒。当雄县水域面积 19.61 万亩，冰川积雪面积 19.02 万亩，山沟溪水密布，水源丰富。当雄县草场灌溉引用秀古河、雄嘎姆沟、罗荣沟、白朵沟等水源挖灌，根据实地调查，这些水源是典型的以雨雪水补给为主，地下水补给为辅的溪流，水质优良，为重碳酸盐类钙组水，属软水，适宜农牧业用水和人畜饮水。

【矿产资源】 当雄县境内矿产资源有砂锡、铅锌、玉石、高岭土、石膏、火山灰、石灰石、水晶石、硫黄、泥炭等，其中以羊八井热田和羊易热田最为著名，1980 年就建设羊八井第一台 3000 千瓦机组发电，至 1992 年羊八井共装机组 9 台，总容量 25180 千瓦，年发电量 1 亿千瓦，向拉萨和当雄供电。已探明并开采的矿产资源有乌玛乡的石膏矿，储量 1 亿吨，还有高岭土、火山灰、铝锡、铅锌矿和以铜矿为主的稀有金属矿，均有相当的储量和品质。

2018年5月20日，“情醉姆兰雪山·寻觅虫草之旅”西藏当雄第三届虫草文化旅游节

【旅游资源】 当雄县主要名胜古迹和旅游景点有世界海拔最高的咸水湖——纳木错、历史名城冲嘎固始汗夏宫遗址、享有盛名的藏传佛教噶当派创始人——仲敦巴旧址、藏北八塔、嘎洛寺(噶举派)、羊井寺(噶举派)、康玛寺(格鲁派)、多吉林寺(噶举派)。羊八井镇拥有驰名中外的地热电站，喷景壮观；海拔4718米的纳木错是西藏著名的佛教圣地之一，是全国第二大咸水湖，享有“圣湖”的美誉；与“圣湖”遥遥相对的是“神山”念青唐古拉山；主峰下是1990年第十一届亚运会圣火采集点，同时也是牧民从事宗教活动及赛马、赛歌的好地方。当雄县宁中度假村借用天然的温泉资源，配以相应的设施，是一个旅游修养的绝佳之地。

【自然资源】 当雄自然资源丰富，境内草场广阔，天然草场总面积691500公顷，林地90398.29公顷，年鲜草可利用量为629336.95吨。当雄天然草场分为4个草场类、6个草场亚类、15个草场组、33个草场型。优良草场占全县可利用草场的68%，质量中等的占29%。根据2011年草原生态保护补助奖励机制核定：草畜平衡理论载畜量为87.0399万只绵羊单位的牲畜。当雄土地资源特点是山地冰川、河谷多，高山寒漠土、袓骨土、草甸土、高山草原土、亚高山草原土、草甸土和沼泽土8类，高山草甸土是当雄分布最大、面积最大、最主要的土壤类型，占当雄土壤总面积的51.85%，人工草场32000公顷，灌溉面积6000公顷。

【野生动物资源】 有野兔、盘羊、黄羊、野驴、旱獭、石羊、高原鼠兔、狐狸、黄鼠狼、狼、豹、猞猁、麻雀、乌鸦、雪鸡、山鸡、水鸭、黄鸭、大雁、白天鹅、黑颈鹤、秃鹫和鹰等。

【经济药用植物】 有冬虫夏草、藏贝母、藏雪莲花、单子麻黄、红景天、龙胆、甘遂、云南黄芪等。

【精准扶贫精准脱贫】 年内，坚持把脱贫攻坚工作放在各项工作的首位，夜以继日，苦干实干，以咬定青山不放松的韧劲，以抓铁有痕踏石留印的作风，狠抓各项工作落实。紧紧围绕产业扶贫、易地搬迁、技能培训和转移就业、教育扶贫、生态补偿、医疗救助、社会保障、志智双扶、北京援藏扶贫、“十项提升工程”等措施，转变群众思想观念，激发群众内生动力，鼓励群众创业就业，带领贫困群众脱贫致富。截至年底，全县共1845户8288人的人均可支配收入越过国家贫困标准线，实现“两不愁、三保障”目标，未脱贫5户16人，全县贫困发生率从脱贫开始的16%降至0.03%，顺利通过国家贫困县退出专项评估检查，实现全县脱贫摘帽。

【净土健康产业】 年内，成功举办西藏首届牦牛产业高峰论坛、“中国好牛肉·纳木错好牛肉”主题牛人峰会，当雄牦牛肉的知名度和影响力不断扩大。与浙江电商企业环球捕手强强联合，当雄有“身份证”的牦牛肉上线4小时销售额超过120万元。在全国一线城市设立25个营业点，与中国牛人俱乐部签订当雄牦牛肉三年1亿元的销售合同。与江苏昆山深度合作，成功参加2018年海峡两岸(昆山)农产品展示展销会，并设立西藏味道体验店。2018年，当雄净土公司共签订牦牛肉订单4755.26万元，销售有“身份证”牦牛肉200吨、2000余头，实现营业额2000余万元，直接受益群众2000余户。净土牧场改革试点郭庆点已初获成功。

截至年底，已签订草场租赁、牦牛入股及超载牲畜收购协议，流转草场13万亩，入股牦牛1541头，收购2279头，正在创建的国家级“牦牛产业园”已通过自治区级评审。依托丰富的天然饮用水资源优势，成功打造“纳木错圣水”品牌，已形成“5100”中国知名商标、“纳措琼姆”自治区著名商标的天然饮用水产业。与北京易佳农连锁超市签订供货协议，供货300余家店铺。2018年，签订订单37800吨，实现营业额4500万元。

【文化旅游产业】 年内，共接待国内外游客54.58万人，实现旅游门票收入4800万元。康玛温泉酒店基本建成，“行者·黑帐篷”游客服务中心项目拉多点已建成并投入运营，姆蓝雪山、廓琼岗日冰川、唐滨湖、阿热湿地等旅游景区（点）开发建设顺利推进。同时，启动“温泉+”旅游模式，建设完成羊八井蓝色天国地热开发项目，“温泉+休闲”的旅游布局已完成，全力打造“天然温泉之乡”。深入挖掘文化旅游内涵，成功举办当雄县第三届虫草文化旅游节、“当吉仁”赛马节及西藏首届农民丰收节。“天湖·四季牧歌”首次走出当雄走进北京演出，反响热烈。特别是2018年赛马节开幕式的舞蹈“吉祥二十一步”成功入选2019年藏历新年晚会、故事片《天缘·纳木错》获得国家奖项，进一步提升全县牧民群众的文化自信。

【招商引资】 年内，西藏高原蓝公司的牦牛产业万户脱贫项目等一批投资大、带动力强的项目相继落地。以羊八井地热电站为轴的光伏与风能产业连线成片发展的新能源产业园区，2018年总产值达8654.18万元，已成为推动全县经济社会发展的新动力。

【乡村振兴】 年内，109国道控制性工程，S206、S303、G561、龙江线改扩建工程等国家重点项目相继开工实施，进一步提升当雄县的交通区位优势。2018年，共实施保障性住房项目3个，新建干部职工周转房48套。投入资金4434.01万元，实施县城污水处理厂建设项目。投入资金7175.87万元，加快推进羊八井特色小城镇建设项目（一期）。完成乌玛塘乡农贸市场建设项目、当雄县规范化村（居）活动场所建设项目等基础设施建设项目。投入资金3074万元，完成县城集中供暖工程（一期）建设项目。

年内，积极推进城镇周边村庄“厕所革命”项目，共实施建设公共卫生厕所53座，其中27座已基本完工。加大城乡环境综合整治力度，开展私搭乱建及占道经营行为专项整治工作，拆除街边违建建筑20余处。投入资金4137.18万元，实施防洪设施重大水利项目、新增和改善灌溉面积101万亩、新建和维修农村饮水点40个，有效保障牧业生产和饮水安全。投入资金6743万元，实施农村电网改造升级工程。投入资金413.91万元，实现县城内有线数字电视网络全覆盖。加快推进牧区（寺庙）广播电视直播卫星设备覆盖工程。全县广播电视覆盖率达到99.5%以上。形成四级非遗保护名录体系，2018年公布当雄县第五批非物质文化遗产代表性项目100个、代表性传承人10人，创历史新高。

【生态环境】 年内，通过自治区基本草原划定验收。完成当雄县自治区级生态创建工作。完成生态保护红线初步核定工作。完成纳木错自然保护区107处临时建筑和45个摊位的拆除整治工作。完成全县10家采砂采石厂整合整治工作。累计投入资金1161万元，用于县域空气质量环境监测网络体系建设、实施当雄县2017年度农村饮用水水源地环境保护工程、加强生活垃圾收集转运及乡镇综合环境整治能力建设、开展污染源普查、开展消除海拔4300米以下“无树村无树户”工作和县域、农村环境质量监测工作。累计兑现资金3268.11万元，实施2018年重点区域公益林建设、2018年草原生态补偿工作和退牧还草工程，对50万亩草场实施围栏休牧。推广“河长+警长+公众河长”模式，建立健全“河长制”工作体系。

【社会事业】 年内，坚持把民生改善作为一切工作的出发点和落脚点，全年投入2亿多元用于民生福祉，占财政支出的七成以上。优先发展教育事业。累计投入资金3900万元，相继实施11所村级幼儿园、中小学浴室改扩建等教育基础设施建设。投入资金1000万元，兑现教师岗位津贴、表彰教学成绩突出的单位和个人。义务教育基本均衡县高标准通过国家验收。大力提升医疗卫生水平。累计投入资金2000余万元，相继实施县医院信息化建设、县疾控中心建设、宁中乡卫生院改扩建等项目建设，进一步改善全县医疗卫生软硬件条件。投入资金700万元，充实全县农牧区合作医疗大病统筹基金。开具“先住院、后结算”贫困绿卡214张、孕产妇及婴儿绿卡356张，为贫困群众提前垫支医疗费190万元。为全县434对农牧区育龄夫妇做免费孕检，未出现孕产妇死亡病例，全县筛查出的203名包虫病患者已全部得到救治。

2018年，应届高校毕业生实名登记311人，实现就业278人，就业率达到91.7%。农牧民劳动力转移就业1.2万人、2.4万人次，实现收入7000万元。开发就业再就业岗位821个，实现新增就业944人。切实提高居民收入。城乡居民人均可支配收入分别突破3万元和1.6万元，农村居民收入增速持续快于城镇居民。社会保障更加完善。全县城乡居民养老保险参保人数25667人，发放养老保险金共计559.5万元。城镇居民医疗保险参保人数2371人，征缴金额123.29万元。按照“应保尽保”的原则，全年共计兑现各类保障资金924.65万元。

【民族团结】 年内，依法管理宗教事务，严格执行新修订的《宗教事务条例》，深入开展“遵循四条标准、争做先进僧尼”教育实践活动，寺庙管理长效机制不断完善。共表彰县级和谐模范寺庙4座，表彰爱国守法优秀（先进）僧尼218人次，表彰民族团结进步模范集体、个人和家庭共22个。完善调整信访联动工作体系，全县共受理群众来访133批（件）231人次，共办结133批（件），办结率100%，涉及人数1380人，协调兑现双拖欠资金3000余万元。开展“扫黑除恶”等三个专项斗争，群众安全感明显提升。结合创建“国家食品安全示范城市”活动，对全县500余家餐饮单位进行“明厨亮灶”升级改造。持续推进食品药品监管，开展食品安全专项整治17次。开展安全生产大检查，狠抓国务院安委会各工作组反馈问题的整改落实，实现事故起数、死亡人数“双下降”的目标。青藏铁路当雄段连续12年保持安全运行、圆满完成“萨嘎达瓦”等重要节点的维稳安保任务，全县社会局势持续稳定、全面稳定。

【自身建设】 年内，及时传达学习、贯彻落实中央、区党委、市委和县委各项决策部署，扎实开展“两学一做”专题教育。切实加强服务政府、责任政府、法治政府、廉洁政府建设。主动接受人大及其常委会法律监督和政协民主监督，全年办理市、县人大代表建议33件，政协委员提案24件，办复率、回访率均为100%。全面落实从严治党主体责任，加强党风廉政建设，加强行政监察和审计监督，严肃查处违纪违法案件，干事创业环境得到明显改善。“10·8”抢险救援及扎西岛商户拆迁搬迁工作的圆满完成，进一步检验全县干部职工的工作作风和处理复杂问题的能力。

（拉姆次仁）

2018年拉萨市受地厅级以上表彰的先进集体

表1

获奖单位	获奖名称	表彰时间	授予单位
当雄县文化新闻出版广电局（文物局）	第七届全国服务农民服务基层文化建设 先进集体	2018年	中宣部、文化部、国家新闻出版广电总局
达嘎乡	2018年全国学雷锋“四个一百中”获最美服务社区	2019年	中宣部
达嘎乡	2018年全国学雷锋“四个一百中”获最美服务社区	2019年	中宣部
拉萨市中级人民法院	全国法院知识产权审判工作先进集体	2018年	最高人民法院
拉萨市中级人民法院	《拉萨审判》荣获全国法院优秀期刊	2018年	最高人民法院
城关区人民法院	全国家事审判先进集体	2018年	最高人民法院
拉萨市城关区人民检察院	全国检察机关集体一等功	2018年	最高人民检察院
城关区人民检察院	全国检察机关第九次“双先”表彰集体一等功	2018年	最高人民检察院
拉萨市教育局	全国青少年“未来之星”冬季阳光体育大会男子足球初中组冠军	2018年	团中央、教育部、国家体育总局
拉萨市教育局	全国青少年“未来之星”冬季阳光体育大会男子足球高中组亚军	2018年	团中央、教育部、国家体育总局
公德林街道办事处	第四届中国青年志愿服务项目大赛银奖	2018年	团中央、中央文明办、中国志愿服务联合会
南木乡江村	全国文明村镇	2018年	中央精神文明建设指导委员会
拉萨师范高等专科学校	全国第五届大学生艺术展演活动艺术表演类一等奖和优秀创作奖	2018年	教育部
布达拉宫广场派出所	2013—2017年度全国创建“平安医院”活动表现突出集体	2018年	公安部、国家卫计委
林周县公安局国保大队	2017年部级战略支撑点优秀单位	2018年	公安部
娘热街道办事处司法所	全国模范司法所	2018年	司法部

续表1

获奖单位	获奖名称	表彰时间	授予单位
才纳乡人民政府	全国模范司法所	2018年	司法部
柳梧新区管委会	全国首批科技资源支撑型特色载体开发区	2018年	财政部、工信部、科技部
拉萨市救助管理站	2018年度全国民政系统先进集体	2019年	人社部、民政部
柳梧新区达东村	全国第五批传统古村落	2018年	住房城乡建设部、文旅部、文物局、财政部、自然资源部、农业农村部
尼木县卡如乡卡如村	中国最美乡村	2018年	农业农村部
城关区白定村	中国美丽休闲乡村	2018年	农业农村部
才纳乡才纳村	国家级农村集体经济先进单位	2018年	农村农业部
林周县农牧局	全国主要农作物生产全程机械化示范县	2017年	农业农村部
市群艺馆	全国广场舞北京集中展演优秀组织奖	2018年	文化和旅游部、国家体育总局
尼木县卫生和计划生育委员会	全国健康扶贫先进集体	2018年	卫计委、国务院扶贫办
城关区卫生和计划生育委员会	全国流动人口动态监测抽样调查优秀单位	2018年	卫计委
城关区卫生和计划生育委员会	全国生育状况抽样调查优秀单位	2018年	卫计委
曲水县卫计委	创建国家健康促进项目试点县综合分值全区第一	2018年	卫计委
曲水县卫计委	国家级优秀群众满意乡镇卫生院	2018年	卫计委
曲水县卫计委	全区唯一国家级优秀家庭医生服务团队	2018年	卫计委
北城税务分局	西藏自治区巾帼文明岗	2018年	国家税务总局、自治区妇女联合会、西藏自治区税务局
拉萨市体育局	全区体育系统先进集体	2018年	国家体育总局
拉萨市体育局	全区群众体育先进单位	2018年	国家体育总局
拉萨市群众文化体育中心	全区群众体育先进集体	2018年	国家体育总局
尼木县中学	青少年体育俱乐部	2018年	国家体育总局
当雄县气象局	中国百年气象站	2018年	中国气象局
当雄县信访局	信访工作“三无”县（市、区）	2018年	国家信访局
曲水县信访局	信访工作“三无”县（市、区）	2018年	国家信访局
拉萨市质量技术监督局	援青援藏援疆特种设备检验大会战中做出突出贡献的集体	2018年	国家质量监督检验检疫总局

续表1

获奖单位	获奖名称	表彰时间	授予单位
市地震局	全国地市级防震减灾工作综合考核先进单位	2018年	中国地震局
墨竹工卡县疾病预防控制中心	在2004—2013年中国慢性病及其危险因素监测工作中荣获先进集体奖	2018年	中国疾病预防控制中心慢性非传染性疾病预防控制中心
拉萨市文化市场综合执法支	2018年全国“扫黄打非”先进集体	2018年	全国“扫黄打非”工作小组办公室
金珠西路街道办事处	2018年全国“扫黄打非”进基层示范点	2018年	全国“扫黄打非”工作小组办公室
城关区夺底小学	夺底小学三（2）阳光中队积极开展动感中队活动表现突出	2018年	全国少工委办公室
中国农业银行股份有限公司当雄县支行	“金融服务”三农突击队称号	2018年	中国农业银行
中国邮政储蓄银行西藏自治区分行	2018年内控合规知识竞赛复赛（第六赛区）三等奖	2018年	中国邮政集团公司、中国邮政储蓄银行
林周县电信局维系班组	2018上半年团队一等奖	2018年	中国电信集团有限公司
拉萨人民广播电台	作品《绿松石》荣获广播剧编辑二等奖	2018年	中国广播电视社会组织联合会、少数民族节目工作委员会
拉萨人民广播电台	作品《绿松石》荣获广播剧制作一等奖	2018年	中国广播电视社会组织联合会、少数民族节目工作委员会
拉萨人民广播电台	作品《“脱贫攻坚在行动”系列报道》荣获广播新闻（系列报道）三等奖	2018年	中国广播电视社会组织联合会、少数民族节目工作委员会
柳梧新区管委会	2018年中国产学研合作创新示范基地	2018年	中国产学研合作创新示范基地专家委员会
学生资助管理中心	全国学生资助工作“推荐学习单位”	2018年	全国学生资助管理中心
拉萨市广播电视台	《拉萨市2018年春节、藏历土狗新年电视联欢会》荣获春节文艺晚会优秀作品	2018年	中国电视艺术家协会、电视文艺委员会
城关区吉崩岗小学	全国棋牌教育推广工程校	2018年	国家体育总局棋牌运动管理中心棋牌教育推广工程办公室
城关区旅游局	全国美丽乡村创建先进区	2018年	新华社半月谈杂志社、人民日报社、中国国情调查研究中心
西藏树莓农业有限公司	绿色食品A级产品	2018年	中国绿色食品中心
拉萨城福保安有限公司	中华人民共和国安保服务行业资质证书城福保安公司国家一级	2018年	中国质量认证监督管理中心、中国企业信用评估中心
城关区人民法院	优秀短片奖	2018年	中华重庆第三届少数民族电影文化周

续表1

获奖单位	获奖名称	表彰时间	授予单位
拉萨市儿童福利院	2018年中国技能大赛——第八届全国民政行业职业技能竞赛孤残儿童护理员职业竞赛优秀组织奖	2018年	第八届全国民政行业职业技能竞赛组委会
市政协	自治区创先争优强基础惠民生活动先进驻村（居）工作队	2018年	自治区党委、自治区政府
市纪委监委	自治区创先争优强基础惠民生活动优秀组织单位	2017年	自治区党委、自治区政府
拉萨市综治办	全区“双联户”工作优秀地市奖	2018年	自治区党委、自治区政府
拉萨市公安局	2018年西藏自治区民族团结进步模范集体	2018年	自治区党委、自治区政府
拉萨警备区	民族团结进步模范集体	2018年	自治区党委、自治区政府
支队执勤十二中队	2018年度西藏自治区民族团结进步模范集体	2018年	自治区党委、自治区政府
市妇联	自治区创先争优强基础惠民生活动优秀组织单位	2018年	自治区党委、自治区政府
拉萨市林业局	自治区创先争优强基础惠民生活动优秀组织单位	2018年	自治区党委、自治区政府
拉萨市农牧局	全区农牧民增收先进地（市）	2019年	自治区党委、自治区政府
拉萨经开区	自治区创先争优强基础惠民生活动优秀组织单位	2018年	自治区党委、自治区政府
中国邮政储蓄银行西藏自治区分行	2018年度西藏自治区脱贫攻坚“组织创新先进单位”	2018年	自治区党委、自治区政府
拉萨市科学技术局	自治区创先争优强基础惠民生活动优秀组织单位	2018年	自治区党委、自治区政府
拉萨市民政局	自治区创先争优 强基础惠民生活动优秀　组织单位	2018年	自治区党委、自治区政府
市人社局	自治区创先争优强基层惠民生活动优秀组织单位	2018年	自治区党委、自治区政府
市人社局	自治区创先争优强基层惠民生活动先进驻村（居）工作队	2018年	自治区党委、自治区政府
拉萨市民宗局	2018年西藏自治区先进组织奖	2018年	自治区党委、自治区政府
尼木县民政局	西藏自治区级县域平安边界	2018年	自治区党委、自治区政府
塔荣镇巴古村第七批驻村工作队	2018年度先进驻村工作队	2018年	自治区党委、自治区政府
尼木县吞巴乡吞达村	2018年西藏自治区民族团结进步模范集体	2018年	自治区党委、自治区政府
尼木县续迈乡政府	自治区创先争优强基础惠民生活动优秀组织单位	2018年	自治区党委、自治区政府
尼木县续迈乡霍德村驻村队	自治区创先争优强基础惠民生活动优秀组织单位	2018年	自治区党委、自治区政府
尼木县委组织部	自治区创先争优强基础惠民生活动先进单位	2018年	自治区党委、自治区政府

续表1

获奖单位	获奖名称	表彰时间	授予单位
当雄县委政法委	自治区级平安县	2018年	自治区党委、自治区政府
格达乡党委、格达乡人民政府	西藏自治区创先争优强基础惠民生活动优秀组织单位	2018年	自治区党委、自治区政府
龙仁乡人民政府	西藏自治区民族团结先进集体	2018年	自治区党委、自治区政府
两岛街道甲玛林卡社区	自治区第七批先进驻村工作队	2018年	自治区党委、自治区政府
两岛街道办事处	自治区“先进双联户”创建活动先进乡镇（街道）	2018年	自治区党委、自治区政府
城关区人民检察院	自治区创先争优强基础惠民生活动优秀组织单位	2018年	自治区党委、自治区政府
城关区人大常委会办公室	西藏自治区创先争优强基础惠民生活动优秀组织单位	2018年	自治区党委、自治区政府
城关区公安局	自治区创先争优强基础惠民生活动优秀组织单位	2018年	自治区党委、自治区政府
城关区创先争优强基础惠民生活动领导小组办公室	自治区创先争优强基础惠民生活动先进单位奖	2018年	自治区党委、自治区政府
八廓街道八廓社区驻居工作队	优秀组织单位	2018年	自治区党委、自治区政府
达嘎乡	2018年度全区“先进双联户”创建活动先进乡镇（街道）	2018年	自治区党委、自治区政府
曲水县委组织部	自治区创先争优强基础惠民生活动优秀组织单位	2018年	自治区党委、自治区政府
墨竹工卡县南京市第八批援藏工作组	2018年西藏自治区民族团结进步模范集体	2018年	自治区党委、自治区政府
墨竹工卡县门巴乡政府	2018年西藏自治区民族团结进步模范集体	2018年	自治区党委、自治区政府
墨竹工卡县人民检察院	自治区创先争优强基础惠民生活动优秀组织单位	2018年	自治区党委、自治区政府
卡孜乡懂村	2018年西藏自治区民族团结进步模范集体	2018年	自治区党委、自治区政府
林周县公安局	自治区创先争优强基础惠民生活动优秀组织单位	2018年	自治区党委、自治区政府
拉萨市林业局	西藏自治区科学技术奖三等奖	2019年	自治区政府
拉萨市第一中等职业技术学校	西藏自治区民族团结进步模范集体	2018年	自治区政府
达孜区人民政府	西藏自治区2018年度方志工作先进县区	2018年	自治区政府
市政协	西藏政协“习近平总书记关于加强和改进人民政协工作的重要思想”理论研讨会论文二等奖	2018年	自治区政协
曲水县武装部	全区人武部军事训练考核先进单位	2018年	西藏军区
市纪委监委政策与法规研究室	2017年度全区纪检监察系统信息报送工作先进集体	2018年	自治区纪委
林周县纪律检查委员会	2017年全区信息先进集体	2018年	自治区纪委

续表1

获奖单位	获奖名称	表彰时间	授予单位
市委组织部	2017年度全区组织编制工作调研组织奖	2018年	自治区党委组织部
市委组织部	2017年度全区组织编制工作调研成果三等奖（党的十八大以来拉萨市推进全面从严治党问题研究）	2018年	自治区党委组织部
市委组织部	2017年度全区组织编制工作调研成果三等奖（关于开展相对集中行政许可权改革试点工作的思考）	2018年	自治区党委组织部
市委组织部	2017年度全区组织编制工作调研成果三等奖（拉萨市关于做好新形势下基层一线干部关心关爱工作的调研报告）	2018年	自治区党委组织部
拉萨市工商局	第一届“法治西藏”微视频 微动漫一等奖	2018年	自治区党委宣传部、自治区司法厅、自治区普法办
城关区司法局	自治区第一届“法治西藏”微电影、微视频动漫征集赛微视频动漫类特等奖	2018年	自治区党委宣传部、自治区司法厅、自治区普法办
城关区司法局	自治区第一届“法治西藏”微电影、微视频动漫征集赛微视频动漫类三等奖	2018年	自治区党委宣传部、自治区司法厅、自治区普法办
堆龙德庆区人民法院	全区法院先进集体	2018年	自治区高级人民法院
尼木县人民法院	全区法院先进集体	2018年	自治区高级人民法院
尼木县普松乡工会	全区乡镇（街道）工会规范化建设“八有”达标单位	2018年	自治区总工会
尼木县总工会	全区县（区）规范化建设“六有”达标单位	2018年	自治区总工会
尼木县卡如乡	全区乡镇（街道）规范化建设“八有”达标单位	2018年	自治区总工会
尼木县帕古乡	全区乡镇（街道）规范化建设“八有”达标单位	2018年	自治区总工会
吉日街道办事处	全区乡镇“街道”工会规范化建设“八有”达标单位	2018年	自治区总工会
南木乡人民政府	全区乡镇（街道）工会规范化建设“八有”达标单位	2018年	自治区总工会
墨竹工卡县供电有限公司	工资集体协商体质增效示范企业	2018年	自治区总工会
拉萨市第二中等职业技术学校	2017年“西藏五四红旗团委”荣誉称号	2018年	共青团西藏自治区委员会
拉萨师范高等专科学校	2018年度贯彻落实党的十九大、第二届西藏高校学生“极地杯”全民阅读知识辩论赛团队冠军	2018年	共青团西藏自治区委员会
市妇联	2018年度妇联系统目标责任制考核一等奖	2019年	自治区妇女联合会
市妇联	2018年度全区妇联系统信息工作一等奖	2019年	自治区妇女联合会
拉萨市环境保护局	西藏自治区三八红旗集体	2018年	自治区妇女联合会

续表1

获奖单位	获奖名称	表彰时间	授予单位
市委老干部局	全区离退休干部“为国家富强点赞 为美丽家乡喝彩文艺会演”优秀组织奖	2018年	自治区委员会老干部局
市委老干部局	全区离退休干部趣味运动会健身比赛优秀组织奖	2018年	自治区委员会老干部局
市委老干部局	全区离退休干部趣味运动会健身比赛健身操一等奖	2018年	自治区委员会老干部局
市委老干部局	全区离退休干部趣味运动会健身比赛健身操三等奖	2018年	自治区委员会老干部局
当曲卡镇当曲卡居委会驻村工作队	2018年度西藏自治区创先争优强基础惠民生活动先进驻村（居）工作队	2018年	自治区强基办
西藏华泰龙矿业开发有限公司驻扎西岗乡仁青林村第七批驻村工作队	拉萨市创先争优强基础惠民生活动第七批自治区级先进驻村（居）工作队	2018年	自治区强基办
墨竹工卡县人民检察院	拉萨市创先争优强基础惠民生活动第七批自治区级优秀组织单位	2018年	自治区强基办
中共拉萨市直属机关工作委员会	全区最佳志愿服务组织	2018年	自治区精神文明建设指导委员会
扎细街道办事处雄嘎社区	西藏自治区最美志愿服务社区	2018年	自治区精神文明建设指导委员会
两岛街道仙足岛社区	自治区最美志愿服务社区	2018年	自治区精神文明建设指导委员会
拉萨师范高等专科学校	优秀网络安全宣传班集体	2018年	自治区网信办
拉萨师范高等专科学校	全区高校网络征文大赛冠军、优秀组织奖	2018年	自治区网信办
拉萨师范高等专科学校	优秀网络安全宣传班集体	2018年	自治区网信办
政治部警官艺术团	集体三等功	2018年	自治区公安厅
尼木县公安局交警大队	2018年春运“最美交警”活动先进集体	2018年	自治区公安厅
墨竹工卡县公安局交警大队	2018年春运“最美交警”活动先进集体	2018年	自治区公安厅
拉萨师范高等专科学校	全区禁毒演讲比赛亚军	2018年	自治区公安厅
尼木县公安局	春运评优活动先进集体	2018年	自治区公安厅
尼木县公安局	全区公安国内安全保卫战略支撑点	2018年	自治区公安厅
城关区公安局夺底派出所维巴警务室	集体嘉奖	2018年	自治区公安厅
拉萨师范高等专科学校	第二届西藏自治区高校青年教师教学竞赛复赛优秀组织奖	2018年	自治区教育工作委员会
拉萨市教研所	2018年全区小学教师教学竞赛优秀组织奖	2018年	自治区教育厅
拉萨市教研所	2018年全区初中教师教学竞赛决赛优秀组织奖	2018年	自治区教育厅

续表1

获奖单位	获奖名称	表彰时间	授予单位
拉萨市教研所	自治区先进教研集体	2018年	自治区教育厅
拉萨市实验幼儿园	全区首届幼儿园教师技能大赛优秀组织奖	2018年	自治区教育厅
拉萨市第一小学	西藏自治区平安校园	2018年	自治区教育厅
市妇幼保健院	全区卫生健康系统先进集体	2018年	自治区人力资源和社会保障厅、自治区卫计委、自治区精神文明办
拉萨市公安局	全区群众体育先进集体	2018年	自治区人力资源和社会保障厅、自治区体育局
市人社局	全区群众体育先进单位	2018年	自治区人力资源和社会保障厅、自治区体育局
城关区教育（体育）局	2014—2017年度全区群众体育先进单位	2018年	自治区人力资源和社会保障厅、自治区体育局
市人社局	2018年全区藏香制作藏式烹调技能竞赛优秀组织奖	2018年	自治区人力资源和社会保障厅、总工会
市人社局	全区人社系统劳动保障监察先进单位	2018年	自治区人力资源和社会保障厅
市人社局	全区人力资源和社会保障系统法治知识竞赛团体一等奖	2019年	自治区人力资源和社会保障厅
当雄县人力资源和社会保障局	优秀单位	2018年	自治区人力资源和社会保障厅
曲水县人社局	2017年度全区人社系统先进集体	2018年	自治区人力资源和社会保障厅
曲水县人社局	全区人社系统宣传工作先进集体	2018年	自治区人力资源和社会保障厅
拉萨市农牧局	2018年度拉萨市脱贫攻坚组织奖	2019年	自治区农牧厅
城关区	第二批自治区农产品质量安全县	2018年	自治区农牧厅
曲水县农牧局	自治区农产品质量安全县	2018年	自治区农牧厅
拉萨市水利局	西藏自治区水利系统综合目标管理考核第二名	2019年	自治区水利厅
市文联	第五届“东方少年中国梦”新创意中小学生作文大赛优秀组织奖	2018年	北京市文联、北京市作家协会
城关区消防大队	先进基层（机关）党组织	2018年	西藏消防总队
林周县疾病预防控制中心	全区鼠防先进集体	2018年	自治区疾病预防控制中心
城关区疾控中心	西藏自治区第一个国家级慢病示范防控区	2018年	自治区疾病预防控制中心
城关区疾控中心	2017年度艾滋病示范区工作先进单位	2018年	自治区疾病预防控制中心
拉萨市残疾人联合会	2018年度全区残联系统信息报送工作先进集体	2018年	自治区残疾人联合会
城关区净土农业发展有限公司	“军民鱼水情谊深双拥共建一家亲”锦旗	2018年	西藏军区保障部

续表1

获奖单位	获奖名称	表彰时间	授予单位
尼木县邮政分公司	优秀农村邮政支局	2018年	自治区邮政分公司
尼木县邮政分公司	十强支局	2018年	自治区邮政分公司
尼木县综治办（护路办）	2018年度县（区）铁路护路联防工作第二名	2018年	自治区综治委铁路护路联防工作领导小组
拉萨市第二中学	西藏自治区毒品预防教育示范学校	2018年	自治区禁毒委员会办公室
当雄县文化新闻出版广电局（文物局）	“藏地之音”第三届广播民歌秀表演一等奖	2018年	西藏人民广播电台
拉萨城祥物业有限公司	物业行业先进单位	2018年	自治区房地产业协会
嘎玛贡桑街道办事处统建社区	2018年“公益福彩、情暖夕阳”扶老公益活动文艺会演一等奖	2018年	自治区福利彩票发行中心
嘎玛贡桑街道办事处俄杰塘社区	2018年“公益福彩”情暖夕阳扶老公益活动文艺会演一等奖	2018年	自治区福利彩票发行中心
拉萨市广播电视台	全国新年登高健身大会西藏主会场优秀组织奖	2018年	自治区登山运动管理中心
拉萨市护路办	全区铁路联防第一届运动会篮球第一名	2018年	自治区铁路护路联防领导小组办公室
拉萨市护路办	全区铁路联防第一届运动会足球第一名	2018年	自治区铁路护路联防领导小组办公室
拉萨市科学技术局	西藏自治区公民科学素质电视知识竞赛优秀组织奖	2018年	自治区公民科学素质工作领导小组、自治区科学技术协会
市委党校	2017年深化全国文明城市创建工作先进单位	2018年	市委、市政府
中共拉萨市直属机关工作委员会	2017年度社会治安综合治理工作先进集体	2018年	市委、市政府
中共拉萨市直属机关工作委员会	2017年拉萨市深化全国文明城市创建工作先进单位	2018年	市委、市政府
市委组织部	拉萨市2018年度民族团结进步模范集体	2018年	市委、市政府
市委组织部	2018年度拉萨市脱贫攻坚组织奖	2019年	市委、市政府
市委组织部	2018年度社会治安综合治理工作先进集体	2019年	市委、市政府
市委统战部	2018年度拉萨市目标绩效争先进位考核市直单位党群类争先三等奖	2019年	市委、市政府
市委统战部	2018年度社会治安综合治理工作先进集体	2019年	市委、市政府
市人大办公厅	2017年度社会治安综合治理工作先进集体	2018年	市委、市政府
市人大教科文卫委员会	拉萨市第二批民族团结进步创建活动示范单位	2018年	市委、市政府
市政协	2018年度拉萨市脱贫攻坚组织奖	2018年	市委、市政府

续表1

获奖单位	获奖名称	表彰时间	授予单位
市政协	2018年度社会治安综合治理工作先进集体	2018年	市委、市政府
市政协	2018年度拉萨市目标绩效争先进位考核市直单位党群类争先二等奖	2018年	市委、市政府
市政协	拉萨市民族团结进步创建活动示范单位	2018年	市委、市政府
市纪委监委政策与法规研究室	2017年度全市信息工作先进集体	2018年	市委、市政府
拉萨市人民检察院	社会治安综合治理先进集体	2018年	市委、市政府
拉萨市司法局	2018年度全市目标绩效争先进位考核进位奖	2019年	市委、市政府
拉萨市司法局	2018年度综治先进集体	2019年	市委、市政府
拉萨市司法局	2018年度涉法涉诉先进集体	2019年	市委、市政府
堆龙德庆区人民法院	拉萨市文明单位	2018年	市委、市政府
墨竹工卡县人民法院	拉萨市文明单位	2018年	市委、市政府
拉萨市委政法委	2018年拉萨市脱贫攻坚组织奖	2019年	市委、市政府
拉萨市委政法委	拉萨市创先争优强基惠民生活动优秀组织奖	2018年	市委、市政府
拉萨市委政法委	2018年度信访工作先进集体	2019年	市委、市政府
拉萨市公安局	2017年度社会治安综合治理 铁路护路联防工作先进集体	2018年	市委、市政府
拉萨市公安局	民族团结进步模范集体	2018年	市委、市政府
林周县公安局	民族团结进步模范集体	2018年	市委、市政府
八廓古城公安局	民族团结进步模范集体	2018年	市委、市政府
市公安局反恐怖工作办公室	民族团结进步模范集体	2018年	市委、市政府
交警支队	2017年深化全国文明城市创建工作先进单位	2018年	市委、市政府
城关区人武部	拉萨市2018年度民族团结进步模范集体	2018年	市委、市政府
拉萨市总工会	2018年度社会治安综合治理先进集体	2019年	市委、市政府
市文联	社会治安综合治理工作先进集体	2018年	市委、市政府
共青团拉萨市委员会	拉萨市2017年深化全国文明城市创建工作先进单位	2018年	市委、市政府
拉萨市税务局	创先争优强基础惠民生活动优秀组织单位	2018年	市委、市政府
市应急管理局	全市信访工作先进单位	2019年	市委、市政府

续表1

获奖单位	获奖名称	表彰时间	授予单位
市安监局	全市目标绩效争先进位进位奖（社会治理类）	2019年	市委、市政府
市审计局	2018年度社会治安综合治理工作先进集体	2019年	市委、市政府
拉萨市统计局	全市综合治理工作先进集体	2018年	市委、市政府
拉萨市林业局	2018年度社会治安综合治理工作先进集体	2019年	市委、市政府
拉萨市农牧局	2018年度社会治安综合治理工作先进集体	2019年	市委、市政府
市工信局	2018年度全市信访工作先进集体	2018年	市委、市政府
柳梧新区管委会	2018年拉萨市目标绩效考核争先进位考核进位一等奖	2018年	市委、市政府
柳梧新区综治办	2018年社会治安综合治理工作三等奖	2019年	市委、市政府
柳梧新区综治办（民宗局）	“遵行四条标准，争做先进僧尼”教育实践活动优秀组织单位	2018年	市委、市政府
柳梧新区综治办（护路办）	2018年铁路护路联防工作二等奖	2019年	市委、市政府
柳梧新区桑普寺	2018年上半年和谐模范寺庙	2018年	市委、市政府
柳梧新区桑普寺管理小组	2018年上半年先进寺庙管理委员会（特派员机构）	2018年	市委、市政府
白色寺	2018年下半年和谐模范寺庙	2018年	市委、市政府
柳梧新区脱贫攻坚指挥部	2018年度拉萨市脱贫攻坚劳动力转移就业成效显著奖	2019年	市委、市政府
拉萨经开区	2017年深化全国文明城市创建工作先进单位	2018年	市委、市政府
拉萨经开区	拉萨市脱贫攻坚特别贡献奖	2018年	市委、市政府
拉萨市商务局	2018年度目标绩效争先进位考核进位奖	2019年	市委、市政府
拉萨市商务局	2018年度综合治理工作先进集体奖	2019年	市委、市政府
市城管委	拉萨市2017年度深化国家文明城市创建先进单位	2017年	市委、市政府
市环卫局	拉萨市2017年度深化国家文明城市创建先进单位	2017年	市委、市政府
拉萨市环境保护局	先进驻村工作队	2018年	市委、市政府
拉萨市环境保护局	2018年度社会治安综合治理工作	2018年	市委、市政府
拉萨市环境保护局	2018年度全市目标绩效争先进位奖	2018年	市委、市政府
市交通运输局	2018年度社会治安综合治理工作先进集体	2019年	市委、市政府
拉萨市体育局	拉萨市2018年民族团结进步模范集体	2018年	市委、市政府

续表1

获奖单位	获奖名称	表彰时间	授予单位
拉萨师范高等专科学校	2018年度社会治安综合治理工作先进集体	2019年	市委、市政府
拉萨市教育局	拉萨市首届运动会暨民族传统体育运动会田径比赛第一名	2018年	市委、市政府
拉萨市教育局	拉萨市干部职工“全民健身日”工间操比赛第二名	2018年	市委、市政府
拉萨市青少年示范性综合实践基地	拉萨市第二届青少年科技创新大赛优秀组织单位	2018年	市委、市政府
拉萨市新闻出版广电局驻日多乡怎村工作队	拉萨市创先争优强基础惠民生活动先进驻村（居）工作队	2018年	市委、市政府
拉萨市广播电视台	2017年深化全国文明城市创建工作先进单位	2018年	市委、市政府
市疾控中心	拉萨市2018年度民族团结进步模范集体	2018年	市委、市政府
拉萨市民政局	2018年度拉萨市目标绩效争先进位考核市直单位经济社会发展类争先三等奖	2019年	市委、市政府
拉萨市民政局	2018年度社会治安综合治理工作先进集体	2019年	市委、市政府
拉萨市民政局	2018年度信访工作先进集体	2019年	市委、市政府
市人社局	社会治安综合治理先进集体	2019年	市委、市政府
市人社局	目标绩效争先进位考核市直单位经济社会发展类争先一等奖	2019年	市委、市政府
市人社局	民族团结进步创建活动示范单位	2018年	市委、市政府
市人社局	全市信息工作先进集体	2018年	市委、市政府
市人社局	2018年度信访工作先进集体	2019年	市委、市政府
拉萨市民宗局	2018年度拉萨市脱贫攻坚组织奖	2018年	市委、市政府
尼木县扶贫（农发）办公室	拉萨市2018年度民族团结进步模范集体	2018年	市委、市政府
尼木县塔荣镇政府	2018年度“先进双联户”创建活动先进镇	2018年	市委、市政府
尼木县塔荣镇政府	2018年度“先进双联户”创建活动先进村	2018年	市委、市政府
尼木县吞巴乡吞达村	拉萨市2018年度民族团结进步模范集体	2018年	市委、市政府
尼木县人民武装部	拉萨市民族团结进步模范集体	2018年	市委、市政府
尼木县人民武装部	拉萨市民族团结进步创建活动示范单位	2018年	市委、市政府
尼木县委、县政府	2018年度拉萨市目标绩效争先进位考核县区达标奖	2018年	市委、市政府
尼木县续迈乡政府	拉萨市创先争优强基础惠民生活动优秀组织单位	2018年	市委、市政府
尼木县续迈乡政府	拉萨市“先进双联户”创建活动先进村	2018年	市委、市政府

续表1

获奖单位	获奖名称	表彰时间	授予单位
尼木县续迈乡政府	拉萨市2018年度民族团结进步模范集体	2018年	市委、市政府
尼木县委政法委	2018年度社会治安综合治理工作三等奖	2018年	市委、市政府
尼木县综治办（护路办）	2018年度铁路护路联防第一名	2018年	市委、市政府
当雄县委统战部	拉萨市民族团结进步模范集体	2018年	市委、市政府
当雄县民族宗教事务局	拉萨市第二批民族团结创建示范单位	2018年	市委、市政府
当雄县信访局	2017年度信访工作先进县（区）	2018年	市委、市政府
当雄县委政法委	2017年度社会治安综合治理三等奖	2018年	市委、市政府
当雄县委政法委	2018年度“先进双联户”创建活动先进县	2018年	市委、市政府
当雄县公安局	拉萨市民族团结进步创建活动示范单位	2018年	市委、市政府
当雄县综治委铁路护路联防工作领导小组办公室	2018年度拉萨市铁路护路联防工作先进县（区）	2018年	市委、市政府
当曲卡镇曲登居委会	拉萨市2018年度民族团结进步模范集体	2018年	市委、市政府
格达乡人民政府	拉萨市民族团结进步创建活动示范单位	2018年	市委、市政府
格达乡党委、格达乡人民政府	2018年度“先进双联户”创建活动先进乡	2018年	市委、市政府
龙仁乡人民政府	“先进双联户”创建活动先进集体（乡镇）	2018年	市委、市政府
龙仁乡人民政府	拉萨市民族团结先进集体	2018年	市委、市政府
清政府驻藏大臣衙门旧址陈列馆	民族团结进步教育基地	2018年	市委、市政府
清政府驻藏大臣衙门旧址陈列馆	民族团结进步模范集体	2018年	市委、市政府
金珠西路街道办事处	拉萨市创先争优强基础惠民生活动优秀组织单位	2018年	市委、市政府
吉日街道办事处	拉萨市2018年度民族团结进步模范集体	2018年	市委、市政府
嘎玛贡桑街道办事处统建社区	拉萨市创先争优基础惠民生活动“先进驻村”工作队	2018年	市委、市政府
两岛街道办事处	2018年度“先进双联户”创建活动先进街道	2018年	市委、市政府
两岛街道办事处	拉萨市2017年深化全国文明城市创建工作先进单位	2018年	市委、市政府
嘎玛贡桑街道办事处嘎玛贡桑社区	模范集体	2018年	市委、市政府
城关区委办公室	2018年度拉萨市目标绩效争先进位考核县区争先二等奖	2018年	市委、市政府

续表1

获奖单位	获奖名称	表彰时间	授予单位
城关区委	2017年度全市信息工作先进集体	2018年	市委、市政府
城关区委	2018年度西藏自治区民族团结进步模范集体	2018年	市委、市政府
城关区民族宗教事务局	2018年拉萨市民族团结进步模范集体	2018年	市委、市政府
城关区公安局	涉诉信访工作先进集体	2018年	市委、市政府
城关区夺底街道办事处	拉萨市创先争优强基础惠民生活动优秀组织单位	2018年	市委、市政府
八廓街道鲁固社区	拉萨市民族团结进步创建活动示范单位	2018年	市委、市政府
八廓街道办事处	拉萨市2018年巩固全国文明城市先进集体	2018年	市委、市政府
曲水县	2018年度社会治安综合治理工作二等奖	2019年	市委、市政府
曲水县	2018年度“先进双联户”创建活动先进县	2018年	市委、市政府
曲水县人民医院	拉萨市民族团结进步创建活动示范单位	2018年	市委、市政府
曲水县委宣传部	拉萨市民族团结进步创建活动示范单位	2018年	市委、市政府
曲水县信访局	2017年度信访工作先进县（区）一等奖	2018年	市委、市政府
曲水县行政服务中心	拉萨市民族团结进步创建活动示范单位	2018年	市委、市政府
曲水县人民法院	拉萨市创先争优强基础惠民生 活动优秀组织单位	2017年	市委、市政府
达嘎乡	2018年度“先进双联户”创建活动先进乡	2018年	市委、市政府
茶巴拉村委会	双联户先进村委会	2019年	市委、市政府
才纳乡人民政府	拉萨市民族团结进步创建活动示范单位	2018年	市委、市政府
才纳乡人民政府	拉萨市民族团结进步模范集体	2018年	市委、市政府
才纳乡才纳村	双联户先进村委会	2018年	市委、市政府
工青妇联合支部第七批驻村工作队	拉萨市先进驻村（居）工作队	2018年	市委、市政府
共青团墨竹工卡县委员会	先进驻村（居）工作队	2018年	市委、市政府
墨竹工卡县妇女联合会	拉萨市创先争优强基础惠民生活动先进驻村工作队	2018年	市委、市政府
墨竹工卡县委政法委	拉萨市2018年度综合治理工作三等奖	2018年	市委、市政府
墨竹工卡县委政法委	拉萨市2018年度“先进双联户”创建活动先进县	2018年	市委、市政府
工卡镇工卡村	拉萨市2018年民族团结进步模范集体	2018年	市委、市政府

续表1

获奖单位	获奖名称	表彰时间	授予单位
墨竹工卡县唐加乡中心小学	优秀教研团队	2018年	市委、市政府
墨竹工卡县门巴乡政府	拉萨市2018年度民族团结进步模范集体	2018年	市委、市政府
墨竹工卡县	2018年度拉萨市目标绩效争先进位考核县区达标奖	2019年	市委、市政府
林周县人民代表大会常务委员会办公室	拉萨市2018年度民族团结进步模范集体	2018年	市委、市政府
卡孜乡懂村	拉萨市2018年度民族团结进步模范集体	2018年	市委、市政府
林周县中学藏文组	优秀教师团队奖	2018年	市委、市政府
江热夏乡人民政府	2018年度“先进双联户”创建工作先进乡	2018年	市委、市政府
松盘乡人民政府	拉萨市2018年度民族团结进步模范集体	2018年	市委、市政府
拉萨市中级人民法院	2017年市委争先进位三等奖	2018年	市委
拉萨市公安局	先进市（中）直单位	2018年	市委
城关区公安局	涉法涉诉工作先进集体	2018年	市委
拉萨市公安局	信息工作先进集体	2018年	市委
当雄县人民法院	2017年度涉诉信访工作先进集体	2018年	市政府
曲水法院	拉萨市创先争优优秀组织单位	2018年	市政府
藏医院路便民警务站	2017年度消防工作先进便民警务站	2018年	市政府
国际城东路便民警务站	2017年度消防工作先进便民警务站	2018年	市政府
纳金西路便民警务站	2017年度消防工作先进便民警务站	2018年	市政府
纳金大桥便民警务站	2017年度消防工作先进便民警务站	2018年	市政府
拉萨市水利局	全市信访先进集体	2019年	市政府
拉萨市农牧局	民族团结先进单位奖	2018年	市政府
市交通运输局	2017年拉萨市财务决算报表一等奖	2018年	市政府
市人社局	拉萨市干部职工“全民健身日”工间操比赛体育道德风尚奖	2018年	市政府
尼木县教育局教研室课题组	市级优秀课题	2018年	市政府
当雄县公安局	拉萨市文明单位	2018年	市政府
当雄县统计局	拉萨市2017年度统计工作先进集体	2018年	市政府

续表1

获奖单位	获奖名称	表彰时间	授予单位
当雄县安全生产监督管理局	2017年度全市安全生产先进单位	2018年	市政府
当雄县文化新闻出版广电局（文物局）	全市创建文明城市 先进集体	2018年	市政府
智昭产业园区	拉萨市市级现代农牧业产业园	2018年	市政府
拉萨市第四中学	拉萨市优秀教师团队奖	2018年	市政府
嘎玛贡桑街道办事处俄杰塘社区	拉萨市民族团结进步创建活动	2018年	市政府
城关区安全生产监督管理局	2017年度安全生产先进单位	2018年	市政府
八廓派出所	拉萨市消防安全工作先进集体	2018年	市政府
八廓古城公安局	拉萨市2018年民族团结进步模范单位	2018年	市政府
曲水县才纳净土健康产业园	拉萨市现代农业产业园	2018年	市政府
墨竹工卡县教育（体育）局	拉萨市干部职工工间操比赛优秀组织奖	2018年	市政府
墨竹工卡县南京实验小学	民族团结先进集体	2018年	市政府
墨竹工卡县南京实验小学	拉萨市模范单位	2018年	市政府
林周县安全生产监督管理局	2017年度全市安全生产先进单位	2018年	市政府
林周县工业和信息化局	拉萨市2016年度招商引资工作三等奖	2018年	市政府

说明：由于各单位资料提供不全，可能有遗漏

2018年拉萨市受地厅级以上表彰的先进个人

表2

姓名	性别	民族	工作单位	获奖名称	表彰时间	授予单位
苏新勇	男	藏	市纪委监委	中央纪委先进工作者嘉奖	2017年	中共中央纪律检查委员会
倪伟光	男	汉	林周县委组织部	组织系统2017年度优秀网宣员	2018年	中组部
边珍	女	藏	拉萨市中级人民法院	全国法院知识产权审判工作先进个人	2018年	最高人民法院
西绕措姆	女	藏	城关区人民法院	全国维护妇女儿童权益先进个人	2018年	最高人民法院
仁丹旺姆	女	藏	城关区人民法院	全国法院办案标兵	2018年	最高人民法院
嘎旺		藏	市检察院	全国检察机关个人一等功	2018年	最高人民检察院
次仁卓玛	女	藏	市疾控中心	全国五一劳动奖章	2018年	全国总工会
罗红达	男	汉	拉萨市第二中等职业技术学校	2018“挑战杯——彩虹人生”全国职业学校创新创效创业大赛，三等奖（指导老师）	2018年	中国共产主义青年团、中华人民共和国教育部、中华人民共和国人资资源和社会保障部、中国科学技术协会、中华全国学生联合会
郭恒	男	汉	拉萨市第二中等职业技术学校	全国“挑战杯”创新创业大赛第三名优秀指导教师	2018年	中国共产主义青年团、中华人民共和国教育部、中华人民共和国人资资源和社会保障部、中国科学技术协会、中华全国学生联合会
洪修燕	女	汉	拉萨市第三小学	全国优秀辅导员	2018年	共青团中央教育部、全国少工委
巴桑	女	藏	八廓街道鲁固社区	最美家庭	2018年	中华全国妇女联合会
罗桑次仁	男	藏	边交林乡色康村色康组	第十一届全国五好家庭	2018年	中华全国妇女联合会
李波	男	汉	城关分局治安管理大队	2017年全国缉枪治爆专项行动成绩突出个人	2018年	公安部治安局
普琼次仁	男	藏	林周县公安局	优秀学员	2018年	公安部昆明警犬基地
尼玛顿珠	男	藏	尼木县麻江乡强聂村人民调解委员会	全国优秀人民调解员	2018年	司法部
次仁玉珍	女	藏	当曲卡镇人民调解委员会	全国人民调解工作先进个人	2018年	司法部
次仁玉珍	女	藏	当曲卡镇人民政府	全国人民调解工作先进个人	2018年	司法部

续表2

姓名	性别	民族	工作单位	获奖名称	表彰时间	授予单位
才旦卓嘎	女	藏	拉萨市卫生健康委	全国流动人口动态监测调查优秀个人	2018年	国家卫健委
央金卓玛	女	藏	扎细街道办事处	全国流动人口动态监测调查优秀个人	2018年	国家卫健委
觉列	男	藏	墨竹工卡县唐加乡仲尼村	第三届“中国创翼”创业创新大赛全国总决赛专项组三等奖	2018年	人力资源和社会保障部全国人才流动中心
赵秀林	女	汉	拉萨市第一小学	“翻转课堂教学模式在初中数学教学中的应用研究”课题教研成果一等奖	2018年	教育部中国智慧教育指导十三五规划管理办公室
潘多	女	藏	拉萨市气象局	2018年重大气象服务先进个人	2018年	中国气象局
尼玛次仁	男	藏	墨竹工卡县气象局	全国人工影响天气工作先进个人	2018年	中国气象局
尼玛次仁	男	藏	墨竹工卡县气象局	全国人工影响天气先进个人	2018年	中国气象局
次央	女	藏	拉萨市地震局	全国市县防震减灾人员考核先进工作者	2018年	中国地震局
白曲	女	藏	市国税局	西藏自治区“格桑花”巾帼建功标兵	2018年	国家税务总局、自治区妇女联合会、自治区税务局
白金玲	女	回	拉萨市林业局森林公安局	个人二等功	2018年	国家林业局森林公安局
刘杰	男	汉	拉萨市体育局	全区体育系统先进工作者	2018年	国家体育总局
向宗	女	藏	市教育局	全国青少年毒品预防教育“6.27”工程优秀校外辅导员	2018年	国家禁毒委员会、中国禁毒基金会
李然	男	汉	市教育局	全国青少年毒品预防教育“6.27”工程优秀校外辅导员	2018年	国家禁毒委员会、中国禁毒基金会
洛桑云丹	男	藏	拉萨市第一中学	全国青少年毒品预防教育“6.27”工程优秀教师	2018年	中国禁毒委办公室
普琼	男	藏	墨竹工卡县疾病预防控制中心	在2004—2013年中国慢性病及其危险因素监测工作中荣获先进个人奖	2019年	中国疾病预防控制中心慢性非传染性疾病预防控制中心
次仁卓玛	女	藏	墨竹工卡县疾病预防控制中心	在2004—2013年中国慢性病及其危险因素监测工作中荣获先进个人奖	2019年	中国疾病预防控制中心慢性非传染性疾病预防控制中心
央金拉姆	女	藏	墨竹工卡县疾病预防控制中心	在2004—2013年中国慢性病及其危险因素监测工作中荣获先进个人奖	2019年	中国疾病预防控制中心慢性非传染性疾病预防控制中心
格桑顿珠	男	藏	拉萨市新闻出版广电局	2017年全国“扫黄打非”先进个人	2018年	全国“扫黄打非工作”小组
次旦卓玛	女	藏	曲水县小学	2018年“华渔杯”全国中小学教师信息化教学设计能手大赛中荣获教学设计评比赛项小学组二等奖	2018年	中国教育技术协会
袁玉萍	女	汉	曲水县中学	2018年“华渔杯”全国中小学教师信息化教学设计能手大赛中荣获多媒体课件评比初中组三等奖	2018年	中国教育技术协会

续表2

姓名	性别	民族	工作单位	获奖名称	表彰时间	授予单位
薛治国	男	满	曲水县中学	2018年“华渔杯”全国中小学教师信息化教学设计能手大赛中荣获教学设计评比赛项初中组三等奖	2018年	中国教育技术协会
马琴	女	汉	拉萨市实验幼儿园	第十一届全国创新课堂大赛三等奖	2018年	中央电化教育馆
旦增曲扎	男	藏	城关区拉萨北京小学	作品《美丽的校园》荣获“中国移动‘和教育’杯”第十九届全国中小学电脑制作活动小学组电子板报三等奖	2018年	中央电化教育馆
王巧	女	汉	拉萨市第二中学	第二十二届全国信息化大奖赛三等奖	2018年	中央电化教育馆
小巴桑	女	藏	城关区吉崩岗小学	全国优秀指导奖	2018年	国家基础教育实验中心外语教育研究中心
拉拥	女	藏	城关区吉崩岗小学	全国优秀指导奖	2018年	国家基础教育实验中心外语教育研究中心
米玛	女	藏	城关区吉崩岗小学	全国优秀指导奖	2018年	国家基础教育实验中心外语教育研究中心
简秋静	女	汉	拉萨市第二中等职业技术学校	2018年全国职业院校师生礼仪大赛中职组比赛中获团体单项（校园礼仪操）优秀指导老师奖	2018年	中国职业技术教育学会、全国职业院校师生礼仪大赛组委会
德吉玉珍	女	藏	拉萨市第二中等职业技术学校	2018年全国职业院校师生礼仪大赛中职组比赛中获团体单项（校园礼仪操）优秀指导老师奖	2018年	中国职业技术教育学会、全国职业院校师生礼仪大赛组委会
杨浚	男	汉	拉萨市第二中等职业技术学校	全国班主任基本功大赛三等奖	2018年	中国职业教育技术学会、德育工作委员会
杨榕	女	汉	拉萨市第二中等职业技术学校	全国班主任基本功大赛三等奖	2018年	中国职业教育技术学会、德育工作委员会
刘一麟	男	汉	拉萨市中级人民法院	全国法院第二十九届学术论文三等奖	2018年	全国法院学术论文组委会
阿旺坚才	男	藏	拉萨市第二中等职业技术学校	全国职业技能大赛中职组艺术专业技能（弹拨乐器演奏）二等奖（指导老师）	2018年	全国职业院校技能大赛组织委员会
熊燕	女	汉	拉萨市第二中等职业技术学校	全国班主任大赛三等奖	2018年	全国职业院校技能大赛组织委员会
扎西措姆	女	藏	拉萨市广播电视台	广播社教类二等奖	2018年	中国广播电视社会组织联合会、少数民族节目工作委员会
次仁德吉	女	藏	拉萨市广播电视台	广播社教类二等奖	2018年	中国广播电视社会组织联合会、少数民族节目工作委员会
平措卓嘎	女	藏	拉萨市广播电视台	广播社教类二等奖	2018年	中国广播电视社会组织联合会、少数民族节目工作委员会
拉毛卓玛	女	藏	拉萨市广播电视台	广播新闻（专稿）二等奖	2018年	中国广播电视社会组织联合会、少数民族节目工作委员会
群措	女	藏	拉萨市广播电视台	广播新闻（专稿）二等奖	2018年	中国广播电视社会组织联合会、少数民族节目工作委员会

续表2

姓名	性别	民族	工作单位	获奖名称	表彰时间	授予单位
扎西措姆	女	藏	拉萨市广播电视台	广播新闻（专稿）二等奖	2018年	中国广播电视社会组织联合会、少数民族节目工作委员会
拉毛卓玛	女	藏	拉萨市广播电视台	广播新闻（专稿）三等奖	2018年	中国广播电视社会组织联合会、少数民族节目工作委员会
群措	女	藏	拉萨市广播电视台	广播新闻（专稿）三等奖	2018年	中国广播电视社会组织联合会、少数民族节目工作委员会
德吉央宗	女	藏	拉萨市广播电视台	广播新闻（专稿）三等奖	2018年	中国广播电视社会组织联合会、少数民族节目工作委员会
拉毛卓玛	女	藏	拉萨市广播电视台	广播新闻（长消息）三等奖	2018年	中国广播电视社会组织联合会、少数民族节目工作委员会
群措	女	藏	拉萨市广播电视台	广播新闻（长消息）三等奖	2018年	中国广播电视社会组织联合会、少数民族节目工作委员会
达瓦卓嘎	女	藏	拉萨市广播电视台	广播新闻（长消息）三等奖	2018年	中国广播电视社会组织联合会、少数民族节目工作委员会
次旦顿珠	男	藏	拉萨市广播电视台	制作的《拉萨市2018年春节、藏历土狗新年电视联欢会》荣获春节文艺晚会优秀作品	2018年	中国电视艺术家协会、电视文艺委员会
左春伟	男	汉	拉萨市农牧局	2018年第八届首都民族团结进步先进个人	2018年	北京市委、市政府
方凯	男	汉	中共拉萨市直属机关工作委员会	全区体育先进个人	2018年	自治区党委、自治区政府
格桑罗布	男	藏	拉萨市政协办公厅	自治区创先争优强基础惠民生活动先进驻村（居）工作队员	2018年	自治区党委、自治区政府
毛凯	男	汉	市纪委监委	自治区创先争优强基础惠民生活动先进驻村（居）工作队员	2017年	自治区党委、自治区政府
宗吉	女	藏	市政府法制办	2018年自治区创先争优强基础惠民生活动第七批先进驻村工作队员	2018年	自治区党委、自治区政府
阿达为拉	男	回	城关区公安局吉日派出所	2018年西藏自治区民族团结进步模范个人	2018年	自治区党委、自治区政府
薛常平	男	汉	拉萨市工商局	全区2017—2018年度创先争优强基础惠民生活动先进驻村工作队员	2018年	自治区党委、自治区政府
刘荣志	男	苗	拉萨市林业局中心苗圃	自治区创先争优强基础惠民生活动先进驻村工作队员	2018年	自治区党委、自治区政府
旦增赤列	男	藏	柳梧新区达东村	2018年度西藏自治区脱贫攻坚奉献奖	2019年	自治区党委、自治区政府
旦增赤列	男	藏	柳梧新区达东村	西藏自治区创先争优强基础惠民生先进驻村工作队员	2019年	自治区党委、自治区政府
次仁群培	男	藏	柳梧新区柳梧村卫生所	全区2018年度民族团结进步模范个人	2018年	自治区党委、自治区政府

续表2

姓名	性别	民族	工作单位	获奖名称	表彰时间	授予单位
琼达	男	藏	柳梧新区白色寺	全区“遵行四条标准、争做先进僧尼”教育实践活动先进寺管干部	2018年	自治区党委、自治区政府
魏新洲	男	汉	拉萨市环境保护局	自治区驻村先进个人	2018年	自治区党委、自治区政府
达扎	男	藏	尼木县审计局	全区创先争优强基础惠民生活动先进驻村工作队员	2018年	自治区党委、自治区政府
洛桑次仁	男	藏	尼木县委党校	先进强基惠民工作者	2018年	自治区党委、自治区政府
边巴扎西	男	藏	尼木县国土资源规划局	先进强基惠民工作者	2018年	自治区党委、自治区政府
旦增多吉	男	藏	格达乡格达村委会	西藏自治区团结进步模范个人	2018年	自治区党委、自治区政府
索朗德庆	女	藏	城关区委组织部	拉萨市级创先争优强基础惠民生先进工作者	2018年	自治区党委、自治区政府
洛桑欧珠	男	藏	城关区委组织部	拉萨市级创先争优强基础惠民生先进工作者	2018年	自治区党委、自治区政府
阿达为拉	男	回	城关区公安局吉日派出所	西藏自治区民族团结进步模范个人	2018年	自治区党委、自治区政府
扎拉	男	藏	城关区公安局吉日派出所	2018年度自治区先进驻村队员	2018年	自治区党委、自治区政府
扎拉	男	藏	八廓街道八廓社区	先进驻居队员	2018年	自治区党委、自治区政府
田沛沛	女	汉	两岛街道甲玛林卡社区	自治区第七批先进驻村工作队员	2018年	自治区党委、自治区政府
次仁嘎玛	男	藏	两岛街道仙足岛社区	自治区第七批先进驻村工作队员	2018年	自治区党委、自治区政府
普布顿珠	男	藏	曲水县委组织部	2017年度自治区创先争优强基础惠民生先进工作者	2018年	自治区党委、自治区政府
游洪言	男	汉	墨竹工卡县日多乡政府	自治区综治先进个人	2018年	自治区党委、自治区政府
达瓦	男	藏	墨竹工卡县委宣传部	全区创先争优强基础惠民生活动“先进驻村工作队员”	2018年	自治区党委、自治区政府
多吉欧珠	男	藏	墨竹工卡县创先争优强基础惠民生领导小组办公室	西藏自治区2018年度创先争优强基础惠民生活动先进工作者	2018年	自治区党委、自治区政府
边玛卓嘎	女	藏	墨竹工卡县创先争优强基础惠民生领导小组办公室	西藏自治区2018年度创先争优强基础惠民生活动先进工作者	2018年	自治区党委、自治区政府
贡秋卓玛	女	藏	林周县创先争优强基础惠民生活动领导小组办公室	自治区创先争优强基础惠民生活动2018年度先进工作者	2018年	自治区党委、自治区政府
文西川	男	汉	林周县创先争优强基础惠民生活动领导小组办公室	自治区创先争优强基础惠民生活动2018年度先进工作者	2018年	自治区党委、自治区政府
王芸	女	藏	林周县人民检察院	2018年度西藏自治区优秀驻村工作队员	2018年	自治区党委、自治区政府

续表2

姓名	性别	民族	工作单位	获奖名称	表彰时间	授予单位
赵伟	男	汉	尼木县麻江乡政府	西藏自治区优秀第一书记	2018年	自治区党委
格来	男	藏	吞巴乡政府	全区第二批优秀村(社区)党组织第一书记	2018年	自治区党委
群培	男	藏	娘热街道慈松堂社区	“柳梧投资杯”秀兹（藏骰）比赛第二名	2018年	自治区党委
边巴扎西	男	藏	两岛街道仙足岛社区	自治区第二批优秀村（社区）党组织第一书记	2018年	自治区党委
巴桑次仁	男	藏	南木乡江村	全区第二批优秀第一书记	2018年	自治区党委
杨玉伟	男	汉	墨竹工卡县扎雪乡格老窝村	全区第二批优秀村（社区）党组织第一书记	2018年	自治区党委
德央	女	藏	拉萨市林业局中心苗圃	西藏自治区科学技术奖三等奖	2019年	自治区政府
晋美朗杰	男	藏	拉萨市林业局林勘所	西藏自治区科学技术奖三等奖	2019年	自治区政府
德央	女	藏	城关区藏热小学	自治区首届文明家庭	2018年	自治区政府
纲组	男	藏	曲水县中学	创先争优强基础惠民生活动第七批驻村工作队自治区级先进驻村工作队员	2018年	自治区政府
胡婷	女	汉	城西工商分局	公务员三等功	2018年	自治区党委组织部、自治区人力资源和社会保障厅
次仁旺姆	女	纳西	城中工商分局	公务员三等功	2018年	自治区党委组织部、自治区人力资源和社会保障厅
邓志成	男	汉	尼木县卡如乡政府	优秀公务员	2018年	自治区党委组织部、自治区人力资源和社会保障厅
雒洪文	男	汉	尼木县续迈乡政府	三等功	2018年	自治区党委组织部
边巴旺堆	男	藏	市群艺馆	全区广场舞大赛创编一等奖、表演二等奖	2018年	自治区党委宣传部、自治区文化厅、自治区体育局
白琼	女	藏	市群艺馆	全区广场舞大赛创编一等奖、表演二等奖	2018年	自治区党委宣传部、自治区文化厅、自治区体育局
吴金卓嘎	女	藏	市群艺馆	全区广场舞大赛创编一等奖、表演二等奖	2018年	自治区党委宣传部、自治区文化厅、自治区体育局
格桑次仁	男	藏	市委党校	自治区“四讲四爱”优秀宣讲员	2018年	自治区党委宣传部
格列	男	藏	西藏空港新区甲竹林镇政府	全区“四讲四爱”优秀宣讲员	2018年	自治区党委宣传部
贡布顿珠	男	藏	拉萨市广播电视台	西藏自治区第六届精神文明建设“五个一工程”优秀作品奖	2018年	自治区党委宣传部
樊林晓	男	藏	拉萨市广播电视台	2018年度全区宣传思想文化系统先进工作者	2019年	自治区党委宣传部

续表2

姓名	性别	民族	工作单位	获奖名称	表彰时间	授予单位
斯曲罗布	男	藏	尼木县帕古乡帕古村	西藏自治区“四讲四爱”群众教育实践活动宣讲员	2018年	自治区党委宣传部
普珍	女	藏	曲水县中学	西藏自治区“四讲四爱”优秀宣讲员	2018年	自治区党委宣传部
晋美	女	藏	白堆村1组	先进双联户	2018年	自治区党委政法委
永清措姆	女	藏	拉萨市中级人民法院	全区法院先进个人	2018年	自治区高级人民法院
德吉卓嘎	女	藏	拉萨市中级人民法院	西藏自治区审判业务专家	2018年	自治区高级人民法院
次仁平措	男	藏	拉萨市中级人民法院	审判业务专家	2018年	自治区高级人民法院
高小红	女	汉	拉萨市中级人民法院	全区法院先进个人	2018年	自治区高级人民法院
刘一麟	男	汉	拉萨市中级人民法院	司改论文三等奖	2018年	自治区高级人民法院
刘一麟	男	汉	拉萨市中级人民法院	全国法学论文个人嘉奖	2018年	自治区高级人民法院
张艮辉	男	汉	墨竹工卡县法院	全区法院先进个人	2018年	自治区高级人民法院
平措拉吉	男	藏	林周县法院	全国、全区“两会”新闻宣传先进个人	2018年	自治区高级人民法院
旦增卓玛	女	藏	林周县法院	全区法院先进个人	2018年	自治区高级人民法院
刘献屿	男	汉	城关区法院	全区法院先进个人	2018年	自治区高级人民法院
索朗曲珍	女	藏	城关区法院	全区法院先进个人	2018年	自治区高级人民法院
阿旺贡觉	男	藏	当雄县法院	全国、全区两会新闻宣传工作先进个人	2018年	自治区高级人民法院
刘献屿	男	汉	城关区人民法院	全区法院先进个人	2018年	自治区高级人民法院
索朗曲珍	女	藏	城关区人民法院	全区法院岗位大练兵演讲比赛二等奖	2018年	自治区高级人民法院
张艮辉	男	汉	墨竹工卡县人民法院	全区法院先进个人	2018年	自治区高级人民法院
平措拉吉	女	藏	林周县人民法院	“两会”期间舆情引导先进工作人员	2018年	自治区高级人民法院
普珍	女	藏	林周县中学	全区职工业余歌手大赛三等奖	2018年	自治区总工会
王永朴	男	汉	布宫广场便民警务站	2018年西藏五一劳动奖章	2018年	自治区总工会
董莎莎	女	汉	墨竹工卡县甲玛乡政府	优秀志愿者	2018年	共青团西藏自治区委员会、自治区青年志愿者协会、
米玛措姆	女	藏	共青团墨竹工卡县委员会	优秀团干部	2018年	共青团西藏自治区委员会
洛松邓增	男	藏	刑警大队	自治区优秀共青团员	2018年	共青团西藏自治区委员会

续表2

姓名	性别	民族	工作单位	获奖名称	表彰时间	授予单位
永春	女	藏	市疾控中心	西藏自治区三八红旗手	2018年	自治区妇女联合会、自治区人力资源和社会保障厅
索朗曲珍	女	藏	拉萨SOS儿童村	2018年西藏自治区首届十佳孝心少年	2018年	自治区妇女联合会、自治区家庭教育学会
拉巴琼达	女	藏	当雄县妇女联合会	2017年度优秀妇联干部	2018年	自治区妇女联合会
边巴次仁	男	藏	蔡公堂街道蔡村委会	五好家庭	2018年	自治区妇女联合会
拉巴卓玛	女	藏	城关区妇女联合会	2017年度优秀妇联干部	2018年	自治区妇女联合会
赵有艳	女	汉族	聂当乡人民政府	西藏自治区“五好”文明家庭	2018年	自治区妇女联合会
米玛	女	藏	林周县妇女联合会	2018年自治区优秀妇联工作者	2018年	自治区妇女联合会
边巴旺堆	男	藏	市群艺馆	全区离退休干部趣味运动健身比赛三等奖	2018年	自治区委员会老干部局
白琼	女	藏	市群艺馆	全区离退休干部趣味运动健身比赛三等奖	2018年	自治区委员会老干部局
吴金卓嘎	女	藏	市群艺馆	全区离退休干部趣味运动健身比赛三等奖	2018年	自治区委员会老干部局
平措扎西	男	藏	墨竹工卡县公安局	拉萨市创先争优强基础惠民生活动第七批自治区级先进驻村（居）工作队员	2018年	自治区强基办
索朗次吉	女	纳西	共青团拉萨市委员会	自治区第七批优秀驻村工作队队员	2019年	自治区强基办
拉巴次仁	男	藏	当曲卡镇当曲卡居委会	西藏自治区驻村先进个人	2018年	自治区强基办
拉珍	女	藏	才纳乡人民政府	自治区优秀驻村个人奖	2018年	自治区强基办
扎拉贡布	男	藏	格达乡羊易村委会	西藏自治区“四讲四爱”优秀宣讲员	2018年	自治区党委讲师团
郭小青	女	藏	拉萨师专	北京市2018年优秀毕业生	2018年	北京市教育委员会
巴桑达娃	男	藏	情报信息研判中心	个人二等功	2018年	自治区公安厅
单增让珠	男	藏	国内安全保卫支队	个人三等功	2018年	自治区公安厅
泽仁群佩	男	藏	国内安全保卫支队	个人三等功	2018年	自治区公安厅
南加次仁	男	藏	行动技术支队	个人三等功	2018年	自治区公安厅
南卡东珠	男	藏	行动技术支队	个人三等功	2018年	自治区公安厅
阿旺云登	男	藏	情报信息研判中心	个人三等功	2018年	自治区公安厅
扎西顿珠	男	藏	国内安全保卫支队	个人嘉奖	2018年	自治区公安厅

续表2

姓名	性别	民族	工作单位	获奖名称	表彰时间	授予单位
瞿初	女	藏	国内安全保卫支队	个人嘉奖	2018年	自治区公安厅
洛松泽翁	男	藏	刑警支队	个人嘉奖	2018年	自治区公安厅
索朗德吉	女	藏	行动技术支队	个人嘉奖	2018年	自治区公安厅
索兰言佩	男	藏	行动技术支队	个人嘉奖	2018年	自治区公安厅
次旦旺久	男	藏	网络安全保卫支队	个人嘉奖	2018年	自治区公安厅
李林熹	男	藏	网络安全保卫支队	个人嘉奖	2018年	自治区公安厅
蒲琼	男	汉	特警支队	个人嘉奖	2018年	自治区公安厅
拿比	男	回	情报信息研判中心	个人嘉奖	2018年	自治区公安厅
索朗旺杰	男	藏	情报信息研判中心	个人嘉奖	2018年	自治区公安厅
旦增平措	男	藏	城关区公安局	个人嘉奖	2018年	自治区公安厅
扎西次仁	男	藏	八廓古城公安局	个人嘉奖	2018年	自治区公安厅
嘎加	男	藏	八廓古城公安局	个人嘉奖	2018年	自治区公安厅
周安林	男	汉	特警支队警犬技术大队	个人三等功	2018年	自治区公安厅
廖磊	男	汉	曲水县公安局交警大队	2018年春运“最美交警”活动先进个人	2018年	自治区公安厅
次仁多吉	男	藏	达孜县公安局交警大队	2018年春运“最美交警”活动先进个人	2018年	自治区公安厅
扎西坚才	男	藏	堆龙区公安局交警大队	2018年春运“最美交警”活动先进个人	2018年	自治区公安厅
次仁多杰	男	藏	特警支队警犬技术大队	个人三等功	2018年	自治区公安厅
嘎玛占堆	男	藏	林周县公安局特警大队	个人三等功	2018年	自治区公安厅
嘎玛占堆	男	藏	林周县公安局	三等功	2018年	自治区公安厅
次仁旺姆	女	藏	指挥中心	2017级西藏专业证书培训班优秀管理人员	2018年	自治区公安厅政治部
杨生	男	藏	刑警支队	2017级西藏专业证书培训班优秀学员	2018年	自治区公安厅政治部
土旦格列	男	藏	曲水县公安局	2017级西藏专业证书培训班优秀学员	2018年	自治区公安厅政治部
扎西尼玛	男	藏	尼木县公安局	2017级西藏专业证书培训班优秀学员	2018年	自治区公安厅政治部
吴明喜	男	汉	特警支队	2017级西藏专业证书培训班优秀学员	2018年	自治区公安厅政治部

续表2

姓名	性别	民族	工作单位	获奖名称	表彰时间	授予单位
王琦	男	汉	拉萨师专	全区教育系统优秀党员	2018年	自治区教育工作委员会
德吉央宗	女	藏	拉萨师专	全区教育系统优秀党员	2018年	自治区教育工作委员会
田志国	男	汉	拉萨师专	第二届自治区高校青年教师教学比赛二等奖	2018年	自治区教育工作委员会
韩美超	女	汉	拉萨师专	优秀评卷教师	2018年	自治区教育厅
田志国	男	汉	拉萨师专	教师教学技能大练兵自治区级教学能手	2018年	自治区教育厅
次珍	女	藏	拉萨师专	教师教学技能大练兵自治区级教学能手	2018年	自治区教育厅
吴海栓	男	汉	拉萨师专	西藏自治区级师德标兵	2018年	自治区教育厅
包振民	男	汉	拉萨师专	最美援藏教师	2018年	自治区教育厅
鲁义勇	男	汉	市教育局	第十九届全国中小学电脑制作活动西藏赛区一等奖	2018年	自治区教育厅
宋晓婧	女	汉	市教育局	2018年全区教育系统优秀党务工作者	2018年	自治区教育厅
桑珠	男	藏	市教育局	2018年全区小学教师教学竞赛优秀辅导教师奖	2018年	自治区教育厅
次旦卓玛	女	藏	市教育局	2018年全区小学教师教学竞赛优秀辅导教师奖	2018年	自治区教育厅
邓易才	男	土家	尼木县中学	2018年全区初中教师教学竞赛决赛优秀指导教师	2018年	自治区教育厅
旦增白玛	女	藏	城关区职业技术培训中心	西藏自治区优秀学生资助工作者	2018年	自治区教育厅
巴桑卓玛	女	藏	拉萨市实验幼儿园	首届自治区赛课比赛中荣获优秀辅导员	2018年	自治区教育厅
张林霞	女	藏	拉萨市实验幼儿园	首届自治区赛课比赛中荣获优秀辅导员	2018年	自治区教育厅
米玛卓玛	女	藏	拉萨市实验幼儿园	西藏自治区首届幼儿教师课堂大赛一等奖	2018年	自治区教育厅
洛真绕姆	女	藏	拉萨市实验幼儿园	全区首届幼儿教师教学技能大赛一等奖	2018年	自治区教育厅
阿旺央金	女	藏	城关区第二小学	2018年全区小学教学竞赛藏文学科一等奖	2018年	自治区教育厅
小格桑德吉	女	藏	城关区吉崩岗小学	先进个人	2018年	自治区教育厅
吴卓颖	女	汉	拉萨市第二中学	中考阅卷优秀评卷组长	2019年	自治区教育厅
王巧	女	汉	拉萨市第二中学	中考阅卷优秀评卷员	2018年	自治区教育厅
王巧	女	汉	拉萨市第二中学	自治区级优课	2018年	自治区教育厅
格桑罗布	男	藏	拉萨市第二中学	中考阅卷优秀评卷员	2018年	自治区教育厅

续表2

姓名	性别	民族	工作单位	获奖名称	表彰时间	授予单位
旺加	男	藏	拉萨市第二中学	中考阅卷优秀评卷员	2018年	自治区教育厅
董庆芝	女	汉	拉萨市第二中学	中考阅卷优秀评卷组长	2018年	自治区教育厅
白央	女	藏	城关区海城小学	全区小学教师教学竞赛决赛科学学科一等奖	2018年	自治区教育厅
扎西	男	藏	拉萨江苏中学	2018全区初中教师教学竞赛决赛藏语文组一等奖	2018年	自治区教育厅
胡德荣	男	汉	拉萨市第三中学	“一师一优课一课一名师”拉萨市级、自治区级优课	2018年	自治区教育厅
邓红娟	女	汉	拉萨市第三中学	“一师一优课一课一名师”拉萨市级级优课	2018年	自治区教育厅
邓红娟	女	汉	拉萨市第三中学	优秀评卷教师	2018年	自治区教育厅
廖红	女	汉	拉萨市第三中学	优秀出卷教师	2018年	自治区教育厅
赵利群	男	汉	拉萨市第三中学	2018年全区初中教师教学竞赛决赛一等奖	2018年	自治区教育厅
樊元芳	女	汉	拉萨市第三中学	优秀评卷教师	2018年	自治区教育厅
王小波	男	汉	拉萨市第三中学	优秀评卷组长	2018年	自治区教育厅
叶林	男	汉	拉萨市第一中学	自治区中考阅卷优秀组长	2018年	自治区教育厅
王正浩	男	汉	城关区教师培训中心	2018年自治区优秀教研工作者	2018年	自治区教育厅
赵秀林	女	汉	拉萨市第一小学	第九届中国移动和教育杯全国教育技术一等奖	2018年	自治区教育厅
达瓦次仁	男	藏	拉萨市第一小学	第十九届全国中小学电脑制作二等奖	2018年	自治区教育厅
曲珍	女	藏	墨竹工卡县教育（体育）局	2017年度全区优秀学生资助工作者	2018年	自治区教育厅
尼玛确巴	男	藏	墨竹工卡县扎雪乡中心小学	全区小学教师课堂教学技能大赛二等奖	2018年	自治区教育厅
角八太	男	藏	林周县中学	教师教学竞赛藏语文组一等奖	2018年	自治区教育厅
王锐	男	汉	城关区发展和改革委员会	2015—2017年公务员三等功	2018年	自治区人力资源和社会保障厅、自治区公务员局
觉列	男	藏	墨竹工卡县唐加乡仲尼村	第三届“中国创翼”西藏赛区选拔赛暨西藏自治区第一届创业创新大赛专项组第一名	2018年	自治区人力资源和社会保障厅、自治区工商联合会
李思杰	男	汉	当雄县人力资源和社会保障局	人社宣传工作先进个人	2018年	自治区人力资源和社会保障厅
罗布次仁	男	藏	城关区纳金小学	2014—2017年全区群众体育先进工作者	2018年	自治区人力资源和社会保障厅
边巴扎西	男	藏	林周县中学	全区群众体育先进个人	2018年	自治区人力资源和社会保障厅

续表2

姓名	性别	民族	工作单位	获奖名称	表彰时间	授予单位
罗桑剑泽	男	藏	拉萨市工商局	全区工商系统2017年度优秀共产党员	2018年	自治区工商行政管理局委员会
刘仰昊	男	汉	拉萨市商务局	公务员考核三等功	2019年	自治区公务员局、自治区人力资源和社会保障厅
旺扎	男	藏	墨竹工卡县农牧（科技）局	全区农科教工作先进个人	2018年	自治区农牧厅、自治区教育厅
唐多达瓦	男	藏	墨竹工卡县扎雪乡中心小学	全区中小学教师藏汉书法大赛第三名	2018年	自治区文化厅
方建萍	女	汉	城关区第二小学	西藏自治区优秀社会指导员、西藏自治区第十二届运动会暨第四节名族传统体育运动会优秀裁判	2018年	自治区体育局、自治区第十二届运动会暨第四节民族传统体育运动会组委会
米玛次仁	男	藏	拉萨市中级人民法院	全区民族运动会三等奖	2018年	自治区体育局
普布旦增	男	藏	拉萨市群众文化体育中心	全区群众体育先进个人	2018年	自治区体育局
扎西次仁	男	藏	城关区海淀小学	西藏自治区优秀社会体育指导员	2018年	自治区体育局
扎西次仁	男	藏	城关区海淀小学	西藏自治区第十二届运动会优秀篮球裁判员	2018年	自治区体育局
洛珠	男	藏	曲水县小学	优秀社会体育指导员	2018年	自治区体育局
次仁旺姆	女	藏	曲水县中学	西藏自治区优秀社会体育指导员	2018年	自治区体育局
次珍	女	藏	拉萨市气象局	2018年度西藏自治区民族团结进步模范个人	2018年	自治区气象局
次珍	女	藏	拉萨市气象局	2018年年度全区优秀值班预报员	2018年	自治区气象局
索朗卓嘎	女	藏	文旅新广局	2018年度全区“扫黄打非”先进个人	2018年	自治区“扫黄打非”工作领导小组
王金玉	女	汉	林周县委宣传部	西藏文化市场综合行政执法岗位大练兵个人技能竞赛第二名	2018年	自治区文化市场综合执法总队
扎西多吉	男	藏	市委政法委	全区铁路护路联防工作先进个人	2018年	自治区铁路护路联防领导小组办公室
邵琪	女	汉	拉萨师专	西藏自治区第十二届运动会暨第四届民族传统体育运动会游泳400m、100m自由泳第二名	2018年	自治区第十二届运动会组委会
次达瓦	男	藏	城关区职业技术培训中心	西藏自治区书法协会“雅酷笔栽”书法比赛二等奖	2018年	自治区教育科学研究院
卢海平	女	汉	拉萨市第一小学	第四期全区中小学书法教师培训班优秀学员	2018年	自治区教育科学研究院
卢海平	女	汉	拉萨市第一小学	第四期全区中小学书法教师培训班学院展览优秀作品	2018年	自治区教育科学研究院
张林军	女	汉	城关区教师培训中心	自治区第八届自治区级普通话测试员任职资格培训优秀学员	2018年	自治区国家语委办

续表2

姓名	性别	民族	工作单位	获奖名称	表彰时间	授予单位
格桑多吉	男	藏	城关区消防大队	三等功	2018年	西藏消防总队
张桁	男	汉	城关区消防大队	三等功	2018年	西藏消防总队
陈磊	男	汉	城关区消防大队	三等功	2018年	西藏消防总队
洛松扎西	男	藏	城关区消防大队	三等功	2018年	西藏消防总队
达瓦江村	男	藏	城关区消防大队	三等功	2018年	西藏消防总队
廖承英	女	汉	市委党校	2018年理论重点著作奖	2018年	西藏日报社
琼吉	女	藏	墨竹工卡县扎雪乡中心小学	拉萨市乡镇小学藏语文教师综合能力提升培训班优秀学员	2018年	西藏大学
旺扎	男	藏	墨竹工卡县农牧（科技）局	优秀科技工作者	2018年	西藏畜牧兽医学会
嘎玛格列	男	藏	市委党校	全市拉萨市脱贫攻坚贡献奖	2018年	市委、市政府
米玛旺堆	男	藏	市委党校	2018年度社会治安综合治理铁路护路联防工作先进个人	2018年	市委、市政府
格茸江初	男	藏	市委统战部	2018年度拉萨市文明城市先进个人	2018年	市委、市政府
洛桑旺丹	男	藏	市人大办公厅党建办	拉萨市创建全国文明城市先进个人	2018年	市委、市政府
刘军锋	男	汉族	拉萨市政协办公厅	2018年度拉萨市脱贫攻坚贡献奖	2018年	市委、市政府
格桑罗布	男	藏族	拉萨市政协办公厅	2018年度拉萨市脱贫攻坚贡献奖	2018年	市委、市政府
边珍	女	藏	市纪委监委	2017年度深化全国文明城市创建工作先进个人	2018年	市委、市政府
才华道吉	男	藏	市委巡察办	2018年拉萨市优秀驻村工作队员	2018年	市委、市政府
德吉卓嘎			市检察院	脱贫攻坚创新奖	2018年	市委、市政府
普布仓觉			市检察院	脱贫攻坚先进典型贡献奖	2018年	市委、市政府
谭昌明			市检察院	全市综治工作先进个人	2018年	市委、市政府
张鑫	女	汉	拉萨市司法局	2018年度综治先进个人	2019年	市委、市政府
龚恒丽	女	汉	拉萨市司法局	2018年度全市脱贫攻坚工作先进个人	2019年	市委、市政府
白玛央金	女	藏	拉萨市司法局	2018年度全市脱贫攻坚工作先进个人	2019年	市委、市政府
德吉白姆	女	藏	西藏方诺律师事务所	2018年度全市信访工作先进个人	2019年	市委、市政府
李浩	男	汉	市公安局办公室	2017年度社会治安综合治理 铁路护路联防工作先进个人	2018年	市委、市政府

续表2

姓名	性别	民族	工作单位	获奖名称	表彰时间	授予单位
索朗次仁	男	藏	警务保障支队	2017年度社会治安综合治理 铁路护路联防工作先进个人	2018年	市委、市政府
旦增曲桑	男	藏	治安管理支队	2017年度社会治安综合治理 铁路护路联防工作先进个人	2018年	市委、市政府
阿达为拉	男	回	城关区公安局吉日派出所	2018年度民族团结进步模范个人	2018年	市委、市政府
桑嘎	女	藏	治安管理支队	2018年度民族团结进步模范个人	2018年	市委、市政府
次仁多吉	男	藏	“110”便民警务支队政工监察科	2017年深化全国文明城市创建工作先进个人	2018年	市委、市政府
王磊	男	汉	“110”便民警务支队	2017年深化全国文明城市创建工作先进个人	2018年	市委、市政府
拉巴扎西	男	藏	大昭寺广场便民警务站	2017年深化全国文明城市创建工作先进个人	2018年	市委、市政府
沈剑楠	男	汉	罗布林卡便民警务站	2017年深化全国文明城市创建工作先进个人	2018年	市委、市政府
旺姆	女	藏	赛康便民警务站	2017年深化全国文明城市创建工作先进个人	2018年	市委、市政府
达珍	女	藏	市妇联	拉萨市创先争优强基础惠民生活动第七批驻村（居）工作先进工作队员	2018年	市委、市政府
达珍	女	藏	市妇联	拉萨市民族团结先进个人	2018年	市委、市政府
强巴卓嘎	女	藏	市文联	拉萨市综合治理工作先进个人	2018年	市委、市政府
强巴卓嘎	女	藏	市文联	深化全国文明城市创建工作先进个人	2018年	市委、市政府
栾天	男	汉	共青团拉萨市委员会	2018年度社会治安综合治理工作先进个人	2019年	市委、市政府
蒋曦	男	汉	共青团拉萨市委员会	2018年度拉萨市脱贫攻坚创新奖	2019年	市委、市政府
顿珠旺修	男	藏	市国税局	先进驻村工作队员	2018年	市委、市政府
次仁卓玛	女	藏	市国税局	先进驻村工作队员	2018年	市委、市政府
蔡卫旗	男	回	市安监局	先进驻村（居）工作队员	2018年	市委、市政府
泽仁曲西	女	藏	市安监局	2018年度社会治安综合治理工作先进个人	2019年	市委、市政府
李金凤	女	汉	市安监局	2017年深化全国文明城市创建工作先进个人	2018年	市委、市政府
王平	女	汉	市审计局	2018年度拉萨市铁路护路先进个人	2019年	市委、市政府
拉珍	女	藏	拉萨市工商局	2018年度拉萨市脱贫攻坚贡献奖	2019年	市委、市政府
其米旺姆	女	藏	拉萨市农牧局	2018年拉萨市脱贫攻坚贡献奖	2018年	市委、市政府
朱胜军	男	汉	柳梧新区管委会	2018年度拉萨市脱贫攻坚奉献奖	2019年	市委、市政府

续表2

姓名	性别	民族	工作单位	获奖名称	表彰时间	授予单位
雷鸣	男	汉	柳梧新区扶贫办	2018年度拉萨市脱贫攻坚贡献奖	2019年	市委、市政府
阿旺措姆	女	藏	柳梧新区扶贫办	2018年度拉萨市脱贫攻坚贡献奖	2019年	市委、市政府
董晓颖	女	汉	柳梧新区扶贫办	2018年度拉萨市脱贫攻坚贡献奖	2019年	市委、市政府
单增拉姆	女	藏	柳梧新区扶贫办	2018年度拉萨市脱贫攻坚贡献奖	2019年	市委、市政府
王旭	男	汉	柳梧新区柳梧乡政府	2018年度拉萨市脱贫攻坚贡献奖	2019年	市委、市政府
何海萍	女	汉	柳梧新区柳梧乡政府	2018年度拉萨市脱贫攻坚贡献奖	2019年	市委、市政府
旦增赤列	男	藏	柳梧新区达东村	2018年度拉萨市脱贫攻坚贡献奖	2019年	市委、市政府
次仁群培	男	藏	柳梧新区柳梧村卫生所	全市2018年度民族团结进步模范个人	2018年	市委、市政府
张鹏	男	汉	柳梧新区综治办（民宗局）	全市2018年度信访工作先进个人	2019年	市委、市政府
崔珍加措	男	藏	柳梧新区桑达护路队	2018年度铁路护路联防先进个人	2019年	市委、市政府
多吉	男	藏	柳梧新区桑达护路队	2018年度铁路护路联防先进个人	2019年	市委、市政府
赤列	男	藏	柳梧新区桑达护路队	2018年度铁路护路联防先进个人	2019年	市委、市政府
杨卓陶	男	汉	经开区公安局	拉萨市创先争优强基础惠民生活动先进驻村（居）工作队员	2018年	市委、市政府
洛桑赤列	男	藏	经开区管委会	2018年度拉萨市脱贫攻坚创新奖	2019年	市委、市政府
李玥	女	汉	经开区党政办	2018年度拉萨市脱贫攻坚贡献奖	2019年	市委、市政府
贾元昆	男	汉	经开区规建局	2018年度拉萨市脱贫攻坚贡献奖	2019年	市委、市政府
米玛次仁	男	藏	经开区安监局	2018年度拉萨市脱贫攻坚贡献奖	2019年	市委、市政府
强巴顿旦	男	藏	经开区规建局	2018年度拉萨市脱贫攻坚贡献奖	2019年	市委、市政府
左莉莎	女	汉	经开区财政局	2018年度拉萨市脱贫攻坚贡献奖	2019年	市委、市政府
巴桑卓玛	女	藏	经开区安监局	2018年度拉萨市脱贫攻坚贡献奖	2019年	市委、市政府
王洋萍	男	汉	经开区安监局	2018年度拉萨市脱贫攻坚贡献奖	2019年	市委、市政府
边巴罗布	男	藏	经开区经发局	2018年度拉萨市脱贫攻坚贡献奖	2019年	市委、市政府
尼玛顿珠	男	藏	经开区财政局	2018年度拉萨市脱贫攻坚贡献奖	2019年	市委、市政府
易娜	女	汉	经开区经发局	2018年度拉萨市脱贫攻坚贡献奖	2019年	市委、市政府

续表2

姓名	性别	民族	工作单位	获奖名称	表彰时间	授予单位
美日央	女	藏族	西藏空港新区甲竹林镇政府	先进驻村（居）工作队员	2018年	市委、市政府
张兴尧	男	汉	拉萨市城乡规划局	2018年度拉萨市脱贫攻坚贡献奖	2018年	市委、市政府
祁赵园	女	汉	拉萨市城乡规划局	2018年度社会治安综合治理工作先进个人	2018年	市委、市政府
扎西顿珠	男	藏	拉萨市城市管理委员会	2018年度社会治安综合治理工作先进个人	2019年	市委、市政府
张欢欢	女	汉	拉萨市城市管理委员会	2017年深化全国文明城市创建工作先进个人	2018年	市委、市政府
达瓦次仁	男	藏	拉萨市环卫局	2017年深化全国文明城市创建工作先进个人	2018年	市委、市政府
扎西拉旺	男	藏	市政工程养护处	2017年深化全国文明城市创建工作先进个人	2018年	市委、市政府
赤来	男	藏	市园林局	2017年深化全国文明城市创建工作先进个人	2018年	市委、市政府
何小明	女	汉	市政工程养护处	2018年拉萨市脱贫攻坚贡献奖	2019年	市委、市政府
魏新洲	男	汉	拉萨市环境保护局	拉萨市脱贫攻坚贡献奖	2018年	市委、市政府
嘎旦	女	藏	拉萨市环境保护局	拉萨市优秀公务员	2018年	市委、市政府
左超	男	汉	拉萨市科学技术局	2017年深化全国文明城市创建先进个人	2018年	市委、市政府
谢玉堂	男	汉	拉萨市体育局	全区群众体育先进个人	2018年	市委、市政府
孙丽丽	女	汉	拉萨市体育局	全区群众体育先进个人	2018年	市委、市政府
洛桑平措	男	藏	拉萨市藏语委办（编译局）	2018年全市综治工作先进个人	2018年	市委、市政府
旦增旺姆	女	藏	拉萨市藏语委办（编译局）	2018年拉萨市脱贫攻坚贡献奖	2019年	市委、市政府
普布桑姆	女	藏	拉萨市藏语委办（编译局）	2018年创建全国文明城市先进个人	2018年	市委、市政府
次旦卓嘎	女	藏	拉萨市新闻出版广电局	2017年深化全国文明城市创建工作先进个人	2018年	市委、市政府
张晓明	男	汉	拉萨市广播电视台	2018年度拉萨市民族团结先进个人	2018年	市委、市政府
卡本才让	男	藏	拉萨市广播电视台	2017年深化全国文明城市创建工作先进个人	2018年	市委、市政府
尼玛桑珠	男	藏	拉萨市卫生健康委	2018年拉萨市脱贫攻坚贡献奖	2019年	市委、市政府
晓勇	女	藏	拉萨市卫生健康委	2018年拉萨市脱贫攻坚贡献奖	2019年	市委、市政府
次仁德吉	女	藏	拉萨市卫生健康委	2018年拉萨市脱贫攻坚贡献奖	2019年	市委、市政府
琼吉	女	藏	拉萨市民政局	拉萨市2018年度民族团结进步模范个人	2018年	市委、市政府

续表2

姓名	性别	民族	工作单位	获奖名称	表彰时间	授予单位
谢孝凯	男	苗	市民政局	2018年脱贫攻坚贡献奖	2019年	市委、市政府
李彦鹏	男	汉	市民政局	2018年度拉萨市脱贫攻坚奉献奖	2019年	市委、市政府
鲁生	女	藏	市民政局	2018年度拉萨市脱贫攻坚创新奖	2019年	市委、市政府
德吉央宗	女	藏	市民政局	2018年度拉萨市脱贫攻坚先进个人	2019年	市委、市政府
益西拉姆	女	藏	市民政局	2018年度拉萨市脱贫攻坚先进个人	2019年	市委、市政府
费彦红	女	汉	市人社局	2018年度拉萨市脱贫攻坚先进个人	2019年	市委、市政府
杨树景	女	汉	市人社局	2018年度拉萨市创先争优强基层惠民生活动驻村（居）工作队先进工作队员	2018年	市委、市政府
曲扎	男	藏	市民宗局	2018年拉萨市强基惠民先进个人	2018年	市委、市政府
旦增	男	藏	尼木县扶贫（开发）办公室	拉萨市2018年脱贫攻坚先进个人	2018年	市委、市政府
卢贤鹤	男	汉	尼木县扶贫（开发）办公室	拉萨市2018年脱贫攻坚先进个人	2018年	市委、市政府
普姆次仁	女	藏	尼木县教育局	优秀教师铜奖	2018年	市委、市政府
强巴	男	藏	尼木县卡如乡政府	“致富带头”先进个人	2018年	市委、市政府
扎西	男	藏	尼木县卡如乡卡如村	“致富带头”先进个人	2018年	市委、市政府
多布啦	男	藏	尼木县人大常委会办公室	先进驻村工作队队员	2018年	市委、市政府
桑吉	女	藏	尼木县塔荣镇塔荣村	“勤劳致富”先进个人	2018年	市委、市政府
格桑多布杰	男	藏	尼木县塔荣镇塔荣村	“勤劳致富”先进个人	2018年	市委、市政府
强巴卓嘎	女	藏	尼木县塔荣镇雪拉村	“勤劳致富”先进个人	2018年	市委、市政府
索朗曲珍	女	藏	尼木县塔荣镇东松村	“勤劳致富”先进个人	2018年	市委、市政府
加巴	男	藏	尼木县塔荣镇尚日村	“勤劳致富”先进个人	2018年	市委、市政府
扎西多杰	男	藏	尼木县塔荣镇尚日村	“勤劳致富”先进个人	2018年	市委、市政府
普次仁	男	藏	尼木县塔荣镇塔荣村	“勤劳致富”先进个人	2018年	市委、市政府
次仁普尺	女	藏	尼木县塔荣镇林岗村	“勤劳致富”先进个人	2018年	市委、市政府
多杰	男	藏	尼木县塔荣镇林岗村	“勤劳致富”先进个人	2018年	市委、市政府
次仁扎西	男	藏	尼木县塔荣镇东松村	“勤劳致富”先进个人	2018年	市委、市政府

续表2

姓名	性别	民族	工作单位	获奖名称	表彰时间	授予单位
格桑	男	藏	尼木县塔荣镇东松村	“勤劳致富”先进个人	2018年	市委、市政府
措姆	女	藏	尼木县塔荣镇东松村	“勤劳致富”先进个人	2018年	市委、市政府
旦增平措	男	藏	尼木县塔荣镇雪拉村	“勤劳致富”先进个人	2018年	市委、市政府
琼卓玛	女	藏	尼木县塔荣镇恩泽居委会	“勤劳致富”先进个人	2018年	市委、市政府
格桑尼玛	男	藏	尼木县塔荣镇恩泽居委会	“勤劳致富”先进个人	2018年	市委、市政府
格桑云旦	男	藏	尼木县塔荣镇恩泽居委会	“勤劳致富”先进个人	2018年	市委、市政府
格萨	男	藏	尼木县塔荣镇恩泽居委会	“勤劳致富”先进个人	2018年	市委、市政府
次仁拉杰	男	藏	尼木县塔荣镇恩泽居委会	“勤劳致富”先进个人	2018年	市委、市政府
索朗	男	藏	尼木县塔荣镇恩泽居委会	“勤劳致富”先进个人	2018年	市委、市政府
嘎吉	女	藏	尼木县塔荣镇恩泽居委会	“勤劳致富”先进个人	2018年	市委、市政府
想啦	男	藏	尼木县塔荣镇恩泽居委会	“勤劳致富”先进个人	2018年	市委、市政府
达嘎	男	藏	尼木县塔荣镇恩泽居委会	“勤劳致富”先进个人	2018年	市委、市政府
朗珍	男	藏	尼木县塔荣镇尚日村	“致富带头”先进个人	2018年	市委、市政府
多布杰	男	藏	尼木县塔荣镇林岗村	“致富带头”先进个人	2018年	市委、市政府
次旦桑珠	男	藏	尼木县塔荣镇塔荣村	“致富带头”先进个人	2018年	市委、市政府
索朗旺杰	男	藏	尼木县塔荣镇巴古村	“致富带头”先进个人	2018年	市委、市政府
普次仁	男	藏	尼木县塔荣镇巴古村	“致富带头”先进个人	2018年	市委、市政府
德琼	男	藏	尼木县塔荣镇巴古村	“致富带头”先进个人	2018年	市委、市政府
强巴次仁	男	藏	尼木县塔荣镇巴古村	“致富带头”先进个人	2018年	市委、市政府
顿珠扎西	男	藏	尼木县塔荣镇尚日村	“致富带头”先进个人	2018年	市委、市政府
格桑	男	藏	尼木县塔荣镇东松村	“致富带头”先进个人	2018年	市委、市政府
旦增曲扎	男	藏	尼木县塔荣镇塔荣村	“致富带头”先进个人	2018年	市委、市政府
洪镜伟	男	白	尼木县塔荣镇政府	2018年度先进驻村（居）工作队员	2018年	市委、市政府
多吉普桑	男	藏	尼木县信访局	信访工作先进个人	2018年	市委、市政府

续表2

姓名	性别	民族	工作单位	获奖名称	表彰时间	授予单位
旦木真	男	藏	尼木县续迈乡政府	2018年拉萨市级先进驻村工作队队员	2018年	市委、市政府
达瓦	男	藏	尼木县委政法委	2018年度综治维稳先进个人	2018年	市委、市政府
云旦平措	男	藏	尼木县中学	拉萨市李氏个人奖	2018年	市委、市政府
小欧珠	男	藏	尼木县中学	拉萨市“优秀教师”铜奖	2018年	市委、市政府
付涛	男	汉	当雄县信访局	2017年度全市信访工作先进个人	2018年	市委、市政府
赤列旺堆	男	藏	格达乡央热村委会	拉萨市市级先进双联户	2018年	市委、市政府
马小静	女	汉	城关区委办公室	市级驻村优秀个人	2018年	市委、市政府
旦增曲珍	女	藏	城关区拉萨北京小学	拉萨市第34个教师节优秀教师铜奖	2018年	市委、市政府
顿珠次仁	男	藏	八廓街道八廓社区	创城“三连创”先进个人	2018年	市委、市政府
索朗加措	男	藏	两岛街道办事处	深化全国文明城市创建工作先进个人	2018年	市委、市政府
达瓦	男	藏	城关区当巴小学	拉萨市优秀教师铜奖	2018年	市委、市政府
解瑜	女	汉	城关区拉萨广西友谊小学	拉萨市李氏教育奖	2018年	市委、市政府
边巴	男	藏	城关区拉萨广西友谊小学	拉萨市教师节铜奖	2018年	市委、市政府
旦增卓玛	女	藏	城关区政协办公室	拉萨市创先争优强基础惠民生活动先进驻村（居）工作队员	2018年	市委、市政府
米玛坚才	男	藏	曲水县信访局	信访工作先进个人	2018年	市委、市政府
拉巴次仁	男	藏	县林业绿化局	拉萨市民族团结先进个人	2018年	市委、市政府
次尼	女	藏	曲水县小学	优秀教师铜奖	2018年	市委、市政府
洛桑群培	男	藏	曲水县小学	优秀教师银奖	2018年	市委、市政府
洛桑群培	男	藏	曲水县小学	优秀教师铜奖	2018年	市委、市政府
次央	女	藏	曲水县聂当乡小学	拉萨市民族团结进步模范个人	2018年	市委、市政府
德吉卓嘎	女	藏	曲水县中学	优秀教师铜奖	2018年	市委、市政府
琼达	男	藏	茶巴拉村6组	“勤劳致富”先进个人	2018年	市委、市政府
尼玛	男	藏	茶巴拉村8组	先进双联户	2019年	市委、市政府
普琼	男	藏	茶巴拉村7组	先进双联户	2019年	市委、市政府

续表2

姓名	性别	民族	工作单位	获奖名称	表彰时间	授予单位
索朗丹增	男	藏	茶巴拉村7组	先进双联户	2019年	市委、市政府
达瓦	男	藏	茶巴拉村7组	先进双联户	2019年	市委、市政府
罗布	女	藏	茶巴拉村7组	先进双联户	2019年	市委、市政府
德吉	女	藏	茶巴拉村7组	先进双联户	2019年	市委、市政府
尼玛	男	藏	茶巴拉村7组	先进双联户	2019年	市委、市政府
巴桑	男	藏	茶巴拉村7组	先进双联户	2019年	市委、市政府
劳明伟	男	汉	墨竹工卡县委员会	2018年优秀正县级领导干部	2019年	市委、市政府
尼翻	女	藏	墨竹工卡县总工会	拉萨市驻村（居）工作队先进队员	2018年	市委、市政府
公桑更增	男	藏	墨竹工卡县人民检察院	拉萨市创先争优强基础惠民生活动先进个人	2018年	市委、市政府
全洪兴	男	汉	墨竹工卡县中学	优秀李氏奖	2018年	市委、市政府
南洛	男	藏	墨竹工卡县中学	优秀李氏奖	2018年	市委、市政府
龙珍	女	藏	墨竹工卡县中学	优秀铜奖	2018年	市委、市政府
阿果	男	汉	墨竹工卡县南京实验小学	市级优秀—李氏奖	2018年	市委、市政府
扎西旺姆	女	藏	墨竹工卡县南京实验小学	优秀金奖	2018年	市委、市政府
边巴卓玛	女	藏	墨竹工卡县南京实验小学	优秀铜奖	2018年	市委、市政府
索朗卓嘎	女	藏	墨竹工卡县南京实验小学	优秀铜奖	2018年	市委、市政府
次仁曲宗	女	藏	墨竹工卡县唐加乡中心小学	优秀教师铜奖	2018年	市委、市政府
阿桑	男	藏	墨竹工卡县唐加乡中心小学	优秀教师铜奖	2018年	市委、市政府
格桑占堆	男	藏	林周县苏州小学	优秀教师金奖	2018年	市委、市政府
边巴罗布	男	藏	江热乡中心小学	优秀教师银奖	2018年	市委、市政府
德吉	女	藏	唐古乡中心小学	优秀教师铜奖	2018年	市委、市政府
尼玛旺堆	男	藏	卡孜乡中心小学	优秀教师铜奖	2018年	市委、市政府
平措旺堆	男	藏	强嘎乡中心小学	优秀教师铜奖	2018年	市委、市政府
顿珠次仁	男	藏	春堆乡中心小学	优秀教师铜奖	2018年	市委、市政府

续表2

姓名	性别	民族	工作单位	获奖名称	表彰时间	授予单位
桑嘎	男	藏	阿朗乡中心小学	优秀教师铜奖	2018年	市委、市政府
李晓辉	女	藏	林周县苏州小学	优秀教师铜奖	2018年	市委、市政府
巴桑色珍	女	藏	中心幼儿园	优秀教师铜奖	2018年	市委、市政府
多杰	男	藏	旁多乡中心小学	优秀教师铜奖	2018年	市委、市政府
次仁央金	女	藏	江热乡中心小学	优秀教师铜奖	2018年	市委、市政府
冲多	女	藏	边交林乡中心小学	优秀教师铜奖	2018年	市委、市政府
米玛	男	藏	林周县中学	优秀教师铜奖	2018年	市委、市政府
洛桑次旺	男	藏	松盘乡中心小学	优秀教师铜奖	2018年	市委、市政府
马静	男	汉	林周县委政法委	拉萨市先进驻村工作队员	2018年	市委、市政府
米玛	男	藏	松盘乡白定村	2018年度市级先进双联户	2018年	市委、市政府
索朗次仁	男	藏	林周县住房和城乡建设局	拉萨市第七批先进驻村工作队员	2018年	市委、市政府
拉巴次仁	男	藏	八廓古城管委会	2018年度优秀公务员	2018年	市委、市政府
央珍	女	藏	八廓古城管委会	2018年度优秀公务员	2018年	市委、市政府
洛桑年扎	男	藏	八廓古城管委会	2018年度优秀公务员	2018年	市委、市政府
肖友明	男	汉	八廓古城管委会	2018年度优秀公务员	2018年	市委、市政府
拉巴次仁	男	藏	八廓古城管委会	2018年度优秀公务员	2018年	市委、市政府
边巴次杰	男	藏	八廓古城管委会	2018年度优秀公务员	2018年	市委、市政府
米玛玉珍	女	藏	八廓古城管委会	2018年度优秀公务员	2018年	市委、市政府
日白桑格	男	藏	八廓古城管委会	2018年度优秀公务员	2018年	市委、市政府
次旦卓嘎	女	藏	八廓古城管委会	2018年度优秀公务员	2018年	市委、市政府
次仁德吉	女	藏	八廓古城管委会	2018年度优秀公务员	2018年	市委、市政府
达瓦洛珠	男	藏	八廓古城管委会	2018年度优秀公务员	2018年	市委、市政府
旦真	男	藏	八廓古城管委会	2018年城关区优秀党员	2018年	市委、市政府
才绕德吉	女	藏	八廓古城管委会	2018年城关区优秀党员	2018年	市委、市政府
强巴次仁	男	藏	八廓古城管委会	2018年城关区优秀党员	2018年	市委、市政府

续表2

姓名	性别	民族	工作单位	获奖名称	表彰时间	授予单位
普布多吉	男	藏	八廓古城管委会	2018年城关区优秀党员	2018年	市委、市政府
次仁曲珍	女	藏	八廓古城管委会	2018年城关区优秀党员	2018年	市委、市政府
索朗央宗	女	藏	八廓古城管委会	2018年度先进工作者	2018年	市委、市政府
巴桑次仁	男	藏	八廓古城管委会	2018年度先进工作者	2018年	市委、市政府
洛桑晋美	男	藏	八廓古城管委会	2018年度先进工作者	2018年	市委、市政府
尼玛仓决	女	藏	八廓古城管委会	2018年度先进工作者	2018年	市委、市政府
洛桑加永	男	藏	八廓古城管委会	2018年度先进工作者	2018年	市委、市政府
杨世军	男	汉	市委党校	拉萨市优秀正县级领导干部	2018年	市委
庄红翔	女	汉	市委组织部	拉萨市2018年度优秀公务员	2019年	市委
杨栋章	男	汉	市委组织部	拉萨市2018年度优秀公务员	2019年	市委
沈鹏里	男	汉	市委组织部	拉萨市2018年度优秀公务员	2019年	市委
贺慧先	男	汉	市委组织部	拉萨市2018年度优秀公务员	2019年	市委
武连凯	男	汉	市委组织部	拉萨市2018年度优秀公务员	2019年	市委
蒋宏亮	男	汉	市委组织部	拉萨市2018年度优秀公务员	2019年	市委
白玛卓嘎	女	藏	市委组织部	拉萨市2018年度优秀公务员	2019年	市委
李培兴	男	汉	市委组织部	拉萨市2018年度优秀公务员	2019年	市委
泽仁曲西	女	藏	市委组织部	拉萨市2018年度优秀公务员	2019年	市委
鲍中平	男	汉	市委组织部	拉萨市2018年度优秀公务员	2019年	市委
成晋	男	藏	市委老干部局	拉萨市2018年度优秀公务员	2019年	市委
闫崇宽	男	汉	市委老干部局	拉萨市2018年度优秀公务员	2019年	市委
武晋阳	男	汉	市纪委监委驻市委组织部纪检监察组	拉萨市2018年度优秀公务员	2019年	市委
熊敏	女	汉	执法监督支队	全市信访工作先进个人	2018年	市委
赵亚	男	汉	柳梧新区管委会	全市2018年度优秀正县级领导干部	2018年	市委
格列	男	藏	西藏空港新区甲竹林镇政府	拉萨市脱贫攻坚贡献奖	2018年	市委

续表2

姓名	性别	民族	工作单位	获奖名称	表彰时间	授予单位
杨亚辉	男	汉	西藏空港新区甲竹林镇政府	拉萨市脱贫攻坚贡献奖	2018年	市委
次仁顿珠	男	藏	西藏空港新区甲竹林镇政府	拉萨市脱贫攻坚贡献奖	2018年	市委
曲尼措姆	女	藏	西藏空港新区甲竹林镇政府	拉萨市脱贫攻坚贡献奖	2018年	市委
曹恩宏	男	藏	拉萨市城乡规划局	2018年度优秀正县级领导干部	2018年	市委
格桑巴珠	男	藏	拉萨市环境保护局	2018年度优秀正县级领导干部	2018年	市委
阿旺	男	藏	城关区公安局夺底派出所	拉萨市综治先进个人	2019年	市委
达娃	男	藏	娘热街道仁钦蔡村	致富带头人	2018年	市委
席贤锋	男	汉	墨竹工卡县民政局	拉萨市民族团结进步模范个人	2018年	市委
马琴	女	汉	拉萨市实验幼儿园	拉萨市李氏教育个人奖	2018年	市政府、市教育局
次央	女	藏	城关区藏热小学	城关区先进教育工作者	2018年	市政府、市教育局
索朗旺姆	女	藏	城关区藏热小学	城关区优秀班主任	2018年	市政府、市教育局
格列	男	藏	城关区藏热小学	城关区优秀教师	2018年	市政府、市教育局
普布卓玛	女	藏	城关区藏热小学	拉萨市优秀教师铜奖	2018年	市政府、市教育局
旺杰	男	藏	城关区纳金小学	拉萨市优秀教师	2018年	市政府、市教育局
白玛多吉	男	藏	曲水县南木乡小学	拉萨市李氏教育奖	2018年	市政府、市教育局
德吉卓嘎	女	藏	曲水县南木乡小学	市级铜奖	2018年	市政府、市教育局
李娜	—	—	市委党校	全市民族团结模范进步家庭	2018年	市政府
许肖阳	—	—	市委党校	全市民族团结模范进步家庭	2018年	市政府
王念	女	汉	拉萨市中级人民法院	先进工作队员	2018年	市政府
扎西多吉	男	藏	拉萨市中级人民法院	先进工作队员	2018年	市政府
李铁英	女	汉	当雄县法院	驻村先进工作队员	2018年	市政府
陈卓	男	汉	支队执勤四中队	2018年度西藏自治区民族团结进步模范个人	2018年	市政府
黄婷	女	汉	拉萨市工商局	2017年度全市安全生产先进个人	2018年	市政府
陈仕统	男	汉	市民政局	2017年度全市安全生产先进个人	2018年	市政府

续表2

姓名	性别	民族	工作单位	获奖名称	表彰时间	授予单位
元旦次旺	男	藏	拉萨市达孜区政府办公室	拉萨市信息工作先进个人	2018年	市政府
贡桑旺姆	女	藏	尼木县教育局	市级优秀驻村队员	2018年	市政府
德吉卓嘎	女	藏	尼木县农牧（科技）局	市级农牧工作先进个人	2018年	市政府
塔尔青	男	藏	尼木县帕古乡完全小学	优秀教师铜奖	2018年	市政府
巴桑潘多	女	藏	尼木县统计局	拉萨市统计调查工作先进个人	2018年	市政府
索央	女	藏	当雄县统计局	拉萨市2017年度统计工作先进个人	2018年	市政府
罗桑卓嘎	女	藏	宁中乡人民政府	全市铁路护路联防工作先进个人	2018年	市政府
次成	男	藏	城关区公安局治安大队	拉萨市创建文明城市先进个人	2018年	市政府
阿达为拉	男	回	城关区公安局吉日派出所	民族团结先进模范个人	2018年	市政府
强巴卓嘎	女	藏	城关区海淀小学	拉萨市优秀教师铜奖	2018年	市政府
次达瓦	男	藏	城关区职业技术培训中心	拉萨市优秀教师铜奖	2018年	市政府
吴卓颖	女	汉	拉萨市第二中学	拉萨市李氏优秀个人奖	2018年	市政府
王巧	女	汉	拉萨市第二中学	拉萨市优秀教师铜奖	2018年	市政府
强巴格桑	男	藏	城关区海城小学	拉萨市优秀教师铜奖	2018年	市政府
王兴俊	男	汉	拉萨市第三中学	拉萨市2018年度民族团结进步模范个人	2018年	市政府
洛桑云丹	男	藏	拉萨市第一中学	拉萨市创城先进个人	2018年	市政府
尼玛扎西	男	藏	拉萨市第一中学	西藏自治区拉萨市优秀教师铜奖	2018年	市政府
张凤	女	汉	拉萨市第四中学	拉萨市李氏个人奖	2018年	市政府
幸乾钊	男	汉	拉萨市第四中学	拉萨市优秀教师铜奖	2018年	市政府
格桑卓嘎	女	藏	拉萨市城关区第一幼儿园	李氏教育奖	2018年	市政府
益西曲觉	男	藏	拉萨市第七中学	拉萨市优秀教师铜奖	2018年	市政府
周县鸽	女	汉	拉萨市第一小学	优秀教师铜奖	2018年	市政府
曾鹤生	男	汉	城关区环境保护局	全市环保工作先进个人	2018年	市政府
王红艳	女	汉	拉萨市第一中学	拉萨市教育明星	2018年	市政府

续表2

姓名	性别	民族	工作单位	获奖名称	表彰时间	授予单位
扎阿拉姆	女	藏	拉萨市第三小学	拉萨市优秀教师银奖	2018年	市政府
格桑	男	藏	曲水县双语幼儿园	拉萨市级优秀教师（金奖）	2018年	市政府
查果	女	藏	曲水县才纳乡小学	优秀教师	2018年	市政府
达娃	女	藏	墨竹工卡县甲玛乡希望小学	拉萨市优秀教师（铜奖）	2018年	市政府
拉巴卓玛	女	藏	墨竹工卡县甲玛乡希望小学	拉萨市优秀教师（铜奖）	2018年	市政府
巴桑曲扎	男	藏	墨竹工卡县日多乡中心小学	“李氏”奖	2018年	市政府
马超	男	汉	墨竹工卡县扶贫（农发）办	拉萨市深入开展创先争优强基础惠民生活动第七批先进驻村（居）工作队先进驻村（居）工作队员	2018年	市政府
米玛穷达	男	藏	墨竹工卡县甲玛乡希望小学	拉萨市优秀教师（银奖）	2018年	市政府
何远琼	女	汉	林周县总工会	民族团结模范家庭	2018年	市政府
操萍	女	回	林周县统计局	2017年度全市统计调查工作先进个人	2018年	市政府
德庆曲珍	女	藏	林周县工业和信息化局	拉萨市2016年度招商引资先进个人	2018年	市政府
米玛	男	藏	林周县中学	优秀教师	2018年	市政府
德吉卓玛	女	藏	林周县中学	民族团结进步模范个人	2018年	市政府

说明：由于各单位资料提供不全，可能有遗漏

党政机构

党政机构名称及负责人

中共拉萨市委员会

书　记 白玛旺堆（藏族）
副书记 果　果（藏族）
胡　洪（援藏，7月免）
肖志刚（援藏）
庄红翔（女）
沈海斌（援藏，10月任）
常　委 肖光富
王念东
占　堆（藏族）
暴　剑（援藏）
马　军
吴亚松（藏族）
阿努次仁（藏族）
王家民
廖　波（9月任）
秘书长 庄红翔（女，9月免）
廖　波（9月任）
常务副秘书长
曹恩宏（4月免）
张春阳（4月任）
副秘书长 孙占生（援藏，4月免）
余凤萍（女，1月免）
徐永生（援藏）
绕　登（藏族）
任映绮（4月免）
刘小斌（1月任）
刘期彬
土　登（藏族）

市人大常委会党组

书　记 达　娃（藏族，6月免）
云　丹（藏族，6月任）
副书记 达　瓦（藏族）
央金卓嘎（女，藏族，7月免）
平措朗杰（藏族）
党　根（藏族，1月免）
许广林（1月免）
成　员 欧阳丽萍（女）
张　慧
康娜美朵（女，藏族）
彭飞跃
林　生（藏族，5月任）

市人大常委会

主　任 达　娃（藏族，6月免）
云　丹（藏族，6月任主任人选）

副主任　达　瓦（藏族）
党　根（藏族，1月免）
欧阳莉萍（女）
张　慧
念　扎（藏族）
康娜美朵（女，藏族）
彭飞跃（1月任）
林　生（藏族，4月任副主任人选）
秘书长　张　慧
副秘书长　张志文
白　珍（女，藏族）
王　刚

市人大机关党组

书　记　张　慧
副书记　张志文
成　员　白　珍（女，藏族）
王　刚
刘睿萍（女，藏族，4月免）
拉巴次仁（藏族）
德　吉（女，藏族）

法制委员会

主任委员　刘睿萍（女，藏族，4月免）
副主任委员
边巴扎西（藏族）
王小龙

财经委员会

主任委员　德　吉（女，藏族）
副主任委员
普　穷（藏族）
边　央（女，藏族，4月任）

教科文卫委员会

主任委员　拉巴次仁（藏族）
副主任委员
土旦格桑（藏族）
侯　凌（女）

市人民政府党组

书　记　果　果（藏族）
副书记　胡　洪（援藏，9月免）
王念东
占　堆（藏族）
暴　剑（援藏）
成　员　廖　波（10月免）
朱建红（援藏）
林　生（藏族，5月免）
崔晓峰（挂职）
方桂林（援藏，7月免）
王国臣（援藏，7月免）
赵　涛（藏族）
扎西白珍（女，藏族）
张　正
陆从福

市人民政府

市　长　果　果（藏族）
常务副市长
胡　洪（援藏，9月免）
沈海斌（援藏，9月任）
王念东
占　堆（藏族）
暴　剑（援藏）
副市长　廖　波（10月免）
朱建红（援藏）
林　生（藏族，5月免）
崔晓峰（挂职，11月免）
方桂林（援藏，7月免）
王国臣（援藏，7月免）
赵　涛（藏族）
扎西白珍（女，藏族）
张　正
贡扎曲旺（藏族）
陆从福
郑卫国
雷　涛
孙占生（援藏，5月任）
汪东明（援藏，7月任）
张文浩（援藏，9月任）
刘广民（援藏，9月任）
秘书长　廖　波（10月免）
副秘书长　张长祥
米玛次仁（藏族）

马 恩 兵(援藏)
刘 小 斌(4 月免)
杨 年 华(白族,挂职)
韩　　勇(援藏)
张　　宁(8 月任,挂职)
张 治 军(挂职,8 月免)
次旦卓嘎(女,藏族)
侯　　飞(1 月任)
尹 培 凤(女)
杨 少 亮(援藏)
旺堆扎西(藏族,1 月任)
格桑加措(藏族,4 月任)

市人民政府驻北京联络处

主　　任　张 星 亮

市人民政府驻成都办事处党委

书　　记　任 道 波(12 月免)
副 书 记　任　　加

市人民政府驻成都办事处

主　　任　任　　加

政协拉萨市委员会党组

书　　记　袁 训 旺
副 书 记　次仁平措(藏族,1 月免)
江　　嘎(藏族)
顿珠多吉(藏族,5 月免)
张　　勤
成　　员　孙 宝 祥(藏族)
拉巴顿珠(藏族)
岳 国 红(女,藏族)
朱 梅 品
达　　娃(女,藏族)
刘　　亮

政协拉萨市委员会

主　　席　袁 训 旺
副 主 席　亚　　古(回族)
江　　嘎(藏族)
张　　勤
孙 宝 祥(藏族)
拉　　巴(藏族)
拉巴顿珠(藏族)
岳 国 红(女,藏族)
朱 梅 品
达　　娃(女,藏族,1 月任)
秘 书 长　张　　勤
副秘书长　肖 强 伟
张　　强
格桑罗布(藏族)

政协拉萨市委员会机关党组

书　　记　张　　勤
副 书 记　肖 强 伟
成　　员　张　　强
格桑罗布(藏族)
巴　　次(藏族)
旺　　杰(藏族)
达瓦次仁(藏族)

政协拉萨市委员会办公厅

调 研 员　肖 强 伟
尼玛次仁(藏族)
虢 洪 志
扎西次珍(女,藏族)
罗布顿珠(藏族)

政协拉萨市委员会提案委员会

主　　任　巴　　次(藏族)
副 主 任　罗布顿珠(藏族)
王 瑞 鹏

政协拉萨市委员会经济资源环境社会教科文卫委员会

主　　任　旺　　杰(藏族)
副 主 任　格　　珍(女,藏族)
旦巴达杰(藏族)

政协拉萨市委员会文史民族宗教法制委员会

主　　任　达瓦次仁(藏族)
副 主 任　扎西次珍(女,藏族)
达瓦多吉(藏族)

市纪律监察委员会

纪委书记　王 家 民(1 月任)
纪委副书记
拉巴次仁(藏族)
张　　斌(援藏)
王　　晖(1 月任,10 月免)

苏 新 勇（藏族，10 月免）
纪委常委　黄 晓 艳（女）
格桑多吉（藏族，12 月免）
李 荣 锋
顾 宝 林（援藏）
普布国庆（藏族）
丹增塔杰（藏族）
监委主任　王 家 民（1 月任）
监委副主任
拉巴次仁（藏族，1 月任）
张　 斌（1 月任，援藏）
王　 晖（1 月任，12 月免）
苏 新 勇（藏族，1 月任，12 月免）
监委委员　黄 晓 艳（1 月任，女）
格桑多吉（藏族，1 月任，12 月免）
李 荣 锋（1 月任）
顾 宝 林（1 月任，援藏）
普布国庆（1 月任，藏族）
丹增塔杰（1 月任，藏族）
肖 华 平（1 月任）

市委巡查办公室

主　　任　仁增卓玛（藏族）
副 主 任　杨 东 升
才华道吉（藏族）

市委巡查组

一组组长　平措旺堆（藏族）
二组组长　巴　 琼（藏族）
三组组长　索　 朗（藏族）

市委组织部

部　　长　庄 红 翔（女）
常务副部长
达　 瓦（藏族）
副部长、市委老干部局局长
央　 金（女，藏族）
副部长、市编办主任
袁 国 军
副部长、调研员
赵　 翔
方 友 刚（援藏）
副 部 长　周 倍 佳（援藏）
杨 栋 章
部务委员　刘 永 芳（女，5 月任）
彭 丽 华（女，藏族）
部务委员、市编办副主任
成 银 生（援藏）
调 研 员　沈 鹏 里
李 艳 红（女）
老干部局副局长
张 春 阳（4 月免）
普布旺堆（藏族）
老干部局调研员
丁 琼 英（女）
老干部局副调研员
拉乌次仁（藏族）

市委宣传部

部　　长　吴 亚 松（藏族）
常务副部长
范 跃 平
副 部 长　张 碧 芳（女）
李 文 华（援藏）
许 佃 兵（援藏）
龚 大 成（4 月任）
副调研员　李 章 辉
格桑卓玛（女，藏族）
格桑多吉（藏族）

市外宣局

局　　长　拉　 珍（女，藏族）

市文化市场综合执法支队

支 队 长　张 晓 柱

市委统战部

部　　长　阿努次仁（藏族）
常务副部长
拉穷次仁（藏族）
副 部 长　沈 宗 志
巴桑德吉（女，藏族）
调 研 员　邹 守 忠

市委政法委

书　　记　马　军
常务副书记
　　　　　达　瓦（藏族）
副 书 记　付银昌
　　　　　马　骏（援藏）
　　　　　万劲松（援藏）
　　　　　田献琴（女）
　　　　　李晓强（3月免）
维稳办主任
　　　　　扎西多吉（藏族）
维稳办副主任
　　　　　曾四红

市中级人民法院党组

书　　记　任卫东（10月免）
　　　　　李世蓉（女，10月任）
副 书 记　江安次仁（藏族）
成　　员　蒋建平
　　　　　拉巴旺堆（藏族，4月免）
　　　　　陈　杰
　　　　　尚永业
　　　　　王东军
　　　　　德　吉（女，藏族）
　　　　　旦增努布（藏族）
　　　　　赵　军
　　　　　巴　桑（藏族）
　　　　　杨子良（援藏，1月任）

市中级人民法院

院　　长　任卫东（1月任）
代 院 长　李世蓉（女，10月任）
副 院 长　江安次仁（藏族）
　　　　　蒋建平
　　　　　拉巴旺堆（藏族，4月免）
　　　　　陈　杰
　　　　　王东军
　　　　　德　吉（女，藏族）
　　　　　旦增努布（藏族）
调 研 员　尚永业
纪检组长　赵　军
政治部主任
　　　　　巴　桑（藏族）
副 院 长　杨子良（援藏，1月任）
副调研员　旦巴次仁（藏族）

市人民检察院党组

书　　记　田建设
副 书 记　塔　青（藏族）
　　　　　次仁多吉（藏族）
　　　　　马国营（3月任）
成　　员　德吉卓嘎（女，藏族）
　　　　　张桂彤（援藏）
　　　　　李　卫
　　　　　李　华
　　　　　晓　红（藏族）

市人民检察院

检 察 长　田建设
常务副检察长
　　　　　塔　青（藏族）
副检察长　次仁多吉（藏族）
　　　　　张桂彤（援藏）
　　　　　晓　红（藏族）
　　　　　马国营（3月任）
政治部主任
　　　　　李　卫
正县级检察员
　　　　　德吉卓嘎（女，藏族）
　　　　　李　华
检委会专职委员
　　　　　扎　西（藏族）

市公安局党委

书　　记　马　军
副 书 记　赵　涛（藏族）
　　　　　代利刚
　　　　　邹华威
委　　员　拉　珠（藏族）
　　　　　单德军（援藏）
　　　　　邓　俊（援藏）
　　　　　扎西平措（藏族）

次旺晋美(藏族)
谢公瑾
强　久(藏族)
唐　凌
索朗次仁(藏族)
蒋　波
梁光文

市公安局

局　长　赵　涛(藏族)
副局长　拉　珠(藏族)
李　斌(11月免)
单德军(援藏)
邓　俊(援藏)
扎西平措(藏族)
次旺晋美(藏族)
谢公瑾
强　久(藏族)

市公安消防支队

支队长　扎西多吉(藏族)
政　委　程学高(8月免)
副支队长　秦安全(7月免)
尼　玛(藏族,7月免)
兰如刚(7月免)
副政委　阮文学(7月免)
参谋长　旺　扎(藏族,主持工作)
政治处主任
马孝波
后勤处处长
陈晓平(7月免)
防火处处长
席　伟

武警拉萨市支队

支队长　马德生(4月免)
韩　春(4月任)
政　委　陆　健

拉萨警备区

司令员　韩志宏
政　委　肖光富
副司令员　孙卫华
于同全(9月任)
副政委　张　佐
普布次仁(藏族)
参谋长　邓迪春
政治工作部主任
李永盛
保障部部长
部国占

武警拉萨市森林大队

大队长　毕占国(3月免)
姚学勤(3月任)
教导员　边巴罗布(藏族,3月免)
王　克(3月任)

市司法局党组

书　记　次　培(藏族)
副书记　赵铁岭
成　员　达　娃(藏族)
边巴次仁(藏族)
康　静(女,援藏)
边巴次仁(藏族)

市司法局

局　长　赵铁岭
副局长　次　培(藏族)
康　静(女,援藏)
边巴次仁(藏族)
调研员　边巴次仁(藏族)
副调研员　王　晓(女)

市阳光公证处

主　任　达　娃(藏族)
副主任　巴　桑(藏族)
阿旺拉姆(女,藏族)

市民宗局党组

书　记　拉巴顿珠(藏族)
副书记　达　瓦(藏族)
成　员　次仁罗布(藏族)
次仁昌菊(女,藏族)
马永龙(回族,12月任)

市民宗局

局　　长　达　　瓦(藏族)
副 局 长　次仁罗布(藏族)
　　　　　次仁昌菊(女,藏族)
调 研 员　陈　　虹(女)
　　　　　米　　玛(藏族)

市直属机关工作委员会

书　　记　庄 红 翔(女,10月免)
　　　　　廖　　波(10月任)
常务副书记
　　　　　王　　晖(2018年12月任)
副 书 记　格桑措姆(女,藏族)
　　　　　方　　凯
副调研员　葛 同 荣
　　　　　索朗卓玛(女,藏族)

市委党校校务委员会(2月,撤销党委实行校务委员会制)

校务委员　杨 世 军
　　　　　顾 国 爱(援藏)
　　　　　江　　多(藏族)
　　　　　次仁扎西(藏族)
　　　　　汪 金 伟(1月任)
　　　　　冉 新 兵

市委党校(市行政学校)

校　　长　庄 红 翔(女)
常务副校长
　　　　　杨 世 军
副 校 长　顾 国 爱(援藏)
　　　　　江　　多(藏族)
　　　　　次仁扎西(藏族)
　　　　　汪 金 伟(1月任)
　　　　　冉 新 兵
副调研员　次旦卓嘎(女,藏族)
　　　　　普布卓玛(女,藏族)

市档案局(馆)

局(馆)长
　　　　　马 荣 清(女,回族)
副局(馆)长
　　　　　桑 荣 瑞
　　　　　刘 淑 娟(女)

市总工会党组

书　　记　余　　刚
成　　员　措　　姆(女,藏族)
　　　　　冉 龙 平

市总工会

主　　席　平措朗杰(藏族)
副 主 席　余　　刚
　　　　　措　　姆(女,藏族)
　　　　　冉 龙 平
副调研员　洛桑占堆(藏族)

共青团拉萨市委员会党组

书　　记　任 映 绮(10月免)
　　　　　王 红 杰(12月任)
成　　员　慈旦德吉(女,藏族)
　　　　　普　　旦(藏族,4月免)
　　　　　蒋　　曦(援藏)
　　　　　郑　　强(4月任)

共青团拉萨市委员会

书　　记　任 映 绮(10月免)
　　　　　王 红 杰(12月任)
副 书 记　慈旦德吉(女,藏族)
　　　　　普　　旦(藏族,4月免)
　　　　　蒋　　曦(援藏)
　　　　　郑　　强(4月任)
　　　　　向　　宗(女,藏族,12月任)
　　　　　索朗央吉(女,藏族,12月任)
　　　　　夏 平 志(12月任)

市妇联党组

书　　记　赵 金 花(女)
副 书 记　向巴彩喜(女,藏族)
成　　员　和 继 香(女,纳西族)

市妇联

主　　席　向巴彩喜(女,藏族)
副 主 席　赵 金 花(女)

和继香(女,纳西族)
副调研员 达　珍(女,藏族)
洛桑玉珍(女,藏族)

市工商联党组

书　记 格西哈姆(女,藏族)
副书记 公保太(藏族)
成　员 陈小兵

市工商联

主　席 公保太(藏族)
副主席 格西哈姆(女,藏族)
拉巴卓嘎(女,藏族)
陈小兵

市文学艺术界联合会

主　席 李　铭
副主席 卫　东(藏族)
高延鸿
罗布次仁(藏族)
强巴云丹(藏族)
马可尼
秘书长 强巴卓嘎(女,藏族)

西藏空港新区管委会党委

书　记 龚一枫
副书记 崔建勇
达瓦次仁(藏族)
委　员 达瓦次仁(藏族)
谭世兴

西藏空港新区管委会

主　任 崔建勇
副主任 龚一枫
副主任、调研员
达瓦次仁(藏族)
副主任、甲竹林镇党委书记
达瓦次仁(藏族)
副主任、财政局局长
谭世兴
公安空港分局政委
泽旺旦增(藏族)
事业发展中心主任
丁　强
副调研员、甲竹林镇镇长
廖立国
副调研员、综治办主任、甲竹林镇人大主席
平措次仁(藏族)

中共拉萨经济技术开发区工作委员会

书　记 袁训旺
副书记 刘汝鹏
洛桑赤列(藏族)
委　员 孙占生(5月免)
任道波(12月任)
倪　夙(援藏)
赵　亚(2月免)
魏建军
徐礼华(援藏)
黄辅龙
郭钢锋(12月免)

拉萨经济技术开发区管理委员会

主　任 刘汝鹏
副主任 洛桑赤列(藏族)
孙占生(5月免)
倪　夙(援藏)
赵　亚(2月免)
魏建军
徐礼华(援藏)
郭钢锋(12月免)

中共拉萨市柳梧新区管委会党工委

书　记 陆从福(2月免)
洛　色(藏族,2月任)
副书记 赵　亚(2月任)
委　员 王万新
平措次仁(藏族)
夏隽莹
唐　兴(藏族)
王　珲
次仁达吉(藏族)
朱胜军

巴桑扎登（藏族）
王世华（彝族，12月免）

拉萨柳梧新区管委会

主　　任　洛　色（藏族，2月免）
　　　　　赵　亚（2月任）
调 研 员　王万新
　　　　　平措次仁（藏族）
副 主 任　夏隽莹
　　　　　唐　兴（藏族）
　　　　　王　珲
　　　　　次仁达吉（藏族）
　　　　　朱胜军
　　　　　王世华（彝族，12月免）
副调研员　巴桑扎登（藏族）
　　　　　次仁央宗（女，藏族）

西藏文化创意园区管理委员会党工委

书　　记　朱梅品（2月免）
　　　　　余凤萍（女，2月任）
副 书 记　洛桑尼玛（藏族）
　　　　　图登佩杰（藏族，5月任）
委　　员　次仁拉姆（女，藏族，5月免）
　　　　　王希梁（援藏）

西藏文化创意园区管理委员会

主　　任　洛桑尼玛（藏族）
　　　　　朱梅品（2月免）
副 主 任　次仁拉姆（女，藏族，5月免）
　　　　　余凤萍（女，2月任）
　　　　　图登佩杰（藏族，5月任）
副主任、调研员
　　　　　王希梁（援藏）
副调研员　牛小芳（女，5月任）

达孜工业园区管委会

主　　任　王斌忠
副 主 任　蒋云峰（援藏）
　　　　　邓　爽
办公室主任
　　　　　覃雨菲（女，藏族）
经济发展与规划建设局长
　　　　　骆　斌
安全生产与监督管理局长
　　　　　米玛扎西（藏族）

堆龙德庆区工业园区管委会

主　　任　王保峰（1月免）
　　　　　次旦罗布（藏族，2月任）
副 主 任　顿珠拉久（藏族）
　　　　　德　吉（女，藏族，1月免）
　　　　　欧阳小月（女，8月任）

曲水雅江工业园区管委会

主　　任　李常建

市发展和改革委员会（市粮食局）党组

书　　记　达　娃（女，藏族）
副 书 记　李明健（6月任）
成　　员　武保林（4月免）
　　　　　德吉卓嘎（女，藏族）
　　　　　李英春
　　　　　薛　刚（10月任，援藏）
　　　　　李泓君（9月免，援藏）
　　　　　王良良
　　　　　次仁扎西（藏族，4月任）
　　　　　尼玛次旦（藏族，4月任）

市发展和改革委员会（市粮食局）

主任（局长）
　　　　　李明健（6月任）
副 主 任　武保林（4月免）
副主任、调研员
　　　　　德吉卓嘎（女，藏族）
副 主 任　李英春
副主任（副局长）
　　　　　薛　刚（10月任，援藏）
副 主 任　李泓君（9月免，援藏）
　　　　　王良良
派驻纪检组组长
　　　　　次仁扎西（藏族，4月任）
副 主 任　尼玛次旦（藏族，4月任）
调 研 员　侯成君
副 局 长　边巴卓玛（女，藏族）

副调研员 朱成刚
泽仁旺姆(女,藏族,10月退休)
孙　萍(女,藏族)
副主任 严俊峰
副调研员 雷青松(土家族,6月任)

市政府法制办党组

书　记 邱秀兰(女)
副书记 韩新强
成　员 洛桑多吉(藏族)

市政府法制办

主　任 韩新强
副主任 邱秀兰
副主任 洛桑多吉(藏族)

八廓古城管委会党工委

书　记 多　吉(藏族,11月免)
副书记 阿　贵(藏族)
委　员 曹鹏程
拉巴次仁(藏族)
黄方勇
胡兴国
洛桑次成(藏族)

八廓古城管委会

主　任 阿　贵(藏族)
副主任 曹鹏程
拉巴次仁(藏族)
黄方勇
古城公安局局长
洛桑次成(藏族)
副调研员 益西班旦(藏族)
巴　桑(藏族)

市财政局党组

书　记 丹增曲扎(藏族)
副书记 李　萨
成　员 王　罡(援藏)
王　君
张朝峰(援藏)

市财政局

局　长 李　萨
副局长 丹增曲扎(藏族)
副局长、副调研员
王　罡(援藏)
副局长 王　君
张朝峰(援藏)

市国税局党组

书　记 孙清明(藏族)
委　员 德吉央宗(女,藏族)
次仁曲珍(女,藏族)
扎西旺堆(藏族)
曹　云
扎西次仁(藏族)
段旭初(2月任)
刘　奎

市国税局

局　长 孙清明(藏族)
副局长 德吉央宗(女,藏族)
次仁曲珍(女,藏族)
扎西旺堆(藏族)
曹　云
纪检组长 扎西次仁(藏族)
副局长 段旭初(2月任)
总经济师 刘　奎

市统计局党组

书　记 仓　琼(女,藏族)
副书记 旺堆罗布(藏族,2月任)
黄树春

市统计局

局　长 旺堆罗布(藏族,2月任)
副局长 仓　琼(女,藏族)
副局长、调研员
黄树春
副局长、正县级
郝思军(援藏)
副局长 张秀兰(女,藏族)

市工信局(国资委)党组

书　记 范红英(女)
副书记 陈建平

何　黎(女)
次旦贡觉(藏族,5月任)
成　员　向　敏
成建华(援藏)
张文龙(援藏)

市工信局(国资委)

局长、主任
陈建平
副局长、副主任
范红英(女)
次旦贡觉(藏族,5月任)
向敏
成建华(援藏)
张文龙(援藏)
副调研员　杜春梅(女,5月免)

市教育局党委

书　记　康娜美朵(女,藏族)
副书记　中楚成(藏族)
委　员　向　宗(女,藏族)
缪榕楠
杜建峰
陈渠汇
江文军

市教育局

局　长　中楚成(藏族)
副局长、调研员
向　宗(女,藏族)
副局长　缪榕楠
杜建峰
陈渠汇
驻市教育局纪检监察组组长
江文军
副调研员　陈　立
杨西军(女)
毛雅丽(女)
刘咸春(藏族)

市体育局党组

书　记　钟传彬(1月任)
副书记　王　宁(1月任,援藏)
成　员　熊　劲(女)

市体育局

局　长　王　宁(4月任,援藏)
副局长　钟传彬
熊　劲(女)

市科技局党组

书　记　旺　林(藏族)
副书记　黄前敏(女,藏族)
成　员　李文军(援藏)
王　建(援藏)
扎西平措(藏族)
李信群(女)
徐立军

市科技局

局　长　黄前敏(女,藏族)
副局长　李文军(援藏)
王　建(援藏)
扎西平措(藏族)
李信群(女)
徐立军
副调研员　霍　勇
巴桑次仁(藏族)
李杰媚(女,6月任)

市民政局党组

书　记　何　镛
副书记　白玛玉珍(女,藏族)
成　员　苏建设
拉姆卓玛(女,藏族,9月免)
刘玉凤(女,4月任)
卫智军
柳福平
宋传强
琼　吉(女,藏族)
诺布卓玛(女,藏族)

市民政局

局　长　白玛玉珍(女,藏族)
副局长　何　镛

苏 建 设
卫 智 军
柳 福 平
宋 传 强

中国拉萨SOS儿童村村主任
琼　　吉(女,藏族)

市儿童福利院院长
诺布卓玛(女,藏族)

市儿童福利院副院长
吴 洪 军

驻民政局纪检监察组组长
刘 玉 凤(女,4月任)

副调研员、市残联副理事长
格桑平措(藏族)

副调研员　宋 焕 玉(女)
　　　　　肖 卫 荣

市国土局党组

书　　记　索朗慈仁(藏族)
副 书 记　卢 炜 升(女)
成　　员　朱 万 江(援藏)
　　　　　徐 安 海
　　　　　张　　林

市国土局

局　　长　卢 炜 升(女)
副 局 长　索朗慈仁(藏族)
　　　　　朱 万 江(援藏)
　　　　　徐 安 海
副调研员　卓玛次旦(女,藏族)
　　　　　次旺晋美(藏族)

市城乡规划局党组

书　　记　李　　嵘(女,藏族,1月任,4月免)
　　　　　曹 恩 宏(4月任)
副 书 记　米玛次仁(藏族)
成　　员　刘　　洋(援藏)
　　　　　秦 新 光(援藏)
　　　　　贾 志 杰
　　　　　罗 俊 峰
　　　　　拉姆次仁(女,藏族)

市城乡规划局

局　　长　米玛次仁(藏族)
副 局 长　李　　嵘(女,藏族,1月任,4月免)
　　　　　曹 恩 宏(4月任)
　　　　　刘　　洋(援藏)
总规划师　秦 新 光(援藏)
副 局 长　贾 志 杰
　　　　　罗 俊 峰
　　　　　拉姆次仁(女,藏族)

市人力资源和社会保障局党组

书　　记　彭 丽 华(女,藏族)
副 书 记　马 百 胜
成　　员　仁乃旺堆(藏族)
　　　　　黄 绍 丽(女,援藏)
　　　　　贺　　剑
　　　　　贺 能 晟

市人力资源和社会保障局

局　　长　马 百 胜
副 局 长　彭 丽 华(女,藏族)
　　　　　仁乃旺堆(藏族)
　　　　　黄 绍 丽(女,援藏)
　　　　　贺　　剑
　　　　　贺 能 晟
副调研员　罗 桂 芳(女,藏族)
　　　　　边巴次仁(藏族)
　　　　　费 彦 红(女)

市住房和城乡建设局党组

书　　记　宋 留 柱(5月免)
　　　　　李　　嵘(女,藏族,5月任)
副 书 记　刘 英 俊
成　　员　赖 俊 峰(援藏)
　　　　　齐 朝 辉(援藏)
　　　　　高 建 红(女)
　　　　　次仁卓嘎(女,藏族)

市住房和城乡建设局

局　　长　刘 英 俊
副 局 长　宋 留 柱(5月免)
　　　　　李　　嵘(女,藏族,5月任)

赖 俊 峰（援藏）
齐 朝 辉（援藏）
高 建 红（女）
次仁卓嘎（女，藏族）
副调研员　刘 小 平
扎西卓嘎（女，藏族）
赵 德 勤

市水利局党组

书　　记　强巴江才（藏族）
副 书 记　韩 云 栓
成　　员　霍 晓 露
觉　　旦（藏族）
腾 宝 亭（藏族）
周 根 富
王 佰 伟

市水利局

局　　长　韩 云 栓
副 局 长　强巴江才（藏族）
腾 宝 亭（藏族）
周 根 富
王 佰 伟
调 研 员　觉　　旦（藏族）
副调研员　罗布次仁（藏族）

市农牧局党组

书　　记　其米旺姆（女，藏族）
副 书 记　崔 勇 刚
成　　员　洛桑索朗（藏族）
吴 新 华（援藏）
左 春 伟（援藏）
白玛德吉（女，藏族）
支 建 辉
普 片 多（女，藏族）

市农牧局

局　　长　崔 勇 刚
副 局 长　其米旺姆（女，藏族）
副局长、调研员
洛桑索朗（藏族）
副 局 长　吴 新 华（援藏）
左 春 伟（援藏）
白玛德吉（女，藏族）
支 建 辉
普 片 多（女，藏族）
副调研员　晋　　美（藏族）
樊 亚 刚
旺　　杰（藏族）
彭 乐 琳（女，6 月任）

市商务局党组

书　　记　姚 俊 亮
副 书 记　谢 玉 梅（女）
成　　员　濮 方 正（援藏）
索朗顿珠（藏族）
蔡 红 梅（女，5 月任）

市商务局

局　　长　谢 玉 梅（女）
副 局 长　姚 俊 亮
濮 方 正（援藏）
索朗顿珠（藏族）
蔡 红 梅（女，5 月任）

市卫生健康委党组

书　　记　冯 毓 强（6 月免）
宋 留 柱（7 月任）
副 书 记　扎西德吉（女，藏族）
成　　员　王 代 君
李 方 亮（援藏）
尹 美 玲（女）
叶 晓 梅（女）

市卫生健康委

主　　任　扎西德吉（女，藏族）
副 主 任　冯 毓 强（6 月免）
宋 留 柱（7 月任）
李 方 亮（援藏）
尹 美 玲（女）
叶 晓 梅（女）
武　　鸣（援藏）
调 研 员　王 代 君
副调研员　王 小 东

尼玛桑珠（藏族）
格桑卓玛（女，藏族）

市审计局党组

书　　记　赵文生（藏族）
副书记　彭　多（女，藏族）
成　　员　格桑平措（藏族，12月免）
魏建华
杜春梅（女，5月任）
曲　松（藏族）
黄兴奎（6月免）
罗素彬（女）

市审计局

局　　长　彭　多（女，藏族）
副局长　赵文生（藏族）
格桑平措（藏族，12月免）
魏建华
杜春梅（女，5月任）
经济责任审计处处长
曲　松（藏族）
副调研员　黄兴奎（6月免）
罗素彬（女）

市外事办党组

书　　记　杨如军
副书记　扎西江村（藏族）
成　　员　朱亚林

市外事办

主　　任　扎西江村（藏族）
副主任　杨如军
朱亚林

市新闻出版广电局党组

书　　记　索　群（女，藏族）
副书记　王　巍
成　　员　德吉卓嘎（女，藏族）
乐中树（援藏）
格桑顿珠（藏族）

市新闻出版广电局

局　　长　王　巍
副局长　索　群（女，藏族）
乐中树（援藏）
格桑顿珠（藏族）
调研员　德吉卓嘎（女，藏族）
副调研员　格桑尼玛（藏族）

市广播电视台

台　　长　格桑美朵（女，藏族）
副台长　吴　曦（援藏）
张晓明（援藏）
丹增晋美（藏族）
德吉措姆（女，藏族）

市电影发行放映培训中心

副主任　平　措（藏族）
巴桑卓玛（女，藏族）
谭小静（女）

拉萨晚报社党支部

书　　记　蔡新平
副书记　马可尼
宣传委员　冯继红（女）
纪检委员　扎西平措（藏族）

拉萨晚报社

总编辑　蔡新平
副总编辑　马可尼
余仲侃（援藏）
李　进（援藏）
冯继红（女）
扎西平措（藏族）

市工商局党组

书　　记　扎西旺堆（藏族）
副书记　陈跃东
成　　员　吴　巍（援藏）
党军奎
晋　美（藏族）
陈海元

市工商局

局　　长　陈跃东
副局长　吴　巍（援藏）
党军奎

晋　美（藏族）
陈海元
调研员　巴　桑（藏族）
达娃次仁（藏族，3月任）
副调研员　张兄英（女）
达瓦布知（藏族，女）
卓　嘎（藏族，女）

市林业绿化局党组

书　记　占　堆（藏族）
副书记　次　达（藏族）
成　员　王学东（援藏）
旦增次仁（藏族）
贺桂芹（女）
陈　礼（女）

市林业绿化局

局　长　次　达（藏族）
副局长　占　堆（藏族）
王学东（援藏）
旦增次仁（藏族）
贺桂芹（女）
陈　礼（女）
副调研员　洛桑多吉（藏族）
严　芳（女）
琼　拉（藏族）

市城市管理委员会（市城市管理综合执法局）党组

书　记　杨革峰（10月免）
副书记　索朗江村（藏族）
成　员　李春梅（女）
央金卓嘎（女，藏族）
李二兵
曹永忠（援藏）
龚小丽（女，4月任）

市城市管理委员会（市城市管理综合执法局）

主　任　索朗江村（藏族）
副主任　杨革峰（10月免）
调研员　李春梅（女）
央金卓嘎（女，藏族）
李二兵
曹永忠（援藏）
副调研员　龚小丽（女）
副调研员　石大庆（藏族）

市环境保护局党组

书　记　赵世东
副书记　格桑巴珠（藏族）
成　员　德吉央宗（女，藏族）
严　刚（援藏）
王宣同（援藏）
唐丽琼（女）

市环境保护局

局　长　格桑巴珠（藏族）
副局长　赵世东
德吉央宗（女，藏族）
严　刚（援藏）
王宣同（援藏）
唐丽琼（女）

市食品药品监督管理局党组

书　记　尼玛普芝（女，藏族）
成　员　申豫东
刘　明
张执明（援藏）

市食品药品监督管理局

局　长　申豫东
副局长　尼玛普芝（女，藏族）
刘　明
张执明（援藏）
副调研员　卓　拥（女，藏族）
罗　静（女）

市质量技术监督局党组

书　记　次仁卓嘎（女，藏族）
成　员　罗雪明（援藏）
西　绕（藏族）
次　珍（女，藏族）
邓文胜

市质量技术监督局

局　长　次仁卓嘎（女，藏族）
副局长　罗雪明（援藏）
西　绕（藏族）

次　珍（女,藏族）
邓文胜
副调研员　翟喜玲（女）
索　红（女,藏族）

市安全生产监督管理局党组

书　记　达娃次仁（藏族）
副书记　孙文斌
成　员　何虎啸（援藏）
蔡卫旗（回族）
陈小兵（援藏）
杨　英（藏族）
胡思义

市安全生产监督管理局

局　长　孙文斌
副局长　达娃次仁（藏族）
何虎啸（援藏）
蔡卫旗（回族）
陈小兵（援藏）
杨　英（藏族）
胡思义
副调研员　唐　艳

市信访局党组

书　记　达　瓦（藏族）
副书记　罗　桑（藏族,10月免）
成　员　法德玛（女,回族）
李秀莲（女,10月免）
普布卓玛（女,藏族）

市信访局

局　长　罗　桑（藏族,10月免）
副局长　达　瓦（藏族）
李秀莲（女,10月免）
普布卓玛（女,藏族）
调研员　法德玛（女,回族）
副调研员　强　巴（藏族）
何　杰

市扶贫（农发）办党组

书　记　普布顿珠（藏族）
副书记　李海云
成　员　徐丙奇（援藏）
次仁德吉（女,藏族）
王双成
皮志帅

市扶贫（农发）办

主　任　李海云
副主任　普布顿珠
徐丙奇（援藏）
次仁德吉（女,藏族）
王双成
皮志帅
副调研员　米　玛（女,藏族）
杨　君（女）
郭智武（援藏,7月任）

市藏语为办（编译局）党组

书　记　索朗次仁（藏族）
副书记　乡　琼（藏族）
成　员　米玛旺堆（藏族）

市藏语委办（编译局）

主任、局长
乡　琼（藏族）
副主任、副局长
索朗次仁（藏族）
副主任、副局长
米玛旺堆（藏族）
调研员　多吉次仁（藏族）

市地震局

局　长　边巴卓玛（女,藏族）

市民服务中心党组

书　记　岳国红（女,藏族）
副书记　苗永霞（女）
成　员　米玛次仁（藏族）
次仁拉姆（女,藏族,5月任）
市民服务中心
副主任　岳国红（女,藏族）
苗永霞（女）

米玛次仁（藏族）
次仁拉姆（女，藏族，5月任）
副调研员　明　玛（藏族）

布达拉宫广场管理处党支部

书　　记　朱本新

布达拉宫广场管理处

副 处 长　向巴索朗（藏族，6月任）
吴　冰（6月任）

市人民防空办公室党组

书　　记　普　琼（藏族）
副 书 记　宣利民（1月免）
冯毓强（5月任）
成　　员　昌　拉（藏族）

市人民防空办公室

主　　任　宣利民（1月免）
冯毓强（5月任）
副 主 任　普　琼（藏族）
昌　拉（女，藏族）
副调研员　降　央（藏族）
副调研员　葛宏柱

市交通运输局党组

书　　记　杨小波
副 书 记　扎西平措（藏族）
成　　员　杜志强
范　健（援藏）
侯文峰
其米边巴（藏族，5月任）

市交通运输局

局　　长　扎西平措（藏族）
副 局 长　杨小波
杜志强
范　健（援藏）
侯文峰
副调研员　巴　桑（女，藏族）

市气象局党组

书　　记　洛桑扎西（藏族）
副 书 记　陈友珍（女，藏族）
纪检组长　边巴次仁（藏族）
成　　员　扎西达瓦（藏族）
强德厚
张志刚（援藏）

市气象局

局　　长　陈友珍（女，藏族）
副 局 长　强德厚
扎西达瓦（藏族）
张志刚（援藏）
调 研 员　格烈曲扎（藏族）
副调研员　尼玛次仁（藏族）

市文化（文物）局党组

书　　记　白玉福（哈尼族）
副 书 记　拉巴旺堆（藏族）
卫　东（藏族）
成　　员　元旦次仁（藏族）
次　拥（女，藏族）
赵有鹏
姜明君（援藏）
劲永春（藏族）

市文化（文物）局

局　　长　拉巴旺堆（藏族）
副 局 长　白玉福（哈尼族）
卫　东（藏族）
赵有鹏
姜明君（援藏）
劲永春（藏族）
调 研 员　元旦次仁（藏族）
次　拥（女，藏族）
副调研员　嘎玛坚参（藏族）

市残疾人联合会

理 事 长　拉姆卓玛（女，藏族，8月免）
副理事长　格桑平措（藏族）

市文学艺术界联合会

主　　席　李　铭
副 主 席　卫　东（藏族）

高延鸿（兼职）
罗布次仁（藏族）
强巴云丹（藏族）
马可尼
秘书长　强巴卓嘎（女，藏族）

市交通产业集团有限公司党委

书记　曹志明
副书记　马怡琼（女）
委员　倪诚（援藏）
丹旺（藏族）
夏建军
姜勇

市交通产业集团有限公司

董事长　曹志明
总经理　熊晨（普米）
副总经理　倪诚（援藏）
丹旺（藏族）
夏建军
姜勇
徐春林（女）
纪委书记　马怡琼（女）

市城市建设投资经营有限公司党委

书记　多吉旺久（藏族）
副书记　格桑央宗（女，藏族）
副书记　尼珍（女，藏族）
委员　姚圣龙（援藏）
杨德区（援藏，6月任）
王吉祥
赵建中
史伯强（援藏）
普布卓嘎（女，藏族）
方民
多吉优加（藏族，6月任）
索朗达瓦（藏族）
边久（藏族）

市城市建设投资经营有限公司

董事长　多吉旺久（藏族）
监事会主席
达瓦次仁（藏族）
副总经理　格桑央宗（女，藏族）
纪检书记　尼珍（女，藏族）
副总经理　姚圣龙（援藏）
杨德区（援藏）
王吉祥
赵建中
史伯强（援藏）
普布卓嘎（女，藏族）
方民
多吉优加（藏族）
索朗达瓦（藏族）
边久（藏族）
总工程师　杨朝勋
财务总监　次仁拉姆（女，藏族）

中国人民财产保险股份有限公司拉萨市分公司党委

书记　杜洪河
委员　扎西仁青（藏族）
委员、纪委书记
向巴洛桑（藏族）
委员　朱默（女）
宋科
侯渝刚

中国人民财产保险股份有限公司拉萨市分公司

总经理　杜洪河
副总经理　扎西仁青（藏族）
朱默（女）
总经理助理
宋科
侯渝刚

市公共安全服务有限公司

董事长　达瓦（藏）
总经理　江山（藏）
副总经理　蒋玉龄
洛布顿珠（藏）

拉萨布达拉旅游文化集团有限公司党委

书记　达瓦平措（藏族）
副书记　胡玺
委员　张玉龙（援藏）

邓增罗布（藏族）
德吉卓玛（女，藏族）

拉萨布达拉旅游文化集团有限公司

董 事 长　达瓦平措（藏族）
总 经 理　胡　玺
副总经理　张 玉 龙（援藏）
邓增罗布（藏族）
德吉卓玛（女，藏族）

市圣地生态园林建设投资有限公司党委

书　　记　格桑卓嘎（女，藏族）
副 书 记　苟 明 平（3月任）
委　　员　王 其 洲（援藏）
易　旸
冯　林
何 昆 峰（蒙古族）
卓　玛（女，藏族）

市圣地生态园林建设投资有限公司

董 事 长　格桑卓嘎（女，藏族）
总 经 理　苟 明 平（3月任）
副总经理　王 其 洲（援藏）
易　旸
冯　林
何 昆 峰（蒙古族）
卓　玛（女，藏族）

市净土文化传媒有限公司党委

书　　记　多　吉（藏族）
副 书 记　赤列罗布（藏族）
委　　员　胡 卫 民（援藏）
余 仲 侃（援藏）
李　晶（藏族）
强巴云丹（藏族）
洛桑扎西（藏族）

市净土文化传媒有限公司

董 事 长　多　吉（藏族）
总 经 理　赤列罗布（藏族）
副总经理　胡 卫 民（援藏）
余 仲 侃（援藏）
李　晶（藏族）
强巴云丹（藏族）
洛桑扎西（藏族）

市政投建设项目代建管理有限公司党委

书　　记　旦　多（藏族）
委　　员　曲　培（藏族）
强　巴（藏族）
吴　笛

市政投建设项目代建管理有限公司

董 事 长　旦　多（藏族）
总 经 理　曲　培（藏族）
副总经理　强　巴（藏族）
吴　笛

市净土产业投资开发有限公司党委

书　　记　张 进 才
副 书 记　达瓦顿珠（藏族）
陈　强
德　央（女，藏族）
委　　员　周 宏 亮（援藏）
纪 伟 师（藏族）
刘 罗 山
张 英 楠（援藏）
马 永 青
李 国 庆（藏族）
袁 春 元
次旦多吉（藏族）
彭　波
王 正 勇

市净土产业投资开发有限公司

董 事 长　张 进 才
总 经 理　格勒巴桑（藏族）
副总经理　陈　强
周 宏 亮
纪 伟 师（藏族）
刘 罗 山
张 英 楠（援藏）
马 永 青
李 国 庆（藏族）
袁 春 元
次旦多吉（藏族）
彭　波

王正勇

市暖心燃气热力有限责任公司党委

书　　记　尼　　玛(藏族)
副 书 记　闫桓功
　　　　　达娃央金(女,藏族)
委　　员　泽　　永(女,藏族)
　　　　　谭　　忠(援藏)
　　　　　次仁罗布(藏族)
　　　　　王一民(苗族)
　　　　　巴桑次仁(藏族)
　　　　　叶　　凌(援藏)

市暖心燃气热力有限责任公司

董 事 长　尼　　玛(藏族)
总 经 理　闫桓功
纪委书记　达娃央金(女,藏族)
副总经理　泽　　永(女,藏族)
　　　　　谭　　忠(援藏)
　　　　　次仁罗布(藏族)
　　　　　王一民(苗族)
　　　　　巴桑次仁(藏族)
　　　　　叶　　凌(援藏)

中国石油拉萨销售分公司党委

书　　记　刘蕴书

中国石油拉萨销售分公司

总 经 理　普玉塔(藏族)
副总经理　陆　　诚
　　　　　段麒虎
　　　　　刘海明
　　　　　宋全忠

市平桥投资管理有限公司党支部

书　　记　旦增拉贵(藏族)

市平桥投资管理有限公司

董 事 长　旦增拉贵(藏族)
副总经理　肖　　月(女)
总经理助理
　　　　　聂仁泽

市旅游发展委员会党组

书　　记　泽　　兵(藏族,1月任)
副 书 记　陈常军
成　　员　马　　健(援藏)
　　　　　扎西顿珠(藏族)
　　　　　倪　　蓉(女)

市旅游发展委员会

主　　任　陈常军
副 主 任　泽　　兵(藏族,1月任)
　　　　　马　　健(援藏)
　　　　　扎西顿珠(藏族)
　　　　　倪　　蓉(女)

中国邮政集团公司拉萨分公司党委

书　　记　陈可新
委　　员　普布扎西(藏族)
　　　　　刘众清(藏族)
　　　　　马建洲

中国邮政集团公司拉萨分公司

总 经 理　陈可新
纪委书记、副总经理
　　　　　普布扎西(藏族)
副总经理　刘众清(藏族)
　　　　　马建洲

中国移动通信集团西藏有限公司拉萨分公司

总 经 理　罗松群培(藏族)
副总经理　蒋　　勇
　　　　　云旦赤列(藏族,3月任)
　　　　　李　　俊(援藏,9月免)

中国电信集团有限公司拉萨分公司党委

书　　记　丁建涛(4月免)
　　　　　土登穷穷(藏族,4月任)
成　　员　达　　娃(藏族,4月任)
　　　　　江红梅(女,藏族)
　　　　　格桑旦增(藏族)
　　　　　刘丽丽(女)
　　　　　兰　　利

中国电信集团有限公司拉萨分公司

总 经 理　土登穷穷(藏族)
副总经理　丁建涛(4月免)
　　　　　达　　娃(藏族,4月任)

江 红 梅(女,藏族)
格桑旦增(藏族)
刘 丽 丽(女)
纪委书记　兰　　利

中国联通拉萨分公司党委

书　　记　吴 兴 义
委　　员　杨 正 甫

中国联通拉萨分公司

总 经 理　吴 兴 义
副总经理　杨 正 甫

中国铁塔拉萨分公司党委

书　　记　尼玛炜色(藏族)
委　　员　次仁德吉(女,藏族)
袁　　则

中国铁塔拉萨分公司

总 经 理　尼玛炜色(藏族)
副总经理　次仁德吉(女,藏族)
邵　　岩(援藏)
总经理助理
袁　　则

市第一中等职业技术学校党委

书　　记　詹 晓 圣
副 书 记　穷　　达(藏族,4月免)
普布卓嘎(女,藏族,4月任)
委　　员　穷　　达(藏族,4月任)
罗布次仁(藏族,4月任)
王 艳 四
次仁多吉(藏族)
次仁扎西(藏族)

市第一中等职业技术学校

校　　长　穷　　达(藏族,4月免)
普布卓嘎(女,藏族,4月任)
副 校 长　穷　　达(藏族,4月任)
罗布次仁(藏族,4月任)
王 艳 四
次仁多吉(藏族)
次仁扎西(藏族)

市第二中等职业技术学校党委

书　　记　朗　　加(藏族)
副 书 记　龚 晓 堂
委　　员　朱 照 红(援藏)
李　　林(女,藏族)
罗布次仁(藏族)
高 凤 妮

市第二中等职业技术学校

校　　长　龚 晓 堂
副 校 长　朱 照 红(援藏)
李　　林(女,藏族)
罗布次仁(藏族)
高 凤 妮

市师范高等专科学校党委

书　　记　江　　白(藏族,5月任)
副 书 记　黄 晓 曦
委　　员　舒 宗 荣
尼玛潘多(女,藏族)
张 其 飞(援藏)
德庆央吉(女,藏族,5月任)

市师范高等专科学校

校　　长　黄 晓 曦
常务副校长
江　　白(藏族)
副 校 长　舒 宗 荣
张 其 飞(援藏)
德庆央吉(女,藏族,5月任)
纪委书记　尼玛潘多(女,藏族)

中国银河证券股份有限公司拉萨营业部

总 经 理　马 振 辉

东方财富证券股份有限公司西藏分公司

总 经 理　强巴云旦(藏族)

中国中投证券有限责任公司拉萨营业部

负 责 人　顿　　珠(藏族)

中国人民银行拉萨中心支行党委

书　　记　郭 振 海
委　　员　洛桑占堆(藏族)

朱 进 忠
李 玉 福
刘 家 荣
普布次仁(藏族)

中国人民银行拉萨中心支行

行　　长　郭 振 海
副巡视员　赵 正 英(女)
副 行 长　洛桑占堆(藏族)
工会主任　朱 进 忠
副 行 长　李 玉 福
刘 家 荣
普布次仁(藏族)

中国农业银行拉萨分行党委

书　　记　李　　磊
副 书 记　谭 喜 民
委　　员　马　　涛
姚　　翔
李 朝 勇
达娃卓玛(女,藏族)
王　　娟(女)
杨　　娟(女)
边巴旺堆(藏族)
张 任 伟

中国农业银行拉萨分行

行　　长　李　　磊
副 行 长　谭 喜 民
马　　涛
纪委书记　姚　　翔
副 行 长　李 朝 勇
达娃卓玛(女,藏族)
行长助理　张 任 伟

中国邮政储蓄银行西藏自治区分行党委

书　　记　叶 才 伦
副 书 记　董 建 民
委　　员　次仁旺姆(女,藏族)
聂 清 礼
邓 明 武

中国邮政储蓄银行西藏自治区分行

行　　长　叶 才 伦
副行长、纪委书记
董 建 民
副行长、工会主席
次仁旺姆(女,藏族)
副 行 长　聂 清 礼
邓 明 武

中信银行股份有限公司拉萨分行党委

书　　记　胡 天 铸
委　　员　田 福 堂
康　　龙
冯 峻 涛
徐 久 胜

中信银行股份有限公司拉萨分行

行　　长　胡 天 铸
副 行 长　田 福 堂
康　　龙
行长助理　冯 峻 涛
徐 久 胜

浦发银行拉萨分行党委

书　　记　米玛坚参(藏族)
委　　员　高 海 英(女)
殷 树 荣
陈 治 龙
曾　　勇(藏族)

浦发银行拉萨分行

行　　长　米玛坚参(藏族)
副 行 长　高 海 英(女)
殷 树 荣

光大银行拉萨分行党委

书　　记　周 江 涛(8月任)
副 书 记　王　　勇(8月免)
委员、纪委书记
文　　胜(藏族)
委　　员　纪 新 仕
仁钦央宗(女,藏族)

光大银行拉萨分行

行　　长　王　　勇(8月免)

副 行 长　周 江 涛（12 月任）
　　　　　文　　胜（藏族，12 月任）
行长助理　文　　胜（藏族，12 月免）
　　　　　纪 新 仕
　　　　　仁钦央宗（女，藏族）
　　　　　杨 海 立

国家电网西藏电力有限公司党委

书　　记　周 勇 军
副 书 记　龚 东 昌
委　　员　次仁玉珍（女，藏族）
　　　　　刘　　超
　　　　　廖 显 春
　　　　　达娃伦珠（藏族）
　　　　　廖 春 清（援藏）

国家电网西藏电力有限公司

总 经 理　龚 东 昌
副总经理　周 勇 军
纪委书记、工会主席
　　　　　次仁玉珍（女，藏族）
副总经理　刘　　超
　　　　　廖 显 春
　　　　　达娃伦珠（藏族）
总会计师　廖 春 清（援藏）
副总经理　姜 海 波（援藏）

城关区

书　　记　果　　果（藏族）
区　　长　刘　　亮
人大常委会主任
　　　　　尼玛云丹（藏族）
政协主席　索朗次仁（藏族）

堆龙德庆区

书　　记　格桑平措（藏族）
区　　长　杜　　江
人大常委会主任
　　　　　杨 世 军（5 月免）
　　　　　武 保 林（5 月任）
政协主席　洛桑强巴（藏族）

达孜区

书　　记　张　　干
区　　长　春　　新（藏族）
人大常委会主任
　　　　　米　　玛（女，藏族）
政协主席　赵 彩 娥（女）

林周县

书　　记　次仁顿珠（藏族）
县　　长　高　　军
人大常委会主任
　　　　　格旦次仁（藏族）
政协主席　格桑次仁（藏族）

墨竹工卡县

书　　记　劳 明 伟
县　　长　旦增尼玛（藏族）
人大常委会主任
　　　　　张 尚 福
政协主席　索朗桑布（藏族）

曲水县

书　　记　彭 飞 跃
县　　长　格桑邓珠（藏族）
人大常委会主任
　　　　　平　　措（藏族）
政协主席　邹 玉 明

尼木县

书　　记　杜 国 君
县　　长　普　　琼（藏族）
人大常委会主任
　　　　　尼玛次仁（藏族）
政协主席　赵 志 强

当雄县

书　　记　张　　正
县　　长　其美次仁（藏族）
人大常委会主任
　　　　　康 加 贵（藏族）
政协主席　次仁桑玻（藏族）

统计公报

拉萨市2018年国民经济和社会发展统计公报

拉萨市统计局

（2019年4月30日）

2018年，拉萨市在以习近平同志为核心的党中央关心关怀下，在区市党委、政府的坚强领导下，坚定不移贯彻落实新发展理念，坚持稳中求进、进中求好、补齐短板的工作总基调，正确处理“十三对关系”，深入实施“六大战略”，经济实力不断增强、发展质量稳步提升、发展活力有效激发、生态环境保持良好、人民生活持续改善，全市经济和社会保持良好发展势头。

一、综合

区划及面积：截至2018年末，全市共有42个乡，7个镇、16个街道办；50个居民委员会、227个村民委员会。全市行政区划面积为2.95万平方公里。

人口：年末户籍人口为55.44万人，比去年末增加1.08万人。全年出生人口0.83万人，出生率为14.9‰；死亡人口0.34万人，死亡率为6.1‰。

经济增长：2018年全市实现地区生产总值（GDP）540.78亿元，比上年增长9.3%。其中第一产业增加值18.29亿元，增长3.0%；第二产业增加值229.65亿元，增长17.4%；第三产业增加值292.83亿元，增长4.6%。全年人均地区生产总值77688元，比上年增长6.9%。

产业结构：2018年三次产业比重依次为3.4:42.5:54.1，分别拉动经济增长0.1个、6.1个和3.1个百分点。与上年相比，第一产业比重下降0.3个百分点，第二产业比重提高3.0个百分点，第三产业比重下降2.7个百分点。

价格：2018年居民消费价格总指数（CPI）累计比上年上涨1.1%，其中食品烟酒类价格上涨0.7%。

图1　2014—2018年地区生产总值及增速

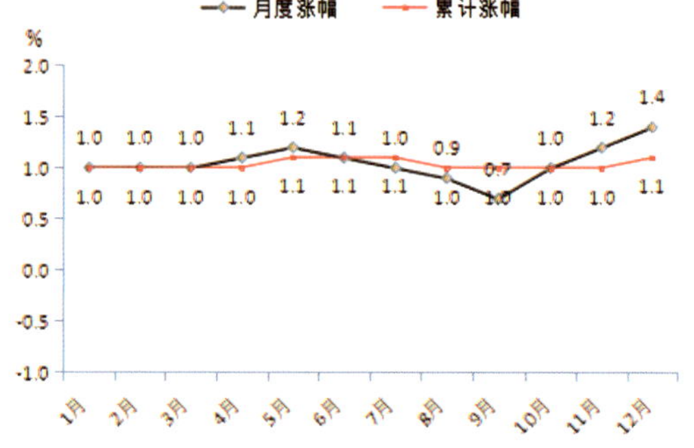

图2　2018年各月居民消费价格总指数涨幅

2018年居民消费价格总指数涨幅

表3　单位：%

指标	比2017年增长
居民消费价格总指数	1.1
食品烟酒	0.7
衣着	2.8
居住	0.6
生活用品及服务	0.6

续表 3

指标	比2017年增长
交通和通信	1.7
教育文化和娱乐	0.0
医疗保健	2.4
其他用品和服务	0.1

就业：2018 年末城镇登记失业率控制在 2.2% 以内。

双创：落实“两创示范”专项资金 7.2 亿元，兑现各类奖补资金 2600 万元。设立“梦创”投资基金，开通小微企业金融服务绿色通道，小微企业创新创业服务平台建成投用。众创空间、创新创业基地、服务示范平台等双创载体达到 70 个，吸纳就业 12949 人。

市场主体：2018 年末全市工商部门登记的企业达 31002 户，比上年增长 78.4%；工商部门登记的个体户为 69716 户，比上年增长 60.1%。

二、农牧业和净土健康产业

农牧业：2018 年，全市粮食产量 16.01 万吨，比上年下降 4.6%。全市农林牧渔业总产值 32.8 亿元，按可比价计算，增长 11.1%。其中：农业产值 12.8 亿元，林业产值 0.4 亿元，牧业产值 19.1 亿元，渔业产值 0.03 亿元，农林牧渔服务业产值 0.5 亿元。

农作物种植面积：全年农作物总播种面积 4.94 万公顷，比上年增加 0.87 万公顷。粮食种植面积 2.64 万公顷，比上年减少 0.17 万公顷，其中：青稞种植面积 1.92 万公顷，比上年增加 0.01 万公顷，小麦种植面积 0.66 万公顷，比上年减少 0.22 万公顷。油菜种植面积 0.5 万公顷，比去年增加 0.18 万公顷。蔬菜种植面积 0.48 万公顷，比上年减少 0.04 万公顷。

畜禽及水产品产量：年末牲畜存栏总头数 124.78 万头(只、匹)，其中，大牲畜存栏 85.44 万头，猪存栏 2.26 万头。肉类产量 3.27 万吨，下降 18.2%；禽蛋产量 0.06 万吨，下降 19.2%；奶产量 7.93 万吨，下降 12.0%；蔬菜产量 25.67 万吨，下降 2.8%。

2018年主要农畜产品产量

表 4　　单位：%

产品名称	产量（万吨）	比2017年增长
粮食	16.01	-4.6
其中：青稞	11.25	1.1
小麦	4.59	-14.2
油菜籽	0.92	22.0
蔬菜	25.67	-2.8
肉类	3.27	-18.2
其中：牛羊肉	3.09	-16.8
奶类	7.93	-12.0
其中：牛奶	7.78	-12.2

农机及化肥施用量：2018 年末全市拥有农业机械总动力 139.7 万千瓦，比上年增长 8.2%；农用化肥施用量为 1.08 万吨，比去年下降 3.5%。

净土健康产业：净土健康产业完成藏鸡、藏香、拉萨好水、奶牛养殖、藜米、藏毯等 6 大标准体系建设，认证“三品一标”产品 109 个，“拉萨净土”荣获“2018 年度中华品牌商标博览会金奖”。

三、工业和建筑业

工业：2018 年末，全市共有规模以上工业企业 80 家，新增 4 家，比上年增长 5.3%；全年规模以上工业产品销售率为 103.4%，比上年提高 10.1 个百分点。其中：国有工业企业产品销售率为 116.3%，非国有工业企业产品销售率为 91.9%。2018 年规模以上工业增加值 60.47 亿元，比上年增长 8.5%。

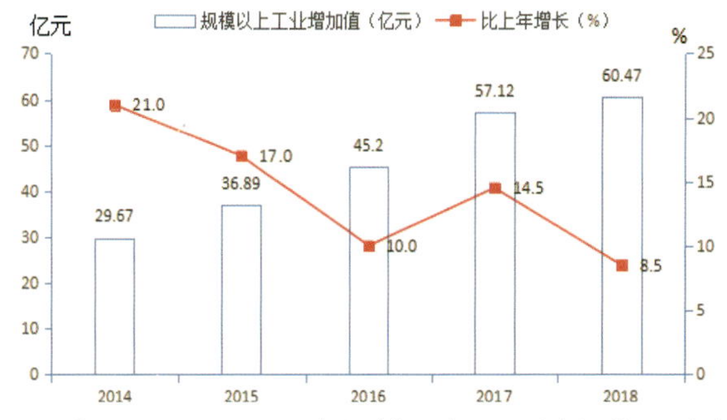

图 3　2014—2018 年规模以上工业增加值及增速

2018年规模以上工业增加值分类情况

表 5　　单位：%

指标	比2017年增长
规模以上工业企业	8.5
其中，国有企业	3.9
股份制企业	12.2
外商及港澳台商投资企业	-28.7
其他经济类型企业	12.9
其中，轻工业	-17.3
重工业	17.4
其中，私营企业	-7.0

2018年规模以上工业企业主要产品产量

表 6　　单位：%

产品名称	单位	产量	比2017年增长
水泥	万吨	535.4	77.6
中成药	吨	174.7	16.8
发电量	万千瓦小时	46743.8	-0.6
啤酒	千升	105586.2	-30.6
自来水	万吨	13597.0	-0.5
瓶装饮用水	吨	611981.0	-10.3

建筑业：2018 年全市完成建筑业增加值 167.69 亿元，比上年增长 20.2%。

图 4　2014—2018 年建筑业增加值及增速

四、固定资产投资

固定资产投资：2018 年全社会固定资产投资比上年增长 11.3%。

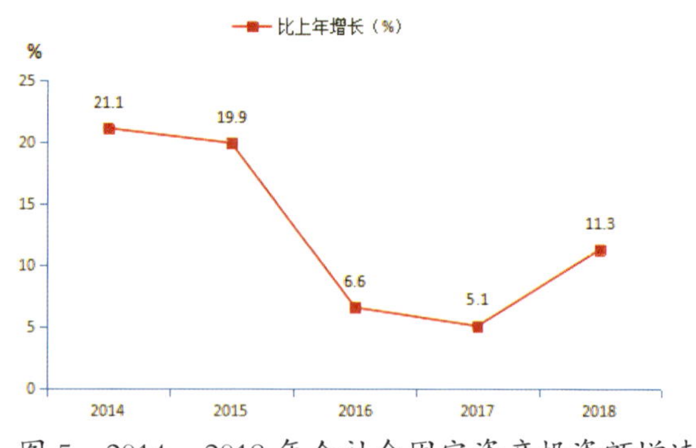

图 5　2014—2018 年全社会固定资产投资额增速

固定资产投资中：国有及国有控股投资比上年增长 10.8%；民间投资比上年增长 18.2%。

分产业：第一产业投资增长 24.2%，第二产业投资下降 11.2%，第三产业投资增长 16.6%，三次产业投资的比重依次为 2.6%、15.8% 和 81.6%。

房地产开发：2018 年末，全市房地产企业有 36 家，比上年增加 8 家。全年完成房地产开发投资比上年增长 188.0%。房地产开发房屋施工面积 268.15 万平方米，比上年增长 51.0%；全年房屋竣工面积 35.51 万平方米，商品房销售面积 52.78 万平方米。

2018年全社会固定资产投资额

表 7　　单位：%

指标	比2017年增长
全社会固定资产投资	11.3
农、林、牧、渔业	-1.6
采矿业	42.2
制造业	-36.8
电力、燃气及水的生产和供应业	-54.8
建筑业	189.3
批发和零售业	45.4
交通运输、仓储和邮政业	10.9
住宿和餐饮业	32.4

续表 7

指标	比2017年增长
信息传输、计算机服务和软件业	322.2
金融业	280.3
房地产业	32.3
租赁和商务服务业	121.7
科学研究和技术服务	9.0
水利、环境和公共设施管理业	42.8
居民服务、修理和其他服务业	-69.6
教育	-77.3
卫生和社会工作	37.6
文化、体育和娱乐业	0.9
公共管理、社会保障和社会组织	-7.8

五、国内贸易

2018 年末，全市共有限额以上企业（单位）112 家，增加 6 家，比上年增长 3.7%；全年完成社会消费品零售总额 295.39 亿元，比上年增长 14.2%。其中：限额以上企业（单位）零售额为 80 亿元，增长 14%，占全市社会消费品零售总额的 27.0%。

按经营地统计：城镇社会消费品零售额为 259.4 亿元，增长 14.5%，乡村社会消费品零售额为 36 亿元，增长 12%。

按消费类型分：商品零售额为 251.3 亿元，增长 14.3%；餐饮收入为 44.1 亿元，增长 13.3%。

图 6　2014—2018 年社会消费品零售总额及增速

六、对外经济

进出口贸易：2018 年，全市进出口贸易总额 40.96 亿元，比上年下降 7.1%。其中，出口 27.24 亿元，下降 4.1%；进口 13.72 亿元，下降 12.5%。

招商引资：2018 年，实际到位资金 316.23 亿元，比上年增长 5.4%。

七、交通、邮电和旅游

交通运输：2018 年，建设农村公路 314.9 公里，年底全市农村公路（不含国道、省道）通车总里程达到 4646.61 公里。公交运营线路总长度 841 公里，公交年客运量为 8424 万人次。

2018年铁路、公路运输量与周转量

表 8　　　　　　　　　　　　　单位：%

指标	单位	2018年	比2017年增长
货物运输量	万吨	1056.9	12.5
铁　路	万吨	66.9	34.3
公　路	万吨	990	11.2
公路周转量	万吨公里	475798	11.2
旅客运输量	万人次	606.8	6.6
铁　路	万人次	224.5	8.2
公　路	万人次	382.3	5.6
公路旅客周转量	万人公里	138405	5.5

邮电：全年完成邮电业务总量 47.5 亿元，其中，邮政业务总 2.4 亿元，电信业务总量 45.1 亿元。年末固定及移动电话用户总数达到 136.83 万户，其中，移动电话用户 111.4 万户。

旅游：2018 年，接待国内外游客 1990.20 万人次，比上年增长 23.9%。其中：入境游客 21.11 万人次，增长 29.4%，国内游客 1969.09 万人次，增长 23.8%。全年旅游总收入 282.76 亿元，比上年增长 24.3%；旅游外汇收入 12505.34 万美元，增长 29.1%。

八、财政和金融

财政：2018年全市完成公共财政预算收入110.10亿元，比上年增长22.8%，其中：税收收入99.45亿元，增长30.2%。增值税收入61.09亿元，增长29.4%，个人所得税收入21.53亿元，增长35.9%。

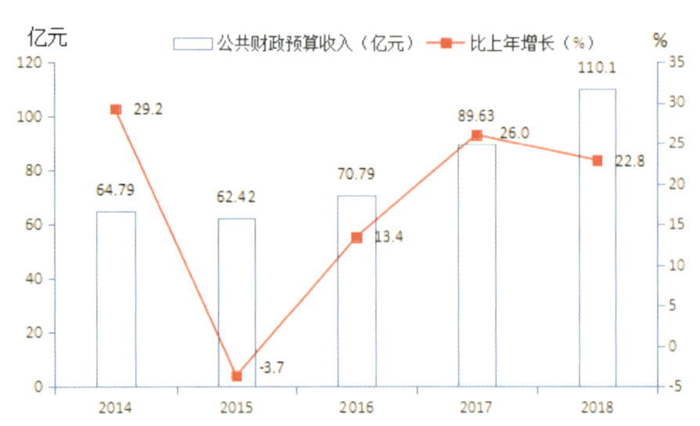

图7　2014—2018年公共财政预算收入及增速

全年执行公共财政预算支出300.08亿元，比上年增长16.6%。其中：教育支出45.76亿元，增长10.2%；社会保障和就业支出15.34亿元，增长3.7%；医疗卫生支出15.55亿元，增长1.5%。

金融：2018年末，全市金融机构本外币各项存款余额2805.06亿元，比年初增长2.8%；本外币各项贷款余额3134.86亿元，比年初增长16.4%。人民币各项存款余额2798.90亿元，比年初增长2.8%；人民币各项贷款余额3134.62亿元，比年初增长16.5%。

九、电力

2018年，全市共使用电力34.84亿千瓦时，增长20.2%，其中：全行业用电30.70亿千瓦时，增长19.9%，城乡居民生活用电4.13亿千瓦时，增长21.8%。

十、城市建设

2018年，城市主干道路"白改黑"，铺设沥青路面21.31公里，打通断头路17条，完成两岛市政基础设施改造，柳东大桥建设完成。建成全区首个技术产权和人才交易市场。

2018年末，市区供水管道总长度为999.22公里，全年自来水公司总供水13599万立方米。全市售水量7403万立方米，其中：生产运营用水2450万立方米，公共服务用水1883万立方米，家庭居民用水2547万立方米，其他用水523万立方米。免费用水275万立方米。

十一、教育、文化、卫生

教育：2018年末，全市共有高等院校1所（市属，下同），中等职业学校2所，普通中学22所，小学71所，幼儿园242所，特殊学校1所。

2018年各类学校学生数

表9　　单位：人

指标	招生	在校生	毕业生
普通高等教育	1177	3828	911
中等职业教育	3044	7311	1966
普通高中	3988	11020	3722
初中	8203	23032	7059
普通小学	10854	59332	8542
特殊教育	45	224	19
学前教育	14784	33369	11451

全市小学学龄儿童纯入学率达99.94%，毛入学率达107.23%，巩固率达99.7%；初中生毛入学率达104.31%，巩固率保持在99.5%。

文化：2018年末，全市共有艺术表演团67个（含村业余团），博物馆6个。全市广播综合人口覆盖率为98.88%，电视综合人口覆盖率为98.99%。完成7座县城数字影院建设，建成非物质文化遗产博物馆。

卫生：2018年末全市共有卫生机构523个，其中，医院29家，卫生院52家，诊所、卫生所226家，疾病预防控制中心（防疫站）10家。全市实际开放床位数3989张，每千人拥有医疗床位5.67张。各类卫生技术人员6256人，其中：执业（助理）医师2872人，每千人拥有卫生技术人员8.89人。

十二、环境保护和安全生产

环境监测：2018 年拉萨市空气优良天数为 358 天，全年空气优良率达 98.4%，全年 PM2.5 的平均浓度为 17ug/，空气质量优良率排名全国第四。集中式饮用水水源地水质符合《地下水质量标准》（GB/T14848-2017）中 III 类或优于 III 类标准；全市国控断面水质符合《地表水环境质量标准》（GB3838-2002）表 1 中 III 类水标准限值。

安全生产：2018 年亿元 GDP 生产安全事故死亡人数为 0.13 人 / 亿元。全年各类安全生产事故 176 起，死亡 69 人，分别比上年下降 11.1% 和 2.8%，其中，道路交通事故 140 起，死亡 60 人，分别比上年下降 2.1% 和增长 5.3%；工矿商贸事故 6 起，死亡 5 人，分别比上年下降 50.0% 和 64.3%。

十三、人民生活和社会保障

人民生活：2018 年，城镇居民人均可支配收入 35842 元，比上年增长 10.6%，农牧民人均可支配收入 14369 元，比上年增长 10.6%。城镇居民与农牧民收入比为 2.49 ： 1。

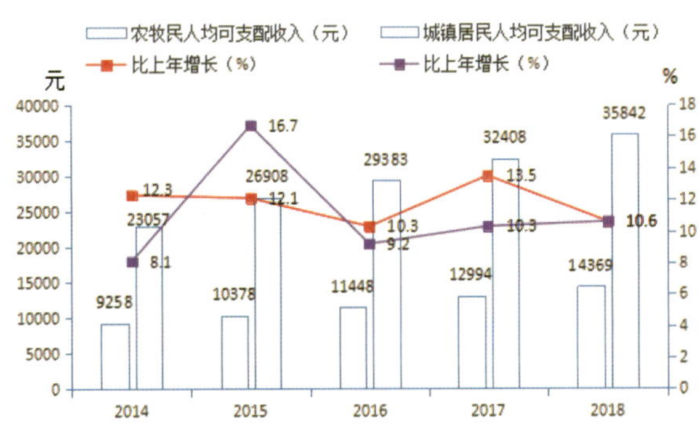

图 8　2014—2018 年城乡居民可支配收入及增速

社会保障：市属年末参加城乡居民基本养老保险人数 21.8 万人，增加 0.03 万人；参加城镇职工基本养老保险人数 6.1 万人，增加 1.6 万人；参加城镇居民基本医疗保险人数 7.3 万人，增加 0.2 万人；参加城镇职工基本医疗保险 7.6 万人，增加 1.1 万人。参加失业保险人数 4.2 万人，增加 1.2 万人。参加工伤保险人数 7.0 万人，减少 0.1 万人，参加生育保险人数 5.8 万人，增加 0.8 万人。城镇居民最低生活保障人数为 1.0 万人，农牧民最低生活保障人数为 0.7 万人。全市农村救济供养人数为 1389 人，其中，集中供养人数为 863 人。城乡医疗救助人数为 7792 人。

注：

1、本公报数据为快报数据。

2、地区生产总值及各产业（行业）增加值指标绝对数按现价计算，增长速度按可比价格计算。

3、对外经济、交通、邮电、旅游、财政、金融、文化、卫生、教育、社会保障、农业、物价、收入等方面的数据均由相关职能部门提供。

4、规模以上工业企业是指年主营业务收入 2000 万元及以上的全部工业企业法人；限额以上批发企业是指年主营业务收入在 2000 万元及以上的批发业企业，限额以上零售企业是指年主营业务收入在 500 万元及以上的零售业企业，限额以上住宿餐饮企业是指年主营业务收入在 200 万元及以上的住宿餐饮业企业。

政府规范性文件

拉萨市政府法律顾问工作规则

第一条 为规范政府法律顾问工作，实现决策科学化、民主化、法制化，推进依法行政，建设法治政府，根据国务院《法治政府建设实施纲要》和《西藏自治区人民政府法律顾问工作规则》的规定，结合拉萨实际制定本规则。

第二条 本规则适用于拉萨市政府法律顾问（以下简称市政府法律顾问）的遴选、聘任、考核和管理等工作。

第三条 市政府法制机构具体负责并组织实施政府法律顾问工作。

第四条 担任政府法律顾问应当符合下列一般性条件：

（一）忠于宪法、遵守法律，拥护党的路线方针政策，维护祖国统一和民族团结，反对分裂；

（二）受过系统法学教育，具有胜任法律顾问工作的法学知识；

（三）热心服务于法律事务、社会公共事务；

（四）熟悉西藏区情，拉萨市情；

（五）具有良好的职业道德、执业纪律和敬业精神。

第五条 担任政府法律顾问的政府法制机构人员还应当具备以下条件：

（一）具有普通高等院校法学专业本科及以上学历，长期从事政府法制工作；

（二）具有丰富工作经验，担任科级及以上职务；

（三）未受过纪律处分、行政处分。

第六条 担任政府法律顾问的专家还应当具备以下条件：

（一）具有普通高等院校法学专业本科及以上学历和副教授（副研究员）以上职称；

（二）具有一定的专业影响力和代表性；

（三）未受过纪律处分、行政处分；

（四）有相关专业经验。

第七条 担任市政府法律顾问的律师还应当具备以下条件：

（一）应当具有国家C类及以上法律职业资格证书，执业8年以上，专业能力较强；

（二）未受过纪律处分或者近三年未受过律师协会行业处分；

（三）所在律师事务所近三年未受过司法部门行政处罚或者律师协会行业处分。

第八条 政府法律顾问的遴选、聘任应遵循公开、公正、公平、择优原则。

第九条 政府法律顾问以政府法制机构人员为主体，吸收专家和律师参加，其中法制机构人员占50%左右，专家和律师各占25%左右。

第十条 市政府法制机构建立法律顾问人才库，从政府法律顾问人才库中拟定政府法律顾问人选报市人民政府审定。法律顾问人才库实行动态管理，入库人员每年需适当向拉萨市人民政府提供志愿法律服务。

市人民政府决定聘任的人员，颁发聘书。市政府法律顾问聘任期限为1年，可连聘连任。

市直各部门、各县（区）聘任的法律顾问应当从政府法律顾问人才库中选定。

第十一条 市政府法律顾问具体承担下列职责：

（一）为市政府重大行政决策提供法律咨询意见或者进行法律论证；

（二）对涉及社会稳定重要事项、重大突发事件处置提供法律咨询意见；

（三）对市政府在对外交往和重大经济项目谈判中涉及的重要法律问题提供法律咨询、论证意见；

（四）协助草拟、审核以市政府或者办公室名义签订的合同、协议以及其他有关法律事务文书；

（五）协助市政府办理合同、诉讼、仲裁和其他非诉法律事务；

（六）对本市制定政府规章、重要规范性文件提供咨询、审查意见、提出修改或者废止意见建议；

（七）应邀参与市政府行政执法监督活动，并对行政执法监督工作提出意见建议；

（八）参与研究市政府推进依法行政、建设法治政府工作，并提出完善制度和解决问题的意见建议；

（九）参与市政府重大复杂行政复议案件、疑难信访案件的研究讨论；

（十）承担市人民政府委托或者交办的其他法律事务。

第十二条　市政府法律顾问应当坚持以事前防范、引导和事中监督、控制法律风险为主，事后法律补救为辅的原则，严格按照政府委托权限履行职责。

第十三条　市政府法律顾问享有下列权利：

（一）应邀参加或者列席市政府及其相关部门的有关会议；

（二）阅读、摘录、复制市政府有关文件和公共信息资料，涉及保密的按《中华人民共和国保密法》办理；

（三）独立发表法律意见，不受任何单位或者个人干涉；

（四）根据工作需要，进行现场调研；

（五）有正当理由可以申请提前解聘，解聘程序可在每期法律顾问合同中进行规定；

（六）开展市法律顾问工作所享有的其他权利。

第十四条　市政府法律顾问应当履行以下义务：

（一）遵守保密制度，保守在办理政府法律事务中知悉的国家秘密、商业秘密、个人隐私，并不得泄露依法不可对外公开的其他信息；

（二）遵守市政府法律顾问工作规则，按时完成委托或者交办的法律事务，维护政府合法权益和声誉，不得妄议政府重大决策事项；

（三）不得以市政府法律顾问的名义或者利用其便利条件，为本人或者他人谋取不当利益；

（四）知晓承办的法律事务与本人存在利害关系，可能影响公正履行职责的，应当自行回避；

（五）不得在拉萨市人民政府为当事人的诉讼、复议案件中作为另一方当事人的代理人；

（六）不得从事与法律顾问身份不符的活动；

（七）应当履行的其他义务。

第十五条　市政府法律顾问的工作方式主要为会议工作制和委托办事制，具体通过调研论证、参加有关会议、个别咨询、委托代办、参与诉讼、提供法律意见等形式提供法律服务。

第十六条　市政府法律顾问承办市政府委托、交办的法律事务，由市政府法制机构召集市政府法律顾问进行研究或者委托政府法律顾问进行研究，在综合分析其提出意见的基础上向市政府报送。

根据工作需要，市政府有关会议可以邀请市政府法律顾问列席，听取其意见建议。

第十七条　市政府法律顾问承办市政府委托、交办的法律事务，如需调查、取证的，凭市政府法制机构出具的证明调查、取证，有关部门和单位应当协助配合。

第十八条　市政府法律顾问出具法律意见书的，应当签署承办人姓名，并对文件的合法性实行终身负责制。

律师身份的市政府法律顾问应当加盖其所在律师事务所公章，并对其出具的法律意见和提供的其他法律服务合法性负责。

第十九条　涉及市政府的行政诉讼、仲裁案件，可以委托市政府法律顾问随同政府行政工作人员或者政府法制机构人员出庭应诉。非单位工作人员出庭应诉的，需委托律师。

第二十条　建立政府法律顾问年度考核机制。市政府法律顾问有下列情形之一的，年度考核为不合格。

（一）不遵守本规则规定义务的；

（二）年度内2次以上不按要求期限提供书面法律意见或者提供的法律意见出现2次以上专业错误的；

（三）年度内无正当理由2次以上不能及时处置交办的顾问业务的；

（四）其他不能正常履行顾问职责的。

第二十一条　政府法律顾问在聘任期间有下列情形之一的，予以解聘：

（一）因违反法律、法规、规章或者职业道德、执业纪律、行业规范被追究刑事责任、受到党纪政纪处分或者被剥夺法律职业资格、专业资格、专业职称的；

（二）违反保密规定，泄露国家秘密、商业秘密、个人隐私以及依法不可对外公开的其他信息的；

（三）履行职责过程中存在重大失误的；

（四）损害政府的合法权益和声誉的；

（五）以市政府法律顾问的名义或者利用其便利条件，为本人或者他人谋取不当利益的；

（六）应当回避而未回避的；

（七）年度考核不合格的；

（八）其他违反法律、法规、规章情形的。

第二十二条　政府法制机构应当建立政府法律顾问工作档案，并将履职情况记入工作档案，作为解聘、续聘的重要依据。

第二十三条　政府法律顾问违反法律、法规、规章或者职业道德、职业纪律、行业规范被处罚、处分的，法律顾问所在单位应当及时将有关情况通报市政府法制机构。

公民、法人和其他组织发现政府法律顾问违反本规则相关规定的，可以向市政府法制机构投诉、举报。

第二十四条　政府法律顾问在聘用期间，违反本规则规定，造成政府重大经济损失或者影响社会稳定的，应当依法承担责任。

市政府法律顾问在聘用期间；以市政府法律顾问名义履行职责过程中，获悉的商业秘密、个人隐私以及不能对外公开的信息等泄露，应依法追究相关责任。

第二十五条　担任政府法律顾问的专家、律师费用以年度为单位进行支付，具体的数额在每期法律顾问合同签定时约定于合同中。

第二十六条　市政府法制机构应当加强政府法律顾问工作的指导。

各县（区）人民政府应当建立政府法律顾问制度，市直各部门应当根据自身实际积极创造条件，逐步建立政府法律顾问制度。

第二十七条　各县（区）人民政府和市直各部门的法律顾问工作规则可以参照本规则制定。

第二十八条　本规则自2018年7月1日起实施。

拉萨市行政应诉工作规定

第一条　为进一步规范拉萨市行政诉讼活动中的应诉工作,促进依法行政,加强法治政府建设根据《中华人民共和国行政诉讼法》《中华人民共和国行政复议法》等有关法律法规,结合本市实际,制定本规定。

第二条　本规定适用于本市参加行政诉讼活动的行政诉讼被告或者应诉机关。

本规定所称的行政诉讼被告、应诉机关包括:

(一)市、县(区)人民政府;

(二)市、县(区)人民政府工作部门;

(三)市、县(区)人民政府派出机构;

(四)乡(镇)人民政府;

(五)法律法规授权的其他组织。

第三条　本规定所称行政应诉,是指行政机关和法律、法规授权的组织在公民、法人或者其他组织提起行政诉讼后,经人民法院通知参加的行政诉讼活动;本规定所称应诉机关,是指人民法院应诉通知书中列明的被告。

第四条　市、县(区)人民政府直接作出的行政行为引起的行政诉讼,由本级政府法制机构负责具体应诉事项;政府各工作部门以政府名义作出行政行为引起的行政诉讼案件,由相应部门负责具体应诉事项;涉及多个部门的,由牵头单位为主负责具体应诉事项,其他单位协同配合;应诉责任主体不明确的,由同级政府法制机构根据起诉内容确定应诉主体。

以乡镇人民政府(街道办事处)为被告的行政诉讼,由该乡镇人民政府(街道办事处)负责应诉。

第五条　应诉机关的法定代表人是行政应诉工作的第一责任人。应诉机关收到应诉通知书和起诉状副本后,应诉机关应当责成法制机构会同业务机构对案件及时进行研判,拟定应诉方案;对于重大案件,应诉机关、负责人还应当召开办公会,研究确定应诉方案。

第六条　应诉机关法制机构履行下列职责:

(一)审查案件有关情况,提出由应诉机关负责人或者委托代理人出庭应诉的建议;

(二)组织撰写答辩状等;

(三)组织人员出庭应诉;

(四)指导、督促应诉人员全面收集涉案相关证据和法律依据,并在法定期限内向人民法院提交;

(五)负责应诉案件材料的立卷归档,按照有关规定报备;

(六)根据需要起草应诉工作报告,对行政应诉过程中及结束后的情况和问题进行总结分析;

(七)其他应诉意见和工作。

第七条　行政诉讼案件诉讼代理人为1至2人。诉讼代理人应当向人民法院提交被诉机关的组织机构代码证、法定代表人身份证明、由被诉机关法定代表人签字或者被诉机关盖章的授权委托书。授权委托书应当载明委托事项和权限。

应诉机关委托律师作为诉讼代理人的,委托权限为一般代理,同时必须有该机关的业务部门或者法制部门的工作人员作为诉讼代理人共同参加诉讼活动。

第八条　本规定所称应诉机关负责人,既包括正职负责人,也包括副职负责人以及其他参与分管的负责人。

对于下列行政诉讼案件,应诉机关负责人应当出庭:

(一)一审无应诉机关负责人出庭,且败诉的二审行政诉讼案件;

(二)10人以上共同诉讼案件;

(三)重大涉外案件;

(四)人民法院建议行政机关负责人出庭的行政诉讼案件;

(五)应诉机关认为需要负责人出庭应诉的案件;

(六)其他社会影响重大的行政诉讼案件。

第九条　出庭应诉的行政机关负责人不能出庭的,应当委托行政机关相应的工作人员出庭,不得仅委托律师出庭。《行政诉讼法》第三条第三款规定的“行政机关相应的工作人员”,包括该行政机关具有国家行政编制身份的工作人员以及其他依法履行公职的人员。

第十条 有关行政机关和单位应当积极支持、配合应诉人员的调查取证、资料搜集工作。

在诉讼过程中，被告及其诉讼代理人不得自行向原告、第三人和证人收集证据。

第十一条 应诉机关负责人应当按照人民法院通知的时间、地点出庭应诉。因特殊情况不能到庭的，应当提前告知人民法院并说明理由，同时依法申请人民法院延期开庭。

第十二条 应诉机关负责人和其他人员出庭应诉应当遵循以下基本规范：

（一）熟悉相关法律规定；

（二）了解案件和证据；

（三）准时出庭；

（四）遵守法庭纪律和庭审秩序；

（五）着装整洁，举止得体；

（六）语言规范，用语文明；

（七）尊重法官、人民陪审员、书记员和诉讼参与人。

第十三条 庭审过程中，应诉机关负责人应当充分陈述作出行政行为的事实根据、法律依据和理由，并出示相关证据；应当在审判人员的主持下，针对证据的关联性、合法性、真实性，法律依据的准确性及行政执法程序的合法性等方面进行质证和辩论。

第十四条 应诉机关在人民法院作出判决或者裁定前，发现被诉行政行为确有违法或者不当的，可以主动依法纠正。

应诉机关作出变更、撤销或者部分撤销被诉行政行为的，应当及时书面告知有关当事人和人民法院。

具备调解或者协调和解可能性的行政案件，应诉机关应当积极开展调解或者协调和解工作。

第十五条 应诉机关应当认真研究和办理人民法院提出的司法建议，并将处理结果及时函告人民法院。

办理司法建议需要其他部门协调配合的，办理部门应当及时报请本级人民政府协调。

第十六条 应诉机关应当将本机关应诉的重大、复杂行政诉讼案件以及被人民法院判决撤销、确认违法或者责令履行法定职责的行政诉讼案件的有关情况，在人民法院判决生效后30日内，报本级政府法制工作机构备案。

第十七条 任何机关和个人不得以欺骗、胁迫等非法手段迫使原告撤诉。

第十八条 对败诉的行政诉讼案件，应诉机关应当认真查找问题，分析败诉原因，提出改进措施。对确因违法行政导致败诉的，应当根据承办人、审核人、批准人的职权职责、危害结果和过错情节等因素，认定败诉过错责任，并按照有关规定予以追究。

第十九条 应诉机关应当自觉履行人民法院生效判决或者裁定。对人民法院做出行政机关继续履行的判决，应当积极履行义务；对人民法院作出责令重新作出行政行为的判决，除原行政行为因程序违法或法律适用问题被人民法院判决撤销的情形外，不得以同一事实和理由作出与原行政行为基本相同的行政行为。

第二十条 市、县（区）人民政府法制主管部门负责行政应诉工作的协调和指导，对应诉机关出庭应诉情况进行年度统计汇总，并采取适当形式予以通报。

第二十一条 各级行政机关应诉工作经费应当纳入本级财政预算。

第二十二条 行政机关在行政复议机关受理的行政复议案件中作为被申请人，参加行政复议机构举行的行政复议质证、听证活动及过错责任追究等参照本规定执行。

第二十三条 本市行政机关出庭应诉、支持人民法院和审理的行政案件、执行人民法院生效裁判以及行政应诉能力建设情况纳入同级法治政府建设工作考核体系。

应诉机关干预、阻碍人民法院依法受理和审理行政案件，无正当理由拒不到庭或未经法院许可中途退庭，应诉机关负责人不出庭应诉也不委托相应的工作人员出庭，拒不履行法院的判决、裁定或者调解书的，由任免机关或省市监察机关依照《行政诉讼法》《行政机关公务员处分条例》《领导干部干预司法活动、插手具体案件处理的记录、通报和责任追究规定》等规定，对相关负责人员严肃处理。

第二十四条 本规定自2018年6月1日起施行。

拉萨市人民政府于2011年8月4日发布的《关于进一步加强行政机关负责人行政诉讼出庭应诉工作的通知》同时废止。

拉萨市建设领域支付民工工资保障办法

第一条　为规范建设领域企业民工工资支付行为，保障民工合法权益，根据《中华人民共和国劳动法》、《中华人民共和国劳动合同法》等有关规定，结合本市实际，制定本办法。

第二条　本办法适用于在本市行政区域内施工的建设领域企业（以下简称企业）和与之形成的劳动关系的劳动者。

进入诉讼、仲裁程序的劳动合同纠纷不适用本办法。

本办法所称企业，是指从事土木工程、建筑、市政、交通运输、水利、林业绿化、电力、电信、线路管道、设备安装、室内外装修等各类建设工程（包括新建、改建、扩建项目），及从事矿资源开发、勘探、加工的矿山类企业和从事采掘类的企业。

第三条　人力资源社会保障部门负责本行政区域内拖欠农民工工资问题的组织协调，依法对企业民工工资支付进行管理和监察工作。

第四条　公安部门负责受理人力资源社会保障部门移交的涉嫌拒不支付劳动报酬罪案件，依法及时审查，立案查处。

第五条　市、县（区）住建、交通运输、水利、国土资源、监察、公安、工商、发展和改革、环境保护、安全监管、工信、信访等有关部门和工会等社会组织按照各自职责协助做好工资支付工作。

第六条　企业招用民工，必须依法签订书面劳动合同。市、县（区）人力资源社会保障部门应当加强对企业与民工订立和履行劳动合同的指导和监督。

第七条　企业支付民工工资应当编制工资支付表，如实记录支付项目、支付时间、支付对象、支付标准、支付方式、支付签领登记等工资支付情况，并保存两年以上备查。

第八条　建设领域全面实行民工工资保证金制度。民工工资保证金由施工总承包企业或中标企业（包括来拉萨施工企业）在领取施工许可证前存入项目实施地人力资源社会保障部门指定银行专用账户，企业凭人力资源社会保障部门出具的《建设领域民工工资保证金缴存证明书》到相关部门办理施工许可证。

第九条　民工工资保证金比例按照企业类别和诚信级别实行差异化缴存。

（一）土木、建筑、市政、交通、水利、绿化类工程项目工资保证金缴存比例为工程合同总造价（中标额）的4%；

（二）电力、电信、线路管道、设备安装、室内外装修类工程项目工资保证金缴存比例为工程合同总造价（中标额）的3%；

（三）矿山企业、采掘类工资保证金缴存比例为企业2017年应付工资总额的4%；

（四）对一定期限内未发生工资拖欠的企业，实行减免措施；对发生工资拖欠的企业，适当提高缴存比例，但缴存比例不得高于6%。

第十条　企业通过银行保函等第三方担保方式对施工项目民工工资支付进行担保的，不再缴存工资保证金。担保金额不得低于规定的民工工资保证金缴存金额。

第十一条　企业不得以任何理由不缴或者缓缴民工工资保证金。

（一）当工资支付保证金由于被先行垫付民工工资导致数额不足时，施工企业必须在10日内追加缴纳，使保证金数额保持初始水平。

（二）发生拖欠民工工资时，由劳动合同双方认可，经人力资源社会保障部门确认后出具支付证明，可以先行动用民工工资保证金支付被拖欠的民工工资。

（三）工程建设项目竣（交）工验收合格，企业无拖欠民工工资并经30日公示期无投诉、举报的，企业提出申请，项目建设单位确认后在项目实施地人力资源社会保障部门办理退还民工工资保证金手续。

第十二条　政府投资项目由项目法人单位督促总承包企业代工程履行地缴存工资保证金，并向工程履行地人力资源社会保障部门备案。

第十三条　建立工资支付公示制度。企业应当将每次（每月）发放工资的情况在工地现场向民工公示；在工程项目竣工时，领回工资保证金前，将该项目工程所有民工工资发放情况进行公示，时间不少于10天。

第十四条　推行银行代发工资制度。实行人工费用与其他工程款分账管理，设立民工工资代发专用账户，专项用于支付民工工资。

第十五条　企业因被拖欠工程款导致拖欠民工工资的，企业追回的被拖欠工程款应当优先用于支付拖欠的民工工资。

因工程总承包企业将工程发包、分包，导致民工工资拖欠的，由工程总承包企业承担清偿民工工资责任。

工程发包方与工程承包企业或者班组存在工程款纠纷致使民工工资被拖欠的，从工程总承包企业缴存的工资保证金中先行支付。

第十六条　建立信息通报制度。对拖欠民工工资的企业，人力资源和社会保障部门在依法予以处理的同时，应当及时将相关信息向财政、银行、招投标及公共资源交易等部门通报。

第十七条　实行拖欠民工工资失信企业（黑名单）管理制度。

被列入失信企业管理名单（黑名单）的企业，行业主管部门要按照有关规定进行惩处。

第十八条　县（区）人民政府及开发区（园区）管委会应当建立欠薪应急周转金制度。欠薪应急周转金，实行专账管理。

第十九条　项目建设单位应当按照合同约定及时拨付工程款项。

建设资金未落实，不能提供相关部门或者银行出具的资金到位证明，住建部门不得为其发放施工许可证，不得批准开工报告。

第二十条　政府投资建设项目因建设资金不到位而拖欠民工工资，行政主管部门不正确履行职责存在失职渎职情形的，市监察部门应当追究相关人员责任。

第二十一条　市、县（区）人力资源社会保障部门负责对施工企业违反工资支付有关规定拖欠或者克扣民工工资的案件进行查处，同时记录信用档案，并通报有关部门。

住建部门协助做好对有拖欠民工工资问题企业的处理工作，对其市场准入、招投标资格和新开工项目许可证等进行限制，对恶意拖欠、情节严重的，依法责令停业整顿、降低或者取消资质，同时将处理结果向社会公示。

第二十二条　民工发现企业有下列情形之一的，有权向当地人力资源社会保障部门投诉、举报：

（一）未按照约定支付工资的；

（二）支付工资低于当地最低工资标准的；

（三）企业未与本人签订书面劳动合同或者企业签订劳动合同的签字人不是企业法定代表人或者其委托人的；

（四）拖欠或者克扣工资的；

（五）不支付加班工资的；

（六）侵害或者变相侵害工资报酬权益的其他行为。

第二十三条　政府投资建设项目形成的民工工资拖欠纠纷，由工程项目建设单位负责协调解决；招商引资项目形成的民工工资拖欠纠纷，由招商引资单位协调解决；出租土地建房引起的民工工资拖欠纠纷，由土地出租单位协调解决；其他民间投资项目形成的民工工资拖欠纠纷，由许可（核准）部门协调解决。

第二十四条　民工与企业因工资支付发生争议的，按照国家关于劳动争议的处理规定执行。

第二十五条　本办法自2018年3月1日起施行。2010年11月17日市人民政府发布施行的《拉萨市建设领域支付民工工资保障办法》（政府令30号）同时废止。

拉萨市采砂管理办法

第一章　总则

第一条　为规范拉萨市采砂行为,合理开发、利用和保护砂石资源,保护和改善生态环境,根据《中华人民共和国水法》《中华人民共和国防洪法》《中华人民共和国矿产资源法》《中华人民共和国河道管理条例》等法律法规,结合本市实际,制定本办法。

第二条　本办法所称砂石是指河道砂石和非河道砂石。

河道砂石是指在河道(包括河流、湖泊、水库、人工水道、行洪区、蓄滞洪区等)管理范围内的砂石资源。

非河道砂石是指河道两岸之间的水域、沙洲、滩地、行洪区、两岸堤防及护堤地和水库、人工水道、蓄滞洪区等管理与保护范围以外的地表及地下的砂石资源。

第三条　本市行政区域内从事砂石资源开采、加工、使用、经营的单位和个人应当遵守本办法。

第四条　砂石资源属国家所有,不因其所依附的土地所有权或使用权的不同而改变。任何单位和个人不得以任何手段非法开采、侵占、买卖、出租和破坏砂石资源。

第五条　本市水行政主管部门是河道及河道管理范围内砂石资源监督管理部门,负责本市河道采砂的统一管理和监督检查工作,监督指导县(区)水行政主管部门采砂管理工作。

各县(区)水行政主管部门,具体负责本行政区域内河道采砂的管理和监督检查工作,并对本行政区域内河道采砂安全负责。

市自然资源行政主管部门是本市非河道砂石资源监督管理部门,负责本市河道外砂石资源开采的监督管理,监督指导县(区)自然资源行政主管部门砂石资源管理工作。

各县(区)自然资源行政主管部门,负责所在行政区域内砂石资源开采的监督管理工作。采矿权新立、延续、变更登记发证与注销登记,年检以及储量评审备案、开发利用方案审查备案等管理事项,均由各县(区)自然资源行政主管部门报市自然资源行政主管部门后,提交市政府审批。

第六条　县级以上人民政府、公安、生态环境、发展和改革、财政、交通、住房和城乡建设、市场监督、税务、应急管理、林业草原、农牧等有关部门按照各自职责协助做好采砂相关工作。

第二章　采砂规划

第七条　编制采砂规划应当充分考虑河道行洪安全、河势稳定和生态与环境要求,符合流域综合规划和防洪、河道整治等专业规划。

第八条　各县(区)水行政主管部门负责本行政区域内的河道采砂规划编制,规划应当征求同级其他有关部门意见,经市水行政主管部门同意后,报本级人民政府批准实施。

市直属管理的水利工程、拉萨河干流的采砂规划由市级水行政主管部门或者其授权有关单位组织编制,征求同级其他有关部门意见后,报市人民政府批准实施。

涉及市、县(区)际的界河以及其他界河的采砂规划由权属双方协商制定,并按权限报批。

第九条　各县(区)自然资源行政主管部门根据经济建设和社会发展的需要,会同有关职能部门以可持续发展为原则,统一规划各县(区)砂石资源,报上级部门批准后予以公告组织实施。

采砂规划应当遵循河道清淤疏浚为主,采砂为辅的原则,统一规划,分步实施,不具备采砂规划条件的地区也可分段、分期规划。

采砂规划一经批准,应当严格执行,确需修改时,编制单位应当按照原规划编制程序报批。

第十条　采砂规划应当包括下列内容:

(一)禁采区和可采区,规划范围内有水利工程的,要在其规范规定的保护范围以外划定合理的控制区；

（二）禁采期和可采期；

（三）年度采砂控制总量、开采深度、长度和开宽度、开采控制高程；

（四）采砂方式和可采区内采砂机具的控制数量；

（五）弃料处理方式和现场清理要求；

（六）采砂影响分析。

第十一条　下列区域应当列为禁采区：

（一）河道防洪工程、河道整治工程、水库枢纽、水文观测设施、涵闸以及取水、排水、水电站等工程安全保护范围；

（二）河道险工、险段、护堤地、规划保留区；

（三）城区规划区内河道、重要景观带和河道景观长廊；

（四）公路、铁路、桥梁、通信电缆、过河管道、隧道等工程设施安全保护范围；

（五）生活饮用水水源保护区、自然保护区、国家和自治区重点保护的野生动物栖息地以及直接影响水生态保护的区域；

（六）界限不清或者存在重大权属争议的水域；

（七）依法应当禁止采砂的其他区域。

第十二条　下列时段应当列为禁采期：

（一）汛期；

（二）河道达到或者超过警戒水位时；

（三）水利工程出现重大险情或者发生突发情况时；

（四）依法应当禁止采砂的其他时段。

第十三条　县级以上人民政府应当公告采砂规划确定的禁采区和禁采期；任何单位和个人不得在禁采区、禁采期进行采砂活动。

第三章　采砂许可

第一节　河道采砂许可

第十四条　申请采挖河道内砂石资源采砂权时，由市、县（区）水行政主管部门按分级管理权限，受理、审批、发放河道采砂许可证。从事河道采砂的单位或者个人（以下称采砂业户）取得河道采砂许可证后方可实施采砂活动。

第十五条　采砂业户申请办理河道采砂许可证应当提交下列材料：

（一）河道采砂申请书；

（二）河道采砂年度实施方案；

（三）营业执照及其复印件；

（四）采砂与第三者有利害关系的，与第三者达成的协议或者有关文件；

（五）弃料处理及现场处理的方案。

第十六条　受理采砂许可申请材料后，水行政主管部门应当进行初审，对申请材料齐全、符合法定形式的河道采砂申请，应当予以受理。

对申请材料不齐全或者不符合法定形式的，应当当场或者在五个工作日内一次告知需要补正的全部内容，申请人按照要求提交全部补正材料的，应当受理。逾期不告知补正内容的，自收到申请材料之日起即为受理。

第十七条　审批发放河道采砂许可证，应当符合下列条件：

（一）符合河道采砂规划；

（二）符合规定的作业方式；

（三）有符合要求的采砂设备和采砂技术人员；

（四）符合法律法规规定的其他条件。

第十八条　水行政主管部门经审查，认为河道采砂申请符合规定的，应当予以同意，向申请人发放统一印制的河道采砂许可证，并向社会公布。

第十九条　水行政主管部门经审查，认为河道采砂申请不符合规定的，应当作出不予同意的书面决定，并说明理由，同时告知申请人享有依法申请行政复议或者提起行政诉讼的权利。

第二十条　河道采砂许可证分为正本和副本，副本悬挂在采砂现场或者采砂机具上指定的位置，正本留存备查。采砂业户应当按照水行政管理部门的要求，在采砂现场制作安装河道采砂许可公示牌，公示许可内容。

第二十一条　河道采砂权出让应当按照公开、公平、公正的原则，通过招标、拍卖、挂牌等方式进行。

第二十二条　河道采砂许可证的有效期限一般不超过一个可采期。

河道采砂许可证有效期届满或者累计采砂量达到河道采砂许可证规定的总量时，发证机关应当收回或者注销河道采砂许可证。

第二十三条　河道所在地的农牧民个人自采自

用砂石、土料的，经所在乡（镇）政府同意，可在河道主管机关指定的地点进行一次性开采。

第二十四条　河道采砂许可证不得伪造、转让、涂改、买卖、出借或者出租等。

第二十五条　采砂业户在取得采砂许可证的同时，还应当按当地市场监督、税务、物价等部门的规定办理有关手续。

第二节　非河道采砂许可

第二十六条　申请采挖河道外砂石资源矿权时，由市、县（区）自然资源行政主管部门按分级管理权限，受理、审批、发放采矿权许可证。

第二十七条　申请采矿权的，应当符合下列条件：

（一）乡（镇）、县（区）级人民政府关于企业从事矿产资源开发工作的意见；

（二）企业统一社会信用代码证书原件和复印件；

（三）采矿权申请登记书；

（四）矿业权实地核查报告；

（五）资源量检测报告；

（六）矿产资源开发利用方案；

（七）矿山地质环境保护与土地复垦方案；

（八）环境影响评价报告表及批复意见；

（九）矿山水土保持方案；

（十）安全预评价报告；

（十一）采矿权应当在《拉萨市非金属矿（砂、石、土）设置方案》里进行设置。

第二十八条　受理采矿许可申请材料后，自然资源行政主管部门应当自收到申请之日起10个工作日内，提交市人民政府审批。

第二十九条　砂石资源开采权一律只能按公开拍卖方式出让，禁止协议出让。采矿权人委托有资质的评估单位进行评估，出让价格不能低于评估价格。

第三十条　采矿许可证，有效期根据储量具体确定。采矿权人需扩大采矿范围、改变采矿矿种、更换采矿权人和延续采矿权等，应当依法申请变更、延续办理相关手续。

砂石资源开采权出让价款、相关税费应当按有关规定足额收取，并严格执行收支两条线管理。

第三十一条　采矿权使用费的征收标准是按矿区面积逐年缴纳，每平方公里每年1000元，大于0.5小于1平方公里的按1平方公里计，不足0.5平方公里的，按500元征收。

第四章　采砂管理

第三十二条　采砂业户应当严格按许可要求实施采砂活动，做好防洪安全方面的防范准备，服从水行政主管部门、自然资源行政主管部门的现场监管，如实提供有关资料。采砂活动应当遵守下列规定：

（一）按照许可的范围、深度、时限进行采砂，不得擅自扩大采砂范围和采砂深度，不得变更开采地点；

（二）采砂活动不得影响河岸、堤防、闸坝、涵渠、测站等水利水文设施安全，不得危及跨河公路、铁路、桥梁、管线、通信等设施安全；

（三）采砂现场应当设立明显警示标志和必要的安全防范设施，并要求设置专人负责安全管理，开采后的沙坑应当按要求及时平复；

（四）随采随运，不得随意在开采现场堆积砂石或者废弃物；

（五）大型采砂机具应当在行政主管部门进行备案；

（六）采砂临时设施应当按指定位置修建，不得在河道内乱搭乱建，不得修筑阻水道路和其他阻水设施；

（七）禁采区禁止采砂，禁采期应当停止采砂活动，撤出采砂机具，设立禁采停售标志，堵封砂场出口；

（八）应当依法遵守的其他规定。

第三十三条　采砂机械的集中停靠应当服从交通行政主管部门管理。

第三十四条　市水行政主管部门应当加强对河道采砂管理工作的监督指导，组织协调县（区）水行政主管部门和有关部门加强采砂秩序的管理，及时查处重大违法案件。

市自然资源行政主管部门应当定期不定期对辖区各砂石资源矿场的安全生产、矿产资源开发利用和地质环境治理措施等落实情况进行检查。

第三十五条　发生重大采砂违法案件、采砂纠纷，应当由县级以上水行政主管部门和自然资源行政主管部门牵头，公安、交通、住房和城乡建设、应急管理等部门配合，设立专职人员或者派出执法人员联合执法，及时进行制止和查处。

第三十六条　任何单位和个人对采挖砂石资源

的违法、违规行为，有权向县级以上水行政主管部门、自然资源行政主管部门举报，接到举报的主管部门应当联合执法部门及时查处。

第三十七条　砂石资源实行属地管理，县（区）人民政府应当加强砂石资源管理工作，禁止任何组织和个人用任何手段侵占或者破坏砂石资源，保护采矿权不受侵犯，保障开采区生产秩序不受影响和破坏。

第三十八条　砂石资源开发与保护纳入目标考核，县级以上人民政府对在管理、保护和开发砂石资源等方面成绩突出的单位和个人予以表彰奖励。

第五章　法律责任

第三十九条　县级以上人民政府水行政主管部门、自然资源行政主管部门和其他有关部门及其工作人员有下列行为之一的，对负有责任的主管人员和其他直接责任人员依法给予行政处分；构成犯罪的，依法追究刑事责任：

（一）不执行已经批准的采砂规划、擅自修改采砂规划或者违反河道采砂规划组织采砂的；

（二）不按照规定审批发放河道采砂许可证、采矿权许可证或者其他批准文件的；

（三）不履行监督管理职责，造成采砂秩序混乱或者发生重大责任事故的；

（四）在采砂管理中玩忽职守、滥用职权、徇私舞弊、收受贿赂的。

第四十条　依法应当给予从事采砂的单位和个人行政处罚，而有关行政主管部门及其工作人员不给予行政处罚的，由上级行政主管部门责令其作出行政处罚或者直接给予行政处罚，对负有责任的主管人员和直接责任人员依法给予行政处分；构成犯罪的，依法追究刑事黄任。

第四十一条　违反本办法第十一条、第十二条，在禁采区、禁采期采砂或者未按照河道采砂许可证规定的要求采砂的，由县级以上人民政府水行政主管部门责令停止违法行为，没收违法所得和违法采砂机具，对个人并处以500元以上1000以下的罚款，对单位并处以1万元以上5万元以下的罚款，情节严重的吊销河道采砂许可证；构成犯罪的，依法追究刑事责任。

第四十二条　违反本办法第十四条规定未办理河道采砂许可证擅自采砂的，由县级以上人民政府水行政主管部门责令停止违法行为，没收违法所得和违法采砂机具，对个人并处以500元以上1000元以下罚款，对单位并处以1万元以上5万元以下的罚款。

有下列情节之一的，对个人并处以1000元以上2000元以下罚款，对单位并处以5万元以上10万元以下的罚款，造成水工程损坏、河势改变、水生态环境破坏的，责令采砂业户采取补救措施；逾期不补救的，县级以上水行政主管部门可以指定有补救能力的单位代为补救，所需费用由采砂业户承担。

（一）非法采砂数量巨大的；

（二）在桥梁、码头、拦河闸坝、取水口、水文监测等工程设施保护范围内采砂的；

（三）在堤防管理范围内采砂的。

第四十三条　违反本办法第二十四条规定，伪造、转让、涂改、买卖、出借、出租或者以其他方式非法转让河道采砂许可证的，由县级以上人民政府水行政主管部门收缴河道采砂许可证，没收违法所得，并处3万元以下的罚款；构成犯罪的，依法追究刑事责任。

第四十四条　违反本办法规定，不按要求暂停采砂或终止采砂的，由县级以上人民政府水行政主管部门责令限期改正，并处3万元以下的罚款。

第四十五条　违反本办法规定，与非法采砂业户进行交易或者为非法采砂业户提供运输工具的，由县级以上人民政府水行政主管部门依据职权，责令停止违法行为，没收非法所得，并处3万元以下的罚款；拒不执行的，联合执法部门可以查封、扣押运砂工具。

第四十六条　违反本办法第二十六条规定，未取得采矿许可证擅自开采的，由县级以上人民政府自然资源行政主管部门责令停止开采、赔偿损失，没收采出的矿产品和违法所得，可以并处10万元以下的罚款。

第四十七条　采矿权人不按期缴纳采矿权使用费的，由县级以上人民政府自然资源行政主管部门责令限期缴纳，并从滞纳之日起每日加收2%的滞纳金；逾期仍不缴纳的，由发证机关吊销采矿许可证。

第四十八条　因采矿活动引发的地质灾害不予治理的，由县级以上人民政府自然资源行政主管部门责令限期治理；逾期不治理或者治理不符合要求的，由责令限期治理的自然资源行政主管部门组织治理，所需费用由责任单位承担，处10万元以下的罚款；给他人造成损失的，依法承担赔偿责任。开采结束后，砂石资源开采权人未按规定闭坑，进行土地复垦或者植被恢复的，责令闭坑，恢复地质环境，并处10万元以下罚款。

第四十九条　收购、运输违法开采砂石资源的，县级以上水行政主管部门、自然资源行政主管部门依据各自的职权，没收违法所得，并处1万元以上5万元以下罚款。

第五十条　严禁领导干部和国家机关工作人员参与采挖砂石资源或者利用职务之便谋取私利、徇私舞弊。对违纪违规行为给予行政处分；构成犯罪的，依法追究刑事责任。

第六章　附则

第五十一条　本办法所称采砂机具，是指采砂船舶、挖掘机械、吊杆机械、分离机械，在采砂现场运输砂石的船舶、车辆，以及其他与采运砂石相关的机械和工具。

第五十二条　河道采砂许可证由自治区水行政主管部门统一印制发放。

第五十三条　本管理办法自2018年8月1日起施行。1999年5月28日拉萨市人民政府发布的《拉萨市河道采砂管理办法》同时废止。

拉萨市电力设施保护实施办法

第一章　总则

第一条　为了保障电力建设顺利进行,保障电力生产、运行安全和供用电秩序,维护社会公共利益、电力企业和客户的合法权益,根据《中华人民共和国电力法》、《电力设施保护条例》和《电力供应与使用条例》等法律、法规,结合本市实际,制定本办法。

第二条　本办法适用于拉萨市行政区域内已建或在建及规划建设的电力设施(包括发电设施、变电设施和电力线路设施及其有关辅助设施,下同)和电能的保护。

第三条　本办法所称的电力建设是指电力建设项目所开展的规划、勘探、设计、施工以及投运前与建设有关的其他工作。

第四条　县级以上地方人民政府应当加强对电力保护工作的组织领导,将电力发展事业纳入国民经济和社会发展规划,建立电力设施保护工作协调机制,协调、解决电力保护工作中的重大问题。

第五条　县级以上地方各级电力管理部门保护电力设施职责如下:

(一)监督、检查本办法的贯彻执行;

(二)开展保护电力设施的宣传教育工作;

(三)负责监督、管理本行政区域内的电力设施保护工作;

(四)会同有关部门按照职责分工做好电力设施保护工作。

(五)会同当地公安部门,负责所辖地区电力设施的安全保卫工作;

(六)会同本级城乡规划主管部门、市政设施管理部门、电力企业建立定期沟通协调机制。

第六条　电力企业应当根据本地区国民经济和社会发展规划,依照国家相关法律、法规在电力规划建设、电力生产和电力供应过程中,履行电力保护职责,维护电力能源安全。

第七条　县级以上地方各级人民政府应当制定电力发展规划,并纳入当地城市总体规划。按照电力发展规划,安排相应的电力设施用地、架空电力线路走廊和地下电缆通道。城乡规划主管部门应当按照城市总体规划和电力发展专项规划的要求,对电力设施用地、架空电力线路走廊和地下电缆通道进行管控。

任何单位和个人不得擅自变更经批准的电力发展规划;确需变更的,应当向原编制机关提出申请,由原编制机关提出修改方案,报原批准机关批准。

第八条　禁止任何单位和个人实施危害电力设施的行为。任何单位和个人都有保护电力设施的义务,对危害电力设施的行为,有权制止并向县级以上人民政府电力管理部门或者公安机关、电力监管机构、电力设施产权人、电力设施使用人举报。

县级以上人民政府电力管理部门应当建立举报制度,并对举报、阻止或者协助查处破坏电力设施及哄抢、盗窃电力设施器材有功的单位和个人,给予表彰或者奖励。

第二章　电力建设保护

第九条　电力建设应当取得规划、住建、国土等相关部门的有关许可,电力建设项目的相关责任单位应当根据许可文件确定的范围向开展电力建设相关工作所在地的当地县(区)、乡(镇)街道办事处人民政府报告。当地县、乡(镇)政府接到报告后应当采取有效措施,保障电力建设相关工作的顺利进行,对在开展工作中遇到的自然灾害、安全事故、社会冲突承担组织救援和调处的义务。

第十条　电力建设项目应当符合国家电力产业政策、当地电力发展规划和城市总体规划。

电力建设项目取得建设工程规划许可后,电力建设单位应当根据建设工程规划许可和电力设施保护范围的要求,对依法需要的电力设施保护区在适当的范围内及时进行公告。禁止任何单位和个人在公告明示电力设施保护区内新种植物或者新建、扩建建筑物、构筑物，在公告明示电力设施保护区内新种植物或者新建、扩建建筑物、构筑物应当砍伐或者拆除；因砍伐或者拆除产生的费用由违反本款规定的单位或者个人承担。

公告前已有的植物、建筑物、构筑物，需要修剪、砍伐或者拆除的，电力建设单位应当按照拉萨市有关部门制定的标准给予一次性经济补偿，并依法办理相关手续。

第十一条　任何单位和个人不得阻挠、破坏依法实施的电力建设工程。电力建设所涉相邻单位和个人因协助电力建设受到的损失，由电力建设单位给予合理补偿。

第十二条　因其他工程建设需要迁移、改造电力设施的，或者电力设施在新建、改建或者扩建中妨碍其他设施的，有关单位经协商一致后方可施工。迁移、改造相关设施的费用由提出迁移改造要求的一方承担。法律、法规另有规定的除外。

未经协商一致，擅自施工造成损害的，由擅自施工的单位承担责任。

第十三条　对500千伏及以上架空电力线路确需跨越居民住宅以及在其走廊内按照设计规程应当拆除其他房屋的，电力建设单位应当依法实施拆迁并按照拉萨市有关部门制定的标准给予补偿。

220千伏及以下架空电力线路确需跨越房屋的，电力建设单位应当按照国家有关技术规程采取安全措施，确保跨越安全距离。

第十四条　电力建设应当遵守环境保护法律、法规的规定，电力建设项目应当依法进行环境影响评价。对电力建设项目的环境影响评价审批文件，环境保护行政主管部门应当予以公布。

电力企业应当采取措施，保证高压输变电设施产生的工频电场、工频磁场符合国家标准规定的限值。同时电力设施建设和发展必须节约集约用地。高压铁塔走向尽量不占用农田和居民居住密集区。

第三章　电力设施保护

第十五条　县级以上地方各级电力管理部门应采取以下措施，保护电力设施：

（一）在必要的架空电力线路保护区的区界上，应设立标志，并标明保护区的宽度和保护规定；

（二）在架空电力线路导线跨越重要公路和航道的区段，应设立标志，并标明导线距穿越物体之间的安全距离；

（三）地下电缆铺设后，应设立永久性标志，并将地下电缆所在位置书面通知有关部门；

（四）水底电缆铺设后，应设立永久性标志，并将水底电缆所在位置书面通知有关部门；

第十六条　县级以上地方各级电力管理部门电力设施保护职责是：

（一）应当指导电力企业建立健全电力设施突发安全事件的应急预案，完善预警机制；

（二）应当会同林业主管部门以及电力企业建立电力线路走廊火灾应急和森林火情预警联动机制。

电力设施产权人或者管理人应当依法履行保护电力设施的义务，并接受政府有关部门和社会的监督。

第十七条　发生突发事件危及电力设施安全时，电力设施产权人或者管理人可以先行采取以下紧急措施消除危险源，并在规定时间内向当地县级以上人民政府有关部门报告：

（一）中止供电；

（二）修剪或者砍伐危及电力设施安全的林木等植物；

（三）挖掘排水沟渠等开挖地面行为；

（四）清除危及电力设施安全的建筑物、构筑物；

（五）采取其他排除妨碍、消除危险的措施。

电力设施所有人或者管理人采取前款所述紧急措施，依法必须补偿或者办理有关手续的应当予以补偿或者补办，并应当尽量减少损失。

第十八条　发生突发事件危及电力设施安全时，县级以上人民政府及其有关部门应当采取下列措施：

（一）组织营救受害人员，撤离、安置受威胁人员；

（二）迅速组织抢修受损电力设施；

（三）排除妨碍，限制通行，保证抢修通道畅通；

（四）调集物资、人员、交通工具及相关设备，支援抢险；

（五）协调电力供应，确保重要单位供电。

第十九条　发生突发事件危及电力设施安全

时,电力企业应当采取下列措施:

(一)消除危险源,控制事态发展;

(二)立即抢修受损电力设施;

(三)组织应急电力供应,保证重要单位用电;

(四)其他恢复电力正常供应的应急措施。

第二十条　任何单位和个人不得实施下列危害发电设施、变电设施及其辅助设施的行为:

(一)扰乱发电厂、变电站等生产区域的生产秩序,或者移动、损坏发电厂、变电站等用于生产的设施、器材和安全警示标志;

(二)在发电厂、变电站所用地范围及地热发电厂供热管网系统、生产井、回灌等厂、站设施及其他电力设施保护区内焚烧或者堆放可能危害电力设施的谷物、草料、木材、秸秆及其他易燃、易爆等物品的;

(三)在发电厂、变电站所用地范围及地热发电厂供热管网系统、生产井、回灌等厂、站设施及其他电力设施保护区、用地范围内搭建临时或者永久建筑物、构筑物,或者在保护区、用地范围隔离设施邻接搭建建筑物、构筑物;

(四)在发电厂、变电站所用地范围以及地热发电厂供热管网系统、生产井、回灌等厂、站设施、架空电力线路保护区内垂钓或者附近开山炸石的;

(五)在发电设施附属的输油、输气、输水、供热、供气管沟(线)的保护区内,擅自取土、挖沙、采石、打桩、钻探和进行其他挖掘作业,兴建建筑物、构筑物,倾倒垃圾、矿渣和含有酸、碱、盐等化学腐蚀物质的液体和其他废弃物;

(六)危及输水、输油、供热、排灰等管道(沟)的安全运行;

(七)影响专用铁路、公路、桥梁、码头的使用;

(八)在用于水力发电的水库内,进入距水工建筑物300米区域内炸鱼、捕鱼、游泳、划船及其他可能危及水工建筑物安全的行为;

(九)其它危害发电设施、变电设施及其辅助设施的行为。

第二十一条　任何单位和个人不得实施下列危害电力线路设施的行为:

(一)在架空电力线路导线两侧各300米的区域内放风筝或者升空气球及其他空中飘动物;

(二)利用杆塔或者拉线拴牲畜、悬挂物体、攀附农作物、作起重牵引地锚;

(三)在电力线路的杆塔内或者杆塔和拉线之间修筑道路;

(四)拆卸电力线路的杆塔、拉线上的器材或者移动、损坏电力线路设施的标志;

(五)以封堵、拆卸等方式破坏电力设施,包括与电力生产运行有关的供水、排水、供电、供气、通道等设施的;

(六)擅自攀爬电力杆、塔设施,擅自在架空电力杆、塔上搭挂各类缆线、广告牌等外挂装置的,或者在电力设施保护区内悬挂经播的;

(七)擅自在电缆沟道中施放各类缆线的;

(八)向电力线路设施射击、抛掷物体的;

(九)擅自在电力线路上进行搭接。

(十)其他危害电力线路设施的行为。

(十一)法律、法规禁止的其他危害电力设施的行为。

第二十二条　任何单位和个人不得在架空电力线路保护区内实施下列行为:

(一)增加被架空电力线路跨越的建筑物、构筑物高度,或者在架空电力线路下堆砌物体,以及在电力设施保护区内种植可能危及电力设施安全的植物,导致安全距离不足的;

(二)在架空电力线路通道内或者附近进行高空起吊作业、大型机械操作,车辆运输等可能危及电力设施安全和人身安全的冒险作业行为;

(三)在架空电力线路杆、塔附近或者地下电力管线保护区内进行开挖取土、采石,以及堆放沙石料的;

(四)堆放谷物、草料、木材、稻秆、油料等易燃易爆物品及垃圾、矿渣等影响安全供电的物品,倾倒酸、碱、盐及其他有害化学物品;

(五)烧窑、烧荒、烧草场、烧灰积肥、烧田埂、烧秸秆及燃放鞭炮、野炊、烧纸等可能危及电力设施安全的野外用火。

第二十三条　任何单位和个人不得在距架空电力线路杆塔、拉线基础外缘的下列范围内进行取土、打桩、钻探、开挖或者倾倒酸、碱、盐及其他有害化学物品的活动:

(一)35千伏以下架空电力线路杆塔、拉线周围5米的区域;

（二）110千伏以上架空电力线路杆塔、拉线周围10米的区域。

在前款规定的区域范围外进行取土、堆物、打桩、钻探、采矿、开挖活动时，必须遵守下列规定：

（一）预留出通往杆塔、拉线基础供巡视和检修人员、车辆通行的道路；

（二）可能引起杆塔、拉线基础周围土壤、砂石滑坡的，应当修筑护坡加固，不得影响基础的稳定；

（三）不得损坏电力设施接地装置或者改变其埋设深度。

在电力线路保护区内进行打桩、钻探、开挖等可能危及电力线路设施安全的作业，或者起重、升降机械进入架空电力线路保护区内作业的，以及在电力设施保护区附近开山炸石的，应当经县（市、区）电力管理部门批准，并采取安全措施后方可进行。

第二十四条　在电力线路保护区附近，进行可能危及线路安全运行的机械施工时，应当采取相应的安全措施后方可进行。

敷设城市供水、排水、燃气等公用事业管道，应当服从城市统一规划管理，谨慎使用机械，不得损害电力设施。

第二十五条　禁止在电力电缆沟内同时埋设其他管道。管道交叉通过时，由县级以上人民政府城乡相应主管部门组织相关单位协商，达成协议并采取安全措施后，方可施工。

第二十六条　任何单位和个人不得在电力设施水平距离500米范围内（指水平距离）进行爆破作业。确需进行爆破作业的，应当按照国家有关规定，采取可靠的安全防范措施，并征得当地电力设施产权人或者管理人的书面同意，依法报经县级以上人民政府有关管理部门批准。

在前款规定范围外进行爆破作业的，应当确保电力设施的安全。

第二十七条　任何单位和个人不得侵占、挪用电力工程建设材料、设备，不得非法阻挠施工单位从事电力设施的安装、维修及拆除废旧电力设施，不得以任何借口非法干扰、阻挠、破坏合法的电力设施工程建设。

第二十八条　从事下列活动之一的，应当经县级以上人民政府电力管理部门同意，并按国家有关规定采取安全措施：

（一）在架空电力线路保护区内使用机械作业；

（二）高度与架空电力线路的导线之间不符合垂直安全距离规定的车辆及其运载物体或者其他物体，穿越架空电力线路保护区；

（三）在架空电力线路设施上连接电器设备或者架设电力、通讯、广播电视线路以及放置其他设施。．从事前款第（三）项的活动的，还应当征得电力设施产权人或者管理人同意。

第二十九条　电力设施产权人或者管理人对侵占、毁损电力设施或者妨碍电力设施安全运行的行为可以依法单独或者合并行使权利；对危害电力设施的违法行为，应当及时保护现场，并提请有关行政管理部门和司法机关处理。

第三十条　收购废旧电力设施器材的单位和个体工商户应当依法取得营业执照，并向所在地县级以上人民政府电力管理部门和公安机关备案。

收购废旧电力设施器材，应当对物品的名称、数量、规格、新旧程度等如实进行登记；出售人为单位的，应当查验出售单位开具的证明，如实登记出售单位名称、经办人姓名、住址、身份证号码；出售人为个人的，应当如实登记出售人的姓名、住址、身份证号码。发现有公安机关通报寻查的赃物或者有赃物嫌疑的物品时，应当立即报告公安机关。登记资料保存期限不得少于两年。

公安机关应当依法查处违反国家规定收购废旧电力设施器材的行为，市场监督管理部门应当依法查处废旧物资收购的无照经营行为。

第三十一条　在电力设施保护区内，已有的经过修剪的植物经自然生长后可能危及电力设施安全的，植物所有人或者管理人应当定期予以修剪。

电力企业应当加强对电力线路的安全巡查，发现电力设施保护区范围内植物不足安全距离的，应当及时向林业或绿化主管部门提出书面修剪或砍伐申请；林业或绿化主管部门在合理期限内仍未修剪、砍伐的；电力企业可以进行修剪、砍伐，并不予补偿修剪、砍伐植物的相关费用。

在自然灾害等不可抗力及其他紧急情况下，对可能危及电力设施安全的植物，经所有人或者管理人采取其他措施仍不足以消除危害的，电力企业可以修剪或者砍伐。事后电力企业应当自紧急情况结束之日起三十日内将采伐情况报林业或绿化主管部门备案。

涉及古树名木的，应当按照法律、法规的有关规定执行。

第三十二条 电力管理部门及其他电力设施所有人或者管理人，应当根据国家和自治区的规定设立并维护安全警示标志。在电力设施保护区及其周边从事生产经营活动，可能造成电力设施危及他人人身安全的，生产经营者应当设立并维护安全警示标志。

电力设施所有人或者管理人应当及时拆除弃用和报废的电力设施。

第三十三条 电力通信线路设施的保护，适用国家有关保护通信线路设施的规定。

第三十四条 通信、广播电视等线路设施与电力线路设施之间一般不得交叉跨越、搭挂。确需交叉跨越的，后建方应当采取安全措施，保证线路安全；确需搭挂并符合安全保障要求的，先建方应当允许后建方有偿搭挂。

第三十五条 新建工程项目应当规划预留共用配套电力设施用地，任何单位和个人不得擅自变更依法确定的电力设施用地和通道的用途、位置。住宅小区供电能力不足的，供电企业应当根据申请进行增容改造，满足用户的用电需求。增容改造需要在住宅小区内增加配电设施布点的，由小区业主委员会与供电企业协商确定；需要在公共区域增加配电设施布点的，由供电企业报城乡规划主管部门批准。

第四章 电能保护

第三十六条 县级以上地方人民政府及其有关部门应当鼓励和支持开展节约用电和保护电能的技术创新。对于高能耗、环境污染严重等列入国家限制类、禁止发展类的企业或者生产设备的用电，电力管理部门应当按照国家和自治区人民政府的有关规定实行差别电价、限制用电或者终止供电。

第三十七条 供电企业应当按照国家规定实施电力需求侧管理(通过提高终端用电效率和优化用电方式，在完成同样用电功能的同时减少电量消耗和电力需求，达到节约能源和保护环境，实现低成本电力服务所进行的用电管理活动)，指导用户科学用电、合理用电和节约用电。供电企业应当按照国家规定的电能质量向用户供电，在其营业场所公示用电办理程序、服务规范、收费项目和标准，优化售电与缴费的网点、方式及流程。

供电企业应当为用户提供用电量、电价、电费以及相关事项的查询服务。用户对查询结果有异议的，供电企业应当自异议提出之日起五个工作日内予以处理并答复。

第三十八条 电力企业和用户应当遵守县级以上地方人民政府及其电力管理部门有序用电的规定，保障电网运行安全。

发生自然灾害等突发公共事件时，电力企业和用户应当服从县级以上地方人民政府及其电力管理部门的用电安排。

电力用户应当加强用电设备的维护和管理，不得危及公共用电安全。供电企业应当加强对电力用户安全用电的指导。

第三十九条 供电企业用于结算收费的电能表应当经质量技术监督部门授权的法定计量检定机构检定合格。供电企业实行抄表收费、用电检查，以及定期检验、轮换电能表的，费用由供电企业承担、用户应当予以配合。用户不得毁损、改装或者擅自移动用电计量装置。用户发现用电计量装置发生故障、损坏或者丢失，应当及时告知供电企业，并在规定时限内及时处理。

第四十条 本办法中所称窃电，是指以非法使用电能为目的，采用下列手段实施的不计或者少计电量、电费的用电行为：

(一)在供电企业的供电设施或者其他用户的用电设施上擅自接线；

(二)绕越法定的用电计量装置；

(三)伪造或者开启法定的或者授权的计量检定机构加封的用电计量装置封印；

(四)故意损坏法定的用电计量装置或者故意使法定的用电计量装置计量不准或者失效；

(五)使用特制的窃电装置；

(六)使用伪造、非法充值的电费卡；

(七)采用其他方法。

第四十一条　禁止任何单位和个人以任何方式窃电。禁止教唆、协助他人窃电以及传授窃电技术、方法。禁止生产、销售窃电装置。

第四十二条　供电企业用电检查人员对于现场发现的窃电行为，应当予以制止；可当场终止供电，并制作用电检查现场记录，保存对复杂窃电手段所进行的技术分析、试验报告等证据。

供电企业在检查中发现用户有窃电行为，构成犯罪的，移交司法机关处理。

第四十三条　窃电量按照下列方法确定：

（一）在供电企业的供电设施上，擅自接线用电的，所窃电量按照私接设备额定容量（千伏安视同千瓦）计算；

（二）以其他手段窃电的，所窃电量按照计费电能表电流限值装有限流器的，按照限流器整定电流值所对应的容量（千伏安视同千瓦）计算。

第四十四条　因窃电造成用电计量装置等供电设备损坏以及造成停电事故的，窃电人应当赔偿损失。因窃电造成他人财产、人身安全受到侵害，受害人依法要求窃电人停止侵害、赔偿损失的，供电企业应当履行协助义务。

第四十五条　对有下列情形之一，严重影响电力安全的用户，供电企业可以依照法定程序中断供电。

（一）用户的非线性阻抗特性的用电设备接入电网运行所注入电网的谐波电流或者引起公共连接点电压正弦波畸变率超过国家规定标准时，在供电企业通知后，用户不予改正的；

（二）用户的冲击负荷、波动负荷、非对称负荷对供电质量产生影响或者对安全运行构成干扰、妨碍，在供电企业通知后，用户不予改正的；

（三）在电力设施保护区内实施违法作业，在供电企业通知后，用户不予改正的；

（四）其他严重影响电力安全，确需中断供电的。

严重影响电力安全的行为消除后，经供电企业确认后，供电企业应当在两个工作日内恢复供电。

第四十六条　供电企业为制止窃电行为依法需要中断供电的，应当符合下列条件：

（一）通知拟被中断供电的用户；

（二）采取必要的防范措施，避免因中断供电造成设备重大损失和人身伤害；

（三）不影响其他用户正常用电；

（四）不影响社会公共利益或者危害公共安全。

用户停止窃电、消除危害、交付所窃电量电费并承担相应责任后，供电企业应当及时对居民用户恢复供电，对非居民用户应当在两个工作日内恢复供电。

第四十七条　对工业用户，非工业企业性质用电客户，个体工商户，居民用电客户，各类租户执行“购电制”，对于未提前购电或者购电额度已用完的客户，按程序中断电力电能商品供应。

对机关、事业等财政拨款单位，暂维持“先用电，后付费”的方式，每月定期结算电费，月结月清。对不按时履行缴费义务的承担相应的违约责任。用户自逾期之日起，经催交仍未交付电费的，供电企业应当至少提前三天送达中断供电通知书。对重要用户的中断供电，供电企业应当同时将中断供电通知书抄送电力管理部门。

用户交付所欠电费及违约金后，供电企业应当及时对居民用户恢复供电，对边远、交通不便地区居民用户的恢复供电时间最长不超过一个工作日；对非居民用户，应当在两个工作日内恢复供电。

第四十八条　用户对供电企业中断供电有异议的，可以向电力管理部门投诉。电力管理部门应当及时调查，并在三个工作日内作出是否恢复供电的决定。用户对电力管理部门的决定不服的，可以依法书请行政复议或者提起行政诉讼．

第五章　监督检查

第四十九条　县级以上人民政府电力管理部门应当加强对电力设施和电能保护执法工作的监督管理，规范电力设施和电能保护的执法活动，协调电力执法过程中与相关部门之间的关系。

第五十条　电力管理部门根据工作需要，可以配备电力监督检查人员、电力监督检查人员的具体职责包括：

（一）宣传、贯彻电力保护方面的法律、法规；

（二）受理对违反电力保护法律、法规行为的投诉和举报；

（三）对电力设施进行巡视检查；

（四）查处危及电力设施安全的违法行为；

（五）查处窃电行为；

（六）对电力设施保护范围和电力线路保护区设立标志；电力监督检查人员对巡视检查中发现的危及电力设施安全的违法行为应当发出书面通知予以制止。

第五十一条　电力监督检查人员应当具备下列条件：

（一）具有中专以上文化程度；

（二）熟悉电力法律、法规；

（三）熟悉电力业务知识，并具有两年以上电力工作经验；

（四）坚持原则、秉公办事。

电力监督检查人员应当依法取得西藏自治区人民政府制发的行政执法证件。

第五十二条　电力监督检查人员依法履行职责时，可以行使下列职权：

（一）检查电力设施安全及用户用电情况；

（二）要求用电单位提供与用电相关的文件和资料；

（三）查阅、复制必要的资料，询问有关人员；

（四）采用笔录、录音、照相、录像、检测等方式取得证据；

（五）法律、法规规定的其他职权。

电力监督检查人员应当忠于职守、文明执法，不得泄露检查中获知的被检查单位的商业秘密。

第六章　电力设施与其他设施相互妨碍的处理

第五十三条　电力设施与林区、城市绿化之间发生妨碍时，按下列原则处理：

（一）新建架空电力线路的杆、塔基础需使用林地的，电力设施产权人应当依法办理使用林地的相关手续；需使用城市规划区内绿地的，应当向县级以上人民政府林业绿化主管部门及园林绿化主管部门申请办理使用绿地的相关手续。

（二）新建架空电力线路走廊需要砍伐林木的，必须提前向当地林业绿化主管部门提出申请，办理相关手续，电力设施产权人应当与林业所有人签订砍伐林木和砍伐后及时绿化但不再种植高秆植物的协议，并按照有关规定给予一次性补偿。

（三）新建架空电力线路走廊需在城市规划区内砍伐树木的，由电力设施所有人依法向县级以上人民政府林业绿化主管部门及园林绿化主管部门申请办理树木砍伐手续。园林管理单位或者树木的所有人应当对影响架空电力线路安全运行的树木进行修剪，并保持树木生长高度和架空电力线路导线之间的距离符合安全距离的要求。

（四）架空电力线路导线在最大弧垂或者最大风偏后与树木之间的安全距离为：

电压等级	最大风偏距离	最大垂直距离
35～110千伏	3.5米	4.0米
154～220千伏	4.0米	4.5米
330千伏	5.0米	5.5米
500千伏	7.0米	7.0米

在电力设施保护区内，种植林木等植物必须符合前款第（四）项要求；对不符合安全距离的植物，电力设施产权人或者管理人应当提前向当地林业绿化主管部门及园林绿化主管部门提出申请，由上述部门进行核查认定。电力设施产权人或者管理人根据上述部门的意见和相关规定进行修剪或砍伐，所产生费用自行承担。

第五十四条　新建架空电力线路需跨越房屋的，建设单位应当采取增加杆塔高度、缩短档距等措施，保证被跨越房屋符合安全距离的要求。被跨越房屋不得再行增加高度。超越房屋的物体高度或者房屋周边延伸出的物体长度必须符合安全距离的要求。

新建架空电力线路通道内的原有房屋不满足安全距离要求需要搬迁的，建设单位应当与房屋产权人协商搬迁，拆迁费按国家有关规定执行。

第五十五条　电力企业与建筑物、构筑物、林木等所有人或者经营管理、就补偿标准协商不成的，按照属地管理原则补偿标准按照各县（区）征地片区价标准执行，也可以由辖区政府委托电力管理部门组织当事人委托具有相应资质的专业机构对补偿事项进行评估后，按照评估标准给予补偿；当事人对补偿标准有异议的，可以依法向人民法院提起诉讼。

第五十六条　电力建设施工需临时占用土地的，应当依法办理有关审批手续。

第七章　奖励与处罚

第五十七条　任何单位和个人有下列情形之一的，由电力管理部门按照其贡献大小，给予200元以上5000元以下的奖励；对作出重大贡献的，可以给予5000元以上30000元以下的奖励，并予以表彰：

（一）在研究、开发、采用先进的电力保护科学技术和管理方法等方面作出成绩的；

（二）对破坏电力设施、盗窃电能或者哄抢、盗窃电力设施器材的行为控告、检举有功的；

（三）对破坏电力设施、盗窃电能或者哄抢、盗窃电力设施器材的行为予以制止，有效地防止事故发生的；

（四）为避免或者减轻自然灾害对电力设施造成损害而作出贡献的；

（五）为电力保护做出其他贡献的。

第五十八条　电力企业有下列行为之一，给用户造成损失的，应当依法给予赔偿，并对直接责任的主管人员和其他直接责任人员依法给予行政处分：

（一）供电质量不符合国家标准，因公用供电设施引起的供电质量问题；

（二）因供电设施检修、依法限电或者用户违法用电等原因，需要中断供电时，供电企业未按照国家有关规定事先通知用户。

第五十九条　违反本办法规定，危害发电设施、变电设施和电力线路设施的，由县级以上人民政府电力管理部门责令改正；拒不改正的，处10000元以下的罚款。

第六十条　违反本办法规定，在电力设施保护区内兴建建筑物、构筑物或者堆放物品、种植植物，危及电力设施安全的，由县级以上人民政府电力管理部门提请本级人民政府责令强制拆除、清除或者砍伐。

第六十一条　违反本办法第二十六条规定，未经批准或者未采取安全措施在电力设施周围或者在依法划定的电力设施保护区内进行爆破作业，危及电力设施安全的，由县级以上人民政府电力管理部门责令停止作业、恢复原状并赔偿损失。

第六十二条　违反本办法第四十一条规定，盗窃电能的，由电力管理部门责令停止违法行为，追缴电费并处应交电费五倍以下的罚款；构成犯罪的，依法追究刑事责任。

第六十三条　有下列行为之一，应当给予治安管理处罚的，由公安机关依照治安管理处罚法的有关规定予以处罚；涉嫌犯罪的，移交司法机关依法追究刑事责任：

（一）阻碍电力建设或者电力设施抢修，致使电力建设或者电力设施抢修不能正常进行的；

（二）扰乱电力生产企业、变电所、电力调度机构和供电企业的秩序，致使生产、工作和营业不能正常进行的；

（三）殴打、公然侮辱履行职务的查电人员或者抄表收费人员的；

（四）拒绝、阻碍电力监督检查人员依法执行职务的。

第六十四条　电力企业职工违反规章制度造成供电事故，或者滥用职权、利用职务之便谋取私利的，依法给予处分；构成犯罪的，依法追究刑事责任。

第六十五条　电力管理部门的工作人员滥用职权、玩忽职守、徇私舞弊，构成犯罪的，依法追究刑事责任；尚不构成犯罪的，依法给予行政处分。

第六十六条　本办法规定由电力管理部门实施的行政处罚，电力管理部门可以依法委托管理公共事务的事业组织实施。

第八章　附则

第六十七条　本办法自2019年1月1日起施行。

《拉萨年鉴（2018）》勘误表

页 数	位置	误	正
360页	市委副书记	庄红翔	庄红翔（女）
360页	市委常委	肖光富（援藏）	肖光富
360页	市委常委	王家民（援藏）	王家民
360页	市委副秘书长	绕登	绕登（藏族）

说 明

一、本索引采用主题分析法编制。索引范围包括篇目、类目、部(门)目、条目等。
二、本索引按主题词首字汉语拼音音序(同音按音调)排列,若首字拼音相同则按第二字音序排列,以此类推。
三、索引款目后的数字表示内容所在的页码,数字后的拉丁字母(a、b、c)表示栏别(从左至右)。
四、篇目、类目、部(门)目用黑体字。

A

B

C

D

E

F

G

H

J

K

L

M

N

P

Q

R

S

T

W

X

Y

Z